准噶尔 使者档之比较研究

赵令志　郭美兰◎著

本书为国家社科基金结项成果

由国家民委哲学社会科学重点研究基地（培育）

中央民族大学中国边疆民族历史与地理研究基地资助出版

中央民族大学出版社
China Minzu University Press

U0125732

图书在版编目（CIP）数据

准噶尔使者档之比较研究/赵令志，郭美兰著．—北京：
中央民族大学出版社，2018.9 重印

ISBN 978-7-5660-1091-9

Ⅰ.①准…　Ⅱ.①赵…②…郭　Ⅲ.①准噶尔—史料
—档案资料—对比研究—中国—清前期②中央与地方的
关系—档案资料—对比研究—中国—清前期

Ⅳ.①K249.305②D691

中国版本图书馆 CIP 数据核字（2015）第 262506 号

准噶尔使者档之比较研究

著　　者	赵令志　郭美兰
责任编辑	黄修义
封面设计	汤建军
出 版 者	中央民族大学出版社

北京市海淀区中关村南大街 27 号　邮编：100081

电话：68472815（发行部）　　　传真：68932751（发行部）
68932218（总编室）　　　　　68932447（办公室）

发 行 者	全国各地新华书店
印 刷 厂	北京建宏印刷有限公司
开　　本	787×1092（毫米）　1/16　印张：41.25
字　　数	904 千字
版　　次	2018 年 9 月第 2 次印刷
书　　号	ISBN 978-7-5660-1091-9
定　　价	260.00 元

《中国边疆民族历史与地理研究系列丛书》
前　言

中国民族史及中国边疆地理研究是中央民族大学的传统优势学科。1952 年，全国高校院系调整，撤销了燕京大学、辅仁大学、清华大学的历史系、社会学系，三校的民族史、民族学、社会学方面的专家学者汇集于当时的中央民族学院，建立了民族研究部。1956 年，又创建历史系，著名蒙古史和元史专家翁独健教授担任系主任，分设民族历史和民族学两个专业方向，招收本科生和研究生。吴文藻、潘光旦、林耀华、费孝通、傅乐焕、王锺翰等著名学者在系任教。50 年代，全体师生参加了国家民族事务委员会组织的全国少数民族社会历史调查和民族识别工作，并参加《中国少数民族简史丛书》的编写。尔后部分教师接受国家有关部门的委托，参加整理了中印、中苏、中越边界资料（包括南海诸岛资料），并负责《中国历史地图集》东北部分的编绘工作。由历史系和民族研究部人员构成了中央民族大学中国边疆民族研究的基本学术队伍。50 多年以来，发表了大量具有重要影响的中国民族史和边疆史地论著，编辑出版了多部有关中国少数民族历史的文献资料。如费孝通、陈连开等著的《中华民族多元一体格局》，王锺翰先生主编的《中国民族史》，谭其骧主编、张锡彤等编绘的《中国历史地图集·东北卷》，谭其骧主编、张锡彤等著的《〈中国历史地图集〉释文汇编·东北卷》等著作，在学术界产生了重大的影响。

2004 年，中央民族大学的边疆史地研究学科被列入国家教育部"985 工程"重点建设的学科，建立了中央民族大学中国边疆民族地区历史与地理研究中心。自 2007 年开始陆续出版《中国边疆民族地区历史与地理研究系列丛书》（12 部书）和《中国边疆民族地区历史与地理研究文献资料丛书》（5 部书）两部丛书，合计 17 部著作，在学术界产生了很好的影响。

2013 年"985 工程"第三期结项，资助结束。2014 年本中心被国家民族事务委员会确定国家民委人文社会科学重点研究基地（培育），名称为"中国边疆民族历史与地理研究基地"。本基地决定继续出版学术著作，将原两套丛书合二为一，改称《中国边疆民族历史与地理研究系列丛书》。

在丛书重新出版之际，谨向关心支持本项目的国家民族事务委员会和学校的领导、中央民族大学历史文化学院领导、中央民族大学出版社领导，以及所有参与和支持我们工作的同仁表示衷心的感谢。

达力扎布

2015 年 10 月 16 日

目　录

前　言

本项目成果分为两大部分：第一部分为《军机处满义准噶尔使者档》译文与《平定准噶尔方略》《清世宗实录》和《清高宗实录》相关内容之对比；第二部分系根据档案内容，结合其他史料，借鉴以往成果，对乾隆初年清朝与准噶尔汗国间发生的遣使、贸易、礼仪、熬茶、宗教等问题进行系统研究的内容。

一

中国第一历史档案馆所藏军机处满文《夷使档》，满文称"elcin takūraha baitai dangse"，意为"遣使事档"，而汉文却称之为《夷使挡》，带有倾向性，为保存档案原貌，在文内仍援用汉文档簿原名，但课题名称为《军机处满文准噶尔使者档》。而遵照满文原意，译作《使者档》最为合适。①

中国第一历史档案馆所藏清代军机处满文档案中，保存有相对集中的关于边疆和民族方面的专档，其中涉及准噶尔问题的就有《准噶尔档》《熬茶档》《使者档》《北路军务档》《西路档》等。其中本书收录编辑的《使者档》，起止时间为雍正十二年（1734）至乾隆十九年（1754），汇抄有关奏折、上谕、寄信、奏书等文件而成。原档为14册，608件，2745页。《使者档》是清政府在处理准噶尔使臣事务过程中自然形成的公文文书，具有档案所特有的客观性、真实性和系统性，是研究准噶尔历史最原始、最直接的第一手资料。整理翻译《使者档》，有助于准噶尔史研究更加系统完善；更正以往研究中出现的偏差，恢复历史的原貌；尚可补充有关史籍记载之不足，使历史研究更加趋向深入细致，这也是我们整理翻译《使者档》的初衷。

《使者档》也存在一些缺憾，18册中就有4册重复，此次编译出版的是其中不重复的14册，而此14册内，也有个别完全重复的文件，在整理过程中也进行了删减。另外，该档簿缺乾隆八年（1743）、十年（1745）准噶尔都尔图、哈柳两次来京的档案，因而研究这两次来使情况，尚需参考相关档案及史料等。

（一）《使者档》之内容

《使者档》是专门记载清政府与准噶尔部交往历史的原始档案，反映准噶尔部17

---

① 为遵照原档原称，文中档案出处仍用《夷使档》，以（军机处满文《夷使档》——）的方式标注。

次遣使赴京朝觐、纳贡、和谈，到肃州等地贸易，赴西宁、拉萨等地熬茶等内容。雍正十二年至乾隆十九年，是清政府与噶尔丹策零大战额尔德尼召之后，举歼达瓦齐前与准噶尔和平交往时期。目前对这 20 余年历史的研究，因资料所限，尚较模糊，许多论著对此段历史涉猎不多。满文《使者档》详细记录了这段历史，所记录的清政府与准噶尔贸易来往及和平交往等方面的内容，映现出清政府针对准噶尔部所采取的各项政策措施，及准噶尔部对清王朝在宗教、经济等方面的依赖关系。

《使者档》与《清实录》《平定准噶尔方略》的相关内容相比较，可以发现修纂《清实录》《平定准噶尔方略》时，因修纂者的立场及篇幅的限制，对档案多有删改。另外，档案中所反映的清政府与策旺阿喇布坦、噶尔丹策零、策旺多尔济那木扎勒、喇嘛达尔扎及达瓦齐进行议和谈判、边界划分、赴藏熬茶、派使贸易、迎送宴赏等方面的内容，都具有重要价值。具体反映以下方面：

1. 边界划分

雍正末年到乾隆初年，准噶尔部派遣使者的主要目的之一，就是与清朝划定边界。策旺阿喇布坦时，提出与清朝划定边界，以求永久和好，雍正帝允之。噶尔丹策零继汗位之后，议定边界一事中断，待其兵败额尔德尼召，复遣使求和，请求议定边界。双方对疆界划分，分歧较大，历时四年，其间清政府亦曾两次派遣大臣与准噶尔部交涉，最终约定以阿尔泰山阳至哈布塔克、拜塔克、乌兰乌苏、罗布淖尔、噶斯口为界，准噶尔游牧不越过阿尔泰，喀尔喀游牧不得过扎布堪、齐克吉、库克岭。另将阿尔泰至扎布堪之间的区域，作为双方的缓冲地带，清朝仍保留托尔和、布延图两个卡伦。从双方的谈判，可清楚窥见清朝皇帝为维护喀尔喀利益，所付出的良苦用心；以及噶尔丹策零为保有阿尔泰地区所做的努力，为防范清朝和喀尔喀报复而采取的措施等。

2. 赴藏熬茶

卫拉特四部信奉格鲁派，始于 17 世纪初，因四部首领加以倡导，其普及速度非常之快。各部首领标榜笃信黄教，其中固始汗、策旺阿喇布坦等，更有控制西藏，挟持达赖喇嘛而号令蒙藏地区之目的。噶尔丹策零遣使与雍正皇帝议和，即以"阐扬黄教，安逸众生"为由，始有准噶尔部于 20 年间多次遣使进京之事。

乾隆四年，边界划分基本结束，噶尔丹策零提出遣使赴藏熬茶，清政府慨然应允，并派大臣安排赴藏熬茶使之行程，帮助中途进行贸易及熬茶使在前藏、后藏熬茶以及资助使臣等以牲畜、盘费。但从宗教角度讲，赴藏熬茶体现了准噶尔蒙古对藏传佛教之信奉，清政府从中加以操控利用，目的在于使之成为准噶尔内化的动力。清代军机处曾将乾隆初期准噶尔赴藏熬茶档案汇抄为专档，即《熬茶档》，《使者档》中涉及熬茶的档案，基本与《熬茶档》重复。

《使者档》中与熬茶相关的内容，还有准格尔请求从西藏聘请高级喇嘛的问题。策旺阿喇布坦曾由西藏带回一批知名喇嘛，但经过 30 余年，这批喇嘛或已亡故，或年事已高，因而噶尔丹策零、策旺多济吉那木扎勒、喇嘛达尔扎和达瓦齐，每逢遣使都要求从西藏聘请一些有名望、德才兼备的喇嘛到准噶尔传教，但都被清政府所拒绝；而清政府方面提出，在京的知名喇嘛均来自西藏，准噶尔完全可以从在京喇嘛中挑选，或派年轻聪慧的喇嘛来京学习，三四年后返回准噶尔传教，亦未被准噶尔采纳。

3. 贸易活动

准噶尔使团，每次都带有商队。游牧经济的单一性，决定了准噶尔部必须与大清朝保持频繁的贸易关系。随着双方议和的进展，清政府参照与俄罗斯贸易的方式，制定了准噶尔来内地贸易的规则，双方签订贸易协议，规定每隔三年，准噶尔商人可分别到京城和肃州贸易一次，其中寅、午、戌年到京城，申、子、辰年至肃州贸易，每次皆自备资斧，人数不得超过200人。至京城贸易者，必须沿肃州、西安、宁夏、大同、张家口一线驿站行走。并规定以后准噶尔再遣使请安奏事，仅可随带少数跟役，不许携带货物，也不许再带商人至哈密、肃州、京城等地贸易。而准噶尔则因贸易需要，屡屡遣商人随同而来。大清利用这种贸易关系，尽显大国优势，给予各种优惠，进而怀柔准噶尔部众。

准噶尔使臣所带礼品，多为皮张、马匹、玉器、木碗等，而清朝却始终厚往薄来，赉赏丰厚，赐给准噶尔汗及来使、随从等以绸缎、衣物、如意、素珠、磁器、玻璃器、漆器、珐琅器、象牙盒、问钟、火镰、荷包、银两、佛经等。从物品上反映出双方的经济结构和生产状况。

4. 使者迎送

使者往来，清政府均以哈密为起点派员护送，照料来使之行止起居。沿肃州、西安、宁夏、大同、张家口而行。所经台站，一律严加整饬，以显示军威。使者所用马驼，在肃州、张家口等地更换牧放，以备返程使用。若遇倒毙，则由内务府口外牧场如数补充。清政府的所有安排，可谓细致入微。多数使者，心存感激，反映出清政府的怀柔策略是有一定成效的。

5. 接待礼仪

每次来使，军机处均提前拟定接待程式，请旨裁定。诸如委派陪同官员、安排住处、会见商谈、宴请赏赐、入宫朝觐、颁降敕书、拜谒活佛、护送返回等，事无巨细，皆经军机处、议政大臣、陪同大臣等具奏，雍正、乾隆皇帝朱批后办理，表现出清政府对来使高度重视，从而说明清朝皇帝亦曾企图以和平方式解决准噶尔问题。

（二）《使者档》之特点

中国第一历史档案馆所藏军机处满文《使者档》，作为清政府接待准噶尔自雍正十二年至乾隆十九年间所遣使臣所形成的公文的汇抄本，仅从内容上分析就有三个特点：

1. 丰富多样

档案中有关边界划分、赴藏熬茶、货物贸易、接待礼遇、迎来送往等内容，不仅反映清政府对准噶尔所持的态度和策略，而且反映满、蒙古、藏民族彼此间的认识和关系。另外，诸如熬茶内容中有关达赖喇嘛、班禅额尔德尼与噶尔丹策零等人之间的往来信件，以及清朝防范准噶尔、敷衍使者等内容，在其他史料中是难得一见的。

2. 系统全面

《使者档》是一种专档，专门抄录了涉及准噶尔派使臣到京谈判边界、熬茶、贸易等问题的上谕、奏折、奏书、咨文、札付等，所有清政府遣派专员迎送、指派大臣官员陪同、安排使者饮食起居、制定朝觐筵宴仪注、与使臣谈判等过程中形成的各类公文文书，均见其中，因而能够反映整个事件的全过程，内容非常系统全面，是任何一种单一文种档案所无法比拟的。

3. 未曾公布

《使者档》久藏宫闱，向未公之于世，其内容偶见于宫中《满文朱批奏折》，军机处《满文录副奏折》《满文上谕档》等，但由于这些档案从未公布，且文字为满文这一特殊性，史学界几乎未曾利用过这部分档案。汉文史料诸如清代官修史书《清高宗实录》《平定准噶尔方略》等，对准噶尔赴藏熬茶事宜虽曾涉及，但篇幅都非常简短，寥寥数句，一笔带过，且删改颇多，仅能反映历史上曾有此事，根本谈不上细密，故此尤显《使者档》之珍贵。

（三）《使者档》之价值

《使者档》是研究准噶尔历史及雍正十二年至乾隆十九年间清政府与准噶尔交往关系方面极有价值的档案史料，《清实录》《平定准噶尔方略》所记载的相关内容，什不及一，翻阅近些年出版的有关西部蒙古研究著作《卫拉特蒙古简史》《卫拉特蒙古史纲》《准噶尔汗国史》《准噶尔汗国史略》等，还鲜见有利用到此项档案者。多有学者企盼能够利用该档案，以解决准噶尔历史、文化研究中的某些难题。

《使者档》作为记录清代与准噶尔使臣交往的原始档案，所承载的历史内容是十分丰富的，诸如准噶尔蒙古派使赴藏熬茶，或遣使至京城、肃州等地贸易的过程，我们几乎可以以档案内容还原其历史的原貌。因此，仔细分析这一珍贵历史档案所反映的信息，对研究乾隆初期准噶尔史乃至于西北、西藏之民族、边疆、经济、文化、宗教等方面，都具有十分重要的作用。而对研究准噶尔历史的作用更为突出。

首先，可以拓宽准噶尔史的研究领域。民族史研究尤其是准噶尔史研究，在以往研究中，人们往往更注重于准噶尔与清廷、准噶尔与喀尔喀、准噶尔与西藏的军事冲突，而对准噶尔的经济发展、宗教文化、与其他民族的交往，尤其是准噶尔与清廷保持和平交往时期的研究，略显不足。而《使者档》反映了清廷为了羁縻"外藩"，笼络准噶尔上层贵族，保证西北边陲的安宁所做的努力。清政府与准噶尔划分边界、达成贸易协定，以及允许准噶尔遣使赴藏熬茶，携带货物在青海贸易，并为此提供一切便利条件；而从准噶尔方面来讲，赴藏熬茶，对信奉藏传佛教的蒙古人民来说是一项经常性的、重要的宗教活动，双方关系的缓和为赴藏熬茶提供了前提条件；另外，准噶尔游牧经济的单一性，决定了准噶尔部必须与周边民族进行商业贸易活动，其中与清政府进行贸易是其重要部分，所以，能与清政府达成贸易协议，定期到京城、肃州等地贸易，对其恢复、发展经济意义重大。康熙、雍正年间，准噶尔部与其周边部族及清政府时战时和，准噶尔地区经济受到重创，因而需要与内地进行交流贸易，以促进自身经济的发展。准噶尔部派使进京谈判过程所折射出的当时的社会背景、社会发展状况、经济发展状态、民族交往关系、宗教文化、军事部署、交通台站、货物贸易方式及自然环境等方面的信息，均可帮助我们拓宽民族历史的研究领域。

其次，可以细化准噶尔史的研究。《使者档》的内容不仅反映了准噶尔部派使进京请求划分边界、进行贸易、赴藏熬茶的全过程，而且具体到每个环节，所反映的内容也很细致入微。如在贸易方面，准噶尔商人为了不被内地商人压价，屡次请求清政府勒限。并且尽管贸易协定中规定，使臣来京不许携货，但准噶尔使臣仍大量携带，沿途留随从丁哈密、肃州等地贸易，并带部分货物至北京。清政府虽多次强调不准携带货物，但仍然照顾其贸易事宜，尤其将其携带至北京的货物，暗中派内务府官员和崇文门监督等以商人身份高价收购，以怀柔来使。综观《使者档》内容，在和平交往这一大前提下，清廷与准噶尔间的相互戒备防范是无处不在的。正是记录这种错综复杂、矛盾交织关系的档案史料，不仅开阔了我们的眼界，也为我们拓展了研究思路，使我们能够捕捉到历史上的各种信息，从细微之处入手，细化准噶尔史的研究。

综上所述，整理和翻译清代军机处满文《使者档》，不仅对准噶尔蒙古史的研究，而且对西北边疆史地、区域民族关系史、区域民族贸易史、区域宗教史以及清代民族政策的研究，都具有十分重要的意义，不仅可填补清代西北边疆史地研究中的诸多空白，亦可帮助人们对《使者档》进行研究和利用。

二

目前，国内外有关准噶尔汗国及其与清朝、西藏及藏传佛教的关系方面的研究成果很多，本书因篇幅所限，在此不对以往之研究成果做综述和评价，本书仅以满文档案和相关研究为基础，探讨清准战争20余年间隙的交往历史，冀以弥补以往研究之不足。本书相关问题研究部分，主要是根据《使者档》内容，补充目前在清朝与准噶尔汗国历史研究中有待深入研究的几个问题，计15万余字，分为5篇，分别为《清修官书取材管窥——以〈使者档〉与〈方略〉〈实录〉之内容比对为例》《乾隆初年清朝接待准噶尔使者之礼仪研究》《乾隆朝清与准噶尔之贸易协定研究》《准噶尔蒙古赴藏熬茶研究》《准噶尔汗国延聘喇嘛之谈判及其影响》。

1. 《清修官书取材管窥——以〈使者档〉与〈方略〉〈实录〉之内容比对为例》

这是对第一部分作文本内容对比研究。《使者档》译文约55万字，而《平定准噶尔方略》和《清高宗实录》所记载与其相对应的内容字数，仅4万余字，因而可知，在纂修《平定准噶尔方略》和《清高宗实录》，引用《使者档》中相关的资料时，在取舍、删节方面精挑细选，乃因纂修目的及篇幅有限所致也。具体则体现于在引用原奏折、敕书、记注等档案时，均有删节。对《使者档》与实录、方略作文本比较研究，即欲使研究者理解实录、方略与档案资料之差异，从而窥知档案的价值。

另外，目前学术界多认为实录、方略皆由馆臣编纂，因实录皆系子为父纂，故有歌功颂德，择善弃恶之嫌；方略系战事终结后编修，亦有成王败寇，歪曲史实之虑。因而将实录、方略所载与原始档案比勘，以了解馆臣在编纂实录、方略时，如何取舍、删节原始资料，其中是否有歪曲利用史料等问题，从而明确实录、方略之史料价值。

2.《乾隆初年清朝接待准噶尔使者之礼仪研究》

《乾隆初年清朝接待准噶尔使者之礼仪研究》力图研究接待准噶尔使者过程中的礼仪制度，从而探讨满蒙大臣和内务府在接待外国、外藩使臣中的作用。

清朝入关后，满族统治者很快摈弃了满洲人传统的觐见礼仪，而继承并完善了中国传统的接待使者的礼仪，并形成了一套接待外藩、属国使者的礼仪制度，其中在优礼使者、厚往薄来方面尤为完备。以准噶尔与清朝的通使来看，康雍年间，准噶尔巴图尔浑台吉、僧格、噶尔丹、策旺阿喇布坦等曾遣使到北京 40 余次，遣使目的不尽相同，主要为相互通好、要求贸易、避免征战、议和定边等。而乾隆初年的准噶尔来使，有《使者档》专簿档案，其中所录有关接待使者的上谕、奏折、仪注、记注、咨文、呈文等满文文献，可谓清代接待使者的最完善的史料，对研究清代接待外藩、外国使臣问题具有重要意义，颇为引人注意者，乃内务府在使者接待中的作用和仅有满蒙大臣参与接待事宜问题。

清以少数民族政权借机入关，迁都北京，一切草创，故行政制度方面基本沿袭明制。机构方面具有民族特色并不同于明朝者，乃理藩院和内务府。理藩院执掌内外蒙古、回部、番部等事务，而内务府职责为"奉天子之家事"，乃管理皇室宫禁事务之机构，其下辖七司三院分管内廷财政、礼仪、宫禁、营造、侍奉等事务。但在翻译满文档案中，我们发现内务府在接待外藩使者过程中，发挥着重要作用，譬如接待使者过程中，陪同官员必须有内务府的官员、一切接待费用出自内务府、赏赐使者的物品亦出自内务府等，证明内务府亦有参与"国事"之职能，为我们重新认识清廷"家"与"国"的关系，提供了全新的资料。

清代接待外国、藩属国来使的机构，是礼部和理藩院、内务府，此与以往皆以礼部执掌有不同之处。目前学界研究清代宗藩体制、朝贡体制的学者，多侧重礼部接待使者方面，而忽略了理藩院、内务府接待使者的研究，或囿于理藩院、内务府接待使者的资料，基本为满文档案所致。然有清一代，理藩院和内务府接待使者次数，却远远超过礼部，忽略内务府和满蒙大臣接待外国、外藩问题，便难以全面了解清朝之对外政策。

3.《乾隆朝清与准噶尔之贸易协定研究》

《乾隆朝清与准噶尔之贸易协定研究》对乾隆初年签订的贸易协定细则进行逐条研究，发现其中所规定的准噶尔定期前往肃州、北京贸易事宜和准噶尔进京使者不得携货贸易条文，并没有得以实施。究其原因，乃此规定不能满足准噶尔汗国的贸易需求，也不适合准噶尔遣使由使臣自备斧资，需携货贸易方可成行之习俗，故准噶尔方面一再请求清朝放宽贸易限制。而从清朝方面看，清统治者视对准噶尔汗国的贸易为怀柔边远的政策之一，其目的是保持准噶尔汗国对清王朝的朝贡关系，并逐渐将其纳入大清的朝贡体系之中。

4. 《准噶尔蒙古赴藏熬茶研究》

《准噶尔蒙古赴藏熬茶研究》对乾隆年间协助准噶尔三次赴藏熬茶过程及其影响进行了综合探讨，结论为：在乾隆五年至十三年（1740—1748）的 9 年时间内，准噶尔蒙古先后三次派人赴藏熬茶，无论对准噶尔蒙古来讲，还是对清廷乃至西藏、青海地方来讲，都是一项重大活动，受到了各方面的高度重视和相互协作，特别是清廷在安全保障和物资供应方面给予了最大限度的帮助，从而保证了准噶尔派人赴藏熬茶活动的圆满完成。在当时历史背景和条件下，能够得以实现熬茶活动实属不易，是各方面尽心协作的结果。这些不仅有利于改善清廷与准噶尔蒙古的关系，而且有利于促进西部蒙古与西藏、青海地区之间的交流，特别是在宗教文化方面的交流。

综观这三次熬茶活动的内容及相关交涉情况，准噶尔派人赴藏熬茶不仅仅是要进行一种宗教仪式，而且在很大程度上隐含着贸易的目的，因此其每次携带之货物数量都非常可观，准噶尔人等中途在东科尔等地长期停留贸易，甚至将货物直接带到了西藏拉萨。另外，当时虽然清廷和准噶尔蒙古业已讲和，谈判划界，停止交战，准噶尔台吉每年遣使进京纳贡，清廷则允许在肃州等地定期开市贸易，但清廷对准噶尔蒙古仍存有戒心，故将其赴藏途经地区居民都事先派官兵撤离，不准接触准噶尔人，而且委派官兵随时随地严密观察准噶尔人的言行。再者，清廷接待和护送准噶尔人员赴藏熬茶花费大量的人力和财力，而且还组织内地商人到东科尔或卡伦地方购买其货物，必要时又动用官库银两采买，无疑是一种负担。更为重要的是乾隆皇帝看到准噶尔赴藏熬茶，与清朝争夺黄教之意图，所以，当准噶尔台吉提出以常态化方式继续派人赴藏熬茶时，清廷之婉言谢绝就成为其必然的结果。

5. 《准噶尔汗国延聘喇嘛之谈判及其影响》

《准噶尔汗国延聘喇嘛之谈判及其影响》简述了双方关于延聘喇嘛谈判的过程，从中发现双方各怀心腹，互不相让。清朝方面以制止准噶尔人入藏，不许喇嘛等私相往来，防止准噶尔以黄教为由向西藏渗透为基本谈判策略。而准噶尔方面则意在以聘请西藏喇嘛和定期前往西藏熬茶为由，恢复与西藏黄教的直接联系，提高自己在黄教界的地位，扩大自己对周边的影响，稳定国内的统治。两者的意图是对立的，没有共同性，因此谈判最终失败乃属正常之事。但在谈判过程中，却因为此问题使清朝对准噶尔汗国愈加不信任，认为其狡诈阴险，窥视西藏，争夺黄教，难以将其纳入清朝的朝贡体系之中，并且将来可能会对清朝的蒙藏统治形成威胁，因而必须改变对准噶尔之策略。从这个角度来看，此次谈判破裂，对准噶尔汗国与清朝关系的发展产生了重大影响。

长期以来，学界一直对乾隆皇帝出兵准噶尔前，群臣不赞成举兵之议有所关注。基本认为当时在许多大臣看来，双方相安无事 20 余年，准噶尔年年纳贡请安，已经进入清朝的朝贡体系之中，何必穷兵黩武，劳师远征。但乾隆皇帝高瞻远瞩，看到达瓦齐篡立、三车凌来归，又有阿睦尔撒纳来降，是以武力彻底解决准噶尔问题的契机。

笔者认为，准噶尔延聘喇嘛的谈判失败，不仅惹恼了乾隆皇帝，还使乾隆皇帝意识到准噶尔时刻窥视西藏，觊觎黄教，将是清朝的潜在威胁，终究会因此出现问题。尽管双方和好，准噶尔人按时请安纳贡，双方贸易也很正常，但准噶尔人狡诈奸猾，很难将准噶尔汗国完全纳入清朝的朝贡体系之中，准噶尔绝不会俯首于清朝，所以在喇嘛达尔扎为汗时期，乾隆皇帝既有准噶尔问题必须以武力解决的想法，因而，时机到来时，他力排众议，果断出兵，一举彻底解决了准噶尔问题。即乾隆皇帝以武力解决准噶尔问题之意，并非出现于达瓦齐篡立、三车凌来归，阿睦尔撒纳来降之时，而是产生于准噶尔聘请喇嘛谈判失败之后。此动议积蓄已久，非临时决断。

以上几个问题，在以往相关研究中或被忽略，或囿于资料限制而不够深入。本书得资料之便，抛砖引玉。研究部分除利用《使者档》外，另征引大量官书文献及《熬茶档》《寄信档》《准噶尔档》《雍和宫档案史料》等资料，在史料发掘利用方面具有突出特点，因而研究成果有一定创新。至于其程度和价值如何，敬请方家指正。

上编

《使者档》与《方略》《实录》之内容比较

001

和硕康亲王巴尔图等议奏先行
派使至噶尔丹策零处晓以利害折

雍正十二年七月二十五日

和硕康亲王臣巴尔图等谨奏，为遵旨议奏事。

雍正十二年七月二十日，奉上谕：西北两路用兵已有数年，官兵效力戎行，久在边外，朕心深为不忍，再三思虑者，抑或乘此兵力齐整之时，直捣贼边，早定军务，以休养官兵；抑或遣使晓之以利害。二者均难遽定，故特召两路统兵将军来京，与军机大臣等悉心计议，彼等意见亦不尽相同。朕思军务关系重大，理应博采众议，详慎筹划，著王公满汉文武大臣共同会议，各陈己见，据实具奏。钦此。钦遵。臣等议得：准噶尔贼，世代不思安生，四处肇事，滋扰诸部，罪孽深重，且噶尔丹策零之狂悖凶顽，较其父策旺阿喇布坦更甚，对此众人无不愤恨，为天神厌恶，必遭毁灭。兹圣主虽加宽仁包容，为安逸生灵，派使开示利害，然贼人性本狡诈凶恶，不可深信，日后又复逆变，亦未可料。目今我两路大军驻扎边境数年，谙熟贼地形势，且粮饷马畜器械等，无不预备齐整，以此现成齐备之力，即行进击，有望一次成功。若不趁此良机进击，速速蒇事，一再拖延，则旷日持久，枉费兵力及马畜粮饷。起初贼得以侥幸一二次者，并非贼人得计，而是我方将军大臣等办理不周，失策所致。现贼于额尔德尼召地方大败于我军，锐气受挫。今春我北路军进击额尔齐斯时，贼众惊悸，溃散逃逸，所有辎重及其牛羊，尽行丢弃，波及额敏、博尔塔拉等地。询于贼地来投及俘获之人，均皆告称其生计贫乏，人各哀怨，众心涣散。等语。现譬如臣策凌，我等之北路乌里雅苏台，除为守卫地方存留之不足两万兵丁外，移往科布多之兵丁有四万五千余名，每人有马四匹，两人合驼一峰，均皆足数，粮米盘缠所有物项，皆已齐备，从中可抽选进攻兵三万、护粮兵六千，立即进击。臣查郎阿，我等之西路军四万二千有余，马畜粮饷所有物项，皆已齐备，可即行进击。进击之时倘若兵众，则行动过缓，故挑选出满洲、蒙古、绿旗兵二万，拨给满洲、蒙古兵每人马四匹，绿营兵每人马三匹，每二人合驼一峰，以备进击。两路军约而一同进击，贼若中途邀截交战，以此齐备之力，剿杀贼众甚易；倘若贼与我军狭路相逢，不战而遁，则逢必掳掠贼之游牧，纳其降众，则贼之属众皆系乌合之众，人心原本涣散，且连年随军从戎，无暇歇息，悲苦哀怨，我军一旦兵临，必有成群来降者。此时倘若复有哈萨克、布鲁特人等来掠，贼众必将发生内乱。是故，臣等以为停止遣使，以我现在整备之兵力，立即进剿。贼若惧于声威，知己之恶，派使乞恩于皇上，再行施恩宽恕其罪，准议定边之事，则于事有益。臣等之愚见如此，可否之处，谨请圣上训示。

等因。雍正十二年七月二十五日奏入。

是日，大学士臣张廷玉等谨奏，为遵旨议奏事。雍正十二年七月二十日奉上谕：西北两路用兵已有数年，官兵效力戎行，久在边外，朕心深为不忍，再三思虑者，抑或乘此兵力齐整之时，直捣贼边，早定军务，以休养官兵；抑或遣使晓之以利害。二者均难遽定，故特召两路统兵将军来京，与军机大臣等悉心计议，彼等意见亦不尽相同。朕思军务关系重大，理应博采众议，详慎筹划，著王公满汉文武大臣共同会议，各陈己见，据实具奏。钦此，钦遵。臣等议得：准噶尔乃一边远部落，噶尔丹策零乃一末微小台吉，世代为恶，扰累生灵，计其罪行，理应早派大军径直进击伊犁，捣其贼穴，立加屠灭。惟我圣祖仁皇帝如天之仁，于策旺阿喇布坦之狂悖妄行，犹复曲赐包容，未曾派兵立加诛戮，仅于边境驻兵防守，又晓谕圣意，为令悔过投诚，数次遣使。皇上秉承宿愿，仰副圣祖仁皇帝天地般之气度、包容万物之圣意，策旺阿喇布坦之使根顿前来之时，面降恩旨，示以诚心，即行撤回大军。为消其疑虑，并为议定边界，永罢战事，派遣使臣，而贼支吾弄巧，徒然推延日期，侥幸行事。噶尔丹策零继位后，皇上知其狂妄逆行，较其父策旺阿喇布坦更甚，贼若轻举妄动，殃及蒙古，亦未可料，故仍驻兵防守边地。皇上仁慈齐天，两路大将军屡次奏请进兵，均降特谕加以制止，仰见皇上以圣祖仁皇帝之意为念。原先并非意欲毁其贼穴，戮其贼众，取其地方，实为王军征伐而已，并未交战，准噶尔诚能悔过求和，即可宽恕其罪。起先贼如鼠犬般窥伺，稍获侥幸，亦非贼人得计，而是我统兵将军等违悖圣训，贻误时机所致。贼于额尔德尼召大败之后，势穷力竭而败走。贼皆丧胆落魄，远遁躲避，杳无踪迹。今春北路军进剿至额尔齐斯之时，贼惊而未敢迎战，将牧场全部远迁，贼众震惊。据陆续来投、被获人等告称，准噶尔人生计窘迫，牲畜大损，人皆哀怨，无暇歇息，人心离散。等语。以此观之，贼于额尔德尼召大败之后，委实一蹶不振。噶尔丹策零值此败逃力竭之际，仍奋力抵抗者，乃罔识圣心之宽大，自以负罪深重，不可饶恕，而况前年特磊返回后，又造谣惑众，噶尔丹策零以为中国派出大军驻扎边界者，意在毁其巢穴，戮其部众，取其土地。故而一味纠集其属，垂死挣扎，抑或意欲远遁躲避，挨延时日，愈发执迷不悟，日渐冥顽。而今皇上如天好生，轸念驻扎边界之官兵在外已久，特谕臣等共同商议。臣等以为，噶尔丹策零虽悖逆冥顽无知，料亦长有颜面及人心，倘若钦派大臣，将圣度之恢弘，圣心之仁厚，天恩神圣，惟念逸安众生，息兵抚民，必先勘定边界之处，明白开示晓谕，分析利弊祸福，宽其以往之咎衍，予以自新之路，则噶尔丹策零审时度势，自知实难对抗，听闻圣主仁慈，遣派使臣前至晓谕，谅必如梦初醒，诚心悔过，请求和好，相应嗣后我边界可得安定，民可安居乐业，且准噶尔人等亦可安居宁谧，不遭祸害。如此则既可仰副圣祖仁皇帝包容宽宥之圣意，又使皇上仁抚众生，统驭万邦之圣德，将如天地般恢弘。皇上如此施恩，噶尔丹策零倘若固执不从，则天神厌恶，众人仇恨，自取灭亡，彼时我军进击，则事半功倍矣。臣等愚见如此，可否之处，伏乞皇上睿鉴施行。

等因。雍正十二年七月二十五日奏入。

奉上谕：准噶尔一部，贪暴成性，世代为恶，策旺阿喇布坦奸猾，生性狡狯。昔其猖獗之时，我皇考圣祖仁皇帝审观形势，洞察机宜，仍念准噶尔相距遥远，派往我师枉然徒劳，彼来则彼师困顿。等因颁降密谕。是以，皇考经理八九年，仅令两路将军陈师边界，邀截其来路。现譬如富宁安、傅尔丹之数次进剿，亦为诱之而来，便于邀击，然贼始终未至，富宁安等亦未得严惩其贼，不获而归。此即先前之情形也。及至朕登基，筹划边事之时，钦遵皇考之明训，洞悉策旺阿喇布坦之奸顽，不肯轻举妄动，且念官兵在外年久，辛劳奋勉，故将两路军撤回，稍事休息。其间，因定边之事，已彼此往来遣使议论数次，无论朕如何开示诚意，彼一味使奸要滑，支吾推诿，朕仍包容宽宥之。未几，策旺阿喇布坦亡故，伊子噶尔丹策零继之。朕虑噶尔丹策零年幼，乖谬不及其父，必起扰累众蒙古之心，不得不预为防范。又虑噶尔丹策零孟浪无知、轻浮任性，如若将其惹恼并诱之前来，我军就近剿杀，即可靖除暴虐，永固边界。故而复于两路之边界地方驻守大军，用示威武。降旨理藩院，将贼难以遵行之事，撰文罗列，咨行噶尔丹策零者，亦皆意在惹怒贼匪，乃为令其自取灭亡。至于任命将军一事，念岳钟琪久在西陲，熟谙用兵之道，故此问彼，彼当即欣然接受，遂命彼为西路大将军；傅尔丹虽被任命为北路大将军，然朕恐其才具不胜此重任，爰允廷臣之推举，继而任命查弼纳为副将军，派至军中。伊陛辞之时，朕谆谆详谕，命其惟但整备齐整，度势审机，务策万全。此乃实冀统兵大臣等戮力同心，不负朕之简用。不料噶尔丹策零轻举妄动，果于雍正八年冬发兵来犯西路，正合朕之本意。此时恰为我师乘便进击之机，然岳钟琪来京陛见，举荐纪成斌署理大将军印务。而此前，岳钟琪身在军营，全无布置，将十数万驼马牲畜置于贼人来路之旁，任其掠取；纪成斌益加不成体统，鲁莽庸懦，于贼来犯之时，惊惶失措，一筹莫展，以致贼人踌躇而归。次年，贼接踵而至，以全力向我北路进犯，起初北路统兵大臣与喀尔喀等，皆臆念贼人断不敢来犯北路，一切军需，并未整备，且傅尔丹、查弼纳等复误信俘虏之诳言，并不上奏，而是一面领兵轻进，一面奏报。彼时朕即谕大臣等曰，贼人恐有诡诈，我师此进甚为不妥。未几奏折至京，知果中贼计，我军兵败。查弼纳意气用事，辜负朕委用之恩，倘未阵亡，亦难逃国法。雍正十年正月，贼仅以七千之众来犯西路，深入至哈密之塔尔那沁地方，此次又实为易于大创之时机，而岳钟琪坐镇军营，随意调遣，复令网中之贼，从容逸出。故此，西路军营人众，无不痛恨。由此贼志愈骄，料西路军行动迟缓，不再顾忌。雍正十年秋，倾其全力派往北路，越过察干叟尔军营，直至额尔德尼召地方。副将军额驸策凌等率兵追赶，奋勇击杀，歼其精锐近万，余贼丧胆，连夜遁逃。此前，朕预先抽调一万四千余名兵丁，驻守扎克拜达里克等地，以遏贼之归路。似此残败贼众，实如瓮中之鳖，且相距仅为百余里，该处驻守将军一旦遣派官兵截击，便可令其无一脱逃，准噶尔之事亦易于完结。不料马尔赛等坐守空城，不发一卒，贼至不击，贼去不追，俾余孽犹存，边氛未息，马尔赛之罪，诚罄竹难书。总之，朕事先之筹划，虽皆妥当，然臣工之失机于临事者，则不一而足矣，此皆源自朕之不才不明。以上事由，皆为军机大臣、两路统军大臣等周知。新近贼于额尔德尼召被创之后，惧我军威，仍循其旧，远徙牧场，规避我军，显然暂且不敢再带部众来犯我境。观此情形，两路军务，一时尚难告竣，官兵出征在外已有数年，朕深悯之。再三思虑者，抑或乘此兵力齐整之时，直捣贼边，早定军务，以休养官兵；抑或遣使晓之以利害。二者均难遽定，故特召两路统兵将军来京，与军机大臣等悉心计议，北路副将军额驸策凌、西路署大将军查郎阿奏称，两路军计有十万余，跟役等亦近十万，二十万之众，配以膘壮马驼、丰余粮饷，直捣贼境，必将所向披靡。而况北路大军业经移驻科布多，益加易于进攻。等因具奏。朕思军务关系重大，复令王公满汉文武大臣共同会议。兹览其奏，所见亦各不相同，两路将军皆言兵力强劲，士气旺盛。又贼地脱逃及陆续来投人等，皆称贼生计贫乏，人心涣散。趁此遣兵讨伐，未尝不可。惟先前皇考之圣意及朕之本意，皆不愿劳师远涉，然于边界驻兵防守，又旷日持久，将士久劳，朕心委实不忍。以朕之意，暂且派使前往准噶尔地方，面晤噶尔丹策零，开示利害，晓以宽大仁旨，解其迷惘，自此划定边线，彼此不再逾越。著令北路大将军平郡王，将移驻科布多之大军仍撤回察罕叟尔，以释贼人疑惧之心。噶尔丹策零倘若闻朕谕旨，果有悔意，一一遵行，则从缓议撤两路大军。倘若仍行执迷不悟，怙恶不悛，则俟为使大臣等回京之日，另作计议。

特谕。

（将此满汉合璧两份奏折、颁降满、汉字谕旨，交付内阁主事常海，抄录交付于吏、兵二部及宗人府，凡宜咨行之处，俱加咨行。八月初二日复行抄录，由主事舒赫德钤印、中书明善密封，交付奏事笔帖式宝山，日驰六百里加急咨行大将军平郡王。八月初八日，复行抄录此满汉两折及谕旨，由主事雅尔哈善钤印、中书阿思罕密封后，交付奏事张文彬，日驰六百里咨行大将军查郎阿去讫）

（军机处满文《夷使档》1760-1）

雍正十二年（1734）七月戊戌

和硕康亲王巴尔图等遵旨议奏言：准噶尔贼夷，世济其恶，屡次兴戎。噶尔丹策零，狂悖凶顽，较伊父策妄阿喇布坦为更甚。我皇上为安逸生灵计，欲特赐包容，遣使前往，开陈利害。但贼人狡诈性成，恐难遽信。目今两路大兵，驻扎边境，贼夷之地势情形，俱已深悉。且粮糗、马驼、军装、器械，无不预备整齐，宜乘此时，于北路派兵三万名，西路派兵二万名，约会齐进，并力歼除。如贼果知畏惧，悔祸祈恩，我皇上再宽其罪戾，议定边界，似惟属于事有益。

又大学士张廷玉等遵旨议奏：噶尔丹策零扰害生灵，早应遣发大兵，立加屠灭。惟是我圣祖仁皇帝如天之仁，于策妄阿喇布坦狂悖妄行，犹复曲赐包容，不加诛戮。我皇上以圣祖之心为心，屡示恩谕，俾息纷争。恐伊孟浪轻举，骚扰蒙古。是以驻兵边地，以为防范。仍谕两路大将军，停止进剿，仰见天心仁爱，原非必欲毁其巢穴，灭其丑类也。今贼人自厄尔得尼招大败之后，势穷力竭。本年春间，我兵从北路袭击，直越额尔齐斯。贼夷惊惶，不敢迎战。但罔识圣心之宽大，自以负罪深重，不可复逭，因此迷而不悟，日益冥顽。若蒙特遣大臣前往，晓以利害，宽其已往之愆，予以更新之路。噶尔丹策零审度势力，实不能支，谅必诚心悔过，俯首求和。若仍执迷不悟，则是伊自速危亡。再议征讨，更觉事易功倍矣。

得旨：准噶尔一部落，习尚贪残，世济其恶。策妄阿喇布坦狡狯非常。当其跳梁之时，我皇考圣祖仁皇帝审观形势，洞悉机宜，曾密谕曰，彼地辽远，我往则我师徒劳，彼来则彼师受困。是以经理八九年，惟令两路将军，陈师边境以待之。即将军富宁安，傅尔丹之屡次袭击，亦欲诱之使来，便于邀击，而贼究不至，富宁安等亦未多获而归，此当日之情形也。及朕即位之初，筹划边事，敬佩皇考之明训，确知策妄阿喇布坦之奸顽，持重不肯轻举。且以将弁兵丁等，久役于外，勤劳可念，因将两路兵马撤回，暂令休息。中间缘清画疆界一事，遣人晓谕再三。朕则开诚布公，彼则支吾巧诈，朕仍包容宽宥之。未几，策妄阿喇布坦身故，伊子噶尔丹策零继领部落。朕虑有侵扰众蒙古之举，不得不预为防范。又以其人孟浪无知，剽轻任性，必率贼众，冒昧前来。是以仍于两路，驻扎大兵。至于命将一事，岳钟琪久在西陲，习于军旅，伊亦踊跃从事，因命为西路大将军。北路大将军傅尔丹，朕恐其才具不胜重任，爰允廷臣之推举，并遣查弼纳为副将军。伊陛辞之时，朕谆谆详谕，令部署完密，度势审机，务策万全。实冀专阃之大臣，戮力同心，不负简用也。乃噶尔丹策零轻举妄动，果不出朕之所料，于雍正八年冬月，发兵侵犯西路。此正我师乘时击贼之机会，而岳钟琪来京陛见，请将大将军印务，交与纪成斌署理。前此岳钟琪身在军营，全无布置，将驼马牲畜十数万，置于贼人来来路之旁，供其掠取。纪成斌庸懦不堪，于贼人来犯之时，畏缩惊惶，一筹莫展，致贼人得志而去。次年贼以全力向我北路。初北路领兵大臣，与喀尔喀等皆怀贼人断不敢来犯之心，一切军需，又未预为完备。傅尔丹、查弼纳等，复误听俘虏诳言，并不奏闻，领兵轻进。彼时朕即向廷臣言之，贼人恐有诡诈，我师此进，甚不妥协。未几奏至，果堕术中。雍正十年正月，贼人仅以七千之众，来犯西路，深入哈密塔尔那沁地方。此又易于大创之机会，而岳钟琪身处军营，调度乖舛，坐令入网之兽，复得骇逸。此西路军营，人人切齿痛恨者。于是贼志愈骄，肆无忌惮，倾其丑类以向北路，越过察罕叟尔军营，直至厄尔得尼招地方。副将军额驸策凌等奋勇击杀，歼其精锐，将及万人。余贼丧胆，乘夜遁逃，经由扎克拜达里克一带，此地朕预设重兵万有四千，以遏贼归路。似此残败之贼，诚如釜底游魂，但遣兵数千人遮击，便可使只骑不返。乃马尔赛坐守空城，一旅不发，贼至不击，贼去不追，俾余孽犹存，边氛未息。马尔赛之罪，诚擢发难数也！总之朕之筹划于事先者，虽未有爽，而臣工之失机于临事者，则不一而足矣。今贼人自厄尔得尼招大创之后，畏我兵威，迁徙远去。看此情形，两路军务，一时难以告竣。特召两路将军来京，与办理军机之大臣，悉心计议。北路副将军额驸策凌、西路署大将军查郎阿，力主进剿。朕以军务关系重大，复令在朝王公、满汉文武大臣公同集议。兹览所奏，意见亦不画一。据两路将军，皆言兵力有余，士气奋勇，贼势穷蹙，人心离散。似此，则遣兵进讨，未尝不可。但皇考当年圣意，与朕本心，俱不欲劳师远涉。而驻兵防守边界，又未免时日耽延，将士久劳，朕心不忍。朕意且遣使臣前往准噶尔，面谕噶尔丹策零，晓以利害，示以宽大之恩旨，开其迷误，从此画清边界，彼此不得逾越。著北路大将军平郡王，将进驻科布多之大兵，仍撤回察罕叟尔，以释贼人疑惧之心。若噶尔丹策零闻朕谕旨，果有悔心之萌，一一遵行，则两路大兵，俱可徐徐议撤。倘仍执迷怙恶，自取灭亡，俟使臣回京之日，别作计议。

（《平定准噶尔方略前编》卷36，《清世宗实录》卷145）①

---

① 　对比文字中，同时引用《平定准噶尔方略》和《实录》时，因《方略》内容较《实录》略详，故以《方略》之文字为主。下同。

002
军机大臣鄂尔泰等奏请领取傅鼐等带往准噶尔赠送物品折

雍正十二年八月初三日

大学士·伯臣鄂尔泰等谨奏。

傅鼐等抵达准噶尔后，以礼赠予噶尔丹策零、两位策凌敦多布礼品，每人各给绸缎四疋，佛木保、玉保每人赠二疋，计共需绸缎四十八疋。拟领官缎五十疋，二等哈达五条带往。

等因。雍正十二年八月初三日奏入。奉旨：著依议。钦此。

（将此缮文钤印后，交付内务府笔帖式游斌，领取绸缎、哈达后，交付内阁学士阿克敦带往）

（军机处满文《夷使档》1760-1）

003
军机大臣鄂尔泰等奏闻更改前往准噶尔大臣等带往物品片

雍正十二年八月初三日

查得，先前众佛保等为使前往时，备带十一项内，凡应改换者，臣等商议修改后，将原文一并呈览，恭请圣主训示。

（军机处满文《夷使档》1760-1）

004
雍正帝为遣使议休兵事颁降噶尔丹策零之敕谕

雍正十二年

雍正十二年，傅鼐等前去时赍往颁降噶尔丹策零敕谕。

敕谕准噶尔台吉噶尔丹策零：先前尔遣使特磊，奏闻尔父亡故，朕即召见特磊，面降谕旨，逐加开导，令将罗卜藏丹津解送前来。至今时过二三载，并不见回复。故为防守边疆，驻兵于两路，至此尔方遣特磊奏称，解送罗卜藏丹津途中，闻大军来征，故令罗卜藏丹津暂行等候，遣人打探。仍乞垂怜众生，广兴黄教。等语。朕即遣大臣杭奕禄、众佛保为使，偕同特磊前往巴里坤军营等候，与尔等商议诸事。彼时，因朕躬违和，未曾召见特磊，由部院传旨遣回，由此即有为难不便之处，亦应相互遣使请议，岂有轻兴战端之理。特磊乃卑贱之人，不知捏造何种谣言，告知于尔。尔若确无兴兵之意，但为众生黄教，则应迎至朕之使臣等晤面，陈明尔意，具奏于朕。然尔并未迎往使臣，反而猝然发兵，劫掠我巴里坤军营马畜而去。又发兵前往阿勒泰地方，彼时我将军、大臣未经请旨，轻举妄动，致尔获利。接而尔兵侵我卡伦，我军于苏克阿尔达胡地方迎战，尔遂收兵退去。翌年，尔等倾全力进兵喀尔喀游牧，我军发少许兵力前往追赶，交战于额尔德尼召地方，大败尔兵。本年春，我前锋兵丁抵达额尔齐斯时，尔属游牧之人俱向里逃匿。驻乌鲁木齐之人亦内迁移而去。彼时，我两路将军大臣等，请以业已整备之兵力，齐发进击，朕悉谕令停止。朕乃天下大皇帝，惟以逸安众生为本，并无必取尔准噶尔之意。而况即得尔土地人众，于我大国有何补益耶。倘不息兵戈，则我军轮换驻防，并无损失，无非稍费数两饷银而已。惟如此相持日久，彼此均皆辛劳，不独兵丁受苦，马匹牲畜等生灵亦多损害，朕心深为悯恻。是故，特以侍郎傅鼐、内阁学士阿克敦、副都统罗密等为使，前去见尔，宣谕朕意，与尔商议彼此罢兵，以永安众生。倘若我大军仍驻于尔游牧附近，尔疑虑不信，亦未可定。今巴里坤之兵，因即将遣使，故令暂行守候外，将北路移往阿勒泰之兵，俱已撤至察罕叟尔。尔若拟遵朕旨罢兵，同享安乐，则会同朕此次所遣之使臣等，明白议定。诸事朕已面降谕旨于使臣等，尔慎思之。朕乃中国大皇帝，尔诚能知道前非，欣然遵行朕旨，则既往不咎，断无食言之例。尔宜慎定是非利弊。兴兵与否、逸安众生与否，皆取决于尔。

为此特谕。

（军机处满文《夷使档》1760-1）

雍正十二年（1734 年）八月丙午

遣侍郎傅鼐、额外内阁学士阿克敦、副都统罗密，前往准噶尔，传谕台吉噶尔丹策零。

上谕曰：从前尔遣使特磊，奏闻尔父亡故，彼时朕即召入特磊，面降谕旨，详加开导，令将罗卜藏丹津送至。越二三载，并无回奏。故于两路驻兵，防守边界，尔乃遣特磊奏称，已将罗卜藏丹津拿送至途间，闻有兵至，故暂停解送。特遣人恳求指示，伏愿广兴黄教，爱惜生灵等语。朕即遣使臣杭奕禄、众佛保，同特磊前往巴尔库尔军营，与尔商议诸事。因朕躬违和，故未将特磊召见，令部臣传旨遣回。即有疑难不便之处，亦当彼此遣使议和，岂有轻动兵戈之理。特磊乃卑贱之人，未免捏词告尔，以图偾事。尔若果无动兵之心，为生灵黄教起见，则当向我国使臣，恳切陈奏。乃并未接见使臣，猝然发兵，侵我巴尔库尔军营，抢去马匹，又发兵阿尔泰地方。彼时我国将军大臣，未行请旨，忽略轻动，致尔得利。未几，尔兵侵我卡伦，我兵于苏克阿尔达胡地方迎战，尔遂收兵退去。次岁，尔复协力来扰喀尔喀游牧，被我师轻骑掩杀，战于厄尔得尼招地方，尔兵大败。今春我哨探兵丁，至额尔齐斯地方时，尔游牧处人，俱行遁匿。乌鲁木齐驻扎之人，亦行移去。我两路将军大臣，即欲尽驱雄兵，乘势进剿，朕悉谕令停止。朕为天下元后，惟以好生为本，并无将准噶尔必行剿灭之意。况得尔土地人民，于我大国亦何补之有。尔若执迷不息兵戈，则我师更换驻防，毫无缺乏之虑，不过稍费粮饷耳。但如此相持之久，彼此皆劳，非徒士卒苦累，而马匹牲畜，亦多损伤，是以朕心深为恻然。今特遣使臣侍郎傅鼐、学士阿克敦、副都统罗密等，前来宣谕朕意，与尔商议爱惜生灵，彼此罢兵之事。若我大兵，仍在尔游牧近处驻扎，恐尔心生疑贰。今巴尔库尔军兵，因使臣由彼得遣往，故暂令守候驻扎。其北路已抵阿尔泰军兵，俱撤至察罕叟尔。尔果欲遵旨罢兵，同享安逸，即与遣往之大臣，明白定议。朕已将一切事务，面谕大臣。尔宜详思，如诚心知过，痛改前愆，乐遵朕旨，则朕将往事，尽行宽宥，断不食言。至于是非利害，尔宜酌定。欲构兵，欲止戈，欲安逸众庶，欲残害生灵，亦惟尔择而行之。

特谕。

（《平定准噶尔方略前编》卷36，《清世宗实录》卷146）

005
雍正帝谕噶尔丹策零昭地驻汗一事不可行

雍正十二年

为于昭①地驻汗事，奏请训示。奉口谕，记录成文。

奉上谕：尔以先前昭地曾驻有达延汗，未曾闻有别样益处，后达赖汗驻此，亦无益于教法，凡事皆由第巴专权，乱政不止，且将达赖喇嘛圆寂之事，对众生欺瞒达十数年，图谋私利，达赖汗亦未能告发。后拉藏至昭，杀第巴明其罪，奏诸皇考后，封其为汗，令驻于此，亦无益处，反而尊崇红教，动用达赖喇嘛之诸物，于黄教有害无益等因，派兵歼灭拉藏，搅乱昭地，以致寺庙之众喇嘛解散，教法延宕。朕之皇考本为达赖喇嘛之施主，念及先前之善行，岂能坐视全满洲、蒙古信奉之黄教遭此劫难，故遣将军、大臣、兵丁及青海诸台吉等一同前去，拟为达赖喇嘛坐床及教法商议。尔之台吉策凌敦多布等不曾等候，拂袖而去，我大军遂会同青海诸台吉等使达赖喇嘛坐床。因达赖喇嘛之商上空虚，念各寺庙用度紧要，特从内地送往银数十万两。我将军、大臣、官兵等亦共同虔心进献丹书克熬茶，将数万两银置于商内，众寺庙之喇嘛复行集聚，黄教仍前振兴，土伯特人众皆得安宁。事定之后，大军虽撤，仍留有将军官兵，驻守昭地，青海台吉等则经各自奏请，均行撤回。我军仅驻守三年余，后念及唐古特

---

① 译者按：大昭寺周围地区，泛称为"昭"。

地方狭小，庶民受苦，未可料定，故将兵丁尽数撤回，至今仍于察木多地方驻兵防守。我大军驻昭地时，朕之皇考颁谕将军、大臣等，垂问顾实汗之诸子，宜令哪位驻昭地。后据我将军、大臣等奏称，据唐古特第巴、噶伦、众喇嘛及所有人众呈文内称，我唐古特之黄教破坏殆尽，众皆将死，经文殊菩萨皇帝明鉴，令达赖喇嘛坐床，遣派大军，击退准噶尔，我唐古特人众方得安生，黄教得以复原。我唐古特人众遭受和硕特、厄鲁特之磨难，已逾数世，今若念系顾实汗之子嗣，仍令驻土伯特地方，我等再生之身，复陷苦难。无论生死，但凭文殊菩萨皇帝明鉴。等语。若令青海台吉等驻此，实为唐古特之苦难，于黄教亦无益处。等因。再三奏请，故而停止。罗卜藏丹津因未令彼驻昭地为汗，便借故悖行。彼诚情愿驻昭地，缘何不驻昭地奏请施恩，却拂袖而去。现譬如罗卜藏丹津等抵达昭地，一味抢掠唐古特人等物品，陷之于苦。罗卜藏丹津每日以廪给为名，食用唐古特之羊二三十只，拴马四五十匹，酗酒撒疯，唐古特人等无不憎恨、无不怨忧。知此行径，岂可兴于黄教无益，祸害唐古特人等之事耶。朕乃为天下大皇帝，教则为所有满洲、蒙古共同之宗教，若论施主，不仅朕为大施主，且自朕之圣祖太宗皇帝始，即为教之大施主。教之事务，除朕保护过问之外，毋庸争议谁人有分。教之地方，并非村庄、臣仆。台吉尔且试思之，教者，乃天下共同之教，共同尊奉维护而已，绝非可由一人独占。而拉藏者，乃经奏请朕之皇考，封汗命驻之人，其恶行，尔理应陈奏于皇考，然并未上奏，即行擅自派兵诛杀拉藏。似此咎失，朕宽宥未加追究，台吉尔惟应感激羞愧，岂可将尔欲设汗驻昭之事，贸然向朕提及。今青海台吉内无一人情愿为汗，唐古特人等亦极不情愿。倘令情愿之人驻扎，亦岂有令背主之罗卜藏丹津驻昭地为汗之理耶。台吉尔之此说，乃为教法乎，否则又为谁人耶。若为教法，教法现又如何，若论为人，又有为人而破坏教法之理乎。台吉尔理宜摒弃私念，虔心辅佐于朕，笃诚利裨教法。如加慎思，料台吉尔定能赞同，感念朕谕也。钦此。

（议此一项时，则称昔送达赖喇嘛至昭地坐床时，曾谕令我将军、大臣等，议藏地设汗及任命第巴之事。据所有唐古特人众称，起初达延汗、达赖汗驻此，后第巴、拉藏汗驻之，此辈皆于教法众生无益，反而兴兵祸害众生。今若仍行设汗、第巴，我再生人众，复将蒙难。等语。再三奏请。故而不便强迫众意，唯敕噶伦等办事。若唐古特人等奏请设汗，皇帝将任命谁人之处，抑或明鉴颁旨。此等之处，尔等不得干预。等因）

（军机处满文《夷使档》1760-1）

006
雍正帝谕噶尔丹策零尊奉佛法讲求诚信

雍正十二年

将议教法之处，奏请训示。奉口谕，记录成文。

奉上谕：佛教乃古时释迦牟尼佛出世，拯救六种生灵于十大罪孽，导入善道，其博大无垢净道之讲论，由额讷特科克（今印度）、唐古特传至汉地，世代圣贤辈出，阐释传讲，至今不绝。或因时运不济而遭浩劫，却绝未撼动正法，相传至今者，乃平静和缓之道，但可平缓光大。自古圣人问世，即受众人敬佩，故而道法振兴，并非倚仗各自之强势治法。昔元朝成吉思汗之前，蒙古人等亦不知佛法经典，成吉思汗、世祖忽必烈依然笃诚奉祀圣盇班第达、帕克巴喇嘛，教法始得弘扬，并非背弃佛教道法，靠征战讨伐弘扬法度。和顺之教，惟有保持静默，方可自然而成外，倘若弘扬法度，如此之疵借故，于教法生灵，并无益处，且有悖于佛之大慈大悲。朕虽为大皇帝、大施主，亦惟有笃诚敬奉，恭顺效仿古圣人，以善为善，以恶为恶，尊奉道法外，断不无故借法作祟。即便现在，观朕之皇考封达赖喇嘛坐床，我四十九旗蒙古、七旗喀尔喀、厄鲁特，连带汉人，于各自之地方一心笃奉，不惟法度照旧，想来较前益加振兴。台吉尔今既与我大国极为和好，倘能辅佐尊奉教法、仰副佛之慈悲之心，惟但断不食言，诚信践约，则尊贵无逾此者，且亦有裨于众生，此即法度矣。钦此。

（军机处满文《夷使档》1760-1）

007
雍正帝谕著噶尔丹策零解送罗卜藏丹津

雍正十二年

将罗卜藏丹津之事，奏请训示。奉口谕，记录成文。

奉上谕：罗卜藏丹津承我国恩及悖而逆行之始末，皆为台吉尔熟知者也。罗卜藏丹津猝然叛乱，兄弟间相互杀戮，意欲来犯内地，朕尚以其受我国恩至深至重，断不至于如此，亦未派兵赴边，仅饬地方大臣等屡次派人致信，开导制止，然并不悔悟，抗旨不从，扣押大臣，倾巢出动，突犯西宁之多坝一带，进逼内地城池，大败于我西宁所属守汛少量官兵而溃逃。罗卜藏丹津叛逆之心，尔使在彼，为已知之事，尔亦曾劝阻罗卜藏丹津。我乃大国统驭天下之大皇帝，但秉天理而行。罗卜藏丹津悖恩叛逆之罪，于天理国法断不可有。去年，朕曾预先降旨根顿曰：罗卜藏丹津若不往求尔台吉，便无栖身之处；果去求尔台吉，尔台吉执之前来，朕仍准留其命；如若留之，朕亦不索还。钦此。惟去年，尔曾极其恭顺遣使，奏请永久和睦相处，朕嘉许之，敕令追赶罗卜藏丹津之官兵，倘若罗卜藏丹津逃至尔处，则勿追赶至尔处，至今朕亦不曾追究。我等业已和好，朕倘不时提及罗卜藏丹津至尔处，尔反倒为难。朕尚且不再提及，台吉反为逆贼说话，又系何为。钦此。

（议此一项时，则称罗卜藏丹津系受我国恩深重、无故叛逆之人，若留于尔处，亦无益处，务将其返还。等因。噶尔丹策零倘与我等言，尔等既言索还罗卜藏丹津，其莫特海策零、巴吉等又如何。则称，罗卜藏丹津系我出兵之前奉命向尔索还之人，必须索取。莫特海策零等系用兵之后至尔处之人，是否索还之处，并未奉有谕旨，俟大

事落定，和好之时，再议此等琐杂之事亦可。等因)

(军机处满文《夷使档》1760-1)

008
侍郎傅鼐等拟告知噶尔丹策零
可奏请划界以求和好之语

雍正十二年

噶尔丹策零倘若论及我用兵之缘由，则对彼曰：台吉初派使臣，为教法众生奏请大皇帝，蒙皇帝加恩，令尔使觐见，颁谕逐项开导，敕令解送罗卜藏丹津后遣返，并未见有回信，是以不知尔意如何，吾之边境不可不防备，故派兵驻守阿勒泰、巴里坤。故此，尔又遣特磊奏称，前曾解送罗卜藏丹津，半途听闻出兵之消息，遂停解送罗卜藏丹津，遣往核实。等因具奏。若台吉果遵圣旨，为求和好解送罗卜藏丹津，彼时即径送军营，将原委奏闻大皇帝，则大皇帝必定加恩嘉奖尔之诚心，岂有进兵之理。故此尔等称解送罗卜藏丹津之语不实，显系乃为借故延缓我方进兵之期。然皇帝宽仁齐天、乐善好施，特为休兵逸众，派大臣为使，偕尔使臣前往议事。尔并未迎入我等之使议事，反倒暗地派兵，掠取巴里坤之兵马，如此兴戎扰民，岂非源自台吉尔乎。此数年间，双方彼此交战，已知己知彼。兵者，恶器也，征战未必能胜，而况尔兵与我交战，有得有失，其得可偿失乎。我泱泱大国，兵强饷足，乃天下共知者也，而以尔准噶尔一部之力，欲与我大国持久抗衡，其能否之处，尔等自然心知肚明。且夫，尔属众之苦乐，较前如何，若持续如此遭殃，尔兵则年年四季常备，属众不遑暇逸，常年奔波于戎伍卡伦。哈萨克、布鲁特等敌国，乘隙屡屡侵扰，则焉能保尔属乌合之众，一心不二，死命效力于尔耶。台吉尔乃一部之长，理应思虑抚恤属民，安逸众生。兴戎苦累众生，系何好事。我等之大皇帝，惟念弘扬佛法，普度苍生，无意于取得尔准噶尔地方及人民，即便得尔准噶尔，于吾大国有何益补。今皇上轸念众生，特派我等为使，若台吉尔果照原奏，奏请皇恩，安逸众生，可钦遵圣旨，明定边界，将永息兵戎，和睦相处之处，议奏于皇帝，皇帝今已颁谕尽宥台吉尔之所有前愆，相应观台吉如此恭顺，愈加嘉赏，施以隆恩。嗣后，尔等属民皆可仰承皇恩，永久安逸。等语。

(军机处满文《夷使档》1760-1)

009
雍正帝谕噶尔丹策零果隆等寺
众喇嘛以助罗卜藏丹津故而被创

雍正十二年

为果隆、果莽寺所议之处，奏请训谕。奉口谕，记录成文。

奉上谕：安多地方寺庙内，果木布木、果隆、果莽此三寺，原为大寺，今果木布木寺仍存，并无损毁之处，且安多地方各寺庙及众喇嘛依旧。唯果隆、果莽二寺，尽为青海和硕特为喇嘛者甚多，彼等助纣为虐，与罗卜藏丹津为伍，侵扰西宁内边及边民，故而大将军年羹尧派遣所辖汉军人兵招抚曰，尔等均系出家之人，不可涉入此事，静默即好。然寺内数千喇嘛披挂上阵，持械而出，抗拒官兵，官兵仍以好言劝降，倒反愈益不从，持枪箭反扑，伤害我官兵，致使官兵极为愤恨，鏖战终日，负于我军溃逃，入寺为营固守，交战不已，招降亦不从。喇嘛等如此反扑，我汉人官兵岂能坐以待毙，被逼无奈，遂用火攻，弹压众喇嘛。此等情形，不仅朕一无所知，与大将军亦无涉，此皆因喇嘛等滋恶所致。喇嘛者乃出家脱俗，洁身自好，怜爱众生，虔诚于教。今悖主持刃，杀戮无算者，又见于何等经典。此乃背弃佛道，辱没法度者也。此类喇嘛所以启衅者，乃为罗卜藏丹津也。况若论此等喇嘛，此等寺庙皆在我边内，近百年来承我国恩甚重，不思感恩，却与忤逆罗卜藏丹津为伍，侵犯国法。喇嘛乃佛门弟子，佛法之源在于道，道安始有教。若随违背教法之人而行，虽为喇嘛亦属教之障碍。教之正源在昭地，弘扬佛法者，中国之大施主也，所有满洲、蒙古、汉，于各自地方敬奉佛法者，此即教也，并非但涉果隆、果莽二寺。观之既有数千喇嘛聚集，必定行善者寡，作恶者众，恶者众，则善者亦无奈趋之。诚系大喇嘛坐床，方可训导众喇嘛外，平常喇嘛焉能管束训导数千喇嘛。是故，恶者反而牵连善者。今朕将于果隆、果莽等处均修小寺，每寺喇嘛不得过二三百人，选贤能喇嘛主持。如此，喇嘛之善恶可辨，安多地方众喇嘛之教行益善哉。钦此。

（议此一项时，有先前罗卜藏丹津反叛时，果隆、果莽二寺众喇嘛，助纣为虐，追随罗卜藏丹津，故我将军等遣派官兵招抚，喇嘛等反持器械反扑，大动干戈。我等之官兵无奈弹压，故而寺庙房屋毁坏，喇嘛等亦有受伤者。现皆已修复，喇嘛等仍前集聚，弘扬黄教。等语）

（军机处满文《夷使档》1760-1）

010
雍正帝谕噶尔丹策零
定边后须各自严惩逃人

雍正十二年

为议逃人事，奏请训谕。奉口谕，记录成文。

奉上谕：倘若疆界议定完毕，须以信义为重。倘若追究定边之前旧事，则永无完结之日。今既和好定边，嗣后彼此当不再隐匿逃人。现譬如，定边之前，示我大国之信用，行阿克苏、库车等二三事，乃台吉尔知晓者也。既如此，倘尔所属人众私自越界滋事，一旦我等咨文前去，台吉即予惩办治罪；我属人众若有越界滋事者，尔亦咨文前来，将按我等之例惩办治罪。不然，日后彼此边界之不肖之人滋事，必将毁坏和睦之道，将此不可不严饬各自边界地方该管人等。钦此。

（此项暂无可议之处，倘噶尔丹策零提起，可称我等前来之时，皇上并未就逃人之事颁降谕旨。然若大事已定，此等小事，惟但秉理而行则已，亦易于商议。等语）

（军机处满文《夷使档》1760-1）

011
雍正帝谕噶尔丹策零喀尔喀
厄鲁特通婚惟在两相情愿

雍正十二年

为喀尔喀与厄鲁特等通婚之处，奏请训示。奉口谕，记录成文。

奉上谕：喀尔喀、厄鲁特相互通婚和好，亦系寻常之事。唯两方情愿结亲者，乃为惯例。其不情愿之婚姻，朕虽为大皇帝，亦无勉强结亲之处。惟有彼此和睦、平安，即为善哉。此次尔若按尔原先所请之例，永息兵戈，和睦友好，定边事成之后，往来遣使，永不负约，则不仅喀尔喀、厄鲁特彼此可结秦晋之好，即便与我宗室结亲亦无不可，皆在两相情愿也。钦此。

（军机处满文《夷使档》1760-1）

012
侍郎傅鼐等拟回复噶尔丹策零
因其轻动干戈部院方议编设旗佐之语

雍正十二年

噶尔丹策零若议特磊赍往部院文书内容，则向彼称：部院所咨咨文所列事项，并无强逼尔等务必照行者，乃尔父前台吉在世时，断然不可行者。其似将喀尔喀、青海恢复原政，给阿勒泰以科布多、乌兰固木等地之请，不过为回敬之意，即便不可行，有为难之处，亦应迎至使臣，陈明缘由，奏请皇帝方是，岂有轻易兴兵之理耶。尔等若不议及此等之事，我部院必议不必将尔等定为扎萨克，编设旗佐之处。等语。

（军机处满文《夷使档》1760-1）

013
侍郎傅鼐等拟回复噶尔丹策
零特磊所留之人皆已亡故之语

雍正十二年

倘若问及特磊所留三名跟役之缘由，则告称：原先特磊来时，将三名跟役留于肃州，经营杂货生意。肃州地方小，一时难以售罄，地方官员将彼等遣至西安、兰州等大地方贸易，因特磊启程仓促，彼等未及赶至肃州，拟于为使大臣等前去时再偕往。后来尔部迎往使臣，起衅兴戎，不便遣往，故暂留之。因彼等不服我内地水土，此数年内已陆续亡故。彼等贸易所得银两，迄今存放于边界大臣之处，拟俟两国和好派使通商之时，将其贸易所得银两，乘便发往尔处可也。等语。

（军机处满文《夷使档》1760-1）

014
侍郎傅鼐等拟回复噶尔丹策零
雍正帝未曾应允出兵收复乌梁海之语

雍正十二年

与噶尔丹策零言语时称，我内外将军、大臣等，皆议率兵立即进剿，或先行移兵额尔齐斯，建城驻兵，屯足粮饷，逐渐推进。我军修建城池，并无难处，一二月内即可完竣，粮饷亦可立即送达，乃尔等知之者也。此等之处，皇上悉未准行。再，在阿勒泰之尔部乌梁海人等，距我军营甚近，若将军、大臣等乘任何时机派兵数千，将其收复，乃属极易之事，圣主亦未准行。据此即可知晓圣主极为仁慈，惟念安逸众生之意。等语。

（军机处满文《夷使档》1760-1）

015
侍郎傅鼐等拟回复噶尔丹策零
雍正帝不曾应允兵械涂抹毒药之语

雍正十二年

使臣抵达，与噶尔丹策零闲谈时称，今岁，两路大将军均皆奏称意欲乘时进兵，即便我等之大喇嘛等及占卜之人，皆云寅卯年乃尔准噶尔之凶年，宜发兵前往。因皇上好生，制止进兵，遣派我等前来议和。再，我大国有一毒药，涂于任何箭弓、刃器使用，伤及皮肉即刻毒发毙命，亦用于杀毙虎兽。征调两路军时，拟将此药涂于刃器，用于与尔部交战。因圣主不忍，未曾应允。再，尔准噶尔处本无茶叶，十数年前，占卜者曾云若尔准噶尔地方产茶，则为准噶尔灭亡之时。据闻，今尔处出一烹茶之物，不知虚实。此等之处，皇上皆不听，据此即可知晓大皇帝仁慈，保全尔准噶尔之至意。等语。

（军机处满文《夷使档》1760-1）

016
噶尔丹策零为情愿息兵事之奏表

雍正十二年十二月初五日

雍正十三年，噶尔丹策零奏表之译文。

奏于雍正皇帝陛下：先前仰副大皇帝之慈旨，谨请洞鉴振兴黄教、安逸众生之意，两派特磊为使前往。其第二次，正值圣躬违和，部院称我属例外，罗列多款不便之事，云若不从，将由各路进发大军，等因咨文。大皇帝敕谕，亦称若不遵从部文，非但尔不必遣使，亦不必迎至我等之使，故而无奈起兵，征战不休，殃及生灵。大皇帝鉴此，大加悯恻，拟既往不咎，从此永逸众生，朕断不食言。故此我为黄教振兴，众生逸安，不胜欣悦。特此具奏者，乃以大皇帝谕曰，其和好或构兵，众生或苦或乐，均取决于尔。大皇帝安抚众生，我亦极为情愿，彼此意合，而相互构兵，祸害生灵，则有罪也。某皇帝、某诺颜时期构兵战乱之名，恶也。彼此和睦，振兴黄教，安逸生灵者，福也，且系美名。此理宜于大皇帝及我，相应即照此谕，将彼此和睦，振兴黄教，安逸生灵之处，谨请大皇帝鉴之。区区之处，由吹纳木喀、诺惠尼等口奏。

附献貂皮三十五张。

甲寅年十二月初五。

（军机处满文《夷使档》1760-1）

017
侍郎傅鼐等奏报由噶尔丹策零处返回情形折

雍正十三年二月

钦差前往准噶尔台吉噶尔丹策零处之侍郎臣傅鼐等谨奏，为奏闻圣主颁谕息兵止戈，安逸众生，噶尔丹策零欣悦遵从，遣使请安之处事。

臣等于雍正十二年十月二十五日，自巴里坤军营起程，于十一月初五日行抵阿克塔斯地方，觅见准噶尔之卡伦。卡伦之人将臣等引至色布腾之军营，于是月初十日，抵达吉木色地方，宰桑乌巴什带兵来至臣处，问明缘由，遂引臣等于十一月初九日至伊犁河。十三日，晤见噶尔丹策零，转降敕谕毕，噶尔丹策零问使臣因何而来，臣等称，我等之圣主为悯恻众生，不忍殃及，欲图止息兵戈，安逸众生，故此奉旨前来。噶尔丹策零曰：观尔等所言及遇见尔等之我方之人所言，皆称为好事而来，相应容我览过谕旨，再召见尔等商议。等语。十五日会议时，噶尔丹策零曰：大皇帝降旨，欲止息兵戈，安逸众生，对此我不胜欣悦，诚愿从之。等语。此后，三次面见噶尔丹策零。臣等起程之时，噶尔丹策零派宰桑吹纳木喀、诺惠尼为使，偕同臣等前来，请圣主安，进献方物。

臣等于正月十二日自伊犁河之巴尔图托惠地方起程，二月十六日出准噶尔卡伦伊勒布尔和硕。噶尔丹策零派宰桑巴图蒙克、多尔济沿途护送臣等至卡伦后返回。臣等抵达巴里坤军营后，再将如何送使臣吹纳木喀等至京城之处，与署理大将军查郎阿等一同商议，另折具奏。

为此谨具奏闻。

（军机处满文《夷使档》1760-1）

018
侍郎傅鼐等奏报与噶尔丹策零等商谈定边等情折

雍正十三年二月十八日

钦差前往准噶尔台吉噶尔丹策零处之侍郎臣傅鼐等谨奏，为奏闻与噶尔丹策零所议之处事。

臣等于雍正十二年十二月初九日行抵伊犁河之日，宰桑特磊、吹纳木喀、巴图蒙克率二十余名厄鲁特来迎。据告称，我等之乌巴什宰桑告知我等之大臣等来使于本日抵达，故我等之大臣派我等前来接迎使臣等，引至住处。俟至住处，臣等问特磊等，我等之圣主特为息兵，派我三人来此，所颁敕谕，何时交付于尔等之台吉。据告称，且待我等返回后转告我等之大臣等。言毕离去。十二日，特磊等前来告称，我等之噶尔丹策零称将于明日会见使臣等，彼时再转交谕旨。今用兵之际，不可仍似先前之来使，将谕旨由尔等亲手交付噶尔丹策零，须由噶尔丹策零之近侍接收后转呈。臣等称，尔等既言用兵之际，我等不得亲手将谕旨转交尔等之台吉，可照尔等所言行之。十三日，特磊等来，引臣等至噶尔丹策零之住所后，臣等钦捧敕谕，交付噶尔丹策零时，其近侍接收转交噶尔丹策零阅览。噶尔丹策零令臣等就座于西侧，臣等将皇上所赏绸缎交付，旋又交付臣等所带哈达、绸缎，然后坐定。噶尔丹策零问使臣因何而来，臣等告称，本大臣等奉我等之圣主轸念众生，止息兵戈，以安逸众生之旨而来。噶尔丹策零曰，果为息兵，众生安逸而来，有何可议之处。倘若仍似特磊来时赍至谕旨，则有诸多争议之处。兹观尔等口中所言，及遇见尔等之我方之人所告之言，皆称为好事而来，相应容我览过谕旨，再召见尔等商议。等语。十五日会议时，噶尔丹策零曰：大皇帝降旨，欲止息兵戈，安逸众生，对此我不胜欣悦，诚愿从之。此后，三次面见噶尔丹策零。臣等起程之时，噶尔丹策零派宰桑吹纳木喀、诺惠尼为使，偕同臣等前来，请圣主安，进献方物。旋上茶点，臣等就地行礼而散。

十五日晤面，噶尔丹策零问，班禅额尔德尼身体安否，臣等告知安好。问达赖喇嘛现居何处，臣等告称，达赖喇嘛现居理塘新建寺庙。达赖喇嘛仍居理塘寺庙，或赴藏居住之处，已派大臣晓以听凭达赖喇嘛自便。噶尔丹策零又问，可曾施恩达赖喇嘛否。臣等告称，已封达赖之父为公，已承恩泽。噶尔丹策零曰：吾曾言阅过谕旨再议，故今日请尔等来。副都统、理事官尔等二人面南而坐，将新颁谕旨及特磊去时赍至谕旨，一一宣读，吾且作解释。谕曰：奏闻尔父去世，朕即召入特磊，面降谕旨，令将罗卜藏丹津送至。等因遣回。时逾二三载音信杳无，故为防守边界地方，驻兵于两路。至此尔方遣派特磊奏称，解送罗卜藏丹津途中，闻听大军来征，遂令罗卜藏丹津暂行等候，遣人打探。等语。朕即遣使臣，前往巴里坤军营等候。特磊返后告称，大皇帝谕曰，罗卜藏丹津乃作恶之人，若在尔处无益，著解至朕处。吾即遵旨执送罗卜藏丹津，中途闻有兵至，故暂停解送罗卜藏丹津，遣人打探。特磊于未年去，申年返回，并未时逾二三载。臣等曰，乃云特磊往返日久。噶尔丹策零又云，据谕旨曰：因尔请仁鉴振兴教法，安逸众生之处，故朕即遣使臣偕同特磊前往，命于巴里坤军营等候，凡事与尔共同议之。时因朕躬欠安，未曾召见特磊，令部院传旨遣回。对此若有为难不便之处，理应遣使提请，岂有轻易兴兵之理。尔若果无兴兵之意，理应迎至朕之使臣晤面，提陈尔等意见，具奏于朕。然尔等并未迎至使臣，反而猝然派兵，抢走我巴里坤军营之马匹。等因。吾并无将为难不便之处，不派使臣商议，即轻易兴兵之处。据先前特磊赍至谕旨曰：此次已非仅议解送罗卜藏丹津及议定地方边界即可完结之事，须派人至巴里坤迎往朕所派之使臣会面，定议具奏。若尔不能钦遵，则不必派人迎接朕所遣使臣，亦不必再派特磊矣。等语。吾想使臣来则来矣，以前并无迎接使臣之例，故未迎接，不便遵旨而行，故亦未派特磊前往，由此出兵巴里坤赶至马匹亦属实。臣等称，虽说因无迎使之例，勿派特磊，然我等之人亦有在尔处者矣，遣一二人，将为难不便之处陈明，亦可矣。噶尔丹策零云，彼时我处之人有被尔等抓获者，尔处之人则无被我等抓获者。另有谕旨曰：我两路将军大臣等，请以业已整备之兵力，齐发进击，朕悉谕令停止。朕乃天下大皇帝，惟以逸安众生为本，并无必取尔准噶尔之意。而况即得尔土地人众，于我大国有何补益耶。等因。两路将军等用兵数年，并未能取我准噶尔之地。此数年间，可曾增兵出人乎，大皇帝睿鉴制止者是也。倘若果无取我准噶尔之意，辛劳兵马数年，乃为儿戏乎。若两路将军等进伐，必拥强势而来，彼时我等将审时度势，能抗则抗，否则避匿，视尔等之人马远途劳顿，再另谋计策。我准噶尔乃似乡村之小国，若能取之则已，倘不能取，则有碍尔大国之名矣。臣等称，我等之圣主欲安逸众生，遣至我等，对此好生圣意，台吉尔意下遵从与否，惟可议耳。果议战事，我等可议之言多哉。噶尔丹策零言，大皇帝既颁谕为教法众生，止息兵戈，我等心悦诚服。吾解释自身原委者，免派使臣。又据谕旨曰：倘若我大军仍驻于尔游牧附近，恐尔疑虑不信，将移往阿勒泰之兵，概行撤至察罕叟尔。等语。尔等忽而用兵，忽而遣使，我存疑心者实，而大皇帝撤兵者亦极是。噶尔丹策零又曰，谕旨曰：尔诚能知道前非，欣然遵行朕旨，则既往不咎。等因。据此看来，吾有舛错，方言宽宥耳。前派特磊闻达吾父去世，反倒出兵；旋派特磊询问，部院反咨文称，尔且受封，将尔属人等编设旗佐，再降旨土尔扈特，将尔弟罗卜藏舒努索回和好，其属众亦编设旗佐，另作扎萨克。再，查出丹津拉布坦、丹吉拉之子旧属给还。将策凌敦多布等大台吉等，亦另编为扎萨克，各管其庶。等语。自吾父祖以来未曾遵从之事，吾岂有遵从之理，吾并无舛错之处。无论如何，惟有谕旨内所云止息兵戈，安逸众生之处紧要，吾不禁心悦诚服，请问使臣，据尔等之意，如何可永久和睦耶。臣等称，果欲边界永久和睦，理应定边。定此界时，以阿勒泰山麓为界，方可永久和睦。等语。噶尔丹策零言，尔等为何不言以杭爱为界，却称将吾游牧中间之阿勒泰为界耶。阿勒泰山麓，断不可为界。臣等称，此并非初议之事，自尔等之前台吉时即议之，直至此时，我等按前所议之例带有图来。噶尔丹策零云，既带有图，且另行择日带图来议。此外，尚有他事乎。臣等称，我等之圣主谕曰：先前噶尔丹策零曾言将罗卜藏丹津解送至朕处，今若息兵，彼必实践前言解送，朕亦必取之。等语。噶尔丹策零言，观和好之前即索取罗卜藏丹津，抑或索取之人多矣，果若索取，吾亦有索取之人。无论如何，定边及索取罗卜藏丹津之处，吾且与众亲等相商后再议。是日议事时，噶尔丹策零稍有不悦之状，臣等亦面露不悦离去。

十六日，宰桑吹纳木喀等来至臣等住处告称，我等之噶尔丹策零云，敕谕已阅，既为好事而来，相应给为使大臣等送日用羊、米等物。故此派我等前来。彼此闲聊间言，昨日台吉问我等如何可永行和好。我等称，果欲边界永久和睦，若不以阿勒泰山麓为界，断难确保永行和睦。闻此言，台吉当即动怒，云尔等缘何不以尔等之杭爱为界，而将我游牧中间之阿勒泰山麓为界耶。未曾详尽议事之前，如此为一句话即现怒容，溢于言表，恐于安逸众生之事无益。宰桑吹纳木喀等称，我等之噶尔丹策零之言，系属随意比喻，并非言宜以杭爱为界。唯对部文所云受封，编设旗佐等语，我等之噶尔丹策零大为怨恨。臣等称，此部院咨文，并无强逼台吉务必施行之意，不过回敬尔等之前台吉将喀尔喀、青海恢复原治，划给阿勒泰以科布多、乌兰固木等地等断不可行之请而已。宰桑吹纳木喀等称是而去。

十九日，宰桑吹纳木喀等来称，我等之噶尔丹策零云，使臣等来，已递敕谕并议事，兹已和好，相应宴请使臣等一次，故遣我等前来。臣等遂往，彼此闲聊间，噶尔丹策零问，现京城内大喇嘛为何人。臣等称，大喇嘛内，章嘉呼图克图在京城。噶尔丹策零问，章嘉呼图克图于经书如何。臣等称，章嘉呼图克图于经书如何之处，我等并不明晓。据闻颁谕盛赞章嘉呼图克图每每谒见皇上，阐释人性命运、经书奥秘时，所知所晓，已盖过其年龄。噶尔丹策零问，先前康熙帝对我处派往为使喇嘛兰占巴吹木皮勒施以厚恩，仁爱关照之处，曾闻吹木皮勒愉悦相告。今大皇帝于经书如何。臣等答称，我等之圣主极好佛道，不仅经书甚多，珍藏孤本，其经书言语、佛意，寻常大喇嘛等难以知晓之处，翻译后问圣主，无所不能阐释。噶尔丹策零问，哲布尊丹巴呼图克图今驻锡何处。臣等答称，哲布尊丹巴呼图克图驻锡多伦诺尔新建寺院中。

二十八日，吹纳木喀等前来告称，我等之噶尔丹策零云，本日请使臣赍图前往议事。臣等至噶尔丹策零家中，噶尔丹策零看过图后，此言以阿勒泰山麓为界者，断非大皇帝之旨，大皇帝并未临御阿勒泰察看过。大皇帝洞鉴我父祖原先游牧之地，断不言以我游牧之阿勒泰为界，此皆两路将军等奏请取我游牧所致者。吾将以此由奏请于大皇帝。臣等称，奉我等之圣主谕旨，先前拟将阿勒泰山麓以东哈布达里哈达青吉尔、布喇青吉尔两转弯处为中间地带闲置。因前台吉请若将此两转弯处闲置，我游牧地方将过于窄小，故而得以不曾定边。今将前台吉所请两转弯闲置地方，划给尔台吉，而以阿勒泰山麓为界，如此则喀尔喀、厄鲁特不再杂居，争吵斗殴之事亦可尽消。噶尔丹策零云，此并非大皇帝之旨，若论从前，阿勒泰为厄鲁特游牧地，杭爱系喀尔喀游牧地。欲以阿勒泰山麓为界者，与吾意大相径庭。吾倘以吾父祖之游牧地为界，必为异教之俄罗斯、回众等耻笑。永行和好者，并不在于定边。现譬如，俄罗斯虽未与吾定边，亦能和睦相处。定边者，乃区区小事，吾为陈明己之缘由，派吹纳木喀等为使，偕同尔等前往，奏请大皇帝，料大皇帝洞鉴吾之缘由，必加垂爱。吾意已定，尔等使臣亦请整治行装，尔等可偕同吹纳木喀等，于正月初十日起行。臣等称，台吉尔等之人，仅于噶尔丹之事前，曾于阿勒泰游牧耳。自噶尔丹之事以来，尔等之人并未游牧于阿勒泰。若论噶尔丹一事以后之事，方于事接近矣，岂可论噶尔丹以前之事耶。此拟定边者，乃源自于尔等之前台吉所请，先前我等之使众佛保等前来，与前台吉议将阿勒泰山麓为界时，前台吉云，相传喀尔喀、厄鲁特以噶斯地方为界，将哲尔格、西喇胡鲁苏地方定为会盟之所，驻牧哈济尔地方。不过陈明地方情形而已，并非强词夺理。今自霍通鄂博岭至乌兰乌苏、罗布淖尔、噶斯口，按尔等之图分界外，曾奏请顺索尔毕岭山麓而下，径直沿科布多河之胡孙托辉、多尔多珲、库库山阴至唐努山阴之哈拉巴勒鲁克为界。我等之使臣众佛保等坚持两转弯处，未曾应允，故尔等之前台吉始奏请延至胡孙托辉等地。噶尔丹策零云，吾父在世时，不过请以哲尔格、西喇胡鲁苏等地为界而已，并无请以胡孙托辉等地为界之处，拟以阿勒泰山麓为界者，不合吾意。臣等称，前台吉在世时，其奏请以胡孙托辉、多尔多惠、库库、哈拉巴勒鲁克等地为界之奏书，今存于部。如此奏请，尚且断不应允，兹尔台吉反倒称阿勒泰为厄鲁特游牧地、杭爱系喀尔喀游牧地，可乎。噶尔丹策零言，吾并非言宜以杭爱为界。阿勒泰本为吾之游牧地，若以阿勒泰为界，则取我游牧地之中间也，故此吾以为不合，吾陈明己之缘由，奏请大皇帝，亦请使臣尔等协助吾之使臣，奏请于大皇帝。臣等称，我等所来之事尚且不曾办成，何以协助台吉奏请圣主，即便我等同僚，亦不听我等之言也。噶尔丹策零云，使臣缘何称所来之事不曾办成，止息兵戈，安逸众生，即为大事成矣。臣等称，圣主所颁止息兵戈，安逸众生之旨，台吉既言心悦诚服，相应此事定矣。唯定边、解送罗卜藏丹津二事并未成，俟得台吉回话，我等再返回具奏我等之圣上。噶尔丹策零云，拟将吾父祖游牧之阿勒泰山麓为界之处，不合吾意。是否给还罗卜藏丹津之处，暂不便议，俟事定后再议，此即吾之回话。噶尔丹策零又云，亘古至今，并无扣留使臣之例，尔等前曾扣留我使臣特磊之三名跟役，兹吹纳木喀等作为使前去，尔等若再扣留吹纳木喀之人，则听尔等之便。今若扣留尔等之三人，此又成何体统。臣等称，并无扣尔等之使臣之处。特磊为贸易留于肃州之三名跟役，因肃州之地小，其货物一时难以售罄，故携至西安、兰州等大地方贸易。特磊自另路驰驿而返，故未赶及一同前来。旋因尔兵犯我巴里坤，未便遣回。噶尔丹策零云，前若不便，此次尔等前来，理应带回。臣等称，此三人均因水土不服，相继亡故。噶尔丹策零云，尔等但称已杀则已。臣等称，交战时俘获之人尚且不杀，此三人又有何罪杀之耶。噶尔丹策零称是。

二十九日，噶尔丹策零遣宰桑乌巴什、乌勒哲依、额罗西胡、特磊、巴图蒙克等来臣之住所云，我等之噶尔丹策零言，吾仅言阿勒泰为厄鲁特游牧地，杭爱系喀尔喀游牧地而已，并非言宜以杭爱为界。我等之噶尔丹策零之意，即令厄鲁特之游牧不越过阿勒泰山麓，尔等之喀尔喀亦不越过哲尔格、西喇胡鲁苏等地，其间空地可闲置。臣等称，尔等如此言则接近矣，可将我等之圣主格外恩旨告知尔等。谕曰：将先前拟划给尔等之两转弯地方，免作闲置地，若定阿勒泰山麓为界，令尔厄鲁特等不越过阿勒泰山麓游牧，令我等之喀尔喀，不越过前台吉请定为界之科布多河之胡孙托辉、多尔多惠、库库山阴至唐努山阴之哈喇巴勒鲁克游牧。此闲置之地，可令少量喀尔喀、厄鲁特人去打牲。与俄罗斯定边时，亦如此留闲置地，甚善哉。宰桑乌巴什等言，若令尔等之喀尔喀不得越过胡孙托辉、多尔多惠等地游牧，此闲置地之间，仅一二日路程，闲置地间过丁接近。令尔等之喀尔喀稍稍往外游牧方善。令喀尔喀等于何处游牧，请指出地名。臣等称，我等之圣主旨意，唯以阿勒泰山麓为界，空出胡孙托辉等地，中间准双方人等狩猎而已。此外，凡未奉旨之事，不可议。宰桑乌巴什等言，我等从前亦和亦战，兹强逼如此定议，取我土地，即犹取我之身，战则战矣，断不能从。臣等称，我等之圣主颁谕止息兵戈，安逸众生，尔等之台吉噶尔丹策零已心悦诚服，乌巴什尔系何等人物，尔欲战则战之，谁将制止尔哉。乌巴什等作答离去。

三十日，宰桑吹纳木喀来臣之住处后，臣等告之曰，昨日宰桑乌巴什等来，称我等之噶尔丹策零之意，令厄鲁特等不越过阿勒泰山麓，请指出令尔等之喀尔喀由胡孙托辉等闲置地再稍稍往外游牧之地名。我等称，此外因未奉旨不便议。乌巴什即称战则战矣，断不能从，其言甚谬也。等语。吹纳木喀云，乌巴什系胡言，我等之噶尔丹策零前日会见为使大臣等时，并未言及不顺对立之语矣。噶尔丹策零之意，并非不给罗卜藏丹津，乃拟派本人为使偕同大臣等前往，俟大事确定再给。尔等可明白否。臣等称，宰桑尔既系为使前往之人，理应与台吉商议后定边，立即解送罗卜藏丹津，才于事有益。尔等若不定边，又不即刻解送罗卜藏丹津，一味拘泥于往事奏请，则断然不可，尔去亦无济于事。现譬如，噶尔丹不过名义上系尔等之前台吉之叔父而已，实为仇家，若尔等之前台吉征服噶尔丹，毋庸言旧地，即便扎布堪、额克依喇勒等地均可议也。乃我等征服噶尔丹，收复土地，其阿勒泰山麓以外地方，本不必向尔等索取。吹纳木喀言，我等之噶尔丹策零仅将其父祖游牧旧地奏请于大皇帝，谨请鉴之，给即仁爱，如若不给，亦当未蒙垂爱则已，并无拘泥之处。噶尔丹策零之意，亦愿遵旨而行，其中别有缘故。我可仔细告知大臣等，如若泄露，我将人头落地。我等议事人等怀疑，若按此定边，尔等之喀尔喀及来科布多河之胡孙托辉等地游牧之归化城等地人等，复接踵而至，筑城砌墙，则我等之准噶尔人等断不敢越过阿勒泰山麓前去狩猎，故而甚是疑惑。是以奏请将由奇姆克木齐克至哲尔格、西喇胡鲁苏等地，径直向前，留作闲置地者，即为此意。无论如何，铭记大臣等所言，同与我意见相合之大臣等商议，闻达于噶尔丹策零，有话则再来通报消息。言毕离去。

翌日，宰桑乌巴什等来至臣等之住所，就其用兵一语认错，举杯敬酒。

正月初五日，以饯行礼，请臣等前往，噶尔丹策零宣读其奏书。臣等问，我等之圣主为止息兵戈，安逸众生颁降谕旨，台吉尔既心悦诚服，则息兵之事结矣。而定边、解送罗卜藏丹津二事，台吉此间作何决断耶。噶尔丹策零云，若以阿勒泰山麓为界，闲置胡孙托辉等地为界，则不合吾意，此闲置地外，使臣尔等既言因未曾奉旨，不可擅议，相应不便在此定边。吾今饬吹纳木喀等，仍奏请将由哲尔格、西喇胡鲁苏径直往前留作闲置地。再，罗卜藏丹津乃于我为无用之人，俟至大事已定，甚易也。臣等称，定边时，倘若奏请哲尔格、西喇胡鲁苏等地，事将差之远矣。噶尔丹策零云，我定将奏请，使臣等好生前往，望能促成吾之所请，吾将幸甚。臣等称，我等此来，所议二事皆未谈妥，故返回后，不仅不能具奏我等之圣主，即便我等之同僚，亦不理会我等之言，岂能许诺讨好台吉耶。言毕各散。

为此谨遵奏闻。

雍正十三年二月十八日奏。

（军机处满文《夷使档》1760-1）

019
寄谕查郎阿等妥办吹纳木喀等路途所需口粮等项

雍正十三年三月初五日

雍正十三年三月初五日奉上谕：尔等寄信查郎阿等，俟噶尔丹策零所遣使臣吹纳木喀等抵达军营，由该处办理其起程事宜，遣往京城则已。倘未起行，则俟此文至，即刻办理遣往。亦行文刘于义，将路途所需口粮等物，丰足供给，好生照管，使彼等欣悦感戴。若驿马不敷使用，亦可兼用营马。钦此。

（将此缮文后，由主事舒赫德钤印，中书阿思哈封装，交付奏事之乌尔散，日驰六百里，寄信查郎阿、刘于义去迄）

（军机处满文《夷使档》1760-1）

020
寄谕策凌查明噶尔丹策零所提胡孙托辉等地情形

雍正十三年三月初六日

雍正十三年三月初六日奉上谕：著抄录遣往准噶尔之使傅鼐等所奏之折，密寄额驸策凌，令彼仔细阅看。其噶尔丹策零所奏请将哲尔格、西喇胡鲁苏等地划为喀尔喀游牧边界之处，是否可行，倘若不便准行，应如何办理之处，著详思熟虑后具奏。以朕之意，噶尔丹策零既已如此奏请，我等若仍固执己见，彼岂能立即遵从，必致又复请议。一再往返遣使会议，则事无完结之日，而彼等准噶尔人等其间得以喘息，毫发无损，而我等却不得不照常屯兵驻扎，徒误时日，靡费钱粮。此非顾惜一片空地，惟恐日后招致艰辛。此等地方之名称，地处何方，距离之远近，如何为宜，于日后之事是否有益，有无关碍，并不熟悉，且胡孙托辉地方亦未绘入舆图，不便即行决断。此皆喀尔喀游牧地，乃额驸策凌熟知者也，相应将舆图一并寄往，令彼细阅，其可否照噶尔丹策零所请施行，倘有不便之处，或于我等原定地方稍往里靠，按其所指地方外推，宜定何处，如何议之，及定边之后，其间闲置地方内，是否仍行禁止双方人等狩猎之处，俱著详细定议，将地名一一核实，填写于舆图中，于噶尔丹策零之使臣吹纳木喀等未至之前具奏，便于我等酌情与使臣等议之。此事关系綦重，务须熟虑事之便利，不留后患，永久有利之处，从速详议具奏。甚机密，惟令额驸独自知道。钦此。

（将此缮文后，由主事舒赫德钤印，中书阿思哈封装，父于奏事之乌尔散，日驰六百里，抄录傅鼐等所奏二折，一并寄信策凌）

（军机处满文《夷使档》1760-1）

雍正十三年（1735 年）三月丙子

命额驸策凌审议定界事宜。

上谕办理军机大臣等：据遣往准噶尔使臣傅鼐等奏称，噶尔丹策零请将哲尔格、西喇胡鲁苏地方，为我喀尔喀游牧地界等语。朕意伊既如此恳求，若坚执不允，恐使臣徒劳往返，终无完结之日。但朕无由悬定，此系喀尔喀等游牧处，额驸策凌素所深知。著将傅鼐等奏折并地图，密寄额驸策凌，令其细阅。噶尔丹策零所请，应否准行。如不可行，或于我原定地方之内，伊原定地方之外，另有何处可定边界。暨定界之后，其中空闲地方，应否禁止彼此打牲之处，俱著详悉定议。事关重大，务期永远有益。著于噶尔丹策零使臣吹纳木喀等未到之前具奏。

（《平定准噶尔方略前编》卷36，《清世宗实录》卷153）

021
侍郎傅鼐等奏报噶尔丹策零奏书称情愿和好片

雍正十三年三月十一日

侍郎臣傅鼐等谨奏，臣等出卡伦后，取使臣吹纳木喀等携至噶尔丹策零所奏蒙文奏书迻译，恭呈御览。为此谨奏。

噶尔丹策零奏书，奏于雍正皇帝陛下。

先前乞鉴仰副大皇帝慈旨，振兴黄教、安逸众生之处，两次遣派特磊前往。第二次去时，因值大皇帝圣躬欠安，部院咨文称吾断不能破例等言，若不照此言行，则由各路带大军进发。等语前来。即便大皇帝谕旨，亦称若不遵从部文，非但尔使不必前来，亦不必迎往我使，故而不得已开战，生灵涂炭。大皇帝轸念此情，尽弃前嫌，曰自此始永逸众生，朕断不食言。等因。故此吾为黄教之振兴，众生之逸乐，不胜欣悦。复奏者，大皇帝谕曰，或和或战，众生苦乐，皆取决于尔。大皇帝既谕令逸安众生，相应吾亦极愿相从，吾既情愿，若双方失和构兵，则生灵涂炭，若后世传某皇帝曾与某诺颜失和交恶，殊非美名。若相互和好，振兴黄教，安逸生灵，乃福也，且美名为大皇帝及吾所有，相应今宜照此旨意，其不再交恶，振兴黄教、安逸众生之处，请大皇帝鉴之。

余由使臣吹纳木喀、诺惠尼口奏。

附献貂皮三十五张。等语。

（军机处满文《夷使档》1760-1）

022
侍郎傅鼐等奏报办理使臣吹纳木喀等进京事宜情形折

雍正十三年三月十一日

侍郎臣傅鼐等谨奏，为奏闻事。

臣等先前奏称，率带使臣至巴里坤军营后，其如何办理遣往京城之处，会同大将军查郎阿等商议后，另行具奏。等因。臣等带领使臣吹纳木喀等，于二月二十四日至巴里坤军营。臣等经与署理大将军查郎阿等商议，使臣吹纳木喀等从巴里坤直至肃州，其沿途所需口粮等物，仍按先前来使供给之例办理。吹纳木喀等骑至疲惫马驼，亦照前例予以调换。侍郎傅鼐拟先沿边而行去往京城。内阁学士阿克敦、副都统罗密带使臣等，于二十八日自巴里坤起程，取道西安路前往。俟至肃州，将使臣吹纳木喀、诺惠尼，及随从十三人遣往京城，其余七人，留于肃州，交付总督刘于义，仍照前例供给盘缠、口米外，派出妥员，将彼等带至皮毛等物酌情贸易。

为此恭谨奏闻。

  侍郎臣　傅鼐

  内阁学士臣　阿克敦

  副都统臣　罗密

  署理宁远大将军臣　查郎阿

  副将军臣　张广泗、常赖

  议政内大臣臣　顾禄

（军机处满文《夷使档》1760-1）

023

额驸策凌奏复与噶尔丹策零定边宜以额尔齐斯为界折

雍正十三年四月初八日

臣策凌谨具密奏。

据军机大臣等寄信臣称,雍正十三年三月初六日奉上谕:著抄录遣往准噶尔之使傅鼐等所奏之折,密寄额驸策凌,令彼仔细阅看。其噶尔丹策零所奏请将哲尔格、西喇胡鲁苏等地划为喀尔喀游牧边界之处,是否可行,倘若不便准行,应如何办理之处,著详思熟虑后具奏。以朕之意,噶尔丹策零既已如此奏请,我等若仍固执己见,彼岂能立即遵从,必致又复请议。一再往返遣使会议,则事无完结之日,而彼等准噶尔人等其间得以喘息,毫发无损,而我等却不得不照常屯兵驻扎,徒误时日,靡费钱粮。此非顾惜一片空地,惟恐日后招致艰辛。此等地方之名称,地处何方,距离之远近,如何为宜,于日后之事是否有益,有无关碍,并不熟悉,且胡孙托辉地方亦未绘入舆图,不便即行决断。此皆喀尔喀游牧地,乃额驸策凌熟知者也,相应将舆图一并寄往,令彼细阅,其可否照噶尔丹策零所请施行,倘有不便之处,或于我等原定地方稍往里靠,按其所指地方外推,宜定何处,如何议之,及定边之后,其间闲置地方内,是否仍行禁止双方人等狩猎之处,俱著详细定议,将地名一一核实,填写于舆图中,于噶尔丹策零之使臣吹纳木喀等未至之前具奏,便于我等酌情与使臣等议之。此事关系綦重,务须熟虑事之便利,不留后患,永久有利之处,从速详议具奏。甚机密,惟令额驸独自知道。钦此。钦遵。抄录侍郎傅鼐等所奏二折,一并密寄前来。

臣谨恭阅,窃思,观噶尔丹策零此次迎往我等之使臣会议之情形,虽知圣主轸念众生涂炭,止息兵戈,永久安逸之意,然仍似稍有疑虑。噶尔丹策零奏请以哲尔格、西喇胡鲁苏为喀尔喀游牧之边界者,亦系恐我等往前推进,趁其疏虞之时潜入;抑或彼等翻越阿勒泰而来,趁我等不意潜入,皆未可料。现噶尔丹策零奏请,拟将哲尔格、西喇胡鲁苏为喀尔喀游牧之边界。等语。查从前喀尔喀游牧之边界,并未至哲尔格、西喇胡鲁苏,相应即照噶尔丹策零所请施行。惟我等之卡伦,原设阿勒泰以东额贝和硕、和通鄂博、布延图、科布多之托罗库乌兰等处。此等地方,位于哲尔格、西喇胡鲁苏之外,应议定将我等之卡伦,照旧安设。我等既已罢兵,又何需设卡,惟我等喀尔喀不能信任尔等准噶尔,故奏请仍于游牧内驻兵,在外照旧安设卡伦防范。是故,照常设置此等卡伦,然游牧地不越过哲尔格、西喇胡鲁苏,尔等厄鲁特游牧地,应以额尔齐斯为界。如若不从,则以阿勒泰山麓为界,但限制越过哈巴、博尔济、阿里克泰、青吉尔等处游牧才好。再,其中间闲置地带,若令双方人等狩猎,倘小人等彼此打架斗殴,抑或胡言乱语,致使相互生疑,又复兴兵。而况尔等喀尔喀、厄鲁特原即有仇,今复叠增。嗣后,阿勒泰以东地方,由我等之人巡查,阿勒泰以西地方,由尔等之人巡查。如此则争端永息矣。等因颁降谕旨。如若不从，拟欲越过阿勒泰游牧，则不可谓别无企图。策旺阿喇布坦时，其游牧原在阔布克、萨里、察罕胡济尔以西。此数年来，开始越过额尔齐斯游牧。准噶尔人等素性狡诈，不可相信。虽计近几年内其属众之安宁，然日久之后，又将乘隙而行。厄鲁特游牧若至阿勒泰山麓，相逼过近，相应防守亦难。若我方先动，则我方侥幸；倘若彼等抢先，彼时，即便我等之喀尔喀等，亦不可相信。臣愚以为，我等喀尔喀游牧之边界，可随机而定，而厄鲁特游牧之边界，定为额尔齐斯，如若不行，勿令越过阿勒泰山麓方为良策。究竟如何办理之处，谨请圣主明鉴躬裁。

为此谨奏。

（军机处满文《夷使档》1760-1）

雍正十三年（1735 年）三月己亥

定边左副将军额驸策凌遵旨议奏言：噶尔丹策零，请以哲尔格、西喇呼鲁苏为我喀尔喀游牧地界。查从前喀尔喀游牧，尚未至哲尔格、西喇呼鲁苏地方，应即照伊所请行。但我卡伦，原在阿尔台以东额贝和硕、和通鄂博、布延图、科卜多、托尔和乌兰等处安设。此系哲尔格、西喇呼鲁苏界外，应议定将我卡伦，照旧安设。至厄鲁特游牧，应以额尔齐斯为止。如伊不遵，或以阿尔台岭为界，不得越过哈巴博尔济、阿里克台清吉尔等处。至中间交错之处，彼此俱毋得打牲。嗣后阿尔台迤东，令我处人巡逻；迤西令彼处巡逻。如此庶争端可以永息。

再，昔准噶尔策妄阿喇布坦在时，其游牧原在霍博克萨里、察罕呼济尔迤西。数年以来，渐越额尔齐斯。贼夷素性狡诈，反复无常，若彼游牧逼近，则防守实难，断勿令过阿尔台岭，方为善策。

奏入，报闻。

（《平定准噶尔方略前编》卷 36，《清世宗实录》卷 153）

024
谕著尚书宪德等接待来使吹纳木喀等

雍正十三年三月初七日

雍正十三年三月初七日奉上谕：俟噶尔丹策零所遣使臣吹纳木喀等抵达，办理使臣等之事宜，著遣尚书宪德，公庆复，内大臣海望，侍郎马尔泰、那延泰、班第，副都统多尔济前去。其间，凡往事、舆图，皆令彼等阅看知晓。钦此。

（军机处满文《夷使档》1760-1）

025
军机处为核定与准噶尔划界地名事咨额驸策凌文

雍正十三年三月初七日

军机处咨文副将军·超勇亲王·固伦额驸策凌，为知照事。

奉上谕：著抄录遣往准噶尔之使傅鼐等所奏之折，及舆图一并寄信于尔。钦此。钦遵。在此经咨询，大致绘图一幅，并照侍郎傅鼐等为与准噶尔划定边界赍往舆图所绘小图一幅，一并寄往。俟额驸对照地方查明，将应加地名，填写于寄往图内，咨送我等前来。

（将此缮文后，由主事舒赫德钤印，中书阿思哈封装，交于奏事之乌尔散，日驰六百里，寄送额驸策凌。图卷二幅，一并寄送）

（军机处满文《夷使档》1760–1）

026
军机大臣鄂尔泰等奏闻办理使臣吹纳木喀等日用物品折

雍正十三年三月二十五日

大学士·伯臣鄂尔泰等谨奏，为请旨事。

准噶尔噶尔丹策零之使臣吹纳木喀、诺惠尼旦夕将至。查得，先前策旺阿喇布坦所遣之使根顿、博罗呼楞，噶尔丹策零所遣之使特磊抵达后，入东华门，跪于箭亭前，由该部大臣等接受其奏书、所献礼物，赏给使臣等饭食，引至住处下榻，另行择日令其瞻仰圣明。使臣等皆下榻皇城内文书馆，由总管处派出官兵守护。其每日供给使臣等之食用蒙古羊一只，随行跟役等之中原羊一只，奶、酥油、面、茶、盐、米、柴薪、木炭、蜡烛、碗盘等物及差役、驿马，均由各处领取给付在案。此次俟噶尔丹策零所遣使臣吹纳木喀、诺惠尼等抵达后，将其引领至圆明园门前跪地，由派往办理使臣事务之大臣等接受其所带奏书、所献礼物，安置使臣等于吏部房中，赏给饭食，引至钦定之住处下榻。除将其奏书，经翻译恭呈御览后，另行择日瞻仰圣明之处，具奏请旨外，每日仍照例供给使臣吹纳木喀、诺惠尼食用蒙古羊各一只，跟行十三人中原汉羊二只，其奶、酥油、面、茶、盐、米、柴薪、木炭及所用器皿等物、驿马等，皆照例从各处领取给付。其差役由园户等内挑选悫厚者，计其足敷派往。其看守官兵，在外堆守，勿事更张。使臣等之住处，由武备院领取蒙古包三顶，帐房四顶搭支。派内务府官员一名、理藩院官员一名陪同使臣等即可。等因。

为此谨奏。请旨。

雍正十三年三月二十五日奏入。奉朱批：著依议。钦此。

（将此交付蒙古衙门之笔帖式桑吉扎布办理，又交付内阁主事显保转交内务府）

（军机处满文《夷使档》1760-1）

027
谕著策凌确定要否派喀尔喀扎萨克等共同商议定边事宜

雍正十三年三月二十七日

雍正十三年三月二十七日奉上谕：朕思，议定与准噶尔定边事宜后，令噶尔丹策零派其准噶尔要员一名，会同我方所派大臣等勘察，指地立界，是否亦应派喀尔喀扎萨克一同前往之处，著密寄额驸策凌咨询。此事若不遣派喀尔喀扎萨克，乃其游牧地，日后以定边大臣等起先办理不妥，加以推诿；倘派喀尔喀扎萨克，准噶尔人等又以喀尔喀等贪占游牧地，胡言乱语，均难逆料。若称喀尔喀扎萨克在则于事有益，则派其晓事明理、熟悉地理之大扎萨克等，加以具奏。倘若不用喀尔喀扎萨克，则派内扎萨克之要员，与满洲大臣等一同遣往，由额驸策凌将所有事项尽行晓谕彼等商议。当否之处，著彼确定具奏。钦此。

（将此缮文，由主事舒赫德钤印、缄封，交奏事之额敏，驰马咨送额驸策凌）

（军机处满文《夷使档》1760-1）

028
策凌奏闻可委派喀尔喀扎萨克一同前往勘界片

雍正十三年四月二十六日

奴才策凌恭谨密奏。

接准军机大臣咨文内称，雍正十三年三月二十七日奉上谕：朕思，议定与准噶尔定边事宜后，令噶尔丹策零派其准噶尔要员一名，会同我方所派大臣等勘察，指地立界，是否亦应派喀尔喀扎萨克一同前往之处，著密寄额驸策凌咨询。此事若不遣派喀尔喀扎萨克，乃其游牧地，日后以定边大臣等起先办理不妥，加以推诿；倘派喀尔喀扎萨克，准噶尔人等又以喀尔喀等贪占游牧地，胡言乱语，均难逆料。若称喀尔喀扎萨克在则于事有益，则派其晓事明理、熟悉地理之大扎萨克等，加以具奏。倘若不用喀尔喀扎萨克，则派内扎萨克之要员，与满洲大臣等一同遣往，由额驸策凌将所有事项尽行晓谕彼等商议。当否之处，著彼确定具奏。钦此。钦遵前来。臣捧读之下窃思，现既确定喀尔喀游牧边界，似应于喀尔喀扎萨克内委派数人，偕同我等之大臣等前往会议，则日后喀尔喀等断无因大臣等单独前往定边而推诿之处。惟喀尔喀、厄鲁特原本有仇，嗣后定边，日久之后，不知究竟如何。兹会议定边，倘喀尔喀等所言地界稍过，我方大臣等可观厄鲁特所言情形，裁决理应定边之处，准噶尔人等感念圣主，与喀尔喀不和，则日后于事有益。准噶尔虽欲与喀尔喀等交恶，然畏圣主未敢来侵，而一旦与喀尔喀等失和，以后则无意再修好。若不遣派喀尔喀等，而派内扎萨克之人，则误以为圣主怀疑喀尔喀等，准噶尔人等滋生调唆之意，亦未可料。喀尔喀西界与准噶尔游牧最近者，乃扎萨克图汗格勒克雅木皮勒所部。嗣后，设若随臣部委派扎萨克，请由扎萨克图汗格勒克雅木皮勒、公敏珠尔二人中遣派一人，及臣部之公格木皮勒。其余扎萨克、协理台吉、官员等内，仍挑熟谙地理可靠者数人派仕，较为妥当。臣之愚见如此，谨具密奏，恭请圣主睿鉴定夺。

为此谨奏。

（军机处满文《夷使档》1760-1）

029

军机大臣鄂尔泰等奏请指派陪同准噶尔使臣之官员片

雍正十三年四月十二日

大学士·伯臣鄂尔泰等谨奏，为委派内务府官员一名、理藩院官员一名陪同准噶尔使臣等事。

内务府官员内，视其人尚可者，选郎中七十、员外郎桑格；理藩院官员内，视其人尚慈厚且懂蒙古语者，选郎中阿拉布坦、员外郎达桑阿具奏引见，请旨选派二名。等因。带领引见。

奉旨：著派桑格、阿拉布坦、达桑阿。钦此。

（将此交内阁中书傅恒，转交蒙古衙门、内务府）

（军机处满文《夷使档》1760-1）

030

谕著将傅鼐等奏折及噶尔丹策零奏书密寄平王等信

雍正十三年四月十四日

雍正十三年四月十四日奉上谕：著将傅鼐等奏折及噶尔丹策零奏书之译稿，均行抄录，密咨大将军平王、额附策凌。俟使臣等抵达，其如何议定之处，嗣后再咨行彼等。钦此。

（将此缮文，由主事兆惠钤印缄封，交奏事之福军等，将傅鼐等奏折及所抄噶尔丹策零奏书，一并捆扎，日驰六百里，寄送大将军平王等去讫）

（军机处满文《夷使档》1760-1）

031
军机处为备办宴筵准噶尔使臣事咨膳房文

雍正十三年四月十九日

军机处咨行膳房，为知照事。

准噶尔使臣等于本月二十一日抵达。使臣等抵达后，安置于吏部房中，按例赐宴。两位使臣饭食一桌，羊尾骨一盘，烤肉一盘，奶豆腐一碗，蒸饽饽、卢氏饽饽四种；随从人等饭食二桌，炖、烤肉各两盘，蒸饽饽、卢氏饽饽各两种，亦备茶。送往住所之饭食三桌，炖肉、饽饽一并送去。

为此咨行。

（将此交付于内务府委主事格庆）

（军机处满文《夷使档》1760-1）

032
谕著委派莽古里陪同使臣等

雍正十三年四月二十日

雍正十三年四月二十日奉上谕：陪同使臣之事，著亦派莽古里前往。钦此。
（是日将谕旨转告其本人）

（军机处满文《夷使档》1760-1）

033
谕著委派太医前去为准噶尔使臣诊病

雍正十三年四月二十日

雍正十三年四月二十日奉上谕：据傅鼐等报称，准噶尔使臣吹纳木喀患病。等语。

著派理藩院章京一名，良医一名，带药现即乘驿迎往，为吹纳木喀诊治。钦此。

（将此缮文，由主事舒赫德验看缄封，交付兵部员外郎兆明、笔帖式德楞泰，马驰咨行傅萧等。咨文末写有，俟该医抵达为吹纳木喀诊病之后，尔等将圣恩晓谕吹纳木喀，加以治疗，彼若不愿饮药为难，则勿勉强。其病情、每日行程、下榻何处、几时抵京之处，预先具报，等因添写咨行。又抄出，交由兵部员外郎兆明，蒙古衙门主事色楞，交付太医院官员秦世忠）

（军机处满文《夷使档》1760-1）

034
准噶尔使臣朝觐时入班大臣名单

雍正十三年四月二十日

使臣等朝觐日入班诸大臣名单：

左翼：大学士尹泰、都统色尔毕、都统鄂善、都统宗室色博、都统佛彪、协办大学士尚书班第、散秩大臣超武公岱屯、护军统领阿琳、都统奇勒萨、署理都统印务护军统领哲尔津、署理都统印务满洲八旗都统原品扎勒泰、散秩大臣包德、左都御史福敏、署理都统印务尚书高奇、署理都统印务副都统扁图、署理护军领印务副都统宗室色布肯、副都统六格、副都统迈鲁、左侍郎宗室普泰、右侍郎托时、副都统卦木保、副都统李岳察、副都统布颜图。

右翼：协办大学士事务尚书三泰、散秩大臣宗室曾升、都统李希、都统尚书僧格、都统宗室章格、都统佟祥文、委领侍卫内大臣散秩大臣内务府大臣常明、署理都统印务尚书宪德、护军统领济兰泰、散秩大臣伯伍弥泰、散秩大臣奉恩辅国公格图肯、都统甘国弼、护军统领满泰、散秩大臣施勇、前锋统领叶楚、署理护军统领印务副都统阿兰泰、副都统觉罗苏尔泰、副都统色勒登、副都统苏弥礼、副都统吉昌、副都统田存德、副都统于勇世、副都统杜依克、进茶散秩大臣伯玛哈达。

引导大臣：领侍卫内大臣公丰盛额、散秩大臣公纳木图、委散秩大臣沙津、委散秩大臣乌尔图纳苏图、御前头等侍卫策楞、散秩大臣公国舅伯奇、散秩大臣公马显、散秩大臣公噶尔萨、散秩大臣侯武格、头等侍卫傅拉纳。

随扈大臣：领侍卫内大臣哈达、署理护军统领印务头等侍卫乌勒德。

（二十一日，交付侍卫处笔帖式勇保。二十二日，大臣等言，宪德已派往照料使臣等，其名暂免列入名单，等因口传侍卫处主事善寿。二十三日，大臣等言，佛彪暂免入班，等因口传侍卫处笔帖式敦珠。二十四日，又交付主事吉德，明日令使臣等朝觐，大臣皆着常服，将此令吏部、兵部、侍卫处档房传之）

（军机处满文《夷使档》1760-1）

035
谕著佛彪等照料使臣等住处事务

雍正十三年四月二十二日

雍正十三年四月二十二日奉上谕：著派内务府总管大臣佛彪、盛安照料使臣等住处之事务。钦此。

（是日交付内务府）

（军机处满文《夷使档》1760-1）

036
军机处为令报行程事咨侍郎傅鼐文

雍正十三年四月二十二日

军机处咨文侍郎傅鼐等。

尔等率使臣等明日下榻何处、大约何时行抵住处，请缮明从速咨复。尔等之住处，须与使臣等之住处分开，倘有由此派人向尔等传达事项，便于寻找。此情勿令使臣等知晓。

为此咨行。

（是日，交付兵部员外郎五格，饬由昌平州路迎往傅鼐等，不得延误）

（军机处满文《夷使档》1760-1）

037
军机大臣鄂尔泰奏报所拟准噶尔来使觐见仪注折

雍正十三年四月二十四日

大学士·伯臣鄂尔泰等谨奏，为请旨事。

雍正十三年四月二十三日奉上谕：著噶尔丹策零所遣使臣吹纳木喀等于二十五日巳时觐见。钦此。钦遵。查得，先前令策旺阿喇布坦之使臣根顿、博洛呼尔哈及噶尔丹策零之使臣特磊等瞻觐圣明时，例由理藩院引领，从东长安门入午门，于照门赏食克食。俟皇上御乾清宫升座，引使臣入乾清门西侧门，由西侧拾阶而上，空出丹墀中央，令使臣及随行厄鲁特等行三跪九叩礼毕，引使臣入乾清宫西侧隔扇门，于右侧豹尾班侍卫末尾跪叩赐坐，随行之厄鲁特等均令坐于隔扇门外右侧。皇上用茶时，令其跪叩；赏茶时，令其叩谢而饮；降旨则跪地聆听。礼毕，仍由西侧隔扇门引退。入班之大臣、侍卫等，皆着常服在案。今既令噶尔丹策零之使臣吹纳木喀、诺惠尼等入正大光明殿觐见，是日拟令聚集之大臣等提前入殿预备，令乾清门侍卫等排列于宝座两侧，豹尾班侍卫等排列于台阶下，台阶两侧令侍卫等排列，正门两侧，令侍卫等排列。其在外值守之护军等，排列整齐之处，交付领侍卫内大臣等预先备办。晨起，令使臣等憩于吏部房中，俟至赏食克食之时，由西侧侧门引至厢房预备。皇上升座后，由侍郎那延泰、班第、副都统多尔济、奏蒙古事侍卫等引入使臣等，空出殿前阶下中央，行三跪九叩礼觐见。礼毕，由西侧隔扇门引入使臣吹纳木喀、诺惠尼，于右侧前排就座诸大臣后跪叩，留出间隙入座。其随行厄鲁特等，皆令坐于隔扇外之右侧。皇上用茶时，令随大臣等跪叩，赏茶时，令其叩谢而饮。降旨时侧跪地聆听。礼毕，仍由西侧隔扇门引退，送至住处。聚集之大臣、侍卫等，皆着常服。

为此谨奏。请旨。

等因。雍正十三年四月二十四日奏入，奉旨：著依议。钦此。

（将此交付内阁主事吉德，转交吏部、兵部、蒙古衙门、内务府、侍卫处档房）

（军机处满文《夷使档》1760-1）

038
谕著赏给派往准噶尔地方侍郎傅鼐等银两

雍正十三年四月二十四日

雍正十三年四月二十四日奉上谕：派往准噶尔地方之侍郎傅鼐等，既曾派往准噶尔地方，相应赏侍郎傅鼐、副都统罗密、内阁学士阿克敦、员外郎玉保每人银一千两，随行之前锋伊特讷、领催巴岱每人银二百两，三十三名跟役每人银五十两，用于整治行装。钦此。

（将此缮文钤印，交付内务府笔帖式法保支取银两，相应赏之）

（军机处满文《夷使档》1760-1）

039
谕使臣吹纳木喀等与派往大臣等共同议定边界

雍正十三年四月二十五日

雍正十三年四月二十五日，令噶尔丹策零所遣使臣吹纳木喀、诺惠尼等入正大光明殿观瞻，谕曰：尔等之台吉噶尔丹策零，因朕遣使为安逸众生颁降谕旨，极为心悦诚服，派遣尔等前来。表内所云，某皇帝曾与某台吉失和，以致众生涂炭，殊非美名。倘若和睦，教法广衍，生灵安逸，则便于名垂青史等语，朕甚嘉赏。唯将兴兵缘由，推之于朕。昔朕圣祖皇考时，即闻尔等准噶尔生性贪暴好战，侵扰众邻，不遵奉释家慈悲之道，彼时未曾深信。而后尔等之前台吉策旺阿喇布坦无故侵扰我哈密，又派兵入藏，扰乱佛教，毁坏寺庙，残害喇嘛，至此始知前言不谬。故此，遣派两路兵，屯守于边界，此可谓兵戎由朕皇考而起乎。以朕皇考之圣意，唯愿众生安逸，故屡遣使臣前往，而策旺阿喇布坦一再推诿迁延，来回遣使，终无结果。及至朕入承大统，尔等之前台吉遣使臣根顿前来，朕秉承皇考仁慈之心，意欲和好，以振兴黄教，安逸众生。因召根顿近前，执其手曰，俟尔回返，可告知尔等之台吉，朕执汝手，即如见尔等之台吉，尔可训导尔之子嗣，朕亦训导朕之子嗣，修得永世和好。等因。遂遣使拟议和好定边等一应事务，不意尔等之前台吉无意于和好，一味推诿迁延，反而藏匿由我处逃往之罗卜藏丹津，亦不告知我等之使臣，致使诸事未定，半途而废。由此，朕未再遣派使臣，尔处亦无使臣至，互不往来。俟至尔等之前台吉亡故，尔等之小台吉噶尔丹策零遣派特磊前来，赍至表文内称，其父已成佛矣。佛乃天下各国供奉者，朕本对佛极为恭敬，噶尔丹策零若言其父成佛，难道拟令朕敬其父乎。又引用朕前降之旨，朕本指双方和好后，直至子孙后嗣永不负约而已。而策旺阿喇布坦在世时，并未遵照朕旨确定和好之事，又传及子嗣以何。噶尔丹策零之意，朕不明也。来使特磊傲慢无礼，故朕谕特磊曰，尔之台吉果能仰副朕旨，意欲和好，须将罗卜藏丹津解至，并勘定边界，方可明其心志。等因遣往。此乃测噶尔丹策零之意也，彼若立即解送罗卜藏丹津，议定边界，我等岂有用兵之理。朕因未能索还罗卜藏丹津，亦未修订和约，而颁降谕旨矣，可知噶尔丹策零之意究竟如何矣，可不加防范乎。是故，始遣两路大军，驻守边界地方。后复派特磊前来，言称解送罗卜藏丹津途中，闻知发遣大军，故而停止。果若解送罗卜藏丹津者实，尔等即应送达尔等之军营，缘何解回耶。彼时如若解至罗卜藏丹津，而我军复进，此即朕挑起兵端矣。朕身为大皇帝，倘若失信，如何统驭天下诸国。特磊来时，朕躬违和者实，乃天下共知者也。岂有因朕未见特磊，而诳称朕躬违和之理耶。因其解送罗卜藏丹津之言虚妄不实，故遣回特磊时，赍往部文缮有数句刻薄言语抨击者，乃回敬尔等之前台吉策旺阿喇布坦将不便行之处，一再强求者也，并无勉强遵行之意。果真如此，何不缮入朕之敕谕中。并未缮入敕谕，而仅行部文者，乃令尔噶尔丹策零明白此非朕意也，其中纵有难行之处，亦应声明陈奏，缘何毫无回音，于朕所遣使臣于巴里坤军营等候之际，即暗中派兵，驱走马畜者，乃非尔等先行挑起事端乎。吾军果欲进剿，不在遣回特磊之时，趁尔等不备出击，反而坐待尔等准备乎。我军若入尔界征战，乃兵戎由朕起，而朕之兵马未行，驻守界内，尔军却先侵入我界，乃兵戎由尔等起也。此构兵之名，朕断不接受。此皆为往事，朕既轸念众生，将尔之台吉以往之咎失，已明确降旨悉行宽宥，毋庸再议。今尔之台吉秉持礼义，悦从朕旨，遣使修好，朕甚嘉之。其罗卜藏丹津之事，称议和事毕再行解送。毋言解送，即便不解送，而今朕亦不强行索还。即便解至罗卜藏丹津，朕亦不杀。等因曾经颁有谕旨。唯边界若不勘定，无益于久远，意欲永久和好，即应勘定边界，此事至关重要。尔之台吉拟口奏之事及定边之处，尔等可会同朕所派人臣等，讨其合乎情理、利于和睦之道之处，定议具奏，朕再颁降谕旨。钦此。

使臣吹纳木喀等奏称，大皇帝派为使大臣等，为安逸众生颁降谕旨，我等之噶尔丹策零及所有部众，均皆不胜感激。大皇帝如何降旨，除遵行外，别无他意。等语。

谕曰：修好之事，但宜寻议其永利双边、合乎情理之处，朕并无勉强尔等遵行朕旨之意。倘若尔等有不便行之处，尔等可陈告朕派往商议此事之大臣等，若我等有不便行之处，亦由我等之大臣陈明，彼此商定。可行之事，朕必行之，倘若一如尔等之前台吉策旺阿喇布坦，强求全然不可行之事，断不能准行。诚若可行，彼时能不准行乎。尔等之前台吉策旺阿喇布坦在世时，朕未应允之事，如今能因尔等之小台吉噶尔丹策零之请准行乎。如此，噶尔丹策零之尊贵能胜过其父乎。惟但循理酌宜议之，方于事有益也。钦此。

（军机处满文《夷使档》1760-1）

040

领侍卫内大臣庆复等与准噶尔使臣
吹纳木喀等会谈事宜记注

雍正十三年四月二十六日

派往与噶尔丹策零所派使臣议事之领侍卫内大臣庆复、都统莽古里、内大臣海望、尚书宪德、副都统多尔济、侍郎那延泰、班第，问准噶尔使臣吹纳木喀等曰，据尔等之台吉噶尔丹策零奏称，其余话语由吹纳木喀、诺惠尼口奏。等语。有何言尔等可告知我等。据告称，噶尔丹策零派我等时，所嘱咐之事惟有两件，大皇帝为安逸众生颁降谕旨垂爱，我等之噶尔丹策零甚为感激欣悦。为使大臣等口宣谕旨曰，著解送罗卜藏丹津，以阿勒泰山麓胡孙托辉等地为界。等语。噶尔丹策零云，大皇帝如此眷顾于我，吾不表露心迹，可乎。阿勒泰本为我厄鲁特游牧，杭爱原系喀尔喀游牧，昔吾祖父时，与喀尔喀扎萨克图汗一道将哲尔格、西喇胡鲁苏之地定为会盟之地，今若以阿勒泰为界，我等之游牧地将被划割。请大皇帝将自克木、克木齐克越过唐努，由哲尔格、西喇胡鲁苏等地直至巴里坤为界。再，吾前曾将罗卜藏丹津解送大皇帝，途闻兵事停止者实。今大事定后，罗卜藏丹津之事甚易也。其俄罗斯与我准噶尔和好，并未定边，尚且照常和睦互使贸易往来。吾以为，定边不定边，并无关碍。钦遵大皇帝定边之旨，陈明吾之缘由，谨此奏请，如何眷爱之处，请大皇帝降旨指示。等语。当三位为使大臣等面交付我等，此外别无他言。再，我等有一思虑之处，亦告知于大臣等，而今大皇帝恩施我等之噶尔丹策零，颁降仁旨，业经和好。我等来时看得，大军仍驻巴里坤，此并非噶尔丹策零之言，乃我等随意打探。臣等问吹纳木喀等曰，罗卜藏丹津之事，昨日皇上已面谕尔等，惟定边之事甚要。既拟和好，若不定边，何以为凭。倘言尔等准噶尔与俄罗斯不曾定边，我国与俄罗斯和好定边以来，历经数年边境人众无所争端，迄今彼此相安无事，互使贸易往来。若欲永久和好，可不定边乎。此乃永利双方之事。我等之为使大臣等在彼处时，所有事项，均与噶尔丹策零讲明，如今并无一味争议之处。尔等乃噶尔丹策零择优拣派为使之人，事情如何方为有利合理之处，尔等心知肚明。我等理应惟但共同寻其于事有益，确属有果之处议之，不可一再拘泥于噶尔丹策零之言。现譬如，尔等请令我等之喀尔喀游牧勿过哲尔格、西喇胡鲁苏，而尔等之厄鲁特游牧，勿令过何处之处，亦应议之。等语。吹纳木喀等告称，所称应定边者甚是，然噶尔丹策零嘱咐之事，除此两件外，并无他项，我等不可擅自议定游牧界。如何眷顾之处，惟请大皇帝降旨指示。闻此，臣等复言，定边事宜甚大，尔等乃噶尔丹策零处特为此事派来奏事使臣，务计事之可行之处议之，方为有益，不可拘泥于一处。尔等可从缓考虑，我等再行会议。言毕散去。

闰四月初一日，臣等复与吹纳木喀等称，尔等之台吉噶尔丹策零欣服大皇帝之仁旨，遣派尔等前来具奏。大皇帝派我等会同使臣等，将定边之事，寻议其合理、彼此有利之处，相应我等共同循理议之，俟有端绪，方可陈奏于皇上。今事无结果，岂能上奏大皇帝。噶尔丹策零果欲遵从圣旨修好，理应明定边界。若不定边，又如何和好。和睦之道，乃明定边界最为紧要。现譬如，据尔等言称，噶尔丹策零于三位使臣面前嘱咐我等之两件事皆已陈述，此外并无他言。等语。倘若果真只此两项，乃我等使臣听闻之言，彼等返回即可具奏，遣尔等又何为。尔等乃噶尔丹策零处拣派之特使，理应陈明可行之处，循理秉义，计可藏事议之。大皇帝所降谕旨甚明，尔等倘有为难不便之处，断无强逼务须如此之理。若将我等为难不便之处，仍如尔等之前台吉在世时恣意强求，亦断无施行之例。再，噶尔丹策零但云不准我喀尔喀人等游牧至哲尔格、西喇胡鲁苏外，再推进阿勒泰山麓以内闲置之地而已，而尔等之厄鲁特游牧以阿勒泰以外何处为界之处，并未陈明，言事不全，尔等游牧之地尔等不加确定，我等如何指定。此等之处，待我等共同审慎酌议后，方可奏闻。吹纳木喀等告称，我等来时，噶尔丹策零嘱咐之事惟此两件，皆告知于大臣等，此外绝无隐瞒之言，况且噶尔丹策零奏请西喇胡鲁苏等地者，亦非必须如此，只为陈明缘由，犹如子之求父，奏请大皇帝施恩。如何眷顾施恩之处，若蒙大皇帝洞鉴降旨，我等谨记转达谕旨外，凡事我等不可擅自议之。噶尔丹策零派我等为使之缘由，乃因大皇帝施恩，顾念教法众生颁降谕旨，遣派为使大臣等，而我等之噶尔丹策零能不遣使回奏献礼乎。故此，仰副大皇帝之恩旨，特遣我等为使前来献礼奏书。我等抵此，已将噶尔丹策零之言均皆告知于大臣等，俟至转奏，其如何眷顾之处，请大皇帝明鉴降旨。等因。奏入，奉旨：欲行永久和睦，不可不明定边界。此定边之事，原本始自尔等之前台吉策旺阿喇布坦之奏请，先前尔等之前台吉不时提及哲尔格、西喇胡鲁苏等地，言称只是奏陈地方情形，并非志在必得，彼时朕曾降旨嘉许。而后尔等之前台吉又请不必闲置阿勒泰山麓外哈道里哈达青吉尔、布喇青吉尔两转弯处，朕未曾允。今朕特为安逸众生，将此两转弯处均皆划拨与尔等。惟自克木齐克、汗腾格里，沿阿勒泰山麓，由索尔毕岭而下，从哈布塔克、拜塔克中间穿过，越过乌兰乌苏，直抵噶斯口为界，并将其父所请自胡孙托辉、多尔多珲、库奎，至哈喇巴勒鲁克，悉作中间闲置地。如此，噶尔丹策零理应因将其父在世时未得之地，蒙朕俱行施恩划拨而感激，当即遵照朕旨定边。反而奏请逾越其父未曾奏请之哲尔格、西喇胡鲁苏等地，伸展至巴里坤为界，实属托词矣。尔等现既请朕降旨指定，相应仍照钦差使臣等赍往之图，以阿勒泰山麓为界，定胡孙托辉至哈喇巴勒鲁克一带为闲置地，如此则尔等并无为难不便之处。诚能遵从朕旨照此定边，方可谓诚心修好。倘将边界地方，照此勘定，惟此闲置地外，尔等倘若疑虑喀尔喀游牧过近，奏请再远些，此乃可行之事，俟尔等再遣使臣前来具奏，朕再降旨指示亦可。现派大臣等会同尔等循理酌加议定，而尔等称除噶尔丹策零口奏之言外，并无他语，不敢擅自议定。今既不便在此决定，相应复拟谕旨，交付尔等赍回。噶尔丹策零接奉朕旨，详思永久和睦之处，核定具奏。钦此。钦遵。转降吹纳木喀等后，吹纳木喀携众叩头谢恩，告称，此事甚大，吾一时难以牢记，舛错遗漏，亦未可料，恳请大臣等复述一遍，容我等熟记之后，趁再次见面，将我等所记亦向大臣等复述一遍，以便核对。等因。臣等遂复述一遍。吹纳木喀称，我等已大致记得，今既将颁降噶尔丹策零之谕旨交付我等赍回，可否将底稿示于我等。今日所降谕旨内，大致指明我厄鲁特边界定于何处，喀尔喀边界定于何处，噶尔丹策零看过后指定具奏而已。噶尔丹策零以阿勒泰曾为厄鲁特游牧，杭爱曾系喀尔喀游牧，奏称哲尔格西喇胡鲁苏等地，亦系奏陈旧事而已，并非务须如此。大皇帝乃众生之父，如何决定之处，大皇帝若不降旨指示，噶尔丹策零胆敢指定乎。等因。臣等晓谕吹纳木喀等称，圣主筹虑安逸众生、互有裨益，降旨指定边界。倘若依照谕旨定边，尔等并无为难不便之处，于和睦之道甚有裨益。该谕旨内称，噶尔丹策零若果依此定边，但以喀尔喀游牧过近疑虑，奏请再离远些，仍可另降谕旨。此乃大皇帝怜悯尔等之至意，绝非有意留有余地，令尔等复请之意。吹纳木喀称是。吹纳木喀又称，今既将谕旨交付我等赍回，依我等之见，已走之人仍走为宜，若蒙大皇帝眷顾遣使，我等之噶尔丹策零及众属欣喜，老幼亦皆可仰承大皇帝之恩安生。若令为使大臣等仍与我等一起同行，不仅于事有益，亦利四方众生之闻听。等因。臣等告知吹纳木喀等云，大皇帝为安逸众生颁降谕旨遣派为使大臣等，彼等前去，未能与噶尔丹策零议定定边之事。遣派尔等前来具奏，钦差我等与尔等公同酌议，尔等又称除噶尔丹策零口奏之言外，并无他语，不可擅自议定。照此一再派使，往返行走，徒然荒废时日而已，于事何益。兹所有事宜，大皇帝均已降旨指定，相应俟尔等返回，噶尔丹策零看过谕旨，若照谕旨指定边界确定具奏，一锤即可定音，毋庸赘请。此次不遣我使之缘由即在此也。吹纳木喀又提及大兵仍然驻扎之时，我等告之曰，尔等缘何频频问及我军，今修好之事已定乎，正因定边之事尚未完结，故而我军驻守界内，此间各处官兵亦早已撤回，俟定边事竣，仅驻少许官兵巡查边界外，其余官兵或许陆续后撤。言毕，吹纳木喀连连称道，事情定成，定成。

又派章京阿拉布坦、僧格，将雇用骑驮牲畜情由，晓谕吹纳木喀等称。吹纳木喀等告称，大臣等如此事先详筹后事，所言极是，我心悦诚服。我等返回后，将此情形仔细禀告噶尔丹策零，令嗣后前来之使臣商贾皆照此行。我等此来，乃因事特派，趁此出使，属下人等携至少量货物贸易，采买我等所需物品带回。因先前所来使臣皆由官为办理起程，相应亦将我等照前次使臣等之例，官为办理遣往。嗣后不仅前来贸易人等不得效仿我等，其因只言片语指名使臣前来之人，亦不可期望如同我等邀恩。大臣等现若将我等视作商人，务令我等自资雇用牲畜带往，岂敢违背大臣等之言耶。大臣等拟替我等雇给牲畜者，虽属怜悯我等之意，我等返回后，将极无颜面，不敢接受。无论如何，惟请大皇帝施恩。等因。是故，派章京阿拉布坦、僧格晓谕吹纳木喀等出具凭证，吹纳木喀等告称，大臣等为后事详细筹划，所言甚是，惟我等乃作为使臣而来之人，事情焉能即刻擅自议定，俟返回，将此等情形详细禀告噶尔丹策零。想必噶尔丹策零亦系我处显贵，断不会因商人牟利而破坏大事。再，现有一虑，亦告知尔等，噶尔丹策零尚能听我之言，以我之见，嗣后噶尔丹策零遣使请安奏事，勿令携带货物，商贾不指为使臣，单独派遣，则于事极为有益。我之本意，但愿事情圆满，丝毫不敢抱有私心，说于事无济之言。现譬如，我等此次前来，沿途仰蒙大皇帝恩泽，丰裕而行，抵此住一月有余，每日仰承大皇帝之恩，随意享乐，返回时又可仰承大皇帝之恩，办理行装。我若有异心，愿遭天谴，不得沾沐大皇帝所施之恩。不久我将抵达我等之地方，尔等或可闻之也。等因。

此皆为所派大臣等与使臣等会议之事由。

（军机处满文《夷使档》1760-1）

041
谕著使臣吹纳木喀等赍回颁降噶尔丹策零之敕谕

雍正十三年闰四月初二日

雍正十三年闰四月初二日，颁降使臣吹纳木喀等之上谕：欲行永久和睦，不可不明定边界。此定边之事，原本始自尔等之前台吉策旺阿喇布坦之奏请，先前尔等之前台吉不时提及哲尔格、西喇胡鲁苏等地，言称只是奏陈地方情形，并非志在必得，彼时朕曾降旨嘉许。而后尔等之前台吉又请不必闲置阿勒泰山麓外哈道里哈达青吉尔、布喇青吉尔两转弯处，朕未曾允。今朕特为安逸众生，将此两转弯处均皆划拨与尔等。惟自克木齐克、汗腾格里，沿阿勒泰山麓，由索尔毕岭而下，从哈布塔克、拜塔克中间穿过，越过乌兰乌苏，直抵噶斯口为界，并将其父所请自胡孙托辉、多尔多珲、库奎，至哈喇巴勒鲁克，悉作中间闲置地。如此，噶尔丹策零理应因将其父在世时未得之地，蒙朕俱行施恩划拨而感激，当即遵照朕旨定边。反而奏请逾越其父未曾奏请之哲尔格、西喇胡鲁苏等地，伸展至巴里坤为界，实属托词矣。尔等现既请朕降旨指定，相应仍照钦差使臣等赍往之图，以阿勒泰山麓为界，定胡孙托辉至哈喇巴勒鲁克一带为闲置地，如此则尔等并无为难不便之处。诚能遵从朕旨照此定边，方可谓诚心修好。倘将边界地方，照此勘定，惟此闲置地外，尔等倘若疑虑喀尔喀游牧过近，奏请再远些，此乃可行之事，俟尔等再遣使来具奏，朕再降旨指示亦可。现派大臣等会同尔等循理酌加议定，而尔等称除噶尔丹策零口奏之言外，并无他语，不敢擅自议定。今既不便在此决定，相应复拟谕旨，交付尔等赍回。噶尔丹策零接奉朕旨，详思永久和睦之处，核定具奏。钦此。

（将此由大臣等转降使臣吹纳木喀等）

（军机处满文《夷使档》1760-1）

042
谕使臣吹纳木喀等边界驻兵将陆续撤回

雍正十三年闰四月

以钱行礼令使臣吹纳木喀等觐见时颁降谕旨：诸事俱缮于敕谕内，今别无另行颁降之旨。据闻尔等屡次问及我等之驻兵之事，现在所驻之兵，仅令防守我界内地方，并非进剿尔等之兵。此间，各处之兵亦早已撤回。俟尔等起程，其应撤之兵仍行撤之。待定边之事了结，只留少许巡查边界之兵驻守外，其余官兵将陆续全部撤回。尔返回后，告知尔等之台吉。朕既已降旨轸念众生，止息兵戈，断无兴兵启衅之处，勿疑哉。钦此。

（军机处满文《夷使档》1760-1）

雍正十三年闰四月戊戌

办理军机大臣等遵旨议奏言：西路军营兵丁，臣等议以打牲乌拉兵一千赴北路驻扎。选绿营兵一万，于巴里坤驻扎。留兵一千，增防哈密。其总统协办大臣及领兵提督、总兵等，应请钦命。余兵俟准噶尔使臣还后，悉撤之。

再，巴里坤既留驻兵丁，一切文移，并须钤印，现今军营有镇安将军、扬武将军、振威将军三印，请以镇安将军印，给总统大臣掌管，其扬武将军、振威将军印，应令查郎阿与宁远大将军印，一并赍回缴上。

奏入，得旨：留驻巴里坤兵丁，著内大臣常赉总统，提督颜清如、原任尚书马会伯协同办事，总兵张朝良、杨竑管领兵丁，其留哈密兵丁，著查郎阿酌派大员管领。余依议。

（《平定准噶尔方略前编》卷37）

署宁远大将军查郎阿奏西路撤兵事宜。

查郎阿等奏言：噶尔丹策零现今遣使赍表求和，军营满洲、蒙古官兵应行撤回者，俟准噶尔回后，请按程挨次分队行走。第一队：贝勒特古斯率科尔沁兵一千名，由喀尔喀河、索约尔济山前赴原驻牧；其索伦兵一百名，应令营总冀本、参领萨都拜率之，与科尔沁兵同行，至喀尔喀河分路，前赴齐齐哈尔。第二队：内大臣顾鲁率原管察哈尔兵一千名，由奈曼等路，赴驻牧处所；其巴尔虎兵一百名，应令侍卫噶扎尔图率之同往。第三队：副都统达什率东四旗察哈尔兵一千名，由瓮金河，前赴驻牧处所；其奉天、吉林兵一百名，应令原管副都统乌察喇率之同行，行至八沟分路，各回本处。第四队：副都统班第率西四旗察哈尔兵一千名，行至归化城，前赴本游牧处。第五队：副都统喀喇率巴图鲁兵一百五十名，令赴肃州，酌量遣官分领。第六队：散秩大臣安楚护率土默特兵四百名，由塔勒纳沁进嘉峪关，会同都统根敦，沿边前赴归化城。第七队：一等台吉定咱喇什率鄂尔多斯兵五百名，行至肃州，会同副都统班第等，由宁夏出口，还原游牧处。第八队：协理台吉罗卜藏率和硕托辉兵一百名，由奈曼、明安一带赴驻牧处所。第九队：贝子衮布率厄鲁特兵五百名，由镇番前赴游牧处所。

其内地行走之满洲官兵内，江宁满洲兵一千名为第一队，荆州满洲兵一千名为第二队，分西安兵三千名为第三队，并宁夏满兵，并依次起行。俱令原管将军、副都统等率之进嘉峪关，抵肃州各还本处。至绿旗兵丁，现在军营共二万四千七十余名，内有勇健兵丁，到营日浅，应行留驻。再于西安督标及固原、宁夏、延绥、兴汉等处兵丁，共选留一万一千名。以一万名驻防巴里坤，一千名增防哈密，其余俟满洲、蒙古兵丁起行后，亦挨次撤回，令各原管之大员率之进口，以备训练。

（《平定准噶尔方略前编》卷37）

议北路军营撤兵驻兵事宜，命平郡王福彭仍留统辖，萨木哈等协理事务。

定边大将军平郡王福彭遵旨议奏言北路军撤兵驻兵事宜。

一、军营应留满洲、蒙古兵二万，量拨洪郭尔鄂隆所调京城满洲兵二千、乌里雅苏台驻扎满洲兵一千，令侯·马兰泰护军统领职衔吉当阿、副都统富达礼辖之；家选兵二千，令护军统领阿成阿、副都统敦巴辖之；汉军兵一千，令都统诺尔珲石礼哈辖之；奉天兵四千，令护军统领瑚琳、噶尔锡，副都统席尔满、哲库辖之；吉林兵二千，令副都统富昌、阿思哈辖之；索伦兵二千，令副都统职衔巴里孟古、翟三辖之；打牲乌拉兵一千，令护军统领职衔哈岱辖之；牧场察哈尔兵一千，令副都统绰尔多、学士吴金辖之；四子部落兵一千，令王阿喇卜坦多尔济辖之；鄂尔多斯兵一千，令贝勒查木阳辖之；内扎萨克兵一千，令喀喇沁公罗卜藏策卜登、协理台吉罗卜藏达什辖之；察哈尔厄鲁特兵四百、牧场兵三百、喀喇沁兵三百，令散秩大臣巴咱尔辖之。其留驻京城满洲、汉军、内扎萨克等兵，明年拨兵往代；奉天、吉林、呼伦贝尔、牧场察哈尔等兵，于丁巳年拨兵往代。俟议定界址，将应减撤兵丁，再行具奏。至防守台站鄂尔多斯兵一千，应撤起半，留兵五百，令副都统图尔赛、席尔塔管辖如故。其都统佟时茂、副都统刘瑛、协理台吉衮济扎卜悉撤还。

一、乌里雅苏台地属紧要，请选前锋兵六百，并拨满洲、蒙古兵三千，附近驻扎。再拨绿营兵一千防守城池，以前锋统领塔尔玛善、阿岱辖之；其车臣汗兵五百、西三部落兵一千，令于乌里雅苏台附近鄂衣衮特里默驻扎。

一、拨守卡伦侍卫、护军三十五名，驻防日久，请更拨往代。

一、四省绿营兵丁，除乌里雅苏台调拨一千外，其扎克拜达里克、推河、塔米尔三地，请各拨绿营兵五百，遣副将等一人，率往驻扎。

一、驻扎大兵之地最要鄂尔昆，所在辽阔，水草并佳，请于其地酌量建城驻兵，所需粮饷马匹等，应给予如例。其马兰泰队中，应撤兵一千，请令护军统领职衔喀尔吉善率之还京。俟李如柏所率换班绿营兵至，再令军营绿旗兵起程，各还本处。

办理军机大臣等议覆：悉如所请。其大兵驻扎鄂尔昆或暂令大将军平郡王福彭留驻总统，或别遣大臣前往，恭候钦定。

奏入。得旨：大将军平郡王著暂留统辖，参赞领侍卫内大臣萨木哈等，著仍协同大将军平郡王办理事务，前锋统领阿岱，著回京。余依议。

（《平定准噶尔方略前编》卷37，《清世宗实录》卷155）

043
军机大臣鄂尔泰等奏请赏赐三名通事衣帽等项片

雍正十三年闰四月初九日

大学士·伯臣鄂尔泰等谨奏。

查得，准噶尔使臣吹纳木喀等自肃州起程来京时，由刘于义处派三名绿旗兵，作为通事随之而来。吹纳木喀等返回时，彼等将随使臣等返回肃州。相应拟恩赏此三名兵丁每人凉帽一顶、绸衣一套、银五十两遣往。

等因。雍正十三年闰四月初九日奏入，奉旨：著依议。钦此。

（将此交付内务府主事钟申宝，将行文钤印后咨行）

（军机处满文《夷使档》1760-1）

044
谕著派郎中阿拉布坦等伴送准噶尔使臣等至巴里坤军营

雍正十三年闰四月十二日

雍正十三年闰四月十二日奉上谕：遣返准噶尔使臣时，著派郎中阿拉布坦、员外郎玉保，送至巴里坤军营。赏阿拉布坦银二百两置办行装。钦此。

（十七日，将此缮文钤印，交付内务府笔帖式英廉支取银两，由大臣等转赏阿拉布坦）

（军机处满文《夷使档》1760-1）

045
军机处为遣回领催巴岱等事咨兵部文

雍正十三年闰四月十二日

军机处咨行兵部，为转行事。

查得，吉林乌喇正红旗佟贝牛录下领催巴岱，镶黄旗乌苏隆牛录下委领催伊特讷，于雍正十年前往军营效力。十二年，派侍郎傅鼐等为使臣前往准噶尔地方时，奏请携巴岱、伊特讷往行，蒙皇上格外施恩，人各赏银一百两遣往，本年自准噶尔地方返回后，又蒙施恩人各赏银二百两。兹钦命彼等返回原籍。钦此。钦遵。于巴岱、伊特讷返回时，由尔部照例颁发出关票引外，据侍郎傅鼐告称，领催巴岱、委领催伊特讷，技艺娴熟，奋勉效力，请将此由大臣等处转行知照所辖将军。等因。相应咨文知照尔部一并咨行该将军。

（闰四月十二日，舒赫德将此钤印、验封，交付兵部郎中木吉楞）

（军机处满文《夷使档》1760-1）

046
军机大臣鄂尔泰等奏请赏赐使臣吹纳木喀等物品折

雍正十三年闰四月十六日

大学士·伯臣鄂尔泰等谨奏，为请旨事。

准噶尔噶尔丹策零所派使臣吹纳木喀等，事毕将遣返。查得，先前准噶尔使臣等来，除专特施恩另行赏赐外，照例赏使臣二等蟒缎一匹、补缎一匹、大缎二匹、彭缎二匹、毛青布二十四匹；赏随从跟役等，每人各赏大缎二匹、彭缎一匹、毛青布八匹，遣往在案。今特施恩赏使臣吹纳木喀等棉衣各一套、纱夹衣各一套、吹纳木喀银一百两，诺惠尼银五十两，随从十三人，每人各赏银二十两外，彼等返回之时，亦照前例，拟赏吹纳木喀二等蟒缎一匹、补缎一匹、大缎二匹、彭缎二匹、毛青布二十四匹；赏随从跟役等，每人各赏大缎二匹、彭缎一匹、毛青布八匹。其诺惠尼，酌加核减，赏二等蟒缎一匹、官缎二匹、彭缎二匹、毛青布二十四。随从十三人，及留肃州七人，均各赏官缎二匹、彭缎一匹、毛青布八匹。

为此谨奏。请旨。

等因。雍正十三年闰四月十六日奏入。奉旨：依议。钦此。

（是日将此交付蒙古衙门员外郎博林记档，复交付内务府笔帖式英廉，支取银两绸缎等物，于是月二十一日，由大臣等转赏给使臣等）

（军机处满文《夷使档》1760-1）

047
拟谕著噶尔丹策零若欲修好须先定边

雍正十三年闰四月

遣返使臣吹纳木喀等时，令其赏回颁降噶尔丹策零之敕谕。

奉天承运，皇帝敕谕准噶尔台吉噶尔丹策零：朕轸念众生，意欲止息兵戈，振兴教法，逸安生灵，特遣使臣颁降谕旨，尔极为欣服，特遣使臣吹纳木喀等前来，呈递奏书，进献礼品。据尔之奏书内称，某皇帝、某台吉时期失和众生涂炭之名，恶也。倘若彼此和睦，黄教振兴，生灵安逸，则名垂后世。等语。朕欣览之。诚能知此，必蒙天佛施恩，倘不知此，但行奸猾，必为天佛谴怨。

再据尔之使臣吹纳木喀等口奏，先前曾拟解送罗卜藏丹津，俟大事已定，罗卜藏丹津之事甚易也。至于定边之事，阿勒泰原系厄鲁特游牧，杭爱本为喀尔喀游牧，请由哲尔格、西喇胡鲁苏等处至巴里坤地方为界。等语。其罗卜藏丹津，尔既屡屡言称解送，即作当即解送，然若定边之事不定，即便解送罗卜藏丹津，朕亦不能接受。俟边界之事议定，罗卜藏丹津解送与否，在于尔，朕亦不再勉强。唯若云阿勒泰曾为厄鲁特游牧，乃为噶尔丹之前之事也，我等之大军剿灭噶尔丹，取其土地，噶尔丹之骨殖及其子嗣，俱由尔父献纳，乃人所共知者也。噶尔丹之子嗣，及丹济拉等之子嗣，尽在朕之辖地，期间，尔等准噶尔人等未曾越过阿勒泰游牧居住，焉可称此为尔等之游牧耶。倘若一味拘泥旧事强词夺理，将无终结之日矣。兹我等之喀尔喀，尚且不准游牧至阿勒泰，其中间作为闲置地，拟将双方游牧边界彼此隔开距离，岂有准令尔等准噶尔之人越过阿勒泰游牧之理耶。若欲永久和好，勘定边界极为重要，故朕钦差大臣等，会同吹纳木喀等秉持理义，视其两厢有益，议定边界具奏。然吹纳木喀等称，除台吉嘱咐口奏之言外，并无他言，不便擅自议定，请大皇帝降旨指示。等语。因不便在此定议，再行撰敕交付尔之使臣吹纳木喀等赏回。倘欲和好，边界地方不可不勘定，若日后所属人众彼此潜行，打架斗殴，则事又纷杂矣。而况此定边之事，乃缘起于尔父策旺阿喇布坦奏请安逸众生者。先前尔父将哲尔格、西喇胡鲁苏等地，声称不过奏陈地方情形，并非志在必得，朕曾降旨嘉许。而后尔等之前台吉又请不必闲置阿勒泰山麓外哈道里哈达青吉尔、布喇青吉尔两转弯处，朕未曾允。兹为安逸众生修好，故将此闲置两转弯处地方亦皆划拨与尔。惟自克木齐克、汗腾格里，沿阿勒泰山麓，

·053·

由索尔毕岭而下，从哈布塔克、拜塔克中间穿过，越过乌兰乌苏，直抵噶斯口为界。又将尔父所请自胡孙托辉直至哈喇巴勒鲁克地方，悉作中间闲置地，如此则尔等并无为难不便之处。尔诚能知此仁恩，即遵朕旨定边，方可谓永久和好。朕身为大皇帝，但思利济教众，永久和睦，基业牢固，惟但秉公循理办理而已，并未勉强尔等行其全然不可行之事。至于我等之不便之处，亦无因尔等之请即行应允之理。倘若尔遵朕旨议定边界后，若仅以喀尔喀游牧过近，尔之属众疑惧，奏请稍离远些，此亦属可行之事。俟尔复行遣使具奏前来，朕再另行降旨指示。诸事台吉应深思详审，酌定具奏。

为此特谕。

以颁敕礼，随赏各色缎十匹。

（照此撰敕钤宝，于十三年闰四月二十五日交付使臣吹纳木喀等，二十六日令其起程遣回）

（军机处满文《夷使档》1760-1）

雍正十三年（1735年）闰四月丁酉

命遣使谕噶尔丹策零定议疆界，赏给各色缎十匹。

上谕准噶尔台吉噶尔丹策零曰：朕轸念众庶，止息兵戈，振兴黄教，安逸生灵。用是特遣使臣，降旨宣谕。尔极悦服，遣垂纳木喀等，进贡赍表。内称若使后世言某皇帝，与某台吉失好，以致众生劳苦，殊非美名。若互相和好，振兴黄教，安逸生灵，则可垂休声于永久等语。朕披览之际，不胜嘉许欣悦。果能知此，天必赐之以福；若不知此，惟以贪暴为事，则天亦必加之以祸，此常理也。至于构兵之由，尔意若自朕始者。昔我圣祖皇考时，众云准噶尔之人，秉性贪暴，好尚兵戈，侵扰邻封，不崇释氏仁慈之道，彼时朕犹未深信。后尔父策妄阿喇布坦，无端侵我哈密，又遣兵赴藏，扰乱佛教，残毁寺庙，伤害喇嘛。朕始知前言不妄。似此则两路之驻兵防范，谓始自我皇考可乎？我皇考圣心仁爱，惟欲安抚众生，故遣使往来数次，乃尔父推托迁延，始终无定。朕缵承大统，尔父又遣根顿来京。朕仰体皇考仁爱之心，仍欲和好，俾黄教振兴，生灵安逸，令根顿于朕前，亲执其手谕云，尔回时可告知尔台吉，朕执尔之手，即如见尔台吉之面。朕与尔台吉，应俱教训子孙辈，令其永远和好。于是遣使议和定界。讵意尔父，并无和好之意，屡次托故迁延，且藏匿我朝之逃亡罗卜藏丹津，并未告知使臣，以致诸事未成，和议中止。自此朕亦未遣使前去，尔亦不遣使来京。后尔父物故，尔遣特磊奏云，尔父已成佛矣。不思佛为天下人之所尊礼者，尔云成佛，其谁尊礼乎？且特磊举动骄慢，不知礼法。是以朕谕特磊云：尔台吉若果诚心遵旨和好，可将罗卜藏丹津解送前来，并将边疆定界，朕岂有遣发大兵之理。乃尔之和好未定，则尔意实未可测，不得不为防范，故两路有驻兵之举。及尔又遣特磊前来，奏称罗卜藏丹津，已解至中途，闻大兵发遣，是以中止。尔若果将罗卜藏丹津解送，自应直到军营，何以中道而返耶。朕因解送罗卜藏丹津之言，涉于虚妄。故于特磊回时，令部内加以拂意之言，责以难行之事，然并未勒令遵行也。若果勒令遵行，自应写入敕谕之内。乃不写入敕谕，只于部内行文者，特令尔知非朕意也。尔纵有难行之处，亦应声明陈奏，何以并无回复。而于使臣在巴里坤军营等候之际，潜兵盗我马匹，此非构兵自尔乎。我兵果欲进剿，则于特磊去后，乘尔兵无备之时，不行袭击，转俟尔兵有备，有是理乎。此俱已往之事，朕既轸念众生，将尔从前过愆，悉已宽宥，无庸置议。今尔既遵循礼义，敬奉朕旨，欢悦顺从，欲修和好，遣使来京，朕心甚嘉之。

　　再，尔使垂纳木喀等口奏，从前曾言将罗卜藏丹津解送，俟大事定后，不难办理。至定界一事，阿尔台原系厄鲁特游牧之地，杭爱原系喀尔喀游牧之地。请由哲尔格、西喇呼鲁苏等处，至巴里坤地方，定为边界等语。罗卜藏丹津，尔从前既屡奏解送，即与解送无异。但所云阿尔台系厄鲁特游牧之地，此噶尔丹从前之事。噶尔丹为我兵剿灭，取其土地，并其骨殖、子孙，俱经尔父献纳，此众人所共知者。现今噶尔丹之属人，及丹济拉之子孙，俱在内地。尔准噶尔曾未越阿尔台游牧居住，乃谓为厄鲁特游牧之地可乎。且喀尔喀等尚不令近阿尔台游牧者，原欲使两界相隔稍远，可息争端，而可令准噶尔之人居此乎？夫永远和好之事，定界实为要议。朕特命大臣等与吹纳木喀等公同酌议，务期两有裨益，指定边界具奏。而吹纳木喀等云，我台吉所交口奏言词之外，并无别语，不便擅定等语。此事在京既不能定议，用是再颁敕谕，遣来使吹纳木喀等赍回。若果诚心修好，疆界不可不明。设日后无知之人，越界妄行，稍有争竞，则又生事端矣。况定界之说，原起于尔父策妄阿喇布坦奏请，以安众生者。彼时朕曾降旨嘉许，后又请将阿尔台山梁外，哈道里哈达清济勒、布喇清济勒两处，不必置为闲地，朕未准行。今特欲安逸众生，永远和好，将此两处空闲之地，俱属于尔。只自克木齐克、汗腾格里，上阿尔台山梁，由索尔毕岭，下哈布塔克，拜塔克之中，过乌兰乌苏，直抵噶斯口为界。并将尔父所请自呼逊托辉，至喀喇巴尔楚克，悉作空闲之地。似此分界，在尔并无难行不便之处。尔其仰体朕加恩眷注之意，遵谕定界，方可永远修好。朕为天下主，惟思扶持黄教，利济众生，敦崇和睦，执中循礼，断不强汝以难行者。至于不便大国之处，亦不能俯允尔请也。倘尔遵奉谕旨，议定疆界之后，犹以喀尔喀之游牧，逼近尔属，不免疑惧。奏请稍展空闲之地，亦属可行。俟尔遣使再来陈奏时，朕当另降谕旨。台吉其熟思详审，酌定具奏。

（《平定准噶尔方略前编》卷 37，《清世宗实录》卷 155）

雍正十三年（1735 年）闰四月丁酉

命赏给准噶尔台吉噶尔丹策零，各色缎十疋。

（《平定准噶尔方略前编》卷 37，《清世宗实录》卷 155）

048
军机大臣鄂尔泰等奏报准噶尔来使辞行仪注折

雍正十三年闰四月十八日

大学士·伯臣鄂尔泰等谨奏，为钦遵上谕事。

雍正十三年闰四月十六日奉上谕：准噶尔使臣吹纳木喀等起程前，于本月二十一日，仍照前例，准入正大光明殿觐见。钦此。钦遵。查得，噶尔丹策零所遣使臣吹纳木喀等抵达瞻觐圣明时，令聚集之大臣等提前进殿预备，乾清门侍卫等排列于宝座两侧，豹尾班侍卫等排列于台阶下，其台阶下排列侍卫，正门两边排列侍卫，在外值守护军等之排列齐整之处，交付领侍卫内大臣等备办。晨起，令使臣等憩于吏部官房，赏食克食。届时，由西侧侧门引至厢房预备。皇上升座后，由侍郎那延泰、班第、副都统多尔济、奏蒙古事侍卫等由西侧隔扇门引入使臣等，于右侧前排就座诸大臣后间隔入座。其随行厄鲁特等，皆令坐于隔扇外之右侧。皇上用茶时，令随我等之大臣等跪叩，赏茶时，令其叩谢而饮。降旨时跪地聆听。礼毕，仍由西侧隔扇门引退，送至其住处。聚集之大臣、侍卫等，皆着常服在案。兹为遣回使臣吹纳木喀等，准于本月二十一日瞻觐圣颜，拟仍照前例，将聚集大臣、侍卫等及备办诸事，排列站队等处预备外，令使臣等晨起憩于吏部官房，赏食克食。时辰将近，令聚集之大臣等提前进殿排列，由侍郎那延泰、班第、副都统多尔济、奏蒙古事侍卫等由西侧隔扇门引入使臣等，于右侧前排就座诸大臣后间隔入座。其随行厄鲁特等，皆令坐于隔扇外之右侧。皇上用茶时，令随我等之大臣等跪叩，赏茶时，令其叩谢而饮。降旨时跪地聆听。礼毕，仍由西侧隔扇门引退，送至其住处。聚集之大臣、侍卫等，皆着常服。

为此谨奏。请旨。

等因。雍正十三年闰四月十八日奏入。奉旨：著依议。钦此。

（将此交付内阁主事常海，转交吏部、兵部、蒙古衙门、值月旗、内务府、侍卫档房，咨行应行之处去讫）

（军机处满文《夷使档》1760-1）

049
军机处为领取赏赐噶尔丹策零绸缎事咨内务府文

雍正十三年闰四月二十三日

军机处咨文内务府，为领取绸缎事。

以颁敕礼,需赏准噶尔台吉噶尔丹策零之各色大缎十匹,请将此由尔等之衙门交付该处,即刻如数送至本处。

为此咨文。

(将此交付于内务府主事钟申宝)

(军机处满文《夷使档》1760-1)

050
军机处为备办伴送使臣人等所需马匹等事咨兵部文

雍正十三年闰四月二十三日

军机处咨文兵部。

其准噶尔使臣返回时所乘驿马,伴送理藩院郎中阿喇布坦、员外郎玉保所乘驿马,由肃州随行而来之三名通事所乘驿马,均皆照例办理,合并勘合,于本月二十五日凌晨,带至圆明园使臣等之住处预备。

再,伴送使臣等,派出绿旗兵二十名,赏送敕书官一名,随从兵四人,以及沿途要取官兵之印票,一并携至交付伴随使臣等之章京等,由尔部遣派干练章京一员,于本月二十五日派往圆明园,妥办此事。

为此咨文。

(将此于闰四月二十三日钤印,交付兵部员外郎诺木布)

(军机处满文《夷使档》1760-1)

051
颁噶尔丹策零若欲修好须先定边之谕旨

雍正十三年闰四月二十五日

遣返使臣吹纳木喀等时,令其赍回颁降噶尔丹策零之敕谕:

奉天承运皇帝敕谕准噶尔台吉噶尔丹策零:朕轸念众生,意欲止息兵戈,振兴教法,逸乐生灵,特遣使臣颁降谕旨,尔极为欣服,特遣使臣吹纳木喀等前来,呈递奏书,进献礼品。据尔之奏书内称,某皇帝、某台吉时期失和众生涂炭之名,恶也。倘若彼此和睦,黄教振兴,生灵安逸,则名垂后世。等语。朕欣览之。诚能知此,必蒙天佛施恩,倘不知此,但行奸猾,必为天佛遣怨。

再,据尔之使臣吹纳木喀等口奏称,先前曾拟解送罗卜藏丹津,俟大事已定,罗卜藏丹津之事甚易也。至于定边之事,阿勒泰原系厄鲁特游牧,杭爱本为喀尔喀游牧,请由哲尔格、西喇胡鲁苏等处至巴里坤地方为界。等语。其罗卜藏丹津，尔既屡屡言称解送，即作当即解送，然若定边之事不定，即便解送罗卜藏丹津，朕亦不能接受。俟边界之事议定，罗卜藏丹津解送与否，在于尔，朕亦不再勉强。唯若云阿勒泰曾为厄鲁特游牧，乃为噶尔丹之前之事也，我等之大军剿灭噶尔丹，取其土地，噶尔丹之骨殖及其子嗣，俱由尔父献纳，乃人所共知者也。噶尔丹之子嗣，及丹济拉等之子嗣，尽在朕之辖地，期间，尔等准噶尔人等未曾越过阿勒泰游牧居住，焉可称此为尔等之游牧耶。倘若一味拘泥旧事强词夺理，将无终结之日矣。兹我等之喀尔喀，尚且不准游牧至阿勒泰，其中间作为闲置地，拟将双方游牧边界彼此隔开距离，岂有准令尔等准噶尔之人越过阿勒泰游牧之理耶。若欲永久和好，勘定边界极为重要，故朕钦差大臣等，会同吹纳木喀等秉持理义，视其两厢有益，议定边界具奏。然吹纳木喀等称，除台吉嘱咐口奏之言外，并无他言，不便擅自议定，请大皇帝降旨指示。等语。因不便在此定议，再行撰敕交付尔之使臣吹纳木喀等赍回。倘欲和好，边界地方不可不勘定，若日后所属人众彼此潜行，打架斗殴，则事又纷杂矣。而况此定边之事，乃缘起于尔父策旺阿喇布坦奏请安逸众生者。先前尔父将哲尔格、西喇胡鲁苏等地，声称不过奏陈地方情形，并非志在必得，朕曾降旨嘉许。而后尔等之前台吉又请不必闲置阿勒泰山麓外哈道里哈达青吉尔、布喇青吉尔两转弯处，朕未曾允。兹为安逸众生修好，故将此闲置两转弯处地方亦皆划拨与尔。惟自克木齐克、汗腾格里，沿阿勒泰山麓，由索尔毕岭而下，从哈布塔克、拜塔克中间穿过，越过乌兰乌苏，直抵噶斯口为界。又将尔父所请自胡孙托辉直至哈喇巴勒鲁克地方，悉作中间闲置地。如此则尔等并无为难不便之处。尔诚能知此仁恩，即遵朕旨定边，方可谓永久和好。朕身为大皇帝，但思利济教众，永久和睦，基业牢固，惟但秉公循理办理而已，并未勉强尔等行其全然不可行之事。至于我等之不便之处，亦无因尔等之请即行应允之理。倘若尔遵朕旨议定边界后，倘若仅以喀尔喀游牧过近，尔之属众疑惧，奏请稍离远些，此亦属可行之事。俟尔复行遣使具奏前来，朕再另行降旨指示。诸事台吉应深思详审，酌定具奏。

为此特谕。

以颁敕礼，赏各色缎十匹赍往。

（闰四月二十五日，将此撰敕钤宝缄封，由派出议事之公庆复等，于圆明园正门前亲自交付来使吹纳木喀等，二十六日令其起程返回）

（军机处满文《夷使档》1760-1）

052

领侍卫内大臣丰盛额等奏请密寄颁降
噶尔丹策零敕谕底稿等片

雍正十三年闰四月二十九日

领侍卫内大臣·英诚公臣丰盛额等谨奏。

前曾奉旨：著将傅鼐等所奏之折及噶尔丹策零之奏稿概行抄录，密寄大将军平王、额驸策凌等，俟使臣等至，其如何议定之处，之后再寄彼等。钦此。遵行。兹吹纳木喀等既已事毕返回，相应将使臣等所议情形，及颁降噶尔丹策零敕谕底稿抄出，密寄大将军平王、额驸策凌等，并密寄知照西路署理大将军查郎阿等，可否之处，谨此请旨。

等因。雍正十三年闰四月二十九日奏入。奉旨：著皆寄送。钦此。

（闰四月三十日，将使臣等所议情形、敕谕底稿抄出，寄送大将军平王等。五月初四日，又将使臣等所议情形、敕谕底稿抄出，寄送大将军查郎阿等去讫）

（军机处满文《夷使档》1760-1）

053

领侍卫内大臣丰盛额等奏报准
噶尔使臣跟役塔尔济染痘病故片

雍正十三年闰四月二十九日

领侍卫内大臣·英诚公臣丰盛额等谨奏。

吹纳木喀所留跟役塔尔济，出痘过重，诊治罔效，于昨日殁没。据吹纳木喀起行时告称，我等出边之前，该留之人或可病愈，抑或亡故之处，恳请乘便送信告知我等。等语。今塔尔济既已亡故，相应拟咨文予伴送使臣等之章京阿喇布坦、玉保，转告吹纳木喀等。

为此谨具奏闻。

等因。雍正十三年闰四月二十九日奏入，奉朱批：著暂勿咨文，先将塔尔济骨殖火化，派领催一名，送交吹纳木喀等，并照先前办理所来使臣等内病故人等之例，赏银一百两，交付吹纳木喀等，赍回交付塔尔济之妻孥。钦此。

（五月初一日，将此交付蒙古衙门之笔帖式沙精阿、复交付内务府笔帖式刘斌支取

银两，由侍郎等亲自看视交付领催遣往）

（军机处满文《夷使档》1760-1）

054
军机大臣丰盛额等为告知与
准噶尔使臣会谈情形事咨福彭等文

雍正十三年闰四月三十日

军机大臣、领侍卫内大臣、英诚公丰盛额等密咨定边大将军多罗平郡王、额驸策凌，为钦遵上谕事。

前将傅鼐等所奏之折及噶尔丹策零之奏稿，皆已抄录咨行外，噶尔丹策零所派使臣吹纳木喀、诺惠尼等于四月二十四日抵京，使臣等于各项事宜，均极恭顺。钦命公庆复、都统莽古里、尚书宪德、内大臣海望、侍郎那延泰、侍郎班第、副都统多尔济，与使臣吹纳木喀等商议定边事宜。据吹纳木喀等称，噶尔丹策零遣派我等之前，当为使大臣等面嘱咐我等者惟有两件事，其一，吾前曾将罗卜藏丹津解送大皇帝者属实，俟大事定后，罗卜藏丹津之事甚易也。其二，定边之事，阿勒泰本为我厄鲁特游牧，杭爱原系喀尔喀游牧，昔吾祖父时，与喀尔喀扎萨克图汗一道将哲尔格、西喇胡鲁苏之地定为会盟之地，今若以阿勒泰为界，我等之游牧地将被划割。请大皇帝将自克木、克木齐克越过唐努，由哲尔格、西喇胡鲁苏等地直至巴里坤为界。等因。陈情奏请大皇帝，其如何施以仁恩之处，谨请大皇帝洞鉴。等情。此外，并无嘱咐其他。若蒙大皇帝洞鉴噶尔丹策零所奏之处，颁降谕旨，我当谨记，俟返回送达噶尔丹策零。凡事若无噶尔丹策零之言，我等未便自作主张议之，等语。故而不便在此确定，将所有事项均皆缮入敕谕，交付吹纳木喀等，于闰四月二十六日，令其起行返回。是故，将使臣等所议情形及抄出颁降敕谕咨行前去。将此，除大将军平王、额驸策凌知晓外，勿令他人知之。再，此次所咨敕谕底稿不得留于军营，乘便仍行缄封赍回。

为此密咨。

（闰四月三十日，将此钤印，由主事兆惠缄封，将抄出敕谕底稿，一并捆绑，交付奏事之额敏，日驰六百里，递大将军平王等去讫）

（军机处满文《夷使档》1760-1）

055
军机大臣丰盛额等为告知与
准噶尔使臣会谈情形事密咨查郎阿文

雍正十三年五月初四日

军机处密咨署理宁远大将军等，为钦遵上谕事。

前将傅鼐等所奏之折及噶尔丹策零之奏稿，皆已抄录咨行外，噶尔丹策零所派使臣吹纳木喀、诺惠尼等于四月二十四日抵京，使臣等于各项事宜，均极恭顺。钦命公庆复、都统莽古里、尚书宪德、内大臣海望、侍郎那延泰、侍郎班第、副都统多尔济，与使臣吹纳木喀等商议定边事宜，据吹纳木喀等称，噶尔丹策零遣派我等之前，当为使大臣等面嘱咐我等者惟有两件事，其一，吾前曾将罗卜藏丹津解送大皇帝者属实，俟大事定后，罗卜藏丹津之事甚易也。其二，定边之事，阿勒泰本为我厄鲁特游牧，杭爱原系喀尔喀游牧，昔吾祖父时，与喀尔喀扎萨克图汗一道将哲尔格、西喇胡鲁苏之地定为会盟之地，今若以阿勒泰为界，我等之游牧地将被划割。请大皇帝将自克木、克木齐克越过唐努，由哲尔格、西喇胡鲁苏等地直至巴里坤为界。等因。陈情奏请大皇帝，其如何施以仁恩之处，谨请大皇帝洞鉴。等情。此外，并无嘱咐其他。若蒙大皇帝洞鉴噶尔丹策零所奏之处，颁降谕旨，我当谨记，俟返回送达噶尔丹策零。凡事若无噶尔丹策零之言，我等未便自作主张议之，等语。故而不便在此确定，将所有事项均皆缮入敕谕，交付吹纳木喀等，于闰四月二十六日，令其起行返回。是故，将使臣等所议情形及抄出颁降敕谕咨行前去。将此，除大将军、副将军知晓外，勿令他人知之。再，此次所咨敕谕底稿不得留于军营，乘便仍行缄封赍回。

为此密咨。

（将此缮写成文，由主事兆惠钤印，中书阿思哈缄封，交付奏事之中书傅俊，日驰六百里，递送查郎阿等。敕书底稿，一并驰递去讫）

（军机处满文《夷使档》1760-1）

056
军机处为转交准噶尔使臣之跟役
塔尔济骨灰事札行阿喇布坦等文

雍正十三年五月初七日

军机处札付伴送使臣等之郎中阿喇布坦、员外郎玉保。

使臣吹纳木喀所留跟役塔尔济，出痘过重，诊治罔效，于闰四月二十八日殁没。将此由本处奏闻，奉旨：将塔尔济骨殖火化，派领催一名，送交吹纳木喀等。并照先前办理所来使臣等内病故人等之例，赏银一百两，交付吹纳木喀等，赍回交付塔尔济之妻孥。钦此。钦遵。现已将没厄鲁特塔尔济之骨殖火化装殓，与所赏银一百两，及塔尔济之衣物等，一并交付领催额莫克图，驰驿从速解送，俟其抵达尔等领讫，晓示吹纳木喀等，明白办理后呈报本处。

为此札行。

（将此缮文，由中书阿思哈钤印缄封，于五月初九日，由大臣等验视，将一百两银一并交付领催额莫克图往送去讫）

（军机处满文《夷使档》1760-1）

雍正十三年（1735年）七月丁巳

署宁远大将军查郎阿等奏报准噶尔使臣吹纳木喀起程还部。

查郎阿等折奏：准噶尔使臣吹纳木喀等，于六月二十日至军。臣等给以马驼米面茶羊等物，派令副都统班第，率领官兵三百名，自军营护送启行，已于六月二十七日，出科舍图卡伦西去。

谨奏，报闻。

（《平定准噶尔方略前编》卷38，《清世宗实录》卷158）

雍正十三年（1735年）十一月乙丑

大将军公庆复奏呈噶尔丹策零来书。

得旨：本日阅尔奏到噶尔丹策零之书札，朕试筹思，贼仍望请和，又碍难遣使，故将伊所携去之二人，妥为遣回。而言词中复略形夸大，在伊之意，以为若准请和，伊便稍得余地。若被伊言词激发，如前此兴兵，伊必心得徼幸。且粮饷立见消乏，斯二者均不可行。现在我惟近疆固守，伊即无计可展。然彼既投书前来，我亦应回覆。朕已有旨，谕令王大臣等议奏矣。并著军营王大臣等，会同将发给噶尔丹策零文书，编纂一道，迅速由驿发来，候朕阅看汝等意见。看来形势，秋间防守，甚为紧要，惟王大臣等知之，若泄露于兵丁等，致形畏惧，于事无益。其喀尔喀津巴之发回与否，事尚未定。须将此旨大意，谕兵丁等知之，庶军情可固矣。

（《清高宗实录》卷7）

057
谕著额驸策凌等来京

雍正十三年十二月初六日

雍正十三年十二月初六日奉上谕：兹准噶尔使臣将至，复议撤兵事宜，相应咨文军营，著额驸策凌、王丹津多尔济乘驿来京。钦此。

（初八日，典簿卦兰泰、笔帖式傅亮钤印缄封，交付奏事之张文彬，日驰六百里，递送公庆复去讫）

（军机处满文《夷使档》1760-1）

058
谕著喀尔喀众扎萨克等议奏守边事宜

雍正十三年十二月十三日

雍正十三年十二月十三日奉上谕：准噶尔虽派使请和，然边界之事仍未定，即便极为恭顺，遵旨议定，亦断难料日后将永久和睦。以朕之意，不计其遵从与否，彼若诚心请和，我方接受之；若仍胡乱牵扯，无所诚意，我亦无所谓，但以固边为重则已。防守边界地方，务计其长久有益之处办理为宜。我之出兵，原为守护喀尔喀等，因驻守年久，占据喀尔喀游牧之地，所需马乾等项，借用其力，难免艰辛，而况内扎萨克蒙古等从戎，其不识大体者，或以为彼等乃因喀尔喀等而辛劳，在所难免。众扎萨克之蒙古等，昔于太祖、太宗时来归，诸凡与满洲无异，行如一家。喀尔喀等所属之后来归，然向蒙朕之皇祖、皇考眷顾，视如一家，并无不同。此用兵者，并非仅仅为保护喀尔喀等，乃特为保护所有蒙古之意。惟日久之后，将有诸多弊端，经朕之皇考洞鉴，为教法众生，颁降谕旨止息兵戈，相应朕亦思虑惟但仰副皇考之圣意，尽行撤军，以逸众生。现如今驻守喀尔喀地方之官兵将如何撤回，何处仍宜驻守官兵几何，喀尔喀游牧如何固守，卡伦台站如何设置之处，著详核议奏。

再，为与准噶尔等议定边界，已谕令额驸策凌、王丹津多尔济前来，彼等抵达之后，加以咨询，共同议定外，定边之事，关系所有喀尔喀游牧之地及其永久之生计，自当询其众意，共同商定，方为有益。惟其诸多扎萨克，不便概令入京，相应咨文在游牧之喀尔喀众扎萨克，理宜如何定边。其游牧之地，或由彼等自力守护，或需不需要内扎萨克及满洲兵丁之处，著各自奏陈其意。朕之意欲撤军，并非不保护彼等，另眼看待，乃为利济彼等之生计，谋求持之永久者也。俟彼等知朕施恩仁爱之意，计永久利裨之处，详核议奏后，朕再据其众议，所议者是则朕酌情采纳，即便稍有不是，朕亦舍之，不加责备。钦此。

（十五日，由员外郎卦兰泰、中书明善、笔帖式傅亮钤印缄封，交付奏事之张文彬，日驰六百里，递送公庆复等。文末注明交付副将军、汗、王、扎萨克等，于各盟之内，从速会同遵旨议奏，等因咨行）

（军机处满文《夷使档》1760-1）

雍正十三年（1735 年）十二月戊寅

命喀尔喀扎萨克等详议定界防守事宜，各抒己见，以备采择。

上谕总理事务王大臣曰：准噶尔虽遣使乞和，而防边之事，自宜豫筹。纵彼极其恭顺，遵旨定议，亦不能保其久而不变。朕意彼之乞请，诚与不诚，俱可勿论，惟严备边疆而已。其严备之道，又当计其久远而便益者。盖我大兵之兴，原为保护喀尔喀。而驻扎多年，既占其游牧之地，又用其供运之力，在彼诚不免拮据，而宁日扎萨克蒙古之在军营者，或有一二无知之徒，不免以我等为喀尔喀故，以致历此艰苦为辞。殊不知众扎萨克蒙古等，首先归顺于我太祖、太宗之时，与满洲无异奔走效力，即如一家。喀尔喀等虽在后归顺，蒙我皇祖、皇考历年惠爱，视伊等亦同一家，初无二致。此次行师，非特保护喀尔喀，亦为遍按众蒙古之计也。但为时既久，事多未便。经我皇考洞鉴，念黄教生灵，欲息军旅，曾降谕旨。朕惟仰体皇考圣心，欲悉撤大兵，休息众人。现今在喀尔喀戍守之兵，宜如何撤回，应否仍留驻若干，驻扎应在何处，其喀尔喀之游牧如何防护，卡伦后殿，如何安设之处，著详悉定议具奏。

再，与准噶尔议定边界之事，已经往召额驸策凌、王丹津多尔济，俟其到时，令与尔等公同酌议。此定界之事，乃关系众喀尔喀之游牧永远生计，必咨询部众，共同商定，始可受益。而扎萨克甚多，不便并令至京，著行文喀尔喀众扎萨克等，将应如何定界，及伊等游牧或用己力防守，或仍须内扎萨克与满洲兵保护，著各出己见以闻，俾知朕之撤兵，并非不念伊等而外视也。特筹其生计有益，久远可行，伊等其知朕恩恤之意，共计久远便宜之道，定议具奏。奏到时，朕详览众议。其言是者，朕将斟酌采用。即有未协，朕亦容之，不加责备也。

（《平定准噶尔方略前编》卷 39，《清高宗实录》卷 8）

059

军机大臣鄂尔泰等奏请勿令准噶尔使臣瞻觐梓宫片

雍正十三年十二月二十六日

总理事务大学士臣鄂尔泰等谨奏。

臣等窃惟：准噶尔一部，原本忄栗，异于众人，不遵教化，一味抵抗。兹定边之事尚未完结，若加优遇，准令瞻觐梓宫，似属不便。又查得，圣祖仁皇帝大事之际，使臣吹纳木喀亦曾至，并无令其瞻觐梓宫之处。

为此谨具奏闻。

等因。雍正十三年十二月二十六日奏入，奉旨：知道了。钦此。

(军机处满文《夷使档》1760-1)

060

和硕庄亲王允禄等奏闻准噶尔使臣等乾清宫瞻觐仪注折

乾隆元年正月初十日

总理事务和硕庄亲王臣允禄等谨奏，为奏闻事。

准噶尔噶尔丹策零所派使臣吹纳木喀、额塞，将于本月十一日抵达。使臣等抵达后，由东长安门入午门，从左翼门引至箭亭（原档残缺）呈进奏书、礼物，由所派大臣等领受，将奏书译出恭呈御览外，令使臣等憩于上驷院房内，赏食克食。食毕，自翼门出西华门，由陪同官员等带领，引至钦定丰泽园之住处下榻。俟定使臣瞻觐圣明之日期，是日，召集入班大臣、议政大臣。届时，聚集之大臣等各带坐褥入乾清宫，预先计班列队，前排就座十位大臣仍行入座，后扈两位大臣侍立。御前侍卫等于宝座前，（原档残缺）列于宝座两旁，乾清门侍卫等列于豹尾班侍卫等之后。月台两旁，每翼站立侍卫二十名；乾清门两侧，各列值班章京一员，侍卫二十名；阶下两翼，各列侍卫二十名，照门立侍卫二十名。再，凡使臣经过之门，增派章京、护军等排列齐整之处，交付前锋统领、护军统领等办理。是日凌晨，由陪同章京等引领使臣等由西华门、右翼门进入，憩于照门，赏食克食。俟皇上御乾清宫宝座，由侍郎那延泰、班第、副都统多尔济及奏事蒙古侍卫等，引领使臣等入乾清门（原档残缺），由西侧拾阶而上，空出丹陛中央，令使臣吹纳木喀、额塞及随行厄鲁特等排列，行三跪九叩礼。礼毕，引领使臣等自乾清宫西侧隔扇门进入，于右翼前排大臣末尾跪叩一次，空出间隙就座。其随行厄鲁特等，令坐于隔扇门外右翼台阶上。皇上用茶时，令其跟随大臣等跪叩，赐茶时，令其叩谢饮之，降旨时，令其跪地聆听。礼毕，仍由西侧隔扇门引退，自照门出西华门，返回住处。是日，令聚集之大臣、侍卫等皆着常服。

等因。元年正月初十日奏入，奉旨：著依议。钦此。

（将此交付内阁中书佟德，转交蒙古衙门、上驷院、侍卫档房、内务府、兵部、景运门护军统领等）

（军机处满文《夷使档》1760-2）

乾隆元年（1736 年）正月丙午

准噶尔噶尔丹策凌遣使吹纳木喀、额塞，奉表贡方物至京。

（《清高宗实录》卷10）

乾隆元年（1736 年）正月丙午

准噶尔使臣吹纳木喀等至京进表。

先是，议政王大臣等奏言：准噶尔噶尔丹策凌遣使吹纳木喀、硕塞，约于正月十一日至京。至时，令自长安左门入午门左翼，引至箭亭前跪奉表文，及进贡方物。大臣阅毕，受所进表文翻译进呈外，引使臣至上驷院赐饭，饭毕，自右翼门出西华门，令伴使各官，馆至于丰泽园。定以某日，引使入觐。至日，入班大臣、议政大臣咸集，各携坐褥至乾清宫，以次就列。前引大臣十人入座，后扈大臣二人侍立。并如常仪，御前侍卫近宝座前侍，豹尾班侍卫立宝座两旁，乾清门侍卫列豹尾班侍卫后月台两旁，每翼排列侍卫二十人，乾清门两旁各排列侍卫班领一人，侍卫二十人，阶下两翼，各侍卫二十人，后右门侍卫二十人。凡使臣所过门，令前锋统领、护军统领等增列护军参领、护军，悉令严整。是日清晨，令伴使官引使臣自西华门、右翼门入，至后右门。皇上升乾清宫宝座，令侍郎那延泰、班第、副都统多尔济、奏事侍卫等引使臣入乾清门右翼门，由西阶上，使臣吹纳木喀、硕塞及随从厄鲁特等，分立丹墀中路左右，行三跪九叩头礼。礼毕，引入乾清宫西边隔扇门内，使臣一叩，坐于右翼首行大臣之末。稍后，随从之厄鲁特等坐于隔扇外西阶上。皇上进茶，使臣随大臣等一口头，赐茶，使臣一叩跪领。降旨，使臣跪听。事毕，使臣退，出西边隔扇自后右门、西华门还馆所。其日，大臣等悉常服。奏入报可。

至是，吹纳木喀等至京，进献表文，并献贡物。吹纳木喀等闻世宗宪皇帝升遐，悲戚良久，始言：此乃天定之数，无可如何。今惟祝延圣上金瓯巩固，国祚万年，永享太平耳。又言：我等至游牧即欲速来，以噶尔丹策零病甚，留待稍愈，是以迟来。

其噶尔丹策零所上表文云：大皇帝谕旨，朕轸恤众生，欲弭兵端，以兴黄教。遣使谕尔，尔亦悦服。奏言若使后世谓某皇帝与某台吉失好兴戎，诚非美名。今归和好，则休声垂于永久。朕披览之下，深为嘉许。

又奉谕旨：尔前奏言喀尔喀游牧逼近尔属，未免疑惧，请稍展空地，此议亦属可行。仰见大皇帝兴教息民之至意。曷胜欢忭。

又奉谕旨：前噶尔丹为我兵所剿灭，全收其疆土，及其尸骸妻属。尔准噶尔部人，从无越阿尔台游牧者。请举当时事情，详悉陈之。我父幼时，与博硕克图汗同居共事。后彼渐强盛，既害其弟，又欲潜图我父。岁在己巳，我父年四十七，与彼交恶，收其土地人民之半。建牙于额林哈毕尔噶之地。彼发兵来攻我，打败于乌兰乌苏。庚午年，彼兴师内犯，我父即日奏闻圣祖仁皇帝，复亲率所部，夹攻其后，辛未，克取其撒克里乌兰古木。丙子，彼为大国所败。丁丑，死于阿查阿木他泰。后其属北归，丹济拉挟其骸骨妻属，居库克德卜僧，我举兵攻之，获其骸骨妻子及属人大半，丹济拉率数人逃遁。奉旨索取博硕克图之骸骨，我即遵旨函献。自癸未至今，我明阿特部落遂游牧于科卜多，属下乌梁海人，小颇有居其地者。癸巳，胡土克图曾伸楚扬讬音，与车木冲那木扎尔之使臣赖崇楚扬多讬诺、丹津多尔济之达什、敦多卜王之使臣绰当、博贝之使丹巴五人，同至我国，实用科卜多、乌梁海人为向导。甲午，与我使那木西喜同来之天使，亦在科卜多贡给止宿，诸人今尚有存者，谅亦共知其事。前者奉谕旨云，若追论前事，则事无了期，故前此未敢渎陈。窃思阿尔台本我游牧之地，杭爱乃喀尔喀游牧之地，既经和好，此疆彼界，原不必缕分条析。又谕旨有欲成和好，须明疆界之语，念谕旨所载哲尔格、西喇呼鲁苏等处，虽已指明我部边界，未经指明大国边界，故尚未能妥议具奏。祈再降旨，命使来此酌议，俾我之衷曲，得以悉达。又谕旨有稍展空地，亦属可行之语，故敢奏恳彼此边界，令其隔远，则众生永安，尔黄教益兴矣。伏祈大皇帝睿鉴允行。

随表恭进貂皮三十五张。

乙卯年十月十一日。

（《平定准噶尔方略前编》卷40）

061

莽古里等奏闻晓谕使臣吹纳木喀等雍正帝驾崩情形折

乾隆元年正月十一日

臣莽古里等谨奏，为奏闻事。

本日，准噶尔噶尔丹策零所派使臣吹纳木喀等抵达后，臣等陪同彼等至箭亭前，跪递其赍至奏书、进献方物后，引至上驷院房内歇息，赏食克食毕，送至其住处。其奏书俟译出恭呈御览外，所贡三十五张貂皮，拟交付该处。

再，昨日所派章京玉保前去，将世宗宪皇帝升遐之事，晓谕吹纳木喀等，吹纳木喀悲戚良久，云，此乃天数，无奈者也。惟有祈祷现如今皇帝之金座永固，国运万年昌盛。另我等返回游牧地方，因噶尔丹策零病笃，故等其病愈，是以来迟，不然早来矣。等语。

为此谨具奏闻。

乾隆元年正月十一日奏入，奉旨：知道了。钦此。

（军机处满文《夷使档》1760-2）

062
噶尔丹策零为奏请以哲尔格西喇胡鲁苏等地作为边界事之奏表

雍正十三年十月十一日

译出噶尔丹策零之奏表：

奏于雍正皇帝陛下：大皇帝谕曰，朕轸念众生，意欲止息兵戈，振兴教法，逸安众生，特遣使臣颁降谕旨。尔极为欣服，特遣使臣吹纳木喀等前来，呈递奏书，进献礼品。据尔之奏书内称，某皇帝、某诺颜时期（原档残缺）之名，恶也。（原档残缺）振兴，生灵安逸，则名垂后世。等语。朕欣览之。诚能知此，必蒙天佛施恩，倘不知此，但行贪暴，必为天佛谴怨。等因降旨。又谕曰，过于贴近喀尔喀游牧，尔属人等不免疑惧，奏请稍展距离，是乃可行之事。等因降旨。故为不朽黄教之振兴，众生之安逸，不胜欢悦，特此具奏。

大皇帝谕曰，剿灭博硕克图汗后，尽取其地，亦获其尸骸、妻孥。此间，尔等属众，并无游牧于阿勒泰山外之处。等语。其缘在家父年幼长成之前，博硕克图汗曾有一段时间代为办事（原档残缺）。己巳年，与博硕克图汗失和，收其游牧之半，至额林呼比尔干地方。是年，博硕克图汗率兵而来，于乌兰乌苏地方交战，兵败而去；继于庚午年，遣使奏闻大皇帝博硕克图汗对尔用兵，并亲自领兵前往；辛未年，于萨克礼、乌兰固木地方取其游牧；丙子年，博硕克图汗为尔等所败，遁逃而来；丁丑年，于阿查阿木塔台地方自杀后，其亲信要属来归，丹济拉携其骸骨、妻孥，居于库库德布增地方。我部派兵，取其骸骨、妻孥及其大半属众，丹济拉仅带少数人败走。而后，大皇帝降旨索取博硕克图之骸骨、妻孥，即行奏陈缘由进献。自此直至癸未年，我之明阿特部既于科布多地方游牧，（原档残缺）迄今仍有居住者（原档残缺）。癸巳年，楚扬托音及五使臣前来时，均于我科布多地方觅乌梁海人作向导而来。甲午年，我使与纳玛克希同往，亦于彼处歇息，补充牲畜口粮前往。之后呼图克图之使臣楚扬托音，车木楚克那木扎勒之使臣赖崇、楚扬多托诺，丹津多尔济之达什官员，敦多布王之使臣绰当，博贝之丹巴向导，其中现在在世者，皆知此事。此间因生兵事，甚是混乱，然因颁谕深究旧事，势必事无终日，故未尽情陈奏。若论游牧界限，我意大致为，阿勒泰乃我游牧，杭爱乃蒙古游牧。倘若彼此无犯，立志振兴黄教，安逸众生则已，地界之确定与否，无关紧要。故此先前使臣等（原档残缺），兹大皇帝谕曰，若欲和好，不可不明定边界，相应意欲遵旨指明边界具奏，然颁降谕旨内，地方之界端，仅定我等游牧之界端，由此往外，而彼处游牧之界端，在谕旨中并未明确，故未定议具奏。此等之处，若蒙明降谕旨，复遣使臣，得以与彼酌议，拟再奏陈我之衷肠。

再，大皇帝曾谕曰，若惟以喀尔喀之游牧过近，尔属不免疑惧，奏请稍展距离，亦属可行。等语。故此奏请以哲尔格、西喇胡鲁苏等地作为边界，（原档残缺），互不侵扰，以振兴黄教，安逸众生之处，请大皇帝仁鉴。

随进貂皮三十五张。

乙卯年十月十一日。

（军机处满文《夷使档》1760-2）

063
议事大臣莽古里等奏闻与使臣吹纳木喀等
核实噶尔丹策零奏书内容折

乾隆元年正月十二日

臣等与使臣吹纳木喀等证实噶尔丹策零奏书内所称，若以哲尔格、西喇胡鲁苏等地为界，彼端将为厄鲁特游牧之界端，此端将为喀尔喀游牧之界端，等距闲置之处。据彼等告称，因大皇帝谕曰定界，隔开双方游牧界限，奏陈尔之心意。故我等之噶尔丹策零奏请以哲尔格、西喇胡鲁苏为界，彼端厄鲁特游牧延伸至阿勒泰外侧何处为界，此端喀尔喀游牧亦自哲尔格、西喇胡鲁苏一体闲置。等情。臣等与吹纳木喀等称，先前颁降谕旨，以阿勒泰山麓为界，闲置胡孙托辉等地。噶尔丹策零倘以我等之喀尔喀游牧过近，尔属不免疑惧，奏请稍展空闲之地，亦属可行之事。言之甚明，而今噶尔丹策零之奏书及尔等所云，并不遵从谕旨。不提自克木齐克、汗腾格里沿阿勒泰山麓至噶斯口为界，反倒牵混去年全然未议地方，欲以我等之哲尔格、西喇胡鲁苏为界，奏请将两侧等距闲置，有违前语。尔等果请将尔等之准噶尔人等游牧不逾阿勒泰，喀尔喀等不越哲尔格、西喇胡鲁苏，事尚可行，倘一味拘泥于此，即便反复十次二十次，亦将一事无成。吹纳木喀等告称，噶尔丹策零并无令我部众越过阿勒泰游牧之意，令我等游牧于阿勒泰以内任何地方均可，惟大皇帝谕令双方游牧地界远离为好，故而喀尔喀游牧地界亦应一体远离之意。噶尔丹策零之本意，倘蒙大皇帝仁爱，止息兵戈，振兴教法，安逸众生，彼此和睦，则定界与否，无关紧要。等因前曾告知使臣，今奏书内亦加说明。惟大皇帝既然谕令理当定界，特陈己见奏请，如何仁爱之处，请大皇帝降旨明示。并无令我等口奏之语，不过为我等身为使臣之意，与定界与否无关。若蒙大皇帝仁爱，弘扬黄教，安逸众生，喀尔喀则仍居喀尔喀地方，厄鲁特则仍居厄鲁特地方，噶尔丹策零遣使请大皇帝安，大皇帝亦慈爱噶尔丹策零，赐福赏安，彼此和睦，即善哉。臣等又告吹纳木喀等称，尔等所携奏书，言辞含混，有与前言相悖之处，不便即行上奏，故此前来与尔等核实后再行具奏，并非议定事情。俟将奏书具奏大皇帝降旨，再行会议。等因。将彼等送回住处。

（军机处满文《夷使档》1760-2）

064

和硕庄亲王允禄等奏请钦定使臣
吹纳木喀等之觐见日期片

乾隆元年正月十三日

总理事务和硕庄亲王臣允禄等谨奏。

噶尔丹策零所遣使臣吹纳木喀等，于本月十七、十九此二日内，应于何日瞻觐圣明之处，谨此请旨。

等因。乾隆元年正月十三日奏入，奉旨：著使臣等于十七日觐见，钦此。

（将此交付内阁中书班第，转交吏部、兵部、蒙古衙门、内务府、侍卫档房、景运门护军统领）

（军机处满文《夷使档》1760-2）

065

和硕庄亲王允禄等奏请钦定入班大臣名单片

乾隆元年正月十三日

总理事务和硕庄亲王臣允禄等谨奏。

查得，先前准噶尔使臣吹纳木喀等抵达，令其入觐圣明时，会议边界事宜之诸大臣及派委陪同使臣之诸大臣，均未入班。前引、后扈之大臣等，亦皆另行就座，故入班大臣仅为二十余人，因人数过少，自尚书、侍郎、副都统等内抽出二十二人，共四十六人入班就座。此次令吹纳木喀等瞻仰圣明，拟仍照前例，毋令会议边界事宜之诸大臣及派委陪同使臣之诸大臣入班。今入班大臣内，除前引、后扈、献茶及另赴公差、因事耽搁者之外，两翼可入班者，仅剩三十余位大臣。是故，其未列入班之尚书、侍郎、副都统内，除左都御使福敏患腿疾，侍郎徐元梦年事已高，未将其名列入外，谨缮诸大臣之职名，恭呈御览。拟俟圣上钦定，匀为两翼，列班就座。

等因。乾隆元年正月十三日奏入，奉旨：著派三泰、来保、僧格、普泰、阿山、托时、申珠浑、穆赫廉、德沛、希德慎、柏修、色布金、色度、德敏、扎穆苏、策楞、柴寿、海兰、纪山、塞尔登、苏巴里、赫义、和兴、马什塔、秀库、法珠纳、吉昌、巴什、阿尔泰、巴勒岱、索拜、官保、鄂齐尔、桑格、托保、保玉、六格、布颜图、阿那布。钦此。

（将此交付内阁中书班第，转交吏部、兵部，亦交值月旗）

（军机处满文《夷使档》1760-2）

066
谕著使臣吹纳木喀等转告噶尔丹
策零须按雍正帝旨意定界

乾隆元年正月十七日

乾隆元年正月十七日，令准噶尔噶尔丹策零所遣使臣吹纳木喀、额塞入乾清宫觐见。上谕曰：去年，我等之边臣奏报尔至，朕尚欣悦。彼并非因尔准噶尔求和而欣慰，乃特因尔等仰合皇考轸念教众之意而欣慰。今阅尔等之台吉噶尔丹策零之奏书，并未遵从朕之皇考颁降敕谕议定疆界，反而仍欲以尔等从前奏请而未允准之哲尔格、西喇胡鲁苏等处为界，彼端直至尔等厄鲁特游牧之边沿，此端至喀尔喀游牧之边沿，等同闲置者，又系何言。与原先之事相去甚远，甚属非事。又云疆界之定否，无关紧要。我大国与尔准噶尔和好与否，定界与否，原本无关大体者实，然此定界一事，缘起于噶尔丹策零之父策旺阿喇布坦之奏请。策旺阿喇布坦前曾请求免将阿勒泰山外哈道里哈达青吉尔、布喇青吉尔两转弯处闲置，朕之皇考尚未允其所请。后专为安逸众生，凡我大军至尔等游牧边沿者概行撤回，将此两转弯划拨于尔，仅将自克木齐克、汗腾格里沿阿勒泰山麓，由索尔毕岭而下，自哈布塔克、拜塔克间经过乌兰乌苏，直至噶斯口为界。又依策旺阿喇布坦所请，将胡孙托辉，至喀喇巴尔楚克地方闲置。而今尔等请和，若疆界不定，何以为信，能保边属人等日后不起争端乎。噶尔丹策零果能遵从朕之皇考谕定疆界具奏，但求勿令喀尔喀游牧越过哲尔格、西喇胡鲁苏，尚可考虑，倘不遵从朕之皇考所定边界，朕遣使何为。今朕不仅不再遣使，即便尔等之使臣如此至此，又有何益。观之噶尔丹策零并非真心和好，以全然不可实现之处，率加奏请，唯此为借口，一味遣使进行贸易，图谋小利。噶尔丹策零如此惟利是图，为朕耻笑也。彼果能钦遵朕之皇考之敕谕，确定疆界了事，朕将施恩，赏赉有加，优于尔等之贸易。（原档残缺）一次两次使臣往来，（原档残缺）朕之皇考原本惟以阐扬黄教、安逸众生为念，朕亦惟有仰副朕之皇考之圣意，除念阐扬黄教、安逸众生外，并无用兵之意。尔等虽欲激怒朕用兵，朕亦断不勤兵于远。朕之意，不但欲令我等之内蒙古、喀尔喀等各自安生，即便尔等之准噶尔部众，亦如朕之赤子，一视同仁，无分彼此。此间，我方各处之兵早已撤回，仅留少许兵丁守边之处，料尔等亦知之。朕今惟欲守我边界，阐扬黄教、逸安天下众生。与尔准噶尔和好，亦守我边界，议和不成，亦守我边界，仍为我等之土地而已，（原档残缺）噶尔丹策零若能遵从朕之皇考及朕之旨意，则可遣使具奏；若不遵从谕旨，则各守自界则已。噶尔丹策零倘不安生，犯我边界，但可一试。以我大国之雄威，派兵至尔处，尚无益获，而以尔准噶尔之力，远道犯我边境，岂能得有微利。俟尔返回，明白告知噶尔丹策零，凡事宜慎思而定。钦此。

吹纳木喀等口奏称，吾等当谨记大皇帝谕旨，返回后告知噶尔丹策零。只缘前已升遐成佛大皇帝谕令噶尔丹策零奏陈己见，噶尔丹策零始方奏陈其意。如何处置之处，均在大皇帝之仁爱。噶尔丹策零委实拟遵大皇帝谕旨，为振兴黄教、安逸众生而奏请施恩。并非借此遣使贸易之意。等语奏入，奉上谕：噶尔丹策零若无此意则罢。振兴黄教，安逸众生，非噶尔丹策零之任也，此乃朕之皇考之事，朕之事。噶尔丹策零即便欲兴黄教，安逸众生，亦仅可行之于区区尔准噶尔一部而已，其可在天下万国振兴黄教乎。安逸众生者，乃在于朕，与尔准噶尔议和与否并不相干。尔等现提及朕之皇考施恩降谕之处，尔等为准噶尔之人，若称忘记旨意则已，倘称不曾忘记旨意，因何今日噶尔丹策零所奏之事，与朕之皇考谕旨（原档残缺）。吹纳木喀（原档残缺）朕之皇考颁谕者甚为明了，朕焉能不知。噶尔丹策零并不遵从朕之皇考旨意，则如何了事。若欲成事，理应唯议目前之事，一味牵涉早年噶尔丹之事议论，则事无终日。尔等为使之人，从中传话，事能善终，尔等亦荣，事之不成，徒劳往返，何益之有。今此定界之事，尔既不便擅议，朕亦不必派大臣等与尔等商议，尔可将朕之颁降谕旨，好生牢记，返回后晓谕噶尔丹策零。尔起程之时，另有敕书交付尔等赍回。噶尔丹策零览朕之旨，若遵谕旨，照朕之皇考所指定界，可遣使具奏。若照此定界，惟请勿令喀尔喀等游牧越过哲尔格、西喇胡鲁苏（原档残缺），无庸遣使。噶尔丹策零倘若遣使，可仍遣尔吹纳木喀，尔至我边界，告知我守边大臣曰，噶尔丹策零将遵旨定界，惟奏请勿令喀尔喀等游牧越过哲尔格、西喇胡鲁苏。告知此二句，则准入境，若无此二句，则不准入。据闻尔等此次仍携至货物，既已携至，不便令尔带回，尔可留住数日，俟贸易完毕，即可起程返回。钦此。

（军机处满文《夷使档》1760-2）

乾隆元年（1736 年）正月壬子

赐准噶尔使臣吹纳木喀入觐。

上谕吹纳木喀等曰：去岁守边大臣奏尔等已至，朕甚忻悦。非特为尔准噶尔求和之故，思仰副我皇考阐扬黄教，休息生灵之意也。今阅噶尔丹策凌表文，并不遵皇考谕旨定界，漫指前奏未允之哲尔格、西喇呼鲁苏等处，为尔部边界。欲于喀尔喀境内，更留空闲之地，是诚何言？又云既经和好，不必分界。我大国视准噶尔之和与否，定界与否，原无关本体。但定界之事，起于伊父策妄阿喇布坦奏请。其初意止欲得阿尔台山外哈道里哈达清吉尔、布拉清吉尔等处而已，皇考尚不允其请。后因撤兵息民，竟以其地赐之。以克木齐克、汗腾格里、循阿尔台山梁，下索勒毕岭，至哈卜塔克、拜塔克之中，过乌兰乌苏，至噶斯口为界。又允伊父所请，以呼逊托辉，至喀喇巴尔楚克，作中间闲地。今尔等至京请和，若不议定疆界，何以为信，且能保边境小人，异日不起争端乎。若噶尔丹策凌但求喀尔喀无逾哲尔格、西喇呼鲁苏，尚可俯允。不然，朕遣使何为。尔等至此亦何为。朕知噶尔丹策凌本无求和之意，特借此牵率奏请，希图通市之利耳。所见如此，能不为朕所耻笑。若能遵皇考谕旨定界，朕必格外施恩，所得不更多乎。我皇考惟以阐扬黄教，休息生灵为心。朕深体皇考之心，兴教安民而外，初无用兵之意。纵尔部欲激发朕怒，亦断不勤兵于远也。朕不但欲令我内部喀尔喀各安其生，视尔准噶尔部人，亦如我赤子。业已定议撤兵，止少少量留守边，此尔等所共知。朕欲天下之民举安，即守边之事，亦与和不和无涉也。噶尔丹策凌嗣后能体皇考与朕之心，则遣使来。不然，各保其境可也。倘更不自揣量，犯我边境，朕自有办理之道。以天朝之威灵，兵临尔部，尚不获全利，尔准噶尔螳臂之力，劳师涉远，岂能有济。尔还，其明告噶尔丹策凌，令更熟思审处，定议具奏。

吹纳木喀奏曰：大皇帝谕旨，当谨记，归告噶尔丹策。其所陈奏，实遵成佛大皇帝旨意，欲振兴黄教，安逸众生，所以输诚上请，非敢借遣使以图通市也。

又谕：噶尔丹策零如无此意甚善，但兴教安民，乃皇考与朕之事，非噶尔丹策凌之任也。纵彼实力行之，止及准噶尔一小部落耳，俾天下万国蒙被庥泽，其事自在朕躬。且尔言实遵成佛大皇帝旨，今日噶尔丹策凌之奏，与前次皇考谕旨，合乎否乎？果欲定义，当就事论事，何得牵引远年噶尔丹之事。如此渎陈，往复真无了其矣！尔等不过奉使之人，成则与有荣施，不成则空劳往返。定界之事，诚非尔等所得擅议，朕当另遣大臣前往。尔起程时，有敕书付尔。噶尔丹策凌能体朕意，谨遵皇考原旨定界，可再遣使来。不然，亦无庸复遣。其遣使当仍遣尔来，至我边界时，可告我守边大臣。噶尔丹策凌表文内，有遵旨定界之语，方许入境。如无此语，决不许入也。闻尔等仍携货来，不忍复令携归，可留住数日，贸易事毕，起程可也。

寻赏准噶尔使臣吹纳木喀等袍缎银布有差。

(《平定准噶尔方略前编》卷40，《清高宗实录》卷11)

067
和硕庄亲王允禄等奏请派人交易吹纳木喀等所携货物片

乾隆元年正月十八日

总理事务和硕庄亲王臣允禄等谨奏。

据使臣吹纳木喀等告称，吾等已谒圣明，谕曰，遣返之时，将交付敕谕赍回。再，我等携至少许货物，令速交易，交易完毕，即行遣返。等语。令我等何时交易、何时交付敕谕（原档残缺）。去年吹纳木喀等携至货物，令其交易时，命造办处催长曾令迪、崇文门税监书办孙鸿旭等充作商人前去贸易。此次拟仍照前例办理。

为此谨具奏闻。

等因。乾隆元年正月十八日奏入，奉旨：知道了。钦此。

（军机处满文《夷使档》1760-2）

068
和硕庄亲王允禄等奏请赏赐吹纳木喀等物项片

乾隆元年正月十九日

总理事务和硕庄亲王允禄等谨奏。

查得，去年遣返准噶尔噶尔丹策零所遣使臣吹纳木喀等时，曾赏吹纳木喀银一百两、御用缎二匹、官用蟒缎一匹、补缎一匹、彭缎二匹、毛青布二十四匹，赏诺惠尼银五十两、官用蟒缎一匹、（原档残缺）、毛青布二十匹，随行而来之二十人，人各赏银二十两，官用绸缎二匹，彭缎一匹，毛青布八匹。另对吹纳木喀、诺惠尼及随行而来之厄鲁特人中除留于肃州之七人外，其来京城之十三人，人各赏纱袍一件、棉袍一件、帽子、腰带等在案。赏此次前来使臣吹纳木喀、额塞及随行而来之二十四名厄鲁特之银、缎、布，拟仍照前例，俟其起程之时颁赏。其赏留于肃州之六名厄鲁特之银、缎、布，则交付吹纳木喀等，俟其抵达肃州转赏外，届时赏给吹纳木喀、额塞火红妆缎面儿狐皮袄（原档残缺），其随行而来十八名厄鲁特，各赏金字缎面儿羊皮袄一件、金字缎棉袍一件。可否之处，谨此请旨。

等因。乾隆元年正月十九日奏入，奉旨：著赏。钦此。

（将此交付内阁中书佟特，转交内务府、蒙古衙门）

（军机处满文《夷使档》1760-2）

069
和硕庄亲王允禄等奏请照例赏赐伴
送准噶尔来使之通事兵丁片

乾隆元年正月二十一日

总理事务和硕庄亲王臣允禄等谨奏。

去年准噶尔使臣吹纳木喀等来时，总督刘于义处派委三名通事兵，沿途伴送前来，奉旨每人赏银五十两后遣返。此次自查郎阿处派委伴送吹纳木喀等之三名通事兵，拟仍照前例，每人赏银五十两之处，谨此请旨。

等因。乾隆元年正月二十一日奏入，奉旨：著照前例赏赐。钦此。

（将此交付内阁中书福杰，转饬蒙古衙门办理）

（军机处满文《夷使档》1760-2）

070
陪同大臣等奏报使臣吹纳木喀等欲采买绸缎药品片

乾隆元年正月二十二日

　　昨日，臣等请吹纳木喀等用过茶饭闲谈之际，再次晓之以前日颁降谕旨。吹纳木喀等极为欣喜，告称，我等虽欲竭力谨记大皇帝谕旨，转告噶尔丹策零，但当大皇帝圣明陛下，不胜惶恐，又聆旨（原档残缺）。趁与大臣等会面之机，复加练习，汇总我等所记告知大臣等，加以核实，大有益处。

　　大皇帝谕旨大致为：噶尔丹策零欣服前已升遐成佛大皇帝为教法生灵而颁降仁旨，派使奏请。此次遣使呈递之奏书，有违前旨，是故，朕不必遣使。噶尔丹策零倘若遵旨定界，可再遣使具奏。否则即便遣使，亦于事无益。若照此定界之后，但请勿令喀尔喀游牧越过哲尔格、西喇胡鲁苏，亦属可行之事。是此意否。等因，加以汇总复述之。又称，俟返回，我等将大皇帝之旨转告噶尔丹策零，然仅以我等之言，不足为凭，依我等之意，请大皇帝遣使一名，随我等同行，晓谕噶尔丹策零，则事一次可成矣。言毕，臣等称，因尔等赍至奏书异于原案，已与尔等无法商议，岂有遣使之理。皇上业已降旨，尔等返回告知噶尔丹策零，未尝不可。吹纳木喀等又称，难得一见大臣等，今日幸蒙大臣等宴请我等，且将我等之一件私事，亦一并告知。俟我等携至些许物品售出之后，拟从本地采买我等所需之绸缎、药物等带回。请交付此处之官员等，待我等罗列欲购物品，可否交付彼等采买。等语。臣等称，可将尔等欲购物品，缮单交付彼等，若此处有且可携带之物品，缘何不准采买。绸缎类乃此处所有者也，药品类有欠佳有毒者，与各自之水土有相宜与否之分，不知药性之人（原档残缺）若有通者，（原档残缺）大臣等所言甚是。

（军机处满文《夷使档》1760-2）

071
和硕庄亲王允禄等奏请依例赏赐伴送官员银两片

二月初七日

　　总理事务和硕庄亲王臣允禄等谨奏。

　　去年，吹纳木喀等返回时，曾赏派往伴送郎中阿拉布坦银二百两。此次，护送吹

·075·

纳木喀等前来之员外郎僧保、笔帖式萨音查克，仍派往伴送吹纳木喀等返回，相应赏员外郎僧保银二百两、笔帖式萨音查克银一百两。

为此谨奏。请旨。

等因。乾隆元年二月初七日奏入，奉旨：知道了。钦此。

（将此缮文钤印，交付内务府笔帖式沙尔干支取银两，由侍郎班第督赏员外郎僧保银二百两、笔帖式萨音查克银一百两。又交付内阁中书布林，转交蒙古衙门）

（军机处满文《夷使档》1760-2）

072
和硕庄亲王允禄等奏请钦定使臣
吹纳木喀等辞行觐见仪注折

乾隆元年二月初七日

总理事务和硕庄亲王臣允禄等谨奏，为请旨事。

查得，先前遣返准噶尔所派使臣时，其起行前曾令入内觐见。此次前来之使吹纳木喀等，其起程之日已近，相应于起程前带领引见（原档残缺）。觐见之日，仍照前例，聚集之大臣等各带坐褥入乾清宫，预先计班列队，前排就座十位大臣仍行入座，后扈两位大臣侍立。御前侍卫等立于宝座附近，豹尾班侍卫等列于宝座两旁，乾清门侍卫等列于豹尾班侍卫等之后。月台两旁、乾清门两侧、阶下、照门等处，令侍卫等站立。所有使臣等行经之门，增派章京、护军等排列齐整之处，交付各该处备办。是日凌晨，派委陪同章京等引领使臣等由西华门、西翼门进入，憩于照门，赏食克食。俟皇上御乾清宫宝座，由侍郎那延泰、班第、副都统多尔济及奏事蒙古侍卫等，引领使臣等入乾清门西侧门，由西侧拾阶而上，引吹纳木喀、额塞自乾清宫西侧隔扇门进入，于右翼前排大臣末尾跪叩一次，空出间隙就座。其随行厄鲁特等，令坐于隔扇门外右翼台阶上。皇上用茶时，令其跟随大臣等跪叩，赐茶时，令其叩谢饮之，降旨时，令其跪地聆听。事毕，仍由西侧隔扇门引退，送至住处。是日，集聚诸大臣、侍卫等，仍着常服。（原档残缺）三日，此二日为佳，何日令其觐见之处，谨请皇上定夺。

为此谨奏，请旨。

等因，乾隆元年二月初七日奏入，奉旨：著使臣等于本月初十日觐见。钦此。

（将此交付内阁中书五福，转交内务府、蒙古衙门、吏部、兵部、侍卫档房、景运门护军统领）

（军机处满文《夷使档》1760-2）

073

和硕庄亲王允禄等奏请抄录颁降噶尔丹
策零敕谕寄知两路大将军片

乾隆元年二月十七日

总理事务和硕庄亲王臣允禄等谨奏。

既令准噶尔使臣吹纳木喀等起程返回，相应抄录此次携至噶尔丹策零之奏书、两次令吹纳木喀等朝觐时所降谕旨、颁降噶尔丹策零之敕谕底稿，寄知两路大将军。再，（原档残缺）令吹纳木喀等朝觐时颁降谕旨曰，噶尔丹策零若再遣使，可仍遣尔前来，尔行至我界，可告知我边臣云，噶尔丹策零将遵旨定界，惟奏请勿令喀尔喀游牧越过哲尔格、西喇胡鲁苏。告知此二句后，准尔入境。若无此二句，将不准入等语。相应将此寄知两路大将军等，令其遵旨而行。

为此谨具奏闻。

等因，乾隆元年二月十七日奏入，奉旨：毋须寄知口谕，著将别项移会。钦此。

（将噶尔丹策零奏书及颁降噶尔丹策零之敕谕，均皆另行抄出，咨行两路大将军去讫）

（军机处满文《夷使档》1760-2）

074

和硕庄亲王允禄等奏请交付使臣
吹纳木喀等赍往敕谕等片

乾隆元年二月十四日

总理事务和硕庄亲王臣允禄等谨奏。

噶尔丹策零所遣使者吹纳木喀等，令于本月十六日起程。是故，拟于明日引至吹纳木喀等，跪于箭亭前，交付敕谕及赏赐物品。仍照前例，于上驷院房内，赏食克食。

等因，乾隆元年二月十四日奏入，奉旨：知道了。钦此。

（将此交付内阁中书福杰，转交内务府、上驷院、景运门护军统领）

（军机处满文《夷使档》1760-2）

075
著噶尔丹策零按雍正帝指定地方定界之谕旨

乾隆元年二月十五日

颁降噶尔丹策零敕谕：

奉天承运皇帝敕谕准噶尔台吉噶尔丹策零：朕入承大统，惟但秉承朕之圣明皇考世宗宪皇帝之意，无分内外，一视同仁，以弘扬黄教、安逸众生为重。本年尔之使臣至，据奏称，弘扬黄教，安逸众生，（原档残缺）地界定与不定均可。今虽欲遵从大皇帝谕旨定界具奏，然颁降谕旨内，其地方边界，仅将我等之游牧界端，由此至彼，加以明确而已，并未明确彼端之界线，故未确定具奏。请将此等之处明确降旨，再遣使臣，俾得与彼商议，奏陈衷肠。又称，若以哲尔格、西喇胡鲁苏等地为界，由彼至此我等现在游牧之边界，由彼以远至蒙古游牧界端，等宽相隔之处，伏乞睿鉴。等语。此定界之事，起始于尔父策旺阿喇布坦之奏请，尔父先前请求免将阿勒泰山外哈道里哈达青吉尔、布喇青吉尔两转弯处闲置，尚未允其所请。去年，朕之皇考轸念教法众生，将此两转弯处尽赐于尔等，仅自克木齐克、汗腾格里沿阿勒泰山麓，由索尔毕岭而下，自哈布塔克、拜塔克间经过乌兰乌苏，直至噶斯口为界。又将尔父所请自胡孙托辉至喀喇巴尔楚克地方为中间闲置地。倘以喀尔喀游牧过近，尔等疑虑，奏请稍加拓展，亦属可行之事，业经颁旨者甚明。尔理应遵从朕之皇考之旨，照其所指，定阿勒泰山麓为界，勿令尔之属众接近阿勒泰，倘若仅以我等之喀尔喀游牧过近，则尔等之属众疑虑，奏请稍加拓展，则我原设卡伦，不必移动外，其令喀尔喀等游牧，稍许内迁之处，朕当仰副朕之皇考为教法众生施恩仁爱之圣意，可降旨指示。然尔而今并未遵从朕之皇考所指具奏，反倒牵混，奏请以哲尔格、西喇胡鲁苏等地为界，令我喀尔喀游牧内迁，（原档残缺）者，明系借故推诿者也。如此，则朕遣使何为。朕乃统驭天下大皇帝，惟愿众生各得其所，不但怜恤我等内地蒙古喀尔喀等，即便尔等之准噶尔属众，朕亦一体仁爱。朕履前意，仁爱至上，特为安逸众生，止息兵戈，既已降旨，断不反悔。尔若不念尔属人等之苦乐，滋事殃民，令尔准噶尔人等劳师以远，至我境内，则彼时朕亦无奈矣。所有利弊，永久裨益之处，著台吉尔详虑思定，倘若遵从朕之皇考之前旨，则可遣使前来，否则，亦不必遣使矣。

为此特谕。交付尔使吹纳木喀赍回。

以颁敕礼，赏各色缎十匹。

乾隆元年二月十五日

（军机处满文《夷使档》1760-2）

乾隆元年（1736年）二月己卯

赐准噶尔台吉噶尔丹策凌敕书。

奉天承运，皇帝诏曰，谕噶尔丹策凌。朕缵承大统，继述皇考世宗宪皇帝之志，无分中外，一视同仁，以振兴黄教，安养众生为务。今尔遣吹纳木喀来，奏称阿尔台本我游牧之地，杭爱乃喀尔喀游牧之地。既经和好，此疆彼界，原不必条分缕晰。今因遵旨定界，故敢奏闻。又称谕旨所示哲尔格、西喇呼鲁苏等处，虽已指明我部疆界，尚未定喀尔喀游牧之界，故未敢定议。祈再稍展空地，遣使来此酌定。令喀尔喀与我部边界，彼此阔远，伏乞允行。按定界之事，本起于尔父策旺阿喇布坦奏请，乞以阿尔台山外哈道里哈达清吉勒、布拉清吉勒两隅赐尔。初尚未蒙俞允，其后皇考一意休兵息民，方可其请。令以克木齐克、汗腾格里，循阿尔台山梁，下索勒毕岭，由哈卜塔克、拜塔克之中，过乌兰乌苏，至噶斯口为界。尔父又请以呼逊托辉，至喀喇巴尔楚克为居中间地，毋与喀尔喀游牧逼近，致彼此猜疑。皇考降旨，此事亦属可行。今尔诚恪遵我皇考圣训奏请，则我原设边卡，不必动移。但令喀尔喀游牧，稍稍内徙，朕自当体皇考兴教安民之意，降旨俯允。尔乃并不遵我皇考之训，意欲以哲尔格、西喇呼鲁苏为尔边界，专令喀尔喀内徙，别留中间阔远之地，牵率奏请，明系托故支吾。如此则朕更遣使何为？朕为万方共主，当使群生皆得其所。不但轸恤内地蒙古，即尔准部，亦在我抚绥之内。仰承皇考仁育万物之心，以息兵端，业已降旨撤兵，岂复更张。尔若不恤尔部，起衅殃民，劳尔部众，扰我边疆，则朕亦无如之何矣。尔台吉其图及久远，将一切利害得失之故，再四思维，详悉定议。一遵皇考谕旨，则遣使来奏，否则不必更遣使矣。

特降敕谕，付尔来使赍还。

随敕赐各色缎俱十端。

（《平定准噶尔方略》前编卷41，《清高宗实录》卷12）

076
谕著使臣吹纳木喀等转谕噶尔丹策零遵旨定界

乾隆元年二月初十日

以遣返准噶尔噶尔丹策零所遣使臣吹纳木喀、额塞等之礼，召入乾清宫觐见。谕之曰：此次尔等前来，朕未派大臣等与尔等会议定界之事者，并非朕不接受尔等之请和，而意欲兴兵。惟尔等之台吉噶尔丹策零并未将定界之事，遵从朕之皇考谕旨（原档残缺）借故陈请，故朕即便派出大臣等与尔等商议，亦属无益，而况疆界之事，尔等可专断乎。是故，未令商议，交付尔等以谕旨赍回。噶尔丹策零又奏请朕再遣使臣，先前朕之皇考慈念教法众生，遣使以往，尔等并未遵旨定界，屡屡借故推诿，朕如今即便遣使，又属何事。倘若噶尔丹策零遵从朕之皇考谕旨定界具奏，一语即可完事。如若不然，一味遣使往返，亦无济于事，而况此定界之事，原本起自尔部所请，我大国与尔准噶尔和与不和、疆界定与不定，并无关碍。朕惟仰副朕之皇考圣意（原档残缺），并无兴兵讨伐尔等之处。现业将各地官兵概行撤回，遣回各自之游牧，惟留少量官兵驻守边界，料尔等亦闻之。此等守界兵丁，无论与尔等和好与否，究须戍守地方，势必设之。朕身为大皇帝，惟念安逸众生，而止息兵戈，一经降旨，断不反悔。凡事均缮于敕谕内，噶尔丹策零阅毕朕之敕谕，诚为教法众生，拟遵朕之皇考谕旨定界，可遣使具奏。倘若遵从谕旨定界，惟为勿令喀尔喀游牧越过哲尔格、西喇胡鲁苏一事奏请，亦属可行之事，朕亦可降旨指示。尔等为使之人，惟思玉成其事，方有裨益，亦不枉往返辛劳。朕两次降旨（原档残缺），应思长久之利益，毋图眼前之小利。噶尔丹策零亦系主持一小部落之台吉，岂能不明此理。现譬如，即便尔等激怒我等兴兵，尔等或可得小利也，而我等如今不对尔等用兵，惟守我疆界，有益于尔等之处乎。和则与尔等有利，否则与尔等无益，此皆昭然之事也。

此等之处，著明白晓谕噶尔丹策零，将诸凡利害，详尽思虑酌定。钦此。

（军机处满文《夷使档》1760-2）

乾隆元年（1736年）二月甲戌

遣准噶尔来使吹纳木喀起程，召入乾清宫。谕曰：此次尔等来时，朕未曾派出大员，与尔等议定疆界者，非朕不受尔等请和，意欲兴戎也。以尔台吉噶尔丹策凌，未能遵奉皇考谕旨，酌定疆界，且又假词陈请。朕虽派员定议，亦属无益。况疆界一事，尔等岂可专主，是以未经定议，将谕旨命尔等赍回。噶尔丹策凌，又奏请遣使。先是皇考轸念黄教众生，曾经遣使，尔等并未遵奉定界。今朕遣使何益？噶尔丹策凌诚能遵奉皇考谕旨，酌定疆界具奏，即一言足以藏事。不然，虽往返遣使何为？且定界之事，不过从尔所请，于我天朝无涉。朕惟仰体皇考圣心，阐发黄教，安养众生，断无与尔兴戎用兵之事。今将官兵撤回，各归本处，惟少留弁兵以卫疆圉，想尔等亦有所闻。此等守卫疆圉之兵，无论与尔和好与否，防守地方，在所必设。朕为大君，既经降旨，断无复改之理。谕旨内俱经备载，噶尔丹策凌接奉此旨，诚能遵奉皇考谕旨，留意黄教众生，酌定疆界，遣使具奏。抑或遵照谕旨指示，止以喀尔喀游牧，不过哲尔格、西喇呼鲁苏一事为请，亦属可行。朕自降旨指示，尔使臣惟思玉成此事，始属有益，亦不致徒劳往返。朕两次所降谕旨，尔须谨记。俟去时谕噶尔丹策凌，当思久远之策，勿顾目前小利。噶尔丹策凌系一部落为首台吉，岂不知此。且尔等激朕兴师，不过希图小利耳。今不出师，只守内地边疆，尔等何利之有。总之和则于尔有利，否则于尔无利，此皆事之显然者。将此晓谕噶尔丹策凌，一切利害，详细酌定。

（《清高宗实录》卷12）

乾隆元年（1736年）五月庚子

命治护送夷使都司苏隆等罪。

署宁远大将军查郎阿奏言：准噶尔使臣吹纳木喀等于四月十三日自军营起程，都司苏隆、守备马瑞隆率官兵百名护送出卡。十五日，吹纳木喀遣人前行，探觅水草，至噶顺地方，遇自准噶尔部脱归绿营兵一名、跟役一名，吹纳木喀即执之。与苏隆等言，现在方议和好，此二人又恐败事，我等请携以归。苏隆云，二人在尔部日久，天朝大国，视此等人本无关系。即听携去。窃思二人被掠，久受艰苦，始称间逃归，将及大营，自应与之俱还，询问始末，请旨安置，岂有听从夷使携去之理。且伊等实我之兵役，非准噶尔部人私脱者比，夷使恐其泄漏彼处消息，故托词诡诈。苏隆等何竟堕其术中。即吹纳木喀等必欲携去，噶顺地方去大营仅二百余里，亦应遣人速赴军营，告知定夺。苏隆等率官兵百人，夷使不过二十余人，何至畏之如虎，随声附和若此。况职在护送，自应拨兵前行，防察一切，遇此等脱出者，何难别置他所，不令若辈得见。乃先事不能豫筹，临事随人指使，怠忽玩愒，漫不经心，所宜据实纠劾。

奏入，得旨：苏隆、马瑞隆著革职，拿解来京，严审定拟具奏。该部知道。

（《平定准噶尔方略》前编卷42）

乾隆元年（1736年）十一月壬辰

准噶尔部人绰罗岱、巴克、根敦三人来降，奉旨：观此三人所供，视前投诚者，语较明白，俟到日再行细问具奏。其有应行施恩之处，著从优给赏。

寻王大臣等询问覆奏言：绰罗岱等言，自吹纳木喀归，知大皇帝阿尔台山为界，噶尔丹策零集宰桑、大台吉等议。小策零敦多卜言：历年既苦用兵，本境足以游牧，宜让与大国为便。其伯父之子大喇嘛拉卜立木言：我出家人不知此事，但我属人，日渐穷困，大国必得阿尔台方许和好，我意以和为美。余多阿谀噶尔丹策零者，故其意亦未定。又云，策妄阿喇布坦死，噶尔丹策零佯言为其妾塞特尔扎卜所毒，遂杀之，并杀其所生四子四女。现在与与土尔扈特绝不来往，与哈萨克、布鲁特并为仇敌。凡准噶尔部人，无不以定界和好为乐者。

奏入，命安插绰罗岱等如例，加赏袍帽银缎有差。

（《平定准噶尔方略》前编卷42）

077
额驸策凌奏报噶尔丹策零致书要求回撤卡伦折

乾隆二年

额驸策凌奏报噶尔丹策零致书情形折。

定边左副将军·和硕超勇亲王·固伦额驸臣策凌等谨具密奏，为奏闻事。

　　兹据驻乌里雅苏台统辖喀尔喀千名兵丁之议政贝勒成衮扎布呈文内称，本年三月初十日，驻博道浩尼和硕卡伦之侍卫喀木齐伊萨布前来告称，去年由哈玛尔沙吉盖卡伦被掠公敏珠尔旗之津巴、鄂罗斯，为噶尔丹策零于正月初九日召见，交付书信一封遣回，于三月十三日至我等之卡伦。我等卡伦之三等侍卫沃锡勒图遂遣我来。等因。将津巴及噶尔丹策零书信一并送至。故本处派侍卫达什扎布，将津巴及书信，一并驰驿解送大营。等因。于四月初四日送达。谨将臣等询问津巴之言另行缮折谨具奏闻外，观噶尔丹策零之书信，乃致臣等之信，粗略译之，其信云，致车臣王者，此前彼此传递之语，尔既知之，不必言之。今据我使臣吹纳木喀赍至之敕书云，确定地方之南面疆界，令我游牧勿至阿勒泰山麓，蒙古之属众，仍居原地，否则不必遣使。等语。毋言不许遣使，即便声称征战，亦难出让承接父祖游牧至今之地。将此如此者，乃尔等蒙古疑虑我等身居阿勒泰，有害于自己，而怂恿部院大臣等为之者也。长此以往，料或如前构衅，荼毒众生。倘若反目，世事难料；摈弃此等言语，断无从善计谋致远之处。本年尔等卡伦展至阿勒泰瞭望，我边界人等，为设我游牧之百个卡伦，拿获二人解至。今若如此逼近瞭望，我边界人等，由于过近，以致疑惑驱逐，似生事端，尔等之卡伦，应撤回为好。纠缠先前部院大臣等未能办成之事，戕害众生，凡事尔知之也。即便现在，若令地界不得超过阿勒泰，料必生事端。是故，请尔及蒙古台吉等禀之于部院及内大臣等，具奏于大皇帝，勿令失和，以振兴黄教、安逸众生为宜。若拟回复，可于蛇年秋九月遣至。其情形由津巴、鄂罗斯二人口禀。蛇年正月初八日。等语。

　　臣等会同窃思，准噶尔之贼，于去年秋季无端由我沙吉盖卡伦，掠往两名喀尔喀，而今一是拟将此二人送回，二是去年彼遣往使臣吹纳木喀，皇上所降谕旨甚明，彼不便复遣使来，故借此致书臣等，料必奏闻圣主，幸得圣谕，亦难预料。再，核其信中之意，仍纠缠阿勒泰以东地方，故此似宜回信一封，俟经圣主明鉴，以臣等所奏，或颁降敕谕噶尔丹策零以敕书，或作臣等之意，复文晓之以利弊，料可探其欲和或欲恶之意。若以臣等之意复文，遣人送往，或交其边民转送之处，或缮平常言语回复之处，俟圣主旨下，钦遵施行。

　　为此将噶尔丹策零寄来原文，一并谨具奏览。

（军机处满文《夷使档》1760-4）

乾隆二年（1737年）四月壬午

命额驸策凌移书晓谕噶尔丹策零。

定边左副将军额驸策凌奏言：据贝勒青滚杂布报，三月初十日，噶尔丹策零遣人送还去秋被掠津巴、鄂罗思，且有致车臣汗等书一通，送至军营。臣等译来书言：前大皇帝赐书，令我等游牧不得过阿尔台，其蒙古属人居住如故。如此则遣使，不如此则不必遣使。想非出大皇帝旨，特喀尔喀台吉等疑我逼处阿尔台，有害尔等游牧，怂恿部院大人为此耳。窃思阿尔台乃我祖父所贻，故难让给。自今和好后，彼此杂处何妨。若欲兴兵构怨，虽远亦可至也。前次相争，尔我两伤，用兵何益。况大皇帝为尔出兵，尔喀尔喀自当供应。即我兵至时，日粮亦不免取给于尔。去年因尔等卡伦逼近阿尔台，我边界人遂生疑惑，擒尔二人。嗣后尔等卡伦宜稍内撤，无近阿尔台游牧，或致生事。尔蒙古台吉等当告知内地部院大臣，奏闻大皇帝，惟以广行黄教，休逸群生为意。尔若有书覆我，可于秋九月发来。又据津巴言：去年七月初八日，我与鄂罗思为贼所掠，至伊犁。今年正月初九日，见噶尔丹策零，给书一通，令致车臣汗。给衣以袭，并还前所掠马驼器械，拨使人送还。即日起程，二月二十日至萨里，鄂罗思道病死。我于三月十四日至博托和尼和罗卡伦。臣等详察，噶尔丹策零掠我二人，今又送还，盖因勑书所谕甚明，不便复遣使来，藉此致书于臣，冀得奏闻皇上。书中所言，仍欲得阿尔台。似应覆与一书。或以臣等奏闻，更降敕谕，或竟作臣等意见，覆书廾尔。伏候睿鉴。

总理王大臣等议覆曰：准夷此举，大有穷迫向化之意，但阿尔台断不可与。前此敕书，业已详备，无庸再给，应令额驸策凌作书答之。臣等恭拟呈览。

奏入，上从之。

寻进所拟额驸策凌与准夷书曰：固伦额驸策凌致书准噶尔台吉。今年四月津巴来，得台吉书云：我欲取阿尔台。台吉尚未晓大皇帝之意，我果有取阿尔台之心，大兵岂肯尽撤。我撤大兵，即可知大皇帝之意矣。阿尔台乃天定交界，尔父浑台吉时，阿尔台以南，原无厄鲁特游牧。自灭噶尔丹博什克图以来，我等建城驻兵其地，众所共知。其不令尔众游牧者，原欲阿尔台为闲地，两不相取，彼此隔远，庶永相和好，不起争端耳。今台吉反云难以让给，试思阿尔台果系谁地，谁能让给，大皇帝据理谕尔，剖断甚明。台吉尚尔饬说，是不愿休息众生也。论说滋多，空劳往返。总之，阿尔台可以给尔与否？台吉宜再详思，不可偏执利己之见也。又谓逼处则有害我等游牧。彼此相持，谁受其害，尚在未定。大皇帝洞鉴，留作隙地，正欲广教安民耳。台吉若欲如前者首祸兴兵，是劳苦众生，皆尔之故，于我无涉也。来书又言：兴兵构怨，远亦可至。我大皇帝谕令分划疆界，原欲尔我自此息兵。尔诚遵旨定议，我兵必不为祸始，亦不复向科卜多居住。倘尔复造衅端，我惟坐待其来，并不烦内地兵，惟尽我喀尔喀之力，上报主恩。就是孰非，孰好生，孰不好生，自有天鉴。我部惟体大皇帝仁育之心，防边居守，勿为祸始劳苦士马而已，台吉其知之。又谓我卡伦逼近阿尔台，故尔生疑，擒此二人，自今卡伦宜向内撤。按我等现在卡伦，乃圣祖仁皇帝时设立，至今并未外移。即议定地界，卡伦岂可不立。今欲令我内撤，是强以难行之事也。又谓毋近阿尔台游牧，或致生事。台吉果遵大皇帝谕旨，止议定界，于理甚合，于尔亦无甚难行。今反言生事，是犹意在兴兵也。惟末云当告知部院大臣，奏闻大皇帝，以广黄教，以安众生。知台吉虽多饬辞，仍意在求和耳。我已举大略奏闻，钦奉大皇帝谕旨，噶尔丹策零遣吹纳木喀来时，诸事俱经降旨晓谕，何彼尚未深悉朕意。彼既行文于尔，尔可再以朕意晓谕之。书至，台吉其详审是非利害，遣使达诚，如尔难于遣使，我当代奏，令尔使赴京，共成和好。若仍牵率借端，于事何益。

奏入，报闻。

（《平定准噶尔方略》前编卷 43）

乾隆二年（1737年）四月壬午

总理事务王大臣等议覆，据定边左副将军额驸策凌奏言：贝勒青究扎卜报，三月初十日，噶尔丹策遣人送还去秋被掠津巴、鄂罗斯，且有致车臣汗等书。书中所言，仍欲得阿尔台，似应覆与一书等语。臣等观准夷此举，大有穷蹙向化之意。但阿尔台断不可与，前此敕书业已详备，无庸再给，应令额驸策凌作书答之。臣等恭拟呈览。从之。

所拟书曰：固伦额驸策凌致书准噶尔台吉。今年四月津巴来，得台吉书云：我欲取阿尔台。台吉尚未晓大皇帝之意，我果有取阿尔台之心，大兵岂肯尽撤。我撤大兵，即可知大皇帝之意矣。阿尔台乃天定交界，尔父浑台吉时，阿尔台以南，原无厄鲁特游牧。自灭噶尔丹博什克图以来，我等建城驻兵其地，众所共知。其不令尔众游牧者，原欲阿尔台为闲地，两不相取，彼此隔远，庶永相和好，不起争端耳。今台吉反云难以让给，试思阿尔台果系谁地，谁能让给。大皇帝据理谕尔，剖断甚明。台吉尚尔饰说，是不愿休息众生也。论说滋多，空劳往返。总之，阿尔台可以给尔与否？台吉宜再详思，不可偏执利己之见也。又谓逼处则有害我等游牧，彼此相持，谁受其害，尚在未定。大皇帝洞鉴，留作隙地，正欲广教安民耳。台吉若欲如前者首祸兴兵，是劳苦众生，皆尔之故，于我无涉也。来书又言：兴兵构怨，远亦可至。我大皇帝谕令分划疆界，原欲尔我自此息兵。尔诚遵旨定议，我兵必不为祸始，亦不复向科卜多居住。倘尔复造衅端，我惟坐待其来，并不烦内地兵，惟尽我喀尔喀之力，上报主恩。孰是孰非，孰好生，孰不好生，自有天鉴。我部惟体大皇帝仁育之心，防边居守，勿为祸始，劳苦士马而已，台吉其知之。又谓我卡伦逼近阿尔台，故尔生疑，擒此二人，自今卡伦宜向内撤。按我等现在卡伦，乃圣祖仁皇帝时设立，至今并未外移。即议定地界，卡伦岂可不立。今欲令我内撤，是强以难行之事也。又谓毋近阿尔台游牧，或致生事。台吉果遵大皇帝谕旨，止议定界，于理甚合，于尔亦无甚难行。今反言生事，是犹意在兴兵也。惟末云当告知部院大臣，奏闻大皇帝，以广黄教，以安众生。知台吉虽多饰辞，仍意在求和耳。我已举大略奏闻，钦奉大皇帝谕旨，噶尔丹策零遣吹纳木喀来时，诸事俱经降旨晓谕，何彼尚未深悉朕意。彼既行文于尔，尔可再以朕意晓谕之。书至，台吉其详审是非利害，遣使达诚，如尔难于遣使，我当代奏，令尔使赴京，共成和好。若仍牵率借端，于事何益。

（《清高宗实录》卷41）

078
和硕庄亲王允禄等奏报询问津巴准噶尔地方情形片

乾隆二年四月二十四日

总理事务和硕庄亲王臣允禄等谨奏。

额驸策凌外遣二等侍卫浩色带至准噶尔噶尔丹策零之书信，并解至喀尔喀津巴。臣等详加询问津巴，据告称，我系喀尔喀公敏珠尔旗之披甲，去年驻守沙吉盖卡伦，被贼掠往，沿途白日令我骑马，夜间捆绑手脚看守，解至伊犁看押近五个月。今年正月初九日，噶尔丹策零将我召见，交给我书信一封，云，因大皇帝派遣使臣颁降谕旨意欲和好，故我两次遣使。而后我之使臣返回，大皇帝谕令我等准噶尔部众游牧于额尔齐斯一带，不得越过阿勒泰，喀尔喀游牧仍在原地。若遵此谕，可遣使往，否则不必遣使。等语。阿勒泰者，乃我父祖游牧故地，毋言因使出让，即便用兵，亦难相让。想必此非大皇帝之意，皆系尔等之喀尔喀诺颜等，恐我准噶尔人等如若靠近尔等游牧，有害于尔等，故此为之也。诚能和好，双方人众即便杂处，我等并无加害尔等之意。倘若构怨兴兵，无论远近，无所不至。从前兴兵，尔等人众所受伤害，尔等自明，我等人众所受伤害，吾已深知。止戈修好，善哉。若果兴兵，又有何益。况且大皇帝兴师远征，路途遥远，倘若牲畜疲惫、行粮靡费，则取之于尔喀尔喀，而吾兵前往，亦拟由尔等喀尔喀取用行粮牲畜。尔等勿以吾为敌对者，而挑唆尔等。仅就吾之此文，可于秋季回复。言毕，即令出。我在彼处之时，因不准在外行走，加以看管，一无所闻。等语。

再，将准噶尔人众之生计如何，其边界处如何屯兵防守，别处有无用兵之消息，噶尔丹策零身边依靠办事者为何人，先前随往厄鲁特毛海车凌、辉特之巴吉等人身在何处，在彼处何以为生等情，逐一询问津巴。据告称，将我掠往之后，因处处严加看管，故不甚明了。据我看得，其部众贫困者众，野外牲畜稀少，多种地为生。去年掠往我时，阿勒泰以内阿里克泰地方曾驻有其兵六百名，本年来时未见，想必移驻奥隆古地方矣，是否另外发兵之处，不得而知。途遇发往之兵问之，乃为前往驻守防范哈萨克卡伦者，称有近二千名兵丁。噶尔丹策零身边办事人等之名姓，不得而知。初次派来审问之四人，为纳亲哈什哈巴图尔、乌巴什、查衮、额塞，称皆系彼处之大宰桑。其中，纳亲哈什哈虽双眼失明，然言语锋利，似有才干。大策凌敦多布早已殁没，其二子亦亡故，惟存有一幼孙。小策凌敦多布现居喀喇沙尔。毛海车凌、巴吉皆在，据闻其生计不如从前，潦倒窘迫，并未得见。等语。所言诸事大致与在军营所禀相同。现将津巴暂留京城，俟事确定，再行遣回。

等因，乾隆二年四月二十四日具奏，奉旨：知道了。钦此。

（将此交蒙古衙门主事唐喀禄）

（军机处满文《夷使档》1760-4）

079
和硕庄亲王允禄等奏请由额驸策凌回复噶尔丹策零片

乾隆二年五月初六日

总理事务和硕庄亲王臣允禄谨奏。

臣等看得，准噶尔噶尔丹策零致额驸策凌书信，虽言语粗鲁，然将所掠我方人等、马畜、器械等，概行如数返还，观其情形，尚存向化归善之意。惟以阿勒泰原本为其厄鲁特游牧，其父祖之故地，岂可出让，仍行纠缠阿勒泰地方。臣等窃思，准噶尔人等本不安分，其将我等激怒，劳顿兵马，糜费钱粮，挑起兵端，乃其上策；劳使贸易，乃其中策；偷盗抢掠，乃其下策。去年颁降其使臣吹纳木喀等之敕谕甚明，噶尔丹策零倘定阿勒泰为界，则准遣使，否则无须遣使，故而噶尔丹策零计穷，自知不便遣使，我亦不再遣使，始出此策，竟掠我卡伦之人，遣至言语粗鲁之书信，先是试探我等之意，其次图谋激怒我等。今彼虽称断不可将阿勒泰归我所有，我等亦有断不可将阿勒泰划拨彼等之缘由。惟从前再三商议，且去年令吹纳木喀等赍往敕书，所有事项均已写全，相应臣等以为，现无需再颁敕书予彼，似宜由额驸策凌复书一封。如此，则可作额驸策凌之意缮写咨行噶尔丹策零文，将额驸策凌具奏文稿一并恭呈御览。俟圣上核对钦定，译成蒙古文，移送额驸策凌，由其阅看钤印，照其所奏，选贤能台吉送往。惟此送信之事甚为重要，派往台吉之时，务必拣派有主见可靠者。嘱咐额驸策凌所派台吉，至准噶尔边界处，彼处之人若将书信收转，即将书信明白交付，当即返回。倘不接受，务令我方之人亲至送交，即令彼处之人引导前往，断不可表露畏惧之状。沿途须留心观察其生计。俟抵彼处，当留意噶尔丹策零之举动之处，额驸策凌等宜详加嘱咐，而后遣往。

再，军营地方之设卡防备者甚属重要，观贼仍来袭卡，难免疏忽怠慢，而今之防备尤为紧要，额驸策凌等须好生留意，严加防范，提防我属人等复被贼众掳掠。谨拟将此一并咨行额驸策凌等。

为此谨奏。请旨。

乾隆二年五月初六日奏入，奉朱批：著依议。钦此。

（主事明善、中书苏崇阿、吉兰泰钤印缄封，交付奏事之宝山等，日驰六百里递送额驸策凌去讫）

（军机处满文《夷使档》1760-4）

乾隆二年（1737年）五月已丑

谕定边左副将军额驸策凌：据尔奏到噶尔丹策零一折，朕思贼匪意欲请和，惮于遣使，是以将掳去二人，善视送回。而语言又倨傲，其意以为准伊和好，伊可以多得地土。若因伊言忿激，定如昔年用兵，伊既得计，而我钱粮不无少亏。是此二举，皆不足以动我也。此际唯将附近地方固守，伊自无所施其伎俩。但彼既有来疏，亦当回覆，朕已降旨王大臣议奏矣。尔军营王大臣，亦会同拟作噶尔丹策零咨文一纸，由驿速奏，朕视尔等意见何如。当此情形，今秋防范最为紧要。不过使尔王大臣知之，设少有泄漏，兵丁稍有戒心，于事无益。至喀尔喀晋巴，遣回与否，尚在未定。可将朕此旨大意，晓谕兵丁，军心更觉坚定。

寻奏：准噶尔既将来书令人赍到，回文未便遣人直达噶尔丹策零。臣请于此处出派贤能台吉一员，带同十余人，赍文交与伊地方斋桑，令其转致，所遣之人即回。若伊斋桑务令所遣台吉亲身交噶尔丹策零，即令所遣台吉面交。臣等亦照所赍回文，详悉谕知。

得旨：总理事务王大臣议奏。

（《清高宗实录》卷42）

080
额驸策凌为划界事宜致噶尔丹策零书

乾隆二年

固伦额驸喀尔喀车臣王致准噶尔台吉：本年四月，据我等之喀尔喀津巴携至尔之咨文内称，吾之使臣吹纳木喀等赍至敕书内，定地方之南面疆界，令我游牧勿至阿勒泰，蒙古属众仍在原地，否则不必遣使。等语。毋言不准遣使，即便声称用兵，父祖曾经游牧之地，相让亦难。将此如此者，乃尔等蒙古，疑虑我等身在阿勒泰，有害于己，故而怂恿部院大臣等如此为之也。愚以为如此日久，抑或仍前构怨失和，荼毒众生也。等语，观尔台吉称我等欲取阿勒泰等地，乃未明晓大皇帝之意。倘若我等诚有拟取阿勒泰之心，岂能尽撤大军，据此撤兵之举，台吉尔当晓知大皇帝之意也。阿勒泰山麓，应作天然分界。尔父洪台吉之时，阿勒泰此端，本无厄鲁特游牧。自灭噶尔丹，我属人众即在此游牧、驻兵、筑城之处，乃共知者也。阿勒泰此端不准尔等游牧者，乃为划清界端，间隔游牧边界，以免滋生事端，永固敦睦者也。故计其事理，将阿勒泰地方，双方均不相取，定为中间闲置之地。而今尔台吉反而声称难以出让阿勒泰，不知将阿勒泰出让于何人。大皇帝秉持理义，酌其合宜，如此裁定，而台吉仍复托词纠缠阿勒泰者，似有悖敦固和睦、振兴黄教，安逸庶众之道。因阿勒泰之故往返议论之处甚多，不必一再谈论。总而言之，可否将阿勒泰划拨与尔之处，尔自加慎思即明也，不可偏执己见。再，所言若准尔等厄鲁特在阿勒泰，疑虑加害于我等，故而怂恿大臣等如此，长此以往，抑或失和，荼毒众生之语，若不论修好之事，我等游牧相邻之时，谁将受害，尚难逆料。故蒙大皇帝睿鉴，将阿勒泰留作双方之闲置地，均不准游牧，彼此惟以和睦之道为重，安居乐业，则为振兴黄教，安逸众生者也。台吉尔若仍前构衅兴戎，乃尔荼毒生灵也，与我等无关。

又据来文称，倘若构怨兴兵，无论远近，无所不至。若摈弃此言，彼此和好，无论远近，亦无谋害之处等语。我等之大皇帝不计尔准噶尔之和好与否，为安逸众生，尽撤大军，惟但守界护牧，钦定嗣后断不再进兵。尔等但凡本分，我军断不靠前，亦不仍前移至阿勒泰、科布多居住。尔若定要兴兵袭击，我亦坐待尔至，无须劳烦内地满洲兵，倾我全部喀尔喀之力，亦为名誉死战，以报皇恩。孰是孰非，自有天佛鉴别。虽不得安生，我等亦惟有仰体大皇帝轸念众生之慈意，决意驻守游牧，断不劳顿兵马。台吉尔自当明此。

再据来文称，本年，尔等卡伦人等曾至阿勒泰瞭望，我边界之人，为设我游牧百个卡伦，拿获二人解至。今若如此靠近瞭望，倘致我边界人等疑惑，似生事端，尔等卡伦宜内撤为好。等语。我现驻卡伦，昔自圣祖仁皇帝始既于此等地方设置，从未靠近阿勒泰山麓。即便明定边界，以我蒙古之例，可不设卡伦乎。所谓内移旧有卡伦者，乃台吉尔将难行之事强加于我也。而况我等之大皇帝适为利神教法众生，尽行撤回大军，谕令卡伦官兵，今既和好，相应遇见准噶尔人，勿加骚扰。故我卡伦人等，见尔属众，不曾动手，以致为尔等掠往。尔属人等无故越过阿勒泰，掠往我卡伦之人，却云将我卡伦内迁为好，其中是非，台吉尔岂能不知。

来文又称，纠缠从前部院大臣等未能办成之事，荼毒众生，凡事尔知之也，即便现在，其地界倘禁于阿勒泰游牧，料亦滋事端矣。等语。振兴黄教、安逸众生，乃我大皇帝之本意。今将阿勒泰作为中间闲置之地，双方游牧均远离阿勒泰者，极为合乎情理，于尔并无为难之处。对此台吉尔当遵从大皇帝谕旨，促成定界之事。今观声称生事，乃尔意在阻碍好事、荼毒众生、挑起兵衅也。如此之言，于事无补，一味纠缠旧事，亦无济于事。

再，喀尔喀津巴归来，转告台吉之言云，自构兵以来，于和通呼尔哈地方，尔属人等折损几何，尔当自明；于额尔德尼召地方，我属人等折损几何，我亦自知。大皇帝之兵马，若至我处征剿，路途遥远，若牲畜疲惫、行粮尽绝，则取之于尔喀尔喀，即我之官兵至时，亦拟由尔喀尔喀取用牲畜行粮。等语。和通呼尔哈地方我属人等折损，额尔德尼召地方尔属人等折损，实难相瞒。兵家之道，胜败乃常事，牵此何为耶。今若将此作为利害言之，似与事理不合。再，台吉尔或以为我等喀尔喀生计窘迫，必生抱怨。我等喀尔喀世承大皇帝鸿恩，至深至重，多年如一日，部众无论大小，无不由衷感戴，尔等岂能不知。

来文又称，尔告知蒙古众台吉、部院及内大臣等，奏于大皇帝，不毁前约，创始振兴黄教，安逸众生之事为好。等语。观台吉尔之来文，虽皆借故纠缠无用之事，然台吉尔尚意在和好之事，相应我将举其大概，具奏于大皇帝，钦奉大皇帝谕旨：噶尔丹策零之使臣吹纳木喀来时，诸事皆已降旨，噶尔丹策零仍未深明朕意，伊既行文额驸策凌，相应额驸可将朕意行文晓谕之。钦此。钦遵，故行文回复台吉，请台吉权衡其中之利弊及是非，惟但循其事理，计双方利弊酌定，拟为玉成好事，遣派使臣，则可缮具奏书，遣至使臣，我当奏请，令尔使臣进京，议定好事。倘若仍前借故一味纠缠我等为难之事，则于善事无益也。

为此回复。

(军机处满文《夷使档》1760-4)

081
和硕庄亲王允禄等奏请遣回津巴片

乾隆二年五月十一日

总理事务和硕庄亲王臣允禄等谨奏。

自额驸策凌处，遣侍卫浩色解至喀尔喀津巴，因事未定，暂留于京。兹问津巴，既无质对之处，相应拟赏银二十两，交付解至侍卫浩色带回，交付于额驸策凌。

等因，乾隆二年五月十一日奏入，奉旨：知道了。钦此。

(是日钤印缄封，交付侍卫浩色，咨行额驸策凌。又钤印交付内务府，于翌日送至银二十两，拨给该班大臣，交付于该部章京查希纳，又令蒙古衙门郎中玉保抄往)

(军机处满文《夷使档》1760-4)

082
额驸策凌奏报已派台吉额默根等前往准噶尔送信折

乾隆二年七月初二日

额驸策凌将派台吉额默根等送信之处具奏之折。

定边左副将军·和硕超勇亲王·固伦额驸臣策凌等谨奏，为奏闻事。

据总理事务处咨文内称，我处为咨复噶尔丹策零议奏之折、所缮文书及译成蒙古文之文书，一并另行咨行外，惟此事关系紧要，选派人时，断不可轻忽，务必选派平素委用熟悉、自有主见、可靠贤能之人。凡事详加晓谕，一面差往，一面将派往台吉名姓、起程日期奏闻。等因前来。臣等依照总理事务处之咨文，共同商议，仔细遴选，额驸策凌所属协理台吉额默根，技艺娴熟、忠实可靠、颇有主见，系平素屡经额驸策凌委用熟悉之人。以之为首，另有副都统达尔佳、佐领乌巴西，均为人笃实，颇有胆识，以此二人陪之，另选十二名蒙古随护。窃思，既将彼等遣往准噶尔，理宜体面办理遣往，故为置办行装、整治驮包，将赏阿育锡之御用缎三匹，官用缎、彭缎十六匹，纺丝七匹，布四十八匹，银四百二十两赏赐。另行备带官用缎十匹、布五十匹、纺丝、茶叶五十块。其骑驮之马驼，食用之米粮、羊只、茶叶，亦足数官为预备给付。将咨行噶尔丹策零文内之言，详尽晓谕额默根等，俟至彼处，其会见礼、应答言语，事将成否，及宜谨记留心之处，凡臣等虑之所及者，概加悉心教诲，于六月二十二日遣往起程。俟其返回，臣等将噶尔丹策零所问，彼等回复之言，详加询问，合并事由，另行奏闻外，为此将台吉额默根等起程日期，谨具奏闻。

乾隆二年七月初二日奉朱批：知道了。钦此。

（军机处满文《夷使档》1760-4）

乾隆二年（1737 年）十一月壬戌

先是，额驸策凌令台吉额默根等，持答噶尔丹策凌书一通，至准夷界。有达什、敦多卜等接见。同至卓索图和硕，见台吉德齐特，宰桑孟克博罗特，告以来意。德齐特等。即拨三十余人，送往伊犁。额默根告以奉命只令致书，不便前往。会噶尔丹策零，已先期遣博巴来迎。遂于九月初七日，至伊犁。初九日，见噶尔丹策零致书。闰九月初四日，噶尔丹策零告额默根云：有奏大皇帝一书，又与车臣汗一书，我遣宰桑达什、博吉尔二人为使，二十四人为从，与尔同行。遂于初五日起程，十月二十日至布拉罕之察罕托辉。额默根驰驿先至军营，额驸策凌以闻。且奏言：前者与噶尔丹策凌书，原有如难于遣使，当为代奏，令尔使进京之语。观此次遣大宰桑前来，定有求和之意。可否令夷使进京？又臣以年例当入觐，夷使到时，可否告以臣已奉旨赴京，即令使者来京。如蒙俞允，军营印信，应暂令何人署理？

得旨：著额驸策凌率台吉额默根驰驿来京。副将军印务，暂令海兰护理。夷使达什等，勿令窥伺军营及蒙古游牧处。导彼从口外行走，并护送来京。

（《平定准噶尔方略》前编卷 43、《清高宗实录》卷 56）

083
军机大臣鄂尔泰等奏请将使臣等
骑至马驼交付张家口牧厂牧放折

乾隆二年十二月初六日

大学士臣鄂尔泰等谨奏，为议奏事。

据理藩院来文内称，兹据总管久霍托等呈称，定边左副将军、固伦额驸策凌等咨称，伴送准噶尔使臣宰桑达什、博济尔等至京城，由此调拨骆驼一百三十余峰、马九十匹，俟至张家口，交付总管久霍托。等因具奏。相应俟使臣等至，主事甘布交付之后，收取牧放，其收取之处相应报部。等因前来。故由本处牧放牛羊马驼群之人中，计其足敷派人预备。惟今适值寒冷时节，使臣等远道骑乘牲畜倒毙、损害之处，在所难免。再我游牧人等，各有差事，此项马驼，应交付何处牧放，若有倒毙，是否填补，如若填补，以何处马匹填补之处，恳请贵部明示前来。等因。准噶尔使臣之事，原由总理事务处办理咨行，此事请军机处确定实行。等因前来。请将此由军机处核定咨行。等因至此。查得，使臣等骑至马驼，皆由军营调拨官畜，额驸策凌既已咨文交付总管久霍托等牧放，久霍托等亦即委派牧群人等预备，相应俟使臣等至张家口，视伴送使臣而来之主事甘布所交，收取马驼好生牧放。其间若有倒毙者，将数日报知该部。遣回使臣之时，倘仍由张家口遣往，必定拨给马驼，相应由总管久霍托、博泰等处，核查其原先骑至马驼，若膘好，则仍行拨给；若有瘦弱疮疾者，则由上都达布逊诺尔牧场之马驼内予以调换，并将调换、填补倒毙牲畜之数目，报知该部核销。

为此谨奏。

等因，乾隆二年十二月初六日奏入，奉旨：知道了。钦此。

（将此交付内阁中书佟德，转交蒙古衙门行文）

（军机处满文《夷使档》1760-4）

084
军机大臣鄂尔泰等奏请指派照看使臣等之官员片

乾隆二年十二月初六日

大学士臣鄂尔泰等谨奏。

伏查，先前准噶尔使臣等至，曾派内务府郎中桑格、理藩院郎中阿拉布坦、员外郎达桑阿照看。今达桑阿病故，阿拉布坦奉差在外，故此次拟俟准噶尔使臣达什等至，仍派总管内府六库郎中桑格，及另派理藩院员外郎黑塞、扎什照看。

等因，乾隆二年十二月十六日奏入，奉旨：知道了。钦此。

（三年正月十六日，将此片交付蒙古衙门员外郎黑塞咨行）

（军机处满文《夷使档》1760-4）

085
军机大臣鄂尔泰等奏请备办使臣等由张家口至京事宜折

乾隆二年十二月二十四日

大学士·伯臣鄂尔泰等谨奏，为请旨事。

查得，先前将准噶尔所遣使臣，均由西路军营送至肃州，再由肃州办理乘驮马骡遣往京城。沿途派出官兵随护，所经墩台汛地兵丁，整治齐整，送使臣等经过在案。今噶尔丹策零所遣使臣达什等，已由北路军营打点起程，直至张家口，沿途轮派官四员、兵丁六十名随护。俟骑驮马驼至张家口，已奏准交付总管久霍托，相应俟使臣等至张家口，前来京城之时，俟伴送来京之章京等，仍准乘驿，驿马如若不敷，可将附近马匹酌情调用。携至其货物时，交付口北道员咨文，雇车运至，所用银两报部。咨文直隶总督，将自张家口至京城，沿途如何轮派绿旗官四员、兵丁六十名护送之处，视伴送前来章京等之吩咐遵行。使臣等行经地方墩台汛地之兵丁，须整治齐整之处，由直隶总督仍照旧例转饬地方官员，咨文备办。

为此谨奏。请旨。

等因，乾隆二年十二月二十四日奏入，奉旨：知道了。钦此。

（将此钤印，交付总管久霍托本人。另将咨行甘布等之文钤印，亦交付久霍托转交甘布。又译成汉文，缮写两份钤印，交付内阁中书赖超，转交兵部驰递总督李卫、口北道鄂昌去讫。再交付中书赖超，转交兵部、户部）

（军机处满文《夷使档》1760-4）

086
军机大臣鄂尔泰等奏请接待使臣达什等事宜折

乾隆二年十二月二十四日

大学士·伯臣鄂尔泰等谨奏，为请旨事。

查得，雍正十三年，噶尔丹策零所遣使臣吹纳木喀、诺惠尼抵达后，曾引至圆明园宫门前跪伏，由所派议事大臣等照看，接受其奏书、进贡物品，令使臣等坐吏部房中，赏食饭食，引至西花园下榻，派官兵护卫。所给使臣之食物、使用物件、夫役、驿马等项，皆由各该处按例支给在案。此次噶尔丹策零所遣使臣达什、博济尔至时，引至圆明园宫门前跪伏，由理藩院大臣等照看，接受其奏书、进贡物品，译毕恭呈御览外，令使臣等坐礼部房中，赏食饭食，引往圣化寺住处时，途经额驸策凌之住处，将噶尔丹策零之咨文具呈。达什、博济尔，每日给食用蒙古羊各一只，随行跟役六人，每日各给中原羊一只。所食奶、酥油、面、茶、盐、米；所需柴薪、木炭；所用碗、盘、锅等器皿，皆按例由该处支取给付。所需驿马，亦按例预备，派官兵于使臣驻地周围堆守。交付武备院，计其足敷，搭支蒙古包，供使臣等下榻。其夫役，由园户内，择敦厚者，按其所需派往。使臣等所需饽饽、果品等杂物，按其所需，可由派往陪同官员由各该处支取供其食用。其赍至奏书，据使臣等所言情形，择日准其瞻觐赏赐之处，将另行议奏。

为此谨奏。请旨。

等因，乾隆二年十二月二十四日奏入，奉旨：著派台吉额默根，理藩院官一员，乘驿迎往使臣达什等，询其所来原由。伊若称系特遣奏疏者，即按尔等所议，接其奏疏。若系特遣行文额驸策凌者，俟其抵达，即带往额驸策凌之住处呈递其文。额驸阅过其文，再接其奏疏转奏。余依议。钦此。

（准令台吉额默根等乘用驿马乌拉之处，另行缮文钤印，咨行兵部、蒙古衙门去讫。三年正月十六日，将折内接取使臣等赍至奏书、进贡物品一项删除外，抄录赏赐食物等项，交付理藩院员外郎黑塞办理）

（军机处满文《夷使档》1760-4）

乾隆二年（1737 年）十二月丙午

酌定准噶尔使臣达什等至京事宜。

大学士鄂尔泰等奏言：此次准噶尔来使达什、博济尔到时，请引至圆明园宫门前跪伏，理藩院阅受表文并贡物，翻译呈览。引来使至吏部朝房，列坐赐食毕，馆之于圣化寺。道经额驸策凌寓，即令其递送噶尔丹策零与额驸书。所有给于来使食物、器用、夫役、驿马，请悉如吹纳木喀例，令各处支给办理。

奏入，得旨：著台吉额默根并派理藩院官一员，驰驿前往，迎问达什来情。伊等若系特差奏疏之人，即照尔等所议，接受奏疏。若系差向额驸策凌处送书之人，到时，即带往额驸策凌住处，呈递来书。额驸策凌看过所与来书，再接受奏疏转奏。余依议。

（《平定准噶尔方略前编》卷 43）

087
军机大臣鄂尔泰等奏请备办使臣等返程所需马驼片

乾隆二年十二月二十七日

大学士·伯臣鄂尔泰等谨奏。

查得，适经臣等议得，俟准噶尔噶尔丹策零所遣使臣等骑用马驼行抵边口，交付总管久霍托、博泰等好生牧放，使臣返回时，若膘好，则仍行拨给；若有瘦弱疮疾者，则由上都达布逊诺尔牧场之马驼内予以调换。等因奏准在案。兹据总管久霍托等报称，使臣等远道骑至牲畜，必有创伤羸瘦者，其予更换之马匹，尚可于牧群内挑选。惟牧群内所有二百余峰骟驼内，除带至馆及变价出售者外，尚有驼一百余峰，然皆未经驯服，现无可用之驼。使臣等返回时，其给换之驼应如何办理之处，请来札明示。等语。

查得，使臣等骑驮马驼，均经长途跋涉，适值草木枯萎时节，俟至彼等返回之时，恐难即行上膘，亦未可料。牧群驼内，因值春季羸瘦之际，无驼可用。相应目今张家口等处售卖驼价甚贱，二十两左右即可购得驼一峰，将此可由户部出银五千两，交付总管久霍托，酌量采买驼二百余峰，好生牧养，待使臣等返回时，计其足敷，择其膘壮者给付，其余则与使臣等来时所交驼马一并牧养，以备使用。

为此谨奏。请旨。

等因，乾隆二年十二月二十七日奏入，奉旨：依议。钦此。

（军机处满文《夷使档》1760-4）

088
军机大臣鄂尔泰等奏报安排使臣等所携物品折

乾隆三年正月初四日

大学士·伯臣鄂尔泰等谨奏，为奏闻事。

适为缓送使臣等至圆明园，派往迎接之额驸策凌所属侍卫库伯前来。伴送使臣等前来之主事衔甘布呈文额驸策凌称，陪伴使臣等一路缓行，正月初十日至张家口，拨给驼马，办理车辆，需时二三日，约于二十一日至圣化寺。再途据使臣达什等告称，先前我等之吹纳木喀等来时，曾将琐杂物品留存边口，留人看守。我等如今抵达京城后，既有住处，相应拟将我等携至蒙古包等无用物品，俟至边口，酌留数人看守。等语。将此如何办理之处，俟有指示遵照办理。等因。

查得，先前准噶尔所派使臣，皆由西路军营护送前来。因肃州地方宽大，生意兴隆，将其携至货物，酌量留此，由随从人等内，准留数人驻此。惟张家口地方狭小，不可与肃州相比，生意亦无多。故宜咨行照看使臣前来之章京甘布，将此情由，明白晓谕使臣等，勿将其携至货物及随从人等留于张家口，尽数带至京城。其蒙古包等琐杂物品，可留于张家口，交付总管久霍托等暂为看管，待使臣等返回时交还。

为此谨具奏闻。

等因，乾隆三年正月初四日奏入，奉旨：知道了。钦此。

（将此缮文，由主事明善、中书苏崇阿钤印封装，交付总管久霍托本人。其咨行甘布之文，交付蒙古衙门主事扎西转交之）

（军机处满文《夷使档》1760-4）

089
军机大臣鄂尔泰等奏报使臣等抵达于圆明园日期片

乾隆三年正月十七日

大学士·伯臣鄂尔泰等谨奏。

据派往迎接准噶尔使臣达什等之台吉额默根、员外郎扎什返回后告称，本月十一日，我等与使臣达什等于张家口会面，问其此行之缘由，达什等言称，噶尔丹策零派遣我等之时嘱咐，据车臣王信中内称，尔若有具奏大皇帝之事，可派贤能使臣，我将代尔奏请。等语。尔等前往杭爱地方，交付咨行车臣王之咨文及礼品，其进呈大皇帝之奏书及请安礼品，或车臣王接之转奏，或护送尔等入奏之处，车臣王知之。等因遣至。殊不知车臣王已来京。兹已至此，其如何办理之处，部院大臣、车臣王自当知之。等语。使臣等于十一日抵达张家口，等候交付办理马畜，歇息二三日后起程前来。计其行程，将于本月二十一日抵达圆明园。等语。是故，使臣抵达之日，先行带至额驸策凌住处，呈递噶尔丹策零之书信、礼物，额驸策凌阅毕，对使臣云，噶尔丹策零进呈大皇帝之奏书及礼物，容我具奏请旨后再定。等语。俟用过饭食，送至其住处。据噶尔丹策零咨文之言语、使臣之情形，再将如何接受进呈皇上之奏书具奏之处，另行具奏请旨。

等因，乾隆三年正月十七日奏入，奉旨：著依议。钦此。

（军机处满文《夷使档》1760-4）

090
军机大臣鄂尔泰等奏报接取使臣赍至奏书等物片

乾隆三年正月二十一日

大学士·伯臣鄂尔泰等谨奏。

准噶尔噶尔丹策零之使臣达什、博济尔等抵达之后，令于额驸策凌之住处具呈文书。问其情由，曰，惟此文外，并无口禀之言。据其文要，均按额驸策凌之咨文，逐加解释，并无鲁莽之语。谨将其文译出恭呈御览外，至接受噶尔丹策零之奏书、礼物之时，拟于本月二十四日，带领使臣等至大门前跪地进呈，由额驸策凌照看接受后转奏。其使臣等，照常安置于吏部房中，赏食饭食，将其奏书译出后，恭呈御览。

等因，乾隆三年正月二十一奏入，奉旨：知道了。钦此。

（将译出噶尔丹策零致额驸策凌之文缮附于后，将此另行缮文，交付内阁之史杜、丁庆，转交内务府、侍卫档房、蒙古衙门、圆明园营总、参将，所译噶尔丹策零之奏书，亦附其后）

（军机处满文《夷使档》1760-4）

091
噶尔丹策零为遣使进呈奏书事致额驸策凌书

乾隆二年九月初四日

致车臣王。

据尔来文内称，自博硕克图汗之后，阿勒泰山阴，尔部人等从未驻牧，皆我等之人游牧，驻军建城者，众所周知也。等语。博硕克图汗之后，直至癸未年，我等之明阿特部众始终游牧于科布多，我等之乌梁海之众，迄今居住于此。癸巳年，楚扬托音等五名使臣来时，即向我住科布多人等索要向导而来。甲午年，偕同我使纳玛克西等返回时，亦曾于该处补充马匹行粮而去。此等情形，呼图克图之使臣楚扬托音，车木楚克那木扎勒之赖崇楚扬多托诺，丹津多尔济之达什官，敦多布王之绰当，博贝之丹巴向导，其中健在者，料皆知此事。此间失和以来，前后有我等之人至杭爱，尔等之人于托尔呼修建房屋之处，颇为多见。因而无需屡屡提及旧事。等语。实乃未尽其详。

又据尔之来文内称，阿勒泰，于双方均不归属，定为中间闲置之地。等语。问尔使臣，阅此文称将阿勒泰山作为闲置地，一如从前。现阿勒泰山阴驻有我乌梁海人等，山阳我等之人居住者亦众，将如何安置此等之人。答称，并未交代于我，料想尔等之人仍在彼处，我等之卡伦亦仍保留，并无彼此争斗之事。若依此言，吾以为，亘古至今，阿勒泰乃吾游牧之地，杭爱为蒙古游牧之地，此乃众所周知也。今观命撤阿勒泰山南北游牧人等，其不便之情，去岁即曾言之，即便现在，本地牧场狭小，且系我向来游牧之地，故而不可。即便令我等越过阿勒泰山向内游牧，亦无人前往彼处游牧。窃以为，蒙古游牧，仍于现在之地，我等之游牧，亦仍其旧，则可互无争斗，相安无事矣。

尔来文又称，我等之蒙古卡伦，并无逼近阿勒泰山麓之处，请从今之所在之处撤回者，乃难为我也。等语。尔等之卡伦，若靠近我等之游牧，彼此难免哄闹反目，吾先前所言亦即此意。即便现在，亦以为宽敞为好。问此来使，有些地方知之，有些地方因未见过，声称不知。今可否派一熟谙干练之人，以便问询了解。

又据尔来文称，台吉尔一味借故纠缠阿勒泰，似无意于敦固和睦之道及宏扬教法、安逸众生之事。今观声称生隙，乃意在阻碍好事，涂炭生灵，滋生兵端也。等语。吾于羊年遣特磊为至西藏念经，奏称再不失和，惟愿宏扬黄教、安逸众生。奉旨曰，尔若诚有此意，则定地方边界，解送罗卜藏丹津。等语。念若黄教振兴，众生安逸，善哉，遂为解送罗卜藏丹津、议定地界，遣使以往。使臣至依勒布尔和硕时，遇由彼处逃至之人，告称大军已抵巴里坤，杭爱方向亦遣往大军。因此异于大皇帝旨意，不知为何如此。故欲无论如何，既然有人相告，且待证实再行解送，遂派特磊前往。然非解送罗卜藏丹津、确定地界所能了结之事，命接受名号，编设旗佐，将属众分隶遁逃而去之舒努、多尔济色布腾、色布腾旺布及族人，令亲近之台吉分别独立，如此则尔祖先之灵，知之亦当欣悦。若过八十天，则我等之大将军等将率各路大军进发，等因，赘言连篇。以致失和，累及众生外，吾迄今并无启衅之处。后遣傅鼐、阿克敦等为使前来，欲息兵止戈、永安众生。吾甚是之，派吹纳木喀等一同前往以来，因称将阿勒泰作为双方游牧中间之闲置之地，如此则我游牧地过窄，且先前即为我属人等驻牧之地，故将缘由详尽陈述外，迄今并未滋生任何事端，即为其证。傅鼐、阿克敦来时，大皇帝降旨曰，彼时因朕躬违和，未见特磊，由部转行，故而如此。等语。又尔来文内称，可缮具奏书，派遣贤能使臣前来，我将奏请准令尔使臣觐见，以成修好之事。故将进呈大皇帝之使书，一并遣往。尔现在可将所有缘由详尽具奏，行与阐扬黄教、安逸众生有益之事，善哉。

附赠马一匹。

丁巳年九月初四日。

（军机处满文《夷使档》1760-4）

092
噶尔丹策零为不便遵旨划界事之奏表

乾隆二年九月初四日

谨奏于乾隆皇帝陛下：先前康熙皇帝、雍正皇帝时期，与吾父往来所议事由，其后与吾往来所议之事亦多，此大皇帝皆知之，相应不复渎奏。虽欲专特遣使具奏圣明，然据前年吹纳木喀、额塞赍回之敕书内称，若依朕之皇考先前颁降谕旨，则遣使；否则勿复遣使。拟依此旨遣使，因先前有谕，定阿勒泰山麓为界，令尔之属众勿至阿勒泰山。照此办理及遣使，就吾而言，确有无奈不便之处，故虽欲遣使，然因有违谕旨，不得已停止。去岁吾边界之人，因蒙古卡伦设至吾处，携至二人后，吾以为虽不专特遣使，然亦强过闲在无事，故令此二人送信至车臣王处，车臣王令吾遣使具奏，所有端由，代为详细具奏。等因回复。故此陈情以奏者，亘古至今，阿勒泰乃吾游牧之地，杭爱为蒙古游牧之地，此乃众所周知也。今阿勒泰彼端，有我乌梁海人驻牧，阿勒泰此端有吾属人等游牧。若将此二处之人收拢，昔即为我等驻牧之地，且我处窄小无法容纳，实属无奈也。若令蒙古游牧仍在现在之地，我等之游牧亦仍旧，似可无所牵挂，庶几相安。其因些许牵挂，累及众生之缘由，谨请洞鉴，并将振兴黄教、安逸众生之处，亦请大皇帝谅鉴。

附献貂皮三十一张。

丁巳年九月初四日。

(军机处满文《夷使档》1760-4)

093
谕著军机大臣等转谕使臣达什等已特派大臣等照看

乾隆三年正月二十四日

乾隆三年正月二十四日奉上谕：照看准噶尔使臣达什等，著仍派常明、海望。其应赏之物，著赏赐。并谕之曰，先是噶尔丹策零派尔等致书额驸策凌，因称赍至奏书，故将尔等带至京城，照例拨给盘费等物，遣派章京等照看。兹将噶尔丹策零之奏书，业经额驸策凌转奏，大皇帝览过，顾念噶尔丹策零极为恭顺，特派大臣等。钦此。

(军机处满文《夷使档》1760-4)

094
谕著遣使与准噶尔议定边界

乾隆三年正月二十四日

乾隆三年正月二十四日奉上谕：朕阅准噶尔噶尔丹策零遣使令额驸策凌转奏之书，极为恭顺，事情似可易于了结，宜派为使大臣等，持往敕书，会同噶尔丹策零议定划界之事。著派侍郎阿克敦为正使，御前三等侍卫旺扎尔、乾清门行走喀尔喀头等台吉额默根为副使。此间将应议事项，皆明白晓谕彼等，偕同准噶尔来使遣往。其使臣何时准令朝觐之事，如何办理之处，著详议具奏。钦此。

（将此详细缮文，由主事明善、中书苏崇阿钤印缄封，交付兵部额外员外郎衡伟，驰递咨行侍郎阿克敦，并交付内阁中书嘉兴，转交吏部、兵部、蒙古衙门、户部、侍卫档房、值月旗）

（军机处满文《夷使档》1760-4）

乾隆三年（1738年）正月丁丑

准噶尔使臣达什等奉表至京。

先是，办理军机大臣等奏言：达什等至京，其致额驸策凌书，系答额驸前书之语，仅先翻译进呈。噶尔丹策零所上表文及贡物，请于本月二十四日，令达什等恭进。奏入，报闻。至是，理藩院导达什等至圆明园大门跪进，额驸策凌受之。翻译转奏表文曰：准噶尔台吉噶尔丹策零奏言，恭进大皇帝圣明。雍正年间，世宗宪皇帝与我父当日情事，大皇帝既尽知之，不敢复渎陈。近者屡欲遣使，恭请圣安，因前岁吹纳木喀赍回敕书内，有尔诚遵皇考前旨定界，则遣使来，不然亦无庸复遣之谕。窃思遵照大皇帝谕旨，我属下人不得至阿尔台山，实有未便。倘冒昧陈请，又恐有乖谕旨，势不得已，暂尔停遣。去秋我边界人言，蒙古在我境内安设卡伦，携二人来。因念既不得遣使，事又不容中止，不若既藉此二人致书车臣汗，令其转达。车臣汗报书，令我缮奏遣使。一切情事，当代为详悉具陈，故今复遣达什等入奏。向来阿尔台山，本系我部游牧之地。若尽令移住山隐，恐地窄不能容纳多人。请嗣后喀尔喀与厄鲁特，各照现在驻牧，无相掣肘，庶几彼此两安，以广黄教，以息群生，伏祈大皇帝鉴悯。随表进貂皮三十一张。

奏入，报闻。命侍郎阿克敦等使准噶尔议界。上谕军机大臣等曰：阅准噶尔噶尔丹策零遣使求额驸策凌转奏之疏，甚属恭顺。其事有易竟之机，可遣使赍敕前往，与噶尔丹策零，将定界之事，定议完结。著侍郎阿克敦充正使，御前三等侍卫旺扎尔、乾清门头等台吉额默根充副使。将应议事件，皆明悉晓谕之。即与准噶尔来使，一同起程。其带领来使瞻仰之事，如何办理，并著详议具奏。

寻命阿克敦等各赏银一千两整装，命晓谕准噶尔使臣达什等。

上谕办理军机大臣等曰：照看准噶尔来使，仍派常明、海望，应赏物件著赏给。并令晓谕来使，前因尔等致书额驸策凌，且称另有奏折，是以令尔等至京。照例给与口粮等物，派章京等照看。今据额驸策凌将噶尔丹策零表文，转奏大皇帝览毕，嘉予噶尔丹策零恭顺，故又特派大臣照看尔等。

（《平定准噶尔方略前编》卷43）

乾隆三年（1738年）正月丁丑

准噶尔使臣达什等奉表至京。表曰：准噶尔台吉噶尔丹策零奏言，恭进大皇帝圣明。雍正年间，世宗宪皇帝与我父当日情事，大皇帝既尽知之，不敢复渎陈。近者屡欲遣使，恭请圣安，因前岁吹纳木喀赍回敕书内，有尔诚遵皇考前旨定界，则遣使来，不然亦无庸复遣之谕。窃思遵照大皇帝谕旨，我属下人不得至阿尔台山，实有未便。倘冒昧陈请，又恐有乖谕旨，势不得已，暂尔停遣。去秋我边界人言，蒙古在我境内安设卡伦，携二人来。因念既不得遣使，事又不容中止，不若既藉此二人致书车臣汗，令其转达。车臣汗报书，令我缮奏遣使。一切情事，当代为详悉具陈，故今复遣达什等入奏。向来阿尔台山，本系我部游牧之地。若尽令移住山隐，恐地窄不能容纳多人。请嗣后喀尔喀与厄鲁特，各照现在驻牧，无相掣肘，庶几彼此两安，以广黄教，以息群生，伏祈大皇帝鉴悯。随表进貂皮三十一张。

奏入。上谕军机大臣等曰：阅准噶尔噶尔丹策零遣使求额驸策凌转奏之疏，甚属恭顺。其事有易竟之机，可遣使赍敕前往，与噶尔丹策零，将定界之事，定议完结。著阿克敦充正使，御前三等侍卫旺扎尔、乾清门头等台吉额默根充副使。将应议事件，皆明悉晓谕之。即与准噶尔来使，一同起程。其带领来使瞻仰之事，如何办理，并著详议具奏。

（《清高宗实录》卷61）

乾隆三年（1738年）正月丁丑

又谕：照看准噶尔来使，仍派常明、海望，应赏物件著赏给。并令晓谕来使，前因尔等致书额驸策凌，且称另有奏折，是以令尔等至京。照例给与口粮等物，派章京等照看。今据额驸策凌将噶尔丹策零表文，转奏大皇帝览毕，嘉予噶尔丹策零恭顺，故又特派大臣照看尔等。

（《清高宗实录》卷61）

095
军机大臣鄂尔泰等奏请赏赐额驸策凌遣至准噶尔官兵片

乾隆三年正月二十五日

大学士·伯臣鄂尔泰等谨奏。

额驸策凌前派喀尔喀副都统达尔佳、佐领乌巴西及兵丁十二名，偕同台吉额默根至准噶尔。其中，副都统达尔佳率带兵丁两名，沿途照看使臣达什等前来。另有兵丁四名，随台吉额默根前来。适蒙施恩，授额默根为头等台吉，相应赏目今前来副都统达尔佳大缎二匹、银五十两，兵丁六名，每人各赏官缎一匹、银二十两。其留军营之佐领乌巴西赏大缎一匹、银三十两，其余六名兵丁，各赏官缎一匹、银十两遣往之处，谨此请旨。

等因，乾隆三年正月二十五日具奏。奉旨：知道了。钦此。

（将此交付蒙古衙门主事六十办理）

（军机处满文《夷使档》1760-4）

乾隆三年（1738年）正月戊寅

命赏副都统达尔佳等。

办理军机大臣等奏言：喀尔喀台吉额默根与副都统达尔佳、佐领乌巴什由额驸策凌处，率兵十二人，差往准噶尔部还，额默根已蒙恩授头等台吉，其达尔佳及各兵丁等应否量加赏给。

奏入，命赏达尔佳等银两有差。

（《平定准噶尔方略前编》卷43）

096
额驸策凌奏报会见使臣达什问询定界事宜折

乾隆三年二月初三日

臣策凌谨奏，为奏闻询问准噶尔使臣达什等之情形事。

臣等问达什，居尔之台吉奏称，若令蒙古游牧仍在现在之地，我等之游牧亦仍旧，似可无所牵挂，庶几相安。等语。所谓蒙古游牧现在之地，乃指何处，所谓尔等准噶尔游牧旧有之地，又指何处。蒙古人冬季逐雪，夏季避蚊，惟计益于牲畜，四处游牧，并无定所，岂能称为原有游牧或现驻之地，应指恒世不变之山河，计事之能成议之。须知文中所言、尔之台吉之意后，方可具奏大皇帝。等语。达什告称，盖言阿勒泰为我属地方，杭爱为蒙古地方也。臣等曰：何人为我等划定阿勒泰为准噶尔地方，杭爱为喀尔喀地方耶，昔我萨音浑台吉、扎萨克图汗皆曾驻牧于科布多，而后噶尔丹博硕克图兄弟内讧，策旺阿喇布坦避至伊犁，噶尔丹博硕克图驱逐我喀尔喀，来犯大国，自取灭亡后，策旺阿喇布坦占据伊犁，驻牧于额尔齐斯迤南。蒙圣祖仁皇帝豢养我等喀尔喀等，聚集失散人众，册封汗王，安置于原地，设我卡伦于阿勒泰至今已逾四五十年矣。去岁，尔等之台吉无故将我原有卡伦之两名蒙古人带往，我本应立即派兵追赶，惟钦遵我等之圣主止息兵戈、安逸众生之旨忍耐而已。后但闻放回带往二人，然仅见一名返回，而一名未归。尔之台吉咨文，缮有撤回设于阿勒泰山之卡伦等全然无用之言。为作回应，拟缮回信，捉拿尔部之人送往，恐有损和睦，故派我部台吉额默根，嘱令交付书信于驻尔边界之宰桑德奇特后返回。尔之台吉将额默根带往，遣尔为使，一同前来。据来文及尔之所言，仍纠缠阿勒泰。前年，尔使吹纳木喀来时，所降谕旨甚明，若以阿勒泰为界，则可遣使；倘若不以阿勒泰为界，则不必遣使。兹既以尔为使遣至，则不应仍纠缠阿勒泰。惟其中若言尔等之乌梁海居阿勒泰山阴，请准彼等仍行居住，阿勒泰山阳额尔齐斯等地所住人等，亦请照旧居住，等因仍指地方为界，彼此断不失信，则我尚可奏请圣主，遣使酌情议结。而尔之台吉文内含糊其辞，且观尔之所言，尔之来乃徒劳也，行将空回。尔之台吉既派尔作贤使前来，岂能不告之以事之情理。现譬如，尔等之属众与旗、鄂托克之间彼此争夺牧场，以致诉诸尔等。此等小案，若不设定边界，日后双方人等以原住地与现住地相互争斗，必生大乱矣。等语。达什告称，此等情形，我等之台吉并未告知我等，可由此处遣使前去问询可也。臣因之曰，倘事可成，尚可遣使。若仍如此议事，即便遣使亦无用，我亦不便具奏。尔等因不知询问此等情形，故未商议，不便来即商议，亦未可料。尔等可回住处商定之后再告知于我。等情言毕，请用饭食之后遣回。

为此谨具奏闻。

乾隆三年二月初三日

（军机处满文《夷使档》1760-4）

097
军机大臣鄂尔泰等奏请使臣达什等觐见仪注折

乾隆三年二月初七日

大学士·伯臣鄂尔泰等谨奏，为请旨事。

查得，前令噶尔丹策零所遣使臣吹纳木喀等瞻觐圣明时，入班大臣等须提前入殿预备，乾清门侍卫等立于宝座两侧，豹尾班侍卫等列于阶下，正门两侧，令侍卫等排列。其在外值守之护军等，排列整齐之处，皆交付领侍卫内大臣等预先备办。晨起，令使臣等憩于吏部房中，赏食饭食，俟时辰到，由西侧边门引至厢房。皇上升座后，由侍郎那延泰、奏蒙古事侍卫等引入使臣等，空出殿前阶下中央，以觐见礼，行三跪九叩礼。礼毕，由西侧隔扇门引入使臣吹纳木喀等，于右侧前排就座诸大臣之后跪叩，留出间隙入座。其随行厄鲁特等，皆令坐于隔扇外之右侧。皇上用茶时，令随大臣等跪叩，赏茶时，令其叩谢而饮。降旨时侧跪地聆听。礼毕，仍由西侧隔扇门引退，送至住处。聚集之大臣、侍卫等，皆着常服在案。

兹噶尔丹策零所遣使臣达什、博济尔，令于本月初九日瞻觐圣明，故拟令入班大臣等提前进入预备，侍卫等排列、管率护军等排列之处，所有备办排列之处，均照先前备办外。晨起，将使臣等安置于吏部房中，赏食饭食。俟至时辰，由西侧边门引入安置于厢房预备。皇上升座后，由理藩院大臣、奏蒙古事侍卫等引入使臣等，空出殿前阶下中央，以觐见礼，行三跪九叩礼。礼毕，由西侧隔扇门引入使臣达什、博济尔，于右侧前排就座诸大臣之后跪叩，留出间隙入座。其随行厄鲁特等，皆令坐于隔扇外之右侧。皇上用茶时，令随大臣等跪叩，赏茶时，令其叩谢而饮。降旨时侧跪地聆听。礼毕，仍由西侧隔扇门引退，送至住处。聚集之大臣、侍卫等，皆着常服。

为此谨奏。请旨。

等因，乾隆三年二月初七日奏入，奉旨：知道了。钦此。

（将此交付内阁中书盛禄，转交侍卫档房，传宣入班大臣等，交付吏部、兵部、蒙古衙门、内务府、圆明园营总、参将办理）

（军机处满文《夷使档》1760-4）

098
军机大臣鄂尔泰等奏请钦定入班大臣片

乾隆三年二月初七日

大学士·伯臣鄂尔泰等谨奏。

查得，先前令噶尔丹策零之使臣瞻觐圣明时，因入班大臣无多，故具呈尚书、侍郎、副都统等职名，酌派入班。此次令使臣达什等瞻仰圣颜，将尚书、侍郎、内阁学士、副都统等职名，缮具绿头牌，恭呈御览。俟上酌定，匀入两翼列班。

等因，乾隆三年二月初七日奏入，奉旨：著派尚书来保、尹继善、左都御使玛尔泰、侍郎钟保、副都统庆泰、博清、鄂齐尔、西特库、法珠纳、傅达里、官保、松阿里。钦此。

（将此交付内阁中书盛禄，转交兵部、吏部，从速传谕）

（军机处满文《夷使档》1760-4）

099
谕著使臣达什等转谕噶尔丹
策零须与派往大臣等详议定界

乾隆三年二月初九日

乾隆三年二月初九日，令准噶尔使臣达什、博济尔等入正大光明殿瞻觐时，颁降谕旨曰：为定界之事，先前朕之颁降谕旨甚明。此次尔等前来，因额驸策凌奏请，始令尔等入觐。噶尔丹策零之奏书，朕已览过，致额驸策凌文内缘由，亦详尽奏闻于朕。噶尔丹策零奏书内，虽称若令喀尔喀游牧仍在现驻之地，厄鲁特游牧仍旧，则无彼此牵扯之事，庶可阐扬黄教、安逸众生之处，谨请大皇帝谅鉴。等语。然定界处所，并未指明，含糊其辞。蒙古人游牧，并无定所，顺应冬夏四处移牧，若不指山河为界，则日后边界人等争执斗殴，难以净绝，务须明定为界之处，彼此各守其界，勿令逾越，方可永固。览此次噶尔丹策零之奏书，极为恭顺，有诚心完事之意，朕甚嘉之。尔等极尽敬谨，亦属可嘉。定界之处，噶尔丹策零既未交付尔等，尔等亦不敢擅议。是故，朕派大臣前往，与噶尔丹策零详议定界。又据尔等奏称，请将我等所设卡伦内撤。等因。此卡伦乃我等从前所设，并无挪动之处。尔等之噶尔丹策零之奏书内，亦未提及此事。若系尔等之意，则与噶尔丹策零之奏书之原意不符，且尔等亦不够格。钦此。

颁旨后，使臣达什奏称，因我等之噶尔丹策零嘱令我等抵达后言称，若令我等之乌梁海人照旧驻牧，我等之厄鲁特人可不再越过阿勒泰山游牧，似可将尔等之卡伦，稍加后撤。等语。故我等始敢如此言之。不然我等岂敢妄言。而今大皇帝既然遣使，自可会同噶尔丹策零即行议定。等因具奏。

奉上谕：若言系噶尔丹策零嘱咐尔等，尔等如此言之，设若朕所遣使臣，朕如何降旨，彼等亦遵朕旨言之而已，何敢于谕旨之外，妄自言之。朕躬为大皇帝，无分喀尔喀厄鲁特，一视同仁，并无利裨喀尔喀，有损厄鲁特之意。今噶尔丹策零既请准将彼等之乌梁海人照旧驻牧，此尚可应允。其请将我等从前所设卡伦内移者，则与理不合。尔等原住之乌梁海人，尚不迁移，而可将朕之皇祖、皇考时期所设卡伦挪移乎。而况朕并不歧视尔等厄鲁特，一视同仁，岂有扰累我喀尔喀人众之理耶。凡事如若合理，朕无不允行；倘不合理，无论何人奏请，亦无允准之例。朕今将遣使，噶尔丹策零理应但计永固修好议定。此乃朕降尔等之谕，尔等宜铭记，返回后，告知于噶尔丹策零。俟尔等临行，再缮颁降噶尔丹策零之敕书，交付朕所遣大臣等赍往，颁降噶尔丹策零知悉。钦此。

（军机处满文《夷使档》1760-4）

乾隆三年 (1738 年) 二月甲午

准噶尔使臣达什等入觐。

先是,办理军机大臣等奏言,噶尔丹策零使臣达什等请于本月初九日,令其瞻仰天颜。奏入,得旨,报闻。至是,上御正大光明殿,令达什、博济尔等入觐。

上谕达什等曰:定界之事,朕前降旨甚明。今以额驸策凌奏请,故许见尔等。噶尔丹策零奏章,朕已观览,其与额驸策凌书,亦经奏闻。奏内称喀尔喀与厄鲁特,请悉驻牧如故,彼此两安,庶几推广黄教,修养群众生。伏乞大皇帝鉴悯。观噶尔丹策零此次奏言,极其恭顺,有诚心求和之意,朕甚嘉之。尔等举止,亦谨慎可嘉。但于分界之处,仍未指明,尚属朦混。蒙古游牧无常,冬夏随时迁移,若不指山河为界,日后边人,宁保无事乎。必彼此各守其界,勿令逾越,庶可永固和好。若噶尔丹策零未尝明谕尔等,尔等自不敢擅议。朕当另遣大臣前往,与噶尔丹策零详悉定议。又尔等曾告额驸策凌,乞我卡伦,稍向内移。卡伦之设,由来已久,于今岂得议移。且噶尔丹策零奏书中,并未及此。据尔等私见陈请,不唯与噶尔丹策零所奏不符,亦非尔等分所宜言也。

达什奏言,此系噶尔丹策零口嘱,不然使臣何敢妄言。今大皇帝既许遣使,自可与噶尔丹策零面议而定。

上谕曰:尔漫云噶尔丹策零口嘱,便尔渎陈,若朕遣使至尔部,彼不过遵旨而言,何敢于敕谕之外,复增一言。朕于中外共主,无分喀尔喀与厄鲁特,咸一体视之,并无益喀尔喀损厄鲁特之意。今噶尔丹策零请边界人居住如故,此事尚可俯允。若乞我卡伦内徙,殊未合理,尔部边界人且不肯移,我圣祖暨皇考时旧设卡伦,反可移耶。朕于厄鲁特尚无异视之心,岂肯曲从尔意,转骚扰我喀尔喀乎。凡事合于理,朕无不允。不然,虽百请亦不允也。朕即日遣使,噶尔丹策零其遵旨定议,以固信好。朕面谕之言,尔等详悉记忆,归告噶尔丹策零。尔等临行时,朕尚有敕书,付朕使者颁示噶尔丹策零知悉。

寻赐达什等银两缎布有差。

(《平定准噶尔方略前编》卷 43,《清高宗实录》卷 62)

100
额驸策凌奏报令台吉额默根询问使臣立界事宜片

乾隆三年二月初七日

定边左副将军·额驸臣策凌谨奏。

前曾遣令台吉额默根告知使臣达什等,其宜定为界地方,尔等可商议后告知。等因遣回，尔部究竟如何确定耶。据告称，因我等之台吉未嘱令我等议定边界，故我等不敢指地擅议。以我等之意，若我等之乌梁海仍驻原地，我等之厄鲁特人众可不再越过阿勒泰山游牧，似可将尔等之卡伦，稍加后撤。故令尔等使臣前去会同噶尔丹策零议定而已。

等因，乾隆三年二月初七日奏入，奉旨：知道了。钦此。

（军机处满文《夷使档》1760-4）

101
额驸策凌奏请先遣额默根回家预备折

乾隆三年二月初十日

定边左副将军·额驸臣策凌谨奏，为请旨事。

去岁，遵旨遣台吉额默根为臣之使臣，遣往送书信给噶尔丹策零。今既偕同钦差使臣遣往，宜将额默根遣至其家中预备，俟阿克敦等抵达，由彼随之前往即可。

为此谨奏。

奉旨：知道了。钦此。

（将此交付内阁中书嘉兴，转交蒙古衙门、兵部，换发驰驿火票）

（军机处满文《夷使档》1760-4）

102
军机大臣鄂尔泰等奏请照例赏赐使臣达什等物项片

乾隆三年二月初十日

大学士·伯臣鄂尔泰等谨奏。

查得，去岁遣返准噶尔使臣吹纳木喀等时，赏吹纳木喀银一百两、御用缎二匹、官用蟒缎一匹、补缎一匹、彭缎二匹、毛青布二十四匹；赏额塞银五十两、官用缎二匹、彭缎一匹、毛青布二十匹；赏随行人等银各二十两、官用缎各二匹、彭缎各一匹、毛青布各八匹。此外，另赏吹纳木喀、额塞及随行人等皮袄各一袭、棉袍各一袭及帽子、腰带等在案。

其赏此次前来之使臣达什、博济尔及随行厄鲁特二十二人之银两、绸缎、布匹，仍照前例，俟临近彼等起程之日赏赐外，应时赏达什焰红妆缎面白鼠皮袄一袭，焰红妆缎棉袍一袭；赏博济尔焰红妆缎面黑鼠皮袄一袭，焰红妆缎棉袍一袭；随从厄鲁特二十二人，赏金字缎面羊皮袄各一袭、金字缎棉袍各一袭，并凉帽、腰带等。

为此谨奏。请旨。

等因，乾隆三年二月初十日奏入，奉旨：著照例赏赐。钦此。

（将此交付内阁中书嘉兴，转交蒙古衙门、内务府办理赏赐）

（军机处满文《夷使档》1760-4）

103
军机大臣鄂尔泰等奏请赏银阿克敦等置办行装折

乾隆三年二月十二日

大学士·伯臣鄂尔泰等谨奏，为请旨事。

查得，先前命傅鼐等为使遣往准噶尔时，为置办行装，一并赏赐钦差随行章京玉保等，每人各银一千两，自京城驰驿至肃州。自肃州西行时，俟应领驼马、器械、蒙古包、帐釜、口粮等物，均照例拨给。又傅鼐等遣往准噶尔地方时，携往赠送噶尔丹策零、二策凌顿多布之官缎五十匹、二等哈达五条，均皆在案。

兹钦差侍郎阿克敦、御前三等侍卫旺扎尔、乾清门头等台吉额默根为使，遣往颁降噶尔丹策零以谕旨，自京城驰驿前往北路军营，再由军营起程西行时，其应领驼马、器械、蒙古包、帐釜、口粮等所有物项，均照前例，其可变价之物，由该部变价给付，其应按本色给付者，俟至军营，由额驸策凌处拨给即可。为赠送噶尔丹策零及其宰桑、为首人等，仍照前例携往官用缎五十匹、二等哈达各一条。至于阿克敦、旺扎尔、额默根等整治行装，以及置办行抵准噶尔地方后酌情赠送彼等厄鲁特人等之绸缎等项杂物，亦照前例各赏银一千两之处，恭请圣裁。因台吉额默根由其游牧整装前往，故俟抵军营，所有驼马、器械、帐釜、口粮等物，由额驸策凌处拨给即可。

为此谨奏。请旨。

等因，乾隆三年二月二十二日奏入，奉旨：著照例赏银，余依仪。钦此。

（将此交付内阁中书傅俊转交户部，其赏赐赏银，另行咨文，由内务府支取赏赐。二十六日又复缮文钤印，交付奏事之张文彬，驰递海兰等去讫）

（军机处满文《夷使档》1760-4）

104
军机大臣鄂尔泰等奏请派理藩院
郎中玉保随阿克敦等前往准噶尔片

乾隆三年二月十二日

大学士·伯臣鄂尔泰等谨奏。

查得，先前遣傅鼐等至准噶尔时，钦差理藩院郎中玉保随行，赏银一千两。此次阿克敦等为使前去，倘派一名章京随行，于记录、翻译诸务皆有益处。玉保人尚可，精通蒙古语，熟悉彼处情形，相应仍请命玉保随为使大臣等前往。其一应赏赐之处，拟仍照前例。

等因，乾隆三年二月十二日奏入，奉旨：著玉保随行，余依议。钦此。

（将此交付内阁中书傅俊转交户部、蒙古衙门，其赏赐赏银，另行咨文，由内务府支取赏赐。二十六日，又复缮文钤印，交付奏事之张文彬，驰递海兰等去讫）

（军机处满文《夷使档》1760-4）

105
额驸策凌奏请派满吉拉随阿克敦等前往准噶尔片

乾隆三年二月十二日

定边左副将军·固伦额驸臣策凌谨奏。

和托贵特贝勒成衮扎布旗之管旗章京满吉拉，人尚可，熟悉地方。请派满吉拉随为使大臣等前往。

为此谨奏。请旨。

等因，乾隆三年二月十二日奏入，奉旨：著满吉拉随行。钦此。

（将此交付内阁中书傅俊，转交蒙古衙门）

（军机处满文《夷使档》1760-4）

106
额驸策凌奏报会见使臣谈论撤卡事宜折

乾隆三年二月十二日

臣策凌谨奏，为奏闻问询准噶尔来使达什等情事。

臣问达什等称，前日瞻觐圣明时，如何降旨，尔等又如何回奏之。达什等告称，奉旨曰，前年，尔等之吹纳木喀等来时，朕曾降旨，若以阿勒泰为界则遣使，否则无庸遣使。等因。去年，因车臣王陈奏尔等所来原委，朕准尔等前来。据噶尔丹策零奏书内称，若蒙古游牧仍在现驻之地，我等之游牧亦仍旧，似可互无牵扯。等语。观之似有将事善终之意，朕甚嘉之。惟未申明尔等之游牧界端应在何处，询之尔等，尔等又不详，故朕遣使前往商议。再，据尔等言称，将我卡伦稍加内撤为好。此等卡伦，乃朕之皇祖时即行设之，断不可撤。况且尔等之台吉之奏书内，亦未提及此事。此又将如何。我等奏称，奏书内虽无，然曾嘱咐我等。等因具奏。谕曰，既然如此，是也。我等所记者如此，其余未能记。等语。

臣告之曰，然也，其一次颁降谕旨，尔等悉行牢记亦难，故谨记圣旨大意方善。观降旨情形，其我等开拓之卡伦，断不可移动，虽令尔等游牧不越过阿勒泰，乌梁海等仍住现居地，然其意仍令立界，以便不再跨越。使臣尔返回后，告知尔等之台吉，与我所遣使臣一同商议，指定边界，信誓以奏，经我等之大皇帝睿鉴，定加准行。如若托故推诿，则别再指望我方遣使以往。等语。对此达什称，以我等之意，令我属人等不越过阿勒泰山游牧，乌梁海等仍居旧地，此皆可也，惟尔等之卡伦，距我游牧界甚近，若能稍加内撤离开远些为好。臣等曰，若尔等之游牧不越过阿勒泰，与我卡伦相隔六七百里，并不靠近，而况我等之卡伦，每处仅驻三四十人，并无带往牲畜游牧之处。由此往里再隔四五百里，始有住家卡伦。而住家卡伦内，仅有一人游牧。此等拓展之卡伦，并非凭此防范尔等，若可内撤，即稍加内撤又何妨。惟载入我大国史册之旧卡伦，并无内撤之例。我等之每一处卡伦，驻有台吉一名、满洲侍卫一员统领，断无侵扰尔等之属众之处。尔等不过以为，我等之卡伦过近，卡伦内驻有兵丁，或有侵扰，亦未可料而已。我等不仅不能违背圣主止息兵戈之谕旨，且有悖天理，故而断不如此行事。尔等若仍有此疑虑，往返遣使亦属无益，各自防备即可。达什等云，王所言甚是，俟我等返回，将大皇帝谕旨及王之所言，禀告我等之台吉。

接而闲聊间，达什等称，我等前来，得以朝觐大皇帝，聆听圣谕，今若能游览京城，得以瞻拜旃檀寺佛则善哉。臣称，此事甚易，可代为转告派委陪同尔等之大臣等办理。遂饭食款待，而后遣回。

为此谨具奏闻。

乾隆三年二月十二日

（军机处满文《夷使档》1760-4）

107
军机大臣鄂尔泰等奏请按例赏赐满吉拉银两物品片

乾隆三年二月二十一日

大学士·伯臣鄂尔泰等谨奏。

查得，适经额驸策凌奏准，遣派和托贵特贝勒成衮扎布旗之管旗章京满吉拉，随派往准噶尔之使臣等前往。应按赏赐台吉额默根之数减半，赏满吉拉白银五百两用于整装，满吉拉现既在其游牧，相应将所赏银两，俟抵额驸策凌军营，由彼处银两内支放，其应得驼马、账釜、口粮等，亦拟由额驸策凌，酌情足额办理。

等因奏入，奉旨：知道了。钦此。

（将此交内阁中书萨根，转交户部、蒙古衙门。二十六日，复缮文钤印，交付奏事之张文彬，驰递海兰等去讫）

（军机处满文《夷使档》1760-4）

108
军机大臣鄂尔泰等奏请赏赐伴送使臣
前来主事甘布等银缎片

乾隆三年二月二十一日

大学士·伯臣鄂尔泰等谨奏。

查得，先前噶尔丹策零所遣使臣吹纳木喀等，自肃州起程来京时，总督刘于义派绿旗兵三名充当通事护送前来。此三名兵丁，每人恩赏银五十两、绸衣一件在案。

此次使臣达什等来，自额驸策凌处派主事衔甘布、奉天委章京拜杜护送前来，故拟赏甘布、拜杜人各缎二匹、银五十两。

等因奏入，奉旨：知道了。钦此。

（将此缮文钤印，交付内务府笔帖式永辉，支取银缎赏赐甘布等）

（军机处满文《夷使档》1760-4）

109
军机大臣鄂尔泰等奏请增加使臣阿克敦等所用车马折

乾隆三年三月初五日

大学士·伯臣鄂尔泰等谨奏，为请旨事。

适经臣等奏准，派往准噶尔之使臣侍郎阿克敦等，其由京城至军营，准令乘驿。侍郎阿克敦等前往时，携往之帐釜、自身及跟役之四季衣物、口粮等甚物多，若照军台之例拨给驮载马驼，断然不敷。既遣彼等为使，固不可与平常差事相比，相应除其所骑马匹外，计其足敷骑用，在口内，阿克敦、旺扎尔各车五辆，郎中玉保车三辆；至口外，阿克敦、旺扎尔各驼十峰，玉保驼八峰，供驮载物品。阿克敦等可分为三队，先后行至军营。

为此谨奏。请旨。

等因奏入，奉旨：知道了。钦此。

（将此饬交内阁中书图敏，转交兵部）

（军机处满文《夷使档》1760-4）

110
军机大臣鄂尔泰等奏请备办护送
准噶尔使臣达什等返回事宜片

乾隆三年三月初五日

大学士·伯臣鄂尔泰等谨奏。

查得，准噶尔来使达什等入觐，自额驸策凌处遣主事衔甘布、奉天委章京拜杜、喀尔喀副都统达尔佳护送，令沿途路经各旗、扎萨克派拨官兵乌拉备办，未曾行经军营、游牧地，携之而来。兹使臣达什等事毕返回，仍派甘布等护送。在口内，为将遣派官兵、拨给驿马、车辆之处，仍照前例办理，饬付各该地方预备。俟行抵关口，将备办马驼之处交付总管久霍托、博泰办理；遣派官兵备办乌拉之处，均照额驸策凌先前办理之例，由理藩院行文诸扎萨克预先备办，不得贻误。俟抵军营所属地方，其送至我属卡伦地方、遣派官兵、备办马畜口粮等物之处，皆由额驸策凌处办理遣往可也。俟有旨下，拟通行各处遵行。

为此谨奏。请旨。

等因奏入，奉旨：知道了。钦此。

（将此饬交内阁中书图敏，转交兵部、蒙古衙门、户部）

111
谕著噶尔丹策零会同我使臣商议定界事宜

乾隆三年三月初六日

奉天承运皇帝敕谕准噶尔台吉噶尔丹策零：

前年，尔使吹纳木喀至，朕特为安逸众生，止息兵戈，断无食言之理。尔诚遵朕之皇考谕旨，以阿勒泰山为界，惟但奏请稍移我等之喀尔喀游牧，除不挪动我等原设卡伦外，其喀尔喀游牧，朕尚可降旨指示。然尔并未遵旨奏请，反而奏请自哲尔格、西喇胡鲁苏内推，如此则遣使又有何益。倘若遵从朕之皇考之前旨，则遣使，否则毋庸遣使。等因降旨甚明。此次尔遣使臣达什等至，咨文额驸策凌，又赍至进呈朕之奏书，因有额驸策凌奏陈缘由，朕始召尔之使臣等入觐，览其赍至文书，尔之奏书内称，若令喀尔喀游牧仍在现驻之地，厄鲁特游牧仍旧，则无彼此牵扯之事，庶可阐扬黄教、安逸众生之处，谨请仁鉴者，尚近成事，惟未指明定界处所地名。蒙古人游牧，并无定所，顺应冬夏季节四处移牧，若不指山河为界，则日后边界人等争执斗殴，难以持久。览尔此次之奏书，言语恭顺，且接近成事，故朕特遣为使大臣等前往问明缘由。俟朕之使臣等至，尔等理应共同核计为界处所，以求一次竣事。台吉尔若不依理定议，仍行借故推诿，纠缠不可行之事，则无益于事，一味往返遣使，亦属徒然。朕临御天下，但念各部众生各得其所，无加区分。果系利禅双方之事，朕向无不准。若不可行，无论何人奏请，亦无准行之例。为此特降敕谕，命侍郎阿克敦、御前三等侍卫旺扎尔、头等台吉额默根等，偕同尔之使臣达什等前往。

以颁敕礼，赏各色缎十匹。

（三月十九日，将装敕谕之筒子绫、布油单袋、绸油单袋、布袋及备带筒子绫、油单等物一套，交付侍郎阿克敦、侍卫旺扎尔、郎中玉保。又，将此谕及译成蒙古文之谕，交付内阁主事赫泰，转交蒙古衙门存档）

乾隆三年（1738年）三月戊辰

赐准噶尔台吉噶尔丹策零敕书。

奉天承运，皇帝诏曰，谕准噶尔台吉噶尔丹策零。前岁尔遣吹纳木喀来，朕以广教安民之故，欲与尔议定疆界，罢息干戈，在朕宁有食言之理！尔诚遵我皇考谕旨，以阿尔台山为分界，止请喀尔喀游牧，稍令移徙，勿动原设卡伦，朕尚可俯允，降旨指明喀尔喀游牧所止之处。乃尔并不遵旨，反请以哲尔格、西喇呼鲁苏为尔边界，如此则遣使何益？故朕复谕以遵我皇考前旨则遣使；不然，则无庸复遣使。降旨甚明。此次尔令达什来，致书额驸策凌，又有进朕奏章，乞额驸转奏，朕故召尔使入见。又阅尔奏内云：请令喀尔喀与厄鲁特游牧，俱照现在居住，无相牵掣，彼此两安。言亦近正。但分界地名，未经指明，蒙古游牧无常，冬夏随时迁徙，若不指定山河为界，他日边境细人，或起纷争，仍难垂久。以尔奏言恭顺，故朕特命大臣前来。朕使到时，尔与酌合机宜，必使分界之事，此次即得定议。若仍不揆情理，偏执己见，托故推诿，则于事无益。即往复遣使，亦徒然耳。朕为天下共主，凡各部民人，皆欲令其安生，并无彼此异视之意。果事属两便，朕无不允。若有一不便，任谁奏请，总无偏听之理。为此特降敕书，命侍郎阿克敦、侍卫旺扎尔、台吉额默根，同尔使达什等前往。

　　随敕赐各色彩缎十端。

　　命额驸策凌，亦致书噶尔丹策零，随书用各色彩缎四端。

　　　　　　　　　　　　　（《平定准噶尔方略前编》卷43，《清高宗实录》卷65）

112
额驸策凌为请与前往使臣议定边界事致噶尔丹策零书

乾隆三年

　　额驸策凌致噶尔丹策零书。

　　固伦额驸·车臣王咨行准噶尔台吉：去岁我将咨行尔之书信，派往欲交付尔之边界人等，尔遂召往台吉额默根，遣派宰桑达什为使前来。此间，我至京城，而后尔之使臣达什等前来之处，经具奏大皇帝，奉旨著令带至京城。达什抵达后，尔之奏书及咨行我之书信，均经我进呈大皇帝御览，降有谕旨。除遣使外，据台吉尔咨文我称，自博硕克图汗之后，直至癸未年，我等之明阿特人等即游牧于科布多，我等之乌梁海等迄今居住。其间，自失和后，前后有我属众抵达杭爱，尔属人等在托尔辉建房等情亦多，故而不必一再旧事重提。等语。相应不曾详议其由者甚是，旧事重提则无完结之日也。又据来文称，若尔等之卡伦靠近我等之游牧，以致彼此发生争执交恶，则我先前所言是也。即便现在，仍以为离开远些为好。等语。即便我等之意，亦以为双方边界居民，相隔愈远愈好，惟我方之卡伦，乃康熙年间设置至今，载入我大国史册之旧卡伦，断无内撤之例，故此为不可行之事。来文又称，若将阿勒泰作闲置地，则仍如从前，其山阴有我乌梁海居住，其山阳我属人众居住者亦众，彼等又将如何安置。亘古至今，阿勒泰为我游牧之地，杭爱乃蒙古游牧之地，此乃众所周知者也。兹令收拢山阳山阴游牧人众，其不可遵行缘由，去岁即曾议及，即便现在，本处游牧地狭小，且为游牧故地，故此系不可行之事。即便令我等越过阿勒泰向里游牧，亦无去往游牧之地。若令蒙古等游牧仍在现在驻牧之地，我等之游牧亦仍旧，则可互不侵扰，庶几相安无事。等语。尔之此言虽是，然若指称原居游牧及现在游牧地，则日后无凭，应以恒久不变之山河为界方可为凭。我等之圣主止息兵戈，希冀安逸众生，振兴教法者，乃至仁之诚意。对此，台吉尔亦曾奏请鉴谅弘扬黄教，安逸众生之处，相应依我之见，所有阿勒泰、杭爱等旧事，概不重提，凡尔属准噶尔人等，勿令越过阿勒泰，尔属乌梁海人等，亦仍居现住地，于尔等之乌梁海及我等之乌梁海之间，酌情立界，毋令往返作乱。等因议奏，则我等之圣主至仁至善，料断不令务必迁往尔现居人众。无论如何，台吉尔须慎思，计其一次葳事具奏为好。

随赠缎四匹。

（军机处满文《夷使档》1760-4）

113
军机大臣鄂尔泰等奏报阿克敦等与
噶尔丹策零会谈事项片

乾隆三年三月初六日

大学士·伯臣鄂尔泰等谨奏，先前傅鼐等前往准噶尔之时，备往议事项内，按现今之情形，凡应删减之处删减之，其应备往及应行增加之处，逐项缮写，恭呈御览。俟有旨下，交付阿克敦、旺扎尔等，拟据噶尔丹策零所提议之。

等因具奏，奉旨：知道了。钦此。

共九项，谨缮于后。此九项，全部抄录，交付阿克敦等带往。另令额驸抄录带往。

附件：会谈事项

噶尔丹策零若称我等之人与尔等卡伦之间甚近，宜将尔等卡伦稍向里撤。等语。即告彼称，我等卡伦自圣祖皇帝时即设，断不可撤迁。而况每处仅驻二三十人，及所骑马匹，并不携带家眷、牲畜游牧。距此卡伦向里数百里，设驻住家卡伦，住家卡伦始驻游牧之人，对此并无可疑惑之处。每处均有皇帝所派侍卫及喀尔喀台吉各一名为首管带，断不致违禁行事，尔等不过以为我等之卡伦设有伏兵，疑虑侵扰尔等而已。此次尔等之使臣等行经我等之喀尔喀路，有无彼等情形，焉能相瞒。我等之大国，断不会出师无名，既已降旨罢兵，断无负约之理，与撤卡伦与否并无干系。和好之后，我游牧人等，断不令越过住家卡伦，尔等准噶尔人众，亦毋令越过现居游牧地界方是。我等双方如此互不越界，则善。此次台吉尔所奏言词，恭顺且近成事，故大皇帝始遣我等为使，其好事，理应一次议定。否则，即便一味往返遣使，亦属徒然，大皇帝亦不复遣使。等因开示。

噶尔丹策零倘若提及达赖喇嘛、班禅额尔德尼。则告之曰，达赖喇嘛身体甚好，班禅额尔德尼去岁圆寂。我等之大皇帝遣往诸大臣、喇嘛等赍送布彦，我等来时，遣往之人尚未返回。等因相告。彼若提及遣人赴藏熬茶，则称，俟定边界和好之后，台吉尔若奏请圣上，料必遣派大臣官员等伴送尔之所派之人前往。等语。

噶尔丹策零若言今已和好，尔等之两路将军兵丁又作何用。告之称，而今我等之江南、杭州、盛京、乌喇等各省皆设将军驻兵。此驻兵者，非为对尔用兵。以我大国之例，既已降旨罢兵，断无违约之理。台吉尔可勿疑。等语。

噶尔丹策零若议定以阿勒泰为界之后，再议自阿勒泰往南为界之处，则仍照原定之例，议自阿勒泰山麓而下，沿哈布塔克、拜塔克二者间至乌兰乌苏、罗布淖尔、噶斯为界。噶尔丹策零若议双方之间闲置地，则言我方人众不得越过原设卡伦阔舍图，彼属人等，亦酌定不可逾越之处，以乌拉乌兰为双方之间闲置地，尚可。等语。

噶尔丹策零若提及罗卜藏丹津，则告之曰，现不索取罗卜藏丹津。等语。

以上五项为新修正增加者。

噶尔丹策零若议遣使贸易之事，则告之曰，台吉尔若议定边界，促成修好之事，为遣使贸易之事奏请圣恩，必定获准。惟行经喀尔喀，所属人等不无纷争，关系和睦之道。若行经内地，由我地方官等沿途护送，于调换尔等之疲惫牲畜等，均皆有益。等语。

噶尔丹策零若议互换双方被获人等，则言称，我方被获之人，并无谕令索要之处。尔方被获之人，或亡或已安置。台吉尔果能遵旨议成大事，此等琐杂之事，尽可从缓议之。等语。

噶尔丹策零倘若遣还额驸策凌之子，则告之，此皆小事，俟议定修好、定界之事，台吉若示恭顺进献大皇帝，嗣后缓送即可。既未奉旨带回彼等，我等不可即行带回。等语。

噶尔丹策零倘问是否拟见我方被获之人，则云，圣上遣我等为使来见台吉，我等惟但遵旨会同台吉议定应议之事，无须会见彼等。等语。

此四项乃先前傅鼐等赍往旧案。

（军机处满文《夷使档》1760-4）

114
军机大臣鄂尔泰等奏请钦定使臣达什等辞行仪注折

乾隆三年三月初九日

大学士·伯臣鄂尔泰等谨奏，为请旨事。

噶尔丹策零所遣使臣达什等，于本月十六日起程返回，相应于其起程前，拟于十三日瞻仰圣明。查得，先前准令噶尔丹策零所遣使臣吹纳木喀等入正大光明殿觐见，入班大臣等须提前入殿预备，乾清门侍卫等立于宝座两侧，豹尾班侍卫等列于阶下，阶下排列侍卫、正门两侧排列侍卫、其在外值守之护军等排列整齐之处，交付领侍卫内大臣等预先备办。晨起，令使臣等憩于吏部房中，赏食饭食，俟时辰到，由西侧边门引至厢房。皇上升座后，由理藩院大臣等、奏蒙古事侍卫等引领使臣等，由西侧隔扇门引入空出殿前阶下中央，以觐见礼，行三跪九叩礼。礼毕，由西侧隔扇门引入，于右侧前排就座诸大臣之后跪叩，留出间隙入座。其随行厄鲁特等，皆令坐于隔扇外之右侧。皇上用茶时，令随大臣等跪叩，赏茶时，令其叩谢而饮。降旨时侧跪地聆听。礼毕，仍由西侧隔扇门引退，送至住处。聚集之大臣、侍卫等，皆着常服在案。

兹令使臣达什等瞻观之日，其入班大臣侍卫等，所有备办排列之处，均照前例备办外。晨起，将使臣等安置于吏部房中，赏食饭食。俟至时辰，由西侧边门引入安置于厢房预备。命入班大臣等预先入殿排列。皇上升座后，由理藩院大臣等、奏蒙古事侍卫等引领使臣等，由西侧隔扇门引入于右侧前排就座诸大臣之后跪叩一次，留出间隙入座。其随行厄鲁特等，皆令坐于隔扇外之右侧。皇上用茶时，令随大臣等跪叩，赏茶时，令其叩谢而饮。降旨时侧跪地聆听。礼毕，仍由西侧隔扇门引退，赏赐银两、缎布毕，送至住处。仍前将增补入班大臣等一并召集，命大臣、侍卫等，皆着常服。

为此谨奏。请旨。

等因，乾隆三年三月初九日奏入，奉旨：知道了。钦此。

（将此交付内阁主事赫泰转交）

（军机处满文《夷使档》1760-4）

115
谕著使臣达什等转谕噶尔丹策零会同去使定界

乾隆三年三月十三日

乾隆三年三月十三日，令准噶尔之噶尔丹策零所遣使臣达什、博济尔等入正大光明殿觐见。奉旨：兹尔等事毕返回，朕亦遣为使大臣、侍卫等前往，与噶尔丹策零会议。俟尔等返回，务将朕意晓示噶尔丹策零，即照现有情形，凡我卡伦，概不移动。尔等之卡伦及乌梁海等，亦不必西移，指山河为界，则一言即成好事。此为极易了结之事，并无彼此牵扯商议之处。噶尔丹策零如若仍行借故推诿，仅为此事一味往返遣使，不仅于事无补，而况嗣后朕亦不复遣使。此次噶尔丹策零所奏言词，极为恭顺，接近成事，故朕特派为使大臣前往，噶尔丹策零明晓朕意，若能妥议和好，朕将准尔等使臣或隔一、二年入觐一次矣。尔等须谨记朕旨，转告噶尔丹策零知之。路途走好。钦此。

（军机处满文《夷使档》1760-4）

乾隆三年（1738年）三月乙丑

准噶尔使臣达什等陛辞，谕曰：现在尔等事体俱已完竣，告辞旋归。朕亦遣大臣侍卫等，往与噶尔丹策零定议。尔等回去，务将朕意晓谕噶尔丹策零，即照现在所设卡伦，俱不必迁动。尔等卡伦，及乌梁海等，亦不必向外挪移。果能以山河为界，和好之事，一言即可以定。似此易竣之事，并无彼此牵掣商议之处。倘噶尔丹策零复又托故支吾，藉此频欲往返遣使，非惟于和好之事无益，嗣后朕亦不复遣使矣。朕因念此次噶尔丹策零表文，言词恭顺，情殷和好，是以特遣使臣往报。噶尔丹策零宜悉朕旨，妥议和好，朕自令尔使臣，间一二年入觐一次。尔等谨记朕旨，寄谕噶尔丹策零知之。

（《清高宗实录》卷64）

116
理藩院侍郎那延泰等奏报译出谕旨交付使臣片

乾隆三年三月十五日

侍郎臣那延泰等谨奏。

据准噶尔使臣达什等告称，我等来后，两次朝觐圣明，颁降谕旨亦多。我等虽竭力谨记，然路途遥远，日久之后，遗漏舛错，亦未可料。拟与大臣等晤面加以温习。是故，今趁常明、海望为彼等饯行，臣等一同前往，与彼等温习一次，并遵旨将前日觐见时颁降谕旨，译成蒙古文，作为臣等之意给付外，将前次颁降谕旨，亦译成蒙古文给之。

等因奏入，奉旨：知道了。钦此。

（三月十五日，将两次朝觐时颁降谕旨译成蒙古文，交付侍郎那延泰、班第，偕同内大臣常明、海望等督看给付。又誊录满洲、蒙古文底稿，交付阿克敦赍往）

（军机处满文《夷使档》1760-4）

117
谕著额驸策凌于使臣抵达前抵京

乾隆三年十月十七日

乾隆三年十月十七日，奉上谕：据额驸策凌奏称，为使遣往准噶尔侍郎阿克敦等，携噶尔丹策零之使哈柳等前来，将于十月二十日行抵巴里坤。等情。此遣使之事，额驸策凌亦曾办理，现军营无事，且准噶尔使臣等抵京之后，仍有应议事项，著额驸策凌于使臣等抵达之前，计可于十二月中旬能够抵京，从缓而来。著将将军印务，此间暂交参赞大臣雅尔图护理。钦此。

（十八日，将此缮文钤印，交付兵部主事双定，驰递额驸策凌）

（军机处满文《夷使档》1760-4）

乾隆三年（1738年）十月丙申

命额驸策凌来京，以雅尔图暂管定边副将军印务。

上谕办理军机大臣等曰：据额驸策凌奏称，遣往准噶尔侍郎阿克敦等，与噶尔丹策零使臣哈柳等，于十月二十日左右，可到巴里坤。此遣使之事，其始原系额驸策凌办理。现军营无事，又夷使至京，尚有应议一切，著额驸策凌于十二月初十日后，夷使未到之前，按程至京。其将军印信，著暂交雅尔图护理。

又谕曰：据额驸策凌奏，已移知安西提都李绳武，著即行文查郎阿，夷使至肃州时，照管存留人畜及贸易货物等事，著派一干办道员，与肃州总兵官妥协办理。至来使进京所需牲畜路费等项，仍照例给与。

（《平定准噶尔方略前编》卷44，《清高宗实录》卷79）

118
谕著陕甘总督查郎阿妥办使臣来京事宜

乾隆三年十月十七日

乾隆三年十月十七日，奉上谕：据额驸策凌奏称，为使遣往准噶尔侍郎阿克敦等，携噶尔丹策零之使哈柳等前来，将于十月二十日行抵巴里坤，已由伊处移会提督李绳武。等情。著将此从速咨文查郎阿，俟准噶尔使臣抵达肃州，将看守所留人畜、暗中防范及贸易之事办理之处，由彼处道员品级要员内选派前曾经历干练者一员，所有事项逐加交代，会同肃州之总兵、道员等妥加办理。其使臣等来京沿途所用牲畜、口粮等，著仍照前备办。钦此。

（文尾增注，将为使大臣阿克敦等何时入关，几时抵京之处，预先咨文本处。十八日，将此缮文钤印，交付兵部主事双定，驰递查郎阿去讫）

（军机处满文《夷使档》1760-4）

119
军机大臣鄂尔泰等奏请免带准噶尔使臣等观看焰火片

乾隆三年十二月二十五日

大学士·伯臣鄂尔泰等谨奏，奉旨：其灯节带准噶尔使臣等至圆明园观赏焰火之处，著尔等议奏。钦此。钦遵。臣等窃思，圣主拟于元宵节燃放焰火之时，召使臣等进园观赏者，乃令外藩人等亦得瞻觐之格外之恩。惟使臣等现正交易其携至货物，且元宵节亦已逼近，不便仓促挪移。再，因使臣等不辨燃放焰火之炮仗、花炮之声，犹如示威，妄加猜疑，亦未可料，故而免带彼等观看焰火。待元宵节后，带至圣化寺下榻，趁此挪移，带至弘仁寺叩拜。

为此谨奏。

（军机处满文《夷使档》1760-4）

乾隆三年（1738年）十二月戊戌

准噶尔台吉噶尔丹策零遣哈柳等随侍郎阿克敦等，至京进表。

夷使哈柳等跪进表文曰：准噶尔台吉噶尔丹策零具奏，恭进大皇帝圣明。去年令达什等，以阿尔台游牧事具奏。奉大皇帝谕旨：尔请喀尔喀与额鲁特，以阿尔台山为界，俱照现在驻牧，无相掣肘，言辞恭谨，朕甚嘉之。故复遣使前往，幸蒙圣恩鉴允，不胜欢忭。又谕旨有云：分界之处，尚未指明。蒙古游牧无定，若不指定山河为界，日后边民生衅，于久远之计，仍无裨益。前者我遣吹纳木喀入奏，亦正为此耳。今议定界，请循布延图河，南以博尔济、昂吉勒图、乌克克岭、噶克察等处为界。北以逊多尔库奎、多尔多辉库奎至哈尔奇喇博木、喀喇巴尔楚克等处为界。我边界人等，仍在山后游牧，不得越阿尔台岭。其山前居住蒙古部人，只在扎卜堪等处游牧。彼此相距辽远，庶可两无牵掣，谨此具奏。前者，彼此致生嫌隙，只以大皇帝兵至科卜多，遂于界内筑城驻兵之故。今托尔和等处，恐复如此。惟大皇帝区处，若蒙见允，边界自此而定。卡伦大半向前，其布延图、托尔和二卡伦，并在我国境中，亦祈大皇帝垂鉴。再，车臣汗告我使人，班禅额尔德尼已经圆寂，询来使云是实。我额鲁特经典中，载班禅额尔德尼乃掌教大喇嘛也。如果圆寂，当建塔讽经。意欲遣我人赴藏布施，以广黄教，以福群生。亦惟大皇帝鉴允。

随表进貂皮三十张。

奏入。报闻。

（《平定准噶尔方略前编》卷44，《清高宗实录》卷83）

120
谕著使臣哈柳等赍回颁降噶尔丹策零敕谕

乾隆三年十二月二十八日

乾隆三年十二月二十八日，令尚书那延泰、副都统阿兰泰、侍郎勒尔森，率准噶尔使臣哈柳、乌巴什、绰诺等入乾清宫觐见，奉上谕：去年尔等之使臣达什、博济尔赍至噶尔丹策零之奏书，极为恭顺，接近成事，故朕遣派为使大臣等前往。此次尔等赍至之噶尔丹策零奏书内，请将我等之托尔辉、布延图之两卡伦稍加内移，以此等地方为界。等语。此断非可行之事。可否之处，尔等亦知之。而况朕之圣祖皇帝起即设置之卡伦，岂可内移。念噶尔丹策零信誓其游牧之卡伦断不越过阿勒泰一语，尚接近成事，且尔等甫至，今准入觐。倘若噶尔丹策零惟有不越阿勒泰山麓一语，此次即可藏事。既然牵扯我等之卡伦，相应朕派大臣等与尔议之。尔乃噶尔丹策零属下一位大宰桑，其意尔无不知之处。除奏书外，有无嘱咐之言。

哈柳奏称，噶尔丹策零并无嘱咐之言，惟前因大皇帝之兵于科布多地方筑城驻守，致起事端。今噶尔丹策零之意，托尔霍、布彦图地方距科布多甚近，恐日后又筑城驻兵，故奏请大皇帝之恩。等因奏入。

奉旨：今噶尔丹策零信誓旦旦，其游牧卡伦不再越过阿勒泰，朕甚嘉之。我等之托尔霍、布彦图等地，朕已降旨，断不会筑城驻兵。朕躬为大皇帝，已降之旨，岂有反悔之理。朕之此旨，尔等须铭记，明白转谕噶尔丹策零。

哈柳奏称，大皇帝此降谕旨，请缮写成文，遣派贤使，会同我等之噶尔丹策零议之。等因奏入。

奉旨：无庸遣使，尔等起程时，将缮敕书交付尔等赍回，颁降于噶尔丹策零。钦此。

（军机处满文《夷使档》1760-4）

乾隆三年（1738年）十二月丙午

准噶尔使臣哈柳等入觐。

上谕哈柳等曰：去年尔来使达什等，赍噶尔丹策零奏章，言词恭顺，朕故遣使往谕。此次所奏，乞令托尔和、布延图两处卡伦，稍稍内移，此事断不可行。便与不便，尔等亦知之。且我圣祖皇帝时所设卡伦，至今岂可移动乎。但噶尔丹策零所云：游牧不敢越阿尔台。尚近于理。念尔等远来，召尔入见。若噶尔丹策零，止请彼此不越阿尔台，此次便可定议。乃复言及卡伦，故朕令大臣等，与尔再议。尔为噶尔丹策零大宰桑，尔台吉本意，尔无不知。除所奏外，尚有口嘱之言否。

哈柳奏云：并无口嘱之言，但前者以大皇帝之兵，于科卜多筑城驻兵，致起衅端。今噶尔丹策零之意，以托尔和、布延图离科卜多甚近，恐日后复于两处筑城驻兵，故奏请乞恩耳。

上谕曰：现今噶尔丹策零所奏，不使游牧卡伦越阿尔台，甚属信实，朕甚嘉之。至托尔和、布延图等处，朕已降旨，断不修筑城屋，驻扎兵丁，朕为中外共主，所谕岂有改变之理。尔等还，其详记朕旨，晓谕噶尔丹策零。

哈柳奏言：祈大皇帝以所降谕旨缮写，特遣使臣，往与噶尔丹策零面议。

上谕曰：无庸遣使，尔等起程时，另有敕书，即付尔等，颁示噶尔丹策零。

（《平定准噶尔方略前编》卷44，《清高宗实录》卷83）

121
军机大臣鄂尔泰等奏报额驸策零会见使臣日期片

乾隆四年正月二十四日

大学士·伯臣鄂尔泰等谨奏。

前奉谕旨：会见准噶尔使臣议事时，著额驸策零另外会见。钦此。钦遵。本月初八日，臣海望、那延泰、侍郎阿克敦等，前往使臣之住处会议之处，业已奏闻。兹时隔数日，本月二十日已领使臣等移住圣化寺，相应于二十六日带至额驸策零之住处晤面。所有备办食用之项，均拟照前备办。

为此谨具奏闻。

乾隆四年正月二十四日奏入，奉旨：知道了。钦此。

（军机处满文《夷使档》1760-4）

乾隆四年（1739年）正月丁巳

命到夷使哈柳等往见额驸策凌议事。

先是，噶尔丹策零致书额驸策凌曰：字奉车臣汗。前者汗为边界卡伦事，札到缘由，我业已知晓。今将一切事，俱已陈奏大皇帝。又因博克达班禅圆寂之故，欲遣人前往讽经布施，亦经奏恳大皇帝睿鉴。车臣汗系办理大事之人，望乞方便。

额驸策凌以闻，得旨：与夷使议事，著额驸策凌另见。军机大臣等请于本月二十六日，导哈柳等至额驸策凌处相见。

奏入，报闻。

（《平定准噶尔方略前编》卷44）

122
军机大臣鄂尔泰等奏请照例赏伴送使臣章京等银两折

乾隆四年正月二十九日

大学士·伯臣鄂尔泰等谨奏，为请旨事。

先前遣返准噶尔使臣时，均派理藩院章京等沿途照料伴送。为供章京等整治行装，曾各赏银二百两。此次遣返来使哈柳等，请派理藩院郎中常宝、员外郎常兴伴送，故拟照例每人赏银二百两，以供治装。

为此谨奏。请旨。

乾隆四年正月二十九日具奏。奉旨：知道了。钦此。

（军机处满文《夷使档》1760-4）

123
军机大臣鄂尔泰等奏请照例赏赐使臣哈柳等银两缎匹片

乾隆四年正月二十九日

大学士·伯臣鄂尔泰等谨奏。

查得，去年遣返准噶尔所派使臣达什、博济尔等时，赏达什银一百两、御用缎二匹、官用蟒缎一匹、补缎一匹、彭缎二匹、毛青布二十四匹，赏博济尔银五十两，官用蟒缎一匹、御用缎二匹、彭缎二匹、毛青布二十匹。其随从人等，人各赏银二十两、官用缎二匹、彭缎一匹、毛青布八匹。此外一并赏赐达什、博济尔及随从人等皮袄各一袭、棉袍各一袭及帽子、腰带在案。

赏此次前来之使臣哈柳、绰诺、乌巴什，及随行而来厄鲁特三十九人之银两、缎布，仍照前例，俟临近彼等起程颁赐。将赏赐留于肃州之厄鲁特之银两、缎布，交付哈柳等，俟彼等抵达肃州转赏外，赏给哈柳应时焰红妆缎面白熏皮袄一袭，焰红妆缎棉袍一袭；赏绰诺、乌巴什焰红妆缎面黑熏皮袄各一袭，焰红妆缎棉袍各一袭；随从厄鲁特内，除留肃州之二十一人外，其来京城之一十八人，一并赏金字缎面羊皮袄各一袭、金字缎棉袍各一袭，并凉帽、腰带等。

为此谨奏。请旨。

乾隆四年正月二十九日奏入，奉旨：知道了。钦此。

（军机处满文《夷使档》1760-4）

乾隆四年（1739 年）正月壬戌

赐夷使哈柳等缎布银两有差。

（《平定准噶尔方略前编》卷 44，《清高宗实录》卷 84）

乾隆四年（1739 年）二月甲午

命加恩往使准噶尔喀尔喀头等台吉额默根等有差。

上谕办理军机大臣等曰：喀尔喀头等台吉额默根，两次使往准噶尔，著有劳绩，加恩授额默根为扎萨克头等台吉。到京时，仍在乾清门行走。管旗章京满集拉，此次亦前往准噶尔，加恩赏银二百两。

（《平定准噶尔方略前编》卷 44，《清高宗实录》卷 87）

124
军机大臣鄂尔泰等奏闻准噶尔使臣哈柳等觐见辞行仪注折

乾隆四年二月十六日

大学士·伯臣鄂尔泰等谨奏，为议奏事。

为遣返准噶尔噶尔丹策零之使臣哈柳等，将遵旨于本月十八日率使臣等瞻仰圣明。是日，将入班大臣、议政大臣及前次钦点增派大臣等，概行召集。届时，大臣等各带坐褥入乾清宫，列班预备，前面就座十位大臣，仍行入座，后扈二位大臣侍立。御前侍卫等立于宝座附近，豹尾班侍卫列于宝座两旁，乾清门侍卫等列于豹尾班侍卫之后。丹墀两侧，每翼排列侍卫二十名；乾清门两侧，各立值班章京一员，侍卫二十名；阶下两翼，各列侍卫二十名，照门立侍卫二十名。大臣、侍卫等，均照例着常服。凡使臣经过之城门、街道、堆拔，增派章京、护军、步甲等，排列齐整之处，交付护军统领、步军统领办理。是日凌晨，令派往陪同使臣之章京等，从住处引领使臣等由西直门进西华门，引至照门赏食饭食。俟圣上升乾清宫宝座，由尚书那延泰、侍郎勒尔森、副都统阿兰泰及奏蒙古事侍卫等，引使臣入乾清门西侧门，由西侧拾阶而上，由西隔扇门进入，于右侧前排大臣等之后跪叩一次，留出空隙而坐。其随行而来之厄鲁特等，令坐于隔扇门外右侧台阶上。皇上用茶时，令随大臣等跪叩，赐茶时，令其跪叩饮之。降旨时，跪地聆听。事毕，仍由西侧隔扇门引退，出照门，赏银两、缎布，引至果亲王家中，会见额驸策零。额驸策零会见使臣时，其备办应行备办之茶品酒肴，遣派备办筵席之内府护军等之处，均拟交付各该地方，照前准备。

为此谨奏。请旨。

乾隆四年二月十六日奏入，奉旨：知道了。钦此。

（军机处满文《夷使档》1760-4）

125
军机大臣鄂尔泰等奏报料理使臣等返回事宜片

乾隆四年二月二十三日

大学士·伯臣鄂尔泰等谨奏。

使臣哈柳等携至货物即将售罄，陪同章京等问其起程日期，哈柳等告称，俟将敕谕交付我等，我等于次日即行起程。相应将颁降噶尔丹策零敕谕、赏赐绸缎，于本月二十六日引领使臣至圆明园正门前交付，照例赏食饭食后，带回其住处。又查得，去岁达什等前来，带领觐见两次，所降谕旨，恐彼返回口禀之时有误，故经奏准，译成蒙古文后赍往。兹因哈柳等告称恐难记全所降谕旨，请给底稿，相应亦照前例，译后给之。再，使臣返回之时，若沿边而行，将经由宁夏，拟令彼等由西安路返回，其乘驿，雇用马骡之处，交付该地方办理。

为此谨具奏闻。

等因，乾隆四年二月二十三日奏入，奉旨：知道了。钦此。

（军机处满文《夷使档》1760-4）

乾隆四年（1739年）二月庚子

赐准噶尔台吉噶尔丹策零敕书。

奉天承运皇帝诏曰，谕准噶尔台吉噶尔丹策零。前岁尔遣达什等进奏，言辞恭顺，朕甚嘉之。因分界之议，未曾指定地名，故朕又命侍郎阿克敦等前往，与尔分别议定。今尔遣哈柳同来，疏言今欲定界，请循布延图河，南以博尔济、昂吉尔图、乌克克岭、噶尔察为界；北以孙多尔库奎、多尔多辉库奎，至哈尔奇喇博木、喀喇巴尔楚克为界。额鲁特无逾阿尔台岭，蒙古亦止在扎卜堪游牧，伏乞大皇帝睿鉴。夫定界之议，非自今始。尔父策妄阿喇布坦已经陈请。诚以喀尔喀游牧原无定处，必指定山河为界，庶彼此不致纷争。朕为天下共主，无分畛域，一视同仁。凡有奏请，可行则允之，不可行则却之，虽百请亦不允也。尔言额鲁特无过阿尔台游牧，其言近理，朕即信之。又请蒙古止居扎卜堪，现今蒙古游牧，原未尝逾扎卜堪也。尔又请托尔和无筑城驻防，朕既降旨撤兵托尔和等处，安得复如前此科卜多，有筑城驻兵之事，已面谕尔使哈柳矣，必无改悔之理也。但尔请循布延图河，南以博尔济等处，北以孙多尔库奎等处为界。谓卡伦大半向前，布延图、托尔和两卡，俱在尔图界中。意欲我卡伦稍向内移，此必不可行之事，尔岂不知，乃复牵率而言乎。况设卡防守，所用不过数人，何关轻重。然自我圣祖时设立之卡伦，岂可于今忽移动之乎。夫休兵息民，永归和好，即定界与否，亦非要事。但使彼此游牧，互相隔远，而卡伦则安设如故。至科卜多并不复驻兵，止于每年应略地时，各遣二三十人前往巡视，约不相害。如此区处，尔之猜疑亦可尽释矣。台吉其遵旨定议，俟覆奏到日，朕当明谕喀尔喀，令其游牧永远无过扎卜堪也。如是，则事体声名，彼此均有裨益。此外更无应行另议之事，朕故不复遣使，即以敕书付哈柳赍往。台吉其熟思之，如遵朕旨，则遣使覆奏；不然，数遣使何为。尔又奏称：班禅额尔德尼圆寂，欲遣人往藏讽经布施，伏祈鉴允。朕为大君，有能奉教之人，岂忍阻抑。但从前尔部人潜往西藏残害土伯特，今若经行彼地，土伯特怀愤生事，亦未可定。尔诚心布施，须俟遵旨定议后，准用百人赴藏，朕当特遣官弁护送。

随敕赐各色缎十端。

（《平定准噶尔方略前编》卷44，《清高宗实录》卷87）

乾隆四年（1739年）十月壬寅

命额驸策凌来京议事。

上谕军机大臣等曰：据李绳武奏称，噶尔丹策零复差哈柳等为使，前至哈密军营，约十二月初旬到京。使者到时，有应议之事，著额驸策凌即起程来京。其军营印务，著海兰暂行护理。

（《平定准噶尔方略前编》卷44，《清高宗实录》卷103）

乾隆四年（1739年）十一月癸亥

准噶尔送还喀尔喀喇嘛罗卜藏西瓦。

驻防哈密提督李绳武奏言，前者被掠之喀尔喀喇嘛罗卜藏西瓦，与夷使俱至。请先送至京。军机大臣等议奏曰：罗卜藏西瓦，额驸策凌供养之大喇嘛也，前者以请安至京，赏给如大喇嘛例。既而被掳，今始奉还，请暂令歇息，酌量给与盘费，仍送还额驸策凌。

奏入，得旨：著引见。上谕罗卜藏西瓦曰：尔在准噶尔居住多年，噶尔丹策凌性情，尔所深知。嗣后有使臣至准噶尔，或者使尔同往，亦未可定。尔感戴朕恩，今惟勤习经卷，教诲弟子可也。

随赏赐佛像缎帕。

（《平定准噶尔方略前编》卷44，《清高宗实录》卷105）

126
军机大臣鄂尔泰等奏请指派照料使臣之事大臣折

乾隆四年十一月二十六日

大学士·伯臣鄂尔泰等谨奏，为请旨事。

近据提督李绳武奏称，准噶尔处所遣使臣哈柳等，于十月十二日抵达卡伦，故派郎中德成伴送至京城。等语。臣等预计使臣哈柳等约于十二月初十日抵达。查得，去岁为照看准噶尔所遣使臣哈柳等，曾派内务府官员一名，理藩院官员二名。总理照看之事，派有内务府总管大臣常明、海望。此次仍照前例，除派总管内府六库郎中桑格、理藩院郎中阿喇布坦、员外郎扎什照看外，其总理照看之事，派内务府总管大臣常明、海望，或另委大臣之处，谨此请旨。

乾隆四年十一月二十六日奏入，奉旨：知道了。总理照看之事，仍派常明、海望。钦此。

（军机处满文《夷使档》1760-4）

127
军机大臣鄂尔泰等奏请料理使臣等在京期间起居事宜片

乾隆四年十一月二十六日

大学士·伯臣鄂尔泰等谨奏，为请旨事。

查得，去岁准噶尔噶尔丹策零所遣使臣抵达后，命派委陪同官员往迎，引使臣等入长安门，出左翼门，至箭亭前，接取奏书及所献方物后，憩于上驷院房中，赏食饭食之后，带至丰泽园下榻。若赴圆明园，则下榻于圣化寺。此次俟报使臣等抵达日期，仍照前例，提早一天派陪同官员往迎。使臣等抵达之日，所经门、街、堆拨兵丁，须管带整齐之处，交付护军统领、步军统领等办理。是日，来朝蒙古宾客等毋庸上朝。使臣等进入时，派往接迎之章京引入长安门，出左翼门，至箭亭前，由所派大臣会同理藩院大臣等，接取噶尔丹策零之奏表及进献之方物，除将奏表译出恭呈御览外，令使臣憩于上驷院房中，赏食饭食后，带至丰泽园下榻。使臣哈柳、松阿岱，每日拨给食用蒙古羊各一只，随从跟役等，每六人每日拨给中原汉羊一只，其食用奶、酥油、面、茶、盐、米、柴薪、炭及所用炊餐器具等，皆照例由各该处支取给付，所拴驿马，照例备办，并派官兵，于使臣等之住所外围设堆把守，交付武备院，计其足敷，搭支蒙古包、帷幄，供使臣等下榻。所用夫役，由园户内择其憨厚者，足数派出。使臣等食用各种饼果等物，视其所需，由派往陪同之官员等由该处领取，给付食用。其择日朝觐、赏赐之处，容另行议奏。

　　为此谨奏。请旨。

　　乾隆四年十一月二十六日奏入，奉旨：依议。钦此。

（军机处满文《夷使档》1760-4）

128
军机大臣鄂尔泰等奏报使臣到达日期折

乾隆四年十二月初九日

　　大学士·伯臣鄂尔泰等谨奏。

　　据伴送准噶尔使臣前来之郎中德成报称，本月初十日，使臣进京。等语。将此仍照臣等先前奏准之例，现即派往陪同章京等接迎，明晨引使臣等入长安门，出左翼门，至箭亭，令进呈噶尔丹策零之奏表及方物，而后赏食饭食，带至住处下榻等处，皆照臣等先前所议施行。

　　等因，乾隆四年十二月初九日奏入，奉旨：知道了。钦此。

（军机处满文《夷使档》1760-4）

129
军机大臣鄂尔泰等奏报办理准噶尔使臣赴藏熬茶事宜折

乾隆四年十二月十七日

　　大学士·伯臣鄂尔泰等谨奏，为遵旨议奏事。

　　查得，前曾议奏，此次噶尔丹策零若能诸事均皆恭顺遵旨而定，奏请派人入藏、于多坝地方贸易，则准照其请，所遣赴藏之人不得过百，令由嘉峪关进入，行经肃州、甘州、凉州，自西宁之多坝地方出边，沿察干托罗盖路，行抵索罗穆，由彼赴藏可也。倘不奏请走多坝路，则行经青海西路，仍至索罗穆赴藏。等因奏准在案。

　　兹噶尔丹策零既以进藏诵经携往之物品，以百人之力难以运往，故未便与哈柳一同遣至，奏请将人数增至三百人，相应亦照其请，准派三百人。再，据使臣哈柳告称，因藏地路远，其沿途更换羸瘦马匹，于多坝、西宁等地贸易之时，乞请恩准资助。等语。查得，多坝地方之贸易，现已移至镇海堡边外东科尔地方，赴藏地所需物品，须由此地采买携往。惟由甘州、凉州行走，路多逶迤，亦无牧马之水草，离肃州五百里外有扁都口边门，出边前往东科尔地方不仅路近，且有益于马畜，相应将进藏使臣等由此路遣往东科尔地方贸易。俟贸易已毕，再由彼处赴藏。其往返行走，皆自备资斧。

·127·

藏地路途遥远，马畜难免羸瘦疲乏，噶尔丹策零既然乞请施恩资助，相应将此交付该总督、巡抚等，酌情赏赐用作为口粮之牛、羊、米、面。饬令驻西宁之副都统巴龄阿、西宁道预先动支银两，向青海蒙古按定价采买骆驼二百峰、海努克牛四百头、马八百匹，于东科尔地方牧养预备，视赴藏使臣之马畜疲乏情形，予以调换膘壮马畜。其撤换之马驼，择水草牧放，使臣等由藏返回之时，视其所需，再予调换。俟哈柳等返回，噶尔丹策零遣至赴藏人等，提督李绳武奏闻之后，再派大臣、官兵伴送至藏。其如何预先遣派官兵备办，并按原议迁移青海蒙古游牧、卡台之处，容另行议奏请旨。

等因，乾隆四年十二月十七日奏入，奉旨：所议善哉。著依议。钦此。

（军机处满文《夷使档》1760-4）

乾隆四年（1739年）十二月辛巳

命尹继善办理夷使进藏事宜。

上谕办理军机大臣等曰：噶尔丹策零奏请进藏熬茶。其事著尹继善办理。

（《平定准噶尔方略前编》卷44，《清高宗实录》卷106）

乾隆四年（1739年）十二月壬午

准噶尔台吉噶尔丹策零，遣使哈柳等至京进表。

先是，办理军机大臣等奏：夷使哈柳等到日，一切典礼，请如去年例。至是，哈柳等至，行礼毕，恭进表文曰：噶尔丹策零谨奏大皇帝前。哈柳至，奉大皇帝敕书云：休兵息民，永归和好。即定界与否，亦非要事。诚使厄鲁特，不得过阿尔台山梁；喀尔喀游牧，亦无过扎卜堪。庶几彼此游牧隔远，如此定议，俟回奏到日朕再降谕旨，令喀尔喀等遵守。事体声名，均有裨益。窃思向来阿尔台，为厄鲁特游牧；杭爱为喀尔喀游牧，原无衅隙。今诚广教安民，坚守旧约，原不在定界与否。前已再三陈请，今蒙大皇帝鉴允，不胜欢忭，即此为定。又蒙谕旨：卡伦系我皇祖皇考时安设，仍应如旧。其科卜多所在，不复驻兵，每年只遣二三十人，前往略地，断不致彼此相害，互有牵掣。已降旨尔使哈柳，宁有改悔？如此，则我心亦不疑。托尔和、布延图两卡伦，自不妨仍旧矣。又大皇帝谕旨有云：朕不阻奉教之人，往者尔等潜往西藏，残害土地伯特。今遽经行彼地，恐土伯特怀愤生事。果诚心往藏布施，俟遵朕旨定议后，许用百人赴藏，朕特遣官弁护送。按前此起衅，发兵骚扰是实。今一意尊敬黄教，断不致生事。但驮载什物，百人不敷，乞许用三百人。至贸易之事，令哈柳面恳允行。

随表贡貂皮三十一张。

奏入，报闻。

（《平定准噶尔方略前编》卷44，《清高宗实录》卷107）

130
军机大臣鄂尔泰等奏请准许
准噶尔定期派人至京城肃州等地贸易片

乾隆四年十二月十七日

大学士·伯臣鄂尔泰等谨奏。

查得，此次准噶尔噶尔丹策零派哈柳等为使前来，一应事务，均皆遵奉谕旨，恭顺具奏，相应即行照此施行。再，据使臣哈柳等告称，噶尔丹策零曾嘱咐，嗣后遵照双方协定，永不改悔，敦睦和好，相应仍请准照前例派使贸易。先前准许使臣及货物到京城、西宁、多坝、肃州、青海等地贸易，并于归化城地方贸易完毕返回之处，并未禁止，兹请仍照此例施行等语。查得，从前策旺阿喇布坦时，派遣请安奏事之使，皆准乘驿而来。来肃州、甘州及京城贸易之人，俱系自备川资往返，限定人数为三百。若来京城贸易，则派员迎至，照管贸易。贸易事毕返回之时，仍派员送至卡伦。再，本朝与俄罗斯交好，于恰克图地方设立买卖，派章京等驻扎照管，年年贸易，其来京贸易之处，系过三年，至第四年准来京一次，限贸易八十日。其行人数不得超过二百，自备资斧往返。兹噶尔丹策零诸事皆已遵旨议定具奏，相应其贸易之事，亦当准行。嗣后噶尔丹策零倘有具奏之事，准令遣使，不准携带货物，减少其随从人等。俟至我边界地方，仍由驻边大臣等引入，一面按例乘驿伴送进京，一面奏闻。其贸易之处，臣等亦请准照俄罗斯之例，俟过三年，至第四年准其派遣二百人，自备资斧来京贸易一次。肃州地方，亦过三年，至第四年准其派遣一百人，自备资斧，前来贸易一次。俱准贸易八十日后返回。其请准于西宁、归化城等地贸易之处，不予准行。贸易之时，除禁止物件外，各听其便交易。兹准俄罗斯分别于申、子、辰年前来贸易，其准噶尔之贸易，应与俄罗斯贸易之年错开，准于寅、午、戌年来京贸易。其申、子、辰年，准至肃州贸易。俟至应行贸易之年，由噶尔丹策零处先将贸易人等何月何日起程、何时抵达我边界地方之处，预先咨文我边界大臣等转奏。使臣抵达后，酌派官兵等伴送至肃州。若系在肃州交易者，由理藩院预先拣派贤能章京，乘驿前往，会同地方官员等妥加照料；倘系在京贸易者，事先由理藩院委派章京、笔帖式，乘驿至肃州迎候，俟至使臣抵达，照例照料，行经肃州、西安，带至京城贸易。若请雇觅车辆、更换马畜，亦由地方官员及部院章京加以照料。贸易事毕返回时，由所派章京、笔帖式照料，仍由原路遣回，送至卡伦。

为此谨奏。请旨。

等因，乾隆四年十二月十七日奏入，奉旨：著依议。钦此。

(军机处满文《夷使档》1760-4)

131
军机大臣鄂尔泰等奏请准噶尔贸易及熬茶事宜折

乾隆四年十二月十七日

大学士·伯臣鄂尔泰等谨奏，为遵旨议奏事。

乾隆四年十二月十二日，据内大臣、尚书海望等奏称，臣等遵旨前往准噶尔使臣哈柳等下榻之处，带至哈柳等入住，饮过茶后，问哈柳等曰，经迻译尔等之台吉噶尔丹策零之奏书，称尔等有口奏之言。兹问尔有何言，拟与噶尔丹策零之奏书一并具奏。使臣哈柳告称，大皇帝照准我等之台吉噶尔丹策零所请，旨令遣往藏地赍送布彦、诵经之人不得过百。惟限百人，难以携往物件，请准派近三百人。再，藏路迥远，相应沿途更换疲瘦马匹，及多坝、西宁等地贸易之时，请施恩资助。今因大皇帝明鉴我等之噶尔丹策零之奏言，故而遵从大皇帝谕旨具奏。嗣后，双方遵循协定，永不改悔，甚相和好，相应仍请准照往例遣使贸易。先前准许使臣及货物到京，西宁、多坝、肃州、青海等地贸易，并于归化城地方贸易完毕返回之处，并未禁止，兹请仍照此例施行。等因交付于我，此外并无他言。臣等与哈柳稍事闲聊，问哈柳曰，去岁尔等之噶尔丹策零所议自布延图交界处往南推至博济尔、昂吉勒图、乌奇克达巴干、嘎克察沙拉之处，断不可行，故缮入颁降噶尔丹策零之敕谕内遣往。此次之奏书内，缘何不曾提及耶。哈柳云，我等之噶尔丹策零原本不愿定界，如果彼此和好敦固，定边与否，并无关系。蒙大皇帝睿鉴，谕令我等厄鲁特游牧不得越过阿勒泰山麓南北，乌梁海人等仍旧驻牧，不挪卡伦，其喀尔喀游牧，大皇帝亦明示不准越过扎布勘等地。而今我等之噶尔丹策零皆已遵旨具奏，因并未定边，相应南边之游牧人等依旧游牧而已，又有何复议之处，其中已包括矣。等语。臣等告哈柳曰，尔有足疾，既无相禀之语，请回住处歇息。而后散去。等因，乾隆四年十二月十三日奏入，奉旨：著军机大臣会同额驸策凌议奏。钦此。钦遵。臣等会同议得：兹准噶尔之噶尔丹策零复遣宰桑哈柳等为使，遵照圣主所颁敕谕，令其乌梁海依旧驻牧阿勒泰山阴，厄鲁特游牧不越过阿勒泰山麓南北，驻牧山阳，不挪我方卡伦，喀尔喀牧场亦不越过扎布堪等地。诸凡事务，均皆遵照颁降敕谕，恭顺具奏，相应即照此定施行。查喀尔喀游牧地方，现已将我方驻包卡伦均皆设于库库达巴干、扎布堪、齐克吉等地，相应将喀尔喀游牧，不准越过所设驻包卡伦。据使臣哈柳告称，兹既未定边，其由阿勒泰往南游牧人等，依旧游牧而已，何须复议，其中已包括矣。等语。相应俟哈柳等事毕返回之时，于颁降噶尔丹策零之敕书内可缮入，据尔之使臣哈柳等告称，自阿勒泰往南两侧游牧人等，仍旧驻牧则已，毋庸复议，已包括在其中。等语。

查其赴藏熬茶之处，原曾议得：此次噶尔丹策零倘将一应事务，均皆恭顺遵旨而定，奏请派人赴藏、于多坝地方贸易，则准照其请，限其赴藏之人不得过百，令由嘉峪关进入，行经肃州、甘州、凉州，自西宁之多坝地方出边，沿察干托罗盖路，行抵索罗穆，由彼赴藏可也。倘不奏请走多坝路，则行经青海西路，仍至索罗穆赴藏。等因奏准在案。今噶尔丹策零派人进藏诵经，其驮载物件，百人难以搬运，故而不便与哈柳一同派遣，奏请将人数限为近三百人，相应允其所请，限为三百人。再，据使臣哈柳告称，藏路迥远，相应沿途更换疲瘦马匹，及多坝、西宁等地贸易之时，请施恩资助。查得，多坝地方之贸易，现已移至镇海堡边外东科尔地方。赴藏地所需物品，须自此地采买携往。惟自甘州、凉州行走，路多逶迤，亦无牧马之水草，离肃州五百里外有扁都口边门，出边前往东科尔地方，不仅路近，且有益于马畜，相应将进藏使臣等由此路遣往东科尔地方贸易。俟贸易已毕，再由彼处赴藏。其往返行走，皆自备资斧。藏地路途遥远，马畜难免羸瘦疲乏，噶尔丹策零既然乞请施恩资助，相应将此交付该总督、巡抚等，酌情赏赐用作为口粮之牛、羊、米、面。饬令驻西宁之副都统巴龄阿、西宁道预先动支银两，向青海蒙古按定价采买骆驼二百峰、海努克牛四百头、马八百匹，于东科尔地方牧养预备，视赴藏使臣之马畜疲乏情形，予以调换膘壮马畜。其撤换之马驼，择水草牧放，使臣等由藏返回之时，视其所需，再予调换。俟哈柳等返回，噶尔丹策零遣至赴藏人等，提督李绳武奏闻之后，再派大臣、官兵伴送至藏。其如何预先遣派官兵备办，并按原议迁移青海蒙古游牧、卡台之处，容另行议奏请旨。此次噶尔丹策零之奏书及使臣哈柳等所告之言，并未提及嗣后赴藏之人几年为一次，相应暂毋庸议。哈柳等倘若提起，则告之曰，因此次噶尔丹策零恭顺笃诚奏请，故蒙圣主施恩准行。嗣后，尔等之台吉拟再派人赴藏，俟奏请大皇帝之时再定即可。等语。

再，据使臣哈柳等告称，噶尔丹策零嘱咐，嗣后遵照双方协定，永不改悔，敦睦和好，相应仍请准照前例派使贸易。先前准许使臣及货物到京，西宁、多坝、肃州、青海等地贸易，并于归化城地方贸易完毕返回之处，并未禁止，兹请仍照此例施行等语。查得，从前策旺阿喇布坦时，派遣请安奏事之使，皆准乘驿而来。来肃州、甘州及京城贸易之人，俱系自备川资往返，限定人数为三百。若来京城贸易，则派员迎至，照管贸易。贸易事毕返回之时，仍派员送至卡伦。再，本朝与俄罗斯交好，于恰克图地方设立买卖，派章京等驻扎照管，年年贸易，其来京贸易之处，系过三年，至第四年准来京一次，限贸易八十日。其行人数不得超过二百，自备资斧往返。兹噶尔丹策零诸事皆已遵旨议定具奏，相应其贸易之事，亦当准行。嗣后噶尔丹策零倘有具奏之事，准令遣使。其贸易之事，噶尔丹策零若请派人来京贸易，臣等亦请准照俄罗斯之例，俟过三年，贸易一次。肃州、甘州乃属内地，不可与恰克图相比。此二处之贸易，须过二年贸易一次。先前虽定准噶尔贸易人数为三百，然现既定俄罗斯贸易人数为二百，其准噶尔前来贸易之人数亦不便定为三百，亦照俄罗斯之例定为二百名人。从前使臣吹纳木喀来时，噶尔丹策零倘若派使奏事，仅派使臣而已，不曾携至货物。故此尚准由驿而来，若系专特前来贸易之人，均曾告知自备资斧行走。嗣后，噶尔丹策零派使奏事，须减少其人数，不准携带货物，仍行照例驰驿前来。其专特派来贸易之人，则自备资斧行走。俟至贸易之年，由噶尔丹策零处咨文边界大臣转奏。若系在肃州交易者，由理藩院预先拣派贤能章京，乘驿前往，会同地方官员等妥加照料；倘系来京贸易者，事先由理藩院委派章京、笔帖式，乘驿至肃州迎候，俟至使臣抵达，照例照料，行经内地携至贸易。若请雇觅车辆、更换马畜，亦由地方官员及部院章京加以照料。事毕返回之时，仍由原路遣回，送至卡伦。倘于西宁、多坝、青海等地贸易，皆行经青海游牧地方；若于归化城贸易，则行经喀尔喀游牧地方。由此属下人等妄滋事端、盗抢行劫，亦未可料。若出横城口边，前往归化城，又需绕弯，于事无益，相应准于京城、肃州贸易之外，所请于西宁、归化城等地贸易之处，可不予准行。似此遣使贸易、派人赴藏之事，与使臣哈柳议事之时，据其言语，将此议定之处，不必和盘托出，从缓试探，最终至此即可。其如何商议，确定之后，再行奏闻。哈柳等事毕返回之时，于颁降噶尔丹策零之敕谕一一缮明，恭呈御览，而后赍往。可否之处，恭请圣主躬裁。

为此谨奏。请旨。

等因，乾隆四年十二月十七日奏入，奉旨：所议善哉。著依议。钦此。

（军机处满文《夷使档》1760-4）

132
军机大臣鄂尔泰等奏闻使臣哈柳等瞻觐圣明仪注折

乾隆四年十二月十八日

大学士·伯臣鄂尔泰等谨奏，为遵旨议奏事。

本月二十四日，将率准噶尔使臣哈柳等瞻觐圣明，拟仍照前例，召集是日入班大臣、议政大臣等。届时，聚集之大臣等各带坐褥入乾清宫，列班预备，前面就座十位大臣，仍行入座，后扈二位大臣侍立。御前侍卫等立于宝座附近，豹尾班侍卫列于宝座两旁，乾清门侍卫等列于豹尾班侍卫之后。月台两侧，每翼排立侍卫二十名；乾清门两侧，各立值班章京一员，侍卫二十名；阶下两翼，各列侍卫二十名，照门立侍卫二十名。再，凡使臣经过之门，增派章京、护军等排列齐整之处，交付前锋统领、护军统领办理。令派往照看之章京等，率使臣等由西华门、西侧门进入，引至照门赏食饭食。俟圣上升乾清宫宝座，由尚书那延泰、侍郎勒尔森及奏蒙古事侍卫等，引使臣入乾清门西侧门，由西侧拾阶而上，空出丹墀中央，令使臣哈柳、松阿岱、巴颜及随行厄鲁特等列队，行三跪九叩礼。礼毕，引使臣等由乾清宫西侧隔扇进入，于右侧前排大臣等之后跪叩一次，留出空隙而坐。其随行而来之厄鲁特等，令坐于隔扇外右侧台阶上。皇上用茶时，令随大臣等跪叩，赐茶时，令其跪叩饮之。降旨时，跪地聆听。事毕，仍由西侧隔扇引退，行经照门，出西华门，送至住处。聚集之大臣、侍卫等，仍着常服。

为此谨奏，请旨。

乾隆四年十二月十八日奏入，奉旨：知道了。钦此。

（军机处满文《夷使档》1760-4）

133
军机大臣鄂尔泰等奏请指定使臣觐见时入班大臣片

乾隆四年十二月十八日

大学士·伯臣鄂尔泰等谨奏。

查得，先前准噶尔使臣抵达瞻仰圣明时，因入班大臣等无多，曾由臣等处具呈尚书、侍郎、内阁学士、副都统等职名，酌派入班。是以，此次令使臣哈柳等于本月二十日朝觐时，仍照前例，将未曾入班满洲左都御史、侍郎、内阁学士、满洲蒙古副都统等职名，缮具绿头牌，恭呈御览。俟上酌定，匀入两翼列班就座。

为此谨奏。

乾隆四年十二月十八日奏入，奉旨：著派岱奇、穆赫廉、舒赫德、钟保、索住、雅尔胡达、苏著、常永、庆泰、富昌、锡勒颠、博庆额、托保、纳兰保、鄂奇尔、法珠纳、马什塔、卓鄂、苏尔泰、官保、松阿里。钦此。

(军机处满文《夷使档》1760-4)

乾隆四年（1739年）十二月壬辰

准噶尔夷使哈柳等入觐。

上谕哈柳等曰：尔台吉噶尔丹策零奏章，朕已观览。悉遵谕旨，朕深嘉与之。朕为中外共主，惟思与普天之下，共享升平。今噶尔丹策零，既遵朕旨定界，嗣后近边居人，各安故土，更无争竞，永远安生矣！至所请进藏熬茶，乞用三百人，朕已允行。至贸易之事，朕命大臣，与尔定议。去年尔来，今年又至，克成和好，尔与有荣施，朕尚欲加恩于尔。尔初到时，即欲命尔进见，因闻尔有足疾，故至今日始令入觐。尔善自调理，近年节时，朕再令尔入朝。

(《平定准噶尔方略前编》卷44，《清高宗实录》卷107)

134
军机大臣鄂尔泰等奏请令使臣等入中正殿观赏跳布扎折

乾隆四年十二月二十一日

大学士·伯臣鄂尔泰等谨奏，为遵旨议奏事。

顷奉谕旨：中正殿跳布扎之日，令准噶尔使臣亦进入观赏。著军机大臣与额驸策凌将此议奏。钦此。钦遵。臣等查得，每年十二月喇嘛等于中正殿跳布扎，大建则二十九日跳，小建则二十八日跳，并于前一日演练。跳布扎之日，令蒙古客人等进入观赏。兹皇上嘉赏准噶尔噶尔丹策零恭遵谕旨，恩准其使哈柳等进入观赏布扎，则使臣哈柳等委实感激不尽。惟跳布扎之日，令使臣等与蒙古客人等一同进入，与我等之扎萨克王额驸等一同对坐，似有不便。倘因使臣之进入，不准蒙古客人等进入，亦属不便。因二十八、二十九两日，咸可颂赞索若巴凌跳布扎，相应臣等计其便利议得，二十八日颂赞索若巴凌跳布扎之时，准令蒙古客人等进入观赏；二十九日颂赞索若巴凌跳布扎时，则免令蒙古客人等进入，而令使臣等进入观赏。是日，其带至使臣等赏食饭食、引领进入、令入班大臣等进入坐两侧观赏之处，容另行议奏。

为此谨奏。请旨。

乾隆四年十二月二十一日奏入，奉旨：知道了。钦此。

（军机处满文《夷使档》1760-4）

135
军机大臣鄂尔泰等奏请使臣至弘仁寺
叩拜并晤见额驸策凌事宜片

乾隆四年十二月二十一日

大学士·伯臣鄂尔泰等谨奏。

昨据陪同使臣等之章京桑格等告称，使臣哈柳告知我等云，今日我等已瞻觐圣明，拟禀请大臣等，带我等至旃檀寺瞻礼，并晤见车臣王。起初我等双方甚好，后因双方失和，不仅民不聊生，而且殃及牲畜水草，怨声载道。今蒙圣恩，彼此和好，双方人等，可得各耕其地，繁衍牲畜，诵经祈佛，生息逸乐。等语。即如此，拟将使臣哈柳等于本月二十四日带往弘仁寺瞻拜，由此带至果亲王府，与额驸策凌晤面。使臣哈柳等倘若告请晤见喇嘛罗布藏西瓦，则果王府侧花园内有庙，相应由陪同使臣之章京、额驸之侍卫等引使臣至庙，会见罗布藏西瓦。是日，凡使臣行经地方，安排步兵排列整齐，管束闲散无事人等之处，交付步军统领，果王府大门，则另派内务府章京、护军校、护军等站立。至于备办款待使臣等之饭食之处，均皆交付各该处备办照前备办可也。

为此谨奏。请旨。

乾隆四年十二月二十一日奏入，奉旨：知道了，钦此。

（军机处满文《夷使档》1760-4）

136
军机大臣鄂尔泰等奏闻使臣哈柳欲献貂皮折

乾隆四年十二月二十四日

大学士·伯臣鄂尔泰等谨奏，为奏闻事。

据陪同使臣之章京前来告称，哈柳告知我等曰，朝觐之前，未敢提起，今带我等瞻觐圣明，蒙大皇帝施恩，颁降圣旨。为聊表心意，拟献貂皮二十一张。惟我乃一介微贱小人，不知能否进献大皇帝以物品，故向尔等请教。等语。我等遂告知哈柳称，尔告请前往旃檀寺瞻拜，晤见车臣王之处，我等尚未告知于大臣，今将前往禀告，拟俟返回，我等商议后再相告。查得，康熙三十七年，曾收纳策旺阿喇布坦所遣使臣阿布都拉额尔克宰桑所献物品在案。兹哈柳感激皇恩，笃请进献物品，相应交付陪同章京等，告知哈柳曰，尔感激大皇帝之恩，欲献物品聊表谢忱，未尝不可，我等可转告大臣等。等因。接受其进献物品送达后，再行奏闻，交付该处。使臣等起程之时，照例折赏。

为此谨具奏闻。

乾隆四年十二月二十四日奏入，奉旨：令使臣等观赏跳布扎时，朕仍恩赏彼等，赏毕再令伊进献物品。钦此。

（军机处满文《夷使档》1760-4）

137
军机大臣鄂尔泰等奏请备办使臣等观中正殿跳布扎事宜折

乾隆四年十二月二十四日

大学士·伯臣鄂尔泰等谨奏，为议奏事。

本月二十九日，喇嘛等于中正殿跳布扎颂赞索若巴凌时，遵旨令准噶尔使臣哈柳等进入观赏。是日未时始跳布扎，相应由陪同章京等将使臣等于午前引入西华门，带至咸安宫北面之空地，彼处事先搭支三个蒙古包预备，引使臣等至蒙古包歇息，由派委陪同之大臣等照看赏食饭食。是日，将入班大臣、议政大臣，及增派大臣等概行召集，于中正殿外门派护军统领一名、护军参领一名率护军校、护军二十名把门，中正殿内两侧门院，酌派侍卫等把守，令豹尾班侍卫等进入排列之处，交付领侍卫内大臣等。届时，令入班大臣等先入，由领侍卫内大臣等酌量入座。其章嘉呼图克图、噶尔丹锡勒图呼图克图所坐矮床，置于御座附近。喇嘛罗布藏西瓦在京之事，使臣等知之，跳布扎时，倘若不令罗布藏西瓦进入，必致使臣起疑心。罗布藏西瓦为达喇嘛，相应于跳布扎之日，命伊于达喇嘛之前，扎萨克喇嘛之后入座诵经。皇上升座之后，由尚书那延泰、都统绰尔多、侍郎勒尔森及奏蒙古事侍卫等，带使臣等进中正殿大门，入右翼门，于右翼前排大臣等之后，留出空隙叩拜一次后入座，其随行厄鲁特人等，命于诸大臣后面之西南墙角处就座。跳布扎颂赞索若巴凌之后，众喇嘛照例面向皇上撒米、诵达什经、敬献哈达，献过哈达，回原位入座。将茶桌由两侧一齐推进，多派献茶侍卫等。皇上用茶时，使臣等随大臣等跪叩，赐茶时，叩首饮之。茶桌撤后，先将使臣等引至住所。是日，将于咸安宫后面之空地搭支蒙古包预备，及于中正殿院两侧令诸大臣、喇嘛等、使臣等所坐之毡褥，交付武备院预先备办妥当。其赏给使臣等之饭茶，交付该部备办。凡使臣等行经之门，派护军等排列整齐，咸安宫后面之空地派护军等管带之处，拟交付护军统领办理。

为此谨奏。请旨。

乾隆四年十二月二十四日奏入，奉旨：依议。钦此。

（军机处满文《夷使档》1760-4）

138
额驸策凌奏报会见使臣哈柳情形折

乾隆四年十二月二十五日

臣策凌谨奏，为奏闻事。

昨日臣会见准噶尔使臣哈柳，入座后问哈柳曰，尔等何时起程，途中冰封雪降，可好走。哈柳答曰，我等于八月十八日起程，并未遇有风雪，一路平安。旋臣问，噶尔丹策零身体可好，尔等彼处之为首人等可都好。哈柳称均好。臣复问，本年尔等彼处之农田、牧场如何。哈柳亦称好。用过茶后，哈柳问臣，王何时来至此处。臣答称乃于十一月来。又问此间行走几日，臣告哈柳称，并无定数，倘若快速驰驿而行则需十九日，若缓行则需三四十日。哈柳又问，锡勒图喇嘛来曾见王乎？臣答称，见过。用餐已毕，臣等告知哈柳称，噶尔丹策零可捎有口信乎。哈柳答称，并未捎口信给王，其向大皇帝口奏之数句，我已禀告大臣等，不知具奏与否。臣等告知哈柳云，尔之言语，均经大臣等具奏，故于前日令尔朝觐之时，命将赴藏人数照请准为三百人，派使贸易之事，令大臣等会议。哈柳云，是如此降旨，惟曾请准我赴藏人等，于多坝等地贸易前往，念路途遥远，其疲惫牲畜，准予赏补。此事如何。臣告哈柳称，多坝贸易今已移至东科尔地方设置。尔等之人由哈密径直而来，行经扁都口至东科尔地方贸易，再由彼处赴藏，则为直路。若行经甘州、凉州，则走弯路，全然不可。再，添补牲畜之处，皇帝抑或于尔等前往之时降旨也。哈柳告称，若能早奉谕旨，送信给噶尔丹策零，则便于我赴藏人等及早前来。臣等笑曰，我可具奏皇帝后，送信给尔。观尔之情形，拟先送信去往，多住数日矣。哈柳亦笑曰，现逢年节，我处适有喇嘛等念经嬉娱，想必此处亦如此矣。臣等称，此处亦如此，内则皇帝供佛之中正殿，外则旃檀寺、黄寺等寺庙，均皆念经嬉娱。哈柳面向陪同彼等之章京等微笑曰，如此，则理事官等知之也。臣亦笑对哈柳称，尔须好生善待理事官等，彼等自然知之。言毕，臣复告知哈柳称，尔等欲见锡勒图喇嘛乎。哈柳云，因王未言之，正在为难，望能相见。臣告知陪同彼等之章京等曰，尔等可引去见喇嘛。章京等遂引至果亲王供佛之屋，与喇嘛罗布藏西瓦晤面之时，令哈柳等叩首毕入座，待之以茶点、果品，互道路途平安，一番闲聊之后，哈柳等离去。

为此谨具奏闻。

等因，乾隆四年十二月二十五日奏入，奉旨：二十九日乃跳布扎之日，朕已降旨恩赏使臣哈柳。赏赐哈柳之前，理宜恩赏噶尔丹策零。其如何赏赐之处，著军机大臣等议奏。钦此。

（军机处满文《夷使档》1760-4）

139
军机大臣鄂尔泰等奏请时逢年节赏噶尔丹策零及使臣哈柳物品折

乾隆四年十二月二十六日

大学士·伯臣鄂尔泰等谨奏，为遵旨议奏事。

乾隆四年十二月二十五日奉旨：二十九日乃跳布扎之日，朕已降旨恩赏使臣哈柳。赏赐哈柳之前，理宜恩赏噶尔丹策零。其如何赏赐之处，著军机大臣等议奏。钦此。钦遵。查得，据使臣哈柳告知额驸策凌称，彼等所遣赴藏之人，已蒙大皇帝照准额定三百人，将此拟派人先行告知噶尔丹策零。等因。此次噶尔丹策零派使臣哈柳，在在遵旨而行，其为恭顺具奏。兹趁哈柳将照准其赴藏人数之处，派人告知噶尔丹策零之便，以年节礼，格外恩赏噶尔丹策零以物品者甚是。臣等酌情议得，宜赏噶尔丹策零上等蟒缎、妆缎四匹，玻璃、磁器六种。此等赏赐物品，由该处领取，加以包装，晓告哈柳，此为趁尔遣人送信给噶尔丹策零，以年节礼，大皇帝恩赏赐噶尔丹策零者。将此交付尔所遣之人赍回转赏可也。等因。将其所派二人，派理藩院精干领催一名，驰驿伴送至西路军营，交付李绳武，送出卡伦。再，跳布扎之日，奉旨恩赏哈柳。钦此。钦遵，是日拟于御前，赏哈柳大缎二匹，银二百两，其余人等则不赏。可否之处，恳请圣裁。

为此谨奏。请旨。

乾隆四年十二月二十六日奏入，奉旨：著赏噶尔丹策零蟒缎、妆缎六匹，玻璃、磁器十种赍往。赏哈柳大缎四匹、玻璃器皿四种，不必赏银。余依议。钦此。

（军机处满文《夷使档》1760-4）

乾隆四年（1739年）十二月丙申

命哈柳等观步踏，赐噶尔丹策零、哈柳缎疋磁器。

上传谕哈柳等曰：此次尔台吉噶尔丹策零，遵朕谕旨具奏，甚属恭顺。尔来正值新正，朕有赐噶尔丹策零缎匹磁器，尔可先令人持往给赐。尔去年曾来，今年又来，以息事宁人之故，往返再三，克胜使命，朕甚嘉之。今日适跳步踏，是以召尔入观。往年朕亦出视，但需时甚久。朕在上，尔等或不安，今年朕特停止出视，汝等可安坐畅观。

随恩赐哈柳等缎匹、磁器有差。

（《平定准噶尔方略前编》卷44，《清高宗实录》卷107）

140
军机大臣鄂尔泰等奏报使臣哈柳受赏感恩情形片

乾隆四年十二月三十日

大学士·伯臣鄂尔泰等谨奏。

据陪同使臣等之章京等前来告称，使臣哈柳等观赏跳布扎之后，返回住处之时，路途问我等曰，坐床上之两喇嘛系呼图克图乎。我等答是。哈柳言称，尔等理应令我等叩头。我等告称，正跳布扎之时，不便令尔等叩头。哈柳又告我等称，我等此来，将我等之噶尔丹策零奏请之处，仰蒙大皇帝施恩，概行照准，复降特谕，本日令我等进入宫内供佛之处，观跳布扎。又以时逢新正，赏噶尔丹策零以物品，又赏哈柳以物品，仓促间竟无言以奏。数次来使，无此优遇，我甚欣喜，惟于彼处叩首而已。等因。

为此谨具奏闻。

等因，乾隆四年十二月三十日奏入，奉旨：知道了。钦此。

（军机处满文《夷使档》1760-4）

141
军机大臣鄂尔泰等奏请赏赐使臣及其随行人等物品折

乾隆五年正月初六日

大学士·伯臣鄂尔泰等谨奏，为请旨事。

查得，先前遣返准噶尔所派使臣时，以颁降噶尔丹策零敕书礼，赏各色缎十匹，赏正使银百两、御用缎二匹、官用蟒缎一匹、补缎一匹、彭缎二匹、毛青布二十四匹。赏副使银五十两、官用蟒缎一匹、御用缎二匹、彭缎二匹、毛青布二十匹。赏随行厄鲁特银各二十两、官用缎各二匹、彭缎各一匹、毛青布各八匹外，其使臣及随行来京之厄鲁特等，人各赏皮袄一袭、棉袍一袭，及帽子、腰带在案。

此次前来之正使哈柳、副使松阿岱、巴颜及随行之六十二名厄鲁特，所赏银两、绸缎、布匹，仍行照例临近其起程赏赐外，其赏留于肃州之三十五名厄鲁特之银两、绸缎、布匹，交付哈柳，俟彼等抵达肃州后，转赏彼等。照例赏赐哈柳以应时焰红妆缎面白鼠皮袄一袭，焰红妆缎面棉袍一袭；松阿岱、巴颜，各焰红妆缎面黑鼠皮袄一袭，焰红妆缎面棉袍一袭。其随从厄鲁特，除留肃州者外，其来京城之二十七人，各赏金字缎面羊皮袄一袭、金字缎面棉袍一袭，并凉帽、腰带等。而今哈柳派三人传信给噶尔丹策零，相应将赏赐此三人之银两、绸缎、布匹、衣物，交付哈柳赍回，转赏彼等。颁降敕谕以噶尔丹策零赍往时，仍照例赏缎十匹赍往。

为此谨奏。请旨。

乾隆五年正月初六日奏入，奉旨：知道了。钦此。

（军机处满文《夷使档》1760-4）

142
军机大臣鄂尔泰等奏请筵宴赏赐使臣哈柳等仪注折

乾隆五年正月初十日

大学士·伯臣鄂尔泰等谨奏，为遵旨议奏事。

令准噶尔噶尔丹策零之使哈柳等入大蒙古包筵宴之处，奉上谕：著军机大臣等会同内务府总管大臣等议奏。钦此。钦遵。臣等会同议得：圣主嘉赏准噶尔噶尔丹策零之恭顺遵旨，特地施恩宴赏其使臣等，相应令使臣哈柳等于明日移住圣化寺原下榻处。交付武备院预先照例搭支蒙古包、帐篷，于本月十二日令使臣等进入。惟于御前用餐，喧闹似不合体，倘若仅用饼桌，使臣等又不得饱。以臣等之见，是日先率使臣等用餐，御前宴以饼桌，肉馔。再，先前带使臣等用餐时，均于吏部用餐，今若仍于吏部房中用餐，相距甚远，传唤及使臣行走，均皆不爽，相应交付武备院，于西厂子大蒙古包西南方，预先搭支蒙古包一顶、帐篷两顶，带使臣等至彼，由派往陪同之大臣等照料用餐，外侧支以屏障遮挡。御用膳桌，置于蒙古包内宝座前，其余餐桌，分列两侧。搭黄凉棚于大蒙古包对面，置金器皿于高桌上。召集入班大臣、议政大臣等及增派大臣等，前面就座十位大臣，仍行入座，后扈二位大臣侍立。豹尾班侍卫等靠前列于宝座旁，御前侍卫、乾清门侍卫等列于宝座两旁。届时，大臣等各带坐褥，预先进入等候。圣上升座后，降旨令使臣等进入后，由尚书那延泰、都统绰尔多、侍郎勒尔森、奏蒙古事侍卫等引领使臣哈柳、副使巴颜、松阿岱，自大蒙古包西边隔扇进入，于右侧前排大臣末，留出空隙跪叩一次入座。其随从八名厄鲁特，坐于隔扇外右侧。由抬桌之护军参领、内管领等，摆放餐桌，旋由尚茶正进茶。皇上用茶时，使臣等随众人跪叩一次。侍卫等进茶，用茶时跪叩一次。茶桌撤后，取桌布，由内务府官员等就反坫恭捧壶爵杯卮，行至蒙古包门口，众皆跪地，晋爵大臣为圣上进爵，圣上饮酒时，使臣随众人跪叩一次。随后，晋爵大臣照例大杯斟酒而饮。圣上用过饼桌，恩赐两侧之后，由尚膳正等进献肉馔，众人所食肉馔，预备摆放，进酒之后，领侍卫内大臣等起立查看，令侍卫等逐桌授酒，饮酒时跪叩一次饮之，尊卮撤时，再跪叩一次，引入蒙古乐人奏乐，进各项杂耍人等列队献艺。食后，使臣等就地行三叩首礼后，引送至其住地，圣上还宫。是日，集聚之大臣、侍卫、官员等均着常服。宴席所用桌张等项，均交付内务府备办。其晋爵大臣，恭请圣上指定。

为此谨奏。请旨。

乾隆五年正月初十日奏入，奉旨：所议甚好，著依议。晋爵大臣著派讷亲。钦此。

（军机处满文《夷使档》1760-4）

乾隆五年（1740年）正月甲寅

赐准噶尔使臣哈柳等与宴。

上谕哈柳等曰：朕早欲赐尔等宴，因筵宴我诸王及外藩王来朝者，故未暇宣召尔等。此次噶尔丹策零奏章既属恭顺，尔等又往返再三，朕甚嘉焉。今日特命尔等入内与宴，可观览众技，不必矜持，尔等蒙古人嗜酒，无妨畅饮数杯，朕不尔责也。

（《平定准噶尔方略前编》卷45）

143
内大臣海望等奏报使臣哈柳等感激宴赏片

乾隆五年正月十七日

内大臣兼尚书海望等谨奏。

十六日晚，钦命使臣哈柳等出蒙古包在外面观看。哈柳甚为感激欣忭，言称，适才风势强劲，兹开始施放此等观赏之物，风静树止，甚是奇妙，此实乃大皇帝之鸿福，我等众生之造化也。观赏百戏，赏酒之时，彼跪地接取，告称，前日于大蒙古包内观赏乐舞，赏食饭食之时，奉旨命我毋庸为难，尽情品尝。我承大皇帝之隆恩，断无为难之处，故饮酒一盅，接而复饮两盅奶酒，并取元宵两个食之。观赏百戏，逐加询问，赞叹不已。施放焰火已毕出来时，与奴才等称，今日如此之戏乐，仰仗大皇帝之恩，我等得以观赏，饱食美馔，现拟返回。言毕，由照看之章京等带往住处，并将恩赏之果品、肉食，均皆送至其住处。据派往陪同之郎中三格前来禀称，我等率哈柳等至其住处后，哈柳对我等称，今日将我等引至宫中，令跪于大皇帝近侧，降旨曰：今令尔等入内，晚上观戏，惟风稍大，若风止，观之愈美，故无妨碍。尔等可去蒙古包安心观赏。等因颁降慈旨，令坐于蒙古包。大皇帝极为圣明，念天气寒冷，赏我等以各种酒食，畅饮三四杯，甚是畅快。又恐我等难以看清，旨令出蒙古包而坐。后又以较远，命再靠前观看，近前观之。此等杂耍，实难记清看懂，何等美哉。毋言我等从未得见，即便尔等本地之人，焉能轻易得见。而况今日强风凛冽，不见停止。瞻觐大皇帝降旨毕，我等至蒙古包入座后，风力即减，继而始演杂耍，风竟全然停止。以此观之，大皇帝之鸿福，委实无疆也。仰仗大皇帝之恩，我等众生亦沐福缘也。其副使及属下人等一再赞叹，争问我等此系如何制造，请求告知彼等，遂将我等知之者告知彼等，其不知者告之以不知，而彼等难以置信，赞叹不已。观之，哈柳等甚为欣悦，不胜感激圣恩。等语。

为此谨奏。

（军机处满文《夷使档》1760-4）

乾隆五年（1740 年）正月甲子

议定准噶尔贸易事宜。

尚书海望等奏言：臣等见准噶尔使臣哈柳等，以所议贸易事宜示之。哈柳言：我等曾恳取道喀尔喀，未蒙许可。今议由肃州、西安，至肃州贸易者甚便。其至京者，若悉由内地，未免需费较多。今业已定议，乞缮列条款见付，以便持归告噶尔丹策零。臣等谨录议札呈览。

札云：大清朝大臣等与准噶尔来使哈柳等定议贸易事宜。尔等贸易，一如俄罗斯例。定期四年，自备资斧，由内地至京，贸易一次，人数毋过二百。其至肃州贸易，亦定期四年，毋过百人。还期悉定限八十日。凡贸易之年，先期以起程之日，与何日可入境，报知驻边大臣，转达部院，奏拨章京、笔帖式等，照看料理。其来京者，令自肃州经西安一路。凡贸易除禁物外，俱听其买卖，不得强抑。其年期不可与俄罗斯同，致货物准积减价。按定例，俄罗斯以子辰申年来，尔等宜以寅午戌年来。其至肃州者，则令十子辰申年来。若噶尔丹策零别有具奏事件，遣使来京，令减仆从，由驿站递送，不得私携货物。为此定议。

寻军机大臣等议覆曰：准噶尔部人性本狡诈，不肯安分。若路经喀尔喀，恐日久生事。故与哈柳等定议，令由内地。但至京道远，或马力罢乏，若彼更以请，应否酌量加恩。

奏入，得旨：喀尔喀之路，勿令行走。若伊等从内地来京贸易，马力不足，恳恩奏请，酌量赏给马匹之处，再行办理。

（《平定准噶尔方略前编》卷 45，《清高宗实录》卷 109）

144
军机大臣鄂尔泰等奏报安排
使臣观看焰火事宜片

乾隆五年正月十六日

大学士·伯臣鄂尔泰等谨奏。

本日于西厂子放焰火时，令使臣哈柳等进入观看之处，交付照看之章京等晓告于哈柳等。今晨用餐已毕，将彼等引至圣化寺。用过晚饭，引至西厂子门口，由尚书那延泰、都统绰尔多、侍郎勒尔森及奏蒙古事侍卫等引入，坐于预先搭支之蒙古包内观看，照蒙古宾客之例奏乐、食肉、饮酒。而后引出，于圣化寺歇息一宿，翌日回京。

为此谨具奏闻。

乾隆五年正月十六日奏入，奉旨：近日观看焰火，豹尾班侍卫无需进入。著御前侍卫、乾清门侍卫等进入。朕升座后，将使臣哈柳等由蒙古包引至觐见，朕降旨后，再带回观看。钦此。

（军机处满文《夷使档》1760-4）

145
军机大臣鄂尔泰等奏请赏赐护送
使臣之通事兵银两片

乾隆五年正月二十一日

大学士·伯臣鄂尔泰等谨奏。

查得，先前准噶尔所遣使臣行抵肃州，送往京城时，皆派通事兵照看而来，每次每人赏银五十两在案。此次伴送哈柳等之三名通事兵，照例赏银各五十两。

为此请旨。

乾隆五年正月二十一日奏入，奉旨：照例赏赐。钦此。

（将此交付内务府，将应赏银一百五十两，立即解交军机处）

（军机处满文《夷使档》1760-4）

146
军机大臣鄂尔泰等奏请准使臣
叩谒章嘉呼图克图等片

乾隆五年正月二十四日

大学士·伯臣鄂尔泰等谨奏。

准噶尔使臣哈柳曾告请会见额驸策凌。哈柳今既在京城，相应于本月二十六日，仍将使臣哈柳等引至果亲王府，会见额驸策凌。茶饭等项，仍前备办。再，哈柳等系蒙古人，既然告请叩谒二位呼图克图，相应于二十七日将彼等带至嵩祝寺叩谒章嘉呼图克图，由彼带至弘仁寺，叩谒噶尔丹锡勒图呼图克图。查得，今噶尔丹锡勒图呼图克图所住房屋狭小，相应引至寺内西南角大智绰尔济所住之处会见。两位呼图克图给哈柳等所食肉馔、所饮茶叶，交付该处赏往备办。是日，召集诸喇嘛之事，交付二位呼图克图办理可也。

乾隆五年正月二十四日奏入，奉旨：知道了。著令哈柳等于二十五日叩谒呼图克图。钦此。

（军机处满文《夷使档》1760-4）

147
额驸策凌奏报会见哈柳等情形折

乾隆五年正月二十七日

臣策凌谨奏，为奏闻事。

昨日臣前去果亲王府召见准噶尔使臣哈柳等时，哈柳告知臣曰，新年过后始见王，可按蒙古礼行抱见礼乎。臣言，善哉，可行。哈柳遂按蒙古礼叩毕相见。入座后喝茶，问彼等来后可好，据哈柳告称，我等身体甚好，自从来此，每日享用大皇帝所赏饭食，均长胖矣。臣对哈柳称，尔乃有福之人，此来得以屡次瞻仰圣上天颜，并蒙恩赏，亦得观赏戏娱之项。哈柳双手合十，言称，以前数有使来，无如此承恩者。继而用餐，臣告知哈柳曰，我宜以新年之礼，宴请尔等一次，然值年节，我等亦每日仰承圣恩筵宴，观赏百戏，竟无暇时。前日因尔告请大臣等见我，方于今日召至尔等。尔等若欲观看戏乐，均为现成，可请尔等观赏。哈柳称，甚好，我等在住处亦闲无事，愿观戏。想必王将请我等饮酒，我等饮酒之前，拟叩谒锡勒图喇嘛。臣告知照管彼等之章京等称，尔等引往叩谒喇嘛。而后章京等引至果王供佛之屋，叩拜喇嘛罗布藏西瓦。臣等于果王花园内预备两班戏子演唱，饮酒品尝果品，哈柳甚是欣喜。食用完毕，臣告知照管彼等之章京称，彼等坐时已久，想必倦矣，可带回其住处。闻此，哈柳近前告称，本年，仰蒙圣明大皇帝格外施恩，待以优遇。我等而今亲如一家，相应我以蒙古礼，从王手中饮酒一盅，观戏片刻再走。臣遂取奶酒，敬彼等三人各两盅，又唱一两曲后，臣对哈柳称，至此足矣，饮酒至醉，路人见之不雅。哈柳称，甚是，我等去矣。我等此来，一则新正之后，我等未曾得见王，二则拟打听我等返回之日。臣告哈柳称，尔等前来之事，圣上早已颁降谕旨，若尔等贸易之事已毕，即可返回。尔可确定日期相告，我将奏报圣上。哈柳告称，贸易一事我并无耽搁之项，若依我意，拟于下月初十日起程返回。臣告哈柳称，既如此，尔即准备于初十日起程。我将具奏圣上，告知尔等。言毕，哈柳等离去。

为此谨具奏闻。

等因，乾隆五年正月二十七日奏入，奉旨：知道了。著使臣等于二月初十日起程，可于初八、九日引领觐见。钦此。

（军机处满文《夷使档》1760-4）

148
军机大臣鄂尔泰等奏请派大臣官兵等护送准噶尔熬茶使折

乾隆五年正月二十九日

大学士·伯臣鄂尔泰等谨奏，为请旨事。

查得，此次准噶尔台吉噶尔丹策零派哈柳等，凡事均皆遵旨定奏，惟赴藏熬茶之时，若为百人不敷，奏请准为三百人，已蒙圣上照准。使臣哈柳已将此处派人告知噶尔丹策零，相应计其时日，其遣往赴藏之人，可于三、四月抵达。彼时，派理藩院章京一员、笔帖式一名，驰驿至哈密军营等候。准噶尔赴藏之人抵达后，由提督李绳武处派兵三百名，酌委官员会同部院章京、笔帖式照管，行经指定路线，出扁都口至东科尔地方贸易，由彼护送至藏。地方官员，亦予照管。此等赴藏之人，不可与派往奏事使臣相比，不必给换马驼，仍令骑其骑至牲畜入藏。交付副都统巴龄阿，将准噶尔人等经过汛地、青海蒙古游牧及台站，均皆预先妥加迁移，俟使臣等返回，再安设如故。于东科尔地方贸易完毕，护送至藏时，宜派满洲兵，相应就近调遣凉州、庄浪满洲兵五百名，酌委官员率带，并将马畜、撒袋、枪支等项，妥加办理，遣往东科尔地方，护送准噶尔人等入藏。其李绳武处所拨官兵，仍遣回其汛地。总管事务，派一名大臣伴送。彼等往返，因有羸瘦马畜请求调换，则照原议，由采买备办之牲畜内调换。我等之官兵之牲畜倘有疲惫者，亦酌予调换。使臣等之盘费等项，倘若短缺，则向地方官支取，晓以圣恩，计其足敷赏赐。

又查得，去年八月，据驻西宁办事副都统巴龄阿奏称，俟准噶尔所派赴藏熬茶人等抵达，彼将亲自护送。奉旨：遣人前往之时，可附带巴龄阿此奏具奏。钦此。钦遵。兹将准噶尔赴藏之人，或派巴龄阿伴送，抑或另派大臣之处，谨请钦定。若派巴龄阿伴送，巴龄阿驻西宁办事本年亦满三年，相应于此缺另遣大臣驻西宁办事。故将京城之副都统、凉州、庄浪之副都统等之名衔，缮写绿头牌，一并恭呈御览。此次护送赴藏之大臣官兵，行经旷野，路途遥远，且系护送外藩人等，拟为整装，赏伴送大臣银五百两，其部院章京、笔帖式及所派官兵，均按出征例赏赐。咨文驻藏办事副都统纪山等，会同郡王颇罗鼐核议，倘有应办事项，妥加处理。好生管束土伯特人众，断不可滋事。准噶尔使臣至藏后，勿令随意见人，暗加防范。一旦其熬茶念经事毕，即令起程返回。届时仍由原路返回，送至哈密军营，由李绳武处遣派官兵，送至卡伦遣返外，其护送大臣、官兵，均回原地。

再，噶尔丹策零今已遵旨具奏和好，派往护送其赴藏人等之五百名兵丁，乃系特派护送，须晓谕所派大臣等，在途宜循和睦之道动作，凡应防范之处，暗加防范，断不可令彼等知觉。并咨文驻藏办事副都统纪山，亦照此晓谕。

为此谨奏。请旨。

等因，乾隆五年正月二十九日奏入，奉旨：著依议。总理伴送事宜，著派将军乌赫图、副都统巴龄阿。每人赏银五百两。凉州将军印务，著副都统黑色暂署。巴龄阿之缺，著派莽鹄赉驰驿前往，办理西宁事务。钦此。

（军机处满文《夷使档》1760-4）

乾隆五年（1740 年）正月辛未

议定准噶尔赴藏事宜。

军机大臣等奏言：此次准噶尔夷使哈柳等至京，一切并遵旨定议。惟进藏熬茶，以百人不敷，奏请用三百人，蒙恩允行。其来时，请令理藩院拨章京等二员，前赴哈密军营。令提督李绳武拨兵五百名，遣官率领，与章京等协同办理。令由扁都口边界，前至东科尔贸易。事毕，即由彼处护送至藏。沿途有司，亦令照管。至入藏之人，非奏事使臣可比，无庸换给马匹。其经过青海等处，一应蒙古游牧及各台站，豫令移置妥协。俟使臣还，安设如故。其应拨满洲兵护送，请就近于庄浪、凉州酌拨五百名，与李绳武处所拨官兵，以大臣一员总领。至藏时，有应办一切，令驻藏副都统，与郡王颇罗鼐，公同核议，妥协办理。

奏入，得旨：依议。著将军乌赫图、副都统巴灵阿领兵护理，各赏银五百两。凉州将军印务，令副都统黑色暂行署理。巴灵阿所遗员缺，著蟒古赖驰驿前往西宁办理。

（《平定准噶尔方略前编》卷 45，《清高宗实录》卷 109）

149
军机大臣鄂尔泰等议奏使臣辞行仪注折

乾隆五年二月初五日

大学士·伯臣鄂尔泰等谨奏，为议奏事。

额驸策凌会见使臣哈柳等毕，奏称彼等告请二月初十日返回，奉旨：知道了。即令使臣等于初十日起程，俟入京，著于初八、九日率领觐见。钦此。钦遵。拟令哈柳等于本月初八日瞻仰圣明。是日，召集所有入班大臣、议政大臣、增派之大臣等。届时，各带坐褥入乾清宫，列班预备，前面就座十位大臣，仍行入座，后厢二位大臣侍立。御前侍卫等立于宝座附近，豹尾班侍卫列于宝座两旁，乾清门侍卫等列于豹尾班侍卫之后。丹墀两侧，每翼排立侍卫二十名；乾清门两侧，各立值班章京一员，侍卫二十名；阶下两翼，各列侍卫二十名，照门立侍卫二十名。大臣、侍卫等皆仍前着常服。使臣经过之门、街、堆，增派章京、护军、步甲等，排列齐整、管束之处，交付护军统领、步军统领办理。是日晨起，令派往照看之章京等，率使臣等由其住处进西华门，引至照门赏食饭食。俟圣上升乾清宫宝座，由尚书那延泰、都统绰尔多、侍郎勒尔森及奏蒙古事侍卫等，引使臣入乾清门西侧门，由西侧拾阶而上，由西侧隔扇进入，于右侧前排大臣等之后跪叩一次，留出空隙而坐。其随行而来之厄鲁特等，令坐于隔扇外右侧台阶上。皇上用茶时，令随大臣等跪叩，赐茶时，令其跪叩饮之。降旨时，跪地聆听。事毕，仍由西侧隔扇引退，出照门，带至箭亭前，交付敕书，赏赐银两、缎布。

为此谨奏。请旨。

乾隆五年二月初五日具奏，奉旨：知道了。钦此。

（军机处满文《夷使档》1760-4）

乾隆五年（1740 年）二月丙子

又谕额附策凌等：前者喀尔喀部落游牧，原有指定疆界。现今已许准噶尔和好，朕特降旨，今喀尔喀游牧不得过扎卜堪等处。然非指明各部落游牧边界，则喀尔喀等但知无过扎卜堪，他处或仍任意迁移，亦未可定。著额附策凌会同三部落副将军等，以扎卜堪为准，令各部游牧边界，分定指明，勿使妄有逾越。核议具奏。

（《清高宗实录》卷 110）

乾隆五年二月丙子

谕喀尔喀部落王等定游牧界址。

上谕额附策凌等曰：前者喀尔喀部落游牧，原有指定疆界。现今已许准噶尔和好，朕特降旨，今喀尔喀游牧不得过扎卜堪等处。然非指明各部落游牧边界，则喀尔喀等但知无过扎卜堪，他处或仍任意迁移，亦未可定。著额附策凌会同三部落副将军等，以扎卜堪为准，令各部游牧边界，分定指明，勿使妄有逾越。核议具奏。

又谕七旗喀尔喀王札萨克等曰：前以军务方兴，恐尔喀尔喀游牧被贼侵扰，悉令内徙。今噶尔丹策零使哈柳等来，一切并遵朕旨，甚属恭顺，奏请厄鲁特游牧不得过阿尔台山梁，彼此乌梁海居住如旧，每年应行略地之时，止遣二三十人巡察所辖址界。又奏请喀尔喀游牧无过扎卜堪等处，乞朕降旨指定界址，故朕特降旨，令喀尔喀游牧，毋越扎布堪、齐克济、哈萨克图、库克岭等处。尔喀尔喀王札萨克等，其仰体朕言，遍谕属人，勿逾所定之界，永远遵行。倘有违令生事者，即严加治罪勿宥。现今虽许其和好，罢息干戈，而平日不可不训习兵丁，操练技勇，尔等其留意无忽。

（《平定准噶尔方略前编》卷45）

150
军机大臣鄂尔泰等奏闻选派护送准噶尔熬茶使侍卫等片

乾隆五年二月三十日

大学士·伯臣鄂尔泰等谨奏。

适才臣等议奏，派员护送准噶尔人等赴藏熬茶时，倘有熟悉地方、经有事情者为好，拟于京城之新旧满洲、索伦、乌拉齐侍卫等、旗章京等内，拣派四人，驰驿至西宁，护送准噶尔人等至藏。等因。曾行文领侍卫内大臣、前锋统领、护军统领及八旗等去讫，兹经各处选员移送前来。臣等看得，臣等就其中视其经验，派委镶黄旗头等侍卫、侍卫什长达赉，正白旗头等侍卫巴木布里，正黄旗护军参领马进泰，镶白旗副护军参领赖格。令彼等依原议办理，尽早乘驿前往。

为此谨具奏闻。

等因，乾隆五年二月三十日奏入，奉旨：著带领引见。钦此。钦遵。于本年三月初二日带领引见，奉旨：著派彼等。钦此。

镶白蒙古旗巴图牛录下头等侍卫、侍卫什长达赉

正白满洲旗顺保牛录下头等侍卫巴木布里

正黄满洲旗龚永谦牛录下护军参领马进泰

镶白满洲旗永华牛录下副护军参领赖格

（将此交付户部，从速办理。另交兵部、侍卫档房、景运护军统领处）

（军机处满文《夷使档》1760-4）

乾隆五年（1740 年）三月丁未

命筹办准噶尔进藏需用驼马。

办理青海事务副都统巴灵阿奏言：据总督鄂弥达等转咨，令于青海等处陆续采买驼马，以备夷使、官兵牲畜疲乏更换之用。青海山高气冷，五六月间青草萌生，牲畜始肥。今夷使于三四月抵东科尔，贸易事毕，即行进藏，倘所采买不免疲瘦，恐有遗误。按西宁镇标现有备驼一千余只、马一千六百匹，臣请先以此项驼马应用，在按价给发营弁，令其自购。一转移间，两有裨益。

军机大臣等议覆：应如所请。

奏入。上从之。

（《平定准噶尔方略前编》卷 45，《清高宗实录》卷 112）

乾隆五年（1740 年）四月

是月，（甘肃布政使徐杞）又奏：护送准噶尔遣人赴藏熬茶事宜，有宜因时度地，酌量办理之处：

一、酌拨西安镇标拴养马驼，预备更换。

一、沿途驮载口粮等项，宜于轻便。倘驼只不敷，添雇客牛。

一、东科尔至藏，往返约需六月。口外道远，官兵之盐菜口粮，俱宜宽裕估计。

一、沿途备带银三万两，以资接济。

得旨：所奏俱悉，此虽系初次，然亦不可过滥，以致后难为继也。

（《清高宗实录》卷 115）

乾隆五年（1740 年）五月壬寅

定边副将军额驸策凌等奏定喀尔喀游牧界址。

额驸策凌等奏言：前值用兵，曾令喀尔喀等游牧内移，以翁金之布尔察克、鄂尔昆之乌贵淖尔、色楞额之喀喇托郭为界。今噶尔丹策零乞和，奉旨以喀尔喀游牧地分，饬令臣等议。臣查现今设立卡伦之扎布堪、齐克济、哈萨克图、库克岭等处，自此以内三四百里，就鄂尔海取中，向南一带至博罗椿济、塔尔喇布喀、代汗淖尔、党那尔台、图穆尔哈巴、沙喇布鲁都奇、齐格纳之阿鲁通金、鄂伦淖尔、达兰图鲁等处，向北至额德尔齐德尔之伯勒齐尔、准舒玛勒台、桑金达赖、喀喇塔尔、阿勒坦噶达苏等处，定为外界，其内游牧人众，悉札萨克图汗格勒克雅木丕勒部落，即著格勒克雅木丕勒稽查，不许逾越定界。并令驻扎乌里雅苏台参赞大臣时时遣人巡察，倘有越界游牧者，从重治罪。俟命下之日，饬各部落遵行。

军机大臣等议覆：应如所请。

奏入。上从之。

（《平定准噶尔方略前编》卷45《清高宗实录》卷116）

乾隆五年（1740年）闰六月庚子

命谕准噶尔略地兵毋越定界。

上谕军机大臣等曰：据额驸策凌奏称，参赞大臣阿岱报知噶尔丹策零遣得木齐旺扎尔、锡喇卜等率略地兵三十人，来至喀勒占和硕卡伦，臣令以原议谕之，止令巡视卡伦以外彼所应阅之地而去。额驸办理此事甚合机宜。观此，知噶尔丹策零疑我布延图等处卡伦以内，尚有大兵驻扎，故因初次略地，嘱旺扎尔等直至喀勒占和硕卡伦探视，此非甚要之事，不必遣使诘问，然非明白晓谕，将来伊等游牧，或仍越过阿尔台岭。俟彼使来时，尔等当告以天朝与尔台吉指定边界者，正欲喀尔喀与尔厄鲁特相距辽远，无由起衅，庶彼此安居乐业，永归和好。故定议尔等游牧，勿过阿尔台山梁，我喀尔喀游牧，亦勿过扎布堪等处。又知噶尔丹策零必惧我兵驻科布多，故许其每年略地时，用二三十人至科布多巡视，以释其疑。然我卡伦以内，岂容尔等巡视乎。今夏尔遣旺扎尔等直至我沙扎海、布延图二处，并欲至喀勒占和硕卡伦内，我将军等遣人止之始还。前所颁诏旨甚明，不宜有此事。想非尔台吉所嘱，乃旺扎尔等误听所致耳。但既已定约，讵可食言，且尔等可至我喀勒占以内巡视。倘我略地之人，亦之尔卡伦以内，尔等听之乎。屡屡如此，日后必起争端，致乖永好之道，彼此无益。可告知尔台吉，嗣后戒饬略地之人，勿因小事而误大事也。并以此旨，行文额驸策凌知之。

寻夷使莽萧到京，大臣等遵旨询问。据莽萧云，此事噶尔丹策零实不知，系略地之人误。还时当告知噶尔丹策零，即行戒谕可也。

（《平定准噶尔方略前编》卷45，《清高宗实录》卷120）

151
军机大臣鄂尔泰等奏请派员勘查准噶尔熬茶使赴藏路线折

乾隆五年闰六月初八日

大学士·伯臣鄂尔泰等谨奏，为议奏事。

据率兵驻守哈密提督李绳武等奏称，六月十七日，据驻东岭卡伦守备张继前来报称，由准噶尔遣来奏事之莽鼐等七人，行抵卡伦，彼等骑驮之马计四十四匹。臣当即派人迎至，询据告称，我等前于二月十七日即返抵伊犁，噶尔丹策零拟俟哈柳抵达，再令赴藏之人起程。哈柳于四月二十九日始至，我等之首领均称时已炎热，路途蚊虫孳生，不便行走，俟入秋转凉再前往。噶尔丹策零言称，前曾奏称赴藏熬茶之人于四月初抵达哈密，而今秋季始往，似有诓骗大皇帝之嫌，故经屡次议请，始派我等前来具陈此情，请安贡物。我等赴藏之人行经口内，染病出痘，亦未可料，奏请恩准行经口外可可沙西、西喇哈勒占等地至东科尔。我来时，我等之前去熬茶之齐默特宰桑等正于乌鲁木齐地方等候，待我返回，即行前来，可于八月二十日抵达哈密。等语。是故，照例赏赐莽鼐等，派笔帖式巴特玛，于二十日自哈密起程送往。等因。

查得，为准噶尔赴藏熬茶一事，原议得，准令彼等进肃州，出扁都口，前往东科尔地方贸易，而后由彼赴藏在案。兹据李绳武等所奏，噶尔丹策零以其赴藏之人，时值炎热，不便行走，并经口内而行，于其人畜无益，派人奏请恩准俟入秋转凉，再行派人，行经口外可可沙西、西喇哈勒占等地至东科地方尔。臣等窃思，准噶尔之人赴藏，走口内或口外，均皆前往东科尔地方贸易已毕再前行。行经口外，虽经由青海扎萨克游牧，然彼等于东科尔地方贸易之后，再经青海游牧地方而行，亦迁移扎萨克游牧。今噶尔丹策零特地为此派人奏请施恩，相应俟使臣莽鼐等抵达，览过噶尔丹策零之奏书，照其所请，准由口外可可沙西、西喇哈勒占等地而行。彼时，其预先迁移蒙古等之游牧、勘查所经之路之处，理宜预先办理，相应由副都统巴龄阿咨文驻西宁办事副都统莽鹄赉，令彼等会同派员，仔细勘查可可沙西、西喇哈勒占等路，将其附近之扎萨克游牧，计使臣等将抵，均皆妥加迁移。迁移已毕，命该员由彼就近前往桥弯、布隆基里等地等候。俟赴藏使臣至哈密，李绳武处预先咨文前去后，即由所勘之路引导，择水草丰美之地伴送至东科尔。所勘之路，及行经第几扎萨克游牧之处，仍须预先具报臣等。

又查得，将军乌赫图尚未将护送准噶尔赴藏人等之官兵起程日期具报前来，将此咨文将军乌赫图等，计准噶尔人等将至，遣派官兵，于八月二十日抵达东科尔。

为此谨奏。请旨。

乾隆五年闰六月初八日奏入，奉旨：依议。钦此。

（军机处满文《夷使档》1760-4）

152
军机大臣鄂尔泰等奏报接待使臣莽鼐事宜折

乾隆五年闰六月十九日

大学士·伯臣鄂尔泰等谨奏，为议奏事。

据驻守哈密提督李绳武奏称，准噶尔之噶尔丹策零派莽鼐等七人，请圣安贡物，并奏陈其遣往赴藏人等耽搁缘由，故派笔帖式巴特玛沿途护送，于六月二十日自哈密起程，前往京城。等因。查得，莽鼐系去年跟随准噶尔使臣哈柳前来之人，因圣上恩准将噶尔丹策零遣派赴藏之人定为三百人，经哈柳奏请，派往传信给噶尔丹策零。兹噶尔丹策零派莽鼐前来请圣安贡物，进呈奏书，相应札饬护送前来之笔帖式巴特玛，除预报其行抵日期外，其抵达之日，引至圆明园门前，进呈奏书及贡物。尚书海望等接取，译出其奏书恭呈御览。交付陪同使臣等之章京，带至吏部官房，用过饭食，引至钦定之桃源书屋下榻。于其住处，计其足敷，交付武备院，搭支蒙古包、帐房，并酌派官兵在外看守。派内务府郎中桑格、理藩院员外郎齐里克特依照看，选派园内忠厚者等供其差使。拨给莽鼐等之口粮，照拨给哈柳等之例酌减，莽鼐每两日拨给蒙古羊一只，其余六人每日拨给中原汉羊一只，所食奶、面、酥油、茶、盐、米、柴薪及所用器皿等项，交付该处，照副使之例拨给莽鼐。其余六人，照先前之随行人等之例拨给，每日所需拴驿马，仍常备办。俟阅过莽鼐赍至奏书，若有应议之处，先前之议事大臣等如何与彼等会议，可否令莽鼐觐见，返回时，要否颁降噶尔丹策零以敕书之处，容另行议奏请旨。莽鼐等若俟皇上还宫后抵达，则于箭亭前进呈奏书，令于上驷院房内歇息，用过饭食，引至住处。

为此谨奏。请旨。

乾隆五年闰六月十九日具奏，奉旨：依议。钦此。

（军机处满文《夷使档》1760-4）

乾隆五年（1740年）闰六月甲子

准噶尔台吉噶尔丹策零遣使莽鼐等至京进表。

噶尔丹策零谨奏大皇帝前。哈柳归，奉大皇帝敕书，谕令厄鲁特，在阿尔台由阴游牧，不得过山梁。喀尔喀亦不得过扎布堪等处。其科布多所在，各令巡视。又许我进藏熬茶之人数至三百，不胜欢忭。敕书有云：原议本以阿尔台南，哈布塔克、拜塔克、乌兰乌苏、罗布淖尔、噶斯口为界，今尔一切俱遵朕旨，更无可议之事。是已蒙谕旨见许也，但敕书内系蒙古旧语音，我等尚未能尽解，故遣哈柳入奏，恳求定界。既以互相牵掣，讫未定议，复遣吹纳木喀入奏，亦是此意。去年哈柳奉到大皇帝谕旨云：罢兵息民，永归和好。即定界与否，亦非要事。但令彼此游牧，互相隔远。我皇祖时所设卡伦，不得移动。其科布多等处，朕亦不另驻兵，每年应略地时，仍各遣二三十人巡视，既免相掣之嫌，亦解尔疑惑之心。朕不食言。荷蒙谕旨，欲释我疑，恳将从前未能尽解之语，再降旨明示。至进藏之事，俟莽鼐信到，即计日起程。于八月二十日左右，定到哈密。由哈密即赴东科尔，但必取道肃州，则来人俱未出痘，恐途中患病。且道远或遇无水草处，无以接济，请一切牲畜路费，俱自行备办。由库克沙什、西喇喀勒占至东科尔贸易后前往。至进藏时，或马匹疲乏，尚需接济，伏乞加恩。

为此谨奏。

随表敬献玉碗一事、貂皮三十张。

奏入，报闻。

（《平定准噶尔方略前编》卷45，《清高宗实录》卷121）

153
军机大臣鄂尔泰等奏报准令使臣等售卖所带货物片

乾隆五年闰六月二十九日

大学士·伯臣鄂尔泰等谨奏。

据照看准噶尔使臣等之章京等告称，使臣莽鼐告称，彼等携至少许货物，请仍准先前贸易之孙姓之人前去贸易。等因。兹使臣莽鼐等即将返回，相应仍令先前与使臣等贸易之孙楷武、催总曾令迪扮作商人前去尽速交易。

为此谨具奏闻。

乾隆五年闰六月二十九日奏入，奉旨：知道了。钦此。

（军机处满文《夷使档》1760—4）

154
军机大臣鄂尔泰等奏请赏赐使臣莽鼐物品折

乾隆五年七月初五日

大学士·伯臣鄂尔泰等谨奏，为请旨事。

查得，去年遣返准噶尔所派使臣时，其为首使臣，赏银一百两、大缎二匹、官用蟒缎一匹、补缎一匹、彭缎二匹、毛青布二十四匹。赏副使等银五十两，官用蟒缎一匹、大缎二匹、彭缎二匹、毛青布二十匹。其随从厄鲁特等，人各赏银二十两、官用缎二匹、彭缎一匹、毛青布八匹外，赏皮袄各一袭、棉袍各一袭及帽子、腰带在案。此次前来之使臣莽鼐，经奏准，照副使之例办理，相应照赏赐前次所来副使之例，赏莽鼐银五十两、大缎二匹、官用蟒缎一匹、彭缎二匹、毛青布二十匹。其随行厄鲁特六人，照前人各赏银二十两、官用缎各二匹、彭缎各一匹、毛青布各八匹外，赏莽鼐焰红妆缎面黑鼠皮袄一袭，应时双层纱袍一袭；赏随从厄鲁特六人，各赏金字缎面羊皮袄一袭，并凉帽、腰带等。

为此谨奏。请旨。

乾隆五年七月初五日奏入，奉旨：依议。钦此。

（军机处满文《夷使档》1760-4）

155
军机大臣鄂尔泰等奏请赏赐伴送使臣章京等银两折

乾隆五年七月初九日

大学士·伯臣鄂尔泰等谨奏，为请旨事。

查得，先前遣返准噶尔使臣时，曾赏派委伴送之章京治装银二百两、笔帖式银一百两。再，其肃州派委护送使臣前来之通事兵，赏银五十两在案。此次准噶尔所遣莽鼐等，事毕返回时，仍派原护送前来之理藩院笔帖式巴特玛伴送，照例赏治装银一百两，其护送前来之通事兵兰义忠，赏银五十两。

为此谨奏。请旨。

乾隆五年六月初九日奏入，奉旨：知道了。钦此。

（军机处满文《夷使档》1760-4）

乾隆五年（1740年）七月乙亥

赐准噶尔台吉噶尔丹策零敕书。

奉天承运，皇帝诏曰，谕噶尔丹策零。尔使莽鼐赍至奏章，言哈柳奉到敕书内有云，原议以阿尔台南，哈布塔克、拜塔克、乌兰乌苏、罗布诺尔、噶斯口为界。今既一切俱遵朕旨，更无可议之事。是以蒙谕旨见许，但敕书内系蒙古旧语音，未能尽解。是以屡次遣人入奏，讫未定议，恳再降旨明示等语。朕为大君，不分内外，一体爱恤。欲边界民人，不起争端，长享安乐。所以前岁敕书中言：罢兵息民，永归和好。则定界与否，亦非要事。惟厄鲁特毋过阿尔台游牧，卡伦设立如旧。科卜多不更驻兵，每年应略地时，止遣二三十人巡视。彼此既无牵掣，亦可释尔疑惑。谕旨甚明。以此台吉亦喻朕旨，即此定议。去年哈柳来，朕甚嘉之。特以前者赐尔敕中，原有令游牧人等，各安所居之言。及尔还奏，并未言及阿尔台南游牧人等之事。此事虽非紧要，但前既议及，后不一一指明，恐彼此游牧人等不知，或妄行逾越，致起争端，有乖和好。故朕之大臣面询哈柳，据云：以阿尔台山为界，业已指明。山南游牧之人，仍居旧地，自不待言，复有何议。因此朕亦就此完结。惟谕喀尔喀等，自今无得过扎布堪、齐克济、哈萨克图、库克岭等处游牧而已。今台吉又复怀疑，祈朕明降谕旨。朕为天下大皇帝，岂肯食言，台吉固无容过虑也。

又称进藏之人，若由肃州赴东科尔，其人悉未出痘。又道远，恐乏水草，请自备牲畜路费，由库克沙什、西喇喀勒占前进。至进藏时，或马匹瘦乏，尚恳加恩接济。尔前请进藏熬茶，百人不敷，乞用三百人，朕已允行。至一切所需，尔本以尊崇佛教，修行善事之故，致诚前往，此事固未便朕为资助，亦于台吉声名有关。但既经奏请，倘由东科尔进藏，及由藏回时，途间果有匮乏，量为接济，在朕固所不吝也。至请路由库克沙什等处，朕边境大臣，已详询习知道路者，俱言此路既多戈壁，又缺水草，行走甚难。但尔来人未出痘者，道经内地，诚属可虞。朕已饬令边境大臣，择戈壁少，水草好，有益于尔人畜者，详悉勘明，导引尔人赴东科尔。到时，朕大臣当已豫为之备矣。

随敕赐各色缎十端，加赏玻璃磁器四十事、大缎六端。

（《平定准噶尔方略前编》卷45，《清高宗实录》卷122）

156
谕著额驸策凌即速来京与准噶尔来使议事

乾隆四年十月二十九日

十月二十九日奉上谕：据李绳武奏称，准噶尔噶尔丹策零复遣哈柳等为使，前至哈密军营，已于十月十二日起程送往京城。计其时日，约于十二月初抵京。使臣抵达后，定有事议。著额驸策凌即速起程来京。其印务暂交海兰护理。李绳武折内应行咨行额驸策凌事项，著加迻译（原档残缺）。

（是日，将此缮文钤印，交付张文彬六百里加急递送额驸。所译三（原档残缺），于十一月初一日，交付兵部主事宫安，驰递额驸去讫。又交付内阁中书转送吏部、兵部、户部）

（军机处满文《夷使档》1761-1）

157
军机大臣鄂尔泰等奏请指派照看使臣等大臣片

乾隆四年十一月二十六日

大学士·伯臣鄂尔泰等谨奏。

顷据提督李绳武奏称，准噶尔所遣使臣哈柳等，于十月十二日抵达卡伦，已派郎中德成，送往京城。等语。臣等计其路程，使臣哈柳等约于十二月初十日抵达。

查得，去岁陪同准噶尔所派使臣哈柳等时，派内务府官员一名，理藩院官员二名，派有内务府总管大臣常明、海望总其责。此次仍照前例，除派内务府六库总管桑格、理藩院大臣阿喇布坦、员外郎扎什照看外，总其责者，或派内务府总管大臣常明、海望，抑或另派大臣之处，谨此请旨。

等因，乾隆四年十一月二十六日具奏，奉旨：知道了。仍派常明、海望总管照看。钦此。

（是日，交付内阁中书达灵，转递理藩院、内务府）

（军机处满文《夷使档》1761-1）

158

军机大臣鄂尔泰等奏请指派与
准噶尔来使议事大臣片

乾隆四年十一月二十六日

大学士·伯臣鄂尔泰等谨奏。

查得，去岁与准噶尔所派使臣等议事时，曾钦命海望、那延泰、班第前往，阿克敦、旺扎尔、玉保作陪。此次准噶尔使臣哈柳等抵达后，与彼等议事，大臣等内，委派何人，是否仍派阿克敦、玉保作陪之处，恭请圣裁。

等因，乾隆四年十一月二十六日奏入，奉旨：著派海望、那延泰、杭奕禄。议事时，仍命阿克敦、玉保作陪。钦此。

（军机处满文《夷使档》1761-1）

159

噶尔丹策零为请准遣使赴藏熬茶事之奏表

乾隆四年

噶尔丹策零奏书。

谨奏于乾隆皇帝陛下：钦奉交付哈柳赍回大皇帝敕书云，休兵息民，永归和好，即定界与否，亦非要事。诚使尔等厄鲁特游牧，不越阿勒泰山梁，乌梁海于山阴游牧，喀尔喀游牧即便现在亦未过扎布堪，乌梁海游牧人众仍各居其地，互不侵扰，则无牵扯事项。若能遵此定议，俟回奏到日，其喀尔喀游牧，朕再明降谕旨，不越扎布堪等地，永行遵守矣。如此，则于双方声名事体，均有裨益也。窃思，阿勒泰向为我游牧，杭爱为喀尔喀游牧，本无衅隙。今诚信守阐扬黄教、安逸众生，本不在定界与否。故将吾不愿定界之处，前已再三陈请，今蒙大皇帝鉴允，庶可阐扬黄教、安逸众生矣，不胜欢忭。今我乌梁海仍居阿勒泰山阴，厄鲁特游牧不越不过阿勒泰南北山梁，居于山阳，喀尔喀游牧亦不越扎布堪等处。既已降旨，则依此为定。等因具奏。

·155·

又奉谕旨：卡伦乃我皇祖、皇考时安设至今之卡伦，宜仍其旧。科布多不复驻兵。每年按时遣往二三十人巡查科布多地方，断不彼此侵害，则无牵涉之项，亦无疑虑之处。托尔辉、布延图地方，亦无筑城建房、开垦屯兵之处。等因降旨尔使哈柳等，宁有改悔。等因具陈吾之疑虑，奉有谕旨。相应托尔辉、布延图两卡伦不妨仍旧。

又奉大皇帝谕旨：朕不拦敬奉黄教之人，先前尔属人等潜行入藏，祸害藏地，残害土伯特人众。今尔等之人遽经其地，土伯特人众怀愤生事，亦未可料。尔果欲赍送布彦诵经，俟遵朕旨定议后，若遣使前往，可遣百人赴藏。等因降旨。前此起衅，发兵骚扰是实。兹礼待土伯特、前去诵经之少许人，断不致生事。惟携往藏地用于诵经之物件，百人难以送达，故不便与哈柳一同派往。兹吾与大国敦固修好，想诵经贸易之处，倘不仍旧，则属无益，故此奏请准将赴藏之人为三百人。至使臣贸易等琐事，已令哈柳口奏。

随进貂皮三十一张。

己未正月吉日。

（军机处满文《夷使档》1761-1）

160
谕著尚书尹继善办理准噶尔赴藏熬茶事宜

乾隆四年十二月初二日

乾隆四年十二月初二日奉上谕：准噶尔噶尔丹策零奏请赴藏赍送布彦熬茶，著尚书尹继善办理。钦此。

（军机处满文《夷使档》1761-1）

161
尚书海望等奏闻与使臣哈柳等会谈事折

乾隆四年十二月十三日

尚书臣海望等谨奏。

臣等遵旨前往准噶尔使臣哈柳等之住处，邀至入座，饮过茶后，问使臣哈柳，经译尔等之台吉噶尔丹策零之奏表看得，称尔有口奏之言，尔有何言，可与噶尔丹策零之奏书一并具奏。使臣哈柳告称，大皇帝允我等之台吉噶尔丹策零所请，旨令入藏赍送布彦诵经之人不得过百。惟驮载什物，百人不敷，乞准用三百人。再，藏路迥远，相应恳请施恩，利神沿途更换疲瘦马匹，于多坝、西宁等地贸易之事。仰蒙大皇帝明鉴我等之噶尔丹策零所奏之言，故而遵从大皇帝之旨具奏。嗣后，遵照双方所定之例，永不改悔，甚相和好，相应仍请照前通使贸易。先前使臣商贸来京者准来之，西宁、多坝、肃州、青海等处贸易及归化城地方贸易已毕返回之处，亦不禁止。今仍请照旧等语，交付于我，此外并无他言。臣等与哈柳闲谈片刻，问哈柳云，去岁，尔等之噶尔丹策零奏称，自布延图交界处南至博尔济、昂吉尔图、乌克克达巴干、嘎克察沙拉，似此提议，断不可准行之处，已于颁降噶尔丹策零之谕旨内缮明赏往，此次奏书内缘何未曾提及。哈柳称，我等之噶尔丹策零原本无意定界，惟若彼此和睦敦固，定界与否，亦非要事，乃蒙大皇帝睿鉴，允我厄鲁特游牧不得越过阿勒泰山梁南北，乌梁海之众仍其旧，不移动卡伦，其喀尔喀游牧，大皇帝降旨明示不得越过扎布堪等地。今我等之噶尔丹策零均皆遵旨具奏，并未定边，相应南边游牧人等仍照其旧而已，又有何复议之处。已在其中矣。等语。臣等遂对哈柳称，尔有足疾，既别无禀告之语，尔等且回住处歇息。言毕离去。

为此谨具奏闻。

等因，乾隆四年十二月十三日奏入，奉旨：著军机大臣等会同额驸策凌议奏。钦此。

（军机处满文《夷使档》1761-1）

162
军机大臣鄂尔泰等奏议不便令使臣
哈柳晤见色布腾片

乾隆四年十二月十七日

大学士·伯臣鄂尔泰等谨奏。

据陪同使臣之官员等前来告称，使臣哈柳问曰，厄鲁特之色布腾，乃我近支叔父，色布腾现在京城与否，若在，请准晤见。我等答称不知。哈柳云，待会见大臣时，再行询之。臣等查得，色布腾者，乃先前归附之准噶尔宰桑。准噶尔之噶尔丹策零虽遵谕旨修好，然色布腾人糊涂，令伊见使臣哈柳，胡言乱语，亦难预料，相应臣等与使臣哈柳议事时，哈柳若求见色布腾，则告之以色布腾未在京城，蒙大皇帝施恩，委为散秩大臣、总管，现统一旗之人，住处甚远。我等之人亦有在尔处者，我等为使大臣等去时，可曾求见乎。尔乃为公事而来之使，缘何提及此等私事耶。

等因奏入，奉旨：知道了。钦此。

（军机处满文《夷使档》1761-1）

163
军机大臣鄂尔泰等奏请指派带领使臣瞻觐大臣片

乾隆四年十二月十八日

大学士·伯臣鄂尔泰等谨奏。

伏查：前次引准噶尔使臣等瞻觐圣明时，曾由尚书那延泰、侍郎勒尔森、副都统阿兰泰引入。今阿兰泰已赴军营，其缺恭请圣上指派一人替补。等因，缮具都统绰勒图、副都统色楞额之职名，于是日恭呈御览，奉旨：著派绰尔多。钦此。

（是日，交付内阁中书巴杭阿，转饬值月旗传宣之）

（军机处满文《夷使档》1761-1）

164
谕使臣哈柳俟接近年节再令入觐

乾隆四年十二月二十日

尚书那延泰、都统绰尔多、侍郎勒尔森率准噶尔使臣哈柳等入乾清宫觐见圣明，奉上谕：尔等之台吉噶尔丹策零奏书，朕已观览。所奏悉遵朕之谕旨，朕甚嘉之。朕乃天下共主，无分内外，惟愿双方人众，共享太平。今噶尔丹策零，既悉遵朕旨定界，嗣后边界地方居住人等，可各安旧地，互无争竞，永久安生矣。此非善哉。故而噶尔丹策零奏请赴藏赍送布彦熬茶之人，若仅为百人，则不便携往什物，拟派三百人，朕已允行。至于噶尔丹策零奏请遣使贸易，尔禀告大臣等之处，朕将派大臣，与尔定议。去年哈柳尔来，本年又至，克成双方和好，于尔声名，亦有益处，朕尚欲加恩于尔。尔等初到时，即欲命尔觐见，因奏称哈柳尔患足疾，故至今日始令入觐。尔之足疾，好生调理，近年节时，朕再令尔入觐。钦此。

（军机处满文《夷使档》1761-1）

165

谕赏准噶尔使臣等食物

乾隆四年十二月二十一日

乾隆四年十二月二十一日奉上谕：其使臣等，每隔二三日赏一次饽饽、果品、肉食等物。钦此。

（将此由海望大臣亲自饬交膳房）

（军机处满文《夷使档》1761-1）

166

军机大臣鄂尔泰等奏请派员料理使臣等交易事宜片

乾隆四年十二月二十一日

大学士·伯臣鄂尔泰等谨奏。

据陪同使臣之章京桑格等前来禀称，使臣哈柳等请求将其携至物品，仍令商人孙鸿旭进入与之交易。等因。查得，先前售卖准噶尔使臣等携至货物时，曾令原崇文门税监衙门之书办孙鸿旭、造办处催总曾令迪等为商人进入贸易。兹使臣哈柳等既已入觐，售卖其携至货物，宜仍照前办理。

为此谨具奏闻。

等因，乾隆四年十二月二十一奏入，奉旨：知道了。钦此。

（将此由海望内大臣办理）

（军机处满文《夷使档》1761-1）

167

军机大臣鄂尔泰等奏请以年节礼赏使臣等食物片

乾隆四年十二月二十一日

大学士·伯臣鄂尔泰等谨奏。

查得，前次使臣哈柳等来，时逢年节，故经臣处奏闻，赏给鹿、鱼等物。兹仍拟照前，以年节礼，赏哈柳等鹿、鱼等食物。

等因，乾隆四年十二月二十一奏入，奉旨：知道了。钦此。

（是日，将此交付内阁中书拉巴朝，转饬内务府）

（军机处满文《夷使档》1761-1）

168
尚书海望等奏报已告知哈柳谕令观看跳步扎片

乾隆四年十二月二十七日

尚书海望等谨奏。

跳步扎之日，令哈柳等观看之处，臣等将遵旨顺便告知。此外已嘱令其陪同章京等，哈柳等倘若问及，尔等亦告之。派章京等至其住处，哈柳问理事官等曾去何处，彼等答之以曾进宫。哈柳问，（原档残缺）。章京等顺便告之，本月二十九日，在中政殿跳步扎。是日，亦令尔等入内观看之处，已于尔会见车臣王之前降有谕旨，因我等原先不知，故未相告。哈柳等听闻，甚为喜悦。等语。

等因，乾隆四年十二月二十七日奏入，奉旨：知道了。钦此。

（军机处满文《夷使档》1761-1）

169
尚书海望等奏报与使臣哈柳等议论贸易事宜片

乾隆四年十二月二十七日

尚书海望等谨奏。

臣等前往使臣等之住处，转赏饽饽、果品等物时，哈柳等叩头祗领。令彼等入座，饮过茶后，臣等问哈柳，前日引尔等觐见大皇帝时，奉圣旨：尔等之台吉噶尔丹策零所请遣使贸易之事，及尔口禀大臣等之处，朕将派大臣与尔定议。钦此。故而我等今日前来与尔等定议。尔且将遣使贸易之处议之，此乃永久遵行之事，关系綦重，理宜循理商议方善。哈柳言称，口禀之语，我已于前日告知大臣等。除此之外，吾已无别语，惟听大臣等如何确定而已。臣等曰，尔现既言听我等定议，我等且言之，我国与俄罗斯国修好定界，定俄罗斯之贸易，限过三年至第四年，准来京贸易一次。此其来也，需自备资斧，人数不得超过二百，限期八十日，自资贸易返回。兹尔等之贸易，亦照此例，限过三年至第四年，准来京贸易一次。来时，遣我照料章京等至肃州接迎，行经内地，引至京城贸易。交易八十日毕返回时，仍由原路送至卡伦遣返。等语。哈柳云，俄罗斯国并不尊奉黄教，我等焉可与俄罗斯相比。请将我等赴京贸易人数定为五百人，除计年于肃州贸易外，请准沿边居住人等，不时遣二三十人贸易。等语。臣等曰：来我大国贸易者甚多，非仅尔等准噶尔。别国前来贸易之人均有定数且有年限，可独令尔等逾越乎。因尔等之噶尔丹策零遵从圣旨极为恭顺具奏，仰蒙大皇帝施恩，准其所请，敦睦和好。既然定议万年遵行之事，倘若不计与尔等有益与否，可行是否之处，亦属不可。依我等之意，其隔三年至第四年，遣往京城贸易之人，宜照例遣至二百人前来贸易。惟贸易事项，视其自愿买卖，不可官为强逼。今将俄罗斯之贸易，亦准隔三年至第四年前来，尔等两国之贸易，时逢同年，则货物积压不能售出，亦无益于尔等。今计俄罗斯之贸易，准于申、子、辰年来京，相应将尔等之贸易，与俄罗斯之贸易年份错开，于寅、午、戌年前来贸易。于肃州，亦隔三年至第四年，可遣百人贸易。此于肃州之贸易，可于申、子、辰年份前来。如此则尔等所用物品不断，且无差池，亦可获利。沿边居住黎民，遣二三十人至肃州贸易，并非好事，凡事皆由小到大，二三十人携至货物微不足道，而一旦发生争吵，招致过失，均皆有悖和睦之道，相应此事不便准行。前来京城贸易之人，若行经西安路，则路好，且易于更换马畜、雇用车骡，相应将此允尔所禀施行。如此分晰明白晓示后，哈柳称是。臣等复对哈柳云，尔等至京城、肃州贸易之年，于何月何日由尔等地方起程，何时抵达我边界地方，须事先咨报我边界官员，俟其转报，由部具奏，遣派看护官员、笔帖式往迎，照料贸易。再，噶尔丹策零处因有奏报我等之大皇帝之事而遣使前来，则轻车简从，不可携带货物，我将按使臣例，准乘驿带至。若如此，则事情极为明晰，且可永久遵循。哈柳云，大臣等今既如此议定，容我返回禀告噶尔丹策零。遣派使臣时，视其各自之品级，随带跟役，若仅十余人，如何行路，仍宜多些。再，西宁等处，可否仍前我等前往贸易。臣等曰：先前我等只准尔等来京城贸易，兹据尔之所请，又定尔等亦可遣人来肃州贸易。若复请于西宁等地贸易，则过于烦琐，相应不便准行。至于派遣使臣者，不可与派往贸易之人相比，乃因事而派，故准乘驿带至。前未修好之际，随派随准，现既和好，如同一家，可不遵例而行乎。若派少许人等，则合乎拨给乌拉准令乘驿之例，且事亦可得以速成。言毕，哈柳称是，并告称，今大皇帝准我噶尔丹策零之请，允我赴藏之人为三百人之处，拟遣二人送信给噶尔丹策零，等因前曾告之于车臣王。因路途遥远，难免有闪失，故拟遣往三人。我等所遣之人抵达后，赴藏人等俟至二月返青之际，自游牧地起程，可于（原档残缺）月行抵哈密，酷暑（原档残缺）通过戈壁，沿指定路线前往东科尔。因藏地遥远，其我等之疲瘦牲畜，予以调换，如何便利贸易之处，请晓谕我等。臣等告称，尔拟遣三人前往噶尔丹策零处，此可也。惟尔等遣使赴藏赍送布彦熬茶，乃为尔等修善事，我等无需资助尔等川资及骑用牲畜。只缘尔等赴藏熬茶之处，既已依请照准，相应尔等途中骑驮牲畜内，倘有疲瘦不堪使用者，大皇帝施恩，予以调换，其川资，酌情拨补尚可。至于贸易之事，听尔等自行贸易，携至西藏使用而已，我等焉可资助。哈柳又告称，此次我等前来，行抵巴里坤，抓获由我处逃逸鄂尔多斯蒙古一名，（原档残缺）一名，因思与其咨文具报，毋如交付驻哈密提督，故令一并带来，且听大臣等处置。臣等云，此并非大事，然虽如此，此二人原先均为我属，由尔处脱出来投，现今我等既已和好，此事又有何牵扯之处。哈柳云，我只是顺带告诸大臣等，概听大臣等所言办理而已，系何奢求之事耶。又复闲聊一阵后散去。

再，其于呼和浩特贸易之处，哈柳并未提及，臣等亦未言之。

等因，乾隆四年十二月二十七日奏入，奉旨：知道了。钦此。

（军机处满文《夷使档》1761-1）

170
军机大臣鄂尔泰等奏闻缮拟使臣
观布扎时所降谕旨呈览片

乾隆四年十二月二十九日

大学士·伯臣鄂尔泰等谨奏。

谨缮本日召准噶尔使臣哈柳等入中政殿观跳步扎时颁降使臣哈柳等之谕旨，恭呈御览，拟俟御览发下，谨遵施行。将赏赐噶尔丹策零及哈柳之物品，皆备往皇上前往中政殿所经小门（原档残缺），赏众人以茶饮过之后，令御前侍卫等赍捧物品，由御前大臣来保带领，至使臣哈柳所坐之处颁旨。颁旨之时，令尚书那延泰等及使臣等皆跪地聆听，聆听毕，那延泰等起立，转降哈柳等以谕旨。哈柳若有回奏之语，那延泰等跪地禀告来保。

谕曰：此次尔等之台吉噶尔丹策零，既悉遵朕旨，恭顺具奏，朕甚嘉之。故将其奏请赴藏赍送布彦之人若仅为百人，有所不敷，请准派三百人之处，朕已允行。哈柳尔今既拟遣人将此禀报噶尔丹策零，相应趁便以逢新正之礼，朕将赏噶尔丹策零以缎匹、玻璃、磁器等物遣往。著尔将此交付尔所遣往之人，好生赍往，赏予噶尔丹策零。再，去年哈柳尔来，本年又至，克成双方和好，于尔声名，亦有益处。尔往返数次，朕甚嘉赏，故于今日跳布扎时，令尔等入内观看。时逢元旦庆典，恩赏尔绸缎、玻璃器皿。钦此。

谕曰：逢此跳步扎之吉日，朕办事之余，尚且抽暇前来观看。然跳步扎甚为费时，朕若出来观看，尔等亦不安，故朕免观看，尔等可安坐随意观看。钦此。

（本日，将此谕交来［保］尚书阅看。是日，交内阁中书伊希德，转交内务府，将应赏衣物，从速备办。其银两、绸缎、衣物等项，视其由蒙古衙门领取，即行如数给付。并交付蒙古衙门，将应赏物件，均由内务府领取赏赐）

（军机处满文《夷使档》1761-1）

171
谕著使臣哈柳等西厂子筵宴尽可畅饮

乾隆五年正月十二日

（记录谕旨，并未奏复）

乾隆五年正月十二日，于西厂子边大蒙古包筵宴诸大臣，引使臣哈柳等入觐，令其入座后，上谕曰：朕早欲召哈柳等入内，赏赐饭食。因近期筵宴诸位内王及以年节礼前来朝觐之蒙古王公，故而未曾召进尔等。此次尔等之噶尔丹策零，既悉遵朕旨，恭顺具奏，朕甚嘉之。尔哈柳往返数次，朕甚嘉赏，故趁今日筵宴诸臣，亦令尔等入内，赏食饭食，观赏百戏。尔等毋庸顾忌诸臣，尽管随意品尝畅饮欣赏。尔等蒙古人喜好饮酒，尔等若拟饮几杯，朕尽可赏给尔等畅饮。如同一家，切勿拘谨，尔等无所拘谨，朕即欣悦。尔等即便些微失礼，朕亦不会责怪。钦此。

等因颁降谕旨后，哈柳奏称，仰蒙大皇帝如此施恩，降此圣旨，我等复有何言，惟有钦遵谕旨，观戏品尝饮酒而已。

遂赏三人各酒三杯，令欣赏杂戏娱乐，十对跤手之摔跤。随大臣等叩谢圣恩，哈柳等亦一同行三叩礼，事毕带回。

（军机处满文《夷使档》1761-1）

172
军机大臣鄂尔泰等奏请无需皇帝亲自赏酒片

乾隆五年正月十一日

大学士·伯臣鄂尔泰等谨奏。

臣等窃思，准噶尔使臣哈柳，乃噶尔丹策零属下宰桑，并非噶尔丹策零族人。仰蒙圣主施恩，令其入筵，即系至恩。倘令近前赐酒，彼并无此分，相应毋庸圣上亲手赏酒。俟斟酒敬奉后，令侍卫等分发外，圣上施恩，用大杯斟酒，亦令侍卫等分赏，即为优礼彼之圣恩也。其使臣，既然无需圣上亲手赐酒，相应我等之诸大臣，亦无需赏酒。

等因，乾隆五年正月十一日奏入，奉旨：好。钦此。

（军机处满文《夷使档》1761-1）

173

军机大臣鄂尔泰等奏闻使臣哈柳献貂皮依例回赏片

乾隆五年正月十二日

大学士·伯臣鄂尔泰等谨奏。

先前准噶尔使臣哈柳感激皇恩，为聊表其意，告请进献貂皮之处，业经奏闻。奉旨：令使臣等观赏跳步扎时，朕仍将恩赏彼等，著赏后再令彼进献。钦此。钦遵。记录在案。今照看使臣之章京等，将使臣哈柳所献貂皮二十一张赍送前来，除将使臣哈柳所献貂皮交付该处外，拟照例折赏使臣哈柳。

等因，乾隆五年正月十二日奏入，奉旨：知道了。钦此。

(是日，交付内阁委主事佟德，转内务府、蒙古衙门，其貂皮由值班司库巴格点收)

(军机处满文《夷使档》1761-1)

174

尚书海望等奏闻会同使臣哈柳等
会谈贸易事宜缮文交令赏回片

乾隆五年正月二十二日

尚书海望等谨奏。

臣等遵旨，至使臣哈柳等下榻处，呼彼等出，落座饮过茶后，告知哈柳称，昨已启印，现将办事。今日得暇晤见尔等，缮具我等定议遣使贸易之处，念给尔等听，以便明晰。等语。哈柳云，甚好。臣等读毕所写文书，哈柳称，前日与大臣等议定者即如此，前我请走北路，大臣等告称不可走北路，故定行经肃州、西安路。兹蒙大皇帝嘉赏我等之噶尔丹策零和好，准令遣使贸易，闻之亦善。此外，我曾言称，我等之人前往肃州贸易，尚属容易，京城则道路遥远，自资行走，行经内地，无处牧放马畜、拾捡柴薪，均需采买，其商贾所剩有几。我等理循和睦之道定议。但至贸易之年，若有情愿前来贸易之人，即准前来贸易，倘不情愿，亦不勉强。我乃一愚钝之人，没有记性，可否照此与大臣等定议之文，缮写给我，以便赏回，给我等之台吉噶尔丹策零阅读。等语。臣等称，既以尔等之台吉噶尔丹策零，悉遵大皇帝之旨，恭顺具奏和好，准令尔等遣使贸易。俟至贸易之年，其情愿来者，可依定例前来贸易。此等贸易，乃于尔等有益之事，倘不情愿，亦无勉强之处，任听尔等自愿而已。哈柳云，行经内地之难处，我已陈告大臣等，照此定议甚是。兹俟大皇帝颁降敕书，即行起程。临近起程，可否准令晤见车臣王请安。臣等面令照看使臣之章京等称，尔等可询之于车臣王，何时得闲会见使臣，尔等则依嘱告知使臣等带往晤见。哈柳复对臣等云，我等乃蒙古人，欲叩谒章嘉呼图克图、噶尔丹锡勒图呼图克图。若蒙体恤，可否准令我等叩拜。臣等告之曰，值此正月，二位呼图克图于宫中诵经，难有闲暇。此间倘若有空，可稍信给尔等。言毕散去。

是故，谨将宣示哈柳等之文恭呈御览，俟发下，译成蒙古字，交付哈柳赍回。

等因，乾隆五年正月二十二日奏入，奉旨：著军机大臣等议奏。钦此。

（将此议定之书译成蒙古字，交付照看章京等转交哈柳等）

（军机处满文《夷使档》1761-1）

175
尚书海望等与准噶尔使臣哈柳等议定贸易条款

乾隆五年正月

大清国大臣等会同准噶尔使臣宰桑哈柳等，遵循和睦之道议定者：

一、尔等贸易之事，如俄罗斯例，隔三年至第四年，不得超过二百人，自备资斧，行经内地前来京城，贸易一次；其至肃州者，亦隔三年至第四年，遣百人自备资斧，前来贸易一次。均皆限期贸易八十日。俟至贸易之年，先将于何月何日起程，何时抵达我边界地方，咨报我边界大臣等，俟其转报，由部具奏，遣派看护章京、笔帖式往迎，照料贸易事宜。其至京城贸易人等，命由肃州行经西安。贸易者，除违禁物品外，随其自愿买卖，非可官为强逼。其贸易年份，若与俄罗斯时逢同年，则货物积压，无益于尔等。今计俄罗斯之贸易，准于申、子、辰年来京，相应将尔等之贸易，与俄罗斯之贸易年份错开，准于寅、午、戌年前来贸易。其至肃州贸易者，准于申、子、辰年前来。

一、噶尔丹策零若有具奏圣主之事，仍常遣使来京，不得携带货物，人数毋多，可通过驿站伴送。

等因。

（军机处满文《夷使档》1761-1）

176
军机大臣鄂尔泰等奏请确定准噶尔贸易使者来京路线片

乾隆五年正月二十四日

大学士·伯臣鄂尔泰等谨奏。

准噶尔使臣哈柳告称，其贸易行经北路，于马畜、贸易之事有益；倘若行经内地，无处牧放牲畜、拾捡柴薪，无益于贸易之事。经奏入，奉上谕：著臣等议奏。钦此。钦遵。窃思，准噶尔人等，极为奸诈，断不安分。其贸易若经由喀尔喀，日久难免恣意滋事，发生偷盗斗殴之事，不可令其行经喀尔喀。适与哈柳等会议贸易之事，议定经由内地。前日臣等前往，将定议之处，宣告哈柳，其言亦依此定，顺便提及若走北路为好，并未请求须经北路而行。以臣等之见，将其贸易，仍照原议，准令经由内地而行。俟哈柳等返回，倘若噶尔丹策零以虽不准经由喀尔喀，然京城地方遥远，行经内地，马畜力所不支，等因陈情奏请施恩，彼时，皇上再酌情施恩可也。可否之处，伏乞圣裁。

等因，乾隆五年正月二十四日奏入，奉旨：喀尔喀路，断然不可准行。噶尔丹策零倘以其人行经内地来京贸易，力有不支，奏请施恩，彼时酌情赏给马畜调换之处，再行办理。钦此。

（军机处满文《夷使档》1761-1）

177

军机大臣鄂尔泰等奏请赏给伴送使臣返回章京等银两片

乾隆五年二月初二日

大学士·伯臣鄂尔泰等谨奏。

查得，去年遣返准噶尔使臣等时，派理藩院章京二员，沿途伴送，为置办行装，每人赏银二百两。此次遣返使臣哈柳等，将派理藩院员外郎扎什、巴哈达伴送，拟仍照前例赏给彼等人各银二百两，置办行装。

等因，乾隆五年二月初二日奏入，奉旨：知道了。钦此。

（是日，交付内阁侍读丁昌，转交蒙古衙门、内务府，即由内务府送来银四百两，赏给扎什、巴哈达）

（军机处满文《夷使档》1761-1）

178

军机大臣鄂尔泰等奏请赏赐哈柳等银两片

乾隆五年二月初五日

大学士·伯臣鄂尔泰等谨奏。

查得，去年率带准噶尔使臣哈柳等瞻觐，奉上谕：著恩施哈柳。钦此。钦遵。于中政殿跳步扎之日，遵旨赏哈柳缎四匹、玻璃器皿四种在案。兹于本月十（原档残缺）日令哈柳等起程，哈柳作为使臣，已来两次，此次和好事成，且前曾降旨施恩哈柳，相应于初八日入觐毕，仍酌情施恩哈柳，另赏银二百两，其副使松阿岱、巴颜，亦施恩各赏银五十两。谨此请旨。

等因，乾隆五年二月初五日奏入，奉旨：依议。钦此。

（将此交付内阁中书文寿，转交内务府）

（军机处满文《夷使档》1761-1）

179
军机大臣鄂尔泰等奏请带哈柳等会晤额驸策凌片

乾隆五年二月初五日

大学士·伯臣鄂尔泰等谨奏。

查得，前次以遣返来使哈柳等之礼瞻觐圣明毕，曾引至果亲王府晤见额驸策凌。本月初八日，带使臣哈柳等瞻觐圣明毕，拟仍照前引至果亲王府晤见额驸策凌。其茶饭等项，照前办理可也。

等因，乾隆五年二月初五日奏入，奉旨：知道了。钦此。

（将此交付内阁中书文寿，转交内务府）

（军机处满文《夷使档》1761-1）

180
军机大臣鄂尔泰等奏请　译颁降谕旨交付哈柳等片

乾隆五年二月初五日

大学士·伯臣鄂尔泰等谨奏。

查得，先前每逢准噶尔使臣来，均将入觐时所降谕旨及颁降噶尔丹策零敕谕译成蒙古字，交付使臣以底稿。此次令来使哈柳等两次入觐所降谕旨，颁降噶尔丹策零敕谕，拟照前例，译成蒙古字，交付哈柳等。

等因，乾隆五年二月初五日奏入，奉旨：是。钦此。

（将此均皆译成蒙古字，交付照看使臣之章京等，交付哈柳等）

（军机处满文《夷使档》1761-1）

181
军机大臣鄂尔泰等奏请钦定使臣辞行时辰片

乾隆五年二月初七日

大学士·伯臣鄂尔泰等谨奏。

明日率准噶尔使臣等瞻觐圣明时，何时进入之处，谨此请旨。

等因，奏入，奉旨：著巳时入觐。钦此。

（将此交内阁中书富明，转交内务府、蒙古衙门、档房）

（军机处满文《夷使档》1761-1）

182
谕著哈柳返回转传谕旨

乾隆五年二月初八日

尚书那延泰、都统绰尔多、侍郎勒尔森，以使臣哈柳辞行礼，带领入觐。奉上谕：先前无非往返几次通使而已，事并未定。去年，经朕降旨详加晓谕噶尔丹策零，彼晓知朕意，此次凡事悉遵朕旨，极为恭顺具奏，朕甚嘉之。嗣后，双方人等，可永享安乐，朕甚欣慰。噶尔丹策零所请之事，俱经朕加恩，准照其请施行。朕为万国共主，振兴黄教、安抚众生，乃朕本意。即便尔等准噶尔人众，亦视同子民，冀永享太平而已，无分内外。今成好事，已极和睦，相应严加管束所属庶众，不越指定边界，无违此约，敦固和睦之道，永不相毁，则黄教益加振兴，众生可得安逸也。亘古至今，凡有和约，其先负约者，必遭天谴，此乃昭昭然也。俟尔返回，将朕颁降谕旨，晓谕尔等之台吉噶尔丹策零，通告尔等之属众，务照此约而行。朕亦详尽传谕我等之喀尔喀等，如约遵行，断不可悔约。先前尔等之准噶尔使臣，虽有几次为前来，并未成事，往返徒劳。哈柳尔去年初来，谨记朕旨，开示晓谕噶尔丹策零，故而噶尔丹策零顿悟，今年将其奏书复遣尔来具奏。今议和事成，此虽系朕与尔等之台吉噶尔丹策零所定，然中间尔两次往返，襄成其事，相应朕念尔劳，尔名亦善哉。

闻听是旨，使臣哈柳奏称，我乃鄙陋之人，能成何事，惟按我等之台吉噶尔丹策零之嘱咐，奏报大皇帝，并谨记大皇帝谕旨，无一遗漏转传我等之台吉噶尔丹策零知悉，此外别无所能。兹蒙大皇帝垂爱，顾念往返两次，玉成其事，颁降慈旨，实乃小人之造化。大皇帝今日颁降之谕旨，我将铭记，晓知噶尔丹策零。

奏入，奉上谕：事成非尔之功，因尔往返两次，而今事成，尔未敢居功，如此谦恭具奏，朕甚嘉焉。今以饯行礼，召入赐茶。天渐转暖，尔等徐行。俟隔数年，想尔哈柳再来也。钦此。

（军机处满文《夷使档》1761-1）

乾隆五年（1740年）二月己卯

准噶尔使臣哈柳等陛辞，谕曰：从前通使，往返数次，事总未定。去年经朕降旨，详悉开导，晓谕噶尔丹策零，领会朕意。此次所奏一切，悉遵朕旨，甚属恭顺可嘉。从此两境之人，永得安居乐业，朕心深为欣慰。故于噶尔丹策零所请之事，朕具加恩允行。朕为万邦元后，振兴黄教，安抚群黎，乃朕本怀。即尔准噶尔等，朕亦视同内地之民，冀其永享升平之福，初无中外之别。今和议已成，其各严饬所属，勿越疆域，无违定议，俾和好之谊，永固勿替，则黄教益兴，群黎悉得安居矣。从来和议先背盟者，天必降罚，验甚真切著明。尔等回去，传宣朕旨，晓谕尔台吉噶尔丹策零，并尔所部属人等知悉，务须遵照定议。朕亦遍谕喀尔喀等一体遵照，慎勿背负和议。从前尔准噶尔通使数次，事总无成，徒劳跋涉。尔哈柳去岁初来，谨记朕旨，开导晓谕噶尔丹策零，噶尔丹策零感悟，今岁遂遣尔赍表复来呈进。今和议已成，虽系朕与尔台吉噶尔丹策零所定，其间尔两次通使，襄成其事。朕眷念尔劳，尔名亦著美也！

哈柳奏称：臣庸陋无能，惟谨识大皇帝谕旨，传谕本台吉噶尔丹策零知悉。

得旨：所奏此事非尔襄成，尔于此事两次通使，今日之成，尔不敢居功，如此谦恭，朕甚嘉焉！今日尔等陛辞，召入赐茶。时方渐热，尔等旋归，一路徐行。数年后想尔哈柳当复来也。

（《清高宗实录》卷110）

183
额驸策凌奏报会见使臣哈柳等情形折

乾隆五年二月初九日

臣策凌谨奏，为奏闻事。

昨臣前往果王府，召至使臣哈柳等，落座饮茶后，臣称，尔之此来，诸事皆成，仰蒙圣主施以种种恩典，尔今欣然返回，去见噶尔丹策零，亦为体面。哈柳合掌告称，我此次来所奏诸事，皆蒙照准，恩赏备至。我惟有顶戴大皇帝之恩，欣悦而归。抵达后，定蒙噶尔丹策零怜爱。臣对哈柳称，今为尔等饯行，召至用茶。用过饭食，称，此次吾给噶尔丹策零之礼物，有哈达一条、缎四匹，请尔转给噶尔丹策零。遂将哈达、缎匹交付哈柳，并给哈柳等三位使臣大缎各一匹、随行人等中缎各一匹，作为礼物。

称，使臣尔等一路走好。哈柳问曰，此次王有何口信捎给我等之噶尔丹策零乎。臣称，无何口信，抵达后，问尔等之台吉噶尔丹策零好。哈柳称，王亦珍重。言毕，以蒙古礼叩别，哈柳称，我等拟往叩拜锡勒图喇嘛。臣告知照看伊等之章京等曰，尔等带之前往叩谒喇嘛。（原档残缺）引至果王礼佛之房，（原档残缺）叩拜喇嘛罗布藏西瓦。喇嘛罗布藏西瓦请使臣等用过茶后，赠哈柳佛像一尊、缎一匹，赠松阿岱、巴颜缎各一匹。曰，尔等好走。哈柳问罗布藏希瓦曰，喇嘛来时，噶尔丹策零曾云，车臣王若欲要回其子，吾将给之。此事可曾告知王乎。罗布藏希瓦告之曰，吾抵达后即已转告，王曰，吾乃办理国家大事之人，能以此为何事取之，吾不取。哈柳闻听，称，喇嘛保重。言毕返回其住处。

为此谨具奏闻。

等因，乾隆五年二月初九日奏入，奉旨：知道了。钦此。

（军机处满文《夷使档》1761-1）

184
敕谕噶尔丹策零边界贸易诸事须如约而行

乾隆五年二月初八日

奉天承运皇帝敕谕准噶尔台吉噶尔丹策零。朕为阐扬黄教，安抚众生，降旨息兵。划定边界之事，前虽彼此往返，几次遣使商议，然台吉尔辄以必不可行之事，借端请议，故而所议终无定论。前年尔遣哈柳奏称，请厄鲁特游牧毋得越过阿勒泰南北山梁，山阳喀尔喀则仍居扎布堪等处。此即与定界无异。（原档残缺）交界处，至博尔济、昂吉尔图、乌克克达巴干（原档残缺），牵扯索恩多勒库奎、多尔多珲库奎，哈尔齐喇之（原档残缺）、巴尔鲁克等地。又奏请移我原设卡伦，朕以卡伦断无移动之故，降旨开示，交付哈柳赍回转降。台吉明晓朕意，今复遣哈柳前来，观尔奏书，言辞恭顺，一切悉遵朕旨而定，朕甚嘉悦。据尔奏称，今我乌梁海人等，仍居阿勒泰山阴；厄鲁特游牧，不越阿勒泰南北山梁，居山阳；其喀尔喀游牧，亦勿越过扎布堪等地。每年应行派兵之时，遣二三十人巡查科布多地方，断不相互侵扰。等因既已降旨，相应按此定议，其卡伦仍应如旧。等语。惟原议自阿勒泰南至哈布塔克、拜塔克、乌兰乌苏、罗布淖尔、噶斯口为界之处，此次尔一切悉遵朕旨，然其阿勒泰迤南游牧，奏书并未陈明，是以朕命大臣等询之于尔使哈柳，据告称，今阿勒泰一带分界业已确定，南面游牧人等，仍居原地而已，已在其中矣，何庸复议。兹尔一切悉遵朕旨，更无可议之处，故朕降旨命喀尔喀等游牧勿越扎布堪、哈萨克图之库库达巴干、齐克吉等处。朕为君主，无分内外，天下众生，皆一视同仁。兹为教众，止息兵戈。双方咸归和好，相应各饬所属，断勿违约，妄生事端。倘能永久信守，嗣后黄教益可振兴，众生均享太平矣。

又据尔奏称，兹我等之人礼遇土伯特，前往诵经之些许人等，断不滋事，携往西藏诵经所用物件，百人难以运往，故不便与哈柳一同遣往。谨乞将所遣之人，增至三百。（原档残缺）准行之事，将由哈柳口奏。等语。前尔为班禅额尔德尼圆寂，笃请遣人赴藏赍送布彦诵经，朕允所请，谕令所遣之人不得过百。今尔以百人不便运送什物，又请增至三百人，朕特加恩，允尔所请，准遣三百人前往。尔须选派干练牢靠之人，俟至东科尔，朕将遣员由彼伴送至藏。

至遣使贸易之事，朕已派大臣等与哈柳议定，尔等之贸易，亦如俄罗斯例，自备资斧前来，贸易人数毋过二百，隔三年于第四年前来京城贸易一次，限八十日返回。来京者须沿肃州、西安路而行。其在肃州者，亦隔三年于第四年前来贸易一次，人数为百人，亦限贸易八十日。此等贸易，除违禁物品外，听其自便买卖。再，尔等之贸易，及俄罗斯之贸易，倘若时逢同年，恐与尔等无益，故特与俄罗斯之贸易年份错开，准尔等之贸易，于寅、午、戌年前来京城贸易，于申、子、辰年至肃州贸易。尔处须将何日起程，何时抵达我边界地方之处，先期咨报我边界大臣等，俟其转报具奏，遣派部员照料。

等因议毕，具奏前来，朕阅之，均依所议确定。贸易之时，尔须选择牢靠干练之人，明白管教之后遣往，断勿毁及和睦之道。再，倘若尔有奏请之事，可遣使前来，随从宜少，不可携带货物。俟抵我边界地方，可由驿伴送前来。此次尔台吉一切悉遵朕旨，所奏甚为恭顺，朕甚嘉之。

以初次和好颁敕之礼，赏各色缎十六匹。

（将此以清字、蒙文字缮写，钤玺缄封，由海［望］尚书、那［延泰］尚书阅后，交付使臣哈柳等赍往。（原档残缺）于箭亭前交付，交付内阁中书舒兴阿，转交内阁蒙古房、蒙古衙门）

（军机处满文《夷使档》1761-1）

乾隆五年（1740 年）二月己卯

赐准噶尔台吉噶尔丹策零敕书。

奉天承运皇帝诏曰，谕准噶尔台吉噶尔丹策零。朕为阐教安民之故，降旨息兵。往者以疆界必宜定议，尔台吉虽数遣使来，辄以必不可行之事，借端要请，是以议久不决。前年尔遣哈柳入奏，请厄鲁特毋得越阿尔台山梁，喀尔喀仍居扎卜堪等处，此即与定议无异。又请布延图、托尔和两处卡伦，稍向内移。朕以卡伦不可移动之故，降旨开示，令哈柳赍还。今台吉复遣哈柳来，辞甚恭顺，且谨遵朕旨，每年止遣二三十人，巡察科卜多，其卡伦请仍设置如旧，朕览之欣悦。但原议以阿尔台山阳，至哈卡塔克、拜塔克、乌兰乌苏、罗卜诺尔、噶斯口为界，今奏中尚未声明。故朕命大臣详问哈柳，据称以阿尔台山为界，业已指明。山南之人，仍住原处，自不待言，何庸复议。观此，则一切俱遵朕旨，更无可议之事。朕即降旨喀尔喀，令勿逾扎卜堪等处矣。朕为大君，统一中外，天下众生，一体爱育。今为广教安民，罢息干戈。彼此既咸归于好，当各饬所属，毋违定约，妄生事端。若遵守勿替，则黄教自此愈兴，众生永享安乐之福。

尔又奏称：前请往藏熬茶，实为敬信喇嘛之故，岂敢生事。但带往什物甚多，百人难以运致，故此次不能与哈柳同来，伏乞许用三百人。尔前以班禅额尔德尼圆寂之故，欲使人入藏熬茶，诚心奏请，朕已谕行，止令人数毋过百。今尔又以运物百人未敷，请增至三百人，朕更加恩允准。尔须选择晓事之人，其赴东科尔，朕当遣人护送。

至贸易之事，朕令大臣与哈柳定议，亦如俄罗斯例，四年贸易一次，人数不得过二百，限八十日还部。来京者，道出肃州、西安。其往肃州者，亦以四年为限，数不得过百人。除禁物外，买卖各从其便。再尔部人来，若与俄罗斯同在一年，恐于尔等无益。今定于寅午戌年来京，子辰申年至肃，先期以起程之日，与何日可入境，报知边境大臣。俟其奏到，当更遣官护理。尔亦宜择信实之人，来时更明白晓谕之，无得滋事。

再台吉若别有奏请之事，仍更遣使，减省仆从，勿携货物。既入我境，更令驰驿前来。此次台吉一一恪遵朕旨，实心恭顺，朕甚嘉之。

用从前和好之礼，随敕赏各色缎十六端。

（《平定准噶尔方略前编》卷45，《清高宗实录》卷110）

185
军机大臣鄂尔泰等奏请遣派伴送准噶尔熬茶使臣官兵折

乾隆五年二月十二日

大学士·伯臣鄂尔泰等谨奏，为遵旨议奏事。

适才臣等议得，伴送准噶尔赴藏熬茶之人，拟拨凉州、庄浪满洲兵五百名。此项官兵，皆照出师例赏赐治装。等因奏准。所派此项官兵，依照前往驻防例，其官员各赏一年俸禄，兵丁各赏银三十两，其盐菜、廪饩等项，以出征例拨给外，适才臣等处行文将军乌赫图等，须好生管束官兵牧放马匹，若有疲乏羸瘦者，宜巧为办理，勿成累赘。等因去讫。惟若不明示彼等，彼等亦难办理，相应咨文总督鄂弥达、将军乌赫图，拨给官兵马匹时，务选其膘壮马匹拨发。至驮载行包，或以骆驼，或用牦牛，皆因地制宜，酌情办理。再，自西宁至藏，路途遥远，又行经边外蒙古草原，往返行走，牲畜不能径行抵达，在所难免。即便我等官兵之疲惫马畜，虽于西宁稍作调换，然若前行或返回，倘亦疲乏力所不及，不仅准噶尔人观之，有所不爽，于大国军威，亦有关碍。即便准噶尔人等（原档残缺）如若困顿，将接济赏赐彼等之处，不加预备，亦属不妥。依臣等之意，拟令伴送大臣等，备带银二万两。副都统巴龄阿驻西宁日久，熟悉地方情形，相应将或备带银两，或以此项银两酌情购置布、茶等物，换购牲畜预备为好之处，惟计其益处办理之。为渡木鲁乌苏河，或备往牛皮筏，或如何备办之处，皆预先备办。途中或有使用银两之处，使用毕返回之时销算，若蒙准许，将所需银两，由总督鄂弥达办理支付。再，远道穿越蒙古草原，倘有熟悉地方，有经验之人，在在有益。臣等拟于京城新旧满洲、索伦、乌拉齐之侍卫、旗章京内，拣选熟悉地方、有经验者四名，乘驿遣往西宁，俟其抵达前行时，随大臣等一同伴送前去。其应拨事项，照例拨给。又查得，伴送此等准噶尔赴藏之人，经臣等处奏准，派理藩院章京一员、笔帖式一名，自京城乘驿前往哈密军营等候，准噶尔人等抵达后，带至东科尔地方。前往东科尔时，照伴送官兵之例赏赐办理。惟带至东科尔时，自肃州至东科尔，并无驿站，相应饬交地方官员，拨给营马骑用。

为此谨奏。请旨。

等因，乾隆五年二月十二日奏入，奉旨：著依议。钦此。

（将此兼写汉字，交付内阁中书达灵，转交户部、兵部、蒙古衙门、侍卫处、值月旗、护军统领、前锋统领处。十三日，又缮文钤印密封，交付兵部章京齐（原档残缺），驰递总督鄂弥达、（原档残缺）元展成、将军乌赫图、副都统巴龄阿等去讫）

（军机处满文《夷使档》1761–1）

186
军机处为妥为伴送准噶尔使臣进藏事咨将军乌赫图等文

乾隆五年二月十二日

军机处密咨将军乌赫图、副都统巴龄阿。

此次伴送准噶尔使臣等赴藏，已派尔等二人。尔等沿途须好生照看，凡事共同商议。好生管束兵丁，妥为牧放马匹，若有疲乏羸瘦者，巧为办理，断不可成累赘。再，准噶尔之噶尔丹策零既皆遵旨，恭顺和好，相应沿途尔等凡事皆宜留意而行。乌赫图之将军之职，不可令准噶尔人等知晓，训诫官兵等皆呼大臣。尔等抵藏，须尊崇黄教，恭敬喇嘛，酌情行事，礼佛并叩拜达赖喇嘛时，务须恭敬。晓谕驻藏副都统纪山、郡王颇罗鼐，准噶尔使臣等倘若提请由藏延请喇嘛及额木齐，或有不便之请，则颇罗鼐等告之曰，吾等虽在藏为首办事，然事无巨细，若未奉有圣旨，吾等未敢擅断。等因加以抚慰。

为此密咨。

（军机处满文《夷使档》1761–1）

乾隆六年（1741 年）正月甲戌

得旨：永常著补授安西提督。现在夷使已到，李绳武仍著留原驻扎处，同永常办理一应事宜，俟夷使熬茶事毕，再赴甘肃新任。

（《平定准噶尔方略前编》卷46）

乾隆六年（1741年）正月

是月，甘肃提督李绳武奏报准噶尔熬茶夷人三百名，并带领送还西藏番子三名，由哈密起程日期，及出售牲畜，留牧驼马各情形。

得旨：所奏俱悉。其留牧夷人驼马，若有倒毙，须照数补还。将朕恩谕彼知之。

（《清高宗实录》卷135）

乾隆六年（1741年）二月戊戌

上谕军机大臣等曰：西北两路，既仍有驻防兵，准噶尔遣使往来，与一切紧要事件，宜令两路彼通信知悉，庶于事方有裨益。著传谕两路将军大臣等知之。

（《平定准噶尔方略前编》卷46，《清高宗实录》卷136）

乾隆六年（1741年）二月壬子

军机大臣议覆，甘肃提督李绳武奏，准噶尔请补行贸易，可否准其进口。查原议，令其于寅、午戌年来京贸易。申、子、辰年在肃州贸易。昨岁申年，缘十月熬茶人起程后，始得派人前来，恳今岁补行，在夷人不过图贸易早成。而甫经遣人熬茶，即求贸易，恭顺亦于此见。其人或二三月，或五六月到肃，应准其进口。再，初次贸易，尤须承办得宜。届期应令熟练之员前往指授。

从之。

（《清高宗实录》卷137）

乾隆六年（1741年）四月壬戌

命筹办准夷进藏驼马。

川陕总督尹继善奏：熬茶准夷三百人至东科尔，臣等宣示圣恩，赏给米面羊只，皆感激祗领。交牧驼一千六百余只、马一千一百余匹，深以马驼疲乏，难于涉远为忧。查此次夷人，原非进贡可比，应听其自备资斧。因噶尔丹策凌词语恭顺，蒙恩预备驼四百只、马八百匹，现在东科尔放牧。倘尚不敷，请于西宁附近各营，再行酌量拨给，令其作速赴藏，并已移知副都统巴灵阿、抚臣元展成，熟筹妥办。理合奏闻。

得旨：所奏俱悉。虽云示恩，亦不可启其无厌之心也。既已如此办理，可令伊等知系殊恩，后不得援引为例。

（《平定准噶尔方略前编》卷 46，《清高宗实录》卷 141）

乾隆六年（1741 年）八月丙申

命诘问准噶尔使臣齐默特等。

护送夷使将军乌赫图奏言：准噶尔使人，于四月初一日到东科尔，原定议五月入藏，因与商人贸易货物索价昂贵，稽迟时日，讬言炎暑，请改期七月。今于七月二十日，齐默特等忽复来言，我等本拟此月起程，近闻西藏地气早寒，又携来驼只，俱不堪用，难以前进，拟贸易事毕，即欲还部。既经和好，熬茶之事，不论何年，俱可前进。臣等按准噶尔，生性奸诡，前后言辞反复，明系希图贸易价昂，要请增给驼马。应否仍令赴藏，或听其还部，候旨遵行。

走入，上谕乌赫图等曰：前因噶尔丹策零尊崇黄教，奏请为父赴藏熬茶，施行善事，朕特加恩，允其所请，赏给牲畜口粮，派大臣官兵照看。今伊使臣，因贸易价值不定，不欲进藏，即求还部。贸易之事，当听商人自便，讵可官为派勒。今伊等不遂所欲，便欲言归，或其来时，噶尔丹策零本嘱令如此，或系伊等私意。若出噶尔丹策零之意，则亦系一无信行之流，朕甚鄙之。伊等去后，倘再请进藏，亦断难允行。若噶尔丹策零并未出此，伊等自立主张，任意妄行，更属诡谲，嗣后再来，亦断不遣往西藏。伊等果能承担，即听其还，朕为内外共主，既经降旨，断无改悔之理。著将此旨，给发乌赫图，晓谕伊等，若伊等知悔，仍照远议办理。若必欲还部，亦竟听之可也。

寻上谕安西提都永常等曰：准噶尔熬茶之人，欲中道而回。此事虽尚在未定，若彼执意欲回，自无留彼之理，亦听其回可耳。至哈密时，汝等当以失信大义责之，约束出境，勿令生事，不必如来时之接待。彼出境之后，更宜小心防范。俟过冬令，再行请旨。

（《平定准噶尔方略前编》卷 46，《清高宗实录》卷 148）

乾隆六年（1741 年）八月戊午

护送夷使凉州将军乌赫图奏报：准噶尔使臣齐默特等，自东科尔起程还部。

（《平定准噶尔方略前编》卷 46，《清高宗实录》卷 149）

乾隆七年（1742 年）正月戊寅

恩免那克素番民应输钱粮。

上谕内阁曰：据副都统纪山奏称，前因准噶尔请进藏熬茶，派官兵护送，令那克素三十九部落番民等，预备马匹牲畜，接济应用。伊等率先集事，唯恐后时，甚属急公。且伊等头目入见，俱言蒙国家豢养之恩，从无扰累，各得安生，惟愿诚心报效等语。此次准噶尔未曾进藏，伊等所备之马匹牲畜，虽未经应用，但番民生长边远，咸戴国家之恩，黾勉报效，甚属可嘉，宜施特恩，著将伊等今年应输钱粮，尽数宽免，以示鼓励。

（《平定准噶尔方略前编》卷 46，《清高宗实录》卷 159）

乾隆七年（1742 年）正月

是月，安西提督永常奏报：准噶尔夷使入贡。

得旨：朕已料彼定为熬茶而来，知道了。

是月又奏：夷使赴京带售之货物马驼，暂留合密。

得旨：知道了。其留牧马驼，若倒毙少则可；若多，量为补赐，亦无不可。至期奏闻可也。

（《清高宗实录》卷 159）

乾隆七年（1742 年）二月丙申

驻防哈密安西提督李绳武奏报准噶尔使臣至哈密情形。

李绳武奏言：准噶尔使臣吹纳木喀，于正月十八日入境，二十二日到哈密。据云：赴京进贡，并去岁蒙大皇帝恩许熬茶，齐默特等去藏不远，中道而返，恐大皇帝见责，故遣我等前来谢罪，并恳仍许熬茶。

奏入，得旨：朕已料彼必为熬茶之事，再来陈请也。

（《平定准噶尔方略前编》卷 46，《清高宗实录》卷 160）

乾隆七年（1742 年）三月辛巳

准噶尔台吉噶尔丹策零遣使臣吹纳木喀等奏：进表并贡方物，请赴藏熬茶者，由噶斯；至京贸易者，由归化城；往多巴、西宁贸易者，走噶斯之南，乞勿限定年分。

至巡视科布多，请如前降旨，每年遣人前往。

奏入，报闻。

（《清高宗实录》卷 163）

乾隆七年（1742 年）三月辛巳

准噶尔使臣吹纳木喀等至京，进表请安，并贡方物。

准噶尔台吉噶尔丹策零谨奏乾隆大皇帝。前世宗宪皇帝时，谨遵颁发根敦等谕旨，是以两次遣特磊至京，恳请进藏熬茶。至第二次留我部两人，编旗授爵，并令我即以罗卜藏书努、多尔济塞卜腾、塞卜腾旺布及其族众悉送还，若过八十日，大兵当取途前进，并以难行之事相要，遂生衅端，此衅非由我而起也。后遣使者傅鼐、阿克敦来，谓彼此相持，不特兵民疲累，兼之靡费粮饷牲畜，各宜罢息干戈，以安众生，决不食言。我部之人，谓既经用兵，又许和好，是不得已而出此。窃念用兵以来，众生实受其累，若得许和，既可享福，并有美名，所以屡遣使至京定议。奉大皇帝谕旨，我朝所设卡伦，驻扎如旧，尔等亦许每年遣二三十人，至科卜多巡视。去秋遵旨遣人至科卜多，守卡人等反云并无此旨，不许我等人前往。再赴藏熬茶之事，奉大皇帝谕旨，令以三百人往，既至哈密，更令大臣等护视，拣水草好处，由东科尔次第进藏，还时，并许资助粮饷马匹。至贸易之事，除禁物外，悉令任便买卖。比我使人至哈密，引路之人，绕道远由戈壁，水草俱恶，人既困乏，马多倒毙。及至贸易之地，并不遵大皇帝谕旨，乃禁止我人入市，但令一二人来议，且减少价值，不得速售，欲携往西藏又不许，遂至留住四月，虽去藏不远，不得前进，半道而还。又至京贸易之事，奉旨限定人数年份，许由肃州、西宁路。因念从此至京，道远费多，恐携物不敷所用。以上三事，虽前此业已定议，今遵议而行，尚有委曲未便之处，既蒙和好，可否令我赴藏者，由嘎斯路，则道近而水草亦便。至京贸易者，由归化城路。其往多坝、西宁贸易者，亦走嘎斯之南，并乞勿限定年份。至巡视科卜多，请入前降谕旨，每年遣人前往。如蒙恩允，事事便益永远遵行，于和好之道尤便。伏乞大皇帝睿鉴。

随表进貂皮三十张。

奏入，报闻。

（《平定准噶尔方略前编》卷 46）

乾隆七年（1742 年）三月壬午

敕谕军营将军大臣等。

上谕军机大臣等曰：览夷使吹纳木喀赍至噶尔丹策零奏章，意甚狡诈，朕断不因言辞触怒，遽而兴兵，亦不可不密为整备。著移知两路军营大臣，令伊等加意防范。其奏内情形，并详悉寄知。

· 177 ·

敕谕提督永常。

上谕军机大臣等曰：提督永常驻防哈密，察其办事尚不能深知准噶尔性情，有藐视之意。凡事思易则难，思难则易，慎其难而毋忽其易，则功可成而无后悔。准夷性本诡谲，不可与我喀尔喀等一体相待。应将此故，密饬永常，令其于一切事务，俱留心办理。

（《平定准噶尔方略前编》卷46，《清高宗实录》卷163）

乾隆七年（1742年）四月庚寅

准噶尔使臣吹纳木喀等入觐。

上谕吹纳木喀等曰：尔台吉噶尔丹策零奏章，朕已入览。令尔口奏之语，朕之大臣亦悉以闻。前噶尔丹策零以其父故，屡请赴藏熬茶，朕廷臣议应勿许。朕特施恩，念其为父讽经，尊崇黄教，本属善事，降旨允之。复遣大臣官兵护送，助以牲畜口粮。乃尔使齐默特等，既至东科尔，惟以贸易为事，迁延数月，并不进藏，遽欲还部。朕之大臣，屡谕不听，始以奏闻。朕时在木兰降旨，此系噶尔丹策零奏恳之事，若等何得擅还。或其来时，噶尔丹策零本如此授意，则嗣后复欲遣人进藏，决不允行。令朕之大臣，再三开示。若等执意起程，想此意定出自噶尔丹策零。不然，虽弹丸小部落，必无使臣不遵主命之理。即如尔等此来，除噶尔丹策零所嘱外，可任意增一词乎。汝至肃州即返，可乎。既乞往藏，半途而还，更造为种种不根之语。欲变易成规，非故滋事乎。汝谓奏疏中并无傲慢。朕大臣等悉能通汝等语言，汝岂能隐匿乎。朕为天下共主，已许尔息兵，断不因此遽复兴兵。汝等若有妄举，亦听之而已。此次噶尔丹策零所奏，与汝口奏互异，朕实不解，诸事难以定夺。汝明记朕旨，详谕噶尔丹策零可也。

旋据吹纳木喀奏称：噶尔丹策零竭诚输忱，奏章所载，乃中外言语不同之故，实非傲慢。其言及往事，只以大皇帝有爱育群生，阐扬黄教之训，自陈欢感，并无他意。至进藏熬茶，乃奏乞大皇帝施恩允行之事，齐默特半途而返，据其言云拦阻之故。又奉旨巡视科卜多，据我巡视者云，不令伊等巡阅，噶尔丹策零并疑惑不信，谨声明始末，令使臣等来剖晰。至喀尔喀蒙古人等，并大皇帝属下，我等岂敢侵犯生事。惟是奏中所请三事，允行与否，恭候大皇帝睿鉴。

又奉上谕曰：汝称噶尔丹策零不信齐默特，故来具奏，今奏中何无此语。进藏熬茶，本噶尔丹策零最切要事，当遣可信之人，奈何委之齐默特。伊等还时，降旨甚明。今汝等纵仍欲进藏，亦应候朕再降旨允行，然后得往，岂容竟自主张，但以道由噶斯为词乎。噶斯岂汝等境内乎。抑闻朕前谕难以再请，姑以此含糊尝试乎。原议巡视科卜多，并无许入卡伦内巡视之语。去年尔人不言巡视科卜多，直入布延图卡伦，至喀勒占和硕卡伦。朕之大臣始禁止之。朕所遣略地之人，有越阿尔台，巡视尔卡伦以内之地者乎。此事以明示蟒鼐矣，尔等岂不知之。至来京贸易者，不得由绥远城，亦与哈柳定议。尚未经行一次，遽欲更张可乎。噶尔丹策零此次所奏，言词不伦，左右支吾，殊非和好之道。朕业已降旨息兵，汝又称实无傲慢之意，朕亦不介怀。如果诚心恳乞，俟再遣使来，此次姑无庸议。朕另有敕书，付汝赍去。

吹纳木喀又奏云：前者齐默特还，并不以大皇帝谕旨，告知噶尔丹策零，是以众心怀疑，此来何敢妄奏。进藏一事，在噶尔丹策零最为切要，伏祈大皇帝恩允。

又谕曰：此事不得允行之故，噶尔丹策零亦所明知。况人数日期，俱未议定，朕即欲加恩，岂可令我护送官兵，先劳守候乎。天时近暑，汝等可作速起程，朕已谕我大臣，为汝等办理矣。

（《平定准噶尔方略前编》卷46，《清高宗实录》卷164）

乾隆七年（1742年）四月甲辰

敕谕准噶尔台吉噶尔丹策零。

奉天承运，皇帝诏曰：尔奏中谓前此兴戎，衅非由尔，又谓使臣傅鼐前来，事非得已。追论旧事，为此非分大言。又谓奉大皇帝谕，遣人巡视科卜多，为守卡人拦阻，使使往藏熬茶留数月不遣，半道空还。至京贸易，绕道力疲，不能前进，嗣后须取道嘎斯，伏祈睿鉴。夫兴戎起衅，实由尔国，前谕甚明。额尔德尼招大捷之后方行遣使，我大国有何不得已而出此耶。渎理前说，意果何为，岂又欲借端生事乎。朕为天下共主，业已降旨息兵，岂有食言。尔欲起衅，朕亦不紧也。定议巡视科卜多，有巡视卡伦以内之语乎。尔人又布延图直至喀勒占和硕卡伦，我始禁阻，我人有过阿尔台至尔之卡伦内巡视者乎。其事虽小，然屡违定约，岂合于和好之道。朕允尔赴藏熬茶者，亦鉴尔至诚，故遣官护送，预备牲畜。尔人至东科尔数月，惟图贸易，不思进藏，竟自还部，谁为阻止乎。如欲阻止，如何不允尔奏之为愈也。且齐默特欲还，朕降旨询问，或来时噶尔丹策零嘱尔，或出尔等之意。倘出噶尔丹策零，则彼亦一绝无信行之人，嗣后岂容复请乎。今即复欲进藏，亦必恳朕降旨，始可遵行，如何遽作前去之计，惟以道出嘎斯为请。况人数日期，俱在未定，岂有令朕之大臣官弁，虚糜廪饩，先劳守候乎。以此问吹纳木喀，据称噶尔丹策零实不知始末如此，惟不信齐默特语，故令我等前来问明，并输诚意，乞大皇帝施恩。一切朕已明谕吹纳木喀。至贸易之事，本与尔使哈柳定议，并未遵行一次，如何又欲更张，请取道嘎斯乎。此次尔所陈奏，不合事理，念尔亦未深知，将奏请之事，暂行停止，令吹纳木喀传谕丁尔，敕书亦令赍往。

随敕赏各色缎十端、磁器十件、大缎六端。

（《平定准噶尔方略前编》卷46，《清高宗实录》卷164）

乾隆七年（1742年）七月

川陕总督尹继善奏：准噶尔夷人回巢至肃，先欲将葡萄等物硬行留下，为将来藉口之地。及见不肯留货，许帮马驼，令其驮回，遂计无可施，请愿减价出售。虽反复无常，原系夷人故智，但远来之货，令其驮回，本非出于得已，今既肯减价与商民交易，两相情愿，允其出售，亦属一时权宜。臣与抚臣黄廷桂商酌料理，任夷人诡计百出，凡事据理酌中，仍寓节制之道。

得旨：所见甚是。夷使自来，亦有旨谕彼也。

（《清高宗实录》卷 171）

乾隆七年（1742 年）七月

是月，安西提督永常奏：准噶尔进贡夷使吹纳木喀等，由沿边宁夏一路回巢。经过哈密，其留牧马驼倒毙者，照数赏给。至瘸乏驼只，余剩马匹及葡萄、硇砂等物，饬与客商官兵等交易，起身回巢。

得旨：所奏俱悉。但夷使马驼之事，微觉失宽了。尹继善所见甚至，可将此折与彼观之。

（《清高宗实录》卷 171）

乾隆七年（1742 年）十月

是月，驻防哈密安西提督永常奏：夷使吹纳木喀等自哈密起程赴京。所带货物，恳恩准其在肃交易，并派文武大臣照料。

得旨：军机处已议准矣，汝查办可也。于伊回去时，将朕恩晓谕之。

（《清高宗实录》卷 177）

187
军机大臣鄂尔泰等奏请指派陪同使臣官员片

乾隆七年十一月初七日

大学士·领侍卫内大臣·伯臣鄂尔泰等谨奏。

据伴送使臣吹纳木喀等之员外郎傅松具文报称，使臣等于十月初三日自哈密起程，十二日至肃州；十四日自肃州起程，二十七日至宁夏，二十八日起程前往京城。再，使臣吹纳木喀于十月二十日行抵凉州后，以身体欠佳，不能骑马，请给驮轿乘坐，经与地方官商酌，雇驮轿令其乘之。等因来报。依此速度计其行程，本月二十日前即可抵达京城。查得，先前使臣吹纳木喀来时，曾派内务府官员一名、理藩院官员二名陪同，派总管内务府大臣海望、尚书那延泰总理照看事宜。陪同此次所来使臣等，除照例指派内护军统领庆恩、理藩院郎中阿喇布坦、员外郎阿尔彬陪同外，仍派总管内务府大臣海望、尚书那延泰总理照看事宜。

为此恭谨请旨。

等因，乾隆七年十一月初七日奏入，奉旨：知道了。使臣吹纳木喀既生病，路途切勿疾行，缓行调养而来即可。著将此札饬伴送章京。钦此。

（初八日，将此缮文，交付兵部主事永泰，外带封套，日限六百里，沿边前往宁夏，驰递伴送使臣等之员外郎傅松。何处相遇，即于何处交付。另交付内阁中书盛禄，转交蒙古衙门、内务府）

（军机处满文《夷使档》1761-3）

188

军机大臣鄂尔泰等奏请指派与
准噶尔使臣议事大臣片

乾隆七年十一月初七日

大学士·领侍卫内大臣·伯臣鄂尔泰等谨奏。

查得，先前与准噶尔所派使臣议事时，曾钦派海望、班第、那延泰、杭奕禄议之。现杭奕禄出差在外，此次与准噶尔使臣吹纳木喀等议事时，仅派海望、班第、那延泰，或另行增派大臣之处，谨此请旨。

等因，乾隆七年十一月初七日奏入。奉旨：著派海望、班第、那延泰、阿克敦，与使臣等议事。钦此。

（军机处满文《夷使档》1761-3）

189

军机大臣鄂尔泰等奏报查看
房屋令使臣下榻片

乾隆七年十一月初七日

大学士·领侍卫内大臣·伯臣鄂尔泰等谨奏。

查得，先前准噶尔使臣等至，若在京城，令住丰泽园；若在圆明园，则令住圣化寺。此次之来使等，令住京城。惟于紫光阁前搭支蒙古包令使臣等居住，不便看守。是以，经臣等查看官房，东华门外北街风神庙前，有曾令原喀喇沁额驸噶勒藏居住之

·181·

房三十余间，有一处空房，院落亦宽敞，拟交付该处稍加整治，供使臣等居住。圣上若往圆明园，拟仍令住圣化寺。

为此谨具奏闻。

等因，乾隆七年十一月初七日奏入，奉旨：知道了。钦此。

（将此交付内阁中书文舒，转交内务府、蒙古衙门，饬速办理）

（军机处满文《夷使档》1761-3）

190
军机大臣鄂尔泰等奏请备办使臣抵京
当日接取奏书等事项折

乾隆七年十一月初七日

大学士·领侍卫内大臣·伯臣鄂尔泰等谨奏，为请旨事。

查得，先前准噶尔噶尔丹策零所遣使臣等至，命派委陪同之章京往迎，引使臣等至箭亭前，接取其奏书及所献礼物后，令使臣等憩于上驷院房中，赏食饭食之后，带至其住处下榻。若往圆明园，则令下榻圣化寺。此次俟报使臣等抵达日期，仍照前例，提早一天派照看之章京往迎。使臣等抵达之日，所经门、街道，堆拔兵丁，须管带齐整之处，交付护军统领、步军统领等办理。是日，上朝之蒙古宾客等，毋庸上朝。使臣等进入时，由派往迎接之章京引入东华门，至箭亭前，由所派大臣等会同理藩院大臣等，接取噶尔丹策零之奏书及进献之礼物，译出恭呈御览外，带使臣等至上驷院房中歇息，赏食饭食后，带至其住处下榻。使臣吹纳木喀、玛木特、图尔都，每日拨给食用蒙古羊各一只，其随从人等，每六人每日拨给中原汉羊一只，至食用奶、酥油、面、茶、盐、米、柴薪、炭及所用炊餐器具等，皆照例由各该处支取给付，所拴驿马，照例备办，并派官兵，于使臣等之住所外围设置堆拔把守。交付武备院，计其足敷，搭支蒙古包、帐房，供使臣等下榻。所用夫役，由园户等内择其愨厚者，足数派出。使臣等食用各种饼果等物，视其所需，由派往陪同之官员等由该处领取，给其食用。其择日朝觐、赏赐之处，容另行议奏。

为此谨奏。请旨。

等因，乾隆七年十一月初七日奏入，奉旨：知道了。钦此。

（将此交付内阁中书文舒，转交蒙古衙门去迄）

（军机处满文《夷使档》1761-3）

191
军机大臣鄂尔泰等奏报使臣进京日期片

乾隆七年十一月十四日

大学士·领侍卫内大臣·伯臣鄂尔泰等谨奏。

据伴送使臣吹纳木喀等之员外郎傅松具文报称，接奉大臣等札饬，著吹纳木喀既缓行调养而来。等因颁降谕旨，晓谕使臣等后，吹纳木喀告称，我理当钦遵大皇帝慈旨缓行，惟今病已见愈，冀能尽早进京，瞻仰圣颜。计其路程，料十六日住清河，十七日进京。相应照原奏之例，于使臣等抵达之前日，遣陪同之章京往迎，翌日引领使臣等至箭亭前，进呈奏书。

等因，乾隆七年十一月初四日奏入，奉旨：知道了。钦此。

(军机处满文《夷使档》1761-3)

192
尚书海望等奏报使臣进呈奏书及方物片

乾隆七年十一月十七日

尚书臣海望等谨奏。

准噶尔使臣吹纳木喀等，至箭亭前跪地，进呈噶尔丹策零之奏书及进献带把玉碗及貂皮三十张。跪地告称，我等之台吉噶尔丹策零请大皇帝安，另选本地马两匹，带至进献大皇帝。惟行程三月有余，远道而来，容俟稍加喂养，再行呈览。言毕，将使臣等带至上驷院，用餐已毕，遣往住处外，译出其奏书后，即行具奏。

等因，乾隆七年十一月十四日奏入，奉旨：知道了。钦此。

(军机处满文《夷使档》1761-3)

193
噶尔丹策零为请准商队行经呼和浩特等路事之奏书

乾隆七年十一月十七日

译出准噶尔噶尔丹策零之奏书。

谨奏于乾隆皇帝陛下：为我等之人赴藏中途返回一事，遣往吹纳木喀后，吾问齐默特，奉大皇帝旨遣往藏地念经，行至东科尔，因何返回。大皇帝之旨，断不反悔，必为尔生疑惑，擅自返回也。正在究询间，吹纳木喀返回，称大皇帝降旨曰，令齐默特等赴藏，然未果返回。知其实而将其人即行治罪。又，吹纳木喀奉旨：尔等赴藏人数、时间，因未确定，不便令伴送大臣及官兵人等徒然等候。俟有定数遣来人后，彼时遣往我大臣迎候即可。等因降旨仁爱，乃为弘扬黄教，安逸众生者也。吾欣喜之余，当即遣往吹纳木喀、玛木特、图尔都三人。前往人数，钦遵前降谕旨仁恤之例，为三百人，日期为三月初自本地起程。若照前由南行，则绕弯且于马畜无益；倘取道噶斯，则路近且水草丰美，有益于牲畜。前往土伯特念经之吾等之人携带物品，理宜径直带往，惟于多坝、西宁地方贸易毕，带其易获物品前往念经，庶得两便。若皆行经噶斯，将所留人等，留噶斯口附近水草丰美之处。其带我等之物径赴念经者，行经麻勒占、呼济尔；其往多坝、西宁者，自哈济尔、得卜特尔、柴达木路至多坝、西宁，渡过木鲁乌苏之多伦鄂罗木渡口，逐水草而行，则于牲畜有益，相应奏请准于此路行。

至为巡查科布多地方一事，奉大皇帝谕旨：前年秋，尔等之人至我布延图卡伦，未曾言巡查科布多地方，反倒称进入布延图卡伦，直至喀勒占和硕，巡视卡伦以内地方，为我等之人制止。等因降旨。我等不知有喀勒占和硕地方，未曾嘱令越过科布多巡查。若在科布多地方以内，乃我等之人误也。前奉大皇帝之旨：将我原设卡伦，照常设置，科布多我不驻兵，尔等每年可派二三十人，巡查科布多等地。如此则互无牵扯之项，且尔之疑虑亦消矣。等因降旨裁定。今照该旨，将每年派人巡视至托尔辉地方。

再，为贸易事，乃和好之后，因有不分例外遣使贸易之条例，曾经奏请。奉旨：若疑虑贸易，则人称未曾和好矣。其人京贸易者，著由肃州、陕西路而行。等因降旨哈柳。倘由彼而行，路远且弯曲险峻，以一己之畜力，全然难行。昔我双方和好之际，我贸易人等进京，因水草丰美且路近，由呼和浩特路而行。前往多坝、西宁，随我贸易人等之便而行，并无戒规之处，请大皇帝睿鉴。兹准自喀尔喀蒙古行经呼和浩特，由青海前往多坝、西宁。不准经由此两路者，窃以为乃朝中大臣，恐我与喀尔喀蒙古、青海蒙古交往也。前我使臣达什、博济尔，曾行经喀尔喀、呼和浩特进京。我赴藏之人，亦行经青海路前往东科尔，无此先例乎。我与大皇帝和好，如若牢固，则无背信行恶之处，望大皇帝明鉴，请照旧例准行。吹纳木喀来时，大皇帝降旨曰：吹纳木喀赍至奏书，言语粗鲁，而口奏之言恭顺，若无噶尔丹策零之嘱咐，并无随意进言之例，朕信之也。等因降旨。吾大为欣悦。我与大皇帝无分内外结好，除推心置腹具奏外，并无以粗鲁言语具奏之意，或因各地语调互异，犹似以鲁莽言语具奏之处，恳请大皇帝仁宥。吾此奏请之处，万望大皇帝仁鉴。余令使臣等口奏。

随献玉碗一只、马两匹、貂皮三十张。

壬戌年八月二十六日

乾隆七年十一月十七日奏入，奉旨：著军机大臣等议奏。钦此。

（军机处满文《夷使档》1761-3）

乾隆七年（1742年）十一月壬申

准噶尔台吉噶尔丹策零遣使吹纳木喀等至京进表谢罪，并乞许赴藏。

噶尔丹策零谨奏大皇帝。前遣吹纳木喀起程后，讯问齐默特，汝赴藏熬茶，既到东科尔，忽中道而回，谅大皇帝前旨允行，定无更改，必汝有别故。正诘问间吹纳木喀适回，赍谕旨至，备知其奉旨不遵，擅自回巢，已正其罪，并没其家矣。钦奉上谕，尔此次复请进藏，人数时日，俱未定议，不可令护送大臣等，虚糜守候，暂行停止。圣虑周详，曷胜感激。今谨遵前旨，人数用三百名，定期三月初起程。所遣之人，自然携带熬茶物件，请先至多巴、西宁贸易，备物前往。并请道出嘎斯，庶程近而水草茂，人畜俱便。如蒙允行，更请人分两起，赴藏熬茶者，由默勒占、库车路进发。往多巴、西宁者，由哈济尔、得卜特尔、柴达木至多巴、西宁，再由多伦鄂摩渡口，过穆鲁乌苏进藏。

又奉谕旨，尔人巡视科卜多者，反进布延图卡伦，直至喀勒占和硕，我守卡之人始禁止之。按喀勒占和硕，我等实不知有此地名，并无令过科卜多巡察之语，乃我人错会耳。前已降旨定议，请仍遵前旨，每年巡视至托尔辉而止。

又通商之事，前哈柳所奉谕旨，令赴京贸易者，道由肃州、陕西，其路实险远难行。往者和好时，入京贸易，并由归化城，赴多巴、西宁，听其自便。现今喀尔喀蒙古，并许其由归化城进京，由青海至多巴、西宁，独不允我等者，中朝大臣，恐我等与喀尔喀、青海人等交接耳。前此多什布济尔等，尝由喀尔喀、归化城进京，去岁进藏者，亦出青海至东科尔，何尝滋事。况蒙大皇帝许以和好，自今岂敢背约妄行，惟祈睿鉴。

又谕旨有云，尔所陈奏不合事理，与吹纳木喀口奏之言互异。幸蒙大皇帝推心结好，输诚入奏，安敢有冒渎之心，或者彼此语言不同之故，伏乞宽宥。余令吹纳木喀口奏，祈大皇帝鉴之。

随表谨贡玉碗一具、马二匹、貂皮三十张。

奏入，报闻。

（《平定准噶尔方略前编》卷46）

194
军机大臣鄂尔泰等奏请噶尔丹策零
所奏各项须遵行原定之例折

乾隆七年十一月十九日

大学士·领侍卫内大臣·伯臣鄂尔泰等谨奏。

臣等看得，噶尔丹策零奏书内称，阅吹纳木喀赍至大皇帝颁降敕书，获悉齐默特等去年未曾入藏，而由东科尔地方擅自返回者为实，即行治罪；前年彼等之人巡查科布多地方时，拟入我布延图卡伦巡查之处，噶尔丹策零称并彼不知有喀尔占和硕地方，未曾嘱令越过科布多巡查之事，彼等之人所言误也，今仍照前降谕旨，每年派人巡查至托尔辉地方。再言前次奏书言语粗鲁之处，噶尔丹策零称，彼与大皇帝无分内外结好，故而奏陈其诚，并无意以粗鲁言语具奏，或因各地语调互异，犹似以鲁莽言语具奏之处，恳请仁宥。等因具奏请罪者，言辞极为恭顺，均皆遵旨具奏，并无另议事项，相应毋庸议外，至赴藏熬茶之事，噶尔丹策零称，依照前降谕旨，将三百人由本处自三月初起程，若准由噶斯路而行，路近且水草丰美，于牲畜亦有益。等因复派吹纳木喀等奏请施恩，相应臣等愚以为，其派往人等，将由我将军、大臣、官兵等护送，行经何路，并无酌量之处，仅此一次，准照其请而行，似属可行。惟据彼奏称，于多坝、西宁等地贸易毕，再携易获物件前往念经，庶得两便。故此若准行经噶斯路，则可将所留之人，留噶斯口附近水草丰美之处。其带我等之物径赴念经者，行经麻勒占、呼济尔；其往多坝、西宁者，自哈济尔、得卜特尔、柴达木路至多坝、西宁，渡过木鲁乌苏之多伦鄂罗木渡口，逐水草而行，则于牲畜有益。等语。言词含糊，极不明确，相应问清使臣吹纳木喀等后，其如何办理之处，再行请旨裁定。

又据奏书内称，赴京贸易之人，请准行经呼和浩特路，赴多坝、西宁贸易之人，任其择路前往。等语。先前使臣等哈柳等来，其赴京贸易人等，准由西安路而行；其赴肃州贸易之人，准由哈密路而行之处，均与之议定。今噶尔丹策零虽称不准行经呼和浩特、青海者，乃朝中大臣恐彼与喀尔喀蒙古、青海蒙古私自交往耳，我与大皇帝和好，如若牢固，则无背信行恶之处。虽有此言，惟其前来贸易人等，断不可令由此路行走之处，前曾明确晓谕其使臣等。近其巡查科布多地方人等，误称越我卡伦，向内巡查；赴藏熬茶之齐默特等，自东科尔地方返回，妄自造谣禀告之处，即可为凭。属下小人，彼此殴斗，造谣生事，本难净绝。而贸易之事，乃永久进行之事，与赴藏熬茶，间或出现一次之事不可相比，相应将此等情形明确开示晓喻，著仍遵行原议定之例。

又据奏书内称，余言由使臣吹纳木喀等口奏，相应询问吹纳木喀之后，另行具奏。

等因。乾隆七年十一月十九日奏入，奉朱批：著依议。钦此。

（军机处满文《夷使档》1761-3）

195
尚书海望等奏报晓谕使臣等
须遵行原议约定折

乾隆七年十一月十九日

尚书臣海望等谨奏。

臣等于本日前往准噶尔使臣吹纳木喀等之住处，告之称，经逐译噶尔丹策零奏书看得，请求准令其赴藏之三百人由噶斯路而行，且又将所留之人，留于噶斯口附近水草丰美之处。其赴藏熬茶者，行经麻勒占、呼济尔；其往多坝、西宁者，自哈济尔、得卜特尔、柴达木路至西宁，渡过木鲁乌苏多伦鄂罗木渡口，逐水草而行，则于牲畜有益。等语极不明确，将此问清尔等后，再行具奏大皇帝。再，容询毕噶尔丹策零所称口奏者，乃何等言语，再行具奏。彼等倘若提请准其赴京贸易之人，行经喀尔喀及呼和浩特；往西宁、多坝贸易之人，行经青海之处，则臣等告之曰，不可行经该路之缘由，前皆晓谕尔等，断不可行之处，尔等亦心知肚明。现譬如去年尔等遣往吐尔逊之人，至科布多地方误言；齐默特等自东科尔擅自返回，妄自造谣禀告等处，即可为凭。此皆非源自属下人等之言乎。若不筹划于始，以永久和好之事，但计眼前一时之利而行，则日久之后，难保恒久无事。议定之初，即计双方可行永久之便利而定，理宜仍照原议而行。等语。

等因，乾隆七年十一月十九日奏入。奉旨：知道了。钦此。

(军机处满文《夷使档》1761-3)

196
尚书海望等奏报使臣等之口
奏赴藏贸易等事件片

乾隆七年十一月十九日

尚书臣海望等谨奏。

臣等问准噶尔使臣吹纳木喀等，噶尔丹策零有何口奏之语。据吹纳木喀等告称，我等之噶尔丹策零怀疑齐默特等返回后禀告言语，故曾派遣我等。与我同行者内，由哈密先行遣回者抵达后，告知以原委，噶尔丹策零即指责齐默特，正在究询间，我等返回，将大皇帝谕旨，均皆晓谕噶尔丹策零，阅敕书所撰，即将齐默特治罪，籍没其家产牲畜。又，赴藏熬茶之事，甚为重要，所派之人不当，则于事无益。若蒙大皇帝眷顾，照准我等所请施行，则吹纳木喀尔虽年老，仍需行走一次，成善事而归。凡事与大皇帝所派大臣等协商，和睦而行。大皇帝处派何大臣护送我等之人之处，请大皇帝睿鉴。再，据称去年吾等之人前往衮布木寺熬茶时，具呈彼处为首喇嘛之文，被大臣等夺走，未曾复文，虽不知其真伪，惟我厄鲁特之礼，熬茶修善事，乃为亡灵超度，为生者祈福，而呈文喇嘛等览之，若不得回文，则枉然也。倘怀疑我等文书，则前往大臣等当我等之人面打开看可也。为将此等情形具奏大皇帝，晓以我等遣至。臣等言称，所称取衮布木庙文书一事，前次尔等皆已明白缮文带回，今又为何言之。吹纳木喀等告称，我等已皆告知噶尔丹策零，噶尔丹策零并不信彼等之言，故我等之人赴藏后，呈递达赖喇嘛、班禅额尔德尼二位博克达之文，极为重要，恐无回文，故令我等将此情奏闻大皇帝，必为大皇帝睿鉴。等因交付我等。再，前年本处遣往巡查科布多地方之人，称由布延图卡伦而入，巡查喀勒占和硕地方一事，经告知我等之台吉噶尔丹策零，彼称，我尚且不知有此喀勒占和硕之地名，并无如此嘱咐彼等之处，乃彼等所言误也。前奉大皇帝谕旨：我不驻兵科布多地方，尔可每年派二、三十人巡查，如此尔之疑虑亦消矣。等因降旨。嗣后仍行遵旨每年派人巡看科布多之托尔辉地方。等语。又，我厄鲁特等战前遣使贸易至京时，均行经喀尔喀。适才降旨哈柳，命我来京之贸易，经陕西而行。惟此路弯曲且远，以自身之力，断然难以抵达。或大臣等怀疑我等，故而不准行经喀尔喀耳。若和好意笃，尚信属下人等之闲言碎语而为事乎。和好之后，使臣贸易络绎不绝，则众人闻之亦善。若蒙大皇帝眷顾，不限我商贾之人数，或百人，或二十、三十人，随时前去贸易，并于任意地方贸易返回，或赴京城，听其自愿，仍照旧例行经喀尔喀，则于牲畜、盘费有利，且便于行走。其西宁、多坝，亦如前贸易，准由何路前往之处，谨请大皇帝睿鉴。等因奏请。言毕，臣等晓谕彼等曰，贸易行经路线，前次我等均已商定矣。其不便之由，尔等岂不知乎。既已和好，理宜计其永久太平、长久可行、牢固坚实而定，不可只图一时之利。前与尔等之哈柳等商议时，已计双方之便利，永久有利之处议定之，不曾施行一次，尔等又托词修改者，乃何道理。即据尔等所请而论，请将商贾不限人数、不定日期，随意进入界内流动贸易，随处贸易返回，若欲进京，亦听其便。现俄罗斯、回众等，前往尔等地方行商，可在边界一言不发，擅自行走乎。而况尔等之商贾入我界内，若无照看官兵，中途遭遇抢劫，又如何处理。有因尔等之人行商，令我内地兵丁驻边界地方守候之理乎。倘因此而驻兵，必致尔等惊疑我用兵。噶尔丹策零虽称倘若和好意笃，岂以属下人等之言为事。然今尔等派往吐尔逊之人，行抵我卡伦地方，所言系尔等之台吉噶尔丹策零明白嘱令遣往，所派宰桑齐默特等，自东科尔擅自返回，听信其所造谣言，徒生疑虑。尔来澄清，方知其谬。商贾人等，有何可言。若不详筹于始，日后难免生事。吹纳木喀等连连点头称是。臣等又问吹纳木喀等，噶尔丹策零之奏书内，其赴藏人众行经路线，所指因何不明。彼等告称，吾等返回游牧，将大皇帝颁降慈旨，告知噶尔丹策零后，噶尔丹策零甚为感激欣悦，仅令我等歇息十日，即令急忙起程。噶尔丹策零之意，倘蒙大皇帝轸念，恩准我等遣人赴藏，则先前所行之路远且难，请就近准由噶斯路而行。由我等遣往三百人内，分出一队，带现有财帛、供品，先行自噶斯口纳木噶地方沿麻勒占库察路径行赴藏。另分一队，携带皮张等物，自哈济尔、得卜特尔路前往西宁、多坝，换取物品后，再由多伦鄂罗木渡口渡木鲁乌苏河，进藏会合，则于我等赴藏之事及牲畜、盘费均皆有益，故陈情具奏。可否准行，或如何处置之处，俟大皇帝睿鉴指示，钦遵施行。无论如何，惟赖大皇帝之恩。臣等复询吹纳木喀，赴藏熬茶者，乃噶尔丹策零特为其父做善事，提请数年未曾获准。适已施恩照准，而齐默特等又半途而归。今复请前往，是否照准尔等所请，尚且不知，又言先前所行之路戈壁险峻，难于行走，由噶斯路而行。将前往之人分队，分两路而行。噶斯路亦有大戈壁险峻之处，不可言便于行走。若令尔等之人分两队行走，我等之官兵如何照看。若无我等之照看之人，则藏地人众可容纳尔等乎。据告称，若无大皇帝之照看官兵，吾等断不敢赴藏。我等人少，路亦可畏。噶斯路虽有戈壁，较先前所行之路易且近，故拟分队而行者，乃为吾等之事速成，且于牲畜、盘费亦有益。无论如何，我等之意如此，故此陈请，如何处置之处，惟于大皇帝施恩。

等因，乾隆七年十一月十九日奏入，奉旨：此尚未定，著将应问者问之，应议者议之。钦此。

（此旨仅作记录）

（军机处满文《夷使档》1761-3）

197
尚书海望等奏报会同使臣吹纳木喀商议其赴藏熬茶事宜折

乾隆七年十一月二十日

尚书臣海望等谨奏。

臣等告知吹纳木喀等曰，昨日询问尔等之语，皆已奏闻大皇帝。惟尔等遣往藏地之人未便分两队而行等处，昨经详议，尚未确定。今或并为一队，一同由噶斯径行赴藏，或欲于西宁贸易，则一同来西宁，俟贸易已毕，再由多伦鄂罗木路前往之处，我等可商定。吹纳木喀等称，噶尔丌策零具陈其意，奏请大皇帝，如何施恩，出自圣鉴。我等为使之人，惟将话语带到而已。准由何路而行之处，若蒙降旨指定，即照所指而行，我等安敢擅定。臣等又云，所言不敢擅定者是，惟噶尔丹策零派吹纳木喀尔赴藏，尔将为首前往，不便分两队前行之处，尔亦知之。兹不确定，日后有难，于尔等之事无益也。吹纳木喀等称，大臣等所言甚是，此路我并未走过，倘若熟悉，当可议之。若蒙大皇帝恩准我等赴藏即为恩也。我等之台吉噶尔丹策零乃经询问熟谙之人，计其近便提请。若分两队未便准行，拟令一同至西宁贸易后再行赴藏。请缮入颁降谕旨内，交付我等赍往，吾等欣然赍往而已，又复有何牵挂之处耶。惟我等为使者，不能擅断担当也。再，我等之人赴藏，仰蒙大皇帝仁爱，曾降旨赏补牲畜、口粮。留我等之疲倦牲畜，需派人照看，相应将其安置之处，亦请指示，并请派人照看。臣等云，尔等所留马畜，交付我属之人照看亦可。若尔等务请留人，即于东科尔一带水草丰美之处等候亦可。我等抑或派人照管。臣等复询吹纳木喀等称，噶尔丹策零奏书内称，遣往进藏人等拟于三月初起程。约于何时抵达我之边界，此信尔等如何来报。彼等告称，所谓三月初起程者，乃指此处之四月，约行五十日，可抵噶斯口。有消息来报，令我等之人备乌拉驰赴哈密告之。吹纳木喀等又告称，公事已皆与诸位大臣议之，再有我等自身之些微琐事，乘便亦告知诸位。前次我等来时，蒙大皇帝施恩，亦承大臣等眷顾，返回时，行至肃州，彼处派委照看之官员王达璋，恣意刁难我等，吹纳木喀我因患病露宿野外，此二位伙伴住屋内，彼等拟来看望我，制止阻挠。我等起程时，又不爽快带至驼马，直等至日暮，次日才得以起行。告请将我等所留物品暂行收贮，秋时即行来取，亦不允，不得已一并驮往。此乃些微小事，本不应告诉诸位大臣，倚仗熟识，且前蒙仁爱，随便提及，若所言得罪，谨请包涵。臣等云，伴送尔等之章京乃扎什也，倘有地方官刁难尔等之事，理应禀告彼办理。此等情形，扎什并未具报我等。据地方官所报，尔等所带羚羊角、瑙砂、葡萄等物甚多，因未售罄，无力带回，故欲存留，彼等未肯。等因，故此尚待尔等再至，将此等情由告知尔等，其羚羊角、葡萄等无用之物，毋复携带，彼非黎民日用物品，先前齐默特等携至者甚多，因不能售罄，而编造谎言。接而尔等又携至如许驮包，仍称不能售尽，我边界之大臣等尚拟赏牲畜、口粮驮往，后又据称售出。带此无用物品，谋取大利，无人购买，即借口称刁难，则与和睦之道背道而驰。昔尔等之贸易人等可曾如此乎。今准尔等贸易者，即为圣恩，若如此尚且不如不准贸易矣。据闻后至哈密，又售出驼马等诸多物品。原议仅于京城、肃州贸易，焉有准于哈密贸易者耶，下不为例。等因晓谕后，吹纳木喀等告称，哈密之将军，仰副大皇帝慈恩，对我等仁爱有加，仰仗其资助，安抵游牧。肃州之此位官员，前于东科尔刁难齐默特等者，即为彼也，此次又与我等相遇。恐日后我等前往东科尔，又与彼相遇，故告请大臣等，并无因贸易贪求之意。臣等又告知彼等，尔等所指官员，先前曾照看哈柳等，并无非议。因其照顾周到，已为熟悉之人，其所辖总督将其派出。若尔等不情愿，我等可送信该总督，另行派人照看尔等亦可。此虽小事，然亦应约束尔等之属下人等，不得图谋侥幸。吹纳木喀等合掌叩首，云，此即仁恤我等也，我等之属下人等，亦力加约束。臣等又顺带晓谕俟过斋戒之日，始令彼等瞻觐圣明情由。吹纳木喀甚喜，称，此乃关系大礼之事，理应恭候。大皇帝何日令我等朝觐，皆同样承恩也。惟愿尽早完结我等所来之事返回，即我等之大喜。又将话题引至是否在此过年，吹纳木喀等皆云，哈柳等返回所告情形，已曾听闻，我等本想一睹，然赴藏之事甚要，故望早日起程返回。噶尔丹策零所请之处，若蒙大皇帝恩准，成我等之事，即同观赏也。日后或得大皇帝恩典，可以逗留也。

等因，乾隆七年十一月二十日奏入，奉旨：知道了。钦此。

（军机处满文《夷使档》1761-3）

198
军机大臣鄂尔泰等奏请格外恩赏噶尔丹策零物品片

乾隆七年十一月二十二日

大学士·领侍卫内大臣·伯臣鄂尔泰等谨奏。

查得，先前颁降准噶尔噶尔丹策零以敕书，例赏缎十匹。乾隆四年，因噶尔丹策零派使臣哈柳，一切事宜，悉遵谕旨，恭顺具奏，格外施恩赏蟒缎、妆缎六匹，玻璃、磁器十种。继而使臣莽鼐、吹纳木喀等至，恩赏玻璃、瓷器十种，缎十六匹。均皆记录在案。

此次，噶尔丹策零特派吹纳木喀等，进献玉碗、马匹，极为恭顺具奏，相应请随敕赏缎十匹外，其如何另行恩赏之处，谨此请旨。

等因，乾隆七年十一月二十二日奏入，奉旨：亦赏缎十匹外，著赏蟒缎、妆缎八匹，玻璃、磁器十二种。钦此。

（将此由臣等处交付中书塔海，晓谕内总管太监，除玻璃、磁器外，交付内务府转饬各该地方，将应赏缎十匹，蟒缎八匹选出，即行解送军机处。亦交付蒙古衙门去讫）

（军机处满文《夷使档》1761-3）

199
军机大臣鄂尔泰等奏请依例赏赐
使臣吹纳木喀等银两缎匹等物折

乾隆七年十一月二十二日

大学士·领侍卫内大臣·伯臣鄂尔泰等谨奏，为请旨事。

查得，先前遣返准噶尔所派使臣等时，以颁降噶尔丹策零敕书礼，赏各色缎十匹；其为首使臣，赏银一百两、御用缎二匹、官用蟒缎一匹、补缎一匹、彭缎二匹、毛青布二十四匹；赏副使银五十两，官用蟒缎一匹、御用缎二匹、彭缎二匹、毛青布二十匹；其随行来京之厄鲁特，留肃州之厄鲁特等，人各赏银二十两、官用缎二匹、彭缎一匹、毛青布八匹外，其使臣及随行来京之厄鲁特等，若在冬季，赏皮袄各一袭、棉袍各一袭，倘在夏季，赏棉袍各一袭、双层纱袍一袭，及帽子、腰带在案。

拟赏此次前来为首使臣吹纳木喀，副使玛木特、图尔都，随行厄鲁特十七人之银两缎布，仍照前例，俟临近其起程颁赐外，其赏留于肃州之厄鲁特六人之银两缎布，即交付吹纳木喀等，俟彼等行抵肃州，再行颁赐。其为首使臣吹纳木喀，照例应时赏焰红妆缎面皮袄一袭，焰红妆缎面棉袍一袭；赏副使玛木特、图尔都，焰红妆缎面皮袄各一袭，焰红妆缎面棉袍各一袭。除留肃州之六人外，赏现在来京十七名厄鲁特，金字缎面羊皮袄各一袭，金字缎面棉袍各一袭，及帽子、腰带，一并赏赐。

颁降噶尔丹策零以敕书遣往时，仍照例赏缎十匹。

为此谨奏。请旨。

等因，乾隆七年十一月二十二日奏入，奉旨：著依议。钦此。

（将此交付中书塔海，转交内务府从速办理，亦交付理藩院去讫）

（军机处满文《夷使档》1761-3）

200
军机大臣鄂尔泰等奏请派医为使臣吹纳木喀治病片

乾隆七年十一月二十三日

大学士·领侍卫内大臣·伯臣鄂尔泰等谨奏。

据照看使臣等之内务府护军统领庆恩等禀称，吹纳木喀告称，我因微感风寒，头晕且肩背疼痛，消化不良，拟请大夫医治。再，据大臣等告称，俟过斋戒之日，始令我等朝觐，瞻觐圣颜已毕，数日内即令我等起程。我等携至些许货物，此间有空，与其闲在无事，可否带商人来贸易。既如此，请仍派先前给彼等诊治之大夫李玉清，为吹纳木喀治病外，将俟携至货物，亦照前例，派商贾进入，与彼等贸易。谨此请旨。

等因，乾隆七年十一月二十三日奏入，奉旨：知道了。钦此。

（将此交付照看使臣等之内务府护军统领庆恩等办理之）

（军机处满文《夷使档》1761-3）

201
军机大臣鄂尔泰等奏请另行委员照看使臣等贸易片

乾隆七年十一月二十三日

大学士·领侍卫内大臣·伯臣鄂尔泰等谨奏。

查得，适据巡抚黄廷桂奏称，除使臣等带至京城之驮包外，其余五十驮包，留于肃州，仍前派副将王达璋、道员牛廷彩、知州等员，办理其贸易事务，等因奏准。顷使臣吹纳木喀等称王达璋刁难彼等，相应此次将其所留货物于肃州贸易时，仍派王达璋办理，彼等见之，又借故造谣，相应咨文巡抚黄廷桂，于王达璋缺，另派干练之员，会同该道员办理。

等因，乾隆七年十一月二十三日奏入，奉旨：著依议。钦此。

（本日，将此缮文两份，交付兵部主事钟泰，外带封套，驰递川陕总督、甘肃巡抚去讫）

（军机处满文《夷使档》1761-3）

202
军机大臣鄂尔泰等奏请赏赐伴送使臣章京等银两片

乾隆七年十一月二十七日

大学士·领侍卫内大臣·伯臣鄂尔泰等谨奏。

查得，先前遣返准噶尔使臣等时，曾赏派委伴送之章京治装银二百两、笔帖式银一百两。由肃州派委护送使臣前来之通事兵，赏银五十两在案。此次来使吹纳木喀等返回时，仍派原伴送而来之理藩院员外郎傅松、笔帖式乌灵阿伴送，相应照例赏员外郎傅松银二百两、笔帖式乌灵阿银一百两，赏通事刘钧、董义银五十两用于治装。

谨此请旨。

乾隆七年十一月二十七日奏入，奉旨：知道了。钦此。

（将此交付中书赵鹏，转交内务府，将应赏银两，解交军机处）

（军机处满文《夷使档》1761-3）

203
军机大臣鄂尔泰等奏请指派入班大臣片

乾隆七年十一月二十七日

大学士·领侍卫内大臣·伯臣鄂尔泰等谨奏。

查得，先前准噶尔使臣至，令瞻觐圣明时，因入班大臣少，曾由臣处呈览尚书、侍郎、内阁学士、副都统等职名，酌情派出，增添入班。兹令使臣吹纳木喀等觐见，仍照前例，将未入班满洲大学士、尚书、侍郎、内阁学士、满洲蒙古副都统等职名，缮具绿头牌，一并恭呈御览，俟上酌情派出后，并入两翼入班，一并列班就座。

等因，乾隆七年十一月二十七日奏入，奉旨：著派查郎阿、三泰、三和、穆赫廉、德龄、额勒格、德尔敏、雅尔胡达、乌拜、德辛、法畴、松阿里、昌久、卓萧、拉布敦、鄂齐尔、常永、罗善、纳兰保、博清额、锡勒颟、富昌。钦此。

（将此交付中书赵鹏，转交吏部、兵部从速行知应行之处，并交付侍卫处）

（军机处满文《夷使档》1761-3）

204

军机大臣鄂尔泰等奏请派勒尔森替补
玉保查办土默特与厄鲁特牧场纠纷片

乾隆七年十一月二十七日

大学士·领侍卫内大臣·伯臣鄂尔泰等谨奏。

查得，前派侍郎玉保前去会同将军补熙，查办土默特与厄鲁特等互争夺游牧地一案，兹派玉保伴送准噶尔熬茶人等赴藏，相应另派一位大臣，办理土默特与厄鲁特互争游牧处一案。查得，此案至来年返青时始方办理，此间，侍郎勒尔森查办田亩之事亦竣返回，玉保之缺，拟即派勒尔森办理。

谨此请旨。

等因，乾隆七年十一月二十七日奏入。

（已另拟旨寄往）

（军机处满文《夷使档》1761-3）

205

谕著将军乌赫图备办伴送入藏事项
派勒尔森办理替补侍郎玉保

乾隆七年十一月二十四日

乾隆七年十一月二十四日，奉上谕：其准噶尔入藏熬茶人等，朕已施恩，准照其请办理，仍派将军乌赫图及侍郎玉保总理照管。著寄信乌赫图，其应行备办事项，其间备办之。玉保之缺，著派勒尔森办理土默特、厄鲁特游牧地之事。钦此。

（将此交付中书苏龄阿，转交蒙古衙门。十二月初四日，缮文钤印，交付兵部章京巴尔泰，咨行将军乌赫图去讫）

（军机处满文《夷使档》1761-3）

乾隆七年（1742 年）十一月己卯

命乌赫图、玉保护送准噶尔使臣赴藏。

上谕军机大臣等曰：准噶尔进藏熬茶者，朕已加恩，照所请行。其总理护送，仍令将军乌赫图及侍郎玉保前去。著晓谕乌赫图，即备办一切应行事件。

寻大学士等奏，玉保应于明年二月间自京起程，即往西宁接应来使。

奏入，得旨：命赏乌赫图银一千两，玉保二千五百两，已备在途需用。

（《平定准噶尔方略前编》卷 46）

206
军机大臣鄂尔泰等奏请指派引领使臣等瞻觐大臣片

乾隆七年十一月二十七日

大学士·领侍卫内大臣·伯臣鄂尔泰等谨奏。

查得，先前带准噶尔使臣等觐见时，由尚书那延泰、侍郎勒尔森、副都统阿兰泰引入。前次使臣吹纳木喀等来，曾由尚书班第、那延泰、侍郎勒尔森引入。兹勒尔森出差，带此次前来使臣吹纳木喀等觐见时，拟仍派副都统阿兰泰。

谨此请旨。

等因，乾隆七年十一月二十七日奏入，奉旨：知道了。钦此。

（将此交付中书苏龄阿，转交蒙古衙门）

（军机处满文《夷使档》1761-3）

207
军机大臣鄂尔泰等奏闻据称噶尔丹策零喜好鹰犬片

乾隆七年十一月二十八日

大学士·领侍卫内大臣·伯臣鄂尔泰等谨奏。

照看使臣等之内护军统领庆恩等禀称，据使臣吹纳木喀暗地告称，噶尔丹策零喜好鹰犬，闻知大国鹰犬甚佳，极愿得以一见。料想此次大皇帝必恩赏我等之噶尔丹策零，可否恩赏鹰犬带往耶。我等答称，大皇帝恩赏何物之处，均出自圣裁，谁敢提议，即便大臣等，倘皇上不曾垂询，亦不得具奏。吹纳木喀又称，我之此意，无论如何，尔等乘便告知大臣等，大臣等知之后，若遇大皇帝垂询，可上奏也。此话勿传他人，即便我等之同行者，亦勿告之。

等因，乾隆七年十一月二十八日奏入。

（已另行拟旨）

（军机处满文《夷使档》1761-3）

208
谕著赏噶尔丹策零鹰犬

乾隆七年十一月二十七日

乾隆七年十一月二十七日，奉上谕：准噶尔之噶尔丹策零请安，进献马匹、物件，笃诚恭顺具奏，相应照例赏赐外，特恩赏好鹰二只，良犬二只。著饬交该大臣等，挑上等鹰绊、犬圈各两副赏之，一副在途用，一副俟至其游牧后用。钦此。

（将此交付中书皂保，交管理鹰犬处、蒙古衙门去讫）

（军机处满文《夷使档》1761-3）

209
军机大臣鄂尔泰等奏报使臣吹
纳木喀等瞻觐圣明仪注折

乾隆七年十一月二十八日

大学士·领侍卫内大臣·伯臣鄂尔泰等谨奏，为议奏事。

此次所来准噶尔使臣吹纳木喀等，将于本月二十九日带领瞻觐圣明，拟仍照前例，召集是日入班大臣、议政大臣等。届时，聚集之大臣等各带坐褥入乾清宫，列班预备，前面就座十位大臣，仍行入座，后扈二位大臣侍立。御前侍卫等立于宝座附近，豹尾班侍卫列于宝座两旁，乾清门侍卫等列于豹尾班侍卫之后。月台两侧，每翼排立侍卫二十名；乾清门两侧，各立值班章京一员，侍卫二十名；阶下两翼，各列侍卫二十名，照门立侍卫二十名。再，凡使臣经过之门，增派章京、护军等排列齐整之处，交付前锋统领、护军统领办理。令派往照看之章京等，率使臣等由东华门、左翼门进入，引至照门赏食饭食。俟圣上升乾清宫宝座，由尚书班第、那延泰及奏蒙古事侍卫等，引使臣等入乾清门西侧门，由西侧拾阶而上，空出丹墀中央，令使臣吹纳木喀、玛木特、图尔都及随行厄鲁特等列队，以初至礼，行三跪九叩礼。礼毕，引使臣等由乾清宫西侧隔扇进入，于右侧前排大臣等之后跪叩一次，留出空隙而坐。其随行而来之厄鲁特等，令坐于隔扇外右侧台阶上。皇上用茶时，令随大臣等跪叩，赐茶时，令其跪叩饮之。降旨时，跪地聆听。事毕，仍由西侧隔扇引退，行经照门，出东华门，送至住处。是日聚集之大臣、侍卫等，仍着补服。

为此谨奏。请旨。

等因，乾隆七年十一月二十八日奏入，奉旨：知道了。钦此。

（将此交付中书苏龄阿，转交侍卫处、蒙古衙门、吏部、兵部、内务府、景运门）

（军机处满文《夷使档》1761-3）

210
使臣等乾清宫瞻觐颁降谕旨允准遣使赴藏熬茶记注

乾隆七年十一月二十九日

尚书那延泰、班第、副都统阿兰泰，引准噶尔使臣吹纳木喀等入乾清宫觐见时，颁降谕旨曰：尔等之台吉噶尔丹策零之奏书，朕已览，尔口奏之语，亦经我等之大臣问询后具奏。噶尔丹策零知尔等之人，诳语妄行，恭谨具奏，陈情请罪，朕已知悉。又称其先前所奏，非敢冒昧，乃因各地语调有不同，有所不当，则请宽宥。等因奏请，相应是之，朕并不在乎，朕乃大皇帝，岂有因一句美言而喜、一句恶语而怒之理。凡事但秉理而行，可行之事则准行，不可行之事，无论何人乞请，亦不准行。现譬如，噶尔丹策零恳请入藏为其父熬茶，朕即恩准，而尔等之人半途返回，今复奏请遣人赴藏，且此次由噶斯路前往。将此本应不准，惟噶尔丹策零为其父熬茶诵经者乃善事，且极为恭顺奏请，朕故特恩准其请，照其所请，仍令尔等之人至藏，虽不可由噶斯路而行，然此次亦照其请行之。惟将尔等遣往三百人分两路前行，则不利于我等之人伴送，且尔等之人行走亦属不便，其先行抵藏之人将久留等候贸易之人乎，或即返回耶。不可分两路而行，仍为一路，由彼径直一同赴藏则可。倘若拟至西宁贸易，则同至西宁贸易已毕，仍照尔等所请，由多伦鄂罗木路赴藏。尔等或入噶斯卡伦，由彼经行赴藏，或于西宁贸易之后再行赴藏之处，即由噶尔丹策零酌定，遣往尔等之人即可。吹纳木喀尔既亲率入藏之人前来，相应将拟由何路行走之处，晓谕我边界大臣，即由该路行走。倘若又复另行派人来京陈情，徒然往返，尔等入藏之事不得完结，如此则噶尔丹策零自误其事也。尔等赴藏之人，朕仍沿途酌赏牲畜、盘费，派大臣官兵护送。钦此。

吹纳木喀口奏称，噶尔丹策零之言，我皆已陈奏，业经大皇帝明鉴。大皇帝仁降谕旨，我将谨记，俟返回转告噶尔丹策零。先前我等之使臣哈柳曾奉旨，大皇帝恩赏赴藏人等以牲畜、口粮，然未得以叩恩，兹我等谨在此叩恩。再，既令我等入藏人等于东科尔贸易毕再行前往，相应派哪位大臣迎送，我等与之会同商议前往之事，以保无误。等因具奏。

奉上谕：派往伴送尔等之大臣乌赫图，现驻凉州，于边界地方等候尔等。自此派侍郎玉保，乃尔等之旧识，愿见则见。钦此。

又奉上谕：尔等之台吉噶尔丹策零之奏书内称，来京贸易之人，准行经归化城路，又不限人数，不限期限，听其自便而行。其西宁、多坝贸易者，仍准由旧路行走。等因奏请。先前就贸易之事，与尔等之使臣哈柳会议时，乃计长久之便利而定，岂可屡屡更改。今若照准尔等所请施行，属下人等彼此吵闹殴斗，小事渐变大事，亦未可料，于尔等亦无益。兹于尔等地方贸易之俄罗斯、回众等各部之人，有此不加查询，任其随意往来者乎。毋言尔等准噶尔之人，即便我等之喀尔喀扎萨克蒙古出入关口，尚领部票，经验明后方可通行，此等情形，尔等亦明知也。不可不计长久之无事，和睦之道之牢固，仅图一时之小利。若言来京贸易，路途遥远，自力难以抵达，则俄罗斯更远矣，缘何往来不绝耶。噶尔丹策零无非思虑畜力不及耳。夫贸易者，乃属众之事，向无官为办理之例。诚若尔等之畜力不及，有倒毙疲惫者，亦可与我属众换取，此即朕之恩矣。再，原议巡查科布多等地而已，并未指议托尔辉地方，今噶尔丹策零以托尔辉地方原曾驻兵，奏请准令巡查托尔辉地方者，乃恐我等驻兵于此也。朕既已降旨息兵，断不食言。噶尔丹策零倘若狐疑不信，务请亲临查看，即照所请，准每年秋季遣二三十人前往查看，令我卡伦人等，引尔等之人前往查看。噶尔丹策零亦须严饬尔等所派之人，断不可滋事。钦此。

吹纳木喀口奏称，大皇帝颁降谕旨者是，我等将谨记，转告噶尔丹策零。我口奏之语，皆经告知大臣等转奏，蒙大皇帝明鉴。此外，别无所奏。我为使往来数次，承蒙大皇帝施恩，今年事已高，但愿仰仗大皇帝仁恩，和好之事，永固不渝。等因具奏，奉上谕：倘若噶尔丹策零意欲永固，则可永固矣。钦此。

又奉上谕：吹纳木喀尔患病，而今痊愈否。尔等何时起程。吹纳木喀奏称，我今年事已高，因路途劳顿，又感寒暑，腹部疼痛，消化不良。蒙大皇帝赏医诊治，经服药已痊愈。今得以朝觐圣颜，更是百病尽消。我等意欲尽早返回，惟我等尚有携至些许物品，俟交易完毕，即可起程。等因具奏，奉上谕：尔之一切事宜办理妥当，即可起行。尔数次为使往来，临近起程，朕仍施恩赐宴，令尔等观赏百戏也。钦此。

（将此译成蒙古字，交付使臣吹纳木喀等赍往）

（军机处满文《夷使档》1761-3）

乾隆七年（1742年）十一月甲申

准噶尔使臣吹纳木喀等入觐。

上谕吹纳木喀等曰：噶尔丹策零奏表，朕已览讫，尔口奏语，大臣等亦以闻。噶尔丹策零深知尔部之人，诳语妄行，据实引罪，词甚恭顺，朕已知悉。又言从前所奏，非敢冒渎，因各中外言语不同之故，恳乞宽宥。有所不当，则请宽宥。此亦小事，朕不介意，朕为大君，岂有闻一甘言即喜，闻一非理之言即怒者乎。凡事惟据理剖析，理可行即允之，不可行纵恳乞再三，亦不允也。即如噶尔丹策零乞为父进藏熬茶，朕即允行，来使忽半途而回，今复申前请，本宜勿许，但念彼实为其父之故，心诚而语顺，故朕仍加恩允之。并恳道出嘎斯，此次亦姑从所请。但所遣三百人，若分二起，不特我等护送者难于兼顾尔等亦转多劳费，且先行赴藏者岂能久驻以待商人乎。止应仍作一起，或径自尔国，由嘎斯入藏，否则同至西宁贸易事毕，由多伦鄂摩入藏，尔等自酌之可也。来时当告我守边大臣，由何路往，朕仍赏给牲畜路费，遣官护送。

吹纳木喀奏言：噶尔丹策零所奏，既蒙大皇帝洞鉴，我等谨记大皇帝谕旨，还告噶尔丹策零。前者荷恩赏给牲畜路费，今谨谢恩。

上谕曰：噶尔丹策零前次请贸易者，不拘人数年期，所往亦从其便，既已定议，岂容数改。现今与尔贸易之俄罗斯、回人，有任其自往自来者乎。无论准噶尔人，即我喀尔喀部落，出入边口，必自部给票，验明许过，亦尔等所知。欲永远和好，岂可但计一时之便。若谓道远费多，俄罗斯较尔更远，何以往来不绝。且贸易乃民事，从无官为办给者，今许尔换给马驼，即朕之特恩也。又原议巡察科卜多，并未指及托尔辉，今噶尔丹策零以此为言，特恐彼处驻兵耳。朕既降旨罢兵，断不食言，若复生疑，即如所请，每年秋冬遣二三十人来，令我守卡者率往。尔等亦须严饬来人，毋得生事。

吹纳木喀奏言：所请并蒙大皇帝洞鉴，此外别无所奏。使臣往来数次，今年亦老矣，惟恳大皇帝加恩和好之事，永远不渝。

上谕曰：果噶尔丹策零勿萌异心，即能永远。尔病已痊否，尔等何时起程。

吹纳木喀奏言：使臣年老，途中复感寒暑，蒙大皇帝遣医诊治得愈，今日瞻仰天颜，更百病皆除，俟货物换就，即起程还部矣。

上谕曰：尔等行期不远，朕尚欲加恩赐宴，令尔等观赏百戏也。

（《平定准噶尔方略前编》卷 46）

211
使臣吹纳木喀等瞻觐之后欣喜情形记注

乾隆七年十一月二十九日

使臣吹纳木喀等出，告请曰，今日我等瞻仰大皇帝之圣明。我等所奏之事，皆蒙大皇帝洞鉴，颁降慈旨，我等所来之事已完满，诚乃大喜，极为欣喜。再将我等贸易些许物品，尽速办理，以无误起程。等语。臣等晓谕曰，贸易乃小事，我等交付照看官员，令商人速与尔等贸易，尔等亦勿因贪利而误贸易。先前哈柳等来，因恰逢年节，故令其入宴，观赏百戏。兹临近尔等起程，圣主亦施恩，起程前筵宴尔等，令尔等观赏百戏。吹纳木喀等闻之，皆合掌叩称，大皇帝之恩至深至重，我等惟恭承圣恩耳。等语。

看得，吹纳木喀等因其台吉噶尔丹策零所请，均获恩准，皆大欢喜矣。

（军机处满文《夷使档》1761-3）

212
军机大臣鄂尔泰等奏报丰泽园筵宴使臣等仪注折

乾隆七年十二月初二日

大学士·领侍卫内大臣·伯臣鄂尔泰等谨奏，为遵旨议奏事。

乾隆七年十一月二十八日，奉上谕：为将准噶尔噶尔丹策零所派使臣吹纳木喀等，于丰泽园搭支大蒙古包筵宴之处，著由军机大臣等议奏。钦此。钦遵。查得，乾隆五年正月奉旨将准噶尔使臣哈柳等，于圆明园西厂子筵宴。臣等议得，若令使臣等仅于御前用食，似不够庄重；若仅用饼桌，使臣等又不得饱。故搭一蒙古包，令哈柳等入先行进食，入大蒙古包，于御前赏食饽饽、肉食，演奏蒙古乐，唱戏令其观赏在案。兹皇上嘉赏准噶尔噶尔丹策零派使恭请圣安，进献马匹等物，所奏甚为恭顺，特地施恩，将其使臣于丰泽园搭支大蒙古包，于御前赏食饭食筵宴，相应仍照先前筵宴哈柳等之例，是日引使臣等绕行景山北面，入紫光阁门，坐于所搭蒙古包，由派去照看之官员，先行关照进食。御用桌张，置于蒙古包内宝座前，其余食桌，分列两侧。与大蒙古包相对搭支黄凉棚，摆放高桌金器。召集列班大臣，议政大臣及增派大臣等，前令十位大臣入座，后令扈从二位大臣站立。豹尾班侍卫，列宝座两旁。御前侍卫、乾清门侍卫等，列宝座两侧。届时，我等之大臣各带坐褥，预先进入列班。俟圣上升座，奉旨传宣使臣等进入，由尚书班第、那延泰，副都统阿兰泰及奏蒙古事侍卫，引使臣吹纳木喀、副使玛木特、图尔都由大蒙古包西侧隔扇门进入，继右翼首排诸大臣末跪叩一次，留隙而坐。其随行厄鲁特八人，令坐于蒙古包隔扇外右侧。抬桌护军章京、内管领等进桌，而后尚茶正进茶。圣上饮茶之时，令使臣等随众跪叩一次。侍卫等近前敬众人以茶，饮茶时，跪叩一次。用茶毕，取桌布。内务府官员等由高桌取盅、碟、壶、杯等进奉，俟至蒙古包大门附近，众皆跪地。敬酒大臣等近前献圣上以酒，圣上饮酒时，使臣等随众跪叩一次。敬酒大臣等，仍以大杯斟酒饮之。圣上尝过饽饽桌，移至两侧后，由尚膳正等进献肉食，分发众人之肉食，事先放置，进酒桌。领侍卫内大臣照管侍卫等分别斟酒，饮酒时，跪叩一次，而后饮之。接盅之后，再跪叩一次。皇上施恩以大杯斟酒遣侍卫等赏赐使臣等，令使臣等跪叩一次饮之。进肉之时，令绰尔齐等近前作蒙古乐，继令各项杂耍人等纷纷近前演戏，摔跤手等摔跤。宴毕，令使臣等就地行三叩礼，带往其住地，上还宫。是日，聚集之大臣、侍卫、官员等，均着补褂蟒袍类常服。筵宴所用桌张等项及戏耍人等，均皆交付内务府备办。交付领侍卫内大臣、护军统领等，派人管带。其敬酒大臣，谨请圣上指派。

为此谨奏。请旨。

等因，乾隆七年十二月初二日奏入。奉旨：依议。著初五日筵宴，派额尔图敬酒。钦此。

此折附奏片二件：

使臣等贸易之事，盖至十日完结。初五、初七此二日内，于何日筵宴之处，恭请圣裁。

蒙古音律 平地觔斗 棹子上套圈 桌子上撺蓆、攞索、盘杠子、爬杆子、软索、戏法、耍盆子、杂耍、掼跤、演戏

（将此交付中书阔占，转交蒙古衙门、内务府、景运门、侍卫处、武备院去讫）

（军机处满文《夷使档》1761-3）

213
军机大臣鄂尔泰等奏请赏赐病故跟
役卓特巴以银两片

乾隆七年十二月初二日

大学士·领侍卫内大臣·伯臣鄂尔泰等谨奏。

据照看准噶尔使臣等之内府护军统领庆恩等告称，随使臣等前来之厄鲁特人众内，有名卓特巴者，于昨日病故。吹纳木喀言称，按我准噶尔之例，人一旦故去，即如灰尘，无庸带回尸体，随处可葬，惟请遣派喇嘛一名念经，招引其魂。是故，除交付扎萨克达喇嘛噶尔丹锡勒图呼图克图，酌派诵经喇嘛一名，念经招魂外，再交付照看之章京等，照例装殓尸体，运至城远郊掩埋。

查得，雍正十三年，使臣吹纳木喀来，因其随行一名跟役塔尔济患病，准留就治，吹纳木喀等起程之后，塔尔济病故。奉旨：着装殓塔尔济尸体，派领催一员，追送吹纳木喀等。并照先前办理来使等内病故者之例，赏银一百两，交付吹纳木喀等赍回，颁赐塔尔济之妻孥等。钦此。钦遵。记录在案。兹照赏赐其随行人众之例，仍赏病故卓特巴以银两、衣物、缎布等物，交付吹纳木喀赍回，颁赐其妻孥外，是否照前例，另行恩赏银两之处，谨请圣裁。

等因。乾隆七年十二月初二日奏入，奉旨：知道了。著恩赏卓特巴银一百两。钦此。

（将此除交付我处派往照看之章京等外，交付中书福贤，转交蒙古衙门、内务府去讫）

（军机处满文《夷使档》1761-3）

214

军机大臣鄂尔泰等奏请赏使臣等绸缎银两片

乾隆七年十二月初二日

大学士·领侍卫内大臣·伯臣鄂尔泰等谨奏。

查得，乾隆四年十二月二十九日，令准噶尔使臣哈柳等入中政殿观跳步扎，恩赏哈柳大缎四匹、玻璃器皿四种，而后临近使臣等起程时，除照例赏赐彼等衣物、缎布、银两外，另行恩赏哈柳银二百两，副使松阿岱、巴颜银各五十两，均皆记录在案。为此谨具奏闻。

等因，乾隆七年十二月初二日奏入，奉旨：此次之来使等，著照先前赏赐哈柳等之例，另行恩赏吹纳木喀大缎四匹、玻璃器皿四种、银二百两，玛木特、图尔都各银五十两。此等物品，即于筵宴之日赏之。钦此。

（除将玻璃器皿由宫中备办外，其缎匹、银两等，交付中书福贤，交付内务府转饬各该处备办之。亦交付蒙古衙门去讫）

（军机处满文《夷使档》1761-3）

215

军机大臣鄂尔泰等奏报使臣吹纳木喀等拟往旃檀寺拜佛片

乾隆七年十二月初二日

大学士·领侍卫内大臣·伯臣鄂尔泰等谨奏。

据照看准噶尔使臣等之内府护军统领庆恩等告称，使臣吹纳木喀等告称，我等今春来时，曾往旃檀寺拜佛。今事已毕，临近起程返回，望能瞻拜旃檀佛，请择日带我等前去寺庙拜佛。吹纳木喀所请之处，倘蒙允准，则交付各该处，照前办理外，吹纳木喀等若欲叩拜噶尔丹锡勒图呼图克图，亦令其叩拜。如若意欲由彼前往嵩祝寺叩拜章嘉呼图克图，则告之呼图克图现正坐汤。

等因，乾隆七年十二月初二日奏入，奉旨：著依议。钦此。

（将此本处除交付照看章京庆恩等外，交付中书福贤，转交蒙古衙门）

（军机处满文《夷使档》1761-3）

216
谕噶尔丹策零准派人赴藏熬茶然不必分为两路

乾隆七年十二月初三日

奉天承运皇帝敕谕准噶尔台吉噶尔丹策零：台吉尔遣使臣吹纳木喀等请安进贡，知晓尔属人等造谣悖行之处，陈情认错，恭顺具奏，朕甚嘉之。又称尔先前之奏书，并无意使用鲁莽言语，乃因各地语调不同，如若不恭，乞望宽宥，相应亦罢，朕本不介意。再，尔先前请求赴藏熬茶，朕已恩准，然尔等之人半道折回。兹复请派人赴藏，此次由噶斯路行走，理应不准，惟因系为尔父诵经之好事，且极为恭顺具奏，故朕特地施恩，照尔所请，仍准派三百人赴藏，虽不能准由噶斯路而行，然仅此一次亦准尔之所请，但将尔赴藏人等分两路，一路自噶斯、纳玛干行经麻勒占库察路径直入藏，一路至西宁、多坝贸易已毕，由多伦鄂罗木路赶赴藏地。如此，不但我大臣、官兵等难以照看，即尔所遣人等，亦难分起行走。此等情形，朕已面谕吹纳木喀曰，因彼等称欲至西宁贸易，相应仍准三百人为一队，一同至西宁，俟贸易事毕，皆由多伦鄂罗木入藏。朕酌情沿途赏补牲畜、盘费，并派大臣、官兵等护送。尔等之人何时自游牧地方起程、何时抵达我边界地方之处，务必预先报告边界大臣等。又据奏称，若为巡查科布多地方，不知喀勒占和硕之地，亦未曾嘱令越过科布多巡查，若在科布多以内，系我等之人错言也。前蒙大皇帝降旨，不在科布多驻兵，准我每年派二三十人巡查科布多等处。今照先降谕旨，拟每年派人巡查至托尔辉地方。据此观之，尔仍疑我驻兵于彼耳。朕既降旨息兵，断不食言。尔若疑惑不信，定要巡查，则照尔之所请，派二三十人巡查托尔辉地方，由我卡伦之人，引往巡查，亦严饬尔所派之人，断不可滋事。再据尔之奏书内称，去往京城贸易之人，请仍准由原先之归化城路行走，并于西宁、多坝地方贸易。不准由此二路行走者，盖因大臣等疑惑所致。我与大皇帝之和好敦固，则无背信妄行之处，谨请仁鉴。等语。据使臣吹纳木喀等口奏之言，亦请不限贸易人数及往返日期，听其所愿前往。若依所请，则难免属下人等发生争执，小事渐变大事。若欲和好，则宜谋永远无事，信约弥坚，岂可惟图一时小利，而一味更改已定之约耶。朕乃大皇帝，合理之事，皆可照准台吉尔之所请施行，若不合理，无论何人乞请，亦不便准行。倘若如此借端，尚不如不准贸易。台吉尔宜核计其轻重，仍遵前议而行。故此特颁敕书，交付尔使吹纳木喀等赍往。

随敕赏各色缎十匹，格外赏玻璃、瓷器十二种，缎八匹、鹰二只、犬二只。

（十一日，带吹纳木喀等至箭亭前，将赏赐物品一并交付赍回外，另交付内阁存档）

（军机处满文《夷使档》1761-3）

乾隆七年（1742年）十二月戊子

敕谕准噶尔台吉噶尔丹策零。

奉天承运皇帝诏曰：尔遣吹纳木喀等请安进贡，尽知属下人谎言妄行之事，声明认罪，恭顺奏请，朕甚嘉予。尔称前次奏章并无抗击，因本处言语不同之故，乞加宽宥，朕本不以此为介意也。再尔前次奏请使人入藏熬茶，朕加恩准行，尔使半途回去。今又请使人入藏，从嘎斯路去，本不应允许，但尔为父诵经做好事，兼奏请之辞，极其恭顺，朕特加恩，准尔所请，仍用三百人入藏，并准路由嘎斯。但前去之人，若分两起，一起由嘎斯、那木罕入藏，一起由多巴、西宁事毕方去，不但我国官兵难以照看，即尔国使人，亦难分道而行。朕已面谕吹纳木喀，尔等既欲往西宁贸易，三百人可仍作一起，同至西宁，贸易事毕，即由多伦鄂罗木入藏，朕酌量于途间赏给牲畜路费，并命大员护送。尔使于本处何时起程，先期须报知我边界大臣。

再尔奏称巡视者直至喀勒占卡伦，系我人错会，大皇帝前既准我巡视科卜多，今遵照此旨，每年至托尔辉而止。观尔所言，仍疑我于彼处驻兵耳。朕既降旨息兵，岂复食言，必欲巡视，可遣二三十人来，令我守卡之人，带领巡察，但须严饬来人，无得生事。

再尔奏称贸易之人，不准由归化城等处者，由内地心疑之故，既经和好，岂敢妄行等语。尔来使吹纳木喀亦恳请不拘人数年期，亦从其便。倘如所请，恐下人必起争端，小事渐成大事。欲永远和好，必使信约弥坚，方为有益，岂可但计一时之利，而数改已定之议乎。朕为大君，于理可行即准行，若不可行，虽再三奏请，亦终不允。若必如此借端，何如不通商之为得也。尔宜酌其轻重，仍遵定议而行。

为此特颁敕书，交吹纳木喀赍往。随敕赐各色缎十端、磁器十二事，加赏蟒缎八端，并鹰犬各一。

（《平定准噶尔方略前编》卷47）

217
紫光阁筵宴赏赐噶尔丹策零素珠记注

乾隆七年十二月初五日

于紫光阁前搭支蒙古包，筵宴准噶尔使臣吹纳木喀等时，临近宴毕，上遣御前侍卫伯勒布察，降旨吹纳木喀等曰：俟尔等返回，问尔等之台吉噶尔丹策零好。钦此。宴毕，上还宫时，派御前侍卫、公哈达哈，降旨使臣吹纳木喀等曰：尔等之台吉噶尔丹策零进献之马，适朕已试骑，故此格外施恩，将朕佩戴素珠赏给噶尔丹策零。尔等赍往晓谕噶尔丹策零。钦此。

（军机处满文夷使档1761-3）

乾隆七年（1742年）十二月庚寅

上幸瀛台，赐准噶尔使臣吹纳木喀筵宴。

（《清高宗实录》卷180）

乾隆七年（1742年）十二月庚寅

赐吹纳木喀等筵宴，传旨赐噶尔丹策零御用朝珠，并赏给吹纳木喀等银、缎、磁器有差。

（《平定准噶尔方略前编》卷47）

218
军机大臣鄂尔泰等奏请免令使臣等会见额驸策凌片

乾隆七年十二月初八日

大学士·领侍卫内大臣·伯臣鄂尔泰等谨奏。

臣等钦遵谕旨，嘱咐照看使臣等之章京，将额驸策凌抵达之处，告知吹纳木喀等，顺便询问会见额驸之处。据吹纳木喀云，我曾问之，噶尔丹策零并未嘱令我等会见车臣王，亦未带礼物。车臣王乃大人物，吾等岂敢擅自会见耶。故仍免会见额驸策凌。

为此请旨。

等因，乾隆七年十二月初八日奏入，奉旨：著罢会见。钦此。

附奏片一件：

查得，乾隆四年使臣哈柳来时，因噶尔丹策零致书额驸策凌，并送马匹，故令使臣等会见。五年，哈柳来时，因告请会见额驸策凌，曾照前例，令其会见额驸策凌。

（军机处满文《夷使档》1761-3）

219
军机大臣鄂尔泰等奏请分拨护送使臣等返回片

乾隆七年十二月初九日

大学士·领侍卫内大臣·伯臣鄂尔泰等谨奏。

据照看使臣等之内府护军统领庆恩等告称，使臣吹纳木喀等告称，我等留于哈密之人众、货物，此间携至肃州贸易，俟我等行抵肃州，若贸易事宜尚未已毕，则需耽搁数日。请准此次返回时，令我等之玛木特、图尔都在前速行，先行抵达肃州监督贸易，吹纳木喀我亲自带众人之行包后行，俟抵肃州，即一同起程，则无耽误之处，似有益于事。请将伴送我等之章京、笔帖式等，亦分拨沿途护送。等语。此事拟照其请，将原伴送前来之章京、笔帖式分拨，先后护送前往。

等因，乾隆七年十二月初九日奏入，奉旨：知道了。钦此。

（将此交付兵部员外郎景福咨行。另交付中书赖超，转交蒙古衙门去讫）

（军机处满文《夷使档》1761-3）

220
军机大臣鄂尔泰等奏请将敕书等物交付使臣片

乾隆七年十二月初十日

大学士·领侍卫内大臣·伯臣鄂尔泰等谨奏。

查得，从前交付颁降噶尔丹策零之敕书时，令使臣等憩于上驷院房内，赏食饭食后，带至射亭前跪伏，交付敕书及赏物。兹因使臣吹纳木喀等起程在即，相应将颁降噶尔丹策零之敕书，拟于明日交付。仍照前例，于上驷院房，赏食使臣等饭食，跪伏于射亭前，交付敕书及赏赐噶尔丹策零之物品及使臣等之物品。俟彼等置办妥当，即令起程。

等因，乾隆七年十二月初十日奏入，奉旨：知道了。钦此。

（将此交付中书佛尔庆额，转交蒙古衙门、内务府、茶膳房、鹰犬处、武备院、统领衙门、景运门、上驷院去讫）

（军机处满文《夷使档》1761-3）

221

军机大臣鄂尔泰等奏报已将使臣
事知会两路军营片

乾隆七年十二月初十日

大学士·领侍卫内大臣·伯臣鄂尔泰等谨奏。

查得，先前将噶尔丹策零之奏书、所颁敕书及与使臣等议论事项，均加抄录，咨行西北两路将军、大臣等。兹因额驸策凌在京，相应将此次使臣吹纳木喀等携至奏书、赏往敕书及与使臣等议论事项，令额驸策凌阅看外，理宜抄录，分别咨行总督马尔泰、巡抚黄廷桂、提督永常知照可也。

等因，乾隆七年十二月初十日奏入，奉旨：知道了。钦此。

（十二月二十日缮文钤印后，将使臣事宜抄录三份，均皆缄封，交付兵部主事六格，咨行总督马尔泰、巡抚黄廷桂、提督永常去讫。亦给额驸一份）

（军机处满文《夷使档》1761-3）

222

军机大臣鄂尔泰等奏请令使臣
等观赏大象片

乾隆七年十二月十二日

大学士·领侍卫内大臣·伯臣鄂尔泰等谨奏。

使臣吹纳木喀等向侍郎玉保告请曰，早闻京城饲养大象，体格硕大，尚未一睹，能否赐见。等语。查得，因先前来之准噶尔使臣根顿、博洛呼尔哈等告请观象，故带至饲象处令其观赏。兹照前例，将吹纳木喀等带往观看之处，谨此请旨。

等因，乾隆七年十二月十二日奏入，奉旨：著带往观赏。钦此。

（此片未曾交付，传召驯象章京、统领衙门章京口谕之）

（军机处满文《夷使档》1761-3）

223
军机大臣鄂尔泰等奏请赏使臣鹰笼片

乾隆七年十二月十二日

大学士·领侍卫内大臣·伯臣鄂尔泰等谨奏。

据使臣吹纳木喀等告称，蒙大皇帝施恩，赏赐噶尔丹策零之鹰、犬，乃我地方所未有之珍物，我等定将敬谨带回，安然送达。鹰我等沿途手持带回，惟晨起上路，不可碰雾气露水，请造办小鸟笼两只，覆以毡子，将鹰放入。再，若将犬牵走，路远蹄破，亦未可料。若放入驮轿带走，俟至出边，用我等之骆驼带走，似易抵达。若蒙大臣等仁爱，谨请办理。等语。是故，照其所请，交付该处，造办装鹰小鸟笼两只，兼给驮轿之处，谨此请旨。

等因，乾隆七年十二月十二日奏入，奉旨：好。钦此。

（将此交付中书赫成额，交付内务府，转交营造司，从速造办鸟笼两只，亦交付武备院去讫）

（军机处满文《夷使档》1761-3）

224
军机大臣鄂尔泰等奏报侍郎玉保与
使臣吹纳木喀商议赴藏路线片

乾隆七年十二月十二日

大学士·领侍卫内大臣·伯臣鄂尔泰等谨奏。

前日，准噶尔使臣吹纳木喀等邀见侍郎玉保，告称，令吾等瞻觐圣明之日，颁降谕旨曰：将尔等赴藏三百人仍为一路一同前往，倘若拟于西宁贸易，同至西宁贸易毕，由尔等所请多伦鄂罗木路赴藏。尔等或入噶斯卡伦，由彼即行赴藏，或于西宁贸易毕赴藏之处，即由噶尔丹策零酌定后，遣往尔等之人。钦此。盖我等之噶尔丹策零，定照大皇帝谕旨，将遣往藏地人等作为一路，同赴东科尔贸易毕，再行赴藏。然我等为使之人，不可即定噶尔丹策零之意。噶尔丹策零若免于东科尔贸易，由彼行经麻勒占库察路，径直赴藏，则将我等拟留人畜，宜留何处等候之处，需先预定。再，虽令我等之人于东科尔贸易毕再赴藏，然将拟留人畜，仍留东科尔地方等候，由藏返回时，再绕经东科尔，不如将所留人畜，带至我等返程附近卡伦等候。可否之处，请准预先商定。臣等窃思，彼等由藏返回时，若复准行经东科尔，路远曲折，耗时日久，我等照看官兵亦多辛劳。就近由哈济尔、得卜特尔卡伦所属地方径行，似两相皆益。将东科尔地方所留人畜，计其由藏返回时日，遣往哈济尔卡伦，令我等之人照看等候亦可。臣等明日前去送别，提及此事，告知彼等，尔等瞻觐圣颜之日，将尔等赴藏人等未便分两路行走缘由，降旨尔等之后，因尔等奏请准至东科尔地方贸易，并请约见我等之照看大臣。已奉旨准尔等于东科尔地方贸易之处，我等照看官兵现于西宁备办各项事宜。尔等之噶尔丹策零，倘若不在西宁贸易，由彼赴藏，务必预先来报。将我等照看官兵遣往卡伦地方，沿途护送，将尔等所留人畜，安置于卡伦附近亦可。再，尔等之人虽于西宁贸易毕赴藏，返回时不必行经东科尔，由彼径行至卡伦，将所留人畜，遣往哈济尔、得卜特尔卡伦等候者，亦为可行之事。尔等之噶尔丹策零究竟如何确定，俟其来请，即晓谕我等之边界大臣，计其可行办理可也。

等因，乾隆七年十二月十二日奏入，奉旨：可。钦此。

（军机处满文《夷使档》1761-3）

225
谕著赏赐噶尔丹策零橘柑赍往

乾隆七年十二月十二日

乾隆七年十二月十二日奉上谕：著赏噶尔丹策零橘柑各一篓赍往。钦此。
（将此交付中书赫成额，交付内务府，转交茶房选上好橘柑各一篓，明晨送至使臣下榻处，交付护军统领庆恩等转交之）

（军机处满文《夷使档》1761-3）

226
军机大臣鄂尔泰等奏请令照看大臣
进呈熬茶使与寺庙喇嘛来往书稿片

乾隆七年十二月十三日

大学士·领侍卫内大臣·伯臣鄂尔泰等谨奏。

查得，使臣吹纳木喀等两次前来，先是我等之大臣夺过齐默特等具呈衮布木庙喇嘛等之文，其回文亦未给彼等。此次赴藏，若仍照前例，将进呈达赖喇嘛、班禅之呈文抢来，恐无回文，彼等屡屡以此为事言之。熬茶之礼，必为请喇嘛等念经修善事而呈文，喇嘛等亦给回文。若当彼等面取其文，不给回文，未便妥当。相应交付伴送大臣等晓谕颇罗鼐，将接取其呈文、给予回文之处，皆照例办理，取其呈文、回文之底稿呈览。取其文之情形，毋令使臣等知晓。俟有旨下，除密付将军乌赫图、侍郎玉保外，亦密寄副都统索拜知晓。

等因，乾隆七年十二月十三日奏入，奉旨：著依议。钦此。

（十二月二十日缮文钤印后，交付兵部主事六格，缄封驰递将军乌赫图、副都统索拜去讫）

（军机处满文《夷使档》1761-3）

227
军机大臣鄂尔泰等奏闻备办伴送
准噶尔使臣等赴藏熬茶事项折

乾隆七年十二月十三日

大学士·领侍卫内大臣·伯臣鄂尔泰等谨奏，为议奏事。

准噶尔噶尔丹策零遣吹纳木喀等为使，将先前齐默特等造谣悖行之处，归咎于己，恭请圣安，进献马匹等物，为赴藏熬茶，虔心恭谨具奏，蒙圣主施恩，降旨照请施行，准所遣三百人由噶斯路至西宁之东科尔地方，俟贸易毕，由彼入藏。相应就此理应备办事项，臣等详加酌议，逐款开列，恭呈御览。

一、为拓展卡伦事。查得，兹由西宁至伊克柴达木、得卜特尔，设卡十三处，由青海蒙古兵二百名，绿旗兵一百名，分别驻守。现准噶尔赴藏人等，既行经噶斯路，理应将卡伦酌往远处拓展至哈济尔。皂哈、巴哈柴达木等卡伦，仅驻蒙古兵，并无绿旗兵，相应于使臣往返之前，由西宁总兵所属绿旗兵中，再增派一百名，交付副都统莽鹄赉，酌情编派至卡伦驻守。青海蒙古之游牧，依照原议，预先妥加迁移，待使臣等通过，再照常游牧。俟撤卡伦，仍旧驻守，将增派之百名绿旗兵遣回。再，使臣等抵达时，倘有经历卡伦之新满洲、乌拉齐侍卫、章京，于事有益，且伴送准噶尔人等入藏，亦需熟练之人。去岁，为伴送准噶尔入藏熬茶人等，经臣等会议，拣选曾经过往新满洲、索伦、乌拉齐侍卫、章京四人遣往。此次伴送准噶尔人等，仍照前例，由新满洲、索伦、乌拉齐蒙古侍卫、章京内，拣选四人带领引见，分别遣往哈济尔、得卜特尔二处卡伦，等候使臣等。俟使臣等抵达，伴送至藏。

一、为遣派伴送使臣等之官兵事。查得，总管伴送，已钦差将军乌赫图、侍郎玉保。往来与使臣等传话，关照杂事，需有部院章京，相应拣选理藩院贤能章京一员，笔帖式二员，领催二员带往。其护送至藏之兵丁，仍拣派庄浪、凉州之满洲官兵五百名护送，将马畜、撒袋、鸟枪等物，皆妥加办理。此等派往五百名满洲兵，倘若调遣至噶斯等候使臣等，护送至东科尔，又从东科尔入藏，返回时送至边界，则人畜均皆不支，显现邋遢，有碍观瞻。仍应养精蓄锐，于东科尔地方歇息等候。前次将齐默特等，由哈密带至东科尔时，自李绳武处派出三百兵护送前来，相应将西宁总兵所属绿旗兵三百名，酌情派员率带，于四月内起程，计使臣等将至，前往哈济尔卡伦等候。俟使臣等抵达，会同部院章京、侍卫、官员，伴送至东科尔，交付伴送满洲兵后，仍行遣回。使臣等抵达前，设置卡伦及迁移蒙古游牧之事，皆需预先办理，相应令侍郎玉保、章京、官员等，年后二月起程，前往西宁，将一应办理事项，会同副都统莽鹄赉商议，妥善办理。使臣等来时，侍郎玉保带领章京、官员等，迎至卡伦地方接受使臣等，带至东科尔照看贸易，会同将军乌赫图率领官兵，伴送入藏。俟熬茶事毕，由原路送出边界后，除乌赫图带领官兵返回任所外，玉保率部院章京、笔帖式、新满洲、乌拉齐侍卫、章京返回。再，噶尔丹策零倘若不令熬茶人等赴西宁东科尔贸易，奏请经卡伦取道麻勒占库察径直入藏，亦未可定。如果预先派人至卡伦报称由彼就近前往，则侍郎玉保等即一面奏闻，一面咨文将军乌赫图，带领满洲官兵前往卡伦，护送使臣等由彼入藏，自卡伦地方守候三百名绿旗官兵内，酌留照看使臣等存留人畜者外，其余绿旗兵，则遣回原处。由索伦、乌拉齐侍卫、章京内，酌留一人，会同绿旗官员看守，仍敕副都统莽古赖稽查办理。晓谕伴送大臣等，沿途示以和睦之道，毋令妄自见人，其防范之处，暗加防范，断不可令其知觉。俟至藏，示以敬奉达赖喇嘛之道。准噶尔人等倘若提请延聘喇嘛，或带往额木齐等不可行之事，则以颇罗鼐等倘未奉旨，不可擅断，等语抚慰。咨文驻藏办事副都统索拜，将一应预备、防范、办理事项，皆依原先奏准之例核查，会同颇罗鼐商议，妥善备办。亦咨文总督马尔泰、巡抚黄廷桂，预先备办。

一、为办理接续牲畜、盘费，照看其留存牲畜事。噶尔丹策零为其父遣人入藏熬茶，除仍照原议，自备资斧前往外，仰蒙圣上施恩，降旨酌情补赏牲畜、盘费。相应饬令该总督、巡抚，依照原奏，备办廪给牛羊、米面等项，由东科尔地方起程前往藏地时赏赐外，事毕返回时，于青海附近地方再赏一次。使臣等之马畜倘有疲乏者，将军乌赫图、侍郎玉保令地方官员由原先备办马驼内支取，晓以圣恩，酌情赏补。彼等若请留疲瘦牲畜、零碎什物，则酌派官兵，择水草之地牧放。若请留其人，亦酌情赏补盘费等项。我等官兵之马畜倘有疲瘦者，将军乌赫图、侍郎玉保等由备办之驼马内支领，给予调换。所换牲畜，交付地方官员，好生牧放，以备返回时更换。再，依原议，我等之官兵入藏时，照原奏之例，由颇罗鼐处带马牛来迎，相应将多余马畜、零碎杂物，留于喀喇乌苏，酌留官兵，会同颇罗鼐之人一起看管。藏路迥远，我等官兵之马畜不能径行到达，故经前议，为于路途接济马匹、盘费，拟带往银二万两，业经奏准。继该总督为接济口粮，祈请再增带银一万两，奏准在案。将此仍照原议，由总督处备办银三万两带往，交付将军乌赫图、侍郎玉保，计足敷接济我等之官兵在途疲乏之马畜、盘费，及使臣等之朝拜，酌情补办，俟返回核销。

一、为办理派出之官兵事宜事。将军乌赫图所派五百名官兵，皆已按出征例办理起程外，侍郎玉保等于明年二月即自京城起程前往西宁迎接使臣等，带至东科尔地方，由彼伴送至藏，熬茶事毕，伴送使臣等出界后，始方返回。备办不足，显得邋遢，准噶尔人观之，亦有不便。相应令侍郎玉保、所派章京、笔帖式、拨什库、新满洲、索伦、乌拉齐侍卫、章京等由京城起程前往西宁时，由驿遣往外，由西宁起程前往藏地时，赴藏使臣、大臣、章京等，按例办理起程前往。

为此谨奏。请旨。

等因，乾隆七年十二月十三日奏入，奉朱批：依议。著赏乌赫图银一千两，玉保银二千五百两，供在途使用。钦此。

（将此交付内阁中书姚鹏，由军机处领银赏给玉保。咨文将军乌赫图、副都统莽鹄赉、索拜。由军机处选取侍卫、章京外，交付户部，咨文应行之处，将应办事项从速办理，不可延误。亦交付兵部、蒙古衙门去讫。十二月二十日，缮文钤印，交付兵部主事六格，缄封驰递将军乌赫图、副都统莽鹄赉、索拜去讫）。

（军机处满文《夷使档》1761-3）

乾隆七年（1742 年）十二月戊戌

大学士等奏，准噶尔来使进藏应行备办事宜。得旨：依议。乌赫图着赏银一千两，玉保着赏银二千五百两，以为沿途费用。

（《清高宗实录》卷 180）

乾隆七年（1742 年）十二月癸丑

命侍卫达赉等护送夷使入藏。

办理军机大臣等奏：准噶尔熬茶人进藏，应派熟练之侍卫、章京等四员，护送前往。去年已拣选正黄旗达赉、班布礼、护军参领满晋泰、镶白旗护军副参领来格四员引见，准其派往。嗣因齐默特等即自东科尔回巢，达赉等亦并回京。来年照管熬茶来使，可否仍用此四人。

奏入，得旨：即著此四人前往。

（《平定准噶尔方略前编》卷 47）

228
军机大臣鄂尔泰等奏请恩赏玉保等片

乾隆七年十二月十三日

大学士·领侍卫内大臣·伯臣鄂尔泰等谨奏。

臣等窃思，侍郎玉保乃钦差伴送准噶尔熬茶人等入藏之大臣，明年二月即起程前往西宁，办理一应备办事宜，伴送使臣等至藏，熬茶事毕送至边界，始方返回。道途迥远，往返行走，照管外藩人等，且沿途尚需每每款待使臣等用餐，应酌拨物件。再，入藏后，示以敬奉达赖喇嘛、班禅额尔德尼之道，进献礼物，所需颇巨，未便自理，如若短缺，亦有关碍。若蒙圣上施恩稍加赏赐，则侍郎玉保伴送使臣等，益为宽裕，相应亦于事有益。再，其如何赏赐将军乌赫图之处，亦一并请旨。

乾隆七年十二月十三日奏入。

（此事之旨，已批于赴藏熬茶事中）

（军机处满文《夷使档》1761-3）

229
尚书海望等奏报已与使臣吹纳木喀等告别片

乾隆七年十二月十三日

内大臣、尚书臣海望等谨奏。

臣等前去为准噶尔使臣吹纳木喀等饯行，示以皇上赏赐噶尔丹策零之橙柑，授以吃法。彼等称，先前曾赏我等食之，知剥壳食用，但不知其名，我等谨此记录带往，皆以蒙古字记录。再，就其与侍郎玉保所言之事，臣等依照奏准之例，晓示彼等。彼等称，噶尔丹策零盖定于西宁贸易，我等不可不详备，故加询问。既然大臣等皆已明示，相应我等之事齐备矣。吹纳木喀又告称，既定我等前来贸易之人于京城、肃州贸易，今年遣往肃州贸易，亦未可定。我等之人前来贸易后，买卖物品，请允许自己去往贸易地贸易等语。臣等曰，令尔等前来贸易之人，下榻于馆舍，传至此处商人，相互贸易，此乃定例也。俄罗斯人来贸易，亦按此例。倘令尔等之人随意贸易，彼此吵闹，或有不肖人等蒙骗尔等之物品，在所难免，日后益加烦琐，于尔等亦无益处，断不可行。等语晓谕。吹纳木喀等称，大臣等所言是。臣等告辞，彼等送别，称，仰仗大皇帝恩泽，普天下生灵及我准噶尔人众，均皆逸乐。我等惟有祈请大皇帝圣明万年康固，永抚众生。愿大臣等亦皆安康，辅佐大皇帝之政事。等语。

遂望口遥拜，合掌祈祷。彼等拟于明日观过象后，整理行装已毕，十五日起程。

为此谨具奏闻。

等因，乾隆七年十二月十三日奏入，奉旨：知道了。钦此。

（军机处满文《夷使档》1761-3）

230
军机大臣鄂尔泰等奏报使臣吹纳木喀等
之跟役于宣化府出痘片

乾隆七年十二月二十一日

大学士·领侍卫内大臣·伯臣鄂尔泰等谨奏。

据伴送使臣等之员外郎傅松等报称，因随从使臣等前来厄鲁特额木齐等三人出痘，故将厄鲁特达什留于宣化府照管。等语。将此交付理藩院，派干练笔帖式一员，照伴送使臣等之笔帖式之例，赏银百两，当即整装，乘驿遣至宣化府，会同地方官员好生照料，请医诊治。如若治愈，则所遣笔帖式先行具文陈明缘由，由驿递报伴送吹纳木喀等之章京傅松，晓谕使臣等，由彼照管所留痊愈人等，乘驿追至使臣等交付之。若亡故，则交付地方官员酌情办理掩埋。照赏赐亡故厄鲁特之例，人各赏银一百两。所需银两，由地方官员处支取，赍往交付使臣吹纳木喀等，转赏其妻孥外，其留下照看之厄鲁特达什，追至使臣吹纳木喀等交付。俟有旨下，交付该部，咨文地方官员遵行。

等因，乾隆七年十二月二十一日奏入，奉旨：依议。著派医一名，从速乘驿遣往诊治。钦此。

（将此是日译为汉字，缮文钤印，令蒙古衙门笔帖式萨音查克赍往，除交付口北道外，交付内务府、户部、蒙古衙门、太医院去讫。又交付中书松博，除交付兵部从速办理外，咨行直隶、陕西总督去讫）

（军机处满文《夷使档》1761-3）

231
军机大臣鄂尔泰等奏报使臣吹纳木喀等
跟役之于阳高县出痘片

乾隆七年十二月二十四日

大学士·领侍卫内大臣·伯臣鄂尔泰等谨奏。

据伴送准噶尔使臣等之员外郎傅松又复报称，本月二十日，行至阳高县，随从使臣等前来之厄鲁特内有西拉尔岱等三人又出痘，故交付该地方官，留下诊病。等情。是故，仍照前例，派笔帖式一员，赏银百两，带往医生一名，立即乘驿遣往，照料诊治。痊愈后，由所派笔帖式带领，追赶吹纳木喀等交付。若亡故，则交付地方官员酌情办理掩埋。照例赏亡故厄鲁特人各银一百两。所需银两，由地方官员处支取，赍往交付使臣吹纳木喀等，转赏其妻孥之处，均照留于宣化府之厄鲁特等之例办理。此两次留下养病人等，仰蒙圣上施恩，派笔帖式、医生诊疗，俟其痊愈，即行追送之处，即咨文员外郎傅松，晓谕吹纳木喀等知之。

等因，乾隆七年十二月二十四日奏入，奉旨：知道了。钦此。

（将此是日缮文钤印，交付兵部章京官员等，咨行傅松外，译成汉字缮文钤印，由所派笔帖式扎木布赍往，交付阳高县知县去讫。再，军机处由内务府支取银两，赏给所派笔帖式外，交付中书福贤，交付兵部，当即颁给乘驿印票，从速行文直隶、陕西总督，并交付户部、蒙古衙门、内务府、太医院去讫）

（军机处满文《夷使档》1761-3）

232
伴送准噶尔使臣员外郎傅松为行
抵肃州事呈军机处文

乾隆八年正月二十一日

伴送准噶尔使臣等之员外郎傅松等呈军机处，为具报事。

前曾报称，笔帖式乌灵阿带领使臣玛木特、图尔都等抵达肃州。傅松我于去年十二月十五日带领使臣吹纳木喀等从京城起程，到达宣化府后，令笔帖式乌灵阿率玛木特、图尔都等七人分道先行外，傅松我带领使臣吹纳木喀等后行，于本年正月十七日行抵肃州。为照看宣化府出痘之人所留蒙古达什，于正月初九日在鄂博岭地方追至吹纳木喀。二鹰及大鹫，行抵榆林等地后，由于异常寒冷，陆续遗弃。再，驮运使臣吹纳木喀等什物之骡，到达宁夏等地后，均皆疲惫，不能驮运物品，即便赶骡人等，亦不能行，故而彼等情愿不再驮运物品，请另行雇骡。故持交付傅松我等之一半银两，计二百四十四两八钱，及由阳高县撤回驮轿六骡回交银三十一两六钱，从宁夏至肃州，雇骡用银一百三十三两七钱五分，计另行节省银六十五两一钱五分，撤回六骡银七十七两五钱在内，共银一百四十二两六钱五分，傅松我暂行保管，乘便带往交付。

再，使臣吹纳木喀等贸易毕，将于今年正月二十二日自肃州起程前往哈密之处，一并报闻外，其驮轿二副，已交付肃州知州保管。容俟使臣吹纳木喀等到达哈密，再行具报。

为此具报。

（军机处满文《夷使档》1761-3）

233
派往照料准噶尔出痘人等笔帖式萨音查克
为行抵肃州事呈军机大臣文

乾隆八年正月二十三日

派往照料准噶尔出痘三名厄鲁特之笔帖式萨音查克恭呈军机大臣等，为具报事。

谨照大臣等之饬嘱，萨音查克我带领西拉尔岱等三名厄鲁特，正月初十日自榆林府所属卢沟驿起程，于本月二十二日赶抵肃州，将痊愈西拉尔岱等三名厄鲁特，赏给已故额木齐等三名厄鲁特之银三百两，会同员外郎傅松，一并转交使臣吹纳木喀。

为此谨呈。

（军机处满文《夷使档》1761-3）

234
军机大臣鄂尔泰等奏报护送出痘痊愈厄鲁特事宜片

乾隆八年正月二十五日

大学士·领侍卫内大臣·伯臣鄂尔泰等谨奏。

先是随从准噶尔使臣等前来厄鲁特人众内，因出痘留于宣化府三人，复于阳高县留三人。此皆蒙圣上施恩，赏派笔帖式、医生加以照料诊治，俟彼等痊愈，即行送往。若有亡故，赏其妻孥银两之处，经臣等处咨文伴送使臣等之章京傅松，转告吹纳木喀后，据吹纳木喀称，大皇帝如此施恩，不但我等之噶尔丹策零感戴，即便我等及亡故者之妻孥，亦皆委实感激不尽。等语。业由章京傅松复文外，原先所派出笔帖式萨音查克到达宣化府后，生病之三名厄鲁特均皆亡故，为照看彼等所留厄鲁特达什亦起程，故笔帖式萨音查克将赏给彼等妻孥之银各一百两，从地方官处领取后，追赶吹纳木喀等送往。续派笔帖式扎木布，携医至阳高县，彼处所留三名厄鲁特病稍愈，复经诊治数日，俟其可以上路，笔帖式扎木布带领追赶给吹纳木喀等时，令其依照臣等处咨文，追上前行之笔帖式萨音查克后，交付于彼送往。

为此谨具奏闻。

乾隆八年正月二十五日奏入，奉旨：知道了。钦此。

（将此交付中书乌什，转交蒙古衙门、户部去讫）

（军机处满文《夷使档》1761-3）

乾隆八年（1743 年）二月丙午

大学士鄂尔泰等议覆甘肃巡抚黄延桂奏准噶尔夷使进藏熬茶事宜：

一、夷使进藏熬茶，各官兵沿途护送。请照上次之例，酌运四个月本色口粮，八个月盐菜银两。逮到藏驻扎，请令川抚饬驻藏管粮员弁会同该副都统及郡王等，照进藏数目办给四个月口粮。如事竣不至东科尔贸易，即由卡回巢，有不敷口粮盐菜，听领兵之将军、侍郎等酌议加增，在藏办理。

一、选派西宁镇绿旗兵丁前往哈济尔边卡等候夷使。日期难以悬定，请令裹带六个月口粮，俾往返充足。

一、侍郎玉保带领章京官员自京前往西宁候夷使，护送进藏，事毕护送回巢，然后还京，请照例按品级支给衣服银两。至驻扎东科尔等候，即请照驻宁之例支给。

一、进藏满州官兵俸赏，应量加宽裕。请于官员赏给一年俸银外，加借一年。兵丁各赏银三十两外，再各借半年饷银，回营后陆续扣还。

一、西宁镇标派往哈济尔等候夷使之马兵三百名，路途遥远，往返需时，请每名赏银四两，以整行装。

一、夷使如不至东科尔贸易，其照管留藏之夷使官兵，必俟熬茶事竣撤回。所需口粮盐菜，及夷使留人应给口粮等项，请照噶斯案内供支坐台放卡之例，动支脚价，运送备供。

一、夷使如不至东科尔，其应赏赍各项，请将口粮米面，顺便运送哈济尔，并就近购买牛羊，先赏一次。如赏过仍至东科尔，再于起程时赏一次。俟熬茶回日，又于青海驸近处所赏一次。

俱应如所请。查侍郎玉保，已蒙恩赏银二千五百两，无庸再给。如玉保等自西宁至噶斯等候夷使回东科尔地方，亦应照例料理。

得旨：依议，速行。

（《清高宗实录》卷 185）

乾隆八年（1743 年）三月乙亥

（户部）又议，拔河东盐课银二十万两，解往甘肃，为准噶尔夷使进藏熬茶等项之用，从甘肃巡抚黄廷桂请也。

（《清高宗实录》卷 187）

乾隆八年（1743 年）闰四月癸亥

驻防哈密提督永常折奏酌办夷目贸易羊只事宜。

永常奏言：噶尔丹策零令巴布等至境报称，进藏熬茶，仍遣吹纳木喀等，于四月初旬起程前来。巴布等带有马羊求货，臣谕以今非贸易之年，与定例不符。该夷甚为悔惧，哀恳再三，求将疲乏不能驱回者变卖。臣查马虽疲乏，尚可行走，羊则擦掌乏弱者甚多。察其言词恳切，而羊只实难以驱回。令马匹仍留卡外，止将羊二千余，与兵民交易。仍谕以嗣后非贸易之年，羊亦不许携带。巴布等欣喜叩谢，即日起身回巢。

奏入，报闻。

（《平定准噶尔方略》卷 47，《清高宗实录》卷 190）

乾隆八年（1743 年）五月癸卯

侍郎玉保奏报熬茶使吹纳木喀、巴雅斯瑚朗等入境。

（《平定准噶尔方略前编》卷 47）

乾隆八年（1743 年）六月甲戌

命办理夷使速行进藏。

上谕军机大臣等曰：据侍郎玉保所奏，噶尔丹策零此次遣使进藏熬茶，其词貌俱极恭顺，且请将所携货物先在东科尔贸易。朕之恩准夷使入藏者，因噶尔丹策零恳请为伊父修行善事，故特允之。前此来使，因贸易羁留，遂至过时，不能前进，半道空回。此次所携货物，并无羚羊角、绿葡萄等项，止系皮张，尚易于变易。著行文甘肃巡抚黄廷桂，令其即往西宁，将夷使交易之事，速行料理，俾得即日起程。若复迁延过时，不能入藏，将来又须另为办理。此次一切俱令宽裕施恩。筹办妥协，速竟其事。著玉保将朕加恩接济，并令即行进藏之故，晓谕夷使等知之。

（《平定准噶尔方略前编》卷 47，《清高宗实录》卷 195）

乾隆八年（1743 年）九月壬午

夷使吹纳木喀等自哈丹和硕起程进藏。侍郎玉保等传旨，加赏口粮，换给驼马。

（《平定准噶尔方略前编》卷 47，《清高宗实录》卷 200）

乾隆八年（1743 年） 十月甲戌

安西提督永常奏报，准噶尔进贡使臣图尔都等入境。

（《平定准噶尔方略前编》卷 47）

乾隆八年（1743 年） 十月

是月，陕西安西镇总兵永常奏：准噶尔夷使到境，进贡貂皮马匹，并称来至肃州贸易，又有携带羊只，恳请变卖，或为代牧。查准噶尔旧例，准于寅午戌年，赴京贸易一次；申子辰年，赴肃贸易一次。今实早到两月。然去明岁为日无多，若令其久持，夷人自备口粮，未免多费。已令副将瑚宝，俟贸易夷人到来，即照例酌派官兵，护送赴肃。至所留羊只，亦令瑚宝变价存贮。

得旨：料理甚妥。知道了。

（《清高宗实录》卷 203）

乾隆八年（1743 年） 十一月戊子

安西提督永常奏报贸易夷使图卜济尔哈朗等入境。

（《平定准噶尔方略前编》卷 47）

乾隆八年（1743 年） 十二月甲寅

侍郎玉保等奏报夷使吹纳木喀等自藏起程还部。

（《平定准噶尔方略前编》卷 47）

乾隆八年（1743 年） 十二月癸亥

命准噶尔回藏之喇嘛罗卜藏丹怎来京安置。

凉州将军乌赫图等奏言，夷使吹纳木喀带回藏地之喇嘛罗卜藏丹怎。经臣等询问，系从前策妄阿喇布坦留下未经遣回之人，居住二十六年，今因熬茶之便，恳求回藏，并无别情。请照上年喇嘛噶津林沁之例，留于罗伦布庙居住。交郡王颇罗鼐，善为防范。

得旨：罗卜藏丹怎系在准噶尔久居之人，不可深信。若令在藏居住，恐有私行送信之事。著索拜将罗卜藏丹怎，及从前回藏之噶津林沁等，俱送至京师寺庙安置。

（《平定准噶尔方略前编》卷 47，《清高宗实录》卷 206）

乾隆八年（1743 年）十二月甲子

准噶尔进藏夷使吹纳木喀遣图尔都等至京谢恩，表贡方物。

（《清高宗实录》卷 206）

乾隆八年（1743 年）十二月甲子

夷使图尔都等至京，进表谢恩，并贡方物。

准噶尔台吉噶尔丹策零谨奏大皇帝。使臣吹纳木喀得从嘎斯路进藏，补给口粮，并准每年遣二三十人查阅托尔辉，又至肃州贸易人等，不论何时，一听其便，来京贸易者，若畏京城路远，即在甘州、凉州、兰州、西安等处贸易，皆蒙降旨允行，其为感戴懽悦，谨使图尔都等谢恩，恭请大皇帝万安。贡玉碗一只、马二匹、貂皮三十张。

奏入，报闻。

（《平定准噶尔方略前编》卷 47）

乾隆八年（1743 年）十二月丁丑

赐图尔都等入觐乾清宫，并令进观步踏。

上谕图尔都等曰：朕本欲明年召见尔等，赐予筵宴。因尔等求观步踏，故今日即令瞻仰。噶尔丹策零疏内称前往西藏之人，准由噶斯路，赐助牲畜。每年准派二三十人，巡阅托尔辉等处，故遣尔谢恩请安，朕深为欣慰。一应进藏所加恩典，吹纳木喀回巢时，自然详悉告知尔台吉。查阅托尔辉，乃系朕谕旨。但疏内又称：贸易之人不论何时皆可前来，来京贸易者，在甘凉等处，任便皆准贸易，并非朕之原旨。朕大臣等奏言，此系噶尔丹策零巧诈，以图侥幸。朕言噶尔丹策零未必如此巧诈，盖伊使者禀告之误也。昨朕大臣向尔讯问，果系尔等误告之故。大凡为使之人，往返劳顿，词语繁多，只言片语，保无错误，朕亦不复追究尔等。但尔等归时，须详告噶尔丹策零知悉。贸易之人，于限定年份，或春夏，或秋冬，总在一年之内。不论何时，皆准进边贸易，非不分年限，无论何年，皆可前来也。若来京贸易，亦应在定例来京之年。但尔等货物，皆系自备脚力，原属艰难。京师道远，力不能前，即在肃州贸易，亦属可行。肃州与尔游牧相近，尚可获利。若在甘、凉等处，实属不便。朕并非以尔等为外夷，不令留顿甘、凉也。尔等来时，并从彼处经行。其地皆属褊小，商贩无多。尔等货物到彼，若货卖不尽，将驮载回归耶，抑久住以待售耶。势必反至失利，于尔等何益。肃州亦属褊小，不比京师。因前既与尔国议定，先期传集商人至彼，与尔贸易。若无指定之处，商人岂能各处预备耶。如欲来京贸易，于定限年份仍来京。不然，即在肃州亦可。朕此等筹划，皆与尔等有益，尔明告噶尔丹策零知之。

夷使图尔都叩谢，奏言：大皇帝谕旨甚是。所称贸易无论何时，与甘、凉等处皆可贸易之语，大皇帝敕书内，实未开载。我等来时，曾向中国大臣言及，意谓已经许可，误行禀告，噶尔丹策零遂据我等之言，写入疏内。乃我等之过，非噶尔丹策零有意如此也。

又奉上谕曰：偶尔错误，朕不责备。想噶尔丹策零亦未必归咎于尔，尔等可勿疑惧。惟以朕敕书开载为凭，自属妥协。但一切事宜，既经议定，自当永远遵守。今初次举行，即便反覆，可乎。不惟于事无益，众人观瞻，亦属不雅。朕前降旨甚明，岂有即行更改之理。可传谕噶尔丹策零，其善体朕意。

图尔都奏称：一切事宜，大皇帝皆已降旨，敬谨记忆，回时详告噶尔丹策零知之。

（《平定准噶尔方略前编》卷47，《清高宗实录》卷207）

乾隆九年（1744年）正月壬午

赐准噶尔使臣图尔都等宴。

先是办理军机大臣等奏言：准噶尔使臣图尔图，奉旨于丰泽园设帐殿筵宴，请照前筵宴吹纳木喀之例，具仪以闻。奏入，报可。至是命尚书班第等引图尔都等于圣驾未临前，立首班大臣末，齐跪迎驾。上升座，引进行礼。传旨谕图尔都：以尔极其诚敬，皇上特加恩宠，不以外国异视，与中国臣工，一体行礼。夷使叩谢入宴。复传谕旨：因尔台吉噶尔丹策零恭顺，遣尔来请朕安，尔亦诚敬可嘉，故特加恩赐宴。尔于宴所，可随意醉饱，以尽尔欢，勿以大礼所在，致生拘束。所演各艺，尔详细观看，俟回时，告知尔噶尔丹策零可也。

上亲赐大臣酒时，召图尔都近前跪，赐饮三爵。并传旨赏噶尔丹策零妆缎、漳绒、宁绸各二端，玻璃器六事，珐琅器四事；使臣图尔都大缎四端，玻璃器四事，银二百两。

（《平定准噶尔方略前编》卷47，《清高宗实录》卷208）

乾隆九年（1744年）正月庚寅

驻藏副都统索拜奏报熬茶夷使在藏言语情形。

索拜奏言：近日据郡王颇罗鼐告称，上年十月初四日，夷使喇嘛尚卓特巴、宰桑吹纳木喀，至大小庙拜佛。谓颇罗鼐曰：我噶尔丹策零闻拉达克人言，土伯特黄教盛兴。今我等到此，黄教果觉兴旺，比前不同。颇罗鼐答曰：我土伯特地方不特黄教日兴，民生亦日安乐，此皆大皇帝广兴黄教，抚辑群生所致。

十月二十二日，尚卓特巴、吹纳木喀又谓颇罗鼐曰：噶勒招穆伦河边之策地方，原是温都逊喇嘛等坐禅之庙。闻此庙破坏，我噶尔丹策零令我等携带银两而来，欲烦王子代为修庙，令温逊众喇嘛照常坐禅。颇罗鼐答曰：我仰赖大皇帝洪恩，岂不能修一庙宇。但喇嘛坐禅，常在山上盖房，所以原地方不必重修。况汝台吉噶尔丹策零，并未奏请在彼处修庙，我未奉大皇帝谕旨，何敢擅行。

十一月二十六日，第巴喇嘛，与宰桑巴雅斯瑚朗谓颇罗鼐曰：我等到大小各寺庙熬茶，留心细看，宗喀巴佛之黄教，实属比前兴旺。众喇嘛亦觉齐整，《甘珠尔》经、《丹珠尔》经甚是灵应。乞王子将汝诚心扶助黄教，所行一切事体，写明付我等携归，与噶尔丹策零观看。颇罗鼐答曰：我本土伯特地方一微小台吉，蒙大皇帝降恩，拔至郡王，振兴黄教，成就《甘珠尔》《丹珠尔》经，以安士伯特之人，此皆仰赖大皇帝之恩，非我力所能成就。若将我如何振兴黄教之处，寄与噶尔丹策零，我自愧无能，不敢矜夸，此事亦不可行。第巴喇嘛、宰桑巴雅斯瑚朗又曰：我准噶尔地方，并无好额木齐。噶尔丹策零吩咐我等，熬茶事毕，将好额木齐，与通经好大喇嘛，延请一位带回。乞王子即为给发前去。颇罗鼐答曰：汝等欲请好额木齐，与通经好大喇嘛，并未奏请大皇帝，既未奉大皇帝谕旨，此事我何敢专主。

自夷使至藏后，言语情形，理合奏明。

奏入，得旨：颇罗鼐所办一切事务，俱极得体，甚属可嘉，著传旨奖谕。

（《平定准噶尔方略前编》卷47，《清高宗实录》卷208）

乾隆九年（1744年）正月辛卯

川陕总督庆复奏报贸易夷人图卜济尔哈朗等至肃州。

（《平定准噶尔方略前编》卷47）

乾隆九年（1744年）正月甲午

召谕夷使臣图尔都。

上召图尔都入见于圆明园，赐观烟火。谕之曰：朕召见尔等三四次矣，尔贸易事竣，即可起行。归告尔台吉噶尔丹策零，一切事宜，总凭朕所降眷黄谕旨为定。和好之事，以信为本，既已议定，永远奉行不爽。使内外群生，均得安乐，不亦善乎。

（《平定准噶尔方略前编》卷47，《清高宗实录》卷209）

乾隆九年（1744年）正月辛丑

命恩赏郡王颇罗鼐。

上谕内阁曰：此次准噶尔之人入藏熬茶，所有赏给路费口粮，虽系动用帑项预备，而郡王颇罗鼐实心效力，凡来使所用之物，一切俱办理妥协，甚属可嘉。著加恩赏蟒缎二端、大缎四端，即交与来使赍往。

（《平定准噶尔方略前编》卷47，《清高宗实录》卷209）

235
军机处奏报乾隆三年至六年与准噶尔贸易银两数目片※

乾隆九年正月二十四日

查，乾隆三年，夷使在肃贸易，据该督咨报，动银一万七千一百零内，除将缎匹等物折给外，给与现银九千二百九两零。乾隆四年，夷使在肃贸易，据该督咨报，动银一万五千两；乾隆五年，夷使在东科尔贸易，据该督咨报，动银二万八千一百两零；又乾隆六年，夷使在东科尔贸易，据该督抚咨报，动银十万六千六百七十两零。以上三次贸易，共动银十四万九千七百七十两零。其采买绸缎等物，用银若干，给与现银若干两之处，尚未分晰造册报部。至七、八两年，夷使贸易用过银两数目，该督抚亦尚未造报。

谨此奏闻。

乾隆九年正月二十四日具奏，奉旨，知道了。钦此。

（军机处满文《夷使档》1761-3）

乾隆九年（1744年）正月壬寅

赐准噶尔台吉噶尔丹策零敕书。

奉天承运皇帝诏曰：尔奏疏内称，据使者吹纳木喀归，奉到谕旨，我属前赴西藏之人，准由嘎斯路行走，赐助牲畜盘费。托尔辉地方，每年派遣二三十人前往查阅，是以遣使者图尔都具奏。来肃州之人，无论何时，乘便而来。来京贸易之人，愿赴京者听其来，若以京师遥远，准在甘州、凉州、兰州、西安等处，听其所愿贸易，其贸易时，与通事同往街市，购买需用货物等语。此则与朕原降谕旨迥异，故我国大臣，向尔使者图尔都询问，据云大皇帝谕旨内，原未谕及兹事，吹纳木喀等曾向大人言及，以为大人业已允行，是以归而误告噶尔丹策零，误以为大皇帝谕旨，故写入奏疏等语。大凡使者往返行走，语言繁多，只言片语，岂无舛错，朕亦不咎。即系尔使者误告，尔宜仍照朕前旨遵行。其来肃州贸易之人，于应来年分，无论何时，随到皆可准其进边贸易。至来京贸易之年，尔等以京师遥远，难以前来，欲在肃州贸易亦可。若甘州、凉州等处，地方褊小，商贾聚集无多，与尔等交易无益。朕为大皇帝，事若可行则施恩准行。和好之事，必虑久远，既已定议，永远遵守不爽，始为有信。

今特颁诏旨，付尔使者赍回。随敕赐佛二尊，并赏各色缎十端、锦缎、妆缎各八端、玻璃、磁器十五事。

（《平定准噶尔方略前编》卷47，《清高宗实录》卷209）

乾隆九年（1744年）正月乙巳

准噶尔使臣图尔都自京起程还部。

（《平定准噶尔方略前编》卷47）

乾隆九年（1744年）二月庚戌

命传旨奖谕郡王颇罗鼐。

驻藏副都统索拜奏言：郡王颇罗鼐告臣等言，准噶尔来使第巴喇嘛、吹纳木喀等于起程先一日，过我辞别。据吹纳木喀云，自今以往，我台吉噶尔丹策零于大皇帝前永矢恭顺，阐扬黄教，不但兵戈永息，群生亦皆安乐。不知如何始得结信于大皇帝，可以永久不渝。我答以大皇帝包容四海，以天地为心，与日月并明，中外并无歧视，诸部之人，悉皆一体同仁。即如尔等至藏熬茶，大皇帝格外加恩，赏给马驼路费，俾极充裕，尔等将还，又加恩赐。尔熬茶之事，得以完善者，悉由尔台吉于大皇帝前恭顺有加，诚心恳请所致也。闻尔台吉素奉黄教，自今以后，惟有恭敬释迦佛，常如临之在上，虔心供奉，事大皇帝恭谨弥笃，一切悉遵谕旨训诲，必得厚福。我土伯特虽为黄教藏地，前此初无如此蕃盛，唐古忒人亦从无如此安乐，后因大皇帝广阐黄教，修养众生，是以自五世达赖喇嘛、班禅额尔德尼，至我颇罗鼐，悉予印授封，叠荷隆恩，有加无已，人物愈加富庶，此蒙古、唐古忒人所共知者。尔归，将我言告知尔台吉噶尔丹策零，是否任其自择。

吹纳木喀等皆以为然。彼又言：闻前入藏人言，此地唐古忒人不能乘马，兵械亦不完备，今我至喀喇乌苏时，尔子札萨克台吉珠密纳木扎尔率兵迎接将军、侍郎，观尔地之人，乘马兵械，亦甚可观。我答以此乃兴黄教之地，素不以武备为事。因尔前台吉起兵袭藏，我唐古忒始重武备，悉加意练习，且大皇帝加恩，令我统辖藏事，我悉力简阅甲兵，缮治军械。他部即有以兵犯我边圉者，亦久已有备，蒙古、唐古忒藉大皇帝天威，足资抵御等语。吹纳木喀等唯唯而退。

奏入，得旨：颇罗鼐与夷使应答言语，极为得体，此皆伊平日感朕厚恩，实心报效，是以所言，皆合朕意，实属可嘉。著传谕颇罗鼐知之。

（《平定准噶尔方略前编》卷 47，《清高宗实录》卷 210）

乾隆九年（1744 年）二月壬申

大学士鄂尔泰等议奏：总理青海副都统莽古赉咨称，青海扎萨克王、贝勒、贝子、公、台吉等二十九旗所属蒙古住牧，有居处孔道者，有地虽稍僻，而与夷使经过之路相近，亦应搬移者。前因准噶尔夷使于乾隆六年、八年，两次往东科尔贸易，经过青海地方，业经委员前往，督率搬移，应议分别赏赉。其扎萨克郡王二员，拟各赏大缎、官缎四；贝勒、贝子各一员，各大缎一、官缎四；镇国公一员，辅国公三员，各大缎一、官缎三；台吉八员，各官缎三；各旗属蒙古人等四千四百七十八户，每户赏银四两。

从之。

（《清高宗实录》卷 211）

236
理藩院员外郎增福为准噶尔商人
前来肃州贸易事呈军机大臣文

乾隆九年二月二十九日

员外郎增福呈军机大臣，为报闻事。

我等行抵肃州，即约见准噶尔前来贸易之人。据其所来宰桑图卜济尔哈朗等言称，我等此次前来贸易，惟按仰仗大博克达汗之恩和好之旨，乃我等至肃州贸易之年，故我等之噶尔丹策零遣至我等。我等之货物无多，惟携至四万余两货物。我等此次前来贸易，不可与此前所来人等相比，彼等皆因事为使前来，所有骑乘食用，皆由官出，而我等此来，皆系自理，理应较前之货物少许加价，有盈余方可出售。再，我等所携货物，拟速行贸易，以便赶在暑热前返回。等语。观彼等之情形，欲速返回。彼等携至其他物件，尚可稍作等候，惟彼等所带羊只，逢遇开春牲畜倒毙损伤季节，故经地方官会同七品商人孙楷武商议，未便等候商人李永祚，先由商人孙楷武议以二万余只羊价办理之处，谨此报闻，相应增福我不复具报。准噶尔商人所带毛皮等物，俟商人李永祚抵达，办理完结之时，另行报闻。再，将七品商人孙楷武呈报大臣等之汉字文书，一并呈报。

（军机处满文《夷使档》1761-3）

乾隆九年（1744 年）三月丙戌

恩赏在藏办理熬茶夷使郡王颇罗鼐、子公朱尔默特策卜登等缎疋有差。

上谕内阁曰：此次准夷进藏熬茶，郡王颇罗鼐之子公朱尔默特策卜登等感戴朕恩，管辖兵丁，暗中防范各处哨卡，出力报效，殊属可嘉，应加特恩，赏给郡王颇罗鼐长子公朱尔默特策卜登、次子扎萨克头等台吉珠密纳木扎尔、办理噶卜伦事务公班第达蟒缎各二端、大缎各二端。赏给噶卜伦扎萨克头等台吉策凌旺扎尔、布隆灿、色玉特赛卜腾、扎萨克头等台吉齐旺多尔济大缎各一端、官用缎各二端。再赏给岱绷罗卜藏达尔扎、章鲁占巴、达颜，台吉巴扎尔鼐大缎、官用缎各一端，以示鼓励。

（《平定准噶尔方略前编》卷 47，《清高宗实录》卷 212）

乾隆九年（1744 年）三月庚寅

驻藏副都统索拜奏议酌议安置准噶尔回藏喇嘛噶津林沁、及解送罗卜藏丹怎来京事宜。

索拜奏言：上年十二月内奏，谕旨令臣于准夷熬茶事竣，将自准噶尔回藏之喇嘛罗卜藏丹怎及噶津林沁等，一并送至京师寺庙安置。臣当即传谕郡王颇罗鼐，据云喇嘛罗卜藏丹怎、噶津林沁具在准噶尔久居，人不可信，但噶津林沁乃拉达克人，幼为班禅额尔德尼弟子，居扎什伦布庙，我犹及见。今自准噶尔回藏后，我留意访察，不惟无侦探消息，行间搆衅之事，于班禅额尔德尼实亦诚信敬奉。今若移送京师，拉达克人必得闻知，若失其意，后此探报准噶尔消息，恐致生碍。且噶津林沁年已七十余，病肿衰残，余生无几，我令可信人时严防范，必不致有启衅之事。我意噶津林沁不必赴京，止将罗卜藏丹怎解送京师，似为妥协等语。臣思噶津林沁为拉达克人，未入版图，而年老病废，移送京师，彼或以老病为词。请将罗卜藏丹怎遣员解送京师，噶津林沁候旨定夺。

奏入，得旨：著照颇罗鼐所请行，惟防范之事，颇罗鼐宜益加勤勉为善。

（《平定准噶尔方略前编》卷 47，《清高宗实录》卷 212）

乾隆九年（1744 年）三月辛丑

又谕：头等侍卫达赖、护军参领马进泰护送熬茶之准噶尔使臣等至藏病故，甚属可悯，著加恩赏给伊等家属银各二百两，料理丧事。

（《清高宗实录》卷 213）

乾隆九年（1744年）三月甲辰

川陕总督庆复疏奏筹办准夷肃州贸易事宜。

庆复奏言：准噶尔甲子年贸易夷人，于正月十三日到肃。所携货物，俟派出商人李永祚至肃交易。其羊二万三千余只，路远羸瘦，水草不宜，夷人急于求售。李永祚尚未至肃，且为数甚多，亦难悉售之近地。应仿安西之例，于公帑给值，以羊分予提镇标兵，扣饷偿帑。但夷人索价甚昂，尚未议定。臣查夷人无知索值，但当从容开示，以释其疑。至今年已定以货易货之例，虽前在哈密，曾给现银，今在肃必将羊价议定，并入诸货之内，令商人以内地货物互易。至商人到肃，不能牵羊远售，分予各兵，以饷抵值，此系内地自行变通办理之道，但期于兵有益。议亦可行。

复准甘肃抚臣黄廷桂手札及肃州镇、道呈报云：准夷贸易，方经定例以货易货，夷人所携货物、羊与马驼，计值银四万两有奇。因闻肃州地少巨贾，必招商异地。夷人殊窘迫求售，及闻以货易货，则云上年东科尔全数给银，固为大皇帝格外深仁，而俄罗斯各处，我部曾有人往彼。见其与内地交易，有货物，有金银，何以今年肃州概不给银。若尽以货易，我辈宁携归货物。此事所关颇重，倘夷人以货易货之外，仍不免索银，应如何办理。嘱臣札复。臣复札云：准夷年来贸易，获利数倍。今当恪遵谕旨，坚持易货，始可遏其无厌之心。该夷今年所携皮货甚少，而羊与马驼，值银不过数万。彼携回原货之说，亦狡猾之词。然因时制宜，亦不必遽令觖望。盖示以以货易货之常例，可杜日久无已之贪心。今若稍以银互市，再为申明定例，坚其后约，亦为两得。然必须文武晓谕，俟商人熟察夷情，详定价值。如果感服公平，方稍为给银，一面办理，一面奏闻，始觉周密。惟当仰体圣主扶戢万方之意，审其轻重，妥协办理。

奏入，报闻。

（《平定准噶尔方略前编》卷47，《清高宗实录》卷213）

237

员外郎扎西等为呈报节省雇骡价银数目事呈军机处文

乾隆九年四月初五日

伴送准噶尔使臣等之员外郎扎什等呈军机处，为具报事。

扎西我等先前报称，本年三月初六日，我等带领使臣等抵达肃州地方。本月十九日，自肃州地方起行，拟抵哈密再行具报。等语。兹带使臣图尔都等，于四月初二日行抵哈密地方，将使臣图尔都等交付驻守哈密副将呼保等。使臣等于哈密歇息二日，初五日自哈密地方起程，前往其原游牧地。等情已报安西提督，另行奏报外，再，从京城起程时，赏给使臣图尔都等驮运物品之骡十五匹，由五城之坊官处至肃州，每匹骡雇价银十五两四钱，坊官等雇至宁夏之骡价银，已给骡夫外，自宁夏至肃州雇骡价银一百一十五两五钱，交付于我等。宁夏至肃州，雇骡节省银二十九两八钱，俟我等返回京城，再交付银库。

为此报闻。

（军机处满文《夷使档》1761-3）

乾隆九年（1744年）四月乙亥

川陕总督公庆复奏报准噶尔贸易夷人图卜济尔哈朗等，自肃州起程还部。

（《平定准噶尔方略前编》卷48，《清高宗实录》卷215）

238
理藩院员外郎增福为准噶尔人等来肃州贸易已毕事呈军机大臣等文

乾隆九年四月二十八日

理藩院员外郎增福呈军机大臣等，为报闻准噶尔贸易事毕事。

彼等所带羊只、猞猁皮、貂皮、狐狸皮、沙狐皮、豹皮、狼皮、羊皮等毛皮物件，由七品商人孙楷武等与之贸易，较前次使臣哈柳贸易之价稍减，较吹纳木喀贸易之价略增，取中贸易。彼等携至货物，总估价为四万余两，其中只用现银二千六百六十七两外，其余皆以绸缎、茶叶等物易取。彼等携至葡萄、羚羊角、瑙砂，则不作为正项交易，皆折给大黄换取。彼等欲售之驼马，皆系齿口大且有残者，按此地时价，驼不过十两，马不过四两，而彼等拟以驼二十一两，马八两出售，议价数日，商人孙楷武等给驼十四两、马六两五钱，而图卜济尔哈朗等丝毫不降价，意欲带回，然至起程时，其属下人等有情愿出售者，仍令入城，以每匹价银六两五钱计，将五十余匹马，折给绸缎换取。其驼始终未售，带之而回。贸易之事于四月二十三日完结，为首而来之蒙古宰桑图卜济尔哈朗等，于二十四日移至城外，整治驮包。二十五日晨，副商人回人济尔玛特呼礼陡病，遂派通事前来禀报，我等当派人至肃州知州处，传召官医前去探视，据医生马阳彪称系出痘。我等前去探视，出痘似尚轻。图卜济尔哈朗等闻之，极为恐惧，当即移至十里外下榻。图卜济尔哈朗言称，不能等济尔玛特呼礼，我带未曾过痘者先行起程，将出过痘之十九人留下，等候济尔玛特呼礼，俟其痊愈再起程。等语。商定之后，图卜济尔哈朗等于四月二十八日从肃州起程。

为此报闻外，回人济尔玛特呼礼出痘痊愈后，何时起程之处，将另行报闻。

再，将七品商人孙楷武具呈大臣等之汉字文书一份，一并具呈。

（军机处满文《夷使档》1761-3）

239
理藩院员外郎增福为报出痘商人痊愈
起程事呈军机大臣等文

乾隆九年五月十三日

理藩院员外郎增福呈军机大臣等，为报闻准噶尔商人回人济尔玛特呼礼等起程之处事。

前因回人济尔玛特呼礼出痘，未能与其为首前来之图卜济尔哈朗一起起程，住肃州养病之处，业经报闻。现回人济尔玛特呼礼出痘业已康复，告请即刻起程返回。增福我等制止曰，尔出痘虽轻，亦应多养数日，若急于赶路，于尔身体无益。等语。回人济尔玛特呼礼称，现我能骑马，我等之图卜济尔哈朗尚在前面等待我等，我宜追随而去。等语。我等观济尔玛特呼礼之情形，似可上路，故照其请，于五月十二日，自肃州照料起程。

再，将七品商人孙楷武具呈大臣等之汉字文书一份，一并具呈。

为此呈闻。

（军机处满文《夷使档》1761-3）

240
军机大臣鄂尔泰等奏报准噶尔人来肃州贸易事毕返回片

乾隆九年五月十二日

大学士·领侍卫内大臣·伯鄂尔泰等谨奏。

据派往照看准噶尔人贸易事务之理藩院员外郎增福报称，此次准噶尔人等所带货物，总估价为四万余两，其中只用现银二千六百六十七两外，其余皆以绸缎、茶叶等物易取。彼等携至葡萄、羚羊角、瑙砂，则不作为正项交易，皆折给大黄换取。贸易之事于四月二十三日完结，为首而来之蒙古宰桑图卜济尔哈朗等，于二十四日移至城外，整治驮包。因为副商人回人济尔玛特呼礼出痘，留十九人，等待济尔玛特呼礼痊愈再行起程。图卜济尔哈朗等已于四月二十八日从肃州起程。回人济尔玛特呼礼出痘痊愈后，何时起程之处，将另行报闻。

为此谨具奏闻。

等因，乾隆九年五月十二日奏入，奉旨：知道了。钦此。

（军机处满文《夷使档》1761-3）

241
驻哈密办理回众事务员外郎傅松等
为准噶尔贸易人等已出卡事呈军机处文

乾隆九年五月二十六日

驻哈密办理回众事务员外郎傅松、扎什呈军机处，为具报事。

准噶尔前来贸易之宰桑图卜济尔哈朗等，在肃州地方贸易已毕，于本年四月二十八日自肃州起程，同年五月十六日抵达哈密。彼等歇息二日，十八日自哈密起程，于是月二十一日出我卡伦之处，谨此报闻大臣等外，出痘回人宰桑鄂礼呼礼（济尔玛特呼礼）到达哈密时，另行禀报。

为此具呈。

（军机处满文《夷使档》1761-3）

242
提督永常进呈准噶尔商人之文

乾隆九年六月二十一日

进呈提督永常所奏蒙古字文书二份，奉旨：准噶尔使臣等来时，不必专特为事议之，若彼等提起，尔等再将情由晓谕开导。设若彼等不提，俟过数日，趁闲聊顺带将彼等如此胡乱生事之处晓示。钦此。准噶尔商人告知将军曰，我等前往时，自哈密直至达里图，十八匹马，连同马鞍，七匹驼，连同驼毡屉，一并被盗，经我等告之以肃州大臣等，曾令缮文具呈，应允饬令寻觅归还。现我等出，称嘉峪关外，乃将军之事，未曾回复我等之文。等语。现于达里图，有驼一峰、马四匹、二塔坦二人之财物被盗，计四十两银一包、黄线缎二匹、线三十四斤、玉瑎三块、素珠一串、琉璃三百件、蹄皮袄、羊皮袄、布袍一件、熏牛皮靴一双、布衫一件、裤子一条、袍二件、翠蓝布二匹、布一匹、毛织品一块、黑海骝马一匹。此等被盗物品，经告知伴送我等前来之嘉峪关总爷，未曾回还。于肃州被盗牛三头，曾予赔偿。依我等之例，行人物品若被盗，则寻觅给还，寻觅不得，则予赔偿。我等不知尔等之例。若无尔等之看守兵丁，仅由我等看守而被盗，则我等无可理论。即不知尔等看守之人，亦不知偷盗之人，束手无策，若令取尔等之贼扔弃之汗马，尔等之人亦不会要。因先前齐默特率三百人来，为汉人偷盗欺凌，备受责难，故我等畏惧，被汉人偷走上百件物品，不曾索还。我等此文之情由，似宜回复哈密。为贸易之事前来之章京、笔帖式二位，黄大老爷、卢大老爷，地方官牛大老爷，及前来贸易之孙大中，彼等皆称，曾奉谕旨：勿买葡萄、瑙砂、羚羊角。故而未买。因我等所带皮张及其他物品，皆未商定，我等意欲返回，又闭门不许出。我等无奈，意欲贸易，却称尔等将此买则买之，不买则罢。我等无奈买之，故而我等之贸易无成。拟售之驼马，声称购买，牧放于水草差之牧场困顿，俟至我等离开带至，不再收购。曾称嗣后尔等前来贸易，携至驼百峰、马三百匹、羊一万只、皮张等物，我等告称此不可擅专。我等将此贸易不成之缘由，到达彼处后，告知宰桑等，由彼等告知噶尔丹策零可也。多携至货物，不行其善，因双方和好而贸易则已，岂有令各自之属下人等多给他人之理耶？我等之意，若不按贸易之例行事，则不再贸易也。此等情由，欲亲往相告，有兵阻止，令具文，将文送达，故咨文前去。

（军机处满文《夷使档》1761-3）

243

理藩院左侍郎玉保奏报转降敕谕
给班禅额尔德尼并返抵前藏折

乾隆九年正月十八日

臣玉保谨奏，为奏闻转降敕谕给班禅额尔德尼情形事。

臣于十一月初三日由前藏起程，率准噶尔使臣吹纳木喀等前往后藏熬茶之处，前已奏闻。是月初八臣抵达后藏之日，班禅额尔德尼遣百余名喇嘛出迎于三里外，排列仪仗，迎接敕谕。臣赍敕谕至班禅额尔德尼所住拉卜楞后，班禅额尔德尼下床接奉敕谕，恭请圣上万安。臣抵达之前日，班禅额尔德尼之商卓特巴罗布藏策旺派多尼尔颇章告称，班禅额尔德尼年甫六岁，依我等之例，避讳远道而来之人，概不准会见，倘令准噶尔使臣及其随行一百二十余人，概准入谒班禅额尔德尼，班禅额尔德尼年尚幼，不便久坐，且我等亦极惶恐。兹因准噶尔台吉噶尔丹策零虔心笃请文殊菩萨皇帝，文殊菩萨皇帝始方施恩，准照其请来谒班禅额尔德尼。倘若见而不准拜谒，亦似作难。可否请大臣告知准噶尔使臣等，仅令二十余人进谒，其余人等嗣后再令陆续叩谒。等语。臣告知班禅额尔德尼之多尼尔颇章曰，尔等之此情，尔等可告知准噶尔使臣喇嘛、宰桑等，我亦言之。是月初九日，使臣宰桑吹纳木喀等来至臣之住处告称，昨日我等抵此，与此处喇嘛商卓特巴言及叩谒班禅额尔德尼之处，据商卓特巴称，不便令我等之人尽数拜谒班禅额尔德尼。经我等之噶尔丹策零奏请大皇帝之恩，前来拜谒班禅额尔德尼，而此处喇嘛商卓特巴只准我等之近二十人拜谒，其余概不准拜谒，则我等均皆哀怨。倘蒙大臣代为说服，可否准令我等来人尽数拜谒。臣告知使臣吹纳木喀等称，此处喇嘛商卓特巴并非不准尔等叩拜，缘在班禅额尔德尼年幼，按其本地习俗，避讳远道而来之人，不准叩拜，此处喇嘛商卓特巴始称只准尔等之近二十人拜谒班禅额尔德尼，其余人等，嗣后可相继拜谒，尔等缘何言称怨恨不准拜谒班禅额尔德尼耶。本大臣只是护送尔等而已，倘若彼等本地习俗即如此，我等亦不便勉强。言毕，使臣吹纳木喀等称，大臣之言甚是，我等猜测抑或只准我等之近二十人叩拜，其余人等便不准叩拜，故而如此言之，大臣现既言准令其余人等嗣后相继进谒，我等不胜欣感。言毕散去。初十日，使臣喇嘛、宰桑等近二十人进谒班禅额尔德尼，进献礼品。十三日，又有喇嘛、宰桑等近二十人进谒班禅额尔德尼，献礼祈福。其余人等，分为三起，陆续进谒班禅额尔德尼。十六日，郡王颇罗鼐之子公珠尔默特车布登、札萨克头等台吉车凌那木扎尔来至臣之住处告称，据准噶尔使臣喇嘛商卓特巴、宰桑吹纳木喀等至我等住处告曰，我等至此，业已拜谒班禅额尔德尼，并进献礼品，我等所来之事，均皆得以善终。我等来时，我等之噶尔丹策零交给我等银两携至，用于在后藏建房二三十间，令喇嘛等居住，倘有毁坏庙宇，亦稍事修葺。我等如若建房，能否获准。等语。彼等行抵前藏，亦曾告知我等之王，拟建房屋令喇嘛等居住，倘有毁坏庙宇，亦加以修葺。我等之王以本地喇嘛等不仅不缺住房，亦无毁坏庙宇，现天已寒冷，亦非建房时节等因，不曾应允。兹至后藏，复又告请修建房屋，故而我等经与班禅额尔德尼之商卓特巴会商，告知使臣喇嘛、宰桑等，现如今班禅额尔德尼年幼，不能为尔等建房之事动土，何况天已寒冷，不宜建房，等因未曾接受。等语。臣告知公珠尔默特车布登等称，准噶尔之噶尔丹策零凭借何能在藏地修建房屋令喇嘛等居住耶。此次为来藏熬茶，以彼等使臣难以抵达，祈请我等之圣上施恩，资助马畜盘费，经圣上恩赏马驼盘费，其使臣始得抵藏熬茶。噶尔丹策零果真欲于西藏地方修建房屋令喇嘛等居住、修葺毁坏庙宇，彼岂能不奏请我等圣上之谕旨。即便不曾奏请，亦不告知我等乎。观其并未奏请，亦不告知者，并非诚心盖房，而是使臣等明知尔等不允，图谋博得众喇嘛之心，故而如此言语而已，尔等不予接受者甚是。公珠尔默特车布登等称，大臣之言甚是，我等所见略同。是故，臣于十月十九日率使臣等由后藏起程前来前藏时，喇嘛商卓特巴、宰桑吹纳木喀等在途中告知臣曰，我等前来时，我等之噶尔丹策零吩咐我等由藏延请通经好喇嘛一名、懂医好额木齐喇嘛一名带回。我等抵达后藏看得，班禅额尔德尼年幼，班禅额尔德尼之各项事务，均由喇嘛商卓特巴办理，料想即便我等请求，焉能应允，故而不曾提请。我等意欲俟抵前藏，求之于达赖喇嘛、王颇罗鼐。大臣与我等原本相识，是以表露心迹，将其能否准行之处，与大臣商议。等语。臣称，是，我等原本相识。兹宰桑、喇嘛等既然恳切与我商议，我亦推心置腹告知尔等，尔等之浑台吉策旺阿喇布坦之时，曾经遣派策凌敦多布破坏寺庙，扰累土伯特人众。尔等准噶尔之人，拟来西藏地方熬茶，土伯特人众甚是厌恶。经尔等之噶尔丹策零虔心奏请，我等之大皇帝准为其父修善事熬茶，始蒙我等之大皇帝恩准遣往西藏。尔等此次前来熬茶，是否出自至诚，土伯特人等尚不明确，岂能依照尔等之请，当即给予通经好喇嘛及懂医好额木齐。以我之见，尔等不如不请。言毕，宰桑吹纳木喀称，我等前来时，我等之噶尔丹策零如此吩咐，无论给否，我等不能不加告请。我等厄鲁特有一比喻，汗者之使，不可半途而废；吩咐之言，务须详尽转达。闻此，臣曰，果真如此，则尔等之齐默特等前年前来时，缘何半道而回。使臣喇嘛尼尔巴等笑答，彼并非他故，贵大臣及我等之宰桑吹纳木喀前来，成事乃理所当然，无可奈何之事，随之而去。无论如何，容许我等告请王颇罗鼐一试。言毕散去。是故，臣率使臣趋行，于是月二十四日抵达前藏。是月三十日，据王颇罗鼐前来告称，准噶尔之使臣吹纳木喀等告请延请本地通经及懂医好喇嘛，我答曰，尔等欲请通经及懂医好喇嘛，噶尔丹策零理应奏请我等之文殊菩萨大皇帝恩准，尔等之噶尔丹策零既未奏请我等之文殊菩萨大皇帝之旨，我何敢擅自给付。等因。未曾应允。

为此谨具奏闻。

乾隆九年正月十八日奉朱批：知道了。钦此。

（军机处满文《夷使档》1761-4）

244
凉州将军乌赫图等奏报率准噶尔使臣
等由藏起程情形折

乾隆九年正月十八日

臣乌赫图、玉保谨奏，为奏闻率准噶尔使臣等由藏起程情形事。

查得，先前臣等奏称，观满洲官兵、使臣等骑用至藏之马驼，骆驼尚可骑用，马匹皆已疲惫，虽经喂养，并不见起色，堪用者甚少。倘若仍照原奏赏给使臣等马驼，不惟需用牲畜过多，且使臣等将不能带回及疲惫马畜，请求以高价出售，亦难逆料。臣等以副都统索拜、郡王颇罗鼐所备马一千二百匹、驼一百峰，替换满洲官兵之疲惫马驼，补拨银两办理外，免给准噶尔使臣等马驼，亦照满洲官兵之例换取疲惫马畜。等因具奏。臣玉保十一月初三日率使臣喇嘛商卓特巴、宰桑吹纳木喀等一百二十人前往后藏熬茶，于是月二十四日返抵前藏。二十五日，宰桑吹纳木喀等来至臣等住处告称，我等之噶尔丹策零奏请大皇帝准为其父赴藏熬茶讽经，蒙大皇帝恩准施行，赏补马驼，又接济盘费，且于我等前往后藏、甘丹等寺熬茶讽经之际，均官为拨给钱粮，雇给马畜，故而我等熬茶之事得以圆满，不仅我等不胜感激，即便我等之噶尔丹策零亦欣感不已。我等之事既已善终，相应拟于十二月初五日起程返回游牧，惟我等携来骆驼仅有一半尚可使用，马匹皆已不能使用，若蒙大臣等垂恤，可否拨给我等马匹。等语。臣等回复喇嘛商卓特巴、宰桑吹纳木喀等称，尔等之噶尔丹策零虔诚奏请我等之大皇帝准为尔等之前台吉赴藏熬茶，蒙我大皇帝恩准其请，又为便利尔等之噶尔丹策零之父事，施以殊恩，使尔等之事得以善终，而尔等又以马畜羸瘦不能行，请求拨给马匹者为何言，此断不可行。等语。宰桑吹纳木喀等称，大臣等之言甚是，我等之噶尔丹策零为其父熬茶之事，蒙大皇帝施恩提供便利，故而我等之事得以善终，即便

·233·

我等徒步返回游牧，亦属在理，惟我等之马畜委实难以返回游牧，故而报请大皇帝之恩，诚能返回，岂敢如此告请。等语。臣等告宰桑吹纳木喀等称，而今为尔等之马匹之事，尔等屡屡告请我大皇帝之恩，相应由藏起程时，尔等仍用尔等之马匹，俟至喀喇乌苏，实难前行之时，再行商议。等语。使臣吹纳木喀等称，大臣等既言如此，我等即用我等之马畜至喀喇乌苏。等语。宰桑吹纳木喀等又告称，我等由哈坦和硕起程前来时，业经告知大臣等，将我等之四十六人及马驼留于哈济尔、得卜特尔地方。该项马驼内，料想既有恢复者，亦有未恢复者。我等现既由阿哈雅克、纳马噶路返回，相应派人前往哈济尔、得卜特尔，由我等所留马驼内挑取其膘壮堪用者，由彼前往噶斯与我等会聚。其余尚未上膘马驼，即令我等所派之人卖给尔等之卡伦之人。等语。臣等告吹纳木喀等称，哈济尔、得卜特尔系卡伦地方，尔等来藏时，以此等马驼皆已疲惫，全然不能前行，与其白白毙命，不如在此牧养等因，再三祈请，故而我等遣派我等之侍卫官兵会同等所留之人照料，尽数撤回我卡伦人等，而今卡伦地方又有何人收购尔等之羸瘦马匹。倘令尔等留于哈济尔、得卜特尔人等及马驼赶赴噶斯，可咨文尔等所留之人，我等可代为派人送达。我等亦可吩咐我等之侍卫等，将尔等所留人马送出卡伦，遣往尔等所经之路。等语。吹纳木喀等称，大臣等既言卡伦地方无人收购马驼，相应我等不再派人，可撰文送交大臣等转达，将我等所留人马由彼携至噶斯。等语。臣等观准噶尔使臣等之马驼，虽喂养近两月，然因均属疲惫牲畜，其骆驼三分之二尚可勉强使用，而马匹仅有三分之一尚可使用，若不拨给马畜，实难返回游牧，倘若由藏即行拨给马畜，俟抵喀喇乌苏，又请拨给马畜，亦难逆料。是故，经臣等商议，由藏起程时，仍用彼之马畜，俟至喀喇乌苏，再行斟酌。及至十二月初五日，臣等率使臣等由藏起程，抵达喀喇乌苏后，计使臣等勉强能够抵达噶斯，并以所留马畜接济，再晓以圣恩，予以调拨马畜。为将使臣等留于哈济尔、得卜特尔之人马遣往噶斯，业经咨文守护侍卫官兵等之处，均已咨行川陕总督公庆复、甘肃巡抚黄廷桂、驻西宁办事副都统莽鹄赉。

为此谨具奏闻。

乾隆九年正月十八日奉朱批：所办者可嘉。知道了。钦此。

（军机处满文《夷使档》1761-4）

245
凉州将军乌赫图奏闻拨给满洲官兵返程所需马畜情形折

乾隆九年正月十八日

臣乌赫图等谨奏，为奏闻调换满洲官兵所用马畜并雇给乌拉情形事。

先是臣等奏称，俟使臣等事竣返回之时，倘不拨给满洲官兵及使臣等以马畜，实难返回，相应以满洲官兵羸瘦马畜抵补，再补给银两办理外，免赏准噶尔使臣等以马驼，亦照满洲官兵之例，收取疲惫马畜抵补调换。等因具奏。臣等查得，凉州、庄浪五百名兵丁起程前来时，每人拨给膘壮马四匹，两人合给驼一峰至东科尔。由东科尔起程前行时，正值秋季，水草丰美，行至哈坦和硕，又将掉膘马驼酌情调换。由哈坦和硕起程来藏时，在途损失马四百余匹、驼一百余峰，其余马驼，至藏时已羸瘦至极。现在藏拨给草料饲养之马匹虽有八百匹，然皆系远行疲惫马匹，并不见恢复，可用马匹极少。其留于喀喇乌苏、唐古特等牧放马驼，因系冬季水草干枯，亦未恢复。自副都统索拜所备绿营之马二百匹，郡王颇罗鼐所备马一千匹、驼一百峰，于那克树所备马三百匹，合共马一千五百匹内，调换给准噶尔使臣等之马约需四百余匹，按其余马匹数目计，五百名官兵均从麻勒占库察路出界护送准噶尔人等，马匹不敷，现正值冬季，严寒降雪，草木枯萎时节，路途又无预备接济之项，万一表现局促，有碍大国军容。故而臣计马匹数目，将五百名兵丁分为两队，其中一半由臣率带，照料准噶尔人等由麻勒占库察路护送出界，其余一半兵丁交付协领纳尔图，由原路觅水草遣往东科尔。护送准噶尔人等之一半兵丁，均令轻装，每人为马三匹、两人合为驼一峰前往外，一半官兵，所剩马驼并不敷骑驮，相应臣向郡王颇罗鼐雇来乌拉牛四百头，驮载官兵之驮包杂物，送往西宁东科尔。此等乌拉牛之雇价银，亦由臣备带银三万两内动支使用。调换给满洲官兵之马驼，均在喀喇乌苏，相应俟至喀喇乌苏，再将调换给官兵马驼几何、添加银两之乌拉牛马用雇价银多少之处，容俟臣等返回之时另行奏销。是故，臣等率官兵照料准噶尔人等，十二月初五日由藏起程。俟护送准噶尔人等出界后，另行具奏。

为此谨具奏闻。

乾隆九年正月十八日奉朱批：好。知道了。钦此。

（军机处满文《夷使档》1761-4）

246
凉州将军乌赫图等奏报随行头等
侍卫达赍在藏病故折

乾隆九年正月十八日

臣乌赫图、玉保谨奏，为奏闻事。

跟随臣等前来勘查水草之头等侍卫达赍，照料准噶尔使臣等由西宁东科尔起程前来时，在途中气，致使旧疾复发，咳血疼痛，至藏多方诊治，不见痊愈，仍咳血不止，于十一月二十八日病故。臣等前来时，曾将达来遣往噶斯驻卡，彼亦竭力奋勉，故臣等将俟其尸骨运至西宁后，照料办理遣往之处，咨文川陕总督公庆复、甘肃巡抚黄廷桂外，达赍之尸骨，已交付其子萨哈廉照料，于十二月初五日由藏起程。

为此谨具奏闻。

乾隆九年正月十八日奉朱批：知道了。钦此。

（军机处满文《夷使档》1761-4）

247
凉州将军乌赫图等奏报噶尔丹策零
进献各寺庙布施银数目折

乾隆九年正月十八日

臣乌赫图、玉保谨奏，为奏闻事。

适才臣等奏称，噶尔丹策零呈递达赖喇嘛、班禅额尔德尼及各寺庙、郡王颇罗鼐之书信，尚未悉数获知，且达赖喇嘛、班禅额尔德尼、郡王颇罗鼐回复噶尔丹策零之书信亦未给付，俟尽数收到之时，臣等另行恭呈御览。等因。兹将噶尔丹策零进献达赖喇嘛、班禅额尔德尼及各寺庙之物件数目，业由驻藏办事副都统索拜奏闻，相应臣等抄录噶尔丹策零呈递达赖喇嘛、班禅额尔德尼及各寺庙、郡王颇罗鼐之原文，达赖喇嘛、班禅额尔德尼、郡王颇罗鼐回复噶尔丹策零之文，恭呈御览外，谨将噶尔丹策零进献各寺庙之布施银数目另行缮折开列，一并恭呈御览。

乾隆九年正月十八日奉朱批：知道了。钦此。

附件：噶尔丹策零进献各寺庙之银两数目清单

进献各寺庙之银两数目清单：

进献达赖喇嘛金十两、银一百两，进献大昭银三千六百二十二两，进献小昭银三百六十九两，进献布达拉银一百零九两，进献哲蚌寺银四万九千二百八十二两，进献色拉寺银三万一千九百六十八两，进献甘丹寺银二万八千七百八十九两，进献热登寺银六百零八两，进献齐齐克塔拉寺银五十四两，进献净寂寺银五百两。进献昭穆札勒寺银一百八十二两，进献尼塘寺银二百二十八两二钱，进献德格都温都孙寺银九千零五十两，进献道喇都温都孙寺银八千八百一十两，进献班禅额尔德尼金十两、银一百两，进献扎什伦布寺金二百两、银三万八千零七十六两，进献前世班禅额尔德尼塔金二百两、银二千两，进献色赖卓特巴寺银二百二十五两，进献鲁木布泽寺银二百九十两，进献纳木灵寺银七十八两八钱，进献鞰衮寺银九百二十四两，进献荣扎木沁寺银五十八两，进献色当寺银二十六两，进献拉穆吹忠金一两，进献哲蚌吹忠金一两。噶尔丹策零之子策妄多尔济那木扎勒进献班禅额尔德尼金十三两、银三十两，进献拉穆吹忠金一两。大策凌敦多布之孙达克巴进献哲蚌吹忠金一两、银二十七两。

以上为金四百三十六两、银十七万五千五百零六两。

（军机处满文《夷使档》1761-4）

248
理藩院左侍郎玉保等奏报赏给
准噶尔人等返程所需牛羊等物折

乾隆九年正月十八日

奴才玉保、索拜谨奏，为奏闻广布圣慈恩赏准噶尔人等情形事。

本年十一月二十七日，准噶尔使臣吹纳木喀等来至臣等住处，据告称，我等此次抵藏，仰赖大皇帝之恩，将我等之噶尔丹策零吩咐熬茶之事圆满完竣。我等如今事毕，于本月初五日由藏起程，由阿哈雅克路返回游牧。由藏抵达阿哈雅克卡伦，约行一个月，相应请大臣等予以方便，赏给盘费何如。等语。查得，适经奴才等奏称，准噶尔使臣等之盘费，虽已告罄，然若照依彼等所请拨给盘费，使臣等复请过冬，亦难逆料，故而臣等未曾拨给盘费。俟使臣等由后藏返回，确定返回游牧日期后，再由王颇罗鼐所备盘费内动支，酌情拨给盘费。等因具奏在案。兹准噶尔使臣吹纳木喀等请求赏给路费，理加赏赐，以广圣恩。故经臣等共同商议，计其足敷食用，由颇罗鼐所备赏赐盘费内，取牛二十头、羊二百只、茶叶五十包、酥油一百斤、炒面十石，赏给准噶尔使臣宰桑吹纳木喀等，晓以圣恩。据宰桑吹纳木喀等告称，我等前来之时，已蒙大皇帝施恩赏赐，兹起程返回，又赏我等以廪给牛羊等物者，实属仁爱我等至极。言毕，率所属人等叩恩。

查得，先前军机处为预先备办赏赐准噶尔人等之盘费咨文前来时，臣索拜当即动支藏库钱粮，采买茶叶、酥油预备之处，业经具奏。现已支用赏赐准噶尔之茶叶五十包、酥油一百斤，其余另行奏销外，其赏给准噶尔人等之牛二十头，照时价折银四十两，羊二百只，折银一百两，炒面十石，折银十两，共需银一百五十两，由臣玉保等携至之三万两银内动支，如数付给颇罗鼐作价银。

为此谨具奏闻。

乾隆九年正月十八日奉朱批：知道了。钦此。

（军机处满文《夷使档》1761-4）

249
副都统索拜奏闻调换护送准噶尔人等
返回满洲官兵之马匹事宜折

乾隆九年正月十八日

副都统兼武备院卿臣索拜谨奏，为奏闻事。

查得，适才将军乌赫图、侍郎玉保与臣会同议奏称，满洲官兵及准噶尔使臣等返回之时，倘不拨给马畜，委实不能成行。是故，由臣索拜所辖驻藏防守绿旗兵丁之马匹内，抽选马二百匹预备。等因具奏在案。兹将军乌赫图、侍郎玉保与臣索拜会议得，此次准噶尔使臣等赴藏熬茶，极为恭顺，而今事毕回返，由我满洲官兵护送，断不可令准噶尔人等感觉邋遢。现满洲官兵留于喀喇乌苏之马畜，此间丝毫不见恢复，故将此处所备绿旗兵丁之膘壮马匹二百匹，我等酌情拨给满洲官兵，用以调换彼等留于喀喇乌苏之羸瘦马匹二百匹。此等马匹，每匹马加银五两，如此则对满洲官兵极为有利。等因。查得，驻藏防守绿旗兵丁之马匹，并非官马，乃系彼等出资置办，兹将军乌赫图、侍郎玉保，既以满洲官兵牧放喀喇乌苏之马畜丝毫不见恢复，拟换取绿旗兵丁之膘壮马匹二百匹，每匹马加银五两，相应臣索拜核计事之紧要，给付马二百匹。惟藏地马匹价昂，现拨给满洲官兵之马二百匹，每匹均值银十七八两，彼等牧放喀喇乌苏之马匹膘分几何，又不曾目睹，俟将军乌赫图、侍郎玉保等行抵喀喇乌苏，挑取羸瘦马匹二百匹偿还绿旗兵丁后，臣索拜再行核查，倘若相等免议外，所还二百匹马内，如有老迈多疾不能复原者，彼时臣索拜再酌情办理，以免彼等忧怨。如何办理之处，容另行具奏。

为此谨具奏闻。

乾隆九年正月十八日奉朱批：知道了。钦此。

（军机处满文《夷使档》1761-4）

250
副都统索拜奏闻准噶尔使臣请求修庙
延请喇嘛颇罗鼐未允折

乾隆九年正月十八日

副都统兼武备院卿臣索拜谨奏，为奏闻事。

查得，适才臣及郡王颇罗鼐拟告准噶尔使臣等称，仰仗文殊菩萨大皇帝之恩，宗喀巴佛教较前益加兴广，土伯特人等均皆安居乐业等语，缮折具奏请旨，奉朱批：如此回复，甚善，在理。惟交谈之语，岂能现即确定，即便此等之意，据使臣等之言语，料颇罗鼐亦能回复。著将此旨晓谕颇罗鼐。钦此。钦遵前来。臣索拜召至颇罗鼐，颁降圣上训谕毕，又复饬告颇罗鼐称，准噶尔人等极为狡诈，彼等抵藏后，言谈话语间，挑拨蛊惑，询问此处消息，在所难免，尔须留意于此，彼等所问，尔之所答言语内，除闲话外，但凡稍涉关碍，皆好生牢记，告知于我。等语。兹颇罗鼐至臣处告称，十月初四日，准噶尔使臣喇嘛商卓特巴、宰桑吹纳木喀等至大小庙拜佛，顺便来我家闲聊，据商卓特巴等称，我等之噶尔丹策零由拉达克地方闻知土伯特之黄教大为兴盛，特为熬茶虔诚奏请大皇帝，获准遣派我等前来。我等至此看得，黄教委实较前兴盛，毫不虚传。颇罗鼐回复曰，我等土伯特地方不仅黄教较前兴盛，而且民各安乐，此皆源自文殊菩萨大皇帝广兴黄教，安乐众生之慈意。商卓特巴等称是。十月初八日，颇罗鼐我以准噶尔使臣等远道而来，为尽地主之谊，设宴款待。喇嘛商卓特巴等告知颇罗鼐曰，我等此次来时，我等之台吉噶尔丹策零吩咐，俟尔等抵藏熬茶事毕返回，我即遣派使臣等前往叩谢圣恩，进献礼品。尔等此去，凡事均应依理而行，恭顺敬谨，如此则日后我等再拟赴藏，易于奏请。是故，我等此次凡事均与钦差大臣等商议，遵奉指示而行。等语。颇罗鼐听其语气，意欲日后复行来藏熬茶，一时不知所措，遂以他言抚慰。十月二十二日，喇嘛商卓特巴、宰桑吹纳木喀等特来颇罗鼐处告称，噶勒招穆伦河边之策地方，原有一座温都孙喇嘛等坐禅之庙。兹闻此庙毁坏不曾修复，我等前来时，我等之台吉噶尔丹策零意欲裨益温都孙之喇嘛等，拟于此地复建庙宇仍行坐禅，令我等携带银两而来。我等熬茶事毕即行返回，不便在此督建庙宇，可否将银两交付贵王，代我等之噶尔丹策零修庙。等因告请。颇罗鼐回复曰，策地方原有一座温都孙喇嘛等坐禅之庙，毁坏已有六十余年，我本人尚未得见，诚于此处复建庙宇，有利于温都孙喇嘛等，我仰赖大皇帝洪恩，岂不能修一庙宇。惟喇嘛等坐禅，常在山上盖房者众，故而策地方未再复建庙宇。而况尔等之台吉噶尔丹策零，专为熬茶屡屡奏请我大皇帝遣派尔等而已，并未奏请在策地方修庙，不曾奉我大皇帝谕旨，我岂敢擅断，此断不可行。喇嘛商卓特巴等遂称如此则罢。十一月二十六日，第巴喇嘛、宰桑巴雅斯瑚朗、多尔济等来至颇罗鼐处问安闲聊，据第巴喇嘛、宰桑巴雅斯瑚朗等告颇罗鼐称，我等至此，到大小昭、各寺庙熬茶，留心细看，宗喀巴佛之黄教实属比前兴旺，众喇嘛亦觉齐整，成就甘珠尔经、丹珠尔经甚是灵应。此皆我等所亲眼所见，谨乞贵王将汝诚心扶助黄教所行一切事体，写明交付我等携回，转交噶尔丹策零阅览。颇罗鼐我答称，我本土伯特地方一卑微台吉，仰蒙文殊菩萨大皇帝隆恩，连连擢用，封为郡王。其振兴黄教，成就甘珠尔、丹珠尔，安乐土伯特人众者，均皆仰赖大皇帝之恩，并非我力所能成就。我若将振兴黄教之功，归为己有，寄与尔等之噶尔丹策零，犹如骄矜自夸，无地自容。第巴喇嘛、宰桑巴雅斯瑚朗等言称，尽管如此，贵王亦曾扶助黄教矣。第巴喇嘛、宰桑巴雅斯瑚朗等又称，我等前来时，我等之噶尔丹策零曾吩咐我等，我等地方并无好额木齐，尔等抵藏熬茶事毕返回时，延请好额木齐及通经大喇嘛各一位带回。兹熬茶之事已毕，回返在即，请贵王顺遂我等之噶尔丹策零所请，择好额木齐及通经喇嘛各一名随同我等遣往。颇罗鼐答称，问尔等之台吉噶尔丹策零奏请熬茶之时，可将由藏延请好额木齐及通经喇嘛各一位之处奏请大皇帝。答称无。尔等并未奏请，既未奉我大皇帝之旨，我岂可择额木齐喇嘛及通经喇嘛遣往尔等地方，非我所能专主者也。第巴喇嘛等称，我等之噶尔丹策零料想或可能行，故而吩咐我等，诚然不可行，又奈之何，不请则罢。自准噶尔使臣等抵藏以来，与颇罗鼐交谈话语间，稍有关系者，即为此等几项，其余均为闲聊。等语。

为此谨具奏闻。

乾隆九年正月十八日奉朱批：知道了。颇罗鼐所办一切事务均属得体，甚属可嘉，著传旨奖谕。钦此。

（军机处满文《夷使档》1761-4）

251
副都统索拜等奏闻筵宴准噶尔使臣等赠送缎匹等物情形折

乾隆九年正月十八日

副都统兼武备院卿臣索拜谨奏，为奏闻筵宴准噶尔使臣等赠送缎匹等物情形事。

本年正月初八日，准噶尔使臣喇嘛商卓特巴、宰桑吹纳木喀等，派噶尔丹策零之近侍阿喇布斋等来至臣处告称，我等之喇嘛、宰桑等问大臣好，派我等前来将我等地方本地马五匹，作为礼品赠送大臣。等语。臣索拜告阿喇布斋等曰，尔等之喇嘛、宰桑等，念吾为驻藏办事大臣，送来马匹，甚是感谢，此即如同收纳，尔等可带回问喇嘛、宰桑好，转达谢意。言毕，阿喇布斋等复告称，按我等蒙古之礼，呈献礼品，乃表款待之意。倘若收下，我等之喇嘛、宰桑等甚是欣喜。等因屡屡请求，臣故而纳之，以遂其款待之意。

查得，先前据纪山奏称，准噶尔使臣等抵藏，倘献礼品给臣等，酌情回赠缎匹等物加以筵宴。等因具奏。兹准噶尔使臣等抵藏以来，极为恭顺，且又向臣献礼品，故此理应遵照原奏准之例，回赠礼品，加以宴请。相应臣索拜将准噶尔使臣喇嘛商卓特巴、喇嘛第巴、宰桑吹纳木喀、巴雅斯瑚朗、多尔济等召至臣之住处，昭示和睦之道，顺其习性，宰杀牛羊，备办蒙古筵席，饮以奶酒、酸奶等物。宴毕，送为首使臣商卓特巴、吹纳木喀等五人大缎、锦缎、小刀、火镰、小荷包、鼻烟壶、茶、烟等物各一份。使臣等极为欣喜，告称，我等前来时，蒙大皇帝施恩赏给我等马驼盘费，抵藏复蒙大臣垂爱，为利裨我等，奏请大皇帝之恩，赏给喂养我等马畜之草料、柴薪，兹又召至我等盛宴款待，赠送多种珍品，实属极为仁爱我等。我等此次承办之事，毫不劳累，得以圆满，均皆仰仗大皇帝之恩。我等返回，定将屡施之隆恩告知我等之台吉噶尔丹策零。等语。

为此谨具奏闻。

乾隆九年正月十八日奉朱批：知道了。钦此。

（军机处满文《夷使档》1761-4）

252
驻藏办事副都统索拜奏报准噶尔使臣等
进献达赖喇嘛等礼物数目折

乾隆九年正月十八日

副都统兼武备院卿索拜谨奏，为奏闻准噶尔噶尔丹策零等进献达赖喇嘛等礼品物件之数目事。

臣索拜适才奏称，准噶尔使臣等在前藏熬茶事毕，已于十一月初三日起程前往扎什伦布熬茶。其噶尔丹策零等进献各寺庙供佛之物件、进献达赖喇嘛之礼品、熬茶燃灯所献布施银数目，因未得确数，未经具奏，容俟得有确数，另行呈览。等因具奏。兹准噶尔使臣等熬茶已毕，郡王颇罗鼐处将其所献各项物件、布施银数目，均加核查分析开列，呈送前来，相应照其所呈，敬谨另行缮折，恭呈御览外，准噶尔使臣等事毕于十二月初五由藏起程返回之日，经臣索拜仍照原奏，遣派唐古特第巴宰桑兵丁，交付扎萨克头等台吉乌米那木扎尔，暗中善为防范，尽力不走漏任何消息，护送至藏界喀喇乌苏。等因严饬遣往。

为此谨具奏闻。

乾隆九年正月十八日奉朱批：知道了。钦此。

附件：噶尔丹策零等进献达赖喇嘛等物件数目

噶尔丹策零等进献达赖喇嘛等物件数目

噶尔丹策零以请达赖喇嘛安之礼，献礼哈达一方、宗喀巴史经一函、衣冠一袭、缎二匹、铺垫一个。

噶尔丹策零为其父母，以向达赖喇嘛祈福礼，进献哈达一方、金十两、银一百两、缎三十匹、金丝缎一匹、俄罗斯毡二十三块、熏牛皮十三张、水獭皮十张、回众地方绸十匹、白布七匹。

噶尔丹策零进献大昭之佛大哈达二十三方、五色哈达三方、银曼达三个、塔齐勒七个、奔巴一个、法轮一个、燃灯银六百七十一两、燃灯银盅五只、大珍珠念珠一串、澉琚念珠一串、玻璃念珠二串、银钵一个、青金石钵二个、铁禅杖一根、佛缎衣七袭、冠一顶、伞三把、缎幡七个、金钱九枚、镜子二面、珍珠五个、耳饰一个、银质如意一个、银夹一个、鸟枪四支、矛一支、撒袋一个、虎皮二张、银嘎布拉一个。

噶尔丹策零进献小昭之佛大哈达四方、五色哈达一方、燃灯银三百六十九两、白珊瑚念珠一串、小珍珠念珠一串、佛衣二袭、铁禅杖一根、钵一个、铜镀金七珍八宝、伞一把、缎幡七个、镜子四十六面、银嘎布拉一个、铁剃刀一把、鸟枪四支。

噶尔丹策零进献布达拉之罗济索喇佛大哈达五方、小哈达七方、银法轮一个、珍珠念珠一串、佛衣二袭、燃灯银一百零九两、伞一把、缎幡二个、小珍珠念珠十串。

噶尔丹策零进献哲蚌寺之佛大哈达十九方、小哈达十八方、燃灯银五百六十六两、回众地方缎一匹、绸一匹、白布一匹、伞三把、缎幡三个、系有五色哈达镜子六面、银碗一个、银嘎布拉一个、银杖一根、银绳一根、鸟枪六支、铁剃刀一把、俄罗斯毡一块、熏牛皮一张。在此寺熬茶二十五次，每熬茶一次用银十五两，共用银三百七十五两。喇嘛五千八百七十三人，人各散给布施银五两，堪布喇嘛七人，人各散给布施银二十五两。

噶尔丹策零进献色拉寺之佛大哈达三方、燃灯银二百一十九两、伞一把、幡三个、系有五色哈达镜子三面、银嘎布拉一个、银制莲花一个、回众地方缎一匹、绸一匹、白布一匹、鸟枪二支。在此寺熬茶二十五次，每熬茶一次用银十两，共用银二百五十两。喇嘛三千四百七十八人，人各散给布施银五两，堪布喇嘛四人，人各散给布施银二十五两。

噶尔丹策零进献甘丹寺之佛大哈达四方、燃灯银七百三十四两五钱、伞二把、幡五个、铜镀金七珍八宝、金法轮二个、挂佛前廊子之缎饰四条、系有五色哈达镜子九面、银嘎布拉四个、剃刀二把、杖一根、银绳一根、回众地方缎一匹、绸一匹、白布一匹、鸟枪九支、腰刀二把。在此寺熬茶二十五次，每熬茶一次用银十两，共用银二百五十两。喇嘛二千八百五十二人，人各散给布施银五两，堪布喇嘛六人，人各散给布施银二十五两。进献甘丹池巴诺们罕银一百五十两。

噶尔丹策零进献热登寺之佛大小哈达七方、燃灯银二百五十一两四钱、伞三把、幡三个。在此寺熬茶三次，每熬茶一次用银三两，共用银九两。喇嘛三百五十七人，人各散给布施银一两。

噶尔丹策零进献齐齐克塔拉寺之迈达里佛大哈达二方、伞一把、燃灯银五十两、幡三个。此寺喇嘛八人，人各散给布施银五钱。

噶尔丹策零进献净寂寺之佛燃灯银一百五十两、佛衣一袭。在此寺熬茶三次，每熬茶一次用银二两五钱，共用银七两五钱。

噶尔丹策零进献珠木札勒寺之佛燃灯银五十两，喇嘛六十六人，人各散给布施银一两。

噶尔丹策零在吉当甘丹吹库尔寺熬茶二次，每熬茶一次用银三两，共用银六两，喇嘛二百人，人各散给布施银一钱。

噶尔丹策零进献上温都孙寺之佛回众地方缎一匹、绸一匹、白布一匹，该庙喇嘛五百五十人，人各散给布施银五两。

噶尔丹策零进献下温都孙寺之佛回众地方缎一匹、绸一匹、白布一匹，该庙喇嘛五百人，人各散给布施银五两。

噶尔丹策零以请班禅额尔德尼安之礼，献礼哈达一方、宗喀巴史经一套、衣冠一袭、铺垫二个、钵一个、禅杖一根、铃一只、银丝缎一匹、俄罗斯地方缎一匹。

噶尔丹策零为其父母，以向班禅额尔德尼祈福礼，进献哈达一方、金十两、银一百两、金丝缎一匹、银丝缎一匹、俄罗斯地方缎二匹、蟒缎四匹、锦缎二匹、妆缎二匹、缎十五匹、俄罗斯毡二十四块、熏牛皮十二张、水獭皮十张、回众地方缎二匹、绸二匹、白布八匹。

噶尔丹策零进献扎什伦布寺之佛大哈达一方、金一百两、伞八把、幡四个、系有哈达银镜五面、金丝缎一匹、银叉一个、银嘎布拉四个、鸟枪四支、杖一根、剃刀一把、熏牛皮二张、白布一匹。在此寺熬茶二十五次，每熬茶一次用银十五两，共用银三百七十五两。喇嘛三千人，人各散给布施银五两，堪布喇嘛四人，人各散给布施银二十五两。

噶尔丹策零进献班禅额尔德尼之塔宝石二块、金二百两、银二千两。

噶尔丹策零进献色赖卓特巴寺之佛哈达一方、伞一把、幡二个、系有哈达镜子三面、鸟枪二支、杖一根、银绳一根、燃灯银一百八十三两五钱、熏牛皮三张、水獭皮一张、白布二匹。在此寺熬茶一次，熬茶一次用银二两。喇嘛一百三十一人，人各散给布施银五两。

噶尔丹策零进献鲁木布泽寺之佛系有哈达镜子三面、伞一把、银嘎布拉三个、杖一根、腰刀一把、鸟枪二支。在此寺熬茶喇嘛一百四十五人，共给布施银二百九十两。

噶尔丹策零进献纳木灵寺之佛哈达一方、伞一把、燃灯银七十五两八钱。

噶尔丹策零进献鞯衮寺之佛哈达四方、燃灯银一百七十四两、伞二把、系有哈达镜子四面、银嘎布拉一个、剃刀一把、鸟枪三支、水獭皮一张、熏牛皮二张、缎二匹、白布三匹。在此寺熬茶二十五次，每熬茶一次用银一两五钱，共用银三十七两五钱。喇嘛一百二十一人，人各散给布施银五两。

噶尔丹策零进献荣扎木沁寺之佛伞一把、燃灯银五十八两。

噶尔丹策零进献阿迪沙佛之塔哈达四方、伞一把、幡八个、燃灯银一百一十两。

噶尔丹策零进献拉穆吹忠哈达四方、金一两、鸟枪一支、回众地方缎二匹。

噶尔丹策零进献哲蚌吹忠哈达四方、金一两、鸟枪一支、回众地方缎二匹。

噶尔丹策零以问郡王颇罗鼐安之礼，携来礼物哈达一方、回众地方缎二匹、绸三匹、俄罗斯毡二块、鸟枪一支、腰刀一把、白布五匹、哈萨克地方马五匹。

噶尔丹策零寄给班禅额尔德尼之商卓特巴礼品哈达一方、俄罗斯地方缎一匹、毡一块、回众地方绸二匹、白布四匹。

噶尔丹策零之子策妄多尔济那木扎勒进献拉穆吹忠伯勒克哈达一方、嵌金披甲一副、撒袋一个、鸟枪一支、腰刀一把、矛一支、金一两。

噶尔丹策零之子策妄多尔济那木扎勒以请址禅额尔德尼安之礼，进献礼品哈达一方、经一函、衣帽一袭、铺垫一个、金轮一个、曼达一个、钵一个、铃一只。

噶尔丹策零之子策妄多尔济那木扎勒为其母，以向班禅额尔德尼祈福礼，进献哈达一方、金二两、银三十两、蟒缎一匹、缎二匹、俄罗斯地方缎一匹、毡四块、水獭皮三张、熏牛皮一张、回众地方缎一匹、绸二匹、白布二匹。

噶尔丹策零之子策妄多尔济那木扎勒为自己进献班禅额尔德尼哈达一方、金十两、银丝缎一匹。

大策凌敦多布之孙达克巴进献迈达里佛哈达二方、佛衣一袭、幡二个。

大策凌敦多布之孙达克巴进献哲蚌吹忠哈达一方、撒袋一个、鸟枪一支、腰刀一把、矛一支、金一两、银二十七两、缎二匹、俄罗斯毡一块、熏牛皮三十六张、貂皮九张。

噶尔丹策零之后又为熬茶进献哲蚌寺银一万七千四百四十六两六钱，进献色拉寺银一万二千六百零九两一钱，进献甘丹寺银一万二千一百二十两一钱，进献扎什伦布寺金一百两、银一万五千九百六十五两。

噶尔丹策零为给熟谙经典之喇嘛，由哲蚌、色拉、甘丹、扎什伦布、二温都孙此六寺喇嘛内，挑选谙悉经典者四百五十人，人各给银十五两。

以上除噶尔丹策零等进献物件外，金共四百三十六两、银共十五万六千一百六十七两九钱。

（军机处满文《夷使档》1761-4）

253
军机大臣鄂尔泰等奏报扎什伦布等寺所能容纳人数片

乾隆九年正月二十三日

大学士·伯臣鄂尔泰等谨奏。

臣等遵旨将藏地之扎什伦布、色拉、哲蚌、甘丹等寺能否容纳数千喇嘛之处询问杭亦禄，据告称，扎什伦布、色拉、哲蚌等大寺，均建于山上，计周围所有房屋所能容纳，可住数千人，倘逢熬茶散给布施之吉日，由各地会聚人众逾万，此乃本人目睹者也。再，甘丹寺虽未亲见，闻之亦系大寺，能容纳数千喇嘛居住。

乾隆九年正月二十三日奏入，奉旨：知道了。钦此。

（军机处满文《夷使档》1761-4）

254
军机大臣鄂尔泰等奏报玉保赏补
准噶尔使臣物件均系动用国帑片

乾隆九年正月二十三日

大学士·领侍卫内大臣·伯臣鄂尔泰等谨奏。

遵旨核查准噶尔使臣等由藏起程返回时侍郎玉保等赏补廪给等项，据玉保等具奏折内奏称，赏给使臣等之茶叶、酥油，系令动支库之钱粮备办之项。再，采办牛羊炒面之时，由玉保带往钱粮银内动支使用，并未使用颇罗鼐之物件。

为此谨具奏闻。

乾隆九年正月二十三日奏入，奉旨：知道了。钦此。

（军机处满文《夷使档》1761-4）

255

谕著赏郡王颇罗鼐缎匹赏往

乾隆九年正月二十三日

乾隆九年正月二十三日奉上谕：此次准噶尔人等入藏熬茶，所有赏给彼等之廪给等物，虽系动用帑项预备，而郡王颇罗鼐感激朕恩，实心效力，凡来使所用之物，一切俱办理妥协，甚属可嘉。著加恩赏蟒缎二匹、大缎四匹。俱交与来使赍往，赏给颇罗鼐。钦此。

（军机处满文夷使档 1761-4）

256

凉州将军乌赫图等奏报护送准噶尔使臣等出界情形折

乾隆九年正月三十日

臣乌赫图、玉保谨奏，为奏闻护送准噶尔使臣等出界情形事。

查得，适才奴才等奏称，臣等率使臣等于十二月十六日自喀喇乌苏起程，拟由麻勒占库察路出卡。其使臣等来藏时，留于哈济尔、得卜特尔地方之四十六人、马畜及零碎物件，依照使臣等之所请，准由彼处出卡遣往噶斯等因，交付驻守护军副参领赖格、游击马跃林之处，查得前已奏闻。是故，查得率使臣等于是月二十二日渡过麻勒占库察、木鲁乌苏之源，二十六日抵达阿哈雅克南口、绷甘、里麻尔卡伦，歇一宿，臣等以告别礼，宴请准噶尔使臣等，言及出卡情形，宰桑吹纳木喀等告称，因我等之噶尔丹策零为其父熬茶之事，蒙大皇帝施恩予以便利，得以完满。我等本欲在藏过冬，正月间聆听众喇嘛集聚诵经，喂养马畜，待来年返青之时再起程返回游牧，大臣等以藏地入春之后出痘者众，亦有现即出痘者，故而我等匆忙起程而来。臣等称，尔等意欲在藏过冬，有何不可，惟尔等所来二百余人内，生身者极多，倘若传染尔等之人，开始出痘，将对尔等之人极为不利。故将藏地人众出痘之处告知尔等，尔等果欲在藏过冬，亦可在藏过冬。言毕，使臣吹纳木喀等称，大臣等所言甚是。据喇嘛商卓特巴告称，大臣等曾在喀喇乌苏地方每二匹给换马一匹，我等岂敢认为大皇帝恩寡，惟由此至噶斯，需时十七八日，此数日天降暴风雪，观我等之马畜之情形，焉能抵达噶斯，

·245·

而况我等对此阿哈雅克、纳马噶路一无所知，请大臣等拨给我等向导，带至噶斯。等语。臣等称，由此至噶斯，不需十七八日，我等虽每二匹给换马一匹，然尔等亦有以羸瘦马驼换取之马畜，尔等足可抵达噶斯，以尔等之所留马畜接续。尔等若言不识阿哈雅克、纳马噶路，尔等之噶尔丹策零又缘何奏请自阿哈雅克、纳马噶路而行耶，不便给尔等以向导。吹纳木喀等称是，我等不过乘便提及而已。吹纳木喀称，大臣等前曾告知我等大皇帝临幸盛京地方行围，何时返回。臣等称，我等之大皇帝临幸盛京地方行围，料于十一月初返回。吹纳木喀问道，我等之噶尔丹策零处所派使臣于何时抵达京城，可有消息。臣等称，尔等地方是否派有使臣，不曾听闻消息。等语。是故，臣等于二十八日照料准噶尔使臣等出卡，起程前往其游牧。

臣乌赫图率满洲官兵沿拜图路前往任所外，臣玉保率章京、笔帖式等，起程前往京城，乾隆九年正月十一日入哈丹和硕卡伦，十四日抵达柴达木地方。是日，护守使臣等所留人畜零碎物件之护军副参领赖格、游击马跃林前来报称，其使臣等留于哈济尔、得卜特尔地方之人畜，依照大臣等之吩咐，正月十三日已自哈济尔卡伦起行。等因来报。

为此谨具奏闻。

乾隆九年正月三十日奉朱批：知道了。钦此。

（军机处满文《夷使档》1761-4）

257
凉州将军乌赫图等奏报护送准噶尔使臣等
自喀喇乌苏起程情形折

乾隆九年二月初二日

臣乌赫图、玉保谨奏，为奏闻率准噶尔使臣等自喀喇乌苏起程出界情形事。

臣等于十二月初五日率使臣等由藏起程，于是月十三日抵达喀喇乌苏。臣等适才查看准噶尔使臣等之马驼，虽经喂养两月有余，因皆系疲惫之牲畜，其驼三分之二尚可使用，马惟有三分之一可用，倘不拨给马畜，委实难以返回游牧。然若由藏即行拨给马畜，俟抵喀喇乌苏，复请拨给马畜，亦难逆料。故经臣等商议，由藏起程时，仍令用其马畜，俟抵喀喇乌苏，臣等计使臣等自行筹措至噶斯以其所留马畜接续，再晓以圣恩，给予调换马畜。其调换之马匹，加给银两。等因具奏。臣等率使臣等起程之日，使臣吹纳木喀等至臣之住处告称，请该驻藏办事副都统大臣代我等奏请大皇帝之恩，我等之马驼原本羸瘦，昨夜交付之我等之马驼，驼倒毙二十六峰，马倒毙二十七匹，其余马驼不仅不见上膘，亦全然不见复原，其中不能抵达喀喇乌苏之马七十三匹、驼四十三峰，请准我等将此等马驼留于此地，给予调换。等因告请前来。臣等称，尔等之马驼，不便留于此地，尔等今日即行起程，又从何处觅得膘壮马畜予以调换耶。

前因尔等之噶尔丹策零曾以藏地遥远，我等之熬茶使臣等恐难抵达，奏请我等之大皇帝之恩，故经大皇帝施恩噶尔丹策零，赏给尔等马驼盘费外，尔等抵此，前往后藏及各寺庙熬茶，复又动支钱粮雇给马驼，尔等之熬茶事宜始得完满，如今岂可贪得无厌，复于返程企图多得马驼。尔等之噶尔丹策零为其父熬茶之事，蒙我大皇帝格外恩施于噶尔丹策零，予以资助，始得完满，相应尔等即便徒步返回亦理所应当。言毕，使臣吹纳木喀称，大臣等所言极是，我等之噶尔丹策零之父事，倘若未蒙大皇帝施恩提供便利，委实难以如此完满。大皇帝之隆恩厚德，不仅我等之噶尔丹策零感戴不尽，即便我等之厄鲁特人众，亦感激不尽。我等拟留于此处之马七十三匹、驼四十三峰，若无牲畜予以调换，可否请大臣等交付此处人等，支付时价收购。臣等称，尔等之此等羸瘦马驼，概系不能越冬之马驼，无人明知系不能越冬之马驼而购买之者。吹纳木喀称，倘若无人购买，可否以我等之羸瘦马二匹换取膘壮马一匹，羸瘦驼一峰换取膘壮马一匹。臣等称，此处并无官马畜，我等可代为咨询，倘若有人购买，则照尔所请，凡羸瘦马二匹给换膘壮马一匹。言毕，臣等会同王颇罗鼐商议，王颇罗鼐情愿以羸瘦马二匹给换膘壮马一匹，羸瘦驼一峰给换膘壮马一匹。是故，其羸瘦马二匹给换膘壮马一匹，羸瘦驼一峰给换膘壮马一匹。使臣吹纳木喀复又告称，我等来时行抵喀喇乌苏，将瘦疲马畜留于喀喇乌苏，凡骑驮马驼，简而用之。现在倒毙马驼及不能行抵喀喇乌苏之马驼甚多，因此我等有八十余人无马可骑，抵达喀喇乌苏前，均为徒步。将此告知大臣等，我等甚感无颜，且难张口。后经臣等察看其马畜，实缺八十余人所骑马匹，故而臣等交付王颇罗鼐，雇给马八十匹，骑至喀喇乌苏。抵达喀喇乌苏前，使臣等所带随从人等之马倒毙八匹，遂有八人成徒步，臣等又复雇给马八匹。臣等行抵喀喇乌苏，察看使臣等所留三百零五匹马、十三峰驼，驼尚可，三百零五匹马内，除倒毙之四十五匹马外，其余马匹内，尚可使用之马有近百匹。是故，经臣等商议，计靠使臣等自行筹措至噶斯，以其所留马畜接续，每膘壮马一匹，给加银三两。其宰桑、喇嘛、噶尔丹策零之近侍多尔济等九人，各给调换马二匹外，其余二百二十五人，各给调换马一匹。十五日，宰桑吹纳木喀、巴雅斯瑚朗等至臣等之住处告称，仰蒙大皇帝施恩，准给我等每人调换马一匹，此实乃大皇帝之隆恩。我等骑至而来之马驼内，能抵噶斯者极少，我等每人仅靠一匹马实难抵达噶斯。不能抵达噶斯之马匹仍有六十四匹、骆驼亦有九十一峰，请大臣等交付此处人等，以我等之羸瘦马二匹给换膘壮马一匹、羸瘦驼一峰给换膘壮马一匹。等因告请。是故，臣等与王颇罗鼐之子扎萨克台吉珠密纳木扎勒会商，交付属下人等，照准其请，以其羸瘦马二匹给换膘壮马一匹、羸瘦驼一峰给换膘壮马一匹。而后臣等率使臣等于是月十六日自喀喇乌苏起程，拟由麻勒占库察卡伦出往阿哈雅克、噶斯路之边界。

为此谨具奏闻。

乾隆九年二月初二日奉朱批：知道了。钦此。

（军机处满文《夷使档》1761-4）

258
凉州将军乌赫图等奏报护军参领马
进泰患病遣返西宁折

乾隆九年二月初二日

臣乌赫图、玉保谨奏，为奏闻事。

跟随臣等而来勘查水草之护军参领马进泰，因中气旧疾复发，浮肿疼痛，咳喘气短，不能往前勘查水草，故经臣等商议，命马进泰跟随由原路撤回之满洲官兵前往西宁。

为此谨具奏闻。

乾隆九年二月初二日奉朱批：知道了。钦此。

（军机处满文《夷使档》1761-4）

259
副都统索拜奏报郡王颇罗鼐答复
准噶尔使臣话语折

乾隆九年二月初二日

副都统兼武备院卿臣索拜谨奏，为奏闻事。

本年十二月初六日，郡王颇罗鼐来至臣处告称，准噶尔使臣第巴喇嘛、宰桑吹纳木喀于起程前日，以告别礼来见。致谢闲聊间，据吹纳木喀等告称，我等此次来藏，所有前往大小昭及各寺庙熬茶、修布彦诸事，因有王尔指教，均得圆满，实出意外。料想嗣后我等之台吉噶尔丹策零及大皇帝彼此顾念和睦之道，阐扬黄教，不仅兵戎全消，众生亦可安生。而今虽已和好，但求王尔将如何可得大皇帝深信，益加和好，永久不渝之处，推心置腹告知我等，俟我等返回告知我等之噶尔丹策零。尔乃尊奉黄教，兴广经法之人，尔之劝告之言，料想噶尔丹策零惟有以之为是，断不致以之为非。等语。卑微颇罗鼐答称，文殊菩萨大皇帝者统驭天下，天地般仁爱，日月般圣明，无分内外，各部人众，一视同仁。譬如，尔等此次来藏熬茶，蒙大皇帝格外施恩，赏给马驼、盘费，俾极充裕。尔等将还，又加恩赐。尔等熬茶之事得以完善者，悉因尔等之台吉噶尔丹策零于文殊菩萨大皇帝前恭顺有加、诚心恳请所致。若非如此，焉能抵藏。此即眼前明显极为利裨尔等之事，尔等可信之乎。既然要我提醒嗣后如何方能益加和好，相应尽我所知告知尔等，是非之处，尔等尽可细加掂量。据我所闻，尔等之台吉噶尔丹策零极为尊崇黄教，嗣后惟有敬戴宗喀巴佛，虔心供奉，事黄教之大施主益加恭谨，一切悉遵谕旨训诲而行，则福祥无与伦比。现举一获益之处为例告知尔等，我土伯特之卫藏虽为黄教福地，此前并无如此繁昌，唐古特人等亦从未如此安乐，后因中国大皇帝意欲兴广黄教，逸养众生，故自五世达赖喇嘛、班禅额尔德尼、拉藏汗，直至颇罗鼐我，悉数赏印授封，不分内地与土伯特地方，叠沛圣恩，故今受益，远过从前者，所有蒙古、唐古特人等无人不知。此皆我之肺腑之言，特此陈告，尔等返回，可将我此等粗俗之言转告噶尔丹策零，是非之处，听其自便。第巴喇嘛、宰桑吹纳木喀闻后皆称是。吹纳木喀又告颇罗鼐曰，前曾听闻来藏人言，尔等本地唐古特人等不善骑马，兵械亦不齐整。我等此次行抵喀喇乌苏，见尔之子札萨克台吉珠密纳木扎勒率兵迎接将军、侍郎，此地兵丁之骑术及兵械皆优。颇罗鼐我答称，此处乃衍兴黄教之地，故而向不以武备为事。自尔等之前台吉发兵袭扰藏地始，我唐古特人等即重武备，奋起练习。且蒙文殊菩萨大皇帝加恩，令颇罗鼐我总理卫藏事务，故我尽力操练兵丁，整治兵械，如今无论何方戎犯我边圉，料想我所预备之蒙古、唐古特兵丁，仰仗大皇帝福威，足资抵御。等语，吹纳木喀称，防守地方，整治武备者甚是。

是故，谨将吹纳木喀等所问、颇罗鼐所答言语缮折奏闻。

乾隆九年二月初二日奉朱批：著降旨颇罗鼐，其应答言语，极为得体。据此观之，彼平日感朕之恩，实心报效，极为虔诚，是以所言皆合朕意，实属可嘉。钦此。

（军机处满文《夷使档》1761-4）

260
副都统索拜奏报运送八世达赖喇嘛等人
所进物品所用银两数目折

乾隆九年二月初二日

副都统兼武备院卿臣索拜谨奏，为奏闻事。

伴送准噶尔使臣等而来之侍郎玉保处咨文大臣内称，达赖喇嘛进献氆氇十二包，香五包，佛尊、素珠等物一箱；班禅额尔德尼进献氆氇六包，香三包，佛尊、素珠等物一箱；郡王颇罗鼐进献氆氇三包，香三包。计将此等物品由藏驮至西宁，共需牛十六头，一头牛雇价银为六两，共需银九十六两，请照例支给。是故，臣由藏地兵备钱粮内，如数支付。所用此项钱粮，请准咨文四川总督销算。

为此谨具奏闻。

乾隆九年二月初二日奉朱批：知道了。钦此。

（军机处满文《夷使档》1761-4）

261
副都统索拜奏闻郡王颇罗鼐办理准噶尔熬茶事宜尽心竭力折

乾隆九年二月初二日

副都统兼武备院卿臣索拜谨奏，为奏闻事。

臣索拜适才会同郡王颇罗鼐议奏预先备办赏给准噶尔使臣等之盘费、遣派官兵防守等情一折，奉朱批：所办极是。著降旨颇罗鼐，其所有筹办事项，更为可嘉。俟事善终，朕仍施恩于彼。钦此。钦遵。本月十三日接此，臣索拜当即传至郡王颇罗鼐，令其跪聆圣旨毕，颇罗鼐跪地告称，颇罗鼐本系土伯特地方卑微台吉，仰蒙文殊菩萨大皇帝施恩，连连擢用，封为郡王，如此天地般高厚恩德，无论如何奋勉，亦难还报于万一。此次准噶尔使臣等熬茶之事，颇罗鼐虽尽己之愚忠，预先详加筹办，亦属分内之事，兹又悯念卑微颇罗鼐所办各项可嘉，颁旨仍行施恩，委实感激不尽。惟有将此慈旨告知子嗣，竭诚尽力，勤谨奋勉外，欣忭之余，无言以奏。言毕，摘帽望阙叩头讫。自臣索拜抵藏办事，已近两年，经留心观察，郡王颇罗鼐平素尚能感激圣恩，言称今世焉能还报，然因未曾遇有大事，其感恩之心无以深鉴。此次准噶尔使臣等进藏熬茶，颇罗鼐顾念国家养育之恩，竭力奋勉，暗加兵备，拓展哨卡，唯恐走漏土伯特地方之消息，管束所属蒙古、唐古特人等，训导各寺庙众喇嘛，戒备森严，且于表面示以和睦之道，凡事尽心竭力，预先备办乌拉、马骡、草料、柴薪等物，甚是丰裕，故而无所耽搁。自准噶尔使臣等抵藏直至起程，其间平静无事，所有事项皆照敕令之例，妥善办理，毫无怠忽之处，委实感戴圣恩，尽心竭力。是故，臣索拜谨将颇罗鼐奋勉之处据实奏闻。

乾隆九年二月初二日奉朱批：知道了。钦此。

(军机处满文《夷使档》1761-4)

262
军机大臣鄂尔泰奏报准噶尔人等未携噶尔丹策零父骸骨至藏做擦擦片

乾隆九年二月二十日

大学士·领侍卫内大臣·伯臣鄂尔泰等谨奏。

查准噶尔之噶尔丹策零将其父尸骨送藏做擦擦之处，去年五月，副都统索拜以倘若准噶尔人等赴藏熬茶之时，噶尔丹策零请求准令携往其父尸骨做擦擦，如何处置。等因奏请。奉旨：噶尔丹策零倘若请求将其父尸骨带往藏地做擦擦，著即照其所请施行。钦此。钦遵。等因咨文索拜前去。此特为索拜预行具奏备办者，而后准噶尔人等抵藏，其办理事项，详查索拜、玉保等数次具奏之折，并未提及携噶尔丹策零父之尸骨至藏做擦擦之处。

为此谨具奏闻。

乾隆九年二月二十日奏入，奉朱批：著俟玉保抵达后加以询问。钦此。

（军机处满文《夷使档》1761-4）

263
副都统索拜奏请议叙驻藏同知王成佑折

乾隆九年三月初二日

副都统兼武备院卿臣索拜谨奏，为奏闻事。

以驻藏办理钱粮事务四川所属保宁同知王成佑年满，巡抚硕色处派顺庆同知钱世祺更换，于去年六月二十一日抵藏，同知王成佑将其应办各项事务及钱粮银，均皆明白交代给同知钱世祺，正拟整装起程间，逢遇准噶尔使臣等进藏熬茶之事，巡抚硕色曾以同知王成佑已驻藏三年，稔知唐古特人等习性，暂免撤回，在准噶尔使臣等熬茶之事结束前，协助同知钱世祺办理钱粮事务，等因留藏。而后准噶尔使臣等之熬茶之事已毕，同知王成佑理应遣回，故于去年十二月二十二日由藏起程遣往外，查定例载，办理钱粮事务官员等年限内办理钱粮事务，无所差池，则加以议叙。同知王成佑驻藏办理钱粮事务三年有余，并无差池，人尚谨慎，是故，臣为议叙同知王成佑，咨文四川巡抚纪山前去。

再，前藏、后藏无事，极为宁谧。

为此谨具奏闻。

乾隆九年正月二十日。

乾隆九年三月初二日奉朱批：知道了。钦此。

（军机处满文《夷使档》1761-4）

264
副都统索拜奏请奖励卡台出力人等折

乾隆九年三月初二日

副都统兼武备院卿臣索拜谨奏，为请旨奖励卡台出力人等事。

查得，去年军机处奏称，俟准噶尔使臣等赴藏熬茶事毕，倘若时值严寒，不能返回，过冬期间，定将祈请赏给盘费，此等赏赐盘费，如何备办之处，请准咨文索拜，与王颇罗鼐商议，预先备办。等因奏准咨文前来。臣索拜当即与郡王颇罗鼐会议，商定采办茶叶三百包、酥油三千斤较妥，按时价每包茶叶以银一两二钱五分、每斤酥油以银一钱计，共需银六百七十五两，动支藏库钱粮采办之处，业经奏闻。继而准噶尔使臣等抵藏熬茶事毕即行返回，并未过冬。彼等由藏返回时，宰桑吹纳木喀等请求赏给路途所食口粮，故而臣等为阐扬皇仁，由我等所备茶叶、酥油内，酌取茶叶五十包、酥油一百斤赏赐，现剩茶叶二百五十包、酥油二千九百斤，折合原价计算，值银六百零二两五钱。窃思，为准噶尔使臣等来藏熬茶，自乾隆四年始，郡王颇罗鼐即选派其平素可信赖台吉、宰桑、第巴及唐古特兵丁等，于要隘阿哈雅克、拜图、纳克桑等地设卡，昼夜探信觅踪，严守卡隘。唐古特人众以皇土为要，设卡觅踪防守者，虽属彼等分内之事，惟彼等为公事连续四五年奋勉出力，难免辛劳，而况去年准噶尔使臣等来藏，系经哈济尔、得卜特尔而行，此二处系来藏要路，不可不防。本年仍于阿哈雅克、拜图、纳克桑等地设卡防守外，在哈济尔、得卜特尔地方增设卡伦时，又需有人，相应以臣之愚见，将现剩二百五十包茶叶、二千九百斤酥油，交付郡王颇罗鼐，计此数年于卡隘出力奋勉人等，及本年派驻卡伦人等之应差次数，编排等次奖赏，则奋勉人等得以仰沐圣恩，阖藏人等受此鼓舞，益加勤勉。臣索拜受恩深重，不计是非，谨将愚虑所及之处具奏，可否之处，恭请圣鉴。俟有旨下，谨遵施行。

为此谨奏。请旨。

乾隆九年正月二十日

乾隆九年三月初二日奉朱批：好。照所奏加以赏赐。钦此。

（军机处满文《夷使档》1761-4）

265
副都统索拜奏闻访查喇嘛等是否以为
准噶尔所献系大布施折

乾隆九年三月初二日

副都统兼武备院卿臣索拜谨奏，为奏闻事。

查得，去年准噶尔使臣吹纳木喀等来藏，前往各寺庙熬茶，谒见达赖喇嘛、班禅额尔德尼等，虽属恭顺，并无事端，惟彼等于哲蚌寺等大寺庙大加熬茶，每寺所有数千喇嘛，各皆散给布施银五两，且又从各寺庙选取喇嘛四百五十名，嘉其谙于经典，另各奖给银十五两。吹纳木喀等由藏起程前，嗣后拟为噶尔丹策零熬茶，于哲蚌等四大寺留银数万两者，均属可疑。窃思，准噶尔系贫穷部落，且又极其奸诈，为熬茶献银十五万余两，不可谓无心。彼等持有或借熬茶之机，窥视藏地情形及唐古特人等生计；或大献布施，换取众喇嘛之心，以感激噶尔丹策零之恩；或炫耀自己及蒙古供佛之心虔诚等情，均难逆料。是故，臣传至郡王颇罗鼐，将此等可疑之处加以询问。据颇罗鼐告称，准噶尔乃贼也，不可深信，大臣所虑极是，彼等散给众喇嘛人各布施银五两，选取谙于经法之众喇嘛奖励银各十五两，吾亦觉可疑，故加留心。观喇嘛等之情形，听其言语，并无感言噶尔丹策零献大布施者，反以散给此各五两布施银者居心为何，料系诱骗我等之计，等因疑虑者极众。吾之审慎者，恐无知小喇嘛等以五两银为大布施，妄加议论。颇罗鼐我已嘱令各寺庙堪布喇嘛等，尔等皆为管教众弟子之年长之人，经历事情，先前策旺阿喇布坦派兵潜入藏地，谋杀拉藏汗，占据土伯特地方，破坏佛教，毁坏寺庙，杀戮众喇嘛，扰害唐古特人等，故蒙文殊菩萨大皇帝垂爱，利裨佛教，拯救众生，不惜国帑，遣派数路大军，征讨准噶尔之贼，平定藏地。此后土伯特地方仰赖皇恩，始得安谧。此等渊源，年轻喇嘛等如若不知，则以准噶尔所给五两银为大布施，妄加议论，亦未可料。倘有如此者，尔等务必加以教导。语毕，据众堪布喇嘛称，准噶尔性善蒙骗，无论彼等如何利裨黄教，献大布施，全然不可信。因其先前至藏，屠戮喇嘛、破坏佛教者，皆为我等经历之事。此次噶尔丹策零虽散给哲蚌等大寺众喇嘛人各五两布施银，然总计方为十五万两余，我等记得，酉年喀尔喀哲布尊丹巴呼图克图派贝勒车木楚克那木扎勒等为使至藏，作法事熬茶，共献布施银三十万余，噶尔丹策零所献银两数目，与此比较，尚不及其半，可称其为大布施乎。故而惟以年轻喇嘛等未曾经历旧事，不知准噶尔之狡诈，称其所给五两银为大布施，亦未可料。我等遵照贵王之嘱咐，铭记于心，倘有如此言语之人，我等必陈原委加以教导。等语。

经臣索拜复又留心访查，与郡王颇罗鼐所告之言无异，是故，臣饬告颇罗鼐，勿计准噶尔人等居心之善恶，尔但严饬所辖地方驻卡头目，勤蹑贼踪，妥加防固地方，不可怠忽。等因。

为此谨具奏闻。

乾隆九年正月二十日。

等因，乾隆九年三月初二日奉朱批：所虑者善哉，著即如此不时防范为好。钦此。

（军机处满文《夷使档》1761-4）

266
副都统索拜奏请酌赏办理准噶尔熬茶事宜
出力公班第达等人折

乾隆九年三月初二日

副都统兼武备院卿臣索拜谨奏，为请专特颁旨奖赏事。

去年准噶尔使臣等来藏熬茶，郡王颇罗鼐为报国家养育之恩，凡应防范之处，均照敕谕之例，妥善办理，仰蒙圣鉴，专特颁旨著俟事毕仍行恩施颇罗鼐。臣索拜已将卡台奋勉出力人等另折请旨奖赏，此外又有奋勉人等，理宜一并奏陈请赏。查得，郡王颇罗鼐之长子公珠尔默特车布登，邀截准噶尔贼之来路如托克努热路，曾率阿里克地方五千兵防守数年，去年因其腿疾，为加诊治，奏准召回藏地，行抵扎什伦布，恰遇准噶尔熬茶之事，臣为便于公务，未准回抵前藏，令其留驻后藏办理准噶尔熬茶之事。公珠尔默特车布登病不见痊愈，尚能遵照指示，妥善办理准噶尔熬茶之事，又从扎什伦布护送使臣等至前藏。颇罗鼐之次子札萨克头等台吉珠密纳木扎勒，为邀截阿哈雅克路，于喀喇乌苏等地率兵六千驻守，准噶尔人等抵达喀喇乌苏前，珠密纳木扎勒由其所率驻守兵内拣选五百名往迎，照料使臣等暗中防范护送至藏，使臣等事毕返回时，复又率兵由藏护送至喀喇乌苏界。珠密纳木扎勒技艺娴熟，带兵严厉，即便准噶尔人等，亦皆赞赏其所辖兵丁齐整。办理噶伦事务公班第达、噶伦札萨克头等台吉车凌旺扎勒、布隆灿、色玉特塞卜腾、札萨克头等台吉齐旺多尔济，彼等均系协助颇罗鼐办事之人，以准噶尔人等前往各寺庙熬茶时，与喇嘛等言语离间，妄加挑唆，探听消息，亦未可料，颇罗鼐从中酌加派遣，外示和睦之道，暗加防范，随之而行，故未出事，且彼等办理供给五百名满洲官兵、准噶尔人等之乌拉马匹草料柴薪等事务，毫无差池。再，戴绷罗布藏达尔扎、章鲁扎布、达彦台吉、巴扎拉尼，皆为带兵之人，因准噶尔使臣等来藏熬茶，彼等各皆操练兵丁，整治兵械，暗中备兵，奋勉于公务，不无辛劳。臣窃思，公珠尔默特车布登等均系藏地显贵，彼等感激圣恩，纷纷奋勉效力，且于嗣后之严固卡台、坚守地方等处，更需有人，相应计其职级，酌赏公珠尔默特车布登等十一人以蟒缎等物，则彼等备感圣恩，感激奋勉，且于地方防守事宜亦有裨益。臣之愚思者如此，可否之处，谨请圣鉴。倘若可行，请专特颁旨奖赏。

为此谨具密奏。

乾隆九年三月初二日奉朱批：著军机大臣等议奏。钦此。

（军机处满文《夷使档》1761-4）

267
军机大臣鄂尔泰奏报拟旨奖赏公珠尔默特车布登等人片

乾隆九年三月初二日

大学士·领侍卫内大臣·伯臣鄂尔泰等谨奏。

副都统索拜所奏奖赏为准噶尔使臣等赴藏熬茶一事出力之公珠尔默特车布登等十一人一折，奉旨：著军机大臣等议奏。钦此。钦遵。查得，此次准噶尔使臣等赴藏熬茶，郡王颇罗鼐感激圣恩，所有防备之处，均皆妥善办理，使事善终，故特施恩奖赏蟒缎二匹、大缎四匹。等因在案。兹据索拜奏称，颇罗鼐之长子公珠尔默特车布登等十一人，均皆感激圣恩，各皆带兵暗中防范，效力奋勉于卡台。等因。理宜施恩奖赏，是故，臣等拟撰谕旨，恭呈御览，俟至圣裁，钦遵施行。乾隆九年三月初八日奉上谕：

此次准噶尔使臣等赴藏熬茶，郡王颇罗鼐之子公珠尔默特车布登等感激朕恩，各皆带兵暗中防范，效力奋勉于卡台，甚属可嘉，故此特赏颇罗鼐之长子公珠尔默特车布登、次子扎萨克头等台吉珠密纳木扎勒、办理噶伦事务公班第达蟒缎各一匹、大缎各二匹，噶伦扎萨克头等台吉车凌旺扎勒、布隆灿、色玉特塞卜腾、扎萨克头等台吉齐旺多尔济，大缎各一匹，官缎各二匹，及戴绷罗布藏达尔扎、章鲁扎布、达彦台吉、巴扎拉尼大缎各一匹、官缎各一匹，以示鼓励。钦此。

（将此交付理藩院办理）

（军机处满文《夷使档》1761-4）

268
副都统索拜奏闻此次熬茶用过草料等物价银数目折

乾隆九年三月初二日

副都统兼武备院卿臣索拜谨奏，为奏闻用过草料等物价银数目事。

查得，去年准噶尔使臣等来藏熬茶，其护送大臣、满洲官兵及跟役共七百三十七人，骑至马、驼、骡九百二十八头匹；因赍送颁降达赖喇嘛、班禅额尔德尼敕书及运米等差而来绿营官兵跟役六十二人，骑至马驼七十五头匹；准噶尔人等二百三十五人，骑至马、驼、骡五百九十六头匹。彼等在藏期间，每日喂养马畜所需草料柴薪，臣索拜曾交付郡王颇罗鼐，计其足敷给付，所用物件数目，加以记录，俟至事毕具呈，照例给付价银。等因。兹据郡王颇罗鼐呈文内称，准噶尔使臣等于乾隆八年十月初三日至藏，于是年十二月初五日事毕返回游牧。此次护送准噶尔使者之大臣官兵跟役及准噶尔人众，计一千零三十四人，骑来马、驼、骡一千五百九十九头匹。将此照采买驻藏防守官兵所需草料、柴薪之例，每人每日支给柴薪十斤，无论马、驼、骡，每畜每日支给草料十斤、料豆二升计，自抵藏之日起至起程之日止，共六十二日，核计给过柴薪六十四万一千零八十斤，以每斤按定价给银五毫计，共需银三百二十两五钱四分；草料九十九万一千三百八十斤，以每斤给价银五毫计，共需银四百九十五两六钱九分；料豆一千九百八十二石七斗六升，以每石给价银七钱五分计，共需银一千四百八十七两七分。再，准噶尔之驼一百九十四峰，理应喂盐，六十二日共喂盐三千二百零一斤，以每斤给价银一分计，共需银三十二两一分。以上草豆、柴薪及盐之价银共二千三百三十五两三钱一分，请予支放。等因。查得，先曾奏称，护送准噶尔使臣前来官兵乘骑入藏马匹及准噶尔人等骑至马驼所需草料、柴薪，均取郡王颇罗鼐采办者使用，视所用数目动支藏库钱粮给付价银。等因具奏。兹核计郡王颇罗鼐所呈草豆、柴薪及盐之数目，折合价银，均皆相符。是故，谨照原奏，动支藏库钱粮二千三百三十五两三钱一分，给郡王颇罗鼐外，为奏销此项银两，业经咨文四川巡抚纪山。

为此谨具奏闻。

·255·

乾隆九年正月二十日。

等因，乾隆九年三月初二日奉朱批：知道了。钦此。

（军机处满文《夷使档》1761-4）

269
副都统索拜奏请准令喇嘛噶津林沁仍住扎什伦布折

乾隆九年三月初二日

副都统兼武备院卿臣索拜谨奏，为请旨事。

乾隆九年正月二十六日接准军机处密寄称，本处奏称，臣等看得，观乌赫图、玉保等所奏唐古特喇嘛罗布藏丹增所告言内，先前齐默特等返回，告知噶尔丹策零，青海蒙古民人等生计穷困，且较疏懒，理应趁机出兵，图谋西藏等地。噶尔丹策零信其所言，正商定调兵间，与齐默特同行之喇嘛商卓特巴等凄泣相劝，又出示先前与齐默特等同来留藏之苏木巴尔鼐之信，方罢出兵。等语。齐默特等因不曾进藏，中途返回，故而托词造谣告知于噶尔丹策零者，亦有其事，惟商卓特巴、巴雅斯瑚朗等均系与齐默特同至之人，齐默特所编之言，理应当即陈告澄清，许久之后俟至商议调兵之时，始方陈告齐默特谎骗之处，又经出示苏木巴尔鼐之书信，方免出兵，所言似较含混。而况苏木巴尔鼐本系由藏掠往之人，不过是为遵照噶尔丹策零吩咐探信送达而已，无权致信制止出兵。此等言语，系属罗布藏丹增夸大其词，亦难逆料。兹虽罢兵，准噶尔人等原本狡诈，早已为圣上所洞鉴，凡内地应备防范之项，已令备办坚固，而藏地亦皆妥备，并未计准噶尔和好之真伪。兹蒙皇上恩准准噶尔遣使并贸易，又准彼等之人赴藏熬茶，观事休之情形，噶尔丹策零亦未敢肆意妄为，即便罗布藏丹增所告之处为实，我等之防备极为牢固，相应亦无可虞之处。惟罗布藏丹增系居准噶尔地方二十余年之人，噶尔丹策零释彼返回者，或为探取我方之信息，或嘱令挑拨行间，行其奸计，皆未可料。故拟将此咨文晓谕索拜，务将罗布藏丹增等安置于牢固之处，遣派可靠干练之人时加看管，毋令晤见准噶尔之人，妥为防范恣意滋事。等因。乾隆八年十二月十四日奏入，奉旨：罗布藏丹增系在准噶尔久居之人，不可深信。其现在所告之言内，虽无大碍之处，然令此等之人久居于藏，探取消息，挑拨行间，皆难逆料。著将此密寄索拜，俟准噶尔人等熬茶事毕返回后，将罗布藏丹增及先前回藏之喇嘛噶津林沁等一并送至京师，任选一处寺庙安置。钦此。钦遵。等因前来。臣索拜当即传至郡王颇罗鼐，晓告圣上颁降谕旨，将喇嘛罗布藏丹增、噶津林沁等送往京城之处，与之商议。据颇罗鼐告称，喇嘛罗布藏丹增、噶津林沁均系久居准噶尔地方之人，不可深信，若令在藏居住，则不得不遣派干练可靠之人加以看管，若令送往京城，于我等极为有利。惟其中稍有关碍之处，相应颇罗鼐焉敢隐匿不报。喇嘛噶津林沁系拉达克地方之人，自幼师从班禅额尔德尼，住扎什伦布寺者属实，此为吾经历之事，而况前年安置噶津林沁住扎什伦布寺之后，经留心访查，并无探听卫藏地方消息、挑拨离间之事，且于班禅额尔德尼委实虔诚。而今怀疑噶津林沁，不准留住扎什伦布，迁往京城，则拉达克人等必得其信，倘若有违其心，于嗣后探听准噶尔之消息，委实无益。以颇罗鼐之愚意，免送喇嘛噶津林沁至京城，仍行安置于扎什伦布寺，派吾之可靠之人至扎什伦布，偕同彼处商卓特巴济隆罗布藏策旺不时看管，暗加防范，防止探得任何消息。喇嘛罗布藏丹增系喀木地方之人，原先曾住哲蚌寺，熟谙经咒，将其迁往，无甚大碍，相应迁往京城可也。如此则不违拉达克人等之心，且令严加看管噶津林沁，亦断不致探听消息，挑拨离间。无论如何，请贵大臣定夺。等语。臣告颇罗鼐称，尔所告之言虽是，惟准噶尔极为狡诈，颇不可信，先前齐默特宰桑来时，带至苏木巴尔鼐留藏，此举不可谓之无心。而况噶尔丹策零派喇嘛噶津林沁至拉达克地方时，曾言探取土伯特地方消息，我但靠尔等语。而今倘令喇嘛噶津林沁仍住扎什伦布，万一行探听消息，挑拨离间之事，不仅尔等本地之人不得安生，且于王尔亦甚有关碍。据颇罗鼐告称，喇嘛噶津林沁本年七十七岁，体弱多病，观其情形，已不久于世，且吾又派可靠之人不时看管，彼断不致行探听我土伯特地方消息及挑拨离间之事，诚有不虞之处，颇罗鼐何敢屡屡告请。等语。臣索拜窃思，喇嘛噶津林沁系拉达克地方之人，并未入我国籍，且又年迈体弱，将其迁往京城之时，彼若托病不走，亦有关碍。是故，臣告颇罗鼐曰，据尔告称，令喇嘛噶津林沁住扎什伦布，并无可虞之处，断不致行探取消息、挑拨离间之事，相应照尔所请，仅将喇嘛罗布藏丹增送往京城。本年五月，班禅额尔德尼恭请圣安，派使前往京城，相应趁此之便，将喇嘛罗布藏丹增交付于为使喇嘛堪布等，勿令脱逃，妥为看管解往。其喇嘛噶津林沁仍令住扎什伦布，或仍解往京城之处，本大臣谨此具奏请旨。俟有旨下，再行告知。等因嘱咐前去。

为此谨奏。请旨。

乾隆九年二月初三日。

等因，乾隆九年三月初二日奉朱批：著照颇罗鼐所奏施行，惟其看管防范之处，颇罗鼐宜益加勤勉为好。钦此。

（军机处满文《夷使档》1761-4）

270

军机大臣鄂尔泰奏请赏赐护送
准噶尔熬茶使途中病故达赉等人片

乾隆九年三月二十二日

大学士·领侍卫内大臣·伯臣鄂尔泰等谨奏。

先前将军乌赫图等以护送前往熬茶准噶尔使臣等头等侍卫达赉抵藏病故，将其奋勉之处，一并奏陈，旨令臣等予以记录，俟达赍之尸骨运抵，赏给其家室银二百两。钦此。钦遵。据臣等询问侍郎玉保，称达赍之尸骨可于四月初运抵。再，前往护送准噶尔使臣等之护军参领马进泰，由藏返回时中气浮肿，经侍郎玉保等具奏，随同由原路遣返之满洲官兵遣往西宁，兹据率凉州兵丁返回协领纳尔图报称，护军参领马进泰于二月初二日行抵巴彦喀喇地方病故。查得，病故头等侍卫达赍，荷蒙圣上颁旨施恩赏银二百两，该护军参领马进泰亦如达赍护送准噶尔人等抵藏，返回途中病故，相应亦应照达赍之例恩赏马进泰。

为此谨奏。请旨。

乾隆九年三月二十二日奉朱批：知道了钦此。

三月二十三日，奉旨：头等侍卫达赍、护军参领马进泰，护送前往熬茶之准噶尔使臣等，至藏病故者可悯，著施恩赏给其家室银各二百两，用以办理丧事。钦此。

（将此交于中书皂保，交付内务府，将赏给达赍等之银四百两送至，转给达赖之子、马进泰之子外，另交付侍卫处、景运门）

（军机处满文《夷使档》1761-4）

271
副都统索拜奏报绿旗兵所交马匹已补偿银两折

乾隆九年四月十四日

副都统兼武备院卿臣索拜谨奏，为奏闻事。

查得，适经臣奏称，将军乌赫图、侍郎玉保，以护送准噶尔使臣等之满洲官兵留于喀喇乌苏之马畜，丝毫不见恢复，故拟调取此处所备绿旗兵丁之膘壮马匹二百匹，每匹马给加银五两。臣索拜核计事之紧要，已给调换马二百匹，惟不知彼等牧放喀喇乌苏之马匹膘分有几何。俟将军乌赫图等行抵喀喇乌苏，将二百匹羸瘦马给还后，臣再核查，如若相等不议外，倘有老迈多疾不能复原之马匹，臣当酌情办理，以免兵丁忧怨。等情奏入，奉旨：知道了。钦此。钦遵在案。兹将缓缓赶至将军乌赫图等所给调换二百匹马查看，有加五两银可抵本马者，亦有虽加五两银仍不抵本马者，尚有收取此二百匹马之后倒毙者。是故，臣索拜饬令管带驻藏绿旗兵游击刘阁，将此等羸瘦马匹，其加五两银可抵本马者相应不议外，其余虽加五两银仍不抵本马者，应再加银几何，倒毙马匹，应付给银几何之处，尔可率守备、千总、把总，一一查核，据实秉公办理具呈。等因交付去迄。

现据游击刘阁呈文内称，卑职刘阁遵从大臣之嘱令，率守备、千总、把总等，逐一查看满洲官兵所给调换羸瘦马匹，加五两银可抵本马者有一百零二匹，陆续倒毙伤残马匹有三十四，虽加五两银仍不抵本马者有六十八匹。卑职刘阁等会议得，其加五两银可抵本马之一百零二匹马相应不议外，其虽加五两银仍不抵本马之羸瘦马六十八匹，膘分各有不同，理应抵其彼等原交膘壮马匹办理，相应其有二分膘之马二十匹，再各加银三两，有三分膘之马四十八匹，再各加银二两，倒毙马匹，不计所加银五两，再各加银九两，则二百名兵丁皆可得原交膘壮马匹。刘阁我等按时价以抵原交马匹办理，倘蒙大臣照准我等所办，请增加统共所需银四百二十六两。等因具呈。

臣索拜复行核查马匹，与该游击刘阁所呈无异，是故，向在藏办理钱粮事务同知钱世祺支取四百二十六两银，交付于游击刘阁，照其所办抽签散给兵丁，饬令从速补充倒毙马匹，喂养赢瘦马匹上膘外，为奏销此项支用银两，已咨行四川巡抚纪山去讫。

为此谨具奏闻。

乾隆九年三月初四日。

等因，乾隆九年四月十四日奉朱批：知道了。钦此。

（军机处满文《夷使档》1761-4）

272
军机大臣鄂尔泰奏闻护送准噶尔熬
茶使支过银两尚未奏销片

乾隆九年四月十七日

大学士·领侍卫内大臣·伯臣鄂尔泰等谨奏。

查得，此次准噶尔使臣赴藏熬茶，甘肃巡抚黄廷桂奏请拨给所有备办、使臣等贸易所需、路途供给等处使用银两，经户部议，拨给银二十万两；又调任四川巡抚硕色，奏请一并多备使臣抵藏后供给之（原档残缺）及驻藏官兵所需钱粮，由户部共拨银二十四万两，均皆在案。奏销此项支过银两，系甘肃巡抚所办者，则由甘肃巡抚奏销。驻藏副都统所办者，则转行四川巡抚奏销。其实在用过银两数目，而今尚未奏销。再，为沿途接济马驼，乌赫图、玉保携往银三万两，即在拨给甘肃省二十万两银内，将此询据玉保称，为调换我等前往护送官兵及使臣等之马匹增补银两，给雇马畜、赏给使臣等盘费马匹等处，共用银一万四千余两。此等用过银两数目，已造册咨行黄廷桂，俟经彼处查核，一并奏销。等因咨文外，其余银五千余两，已缴回甘肃布政司库。等语。

是故，将核查之处谨具奏闻。

乾隆九年四月十七日奉朱批：知道了。钦此。

（军机处满文《夷使档》1761-4）

乾隆九年（1744年）九月戊子

命严缉解京脱逃之喇嘛罗卜藏丹怎。

上谕内阁曰：据副都统索拜奏称，将挑去娴于经卷之喇嘛，及由准噶尔回藏之罗卜藏丹怎等解送京师，于七月初七日，至察木多所属之郭郊地方，喇嘛罗卜藏丹怎带伊仆役萨木都卜、达什等骑马逃亡等语。喇嘛罗卜藏丹怎乃朕特旨令解送京师之人，所关甚要，把总马雄于途次怠玩，致令逃亡，情甚可恶，著拿送京师，交刑部从重治罪。索拜于送此紧要之人，仅派一陋劣把总与十五名兵解送，亦属疏忽，著交部严行察议具奏。其逃亡之喇嘛罗卜藏丹怎等，速交郡王颇罗鼐、四川巡抚纪山、提督郑文焕等，务严行捕获，索解京师。若有隐匿容留，济助行粮之人，亦即拿获，严审治罪。再罗卜藏丹怎之逃亡，必怀疑志，此去寻西路小道逃往，俱未可定，并速行文驻西宁之副都统莽古赉、安西提督永常于一切塘汛地方，及各处隘口，俱令用心防御，务期弋获。

（《平定准噶尔方略前编》卷 48，《清高宗实录》卷 224）

乾隆九年（1744 年）九月己丑

上又谕内阁曰：驻藏办事副都统索拜，于解送朕特旨令送京师之喇嘛罗卜藏丹怎一事，并不选派强干之人，饬令严加防范，致使中途脱逃，已将索拜交部议处。今既派出副都统傅清前往更替，索拜此际若拿获则已，若未经拿获，傅清虽已抵藏，索拜亦不得即行回京，著解任仍留彼处，俟拿获罗卜藏丹怎时，再行回京。并降旨郡王颇罗鼐，伊向来诸事奋勉，诚信报效，于查拿此等逃亡之犯，必能努力。然罗卜藏丹怎原系察木多之人，观其行至原处逃亡，其中必有容留藏匿、济助牲口行粮之人，伊所到之处，凡属下之唐古忒等念系喇嘛，瞻顾不行擒拿，亦未可定。著颇罗鼐留心严饬各处，实力查拿，务期弋获。再似此由准噶尔回藏之喇嘛噶津林沁等，前经颇罗鼐奏请，停其解送京师，安置于扎什伦布庙内。但以此次解送之罗卜藏丹怎中途脱逃而论，则伊等必怀异志。若将噶津林沁仍留藏内，颇罗鼐能保其断然无事，即无庸解京，若不能保，仍遵前旨，用强干人员用心防范，解送京师。察木多之纪瓦帕克巴喇胡土克图，亦是荷蒙国恩之大喇嘛，于伊所属一切地方，通行严饬，务令必获罗卜藏丹怎，断不得稍有疏忽，以致漏网。可即行文晓谕之。

（《平定准噶尔方略前编》卷 48，《清高宗实录》卷 224）

乾隆九年（1744 年）十一月戊子

安西提督永常奏称，准噶尔进贡使臣哈柳入境。

（《平定准噶尔方略前编》卷 48）

乾隆九年（1744年）十二月壬子

恩准夷使哈柳赴肃州贸易。

先是，安西提督永常奏报：准噶尔遣宰桑哈柳等请安进贡，携带货物，恳请贸易。得旨：军机大臣议奏。寻议：哈柳违议带货，自应不准贸易。但乾隆七年，吹纳木喀来京，带有货物，再四哀恳，已准售卖，此次应准交易。令该提督，一面护送夷使来京，一面令其运货往肃州出售。

至是，谕军机大臣等曰：据永常奏称，夷使哈柳禀称，此次带来驼马，系随路更换，并非货卖。只求将牛羊留下售卖，即是恩典，情辞极为恭顺。其所带牛羊，并乏弱马匹，已留于哈密。如蒙恩准其赴肃贸易，请照吹纳木喀之例，派官兵照料前往等语。从前进贡夷使，随带货物，亦曾加恩准其贸易。此次哈柳所有牛羊等物，著准其所请，在肃交易。尔等可寄信与庆复、黄廷桂，令其派委干员，照例办理，并传与永常知之。

（《平定准噶尔方略前编》卷48，《清高宗实录》卷230）

乾隆十年（1745年）正月己亥

夷使哈柳至京进表请安，并贡方物。

准噶尔台吉噶尔丹策零谨奏大皇帝。蒙大皇帝谕旨，接济我等前往西藏念经之人牲畜路费，念经之时，又蒙大皇帝怜悯，准照我等所请办理，不胜欣喜感激之至。从前我等地方未立法性教，现在新立此教，所有西藏请来好喇嘛业已大半亡故，现在所存甚少，且年皆衰迈，若于土伯特地方拣选通于经咒好喇嘛，赏给前来，则我等地方经咒之教，可以永久不绝，而大皇帝之恩德，亦永久感戴矣。

为此奏请，余言令使臣口奏。

恭进玉碗、木碗各一只、貂皮三十张并犬、马各二。

奏入，上命尚书海望等询问哈柳，噶尔丹策零奏折内令来使口奏何语。据哈柳禀称，噶尔丹策零令我将请发喇嘛事，口奏大皇帝。又令我奏，我等熬茶之人由藏回来，颇罗鼐办给牲畜路费，不甚妥协，与先例不同。颇罗鼐原系拉藏汗属下书写之人，大抵仍思拉藏汗旧仇，所以如此。嗣后我等行走，仍请照先例办理，伏祈明白饬谕。

海望等据辞覆奏，报闻。

（《平定准噶尔方略前编》卷48，《清高宗实录》卷233）

乾隆十年（1745 年）正月庚子

宣谕夷使哈柳。

上命尚书海望等传谕哈柳曰：尔噶尔丹策零本章，朕已观览。尔等口奏之言，大臣等亦经奏闻。观噶尔丹策零所奏，为尊佛法，立法性教，欲请藏内喇嘛，实属善事，其词意诚笃，朕甚嘉之。但尔等到藏熬茶，即欲邀请喇嘛，颇罗鼐未曾发给。尔等回后，颇罗鼐奏到：准噶尔来使欲请喇嘛，未奉大皇帝谕旨，未曾发给，伊等回去后，或又奏请发给，亦为可定。但从前准噶尔人等扰乱藏地，拆毁寺庙，有侵害土伯特之仇，俱不愿前往，乞大皇帝睿鉴。尔等又称，熬茶之人，颇罗鼐办给诸物，不甚妥协，想因尚念拉藏汗之仇，是以如此。朕为天下共主，不分内外远近，一视同仁，因从前尔等又乱藏之事，彼此猜疑，至今未息，众喇嘛皆佛门弟子，伊等不愿前去，朕岂可迫遣。此事不便降旨，理应停止。

哈柳跪奏：大皇帝谕旨，我当谨记，归告噶尔丹策零。

海望等覆奏，报闻。

（《平定准噶尔方略前编》卷 48，《清高宗实录》卷 233）

乾隆十年（1745 年）正月辛丑

御山高水长大幄次，赐准噶尔使臣哈柳等宴。

（《清高宗实录》卷 233）

乾隆十年（1745 年）正月辛丑

赐准噶尔使臣哈柳宴。

先是，办理军机大臣等奏言：此次夷使哈柳奉旨于西厂帐殿，瞻仰天颜，恩赐筵宴，其仪注应照上年筵宴夷使图尔都之例预备。奏入，报闻。至是，引夷使哈柳入宴。

上谕之曰：朕昨遣大臣所降谕旨，尔俱领悉否。

哈柳跪奏：大皇帝谕旨，俱已敬谨领悉，特因颇罗鼐与我处不睦，不知如何陈奏，并曾准其所奏之处，伏乞大皇帝睿鉴。

上谕曰：颇罗鼐是僻处远方之人，尔准噶尔亦系僻处远方之人，朕为大皇帝，不分内外，一体眷顾，为尔等不睦，岂可偏听，遽罪颇罗鼐乎。所以将不便降旨之故，令大臣晓谕尔等。尔可谨记朕旨，归告噶尔丹策零知之。

上亲赐酒二爵，礼成而退。

（《平定准噶尔方略前编》卷 48）

乾隆十年（1745年）正月壬寅

（川陕总督公庆复）又奏：逃走喇嘛罗卜藏丹怎等业已于口外拿获。查西宁距京路近，而该处把总，系川省拨防之员，必欲由川转解，既涉迂远，恐致疏失，当饬西宁镇道，如该把总尚未起身，务饬沿途员弁，加谨防护。

得旨：所见是。知道了。

（《清高宗实录》卷233）

乾隆十年（1745年）二月乙巳

传谕驻藏大臣等预筹防范事宜。

上谕军机大臣等曰：据此次夷使哈柳口奏，有进藏熬茶之人由藏回巢，颇罗鼐办给牲畜路费，不甚妥协，大概是仍念拉藏汗旧仇，是以如此等语。又噶尔丹策零奏请贤能喇嘛一事，朕已降旨，西藏之人皆不愿去，此事颇罗鼐亦曾奏及，喇嘛皆不愿去，朕难以强派。准噶尔人等与颇罗鼐不睦之处，业已显露，今虽无事，不可不豫为之备。著传谕驻藏副都统傅清，另其密饬颇罗鼐，务使留心，有应如何防范预备之处，详慎办理。

（《平定准噶尔方略前编》卷48，《清高宗实录》卷234）

乾隆十年（1745年）二月甲寅

召见夷使哈柳，赏赉有差。

上召见哈柳于正大光明殿，谕之曰：朕明日起程谒陵，俟回銮令汝等朝见，恐误汝等行期，故于今日召见汝等。今天时渐暖，汝等整装完备，即可起程归国，不必候朕回銮也。汝台吉奏请之事，可行则准行，无例不可行者，则不准行，朕惟准酌情办理，初无成见。汝等谨记朕谕旨，归告噶尔丹策零。在途谨慎行走。

哈柳跪奏：大皇帝谕旨，当谨记归告噶尔丹策零。荷大皇帝恩典甚厚，我等在路，自必谨慎行走。

随勅赐使臣及随从之厄鲁特等银两、缎、布如例。

赐准噶尔台吉噶尔丹策零敕书。

奉天承运，皇帝诏曰：尔奏称前往西藏诵经人等，蒙恩赏给牲畜口粮，成全诵经之事，不胜欢欣。并请于土伯特赏给善于经咒喇嘛数人，令经咒之教，可乘久远，推广不绝等语。尔尊崇佛道，因立法性教，欲请西藏喇嘛，实一善事。朕观奏内，辞意敬顺恳切，实属可嘉。但去年尔使臣进藏熬茶，已向郡王颇罗鼐求请喇嘛，彼地喇嘛

·263·

因念尔等曾在藏内骚扰，不愿前往，故颇罗鼐托言无大皇帝旨意，并未发往，亦曾经颇罗鼐具奏。

今尔使臣哈柳口奏，颇罗鼐仍念拉藏汗之仇，于尔等进藏熬茶人，牲畜路费，并未支给妥协。由此观之，尔等两地相疑，未忘旧仇。朕为大君，不分内外，视群生如一体，抚恤仁爱，即佛道亦以群生为要，众喇嘛皆系佛门弟子，伊等既不情愿，朕勒令前往可乎？即使降旨令发给尔等喇嘛，伊等亦未必发给贤能者，此后尔等又不免藉口为实，反生怨望。颇罗鼐是僻处远地之人，准噶尔亦系僻处远地之人，尔等彼此互有违言，朕岂可偏听，遽罪颇罗鼐乎？尔等地方亦有喇嘛，岂无一善于经咒者。且敬佛广教，只在于心，亦不必专凭经咒，何必求助他人。此事朕不必降旨，今特勒付使臣哈柳赍回，尔其善体朕意。

随敕赐各色缎十端、蟒缎、状缎各八端、玻璃、磁器各八事。

（《平定准噶尔方略前编》卷48，《清高宗实录》卷234）

乾隆十年（1745年）二月甲寅

谕夷使哈柳令撤回移近内地游牧及定期贸易事宜。

先是，署定边副将军参赞大臣拉布敦奏言：上年十二月初六日，据哈玛尔沙扎海卡伦侍卫拜都遣员赴都图淖尔、布呼朱尔克等处瞭望侦探，至布尔吉推河，建有厄鲁特宰桑额勒慎等十余户，在此居住，当即谕令移去。据额勒慎云，今天正寒冷，又当我处牲畜孳长之时，乞容暂住，俟稍和暖，即行移去等语。又十二月十二日，据布延图卡伦侍卫伯森特遣员出口侦探，至布延图河源四水总汇地方，见有乌梁海得木齐扎木禅等十余户居住，亦谕令移去。据扎木禅云，因我们游牧处雪大，暂住于此，俟雪化后，即行移去等语。查厄鲁特宰桑额勒慎所住之布尔吉推河，与内地所放卡伦相去不远，行走一夜，次早可到，在都图淖尔之西北。又查乌梁海得木齐扎木禅亦系准噶尔之人，并非本地乌梁海，所住之布延图河源，与内地所放卡伦察罕布呼地方，相去有一宿之地。又查布尔吉推河，在哈玛尔沙扎海卡伦以外，其地在阿尔台山梁之外。布延图河源四水总汇处，与得里衮、托尔本淖尔此三处，其地俱在阿尔台山梁之内。现在密札两处坐卡侍卫，并临近坐卡侍卫等，谨慎小心，严行防范，俟稍暖雪化，厄鲁特人等移去后，即速详报。

奏入，得旨：军机大臣会同额驸策凌议奏。

寻议：伊等或因避雪，来寻水草，至此游牧，似无他故。但屡向内地卡伦近处居住，日久未免生事。现在夷使在京，应面谕以守定界址，毋许任意游牧，令其回时告知噶尔丹策零，即行撤回。又议以使臣请安进贡，非贸易之年，不许携货。此次哈柳仍违例携带货物，现奉恩旨，故准赴肃州贸易，亦应俟使臣回巢之日，申饬下次不许复带。

奏入，上从之。是日，命尚书海望等遵旨传谕夷使哈柳，令其归告噶尔丹策零永远遵守。哈柳敬谨受命。

海望等覆奏，报闻。

（《平定准噶尔方略前编》卷48）

乾隆十年（1745年）二月甲子

准噶尔夷使哈柳自京起程还部。

（《平定准噶尔方略前编》卷48）

乾隆十年（1745年）四月己未

安西提督永常奏报，准噶尔夷使哈柳等出境。

（《平定准噶尔方略前编》卷48）

乾隆十年（1745年）四月

甘肃提督李绳武奏报：准噶尔夷使哈柳赴京，沿途照例护送，并收受该夷使马匹皮张，及酬以缎匹等情。

得旨：好，知道了。彼此次所求之事皆未准行，彼复向伴送人云圣旨尚许我来一次，此旨实未发也。又伊所留之人，此次甚不安静，酗酒生事。此等处皆不可不留心。

（《清高宗实录》卷239）

乾隆十年（1745年）十一月壬午

命西北两路将军大臣等筹备防范事宜。

上谕军机大臣等曰：据安西提督李绳武奏称，昨据由准噶尔脱回之吐鲁番回民海底里禀称，噶尔丹策零于今年九月内，业已病故。彼于各处卡伦，俱添兵防守等语。应寄信密谕西北两路将军大臣等，噶尔丹策零病故之信，伊虽未遣使具奏，而固我边境，防范预备之处，断不可忽。至于乘伊有丧之际，发兵征讨，此事朕断不为。但恐伊部落内，彼此心离，易生变乱。或潜至边境，偷夺牲畜；或有意投入我境，窥伺情形，均未可定。惟当示以大义，固守边疆，严谨卡伦。一切应行预备之处，令将军大臣悉心筹划，妥协办理，豫为防范。

（《平定准噶尔方略前编》卷48，《清高宗实录》卷252）

乾隆十年（1745年）十二月戊午

安西提督李绳武奏报，准噶尔进贡使臣哈柳等入境。

（《平定准噶尔方略前编》卷48）

273
军机大臣讷亲等奏请照例赏使臣哈柳乘坐驮轿片

乾隆十一年正月初八日

大学士·领侍卫内大臣·果毅公臣讷亲等谨奏。

遵旨查遣派章京迎接准噶尔使臣哈柳一事，去年哈柳来时，因患足疾，告知伴送章京尚图转报前来，仰蒙圣上垂爱施恩，特降谕旨，向地方官要取驮轿，令其乘坐。又遣理藩院员外郎甘布，驰驿往迎，晓以圣恩，照看前来。今既言哈柳又患足疾，不能骑马，相应仍照前例，咨文由哈密伴送前来之章京，向地方官要取驮轿，将圣恩晓谕哈柳，令其乘坐驮轿，照看前来外，由此仍派员外郎甘布，明日即起程，驰驿前往迎接。何处遇见哈柳等，即将圣主专特施恩，遣员前往照看彼等之缘故，加以晓谕，好生照看前来。所派章京赍往谕旨，将另缮恭呈御览外，又查得，去年遣往甘布时，曾赏银二百两治装，今仍照前例赏银二百两治装之处，谨此请旨。

等因，乾隆十一年正月初八日奏入，奉旨：知道了。钦此。

（赏员外郎甘布银二百两，由广储司领取赏赐外，将片存档，未曾交付）

（军机处满文《夷使档》1762-2）

274
军机处为赏使臣哈柳乘坐驮轿事札行伴送章京等文

乾隆十一年正月初八日

军机处札行伴送准噶尔使臣等前来之章京等，为钦遵上谕事。

乾隆十一年正月初八日奉上谕：据提督李绳武奏称，准噶尔使臣哈柳行抵翁克卡伦告称，谨遵去年朕仍命彼来之谕旨，又为使前来请安进贡。因患足疾，不能骑马，以两头牛驮行。等语。哈柳从前来时，极为恭顺，笃诚感戴朕恩，人亦随和。今又闻为使前来，朕甚为悯恻。哈柳年事已高，患有足疾，不能骑马，相应仍照前例，咨文伴送前来之章京，著向地方官要取驮轿，令哈柳乘坐，沿途好生照看而来。彼欲速来觐，亦未可料，须视其所能，量力而行，勿过辛苦，继将遣员往迎探望。著将此晓喻哈柳。钦此。钦遵。札行前去。俟此文至，尔等须仔细阅读，将颁降谕旨明白晓谕使臣哈柳。向地方官要取舒适驮轿，令哈柳乘坐。量其所能，好生照料带至。其何时抵达宁夏，何时抵达京城之处，须预先来报，不可延误。

为此札付。

（将此于是日交付兵部主事永泰，由兵部封装，沿边驰递伴送准噶尔使臣等之章京等，令于何处相遇，当即交付，并为遣往迎接之员外郎甘布拨给驿马，亦交付主事永泰去讫）

（军机处满文《夷使档》1762-2）

275
军机大臣讷亲等奏请晓谕使臣哈柳徐行片

乾隆十一年正月初八日

大学士・领侍卫内大臣・果毅公臣讷亲等谨奏。

著甘布晓谕使臣哈柳，因去年尔至，尚在正月内，故令观赏灯火戏耍等。今尔抵达时间已迟，虽经疾行，亦难赶上年节，且尔患有足疾，相应适加调养，缓缓而行。俟抵京城，仰赖圣恩，将令尔观赏其他戏耍。等语。

等因，乾隆十一年正月初八日奏入，奉旨：是。钦此。

（军机处满文《夷使档》1762-2）

乾隆十一年（1746年）正月乙未

定议办理投诚夷人事宜。

甘肃巡抚黄廷桂奏：向来沿边蒙古，及哈密、瓜州回民，并准夷人等投诚，或令本处团聚，或于别处安插。今闻噶尔丹策零病故，恐其部落内乱，致生事端。嗣后办理投诚夷人，应请少加分别。如蒙古、番回，原非准夷所属，仍照前例办理。若有准夷头目率众来款，应请旨定夺。如不过一二无关紧要夷人，前来归命，或羁管哈密，候夷使进贡，晓谕带往。或即于卡伦外，赏给口粮，令自行回巢。

得旨：军机大臣议奏。

寻议：查噶尔丹策零病故与否，未有确信。如彼处有事，酋目率众款关投诚，应如所奏，请旨定夺。至寻常投诚之人，仍照旧例办理，无庸令夷使带回，及令自行回巢，致失怀远之义。

奏入，上从之。

（《平定准噶尔方略前编》卷49，《清高宗实录》卷257）

276
伴送准噶尔使臣郎中伯达色等为
哈柳谢赏乘轿事呈军机大臣等文

乾隆十一年二月初九日

伴送准噶尔使臣等之郎中伯达色等呈文军机大臣等，为具报事。

率准噶尔使臣宰桑哈柳等二十八人，已于乾隆十一年正月初三日，自哈密起程。是月二十日，行抵嘉峪关，伯达色接准大臣等所行缄封札文一封。拜读毕，钦遵上谕，即行晓喻使臣哈柳，哈柳当即率小头目及属下人等跪聆，而后哈柳合掌告称，仰蒙圣主施恩，颁降我等以慈旨，且以我年迈，患有足疾，施以隆恩，赏坐驮骄，并派员来迎探望，哈柳委实感激圣主鸿恩不尽，惟有叩谢圣恩外，哈柳乃蒙古人，别无奏言。等语。是故，我等当即行文肃州地方官等，为哈柳备办舒适之驮轿。二十一日，行抵肃州，自二十八人内，留十人于肃州。令使臣哈柳乘坐驮骄，率小头目图布吉尔干、玛木特及随从十五人，于是月二十四日自肃州起程。容俟抵宁夏、大同等地，再另行具报。

为此呈文。

乾隆十一年正月二十四日。

此文至，经呈览，奉旨：知道了。钦此。

（军机处满文《夷使档》1762-2）

277
伴送准噶尔使臣郎中伯达色等为
哈柳已由哈密起程事呈军机大臣等文

乾隆十一年正月十七日

驻哈密办理回众事务郎中伯达色、主事尚图呈文军机大臣等，为具报事。

乾隆十年十二月二十日，据驻第三铺游击陈飞田报称，前来请安进贡之准噶尔使臣宰桑哈柳、头目玛木特、图布吉尔干等，十九日下榻翁克岭下。等因来报。是月二十七日，哈柳等二十八人，带九十五峰骆驼、三十五驮物品、二百九十四匹马、六十一头牛、九百四十五只羊及请安奏书一封、进贡貂皮四十张，抵达哈密。此等情由，已由总兵衔副将呼保处，呈报安西提督具奏外，乾隆十一年正月初三日，伴送郎中伯达色、笔帖式德鲁顺、领催雅尔吉岱率哈柳等二十八人，已于哈密起程前往京城。

为此呈报。

乾隆十一年正月初三日

（此事李绳武折已奏，故无需具奏）

（军机处满文《夷使档》1762-2）

278
军机大臣讷亲等奏请指派议事大臣等片

乾隆十一年二月十五日

大学士·领侍卫内大臣·果毅公臣讷亲等谨奏。

查得，前年与使臣图尔都议事时，曾钦差尚书海望、班第、那延泰，侍郎阿克敦；派内务府官员一名、理藩院官员二名陪同；派尚书海望、那延泰总理照料事宜。去年与使臣哈柳议事时，因尚书那延泰患病，曾钦差侍郎玉保，并增派尚书班第总理照料事宜。今与前来之使臣哈柳等议事时，拟仍派海望、班第、那延泰、阿克敦。照看使臣等，拟派内护军统领庆纳及派往迎接使臣之理藩院员外郎甘布、伴送使臣前来郎中伯达色。总理照料，拟仍派海望、那延泰。

等因，乾隆十一年二月十五日奏入，奉旨：知道了。钦此。

（将此交付中书佛尔庆额，转交内务府、蒙古衙门、吏部）

（军机处满文《夷使档》1762-2）

279
军机大臣讷亲等奏请指定使臣等居所事片

乾隆十一年二月十五日

大学士·领侍卫内大臣·果毅公臣讷亲等谨奏。

查得，前年之来使图尔都等，曾令下榻位于西华门外街前根掌关防内管领等办事房内。去年之来使哈柳等，曾令下榻位于畅春园西花园前所东侧一处房屋内。此次使臣哈柳等抵达后，若在京城，则仍令下榻西华门外街前根掌关防内管领等办事房内。若在圆明园，则令下榻畅春园西花园前所东侧一处房屋内。俟有旨下，交付该处，酌情整备。

等因，乾隆十一年二月十五日奏入，奉旨：著使臣等下榻京城内住处。钦此。

（将此交付中书佛尔庆额，交付内务府、理藩院）

（军机处满文《夷使档》1762-2）

280
遣往迎接使臣之员外郎甘布为路遇
哈柳转降谕旨事呈军机大臣等文

乾隆十一年二月十八日

遣往迎接使臣哈柳等之员外郎甘布呈军机大臣等，为具报事。

甘布我于正月初九日自京城起程，二月初二日过凉州住宿，因闻使臣等下榻于永昌，翌日趋行，于沙河打尖处相遇。哈柳探问圣主万安，我告之圣躬甚安。又问京城大臣等可都安好，我告之大臣等身体皆安好。并晓谕哈柳曰，大皇帝悯恻尔等，特派我来在途迎接，会同郎中伯达色等，不令尔劳累，好生照看而行。再，去年尔至，因在正月内，故令观赏灯火戏耍等。今尔抵达时间更晚，虽疾行，亦断赶不上年节。且尔患有足疾，相应适加调养，缓缓而行。俟抵京城，仰赖圣恩，将令尔观赏其他戏耍。等因。哈柳告称，我等乃准噶尔卑贱蒙古，仰蒙大皇帝仁爱，以哈柳年迈足疾，颁降慈旨准乘驮轿。又派理事官尔远迎，一路伴送，皆为大皇帝无尽鸿恩。我等惟有叩谢外，别无他语。由彼，哈柳率两位副使及下属人等一同跪俯，望阙叩拜。观使臣哈柳等此行情形，感戴皇恩，较前愈为恭顺。其足疾仍旧，一日百里，并无耽搁。再，甘布我于是日由沙河回返，会同伯达色等照管使臣等，住凤落堡。翌日即初四日，住凉州城。将哈柳所乘驮轿，及其携至驮包，其应整修之处，加以修固，将于初五日自凉州起程。按平常计其路程，似于三月初十日可抵京城。惟期间路途尚远，冰多湿滑，故而难以确定，相应俟稍靠近，再将何日抵达之处，另行呈报。

为此具呈。

乾隆十一年二月初四日。

此文至，经即行呈览，奉旨：知道了。钦此。

（军机处满文《夷使档》1762-2）

281

伴送准噶尔使臣等之郎中伯达色等
为行抵宁夏事呈军机大臣等文

乾隆十一年二月二十日

伴送准噶尔使臣等之郎中伯达色等呈文军机大臣等，为具报事。

我等率哈柳等十八人，业于正月二十四日自肃州起程之处，前已具报。兹于二月十三日，皆安抵宁夏。翌日率哈柳等自宁夏起行，何时抵达京城之处，俟至大同等处后，再行具报。

为此具呈。

乾隆十一年二月十三日。

此文至，经即行呈览，奉旨：知道了。钦此。

（军机处满文《夷使档》1762-2）

282

伴送准噶尔使臣等之章京伯达色等
为报抵京日期事呈军机大臣等文

乾隆十一年三月初四日

伴送准噶尔使臣等之章京伯达色、甘布呈文军机大臣等，为具报事。

我等率使臣等，于本月初二日安抵大同地方。仍按日行百余里计，经与哈柳等一同商议，定于本月初九日入京城，初八日住清河。相应请将使臣等所住房屋及食用羊只等项，由大臣等处转饬各该处，以备抵达之用。再，我等在途据随从哈柳等前来厄鲁特塔拉奇暗地告称，我等之噶尔丹策零已于去年秋季病故。经大宰桑等共同商议，派哈柳等捧表奏请大皇帝，将噶尔丹策零尸骨送藏做擦擦，诵经超度。若蒙大皇帝恩准施行，则将玛木特先行遣还。等语。事之真伪，虽不可信，然我等之所闻，理应陈报，故此一并报知。

为此具呈。

乾隆十一年三月初二日。

此文至，经即行呈览，奉旨：知道了。钦此。

（军机处满文《夷使档》1762-2）

283
军机大臣讷亲等奏请备办使臣
抵京当日接取奏书等事片

乾隆十一年三月初四日

大学士·领侍卫内大臣·果毅公臣讷亲等谨奏。

查得，先前准噶尔噶尔丹策零所遣使臣等至，命派委照看之章京往迎，引使臣等至箭亭前，接取其奏书及所献礼物后，令使臣等憩于上驷院房中，赏食饭食之后，带至住处下榻。此次俟报使臣等抵达日期，仍照前例，提早一天派照看之章京往迎。使臣等抵达之日，所经门、街道，堆拔兵丁，须管带齐整之处，交付护军统领、步军统领等办理。使臣等进入时，由派往迎接之章京引入东华门，至箭亭前，由所派大臣等会同理藩院大臣等，接取其奏书及进献之礼物，译出恭呈御览外，令使臣憩于上驷院房中，赏食饭食后，带至其住处下榻。使臣哈柳、副使图布吉尔干、玛木特，仍照前例，每日拨给食用蒙古羊各一只，其随从人等，每六人每日拨给汉羊一只，至食用奶、酥油、面、茶、盐、米、柴薪、炭及所用炊餐器具等，皆照例由各该处支取给付，所拴驿马，照例备办，并派官兵，于使臣等之住所外围设置堆拔把守。交付武备院，计其足敷，搭支蒙古包，供使臣等下榻。所用夫役，由园户内择其惫厚者，足数派出。使臣等食用各种饼果等物，视其所需，由派往陪同之官员等由该处领取，给其食用。其择日朝觐、赏赐之处，容另行议奏。

等因，乾隆十一年三月初四日奏入，奉旨：知道了。著将使臣等引至圆明园，进呈奏书。钦此。

（本月初九日，使臣等自清河抵圆明园，引至西华门外住处下榻。是日，于吏部房内铺毡、备茶饭。其派护军等管束之处，交由中书福彰阿，交付圆明园营总处、武备院、茶膳房，将应备办之处，各自照依前例备办外，交付蒙古衙门、内务府、兵部、武备院，景运门、步军统领衙门，将各自应办事项，均照前例备办。）

（军机处满文《夷使档》1762-2）

284

军机大臣讷亲等奏报乾隆八年准噶尔使臣
赴藏熬茶经费尚未奏销片

乾隆十一年三月初七日

大学士·领侍卫内大臣·果毅公臣讷亲等谨奏。

查得，乾隆八年，准噶尔使臣赴藏熬茶时，奏请令甘肃、四川二省备办一应事项；使臣等贸易之时，所需路途接济；使臣等抵藏后，所有供给；及驻藏官兵所需钱粮，一并备办丰裕。等因具奏，经户部议，甘肃、四川二省各拨给银二十万两。其拨给甘肃省之二十万两银内，玉保等支领带往银三万两，其伴送准噶尔人众之官兵，赏补使臣等以马匹、盘缠等项，共用银一万四千余两，其余已交还甘肃布政司库。此事共用银几万两之处，甘肃、四川二省尚未奏销实在用过数目。

为此谨具奏闻。

等因，乾隆十一年三月初七日奏入，奉旨：知道了。钦此。

（军机处满文《夷使档》1762-2）

285

准噶尔台吉策妄多尔济那木扎勒
为请准赴藏熬茶事奏书

乾隆十一年三月初九日

策妄多尔济那木扎勒谨奏于乾隆皇帝陛下：大皇帝同吾父曾为弘扬黄教，安逸众生而修好。今吾亦照其旧，勉于弘扬黄教，安逸众生。本年吾父仙逝，遇有此事，向赴藏念经。今循例先行遣往数人，熬茶超度，随后遣往多人念经，以弘扬黄教、安逸众生。伏乞大皇帝睿鉴。余言口奏之。

随进貂皮四十一张。

乙丑年九月十八日。

乾隆十一年三月初九日奏入，奉旨：知道了。钦此。

（将此抄录，于闰三月初六日，咨行提督李绳武）

（军机处满文《夷使档》1762-2）

286
户部尚书海望等奏报哈柳转请延请喇嘛
并就近于肃州贸易片

乾隆十一年三月初九日

户部尚书·内大臣臣海望等谨奏。

臣等前往准噶尔使臣哈柳等之住处，令彼等跪伏，曰，尔等台吉之奏书，已进呈大皇帝，奉大皇帝谕旨：闻悉噶尔丹策零亡故，朕大为轸念。惜哉。倘若噶尔丹策零在世，则于和事有益。料想其子亦必效法其父也。再，其请派人赴藏诵经修善事之处，亦蒙大皇帝提及，奉旨：朕轸念噶尔丹策零极尽恭顺之处，施以隆恩。藏地，不过平素不准屡屡往返而已，今特为其父做善事，岂有阻止之理。唯两次遣人前往，过于烦琐，尔等之人亦辛苦，尚且不如并作一次。等因。晓谕彼等。又据奏书内称，有口奏之语，乃何事。哈柳告称，此大皇帝之恩。我等旧例，遇有此事，先遣数人超度，随后遣往多人念经，岂可顾念吾人之辛劳耶。谨此奏请大皇帝，其如何施行之处，倘蒙睿鉴降旨，惟有遵行而已。

再，口奏之语为，一、去年奏请由西地延请喇嘛，曾奉大皇帝谕旨：尔等与土伯特不睦，彼等岂能选派贤能喇嘛，尚不如不请。钦此。我等台吉之意，我等地方之教法，原由土伯特传往。先前请回诸喇嘛，故者已故，今所剩者均已年迈。大皇帝弘扬各地黄教，安逸众生，相应请恩准我等延请喇嘛。一、今年乃我等宜入京贸易之年。前以我等之贸易，倘念路途遥远，不便抵京，于肃州贸易后返回亦可。等因商定。今吾商队，将接踵而至，此间，或将抵肃州，拟请即于彼处贸易后返回。此情，请奏闻大皇帝。除此二项，别无他事。等语。言毕，臣等问曰，于肃州贸易者，尚属可行之事。延请喇嘛之处，去年之奏书内，即有此等言语，其不准行之缘由，均已开示与尔，敕书内所缮亦甚明，今何以复请。哈柳言称，因令具陈我台吉之意奏请大皇帝，我不能不带话。其如何裁定，惟在大皇帝睿鉴。等语。

等因，乾隆十一年三月初九日奏入，奉旨：知道了。钦此。

（将此摘录揭帖，于闰三月初六日，咨行提督李绳武去讫）

（军机处满文《夷使档》1762-2）

乾隆十一年（1746年）三月乙亥

夷使哈柳至京进表请安，并贡方物。

准噶尔台吉策妄多尔济那木扎勒谨奏大皇帝。蒙大皇帝加恩我父，内外和好。我父因仰体大皇帝宣扬黄教，奠定苍生之意，恭顺遵循。今我父已故，窃欲勉继父志，照旧行事，以承恩典。现拟遣人往西藏念经，为我父修行善事。循例先遣数人，轻骑前往，忏悔献茶而回。继令念大经人众进藏，以宣黄教，伏祈大皇帝睿鉴。谨遣使臣，恭请万安，并贡貂皮四十一张。

奏入，报闻。

（《平定准噶尔方略前编》卷49，《清高宗实录》卷260）

287
军机大臣讷亲等奏闻筵宴准噶尔使臣仪注折

乾隆十一年三月十一日

大学士·领侍卫内大臣·果毅公臣讷亲等谨奏，为议奏事。

其准噶尔使臣哈柳等，旨令本月十六日于丰泽园朝觐圣明，施恩设宴，相应仍照前例，于丰泽园搭支大蒙古包。是日，照看之章京等，预先引导使臣等，入紫光阁门，歇于另行所搭之蒙古包，由派往照料大臣等照看，先行用餐。进圣主之桌，置蒙古包内宝座前；众人之桌，列于两侧。诸使及跟役等所坐之处，亦酌量摆桌。与大蒙古包相对搭支黄凉棚，置高桌金器。召集列班大臣及增派大臣等，令前面就坐十位大臣入座，后厢二位大臣站立，豹尾班侍卫列宝座两旁。御前侍卫、乾清门侍卫等，列宝座两侧。时辰到，我等之大臣各带坐褥，预先进入铺垫，令使臣等继右翼首排诸臣末，空出间隙排列。俟圣上驾临，随我等之大臣跪迎，圣上升座后，由派委率带使臣等瞻觐之大臣等及奏蒙古事侍卫，引使臣哈柳等至蒙古包前，将中间空出，以觐见礼，行三跪九叩礼。礼毕，引使臣等由大蒙古包西侧隔扇门进入，继右翼首排诸臣末跪叩一次，留隙而坐。其随行厄鲁特等，令坐于隔扇外右侧。抬桌护军章京、内管领等进桌，而后尚茶正进茶。圣上饮茶之时，令使臣等随众跪叩一次。侍卫等近前敬众人以茶，饮茶时，跪叩一次。用茶毕，取桌布。内务府官员等由高桌取盅、壶、杯等进奉，俟至蒙古包大门附近，众皆跪地。敬酒大臣等近前献圣上以酒，圣上饮酒时，使臣等随众跪叩一次。敬酒大臣等，仍以大杯斟酒饮之。圣上尝过饽饽桌，移至两侧后，由尚膳正等进献肉食，分发众人之肉食，事先放置，进酒桌。领侍卫内大臣照管侍卫等分别斟酒，饮酒时，跪叩一次，而后饮之。接盅之后，再跪叩一次。遣侍卫等以大杯斟酒恩赏使臣等，令使臣等跪叩一次饮之。进肉之时，令绰尔齐等近前作蒙古乐、摔跤手摔跤，继令各项杂耍人等列队近前演戏。宴毕，使臣等随我等之大臣就地行三叩礼，带往其住地。

是日，聚集之大臣、侍卫、官员等，均着补褂蟒袍类常服。筵宴所用桌张等项及戏耍人等，均皆交付内务府备办。交付领侍卫内大臣、护军统领，派人管带。大蒙古包前备乐之处，交付各该处，仍前备办。其敬酒大臣，谨请圣上指派。

为此谨奏。请旨。

等因，乾隆十一年三月十一日奏入。奉旨：依议。著派哈达哈敬酒。钦此。

（将此交付中书达灵，转交侍卫处、内务府、蒙古衙门、武备院、统领衙门、銮仪卫、景运门）

又奉谕旨：免派哈达哈敬酒，著派庆泰。钦此。

（将此补行交付中书佛尔青额，转交景运门）

（军机处满文《夷使档》1762-2）

288
军机大臣讷亲等奏请指派列班大臣片

乾隆十一年三月十一日

大学士·领侍卫内大臣·果毅公臣讷亲等谨奏。

查得，先前令噶尔丹策零之使臣瞻觐圣明时，因入班大臣无多，故由臣等处，具呈满洲大学士、尚书、侍郎、副都统等职名，酌派入班。兹令使臣哈柳等瞻觐入宴，仍照前例，将未入班之满洲大学士、尚书、侍郎、内阁学士、满洲蒙古副都统及去年增派大臣等职名，一并缮具绿头牌呈览，俟圣上酌派，分别匀入两翼就坐。

等因，乾隆十一年三月十一日奏入，奉旨：著仍派原派查郎阿、三和、勒尔森、舒赫德、雅尔图、兆惠、索住、德龄、乌拜、雅尔胡达、塞尔赫、乌凌阿、额勒格、何绷额、雅图、苏呼吉、明安、罗山、乌雅图、明图、色勒登、瑚必图、策凌、卓巴、阿尔彬、纳兰保、舒昌、博庆额、固纯、尚坚保。并增派穆赫廉、沃永果、留保、富尔松阿、福德、法珠纳、乌赖。钦此。

（将此交付中书达灵，知照吏部、兵部、值月旗）

（军机处满文《夷使档》1762-2）

289
军机大臣讷亲等奏闻去年曾赏哈柳白酒片

乾隆十一年三月十一日

大学士·领侍卫内大臣·果毅公臣讷亲等谨奏。

查得，去年于西厂子大蒙古包内筵宴使臣哈柳等时，皇上曾亲赏哈柳白酒三盅饮之。为此谨具奏闻。

等因，乾隆十一年三月十一日奏入，奉旨：知道了。钦此。

（军机处满文《夷使档》1762-2）

290
军机大臣讷亲等奏请钦定赏赐策
妄多尔济那木扎勒等物件片

乾隆十一年三月十一日

大学士·领侍卫内大臣·果毅公臣讷亲等谨奏。

查得，去年筵宴哈柳之日，照例赏噶尔丹策零妆缎二匹，漳绒二匹，宁绸二匹，玻璃器六种，珐琅器四种；赏使臣哈柳大缎四匹，玻璃器四种，银二百两；赏副使人各银五十两外，又格外施恩，加赏噶尔丹策零玻璃器四种，佛果一个，灯笼一对；哈柳灯笼一对在案。此次筵宴哈柳等之日，其如何恩赏之处，谨此请旨。

再，将每年赏赐噶尔丹策零之物件数目，另缮汉字清单，一并恭呈御览。

等因，乾隆十一年三月十一日奏入，奉旨：著照前赏赐。钦此。

（将此交付中书达灵，转交内务府、蒙古衙门。未赏灯笼、佛果）

（军机处满文《夷使档》1762-2）

291
尚书海望等奏闻与哈柳晤谈情形片

乾隆十一年三月十三日

户部尚书·内大臣臣海望等谨奏。

臣等告知哈柳称，尔之口奏之语，皆已奏闻大皇帝。奉大皇帝谕旨：尔等延请喇嘛之事，前次即将其不便之处明白降旨，兹此奏请，焉可准行。请于肃州贸易之事，可准施行，将咨文各该地方官员。至派人进藏诵经一事，分作两次，不免烦冗，毋如一次竣事。惟将尔等前往人数、何时自游牧起程遣往、何时可抵我边界之处，尔等确定之后，我方相应遣往照看之人，办理赏补尔等之人之牲畜、口粮事项。等因加以晓谕。

哈柳告称，仰蒙大皇帝施恩，谕令我等诵经之人一次前往，我等返回告知后，方可定召集遣往人等物品起程日期。我等三人在此焉能确定。大致照依先前所定，人数不超三百。俟定起程日期，再计何时抵达边界，或遣人来奏，或送信至哈密。等语。

臣等又告称，十六日，令尔等瞻觐圣明，并筵宴。哈柳闻之欣曰，仰承大皇帝赏恤，派大夫为我诊治足疾，念我不会服药，给开洗药，昨日用药，得以消肿。我处之济尔噶勒腿亦肿，用该大夫所开药，肿亦消。又告称，车臣王有一女在我处，为其父捎带碗一只、哈达一条；亦给锡勒图喇嘛捎带碗一只、哈达一条，并无书信，请求转交。臣等告称，车臣王不曾亲至，在其游牧地。

为此谨具奏闻。

等因，乾隆十一年三月十三日奏入，奉旨：知道了。钦此。

（将此摘录揭帖，于闰三月初六日，咨行提督李绳武去讫）

（军机处满文《夷使档》1762-2）

292

军机大臣讷亲等奏请赏布彦祭奠噶尔丹策零片

乾隆十一年三月十四日

大学士·领侍卫内大臣·果毅公臣讷亲等谨奏。

查得，先前喀尔喀之扎萨克图汗、土谢图汗、车臣汗故后，皆施恩遣大臣、侍卫，带茶、酒前去祭奠，赏银千两。班禅额尔德尼圆寂后，派达喇嘛、侍卫、官员前去赍送布彦，赏重五十两金曼达、重五十两银茶桶、酒海各一个，玉盅、碟、壶各一只，鞍马二匹，缎三十匹，杭绸十八匹，白哈达五百条，白布三十匹，茶一百斤及香、果品等赍往。青海大台吉罗布藏衮布、阿拉布坦达赖巴图尔故后，赍送布彦，曾赏重四十两银曼达、三十两重银茶桶、酒海各一个，白哈达一百条赍往。再，雍正九年土尔扈特使臣赴藏熬茶，奏请由打箭炉买茶一千包，奉旨：著即恩赏。惟若系彼等已经开口之事，倘不自己出价，恐有失功德。倘若务必给价，于打箭炉打探低价，即照低价给付驻藏办事大臣等以银两，代为采买，所加价银，由军饷内动支赏补。钦此。钦遵。均皆在案。兹因准噶尔之噶尔丹策零亡故，圣主欲加恩赏赐，实乃抚远之至意。臣等窃思，若照喀尔喀三汗之例赏银千两，似属过轻，若加赏过多，亦属不宜。先前土尔扈特使臣等进藏，曾赏茶千包。相应就此次准噶尔熬茶事宜，圣主专特施恩，赏给西宁等地所贮旧茶千包，再加赏大哈达一百条，小哈达一千条，及彼等熬茶诵经必需要物，即壮观，且所需银不过千两。倘若如此恩赏，则于使臣哈柳等朝觐之时颁降谕旨，于其遣往熬茶人等行经西宁边外时，交付携往，可否之处，伏乞圣上明鉴训示。等因具奏。十五日，又遵旨将加赏噶尔丹策零之布彦物品，重五十两银曼达一个，茶桶一个，酒海一个，现交使臣等赍往，故经酌议，一并赏红黄香一百束。就此等物品，晓谕使臣哈柳等，大皇帝施恩尔等之前台吉，将赏赐布彦物品之处，敕交大臣等商议，拟赏银曼达、茶桶、酒海各一个，藏香一百束，大哈达一百条，小哈达一千条，茶一千包。等因奏准。此等物品，概留本处，俟尔等之人赴藏之时赍往，则此间尔等地方诵经修善事，亦有用处，相应视其便于携带，将曼达、茶桶、酒海、香等，先行交付尔等赍往。其哈达、茶等项，俟尔等之人赴藏，行经西宁边外时取而赍往。等语。

等因，乾隆十一年三月十五日奏入，奉旨：知道了。钦此。

（军机处满文《夷使档》1762-2）

293
军机大臣讷亲等奏闻赐酒仪注片

乾隆十一年三月十五日

大学士·领侍卫内大臣·果毅公臣讷亲等谨奏。

查得，适由臣等处奏闻，去年于西厂子大蒙古包内筵宴使臣哈柳等时，皇上曾亲赏哈柳白酒三盅饮之。奉旨：知道了。钦此。又查得，先前筵宴使臣时，圣上自我等大臣内召数人近前，赏赐黄酒饮后，方召使臣近前跪伏赏饮。

为此谨具奏闻。

等因，乾隆十一年三月十五日奏入，奉旨：知道了。钦此。

（军机处满文《夷使档》1762-2）

294
谕哈柳照准为噶尔丹策零派人赴藏熬茶之请

乾隆十一年三月十六日

于丰泽园大蒙古包内令使臣哈柳等瞻觐并加筵宴时，奉上谕：尔等新台吉之奏书，朕已览，尔口奏之语，亦由大臣等奏闻，朕皆知晓。朕之颁降谕旨，大臣等皆已转告，想尔亦明晓。据尔之新台吉奏书内称，欲效法其父，仰副朕振兴黄教，安逸众生之意，好自为之，朕甚嘉悦。其父诚为仰副朕之振兴黄教，安逸众生之意而行者也。尔等之前台吉，此数年来，甚属恭顺，遵循朕旨而行，故朕大为嘉奖，屡施恩眷。今闻其故，朕深为悯惜。尔之新台吉又奏请遣人赴藏为其父修善事者，乃理当准行之事。凡事不可无故准行而已，此似之事，岂有不准行之理。惟作两次前往，未免繁杂，尔等之人亦辛劳，行路之难，此尔等亦皆知之。毋如一次即将尔等拟修善事，尽数修之，朕仍施恩，照前赏补牲畜、口粮。又为尔等之前台吉超度之事，施恩赏赐之处，将敕大臣等商议。等因颁降谕旨后，哈柳回奏称，大皇帝之谕旨，大臣等前已晓谕我等，兹复面聆降旨，俟返回，将此谕旨转告我等之台吉。等因。言毕叩头。又奉上谕：今日筵宴尔等，并无他事，尔等尽管随意吃饱喝足。颁降谕旨毕，哈柳等再叩。复亲赐酒，召哈柳近前，询之曰：惜哉，尔等之前台吉亡于何疾，享年几何，新台吉年几岁。哈柳奏称，陡然患病，三日即亡，五十二岁，新台吉年已十六。等因具奏。

·279·

御赐哈柳玉如意一柄，谕曰：此宝物汉名曰如意，乃心想事成之意。特赐尔等之新台吉，尔可赍往转交。等因降旨。亦赏哈柳玉如意一柄，哈柳叩首祗领。圣上亲赐酒三杯饮之。

乾隆十一年三月十六日奏入，奉旨：知道了。钦此。

（军机处满文《夷使档》1762-2）

乾隆十一年（1746年）三月壬午

御紫光阁大幄次，赐准噶尔使臣哈柳等宴。

上召见哈柳谕之曰：朕览尔新台吉奏章，欲效法伊父，体朕宣扬黄教，奠定苍生之意，冀承恩典，朕甚嘉悦。尔老台吉比年以来，甚属恭顺，遵循朕旨，是以屡加恩眷。今已病故，深为轸惜。尔新台吉又为伊父恳请遣人往西藏念经行善事，乃理所应为，朕自当准其所请。但作为两次前往，事觉烦琐。且尔等进藏之人，艰于跋涉，当已深悉，不若作一次前往为妥。朕仍加恩，照前赏给牲畜口粮，中途资助，且为尔老台吉作布施礼，及施恩赏赍之处，现交大臣等查办预备，俟尔回时赍往。

哈柳跪奏：大皇帝之旨，大人等先经晓谕。今又面聆圣训，俟回时，当告知我台吉，敬谨遵行。

上特赐玉如意一枝，谓哈柳曰：此名如意，乃克遂心愿之谓，特赐与尔新台吉者，尔可赍往。并命赏给哈柳玉如意一枝，哈柳叩头祗领。上亲赐酒三爵，哈柳跪饮而退。

（《平定准噶尔方略前编》卷49，《清高宗实录》卷261）

295
尚书海望等奏报哈柳返程仍请乘坐驮轿片

乾隆十一年三月十六日

尚书海望等谨奏。

遵旨带领使臣哈柳等于丰泽园一带观赏，至流杯亭小息，流酒畅饮，哈柳等赞叹欣悦，称，仰蒙大皇帝施恩，我等安逸至极，酒足饭饱，胜景周游不尽。今日得以朝觐圣明，聆听圣谕，无比荣幸。我等所来之事告成，但请尽快办理我等起程事宜。哈柳又称，我等返回，正值马畜消瘦之际。自肃州至哈密，沿途水草恶劣，故须疾行，我患足疾，相应直至哈密，仍请赏乘驮轿。又告称携至彼等先前赴藏商卓特巴喇嘛捎给乌赫图、玉保之火镰。玉保称，乌赫图现在养病，将趁便转告。

等因，乾隆十一年三月十六日奏入，奉旨：知道了。著仍赏乘驮轿。钦此。

（军机处满文《夷使档》1762-2）

乾隆十一年（1746年）三月癸未

命提督李绳武巡阅边界，接见来使。

上谕军机大臣等曰：据李绳武奏，夷使哈柳来时，向都司阎相师云，此次回去时，求与将军一见等语。李绳武自调补安西提督以来，尚未奏请巡阅边界，可传谕令伊约计夷使回巢之时，前往哈密等处巡视，哈柳回巢经过，欲求面见，不妨与之相见，备饭款待，酌量给与物件。一切相见仪节，务存体统，不可草率行事。

（《平定准噶尔方略前编》卷49）

296
寄谕额驸策凌哈柳携至其女捎带物品

乾隆十一年三月十八日

军机处字寄定边左副将军、和硕超勇亲王、固伦额驸策凌。

乾隆十一年三月十七日奉上谕：据准噶尔使臣哈柳告称，车臣王有一女在我处，嫁与查衮斋桑之子乌勒哲依，托我等为其父捎带碗一只、哈达一条；亦给锡勒图喇嘛捎带碗一只、哈达一条，并无书信，请将此交付车臣王府。等语。我大臣等回复曰，车臣王现不在京城，而在游牧处。朕思，额驸策凌若在京城，其接受或回绝之处，彼可议定。兹额驸又不在此。观准噶尔此次遣使，究怀畏疑之心。此等物品，我等倘不接受，彼等必定疑虑。可先行接受，晓以转交。此等情由，著寄信额驸晓谕，将物品一并寄往，额驸若接受则已，倘不接受，其如何回复之处，或就近遣人至卡伦了断，或俟准噶尔使臣返回，再行晓谕带往之处，俟额驸决断，乘便奏闻。著将此次来使之事，尽行抄录，知照额驸。钦此。钦遵。为此寄信。

（军机处满文《夷使档》1762-2）

297
尚书海望等奏闻转告哈柳遣使赴藏须先来报片

乾隆十一年三月十八日

户部尚书、内大臣、臣海望等谨奏。

臣等晓谕准噶尔使臣哈柳等称，圣主为尔等之前台吉超度之事，专特赏赐之处，经敕交大臣等商议，拟赏银曼达、茶桶、酒海各一个，红、黄香一百束，大哈达一百条，小哈达一千条，茶一千包。等因奏准。此等物件，概留本处，俟尔等之人赴藏之时赍往，则此间尔等地方诵经修善事，亦有用处，相应视其便于携带，将曼达、茶桶、酒海、香等，先行交付尔等赍往。其哈达、茶等项，俟尔等之人赴藏，行经西宁边外时取而赍往。等语。哈柳甚喜，与其同行者曰，我等谢恩。言毕，一同起立，跪地叩首。又称，仰承大皇帝恩典，我等之事均皆告竣，但请大臣等体恤，速使我等起程。臣等告称，我等并无耽搁之项，俟尔等贸易事毕，即令起程。又晓谕哈柳等，尔等之人赴藏，需派我等之人照看，又蒙大皇帝施恩，赏补尔等前往人等牲畜、口粮，相应提前告知我等，便于备办。尔等返回，告知尔等之台吉，如何确定之处，须先送信前来。等语。哈柳告称，我等知道，定预先派人送信。又晓谕哈柳称，前日尔等曾告请将车臣王之女托付碗、哈达交付王府。因车臣王本人不在此处，我等未接受。此事已奏闻大皇帝，奉大皇帝谕旨：额驸虽不在此处，尔等即接受，送至其府邸转交可也。钦此。尔等可将携至之物留给我等，我等交付其家人乘便送往可也。哈柳等称，是，容我等找出，交付于理事官等。哈柳又以足疾，请乘驮轿。臣等告称，大皇帝施恩，谕令赏尔乘坐驮轿，直至哈密。等语。哈柳叩头谢恩，又称，我往返数次，承蒙大臣等关爱，为聊表心意，携至木碗一只，请准就此奉送。臣等称，尔乃远道而来者，缘何送我等礼品。等语。因彼亲自递送，臣等收之，拟于彼起程前回赠缎各一匹。

为此谨具奏闻。

等因，乾隆十一年三月十八日奏入，奉旨：知道了。钦此。

（军机处满文《夷使档》1762-2）

298
谕准噶尔台吉策妄多尔济那木扎勒
为其父赴藏熬茶须为一次

乾隆十一年三月十八日

奉天承运皇帝敕谕准噶尔台吉策妄多尔济那木扎勒：朕统驭天下，无分内外，一视同仁，惟愿普天生灵，各得其所。据台吉尔奏称，欲效法尔父，仰副朕振兴黄教，安逸众生之意而行。朕阅之，甚为嘉悦。昔因尔父明晓朕意，自定界以来，恭谨遵行朕旨，朕屡施恩仁恤。今闻谢世，深为痛惜。又据奏称，似此之事，一向赴藏念经。兹照先例，先遣数人速往，祈福熬茶，念大经之人随后前往诵经，以弘扬黄教，安逸众生，乞请垂鉴。等语。为尔父祈福诵经，理所应当，素常无事，不予准行而已，似此之事，焉有不准行之理。惟修善事，不在次数之多寡，尔等之人往返之辛劳，尔等亦知之。分作两次，未免烦琐。尔等且将欲修善事，一次修齐。此次前往，特为尔父修善事，相应朕仍照前例，施恩遣人照看，赏补牲畜、口粮，又为尔父超度，专特施恩赏银曼达、茶桶、酒海各一个，红、黄香一百束，交付使臣哈柳等赍往外，又赏大哈达一百条，小哈达一千条，茶一千包，俟尔等诵经人等赴藏之时，由我边界地方取而带往。尔等前往人数、起程日期、何时可抵我边界之处，须先来报。再，据尔之使臣哈柳口奏称，我等地方之教法，原传自西地。先前请至诸喇嘛，故者已故，生者亦皆年迈。若蒙大皇帝垂爱，仍准延请。又，将今年来京贸易人等，请即准于肃州贸易。等因奏请。此二事内，其延请喇嘛之处，先前尔父奏请时，朕即将不便准行缘由，皆已明白降旨。至将今年之贸易，拟改于肃州，此乃可行之事，准尔所请，交付各该地方官员，照料贸易。台吉尔但效法尔父，仰副朕弘扬黄教，安逸众生之意，恭顺而行，敦固彼此之和睦，顾念边民永久之安逸。故此，专特撰拟敕书交付尔使哈柳赍回。

随敕赐各色缎十匹，格外恩赏蟒缎、妆缎八匹，玻璃、磁、珐琅器十八种。特谕。

（将此抄录，于闰三月初六日咨行提督李绳武去讫。谨将此谕译成蒙古字，与清字一同呈览，圣上仅圈改蒙古字数处，大臣等言其清字免改。谨缮于龙简纸，钤宝，于二十八日交付哈柳）

（军机处满文《夷使档》1762-2）

乾隆十一年（1746年）三月甲申

赐准噶尔台吉策妄多尔那木扎尔敕书。

奉天承运，皇帝诏曰：朕总理天下，无分内外，一视同仁，惟期普天生灵，各得其所。台吉尔奏称遵照尔父仰体朕广教安生之意，朕甚嘉悦。前尔父仰知朕意，定界以来，敬谨遵奉谕旨，朕屡次加恩体恤。今闻溢逝，深为珍惜。尔奏称遣人往西藏讽经，先轻骑简从前往忏悔熬茶，回时令讽大经人等续往讽经等语。为尔父忏悔讽经，理所当行，岂有不准。但分作二次，徒觉烦琐。尔之人行走艰难，尔亦知之，当一次全往为妥。朕仍照前施恩，派人照看，赏赐牲畜路费。又为尔父作布施礼，特恩赏银满达、茶桶、茶喇各一，红黄香一百束，交与使臣哈柳带往。又大手帕百条，小手帕千条，茶叶千包，令尔讽经之人往藏时，由边界支取。应往人数，何时起程，何日可至边界，先期豫行报明。

又尔使臣哈柳口奏：延请西藏喇嘛，及今年例应来京贸易之人，祈就近在肃州贸易二事。延请西藏喇嘛，前据尔父奏请时，朕即以不便准行，明白降旨矣。至今岁货物，欲于肃州随便贸易，此可行之事，准尔所请，交与该地方官，照看贸易。台吉尔一切事务，惟当遵照尔父，仰体朕广教安生之意，敬慎奉行，互相和好，愈敦信实，俾边氓永享安乐。

特敕交使臣哈柳赍回。随敕赐尔各色缎十端、蟒缎、妆缎各八端、玻璃、磁器、珐琅器皿十八事，尔其祇领。

（《平定准噶尔方略前编》卷49，《清高宗实录》卷261）

299
军机大臣讷亲等奏请赏赐伴送使臣返回官员银两片

乾隆十一年三月十九日

大学士·领侍卫内大臣·果毅公臣讷亲等谨奏。

查得，先前遣返准噶尔使臣时，曾赏派委伴送之章京治装银二百两、笔帖式银一百两。由肃州派委护送使臣前来之通事兵，赏银五十两在案。此次前来之使哈柳等返回时，仍派原护送前来理藩院郎中伯达色，笔帖式德鲁顺伴送。相应照例赏郎中伯达色银二百两、笔帖式德鲁顺银一百两，通事兵张大齐、王利银各五十两用于治装。

为此请旨。

等因，乾隆十一年三月十九日奏入，奉旨：知道了。钦此。

（其赏银，由内务府支领赏给伯达色等外，将此令中书赫成额，饬交内务府、理藩院）

（军机处满文《夷使档》1762-2）

300
军机大臣讷亲等奏请照例赏赐
准噶尔使臣等银两物品折

乾隆十一年三月十九日

大学士·领侍卫内大臣·果毅公臣讷亲等谨奏，为请旨事。

查得，先前遣返准噶尔所派使臣时，其为首使臣，赏银一百两、御用缎二匹、官用蟒缎一匹、补缎一匹、彭缎二匹、毛青布二十四匹；赏副使银五十两，官用蟒缎一匹、御用缎二匹、彭缎二匹、毛青布二十匹；其随行至京之厄鲁特，留肃州之厄鲁特等，人各赏银二十两、官用缎二匹、彭缎一匹、毛青布八匹外，其使臣及随行至京之厄鲁特等，若在冬季，赏皮袄各一袭、棉袍各一袭，倘在夏季，赏棉袍各一袭、双层纱袍一袭，及帽子、腰带在案。赏此次前来为首使臣哈柳，副使图布吉尔干、玛木特，随行厄鲁特十五人之银两缎布，仍照前例，俟其起程颁赐外，其赏留于肃州之厄鲁特十人之银两缎布，即交付哈柳等，俟彼等行抵肃州，再行颁赐。其为首使臣哈柳，照例应时赏焰红妆缎面白鼠皮袄一袭，焰红妆缎面棉袍一袭；赏副使图布吉尔干、玛木特，焰红妆缎面灰鼠皮袄各一袭，焰红妆缎面棉袍各一袭。除留肃州之十名厄鲁特外，赏现在来京十五名厄鲁特金字缎面羊皮袄各一袭，金字缎面棉袍各一袭，及帽子、腰带，一并赏赐。

为此谨奏。请旨。

等因，乾隆十一年三月十九日奏入，奉旨：知道了。钦此。

（将此交付中书赫成额，转交内务府，从速办理，所赏银两、缎布，如数备办，亦交付蒙古衙门。此次以颁敕礼，赏缎十匹，另行赏赐蟒缎、妆缎八匹，玻璃器六种，磁器八种，珐琅器四种。从前，以颁敕礼赏赐缎匹，皆缮入此折具奏，其另行赏赐之缎匹、玻璃等项，则另行奏请。此次系先由内出具赏物清单，故未复奏）

（军机处满文《夷使档》1762-2）

301
军机大臣讷亲等奏闻玉保等回赠物品片

乾隆十一年三月二十日

大学士·领侍卫内大臣·果毅公臣讷亲等谨奏。

适经使臣哈柳告知，其先前赴藏之商卓特巴喇嘛，托给乌赫图、玉保捎带火镰各一只，荷包各一只，交付于乌赫图、玉保。使臣哈柳亦送旺扎尔木碗一只。兹旺扎尔拟回赠使臣哈柳缎一匹，乌赫图、玉保各回赠商卓特巴喇嘛缎一匹，俟临近哈柳等起程，交付赍往。

为此谨具奏闻。

等因，乾隆十一年三月二十日奏入，奉旨：知道了。钦此。

（将此交付蒙古衙门主事福德，转告玉保侍郎，再由玉保侍郎转告乌赫图去讫）

（军机处满文《夷使档》1762-2）

302
军机大臣讷亲等奏请哈柳等瞻觐辞行仪注片

乾隆十一年三月二十五日

大学士·领侍卫内大臣·果毅公臣讷亲等谨奏。

查得，先前临近遣返准噶尔使臣，令其瞻觐圣明后遣往。今使臣所办事项均已完结，但俟其贸易事毕即令起程，约于闰三月初办理停当。此间，何日率领觐见之处，俟有旨下，钦遵办理。是日，仍照前例，聚齐入班大臣及前次奉旨增派大臣等，届时，大臣等各带坐褥入乾清宫，列班预备，前面就座十位大臣，仍行入座，后扈二位大臣侍立。御前侍卫等立于宝座附近，豹尾班侍卫列于宝座两旁，乾清门侍卫等列于豹尾班侍卫之后。丹墀两侧,每翼排列侍卫二十名;乾清门两侧,各立值班章京一员,侍卫二十名;阶下两翼,各列侍卫二十名,照门立侍卫二十名。大臣、侍卫等,均照例着常服。凡使臣经过之城门、街道、堆拨,增派章京、护军、步甲等,排列齐整之处,交付护军统领、步军统领办理。是日凌晨,令派往陪同使臣之章京等,引领使臣等从住处进西华门,引至照门,赏食饭食。俟圣上升乾清宫宝座,由尚书班第、那延泰、侍郎玉保及奏蒙古事侍卫等,引使臣入乾清门西侧门,自西侧拾阶而上,由西隔扇门进入,于右侧前排大臣等之后跪叩一次,留出空隙而坐。其随行而来之厄鲁特等,令坐于隔扇门外右侧台阶上。皇上用茶时,令随大臣等跪叩,赐茶时,令其跪叩饮之。降旨时,跪地聆听。事毕,仍由西侧隔扇门引退,出照门、西华门,带至其住处。

为此谨奏。请旨。

等因,乾隆十一年三月二十五日奏入,奉旨:知道了。著于二十七日带领觐见。钦此。

(将此交付中书巴扬喀,转交侍卫处、内务府、茶膳房、景运门护军统领处、步军统领衙门、武备院、吏部、兵部、理藩院、值月旗。奉旨增派之大臣等,亦逐名一并晓谕此事)

(军机处满文《夷使档》1762-2)

303
军机处带哈柳等觐见辞行记注

乾隆十一年三月二十七日

引领准噶尔使臣哈柳等觐见,上宣哈柳近前,降旨曰:尔现已事竣,宜早起程而去。俟尔返回,向尔之台吉问好。尔等亦路途顺利。降旨毕,将赏给其台吉策妄多尔济那木扎勒之珐琅鼻烟壶一个,交付于彼。降旨曰:此乃赏赐尔之台吉者,尔且赍往转交。而后亦赏哈柳珐琅鼻烟壶一个。哈柳跪奏称,仰副大皇帝慈旨,我等一路顺行,送达圣谕。愿大皇帝陛下永久安康,延年益寿,弘扬黄教,安逸众生。等语。

(军机处满文《夷使档》1762-2)

乾隆十一年 (1746 年) 三月癸已

上御乾清宫,赐准噶尔来使茶。

(《清高宗实录》卷261)

304

户部尚书海望等奏报哈柳等拟速起程片

乾隆十一年三月二十七日

户部尚书·内大臣海望等谨奏。

使臣哈柳出后告称，仰承大皇帝之垂爱，恐我等遭逢暑热，谕令即行起程。若蒙大臣等爱恤，从速办理，即日起程等语。臣等复曰，惟稍俟尔等之贸易，我等并无迟延之项。尔等意欲何日起程，皆可停当。请准引领使臣等，于明日至箭亭前，交付敕书及赏赐物品。仍前令憩上驷院房内，恩赏饭食。

等因，乾隆十一年三月二十七日奏入，奉旨：知道了。钦此。

（将此删去前半部分，交付内阁中书达灵，转交内务府、上驷院、武备院、理藩院、茶膳房。饬交步军统领衙门、护军统领处，引领使臣入西华门，行经东西两牌楼门时，须派官兵排列整齐。此次颁降使臣哈柳之谕旨及话语，择要汇总，译成蒙古字令其赍往）

（军机处满文《夷使档》1762-2）

305

户部尚书海望等奏报知会哈柳须管束贸易人众片

乾隆十一年三月二十八日

户部尚书·内大臣臣海望等谨奏。

臣等趁与使臣哈柳等闲聊时称，尔等之此次前来贸易人众，照请准于肃州贸易，相应明白晓谕尔等之为首之人，好生约束属下人等，以免妄自滋事。前次留肃州交易人等，一味求利，因不遂其愿，即胡乱造谣讹诈。去年随尔前来，留肃州人众内，有名延达尔雅者，骑马摔伤，反讹我兵拽其洛马，并谎称丢失银两；名厄特吉勒者，殴打其同行回人罗斯曼，回人欲行自缢，幸被我人救起；又有人互相斗殴，我兵加以劝阻，反有拔刀相向、掷石击破我属人等头部之事。据传事后尔闻之，亦曾斥责彼等。若有此等不肖人等，屡屡滋事，于尔等贸易之事亦无益。俟尔等返回，告知尔等之台吉，嗣后遣人前来贸易，务选惩厚老实者遣往，以晓事善管之人为首，严饬好生管束属下人众，断不可滋事。再，其往西藏诵经者，亦应择优遣往。等语。哈柳称，是，彼等之行为，我闻讯已严厉斥责，并闻达地方官员及大臣等。此等情由，我返回后，亦经禀告责罚彼等。此次以回人额仁呼力等四五人为首遣至。商人唯利是图，彼此争执，在所难免，然亦随其自愿买卖而已，又岂能勉强。料想遣人赴藏，亦必择优遣往。等因，乾隆十一年三月二十八日奏入，奉旨：知道了。钦此。

（将此抄出，于闰三月初六日，咨行提督李绳武去讫）

（军机处满文《夷使档》1762-2）

306
军机处为支雇骡租银事咨户部文

乾隆十一年三月二十八日

军机处咨行户部，为知照事。

此数日内将遣返准噶尔使臣起程，需用驮物之骡十六匹。将此本处除亦咨行都察院办理外，其应支付雇骡价银，俟接都察院行文，即速办理拨给。再，所雇骡马，在途疲惫，亦未可料，将此由尔部仍照前例，咨饬使臣等行经地方官员，倘若路途骡有疲惫者，即雇好骡给换。

使臣等将沿边顺宁夏路而行。

为此咨文。

（将此交付中书嘉兴，转交户部）

（军机处满文《夷使档》1762-2）

307
军机处为拨给马匹事咨兵部文

乾隆十一年三月二十八日

军机处咨行兵部。

此数日内将遣返准噶尔使臣起程，其所骑驿马十八匹，对子马四匹，负驮马十二匹，自肃州随行而来两名通事兵所骑驿马二匹，负驮马二匹，对子马二匹，及伴送使臣之内阁侍读学士伯达色，笔帖式德鲁顺，领催雅尔吉岱应骑驿马、驮载盔甲之马匹，皆由尔部照例从速办理拨给。再，随行照看使臣等，派往绿旗官弁二员、兵丁三十名。将乘驿勘合、官兵所领执照，均皆交付侍读学士伯达色等。

使臣等将沿边顺宁夏路而行。

为此咨文。

（将此交付中书嘉兴，转交兵部）

（军机处满文《夷使档》1762-2）

308
军机处为雇驮骡事咨都察院文

乾隆十一年三月二十八日

军机处咨行都察院。

此数日内将遣返准噶尔使臣起程，需用驮物之骡十二匹，驮轿之骡四匹。将此由尔衙门妥为办理，备办现成，一旦本处确定起程日期交付，即派官员送至使臣等下榻之西华门外掌内管领关防衙门，交付伴送使臣等之侍读学士伯达色等。计其应给雇价银，由尔院从速咨行户部支取银两，仍照前例，一半发给出租人等，其余一半交给伴送章京等，在途陆续支发。

使臣等将沿边顺宁夏路而行。

为此咨文。

（将此交付中书嘉兴，转交都察院）

（军机处满文《夷使档》1762-2）

309
军机处为领取赏用缎匹事咨内务府文

乾隆十一年三月二十八日

军机处咨行内务府，为支领事。

此次随敕赏准噶尔台吉策妄多尔济那木扎勒各色缎十匹，特恩加赏妆缎、蟒缎八匹，并格外恩赏重五十两银茶桶一个，酒海一个，曼达一个，藏香一百束。将此请由尔衙门交付各该处，如数办理，送至本处。

为此咨文。

（军机处满文《夷使档》1762-2）

310
军机大臣讷亲等奏闻哈柳等即日起程片

乾隆十一年闰三月初一日

大学士·领侍卫内大臣·果毅公臣讷亲等，奏闻使臣哈柳等将即日起程。
等因奏入，奉旨：知道了。钦此。
（是日，遣都统旺扎尔恩赏）

（军机处满文《夷使档》1762-2）

311
军机处为增拨雇骡价银事咨户部文

乾隆十一年闰三月十一日

军机处咨行户部，为知照事。
本处前曾咨行尔部，准噶尔使臣返回时，需用驮物之骡十六匹。将此除咨行都察院办理外，其应支付雇骡价银，俟接都察院行文，即速办理拨给。等因去讫。及至使臣等返回，因不敷驮载，又由都察院增取骡四匹使用。将此拟俟都察院咨文至，亦由尔部照例拨给价银。
为此咨文。
（将此交付中书思明，转交户部）

（军机处满文《夷使档》1762-2）

312
军机处为销算雇价银事咨都察院文

乾隆十一年闰三月十一日

军机处咨行都察院，为咨复事。
据尔衙门来文内称，此次准噶尔使臣等返回，由军机处饬令拨给骡十六匹。兹据兵马司呈文内称，按所用驮物骡十二匹，驮轿骡由四匹改为六匹计，共需拨给骡十八匹。请将应行拨给价银，如数拨给。等因移行户部，由户部将驮轿骡按六匹计，遂多出骡两匹，与原行数目不符，理应驳回。惟使臣等起程之日临近，相应先行移文银库发放，尔等之衙门移会军机处可也。等因咨复前来。谨将此咨行陈明。等语。

查得，此次使臣等返回，需用驮物骡十二匹，驮轿骡四匹，共需骡十六匹，业经咨文尔等之衙门由尔处如数备办。此四匹骡，即用于驮轿之实数，故而不便销算多出两匹骡之雇价银。将此由尔等之衙门仍照本处原行数目，转行户部销算外，其多领两匹骡之雇价银，仍行交回。再，使臣等因不敷驮物，又增用骡四匹，此增用四匹骡之雇价银，拟由尔处咨行户部领取。

为此咨文。

（将此交付中书思明，转交都察院）

（军机处满文《夷使档》1762-2）

313
筵宴使臣哈柳时赏赐物项记注

乾隆十一年三月十六日

乾隆十一年三月十六日，于丰泽园大蒙古包令使臣哈柳等入内朝觐并筵宴时，由照看之章京等引使臣等入紫光阁门，憩于大蒙古包北边搭支之蒙古包内，由派往照看之大臣等，照料饮茶进餐后，赏策妄多尔济那木扎勒以妆缎、漳绒、宁绸、珐琅、玻璃、磁器；赏哈柳以大缎二匹、玻璃器、银两；赏玛木特、图布吉尔干以银两。俄顷，派旺扎尔赏策妄多尔济那木扎勒以无量寿经、玻璃壶、玻璃盖碗；赏哈柳以玻璃壶、问钟。届时，引哈柳等至大蒙古包，照例随同我等之大臣迎驾。圣上升宝座后，召哈柳近前，赏策妄多尔济那木扎勒以玉如意，哈柳以玉如意，并亲赐酒三盅。宴毕，引哈柳等出，至原迎驾之处，随同大臣等跪送。御驾还宫后，遵旨领哈柳等入丰泽园内，游览观赏。出西苑门，带至其住处。

（军机处满文《夷使档》1762-2）

314
使臣哈柳辞行时赏赐物项记注

乾隆十一年三月二十七日

乾隆十一年三月二十七日，行辞行礼，令使臣哈柳入觐。之前，恩赏食饭，派旺扎尔赏策妄多尔济那木扎勒以珊瑚素珠、珐琅壶、珐琅花茶桶。入觐时，赐策妄多尔

· 291 ·

济那木扎勒以鼻烟壶，赏哈柳以鼻烟壶。

（军机处满文《夷使档》1762-2）

315
赏赐策妄多尔济那木扎勒等物项清单

乾隆十一年三月二十七日

于丰泽园筵宴之日，赏策妄多尔济那木扎勒妆缎二匹、漳绒二匹、宁绸二匹、珐琅器二种、玻璃器六种、瓷器二种；赏哈柳大缎四匹、玻璃器四种、银二百两；赏玛木特、图布吉尔干银各五十两。指派旺扎勒赏策妄多尔济那木扎勒无量寿经一函、玻璃壶一对、玻璃盖碗一对；赏哈柳玻璃壶一对、问钟一个。圣上升宝座后，赐旺妄多尔济那木扎尔玉如意一只，哈柳玉如意一只。以辞行礼准令入觐时，遣旺扎勒赏策妄多尔济那木扎勒珊瑚素珠一串、珐琅壶一对、珐琅花茶桶一个。赏策妄多尔济那木扎勒鼻烟壶一个，哈柳鼻烟壶一个。以颁敕礼，赏策妄多尔济那木扎勒缎十匹外，又赏妆缎、蟒缎八匹、玻璃器六种、瓷器八种、珐琅器四种；赏哈柳银一百两、大缎二匹、官用蟒缎一匹、金团龙缎一匹、彭缎二匹、毛青布二十四匹；赏玛木特、图布吉尔干银各五十两、大缎各二匹、官用蟒缎各一匹、彭缎各二匹、毛青布各二十匹；赏随先行而来及留肃州之二十五名厄鲁特银各二十两、官缎各二匹、彭缎各一匹、毛青布各八匹。加赏策妄多尔济那木扎勒布施物品时，赏重五十两银曼达、茶桶、酒海各一个、红、黄香一百束、大哈达一百条、小哈达一千条、茶一千包。哈柳备木碗，赠送尚书海望、班第、纳延泰，侍郎阿克敦各一个。尚书海望等各回赠缎一匹。哈柳转送商卓特巴喇嘛赠送乌赫图、玉保之火镰各一个、荷包各一个。乌赫图、玉保回赠商卓特巴喇嘛缎各一匹，交付哈柳带往。哈柳备木碗一个，赠送旺扎尔，旺扎尔回赠哈柳缎一匹。

（除将银曼达等物在此赏赐外，其哈达、茶叶等，俟彼等之人赴藏行经西宁边外时取而带往）

（军机处满文《夷使档》1762-2）

乾隆十一年（1746年）闰三月丁酉

夷使哈柳自京起程还部。

（《平定准噶尔方略前编》卷49）

乾隆十一年（1746 年）闰三月辛酉

安西提督李绳武奏报夷人赉木瑚里等入境。

（《平定准噶尔方略前编》卷 49）

乾隆十一年（1746 年）闰三月丙午

甘肃巡抚黄廷桂疏奏预备夷人贸易事宜。

黄廷桂奏言：向例准噶尔夷人，于子辰申年在肃州贸易，寅午戌年在京贸易。今岁例当在京贸易，经夷使哈柳奏恳，将夷货在肃就近贸易，得旨准行。查向年夷货在肃贸易，派委参将及知州等员照看，并饬委镇、道臣督率稽查。今照例委肃州镇臣许仕盛、甘肃道牛廷彩等就近照看。又经臣等奏明，动银一万五千两，往江南采办绸缎，已抵肃州。现在夷货将到，将此项绸缎，交商人李永祚先行交易，扣价还官。俟伊自制商货运到，再与夷人兑换，庶夷人不致稽迟回巢时日。

奏入，报闻。

（《平定准噶尔方略前编》卷 49，《清高宗实录》卷 262）

316

驻哈密办理回众事务主事尚图
为准噶尔派人前来贸易事呈军机处文

乾隆十一年四月初一日

驻哈密办理回众事务主事尚图呈文军机大臣等，为具报事。

准噶尔前来贸易之头目赖木呼里，小头目麦玛特穆拉特哈泽依、哈吉伯克、阿布吉勒霍卓，跟随而来二百一十人，携至马一千二百余匹、驼九百余峰，其中驮载行包之四百五十余匹，牛两千一百余头，羊三万五六千余只，留于山外牧场牧放。乾隆十一年闰三月二十五日，头目赖木呼里，三小头目率其随行之四十人，先行送信，称已行抵松树塘下榻。二十七日，赖木呼里，小头目麦玛特穆拉特哈泽依、哈吉伯克、阿布吉勒霍卓，率随行之三十四人及马四十九匹，驮载行包骆驼二十一峰，羊四十只，越过南山口，于二十八日行抵哈密。二十九日，头目赖木呼里等告称，今年系我等贸易之年，带至贸易牲畜，拟将愿于哈密变卖返回游牧者，准其返回，愿前往肃州贸易者，带往肃州。请代为转报将军，我等在此等候消息。故经尚图会同总兵官衔副将瑚宝，将赖木呼里等所告情由，呈报安西提督外，亦呈报大臣。至赖木呼里等何时自哈密起程前往肃州日期，再行具报。

为此具呈。

乾隆十一年四月初一日。

（军机处满文《夷使档》1762-2）

317
准噶尔为遣至商队事致哈密提督文

乾隆十一年四月十八日

译自准噶尔致哈密提督文。

致哈密将军。遵奉大皇帝谕旨，进京贸易人众，其愿来京城者，准来京城贸易，倘以京城遥远，情愿于肃州附近贸易之处听之。等因。遣往一队商贾，其中亦有情愿于哈密贸易毕返回者。彼等之贸易，尔等驻边之人，计其便利办理为好。

谨赠缎一匹。

乙丑年十月初十日

乾隆十一年四月十八日奏入，奉旨：知道了。钦此。

（军机处满文《夷使档》1762-2）

乾隆十一年（1746年）四月壬午

安西提督李绳武疏奏筹办夷人贸易事宜。

李绳武奏言：贸易夷人赍木瑚理等到境，言语恭顺。策妄多尔济那木扎尔来文，词婉意和。但此次带来牲畜较上年之数甚多，该夷等恳求在哈密变卖，不但有违定例，且口外实无商贾。臣与肃州镇道等札商，肃属牧厂，既属狭小，而嘉峪关外之花海子等处地方牧放，俟商人讲定价值，再为赶入接受。臣现在巡查亲历花海子各处，地方辽阔，逼近赤靖等营汛，南通青海各路，北接北路卡伦，及往准噶尔之大北路，实有不便留牧之处，已将缘由札覆肃州镇、道。臣思肃州既无宽展牧场，且时届夏初，正田亩长发之时。而该夷等亦知牲畜众多，即口外路上水草亦属有限，恐损伤过多，是以求在哈密售卖。臣辗转筹划，行令哈密副将瑚宝将马驼货物，令其先为起行赴肃，其牛羊暂留卡外牧放。臣现在札询肃州镇、道，上年贸易夷人牛羊，在肃售变价值数目。或应先在哈密讲定价值，豫先差员，领商出口迎收。抑或商人必须亲自出口，途中讲价之处，统俟覆到，飞饬办理。庶不致该夷等稽延时日，而于内外民田，既无扰攘之处，亦与该夷实有裨益。

奏入，报闻。

（《平定准噶尔方略前编》卷 49）

乾隆十一年（1746 年）四月壬午

安西提督李绳武奏：贸易夷人赍木瑚理等到境，言语恭顺。策妄多尔济那木扎尔来文，词婉意和。但此次带来牲畜较多，该夷等恳求在哈密变卖、臣与肃州镇、道等札商，肃属牧厂，既属狭小，而嘉峪关外之花海子等处地方，逼近赤靖等营汛，南通青海各路，北接北路卡伦，及往准噶尔之大北路，实有不便留牧之处。且时届夏初，正田亩长发之时。而该夷等亦知牲畜众多，口外水草有限，求在哈密售卖。臣已行令哈密副将瑚宝将马驼货物，先令起行赴肃，其牛羊暂留卡外牧放。并札询肃州镇、道，上年贸易夷人牛羊，在肃售变价值数目。或应先在哈密议价，豫先差员，领商出口迎收。抑或商人必须亲自出口议价之处，俟覆到飞饬办理。

报闻。

（《清高宗实录卷 265）

318
侍读学士伯达色等为哈柳已
抵肃州事呈军机大臣等文

乾隆十一年四月二十四日

伴送准噶尔使臣等之侍读学士伯达色等具呈军机大臣等，为具报事。

我等于闰三月初一日，率使臣哈柳等，自京城起程。四月初十日，安抵肃州，已于本月十三日自肃州起程前往哈密。俟哈柳等行抵哈密，再行具报。

为此具呈。

乾隆十一年四月十三日。

（此文未曾具奏，仅存档）

（军机处满文《夷使档》1762-2）

319
侍读学士伯达色等为哈柳已抵
哈密事呈军机大臣等文

乾隆十一年四月二十六日

伴送准噶尔使臣等之侍读学士伯达色等具呈军机大臣等，为具报事。

伯达色我前曾报称，四月十三日已率使臣哈柳等自肃州起程。兹率哈柳等，于本月二十二日皆安抵哈密，将哈柳等二十八人，交付驻守哈密总兵官衔副将瑚宝等。哈柳等已于本月二十六日由哈密起程前往其游牧地。

为此具报。

（军机处满文《夷使档》1762-2）

320
驻哈密办理回众事务主事尚图为准噶尔商队已往
肃州事呈军机大臣等文

乾隆十一年五月初九日

驻哈密办理回众事务主事尚图具呈军机大臣等，为具报事。

前尚图我处曾将准噶尔前来贸易头目赖木呼里等行抵哈密告知之情由呈报。兹赖木呼里等，将其所属人等牲畜驮包，编成四队，已于五月初九日陆续尽数起程前往肃州。将此除由总兵官衔副将瑚宝具报安西提督外，谨将赖木呼里等人起程前往肃州之日期，具报大臣等。

为此具呈。

（军机处满文《夷使档》1762-2）

乾隆十一年（1746年）五月壬子

安西提督李绳武奏报接见夷使情形。

李绳武奏言：臣于四月十五日巡边抵哈密，夷使哈柳于二十二日，自京回程亦抵哈密，二十四日至公所与臣接见。据哈柳告称，此次进京，因奏闻我台吉嘎尔丹策零病故之事，荷蒙大皇帝待我等恩典极重，赐嘎尔丹策零银满达、茶桶、茶喇、藏香，尚有大小手帕、茶叶，著在边界上支领，又赐我策妄多尔济那木扎尔各色状、蟒缎疋，玻璃、磁器、珐琅器皿。臣向哈柳云，因汝台吉嘎尔丹策零并策妄多尔济那木扎尔两世俱在大皇帝前恭顺归向，是以加汝大恩。大皇帝是普天之下圣主，所下吉祥旨意，即如汝等朝见活佛得好话一般。向后常常恭顺，自能常受恩典。哈柳又告称，此次大皇帝复准我等带领三百人赴藏熬茶，我等不敢违例多带人去。臣向哈柳云，既蒙恩准汝熬茶，汝等起身赴藏时，即豫差人送信，以便预备汝等。相见礼毕，哈柳等于二十六日起身回部讫。

　　奏入，报闻。

（《平定准噶尔方略前编》卷 49）

乾隆十一年（1746 年）八月壬辰

　　甘肃巡抚黄廷桂奏报贸易夷人赍木瑚里等自甘肃起程还部。

（《平定准噶尔方略前编》卷 49）

乾隆十一年（1746 年）十月辛未

　　甘肃巡抚黄廷桂奏报准噶尔夷人在肃州贸易情形。

　　先是，黄廷桂奏言：夷人赍木瑚里带领夷人及牛马货物，于六月十六七日陆续到肃，俱已安顿居住，其原来羊只，于夷目等未曾进关之前，即委文武官弁带领商贩出口迎买，讲明每绵羊一百只内搭山羊五只，仍照往例，每只价银一两一钱，以货易货，夷人乐从，于六月初八、初九两日收买完竣。各项皮张、牲畜，约共值银六万余两，夷人索价甚高，又要四成现银，臣现在遵循往例，止令许给二成现银，若任其所欲，添给四成，恐致夷人将来引为成例，难以拒绝。奏入，报闻。至是，黄廷桂又奏言：据肃州镇臣许仕盛、甘肃道牛廷彩秉称，夷人各项皮张货物，俱经收买完毕，伊等所需银货，亦已交兑明白。臣查此次夷人携来牛羊马匹皮张等项货物，共价银九万五千九百二十余两，惟貂、狐、豹三项皮张，内搭给二成现银九千五百四十余两，其余俱以内地绸缎等货抵兑交易，该夷等事竣，现在回巢讫。

　　又安西提督李绳武奏言：贸易夷人自肃起身，经肃州镇臣许仕盛派肃标官兵伴送至桥湾，臣即派靖逆协标都司钱玺照例带兵前往桥湾，臣标中营守备陈文，现带兵前往坡子泉，接递护送。据夷目赍木瑚里告称，此次买卖，原系应进京年分，荷蒙大皇帝天恩，准在肃州就近贸易，甚为便益，我等众人仰戴大皇帝恩德，实属感激不尽等语。

　　奏入，俱报闻。

（《平定准噶尔方略前编》卷 49）

乾隆十一年（1746年）十一月壬寅

命准噶尔贡使赴肃贸易。

安西提督李绳武奏言：准噶尔夷使玛木特，于十月二十三日到境，据称带有马匹、貂皮等物，欲赴大皇帝前请安进贡。但携带驼驮牲畜货物甚多，查定例进贡夷人，所带牲畜货物准在肃州交易者，实由我皇上怀柔远人，恩施格外。此次夷使玛木特带来驼驮牲畜甚多，到哈密后势必复恳请到肃州交易，其可否准照所请之处，理合请旨遵行。

奏入，得旨：彼从远路而来，可告以朕恩，所携货物，姑准前赴肃州贸易，以后似此多带，不准交易之处，俟夷使到京，大臣面谕该夷使遵行也。

（《平定准噶尔方略前编》卷49，《清高宗实录》卷278）

321
员外郎甘布等为准噶尔使臣
已由哈密起程前往京城事呈军机大臣文

乾隆十一年十一月二十二日至

驻哈密办理回众事务员外郎甘布、主事尚图具呈军机大臣等，为具报事。

乾隆十一年十月二十二日，据驻东岭卡伦千总达尔善报称，准噶尔台吉策妄多尔济那木扎勒恭请圣安，派使臣宰桑玛木特、副使巴图蒙克、杜喇勒哈什哈等四十六人，随带进贡马二匹、木碗一只、貂皮四十一张、奏书一封。另有彼等骑驮、作为盘费出售之二百余峰骆驼、九百余匹马、六百余头牛、一万三千余只羊抵境。等因前来。嗣于本年十一月初四日，尽数行抵哈密。遂留其中一半人众于哈密，牧放出售牲畜。由总兵官王能爱咨行安西提督，另行奏闻外，准噶尔使臣玛木特等二十五人，携二十余峰骆驼驮载物品，及进贡马匹等物，由主事尚图、笔帖式达善、领催伊勒哈伴送，于十一月初六日由哈密起程，送往京城。

为此具呈。

（军机处满文《夷使档》1762-3）

322
伴送准噶尔使臣之主事尚图
为已率使臣由肃州起程事呈军机大臣文

乾隆十一年十二月初一日至

伴送准噶尔使臣等之主事尚图具呈军机大臣等，为具报事。

前将准噶尔使臣宰桑玛木特、副使巴图蒙克、杜喇勒哈什哈及随行四十三人，于本年十一月初四日行抵哈密。其随行人众内，留二十一人于哈密，率使臣宰桑玛木特、副使巴图蒙克、杜喇勒哈什哈及随行二十二人，于是月初六日自哈密起程之处，业经具报。兹使臣宰桑玛木特等二十五人，于是月十七日行抵肃州，将其马驼及六人留于肃州外，现率赴京城之使臣宰桑玛木特、副使巴图蒙克、杜喇勒哈什哈及随行十六人，已于本月二十日自肃州起程。

俟使臣宰桑玛木特等十九人行抵宁夏，再行具报。

为此具呈。

（军机处满文《夷使档》1762-3）

323
军机大臣讷亲等奏报安排使臣住处片

乾隆十一年十二月初九日

大学士·领侍卫内大臣·果毅公臣讷亲等谨奏。

查得，本年三月，曾令来使哈柳等住西华门外街前掌关防内管领等办事房内。今来使玛木特等，拟仍令下榻西华门外掌关防内管领等办事房内。俟有旨下，交付该处，酌情整备。

等因，乾隆十一年十二月初九日奏入，奉旨：知道了。钦此。

（将此交付中书德明图，转交蒙古衙门、内务府）

（军机处满文《夷使档》1762-3）

324
军机大臣讷亲等奏请指派与使臣议事
并照看大臣官员片

乾隆十一年十二月初九日

大学士·领侍卫内大臣·果毅公臣讷亲等谨奏。

查得，本年三月，为与使臣哈柳等议事，曾钦派尚书海望、班第、那延泰、阿克敦。为照料事，派内务府官员一名、理藩院官员二名。总其责者，派有尚书海望、那延泰。与此次之来使玛木特等议事，拟仍派海望、班第、那延泰、阿克敦。照看使臣，拟派内务府堂郎中庆纳、理藩院主事伊兴阿、伴送使臣前来之主事尚图。总其责者，拟仍派海望、那延泰。

等因，乾隆十一年十二月初九日奏入，奉旨：知道了。钦此。

（将此交付中书德明图，转交蒙古衙门、内务府）

（军机处满文《夷使档》1762-3）

325
伴送准噶尔使臣之主事尚图等为已率使臣
由宁夏起程事呈军机大臣文

乾隆十一年十二月初九日

伴送准噶尔使臣等之主事尚图具呈军机大臣等，为具报事。

顷将率领使臣玛木特等十九人，于十一月二十日自肃州起程之处，业经具报。现照看使臣玛木特等，于十二月初二日，均皆安抵宁夏。在途玛木特称，我等前曾随使臣吹纳木喀、哈柳等三次进京，尽沾大皇帝之恩。此次，我又作为正使前来，愿能趱行，早抵京城，尽我之诚意，瞻觐大皇帝圣明。等语。故尚图我好生喂养两匹贡马，量马力疾行，将于本月二十日左右抵达京城。

俟抵大同，再将入京确切日期，另行具报。

为此具呈。

（将此原文，于次日呈览）

（军机处满文《夷使档》1762-3）

326
军机处为确定准噶尔使臣进京
日期事札行主事尚图文

乾隆十一年十二月初十日

军机处札行伴送准噶尔使臣等之主事尚图等。

据尔等呈文内称，已于十二月初二日率使臣等行抵宁夏。等语。使臣等抵达之日，仍令本处派往照看之章京往迎，相应将使臣等抵京日期，尔等先行明确预估，务于抵达之前五日驰报我处。

为此札饬。

（将此钤印，交付中书福德，转交兵部封装驰递，令于何处遇见主事尚图，即于何处饬交）

（军机处满文《夷使档》1762-3）

327
军机大臣讷亲等奏请备办使臣抵京
当日接取奏书等事项片

乾隆十一年十二月十六日

大学士·领侍卫内大臣·果毅公臣讷亲等谨奏。

查得，先前准噶尔所遣使臣至，命派委照看之章京往迎，引使臣等至箭亭前，接取其奏书及所献礼物后，令使臣等憩于上驷院房中，赏食饭食之后，带至其住处下榻。此次俟报使臣等抵达日期，仍照前例，提早一天派照看之章京往迎。使臣等抵达之日，所经门、街道，堆拔兵丁，须管带齐整之处，交付护军统领、步军统领等办理。是日，上朝之蒙古宾客毋庸上朝，使臣等进入时，由派往迎接之章京引入东华门，至箭亭前，由所派大臣等会同理藩院大臣等，接取其奏书及进献之礼物，译出恭呈御览外，令使臣等憩于上驷院房中，赏食饭食后，带至其住处下榻。使臣玛木特、副使巴图蒙克、杜喇勒哈什哈，仍照前每日拨给蒙古羊各一只，其随从人等，每六人每日拨给汉羊一只，至食用奶、酥油、面、茶、盐、米、柴薪、炭及所用炊餐器具等，皆照例由各该处支取给付，所用拴马，照例备办，并派官兵，于使臣等之住所外围设置堆拔把守。交付武备院，计其足敷，搭支蒙古包、帷幄，供使臣等下榻。所用夫役，由园户内择其憨厚者，足数派出。使臣等食用各种饼果等物，视其所需，由派往陪同之官员等由该处领取，给其食用。其择日朝觐、赏赐之处，容另行议奏。

等因，乾隆十一年十二月十六日奏入，奉旨：著依议。钦此。

（将此交付中书皂保，转交内务府、兵部、上驷院、武备院、统领衙门、景运门、蒙古衙门去讫。十九日，又将于使臣等行经门口、道路、堆拔排列齐整等事，交付统领衙门，亦交付茶膳房、内务府、上驷院、武备院、兵部、景运门去讫）

（军机处满文《夷使档》1762-3）

328
伴送准噶尔使臣之主事尚图等为即将
进京事呈军机大臣文

乾隆十一年十二月十八日

伴送准噶尔使臣等之主事尚图具呈军机大臣等，为具报事。

尚图我等引领使臣等，已于本月十六日先行抵达大同，将于本月二十二日入京，二十一日下榻清河地方之处，已与玛木特商定。相应将使臣等所食羊只等物，请由大臣等处转饬各该处，备于清河地方。

为此具呈。

（将此于十九日奏入，奉旨：知道了。钦此）

（军机处满文《夷使档》1762-3）

329
策妄多尔济那木扎勒为遣使赴藏事之奏书

乾隆十一年十二月二十二日

译出准噶尔台吉策妄多尔济那木扎勒之奏书。

谨奏于乾隆皇帝陛下：我等之使臣哈柳、图布吉尔干、玛木特等归，赍至大皇帝谕旨称：朕无分内外，一视同仁，惟愿天下众生，各得其所。为尔父祈福诵经，理所应当，似此之事，岂有不准之理。尔等欲修善事，即一次完竣，朕仍照例施恩，派人照看，赏补牲畜、口粮。又为尔父作布彦，恩赏银曼达、茶桶、酒海各一个，红、黄香一百束，交使臣哈柳等赍回外，其大哈达一百条、小哈达一千条、茶一千包，俟尔等诵经之人赴藏之时，于我边界处取而携往。等因恤赏，感激无尽。

兹我诵经人三百，约于兔年九月十五日行抵哈济尔等处。惟我等赴唐古特地方诵经人众内，有自带货物乘作法之隙售卖者，亦有径直带物前往诵经者。故请将携现成物件前往诵经之众，安置于哈济尔、得卜特尔过冬，俟赴东科尔贸易人众返回，与住哈济尔、得卜特尔之众会合，一同前往诵经。其阐扬黄教，逸安众生之处，谨请大皇帝睿鉴。余言将口奏。

随进马二匹、碗一只、貂皮四十一张。

丙寅年九月初六日。

等因，是日奏入，奉旨：知道了。钦此。

（十二年正月二十五日，将此抄录，分别咨行额驸策凌等、提督李绳武、总督庆复、巡抚黄廷桂、副都统傅清各一份去讫）

（军机处满文《夷使档》1762-3）

乾隆十一年（1746 年）十二月癸未

夷使玛木特等至京进表请安，并贡方物。

准噶尔台吉策妄多尔济那木扎尔谨奏大皇帝。使者哈柳等前来，奉大皇帝恩旨，无分内外，一视同仁，但愿普天之下生灵各得安生。因二父遣人赴藏，念经忏悔，于理甚宜，朕仍照前施恩，派人照管，资助牲畜盘费，并特恩赏银满达、茶桶、茶喇，红黄香一百束，并大手帕一百件、小手帕一千件、茶叶一千包，令在边界领取。感戴鸿恩，欢欣无既。今念经人三百名，约于明年九月十五日前后可到哈集尔等处。但前往唐古忒地方人内，有带去货物，俟货买后始往念经者，有即将货物带往念经者，其将货物带往念经之人，恳令同在哈集尔、得卜特尔过冬，俟贸易人由东科尔贸易回归，在哈集尔、得卜特尔汇齐，一同前往念经，以广黄教，以安生灵。伏乞大皇帝睿鉴。

其烦琐言语，令来使口奏。谨具马二疋、碗一只、貂皮四十一张，聊申微悃。

奏入，报闻。复命尚书海望等询问来使口奏何语。我等前往西藏，一切举行善事念经之人，其施恩照管，及赏助牲畜之处，伏乞怜念。再念经之事，需银甚多。我等前往东科尔贸易之人，交易时乞饬令内地商人，以银收买，伏祈转奏。

海望等言：我大国交易之例，听商自便，难用官法抑勒，从前已经晓谕尔等。今尔台吉以念经之事，需银甚多，复行恳求，俟转奏候旨。

奏入，报闻。

（《平定准噶尔方略前编》卷 49）

乾隆十一年（1746 年）十二月癸未

准噶尔台吉策妄多尔济那木扎尔，遣使玛木特等至京进表请安，并贡方物。

上命尚书海望等询问来使。据玛木特禀称：我等前往西藏，一切举行善事念经之

·303·

人，其施恩照管，及赏助牲畜之处，伏乞怜念。再念经之事，需银甚多。我等前往东科尔贸易之人，交易时乞饬令内地商人，以银收买，伏祈转奏。

海望等言：我大国交易之例，听商自便，难用官法抑勒，从前已经晓谕尔等。今尔台吉以念经之事，需银甚多，复行恳求，俟转奏候旨。

奏入，报闻。

（《清高宗实录》卷281）

330
户部尚书海望等奏报与玛木特等询问口奏事项片

乾隆十一年十二月二十三日

内大臣·尚书臣海望等谨奏。

臣等问准噶尔使臣玛木特等曰，据尔等之台吉策妄多尔济那木扎勒之奏书内称，余言将口奏，乃为何言。玛木特等告称，请仁恤我等之赴藏人等修善事、诵经，并便利赏补牲畜、口粮等物。再，诵经之事，要在用银，故请我等前往东科尔地方贸易人等贸易时，饬令内地商贾以银换购。口奏之言，惟此二项，伏乞大皇帝明鉴。臣等称，按我大国之例，凡其贸易，向听商者自便，彼此交易，不可官逼，前已再三晓谕尔等之人。兹尔等之台吉以诵经之事，用银之处甚多，复行恳请，相应不拘于此，将此奏闻大皇帝。又晓以明日令彼等瞻觐圣明，观赏跳步扎。玛木特等不胜欢欣，合掌叩首称，仰蒙大皇帝施恩，如此之快令我等朝觐，委实极为喜悦。等语。

等因，乾隆十一年十二月二十三日奏入，奉旨：知道了。钦此。

（将此抄录，于十二年正月二十五日，分别咨行额驸策凌等、提督李绳武、总督庆复、巡抚黄廷桂、副都统傅清各一份去讫）

（军机处满文《夷使档》1762-3）

331
军机大臣讷亲等奏闻大和斋圣驾行经路线片

乾隆十一年十二月二十三日

大学士·领侍卫内大臣·果毅公臣讷亲等谨奏。

明日，引领使臣于大和斋朝觐圣明，于宝座前铺设地平，宝座屏风后门被挡，相应圣上驾临，行经东侧里间之处，谨此奏闻。

等因，乾隆十一年十二月二十三日奏入，奉旨：知道了。钦此。

（军机处满文《夷使档》1762-3）

332
军机大臣讷亲等奏请大和斋内先行预备坐垫片

乾隆十一年十二月二十三日

大学士·领侍卫内大臣·果毅公臣讷亲等谨奏。

臣等看得，大和斋殿内宝座下铺设地平后，前引十位大臣，于左、右两侧各分两排就座时，若各带坐垫落座，难以容纳。相应请准先行铺设宫内所存红氆氇小坐垫预备之处，谨此请旨。

等因，乾隆十一年十二月二十三日奏入，奉旨：知道了。钦此。

（军机处满文《夷使档》1762-3）

333
军机大臣讷亲等议奏玛木特等于大和斋瞻觐仪注折

乾隆十一年十二月二十三日

大学士·领侍卫内大臣·果毅公臣讷亲等谨奏，为遵旨议奏事。

奉上谕：本月二十四日，令准噶尔使臣玛木特等于雍和宫大和斋瞻觐，观赏跳步扎。钦此。钦遵。查得，先前令准噶尔使臣入乾清宫朝觐圣明时，提早召集入班大臣、议政大臣、增派大臣等预备，前排就座十位大臣照常入座，后扈两位大臣侍立。御前侍卫等立于宝座附近，豹尾班侍卫列于宝座两旁，乾清门侍卫等列于豹尾班侍卫之后。届时，入乾清门西侧门，由西侧拾阶而上，空出丹陛中央，行三跪九叩礼。礼毕，由西隔扇引入，于右侧前排大臣末，跪叩一次，留空隙而坐。其随行而来之厄鲁特等，令坐于隔扇门外右侧台阶上。皇上用茶时，令随大臣等跪叩，赐茶时，令其跪叩饮之。降旨时，跪地聆听。事毕，仍由西侧隔扇门引退，送至其住处。

又查得，去岁令使臣哈柳等于雍和宫观看跳步扎时，诵经喇嘛皆于左侧就座，大臣及官员等皆于右侧对坐。跳步扎前，引使臣等至前后殿礼佛毕，仍带至原坐之处等候。届时，引之入内，于首排大臣末，留空隙而坐。其随行而来之厄鲁特等，令坐其后。聚集之大臣官员等，皆着蟒袍、补褂在案。兹令使臣玛木特等，于雍和宫大和斋瞻觐，相应由陪同章京等，于二十四日凌晨引领使臣玛木特等至雍和宫准备。圣上驾临，令使臣等于清宁门外随我大臣官员等跪迎。圣驾入，将使臣等安置于达喇嘛房内，赏以饭食。殿内令豹尾班侍卫站立，难以容纳，可斜立于廊下；其御前侍卫，计其容纳，立于宝座两旁，其余立于豹尾班地方。使臣等进入所经所有道路，皆带侍卫等站立。届时，先令入班大臣等进，将使臣等带至东书院门外站立，俟降旨传召，由尚书班第、那延泰、侍郎玉保、奏蒙古事侍卫引入，以初见礼，于殿前月台行三跪九叩礼。礼毕，自西侧引入，随右侧就座首排大臣，令为首使臣玛木特、副使巴图蒙克、杜喇勒哈什哈跪叩一次后，留空隙而坐。其随行而来之厄鲁特等，令坐月台西侧。皇上用茶时，令随大臣等跪叩，赐茶时，令其跪叩饮之。降旨时，跪地聆听。事毕引出，带至其原坐地方暂候。跳步扎时，圣上所坐黄幄，搭于天王殿前东侧，准备宝座。呼图克图所坐矮床，照前朝西放置。时近，令我诸大臣官员及诵经喇嘛等预先进入，排列整齐后，令使臣等进入，立大臣之末准备。圣上驾临，随众跪叩。圣上升座后，跪叩一次，而后准令入座，其随行而来之厄鲁特等，随后列坐。跳毕步扎，赏茶饮时，因聚集人多，逐一分放则需时过长，相应惟于前排就座两列分放。事毕，引使臣出，暂至原坐房内等候，俟皇上还宫，再带回其住处。其余喇嘛等，俟皇上回还，臣等再照料饮茶。其带使臣等至前后殿礼佛之处，俟确定圣驾御临之时辰，如若得当，则先行叩拜，如所不及，则俟皇上还宫，赏彼等以饭食，遣散众人后，再行叩拜。是日，聚集之大臣官员皆着补褂、蟒袍。使臣等行经之街道、门口、堆拔等，均派官兵排列整齐，及于雍和宫一带巡管之处，拟交付步军统领、护军统领等。

为此谨具奏闻。

等因，乾隆十一年十二月二十三日奏入，奉旨：知道了。著早膳后备办。钦此。

（将此交付中书皂保，遍行交付内阁、吏、兵二部、值月旗、景运门、护军统领、武备院、上驷院、内务府、侍卫处、步军统领衙门）

（军机处满文《夷使档》1762-3）

334
军机大臣讷亲等奏请指派入班大臣片

乾隆十一年十二月二十三日

大学士·领侍卫内大臣·果毅公臣讷亲等谨奏。

明日，引准噶尔使臣玛木特等于雍和宫大和斋瞻觐圣明。计殿内容量就座之大臣，按其左右，每翼可坐三排，除前排就座十位大臣及使臣玛木特等三人外，仍可坐二十一位大臣。故由入班大臣、议政大臣及先前增派大臣等内，除患病、出差人等外，谨将其余众大臣之名，缮写于绿头牌呈览，伏乞圣上指派二十一人。

等因，乾隆十一年十二月二十三日奏入，奉旨：派来保、海兰、新柱、萨勒哈岱、海昌、哈达哈、齐木拜、特库、伊勒慎、富昌、王怡、庆泰、满福、查郎阿、罗善、勒尔森、雅尔图、德龄、瑚弼图、舒昌、雅尔胡达。钦此。

（将此交中书嘉兴，速交侍卫处、内阁、值月旗、吏部、兵部）

（军机处满文《夷使档》1762-3）

335
户部尚书海望等奏闻玛木特等瞻觐后欣悦情形片

乾隆十一年十二月二十四日

内大臣·尚书臣海望等谨奏。

使臣玛木特等出，告臣等称，我等昨闻朝觐圣明，喜极彻夜未眠。今日至此，又仰大皇帝之恩，蒙圣上又施恩，瞻拜如此华丽之庙堂，观赏不曾目睹之物，委实千载难逢，延年益寿也。又于一日之内三次瞻觐圣明，聆听圣旨。我等所来之事均皆完满，惟有享乐安逸，仰沐大皇帝之恩而已。即便属下人等，亦各欢忭。再，我等今日朝觐圣明时，威严之下，惶恐惕悚，所降谕旨，恐未能记全，特询大臣等铭记，再温习一遍。

等因，乾隆十一年十二月二十四日奏入，奉旨：知道了。钦此。

（军机处满文《夷使档》1762-3）

336
雍和宫大和斋玛木特等朝觐颁降谕旨记注

乾隆十一年十二月二十四日

准噶尔使臣玛木特等，于雍和宫大和斋朝觐时，颁降谕旨：尔台吉之奏书，朕已览。所有事项，均皆遵奉朕之谕旨办理。观彼如此之和顺，定能安抚其属，利裨其部，朕甚嘉悦。再，尔凵奏之二事，朕亦知之。所言照管尔等诵经人等资助牲畜、口粮一事，究有前次恩赏之例，朕仍可照前恩赏。再，其贸易用银一事，未尝不可，惟听商贾自便耳，朕焉能降旨众商耶。故而此次派侍郎玉保前去照管尔等。尔等可与玉保商议，计其便利，酌情办理。其如何便利之处，尔等共同会议具奏。钦此。又召玛木特近前，将赏赐其台吉之珐琅鼻烟壶一只，亲自交付，降旨曰：将此转赏尔等之台吉。亦赏玛木特一只，降旨曰：朕因仁恤尔等之台吉，亦于尔等一视同仁。钦此。

（将此摘录，于十二年正月二十五日，分别咨行额驸策凌等、提督李绳武、总督庆复、巡抚黄廷桂、副都统傅清各一份去讫）

（军机处满文《夷使档》1762-3）

337
使臣玛木特等大和斋瞻觐仪注

乾隆十一年十二月二十四日

令准噶尔使臣玛木特等于雍和宫瞻觐时，其聚集大臣官员等，按左右分别列队于清宁门外，令使臣等随右翼大臣等后，留空隙列队，跪迎圣驾。大和斋瞻觐礼毕，观看跳步扎，圣上升黄幄之宝座后，将二位呼图克图所坐矮床移至黄幄下东侧附近落座。前引十位大臣，并排坐黄幄前东侧。豹尾班侍卫排列天王殿两侧山墙附近。步扎礼毕，引使臣等出后，圣驾还宫。

（军机处满文《夷使档》1762-3）

乾隆十一年（1746年）十二月乙酉

召见夷使玛木特等于雍和宫大和斋，并令观步踏。

上谕曰：尔台吉奏疏，朕已览阅。一切事宜，皆遵奉朕谕旨办理，看来如此恭顺，必能安伊属人，神益部落，朕甚嘉悦。再尔口奏之事，特为乞求照看尔等念经之人，资助牲畜盘费，自应照前次赏赐之例，加恩赏给。至恳求贸易时，用银收买尔等货物，止可随商贾之便，朕不便降旨于商人。此次现派侍郎玉保，前往照看尔等。尔等与玉保商议酌量，凡事属可行者，会议具奏。

玛木特瞻仰行礼，赐茶跪领，只聆训谕毕退出。

寻命尚书海望等宣谕玛木特等口：尔等意欲颇罗鼐资助念经人等。颇罗鼐虽系承受朕封号之人，究系别部落，不比内地臣民。彼资助与否，朕不便降旨，应听伊自主，故特谕尔等知之。

（《平定准噶尔方略前编》卷49，《清高宗实录》卷281）

338
尚书海望等奏报转谕玛木特等
不便谕令颇罗鼐资助准噶尔熬茶片

乾隆十一年十二月二十五日

内大臣·户部尚书臣海望等谨奏。

臣等告知使臣玛木特等称，今日圣上宣召我等，颁降谕旨曰：昨日玛木特等之奏，曾提及颇罗鼐。颇罗鼐虽为朕赐封之人，然异部非我内地民众可比，其资助与否，朕焉能降旨勉强。故未降旨尔等，现令将此情晓谕尔等。等因相告。

乾隆十一年十二月二十五日奏入，奉旨：知道了。钦此。

（军机处满文《夷使档》1762-3）

339
户部尚书海望等奏闻向玛木特等转宣谕旨情形片

乾隆十一年十二月二十五日

内大臣·户部尚书臣海望等谨奏。

臣等将不便向颇罗鼐颁降谕旨事，晓谕使臣玛木特等。玛木特等称，大皇帝之此谕，返回后将告知我等之台吉。等语。又将昨日朝觐时颁降谕旨，照依御改补行晓谕，译成蒙古字，一并交付彼等后，其欣然揣进怀里。玛木特等又告称，仰仗大皇帝之恩，今日得以叩拜佛祖祈福，且能瞻拜如此恢宏祥福之庙堂，实乃奇遇，非我等之辈一生一世所能得见者也。惟有虔心叩头祷告外，复有何言。究赖前世修炼之功，现如今能如此仰承大皇帝仁恩矣。等因。其随从之厄鲁特等亦皆连连赞叹，游览之余，合掌惊呼似此大佛究系如何造成。

等因，乾隆十一年十二月二十五日奏入，奉旨：知道了。钦此。

（军机处满文《夷使档》1762-3）

340
军机大臣讷亲等奏请赏赐玛木特等人片

乾隆十一年十二月二十七日

大学士·领侍卫内大臣·果毅公臣讷亲等谨奏。

查得，本年三月，筵宴使臣哈柳等之日，除赏策妄多尔济那木扎勒妆缎二匹、漳绒二匹、宁绸二匹及珐琅器二种、玻璃器六种、瓷器二种外，赏哈柳大哈达四条、玻璃器四种、银二百两，赏副使玛木特、图布吉尔干银各五十两外，又钦派旺扎尔，赏策妄多尔济那木扎勒无量寿经一部、玻璃壶一对、有盖玻璃碗一对；赏哈柳玻璃壶一对、问钟一个。俟上升宝座，召哈柳近前，赏策妄多尔济那木扎勒玉如意一柄，哈柳玉如意一柄在案。此次筵宴使臣玛木特等之日，如何赏赐之处，谨此请旨。

等因，乾隆十一年十二月二十七日奏入，奉旨：照仍前赏赐。钦此。

（将此交付中书赫成额，转交内务府、蒙古衙门）

（军机处满文《夷使档》1762-3）

341
军机大臣讷亲等奏闻丰泽园筵宴曾钦赐哈柳酒片

乾隆十一年十二月二十七日

大学士·领侍卫内大臣·果毅公臣讷亲等谨奏。

查得，本年三月，于丰泽园大蒙古包筵宴使臣哈柳等，圣上曾由我大臣等内，召数人靠前，亲自赏酒后，亦召哈柳近前跪伏，赐酒三杯。

为此谨具奏闻。

等因，乾隆十一年十二月二十七日奏入，奉旨：知道了。钦此。

（军机处满文《夷使档》1762-3）

342

军机大臣讷亲等奏请指派筵宴日入班大臣片

乾隆十一年十二月二十七日

大学士·领侍卫内大臣·果毅公臣讷亲等谨奏。

查得，先前准噶尔使臣至，令觐见筵宴之时，因入班大臣少，曾由臣处呈览满洲大学士、尚书、侍郎、内阁学士、副都统等职名，酌情派出，增添入列。兹筵宴使臣玛木特等，仍照前例，将未入班满洲大学士、尚书、侍郎、内阁学士、满洲蒙古副都统及今年增派入列大臣等职名，一并缮于绿头牌，恭呈御览。俟圣上酌情派出后，并入两翼入列，均匀就座。

等因，乾隆十一年十二月二十七日奏入，奉旨：著增派来保、哈岱、苏布希里、祥泰、海格、纳穆图、舒凌阿、傅恒、海兰、新柱、塞楞、纳玛什西、岱屯、伊通阿、傅达里、法畴、萨哈岱、海昌、哈达哈、齐木拜、奇通阿、特库、马斌、伊勒慎、永谦、保住、富昌、王怡、鸿凯、鄂岱、博伦岱、伍弥泰、庆泰、满福，及查郎阿、德龄、雅尔图、乌凌阿、舒赫德、勒尔森、索住、三和、雅尔胡达、色尔赫、留保、额勒格、富尔松阿、何绑额、雅图、苏呼吉、明安、罗山、乌雅图、明图、色勒登、瑚弼图、车凌、卓巴、阿尔彬、舒昌、博庆额、法珠纳、福德、固纯、尚坚保、索拜、拉布敦、哲库讷。钦此。

（将此交付中书赫成额，转交吏、兵部、侍卫处、景运门、值月旗。因大臣等少，由省大臣等内，一并呈进索拜、哲库讷等之绿头牌，故而派出）

（军机处满文《夷使档》1762-3）

343

军机大臣讷亲等议奏筵宴使臣仪注折

乾隆十一年十二月二十七日

大学士·领侍卫内大臣·果毅公臣讷亲等谨奏，为议奏事。

其准噶尔使臣玛木特等，旨令正月初五日于丰泽园施恩筵宴，相应照前将丰泽园内搭支大蒙古包之处交办外，是日，其陪同之章京等，预先引使臣等入紫光阁门，憩于另行搭支之蒙古包内，由派往照看大臣等照管进餐。进圣上之桌，放于蒙古包内宝座前，众人之桌，摆放于两侧。使臣及跟役等所坐之处，亦酌情摆桌。相对大蒙古包，搭支黄幄，摆放高桌金器。召集入班大臣与增派大臣等，前排十位大臣落座，后扈两位大臣侍立，豹尾班侍卫近前列于宝座两旁，御前侍卫、乾清门侍卫亦立于宝座两侧。届时，大臣各带坐褥预先进入铺垫。使臣等于右侧前排大臣后，留出空隙而坐。俟上驾临，随我大臣等跪迎。圣上升宝座后，由尚书班第、那延泰、侍郎玉保、奏蒙古事侍卫等，引领使臣玛木特等至大蒙古包前，空出中间，行三跪九叩礼。礼毕，引使臣等自大蒙古包西隔扇进入，于右侧前排大臣末，跪叩一次，留空隙而坐。其随行之厄鲁特等，令坐于隔扇外右侧。抬桌之护军统领、尚膳正等先行进桌，继由尚茶正进茶。圣上用茶，使臣等随众臣跪叩一次，侍卫等上前奉茶给众人，饮茶后叩首一次。用茶毕，撤桌布，由内府官员等自高桌处取酒杯、托盘、酒壶、大杯进献，至蒙古包门前，众人皆跪，敬酒大臣上前为皇上敬酒，皇上尝酒，使臣等随众跪叩一次。其敬酒大臣，照例以大杯盛酒饮之。皇上尝过饽饽，移恩两侧后，尚膳正等抬进肉食，分发众人之肉食，则预先摆放。旋进酒桌，届时，领侍卫内大臣站起照管，带众侍卫斟酒。饮酒时，跪叩一次。接过酒杯，再跪叩一次。派侍卫等以大杯斟酒恩赏使臣等，令使臣等跪叩一次饮之。进肉食时，令绰尔齐等即上前作乐，布库手等摔跤。继令各类杂耍之众分别上前表演。宴毕，使臣等随我大臣等就地跪叩三次，引出带至其住处。是日，聚集之大臣、侍卫、官员等皆着补褂、蟒袍类常服。筵宴用桌等所有物件、杂耍人等，均皆交付内务府备办，交由领侍卫内大臣、护军统领派人管理。圣上驾临时，排列仪仗，大蒙古包前备乐之处，则交付各该处，照前备办。其敬酒大臣，恭听皇上钦点。

为此谨奏。请旨。

等因，乾隆十一年十二月二十七日奏入，奉旨：知道了。著来保敬酒。钦此。

（将此交付中书赫成额，转交侍卫处、内务府、蒙古衙门、武备院、统领衙门、銮仪卫、景运门、茶膳房）

（军机处满文《夷使档》1762-3）

344
赏赐准噶尔台吉策妄多尔济那木扎勒等荷包记注

乾隆十一年十二月二十八日

钦差副都统那木扎勒，前往使臣等之住处，赏准噶尔台吉策妄多尔济那木扎勒大荷包一对、小荷包两对，小荷包内各放银元宝一个；赏使臣玛木特大荷包一对、小荷包两对，大小荷包内各放银元宝一个。

（军机处满文《夷使档》1762-3）

345
侍郎玉保奏报会见玛木特等商议熬茶事宜片

乾隆十一年十二月二十八日

侍郎玉保谨奏。

臣前往使臣玛木特等之住处，告知使臣等称，因尔等告请我陪同之章京等，拟同本大臣商议入藏人等贸易事宜，故此前来。玛木特等称，朝觐圣明之日，奉旨：尔等入藏人等贸易之事，著与玉保一同议奏。钦此。故而我等拟于来年九月十五日抵达哈济尔、得卜特尔卡伦地方。前曾与大臣言及，倘于卡伦地方贸易，仅携银两由彼入藏，似于事有益。前年，我等之进藏人众，夏季由噶斯路而行，遭遇蚊虻，马畜损伤甚多。相应此次前来，避过蚊虻，于九月十五日前后抵达哈济尔、得卜特尔地方。前往东科尔贸易，往返需时三个月，故拟过冬。等因具奏。我等之进藏人等，倘于哈济尔、得卜特尔地方贸易毕获得银两，或可于十月十五日赴藏。臣称，尔等拟于卡伦地方贸易，但取银两乎。除银两外，有无购买哈达、茶叶、绸缎等项，以便我等传召我属商贾至卡伦贸易。玛木特等称，除银两外，并无购买物项，即便购买少许物件，俟至藏地，再买亦可。臣告称，尔等拟于九月十五日左右行抵哈济尔、得卜特尔地方贸易，十月入藏，未尝不可。依我之见，尔等与其九月十五日左右前来，毋如于八月初十日左右抵达哈济尔、得卜特尔地方贸易，换取领银后，于九月初进藏，则大雪未降，且季节亦恰好，益于尔等之事。玛木特等称，大臣所言甚是，乃计便利我等之事言之者也。然我等之台吉策安多尔济那木扎勒，已奏报大皇帝于九月十五日左右抵至哈济尔、得卜特尔地方，我等未敢擅便。我等以为，将我等所带些许货物贸易完毕，于正月十二三日自京城起程，一路趱行，于四月十五日左右至游牧地，禀告我等之台吉策安多尔济那木扎勒。若按我等所议，则于四月底，派人至哈密送信；倘仍按原奏，于九月十五日左右前来，则免于遣人至哈密送信。请将我等来时留哈密之牲畜尽速贸易，俟吾等行抵哈密，可将驮包留后缓行，我等则尽速前行。臣又称，尔等拟于九月抵达，十月进藏亦可，然亦毋庸过急，俟过正月十五日起程即可。无论如何，且待本大臣会同我等之诸大臣商议。臣起身告辞，使臣玛木特告称，我等来时，带有宰桑吹纳木喀、哈柳、喇嘛商卓特巴寄给大臣尔及将军乌赫图之碗、荷包、小刀，大臣可带往乎。臣称，不必着急，明日再交付我等之章京等。

为此谨具奏闻。

乾隆十一年十二月二十八日奏入，奉旨：知道了。钦此。

（将此誊录，于十二年正月二十五日，分别咨行额驸策凌等、提督李绳武、总督庆复、巡抚黄廷桂、副都统傅清各一份去讫）

（军机处满文《夷使档》1762-3）

乾隆十一年（1746年）十二月已丑

侍郎玉保疏奏酌议夷使赴藏贸易事宜。

玉保奏言：据夷使玛木特告称，大皇帝恩旨，藏内贸易事务，著与玉保商酌办理，故我等特来与大人商酌。我等于明年九月十五前后至哈集尔、得卜特尔卡伦，若在卡伦即准贸易，得带银两入藏，于事有益。前岁我进藏人等，于夏间由嘎斯一路而来，因遇蚊蠓，马畜倒毙甚多。此次前来，过蚊蠓时，计九月十五前后至哈集尔、得卜特尔卡伦。前往东科尔贸易，往返计需三月，所以奏明，恳在彼处过冬。若在哈集尔、得卜特尔贸易得银，十月十五前后，未知可否进藏。臣告之云，汝等在卡伦贸易，只云带银前往，除银之外，有无应买手帕、茶叶、缎匹等物，以便我传贸易人等预备贸易。十月进藏亦可，但据我看来，汝等与其九月十五前后来，不如于八月初十内外，至哈集尔、得卜特尔贸易带银，于九月初间进藏，未至大雪，于汝等有益。玛木特云。我台吉已经奏明，我等难以专主，容我归告台吉，若如我等所议，则四月间差人至哈密送信，若仍如原奏，即不复差人等语。

奏入，报闻。

（《平定准噶尔方略前编》卷49）

乾隆十二年（1747年）正月壬辰

赏办理夷使赴藏事务侍郎玉保路费银二千两。

（《平定准噶尔方略前编》卷50）

346
户部尚书海望等奏报告知玛木特等
嗣后派使不得随带货物片

乾隆十二年正月初五日

内大臣·尚书臣海望等谨奏。

宴毕，使臣玛木特等退出，各自欣忭，称仰仗大皇帝之恩，得以观赏百戏之奇观，目睹稀世之珍物。玛木特我原本不多喝，仰蒙大皇帝仁爱，召至御前亲自赏酒，又降旨垂询，我焉敢回绝，惟有开怀畅饮。大皇帝所赏，犹如仙丹养身，全然不醉。再，所演布占绰克查戏，我前次来只是观赏而已，并不知其名，兹奉谕旨，始方得知，将此铭记于心，嗣后再见，即知乃布占绰克查也。其孩童有此技艺，何等之难，又如何学得。等因。连连称奇。其副使巴图蒙克、杜喇勒哈什哈皆云，玛木特前次来时，曾经得见，我等系初次观赏。似我等无名之辈，若非仰仗大皇帝之恩如此观赏，一生一世亦难得一见。等语。

使臣玛木特等又称，前日侍郎玉保与我等商议之事项，想诸大臣皆已知之矣。我等之进藏人等，于八月内抵达哈济尔地方，实于我等有利，然未告知我等之台吉，我等未敢擅便，望能尽早起程返回。若蒙诸大臣体恤，请将我等起程事宜尽速办理。臣等晓谕曰，上元节大皇帝尚令尔等观赏焰火。尔等之贸易之事，尔等可速行办理，一旦事毕，即可起程。等语。臣等告使臣玛木特等称，据原先之议定，若来使，既准乘驿，相应减少随行人等，不可携至货物；其贸易人等，须按规定年份，另行前来。等因。而尔等为使之人，次次携至货物，尚蒙大皇帝施恩，准令贸易，虽晓谕尔等使臣遣往，继来之使臣又携至货物。尔数次为使，均皆清楚，而今尔反倒携至如许货物。业经议定之处，永久遵行，始有诚信。此次我等共同议定，嗣后来使，务必遵循原先所定，减少人数，不得超过十数位，不携带货物为好。其贸易究于时宜贸易年份遣往也。玛木特等称，此次携至货物，皆为吾之过，我亦深感后悔。先前几次之事，皆为我所闻知者也。惟此次因允遣我至藏，故我违例，为我所需，携至货物。此种情由，我于边界处即已认错请求，仰蒙大皇帝施恩允准贸易，俟返回，定将诸大臣所言情形，告知我等之台吉，此后遣使不再随带货物。臣等又称，我等如此议定之处，可缮文赍往，可告知尔等之台吉，嗣后照此遣人可也。玛木特等称，甚好。伊等贸易之事，大概亦俟上元节之后方可完毕。开印后，于敕书上钤宝。二十一日，将敕书交付伊等，可令伊等于二十二三日起程。

等因，乾隆十二年正月初五日奏入，奉旨：知道了。钦此。

（将此摘录，于十二年正月二十五日，分别咨行额驸策凌、提督李绳武、总督庆复、巡抚黄廷桂各一份去讫）

（军机处满文《夷使档》1762-3）

347
丰泽园筵宴赏赐玛木特等并颁降谕旨记注

乾隆十二年正月初五日

于丰泽园筵宴准噶尔使臣等时，谕玛木特等曰：尔等系蒙古人，喜好食肉，可拿小刀切而食之。视己所好，食用饽饽、果品。钦此。赏诸大臣饮酒时，召玛木特近前，交付赏其台吉策妄多尔济那木扎勒之问钟一个，谕曰：此乃知时辰者，指按其末端，即响动而知为何时。令其观赏。亦赏玛木特一只。旋亲赐酒二杯，降旨询曰：前次哈柳可一饮而尽，尔可乎。玛木特奏曰，仰仗大皇帝赏赐之恩，我饮之。言毕叩首，一饮而尽。派御前侍卫赏两位副使各一杯饮之。赏诸大臣饮后，所余一杯，又传召玛木特近前，亲自赏赐，玛木特叩首饮之。谕曰：伊已知礼，甚为恭谨，人亦慈善。玛木特叩拜，复赏金碟中所剩鹿尾一块。观看孩童登梯时，谕令带玛木特等出外靠近观看，而后仍令回原地入座。令布库等按厄鲁特例摔跤时，垂询曰：此乃按尔厄鲁特例摔跤者，仰面倒地，方了结乎。玛木特等奏称，是。我等厄鲁特等如此赤膊摔跤，仰面倒地后，方可了结。唱戏唱至聚福段时，晓谕玛木特等曰：此乃布占绰克查也。使臣等皆欣赏之。宴毕，玛木特等随我大臣等，于所坐之处三叩首，而后引出。

（军机处满文《夷使档》1762-3）

乾隆十二年（1747 年）正月乙未

赐准噶尔使臣玛木特等宴于丰泽园。随颁赐准噶尔台吉策妄多尔济那木扎尔缎疋等物如例。

（《平定准噶尔方略前编》卷 50，《清高宗实录》卷 282）

348

军机大臣讷亲等奏请依例赏赐玛木特等银两缎匹等物折

乾隆十二年正月初六日

大学士·领侍卫内大臣·果毅公臣讷亲等谨奏，为请旨事。

查得，先前遣返准噶尔所派使臣时，其为首使臣，赏银一百两、御用缎二匹、官用蟒缎一匹、补缎一匹、彭缎二匹、毛青布二十四匹；赏副使银五十两，官用蟒缎一匹、御用缎二匹、彭缎二匹、毛青布二十匹；其随行至京之厄鲁特，留肃州之厄鲁特等，人各赏银二十两、官用缎二匹、彭缎一匹、毛青布八匹外，其使臣及随行至京之厄鲁特等，若在冬季，赏皮袄各一袭、棉袍各一袭，倘在夏季，赏棉袍各一袭、双层纱袍一袭，及帽子、腰带在案。

拟赏此次前来为首使臣玛木特，副使巴图蒙克、杜喇勒哈什哈，随行厄鲁特十六人之银两缎布，仍照前例，俟临近其起程颁赐外，其赏留于哈密、肃州之厄鲁特二十七人之银两缎布，即交付玛木特等，俟彼等行抵哈密、肃州，再行颁赐。其为首使臣玛木特，照例应时赏焰红妆缎面白鼠皮袄一袭，焰红妆缎面棉袍一袭；赏副使巴图蒙克、杜喇勒哈什哈，焰红妆缎面灰鼠皮袄各一袭，焰红妆缎面棉袍各一袭。除留哈密、肃州之二十七名厄鲁特外，赏现在来京十六名厄鲁特金字缎面羊皮袄各一袭，金字缎面棉袍各一袭，及帽子、腰带，一并赏赐。

为此谨奏。请旨。

乾隆十二年正月初六日奏入,奉旨:著依议。钦此。

(将此交付中书多尔济,转交内务府去迄)

(军机处满文《夷使档》1762-3)

349
军机大臣讷亲等奏请加赏策妄多尔济
那木扎勒物品片

乾隆十二年正月初六日

大学士·领侍卫内大臣·果毅公臣讷亲等谨奏。

查得,去岁,因策妄多尔济那木扎勒遣哈柳进贡貂皮、进呈奏书,以颁敕礼,除赏缎十匹外,施恩加赏蟒缎、妆缎八匹,玻璃、磁、珐琅器皿十八种在案。此次颁降策妄多尔济那木扎勒以敕书,除赏缎十匹外,如何加赏之处,谨此请旨。

等因,乾隆十二年正月初六日奏入,奉旨:著照例赏赐。钦此。

(军机处满文《夷使档》1762-3)

乾隆十二年（1747年）正月丙申

赐准噶尔使臣玛木特等缎布、银两、冠服有差。

(《平定准噶尔方略前编》卷50,《清高宗实录》卷282)

350
谕准噶尔台吉策妄多尔济那木扎勒
已派玉保伴送其进藏熬茶人等

乾隆十二年正月二十五日

奉天承运皇帝敕谕准噶尔台吉策妄多尔济那木扎勒。

据台吉尔奏称,承蒙大皇帝施恩仁爱,欣喜无任。兹我诵经人三百,约于兔年九月十五日行抵哈济尔等处。惟我等赴唐古特地方诵经人众内,有自带货物乘作法之隙售卖者,亦有径直带物前往诵经者。故请将携现成物件前往诵经之众,安置于哈济尔、得卜特尔过冬，俟赴东科尔贸易人众返回，与住哈济尔、得卜特尔之众会合，一同前往诵经。其阐扬黄教，逸安众生之处，谨请大皇帝睿鉴。台吉尔仰副朕施恩仁爱之意，诸事皆遵朕旨办理，观如此恭顺，必能安抚属众，利裨尔部，朕甚嘉赏，已皆准照尔之奏请。又据尔使玛木特口奏，其资助我等诵经人等以牲畜、口粮之处，请降旨颇罗鼐办理；于东科尔地方贸易时，请皆以银两采买等语。颇罗鼐虽为受朕封号之人，然乃为远处他部，不可与内地民人相比。其资助与否，朕焉能降旨勉强。朕或施恩，照前赏补，与尔等之人事无所耽搁也。然此次颇罗鼐较前多加资助，亦未可料。再，经商人等相互间易物或银购，皆听其便贸易耳，朕如何降旨商贾等耶。虽如此，因此次尔特加奏请，相应亦非难事。兹前往照看尔等之人，仍已派出侍郎玉保，饬令玉保会同尔使计其便利商议办理。料尔使返回后，自会相告。台吉尔嗣后宜当益加恪守和睦之道，勉于利裨尔部，仰副朕弘扬黄教，安抚天下众生之至意而行。特撰敕书，交付尔使玛木特赍往。

随敕赏各色缎十匹，专特施恩，加赏蟒缎、妆缎八匹，玻璃、瓷器、珐琅器皿十八种。特谕。

（将此抄出，于十二年正月二十五日，分别咨行额驸策凌等、提督李绳武、总督庆复、巡抚黄廷桂各一份去讫）

（军机处满文《夷使档》1762-3）

乾隆十二年（1747年）正月乙卯

赐准噶尔台吉策妄多尔济那木扎勒敕书。

奉天承运皇帝诏曰：阅尔奏书，尔能仰体朕加恩之意，诸事俱遵旨办理，如此恭顺，必能安尔属下，利尔部落，朕深为嘉悦。所奏往西藏念经人等，有俟贸易后，始往念经，有即将货物带往念经者，俱恳在哈集尔、得卜特尔过冬，俟贸易人由东科尔回归会齐通往之处，已具照所请行。至尔使臣玛木特口奏，念经人需用牲畜，祈降旨颇罗鼐，令其协助；东科尔贸易时，俱令以银两交易等语，颇罗鼐虽受朕封号，究系远方部落之人，非内地臣民可比，其资助与否，朕未便降旨。至需用马匹、口粮，朕自加恩照前商给，即颇罗鼐此次或多为资助，亦未可定。至贸易人等银货交易，止可各从其便，不便以官法抑勒，但尔既特行奏请，亦非甚难之事，现在照看尔使臣前往，仍派侍郎玉保，已令玉保与尔使会商计议而行，尔使回时，自能详告也。嗣后，尔宜益加敬慎，永归和好，以体朕广教安民之至意。

特付来使赍回。随敕赐各色缎十端、状缎十端、玻璃、珐琅、磁器十八事。

（《平定准噶尔方略前编》卷50，《清高宗实录》卷283）

351
军机大臣讷亲等奏闻令玛木特等观看焰火仪注折

乾隆十二年正月初六日

大学士·领侍卫内大臣·果毅公臣讷亲等谨奏，为议奏事。

查得，乾隆十年，令准噶尔使臣哈柳等，于西厂子观看焰火时，令乾清门行走之蒙古王、额驸、台吉等，坐廊下两旁。各省将军、副都统大臣等及入班大臣等，部、院、旗满洲大臣等，列坐阶下两侧。是日，陪同之章京，引使臣哈柳等至西南门外所支蒙古包，由派往照看之大臣等照料进晚餐、饮茶。傍晚，圣驾将临，引使臣哈柳等进西南门入帷幄，于右翼首排大臣之末，留空隙立迎圣驾。圣上升宝座后，于右翼首排大臣末，留空隙而坐。侍卫等上茶，布库等摔跤后，施放爆竹时，令使臣等仍坐于原处观看。圣驾还宫后，仍引出西南门，至其住地在案。此次之来使玛木特等，正月十六日，令于西厂子观看焰火时，均依前例，令乾清门行走之蒙古王、额驸、台吉等，坐廊下两旁。前引十位大臣、入班大臣及增派之大臣等，均列坐阶下两侧。是日，由陪同之章京等，带使臣玛木特等，至中午时分自京城起行，至圆明园后，憩于西南门外所支蒙古包内，由所派照看之大臣等照料进晚餐，饮茶。圣驾将临，引使臣哈柳等进西南门，坐蒙古包内候驾。届时，带至帷幄内，仍照前例，于右翼首排大臣之末留空隙而立。圣上升宝座后，随大臣等跪叩一次，而后就座。侍卫等上茶，布库等摔跤后，施放爆竹时，令使臣等仍坐于原处观看。圣驾还宫后，仍引出西南门，带往畅春园之西花园南所东侧使臣等先前之住所，歇息一宿，次日带至京城之住所。兹使臣等起程之日已近，相应拟将此次即作辞行礼朝觐，毋庸另行朝觐。

等因，乾隆十二年正月初六日奏入，奉旨：著依议。钦此。

（将此交付中书多尔济，转交吏、兵二部、内务府、蒙古衙门、侍卫处、步军统领、善扑营、圆明园总管、武备院）

（军机处满文《夷使档》1762-3）

352
军机大臣讷亲等奏闻前令使臣观焰火曾御赐酒片

乾隆十二年正月初六日

大学士·领侍卫内大臣·果毅公臣讷亲等谨奏。

查得，前令准噶尔使臣图尔都、哈柳于西厂子观看焰火，均于赏诸大臣饮酒时，召使臣近前，亲自赐酒。

为此谨具奏闻。

等因，乾隆十二年正月初六日奏入，奉旨：知道了。钦此。

（军机处满文《夷使档》1762-3）

353
军机大臣讷亲等奏请赏赐伴送玛木特等官员银两片

乾隆十二年正月初七日

大学士·领侍卫内大臣·果毅公臣讷亲等谨奏。

查得，先前遣返准噶尔使臣等时，曾赏派委伴送之章京治装银二百两、笔帖式银一百两。由肃州派委护送使臣前来之通事兵，赏银五十两在案。此次来使玛木特等返回时，仍派原伴送而来之理藩院主事尚图、笔帖式达善伴送，相应照例赏主事尚图银二百两、笔帖式达善银一百两，赏通事兵张顺、王力银五十两，用于治装。

谨此请旨。

等因，乾隆十二年正月初七日奏入，奉旨：著支取赏赐。钦此。

（交付中书傅俊，由内务府如数支取银两后，交付尚图等外，转交付内务府、蒙古衙门）

（军机处满文《夷使档》1762-3）

354
军机大臣讷亲等奏请遣派伴送赴藏熬茶使臣章京片

乾隆十二年正月初九日

大学士·领侍卫内大臣·果毅公臣讷亲等谨奏。

臣等遵旨，会同侍郎玉保商议遣派照料准噶尔使臣等赴藏章京之处，章京等内，刑部蒙古郎中巴哈达、理藩院蒙古员外郎唐鲁，均通蒙古语，前驻藏，亦曾办过使臣事务，故拟派往该二员。谨此请旨。

等因，乾隆十二年正月初九日奏入，奉旨：知道了。钦此。

（将此交付中书赫成额，转交蒙古衙门、刑部。再，奉旨：其如何赏赐之处，赏之。钦此。将此另行办理）

（军机处满文《夷使档》1762-3）

355

筵宴日加赏策妄多尔济那木扎勒吊灯等记注

乾隆十二年正月初五日

筵宴之日，钦差副都统那木扎勒，加赏策妄多尔济那木扎勒吊灯两对、玻璃碗一对、玻璃壶一对；加赏使臣玛木特台灯一对、玻璃壶一对。

（军机处满文《夷使档》1762-3）

356

户部尚书海望等奏报使臣起程日期片

乾隆十二年正月十六日

内大臣·户部尚书臣海望等谨奏。

臣等晓谕使臣玛木特等并转降谕旨曰，因尔等请速返回，今日以饯行礼，令尔等瞻觐大皇帝圣明，观赏火戏。俟尔等贸易之事尽速完结，可于二十二、三日左右起程。玛木特等喜极，告称，此诚系大皇帝之恩也，吾等之意，倘于本月二十一、二日得以起程，可尽早抵达游牧，将会同侍郎玉保商议之处，告知我等之台吉，依约遣人，则于我等之事大有裨益。再，大皇帝所赏物品甚多，务请赏骡驮往，相应时日过久，我等拟抵宁夏之后，令驮包随后，我等先行前往肃州，稍事处理贸易之事，即由彼轻装速回游牧。臣等云，尔等贸易之事，此间须速结，即于二十二日起程可也。再，拟由宁夏先行，亦非难事，可交付伴送章京等。

等因，乾隆十二年正月十六日奏入，奉旨：知道了。钦此。

（军机处满文《夷使档》1762-3）

357

使臣玛木特等观焰火时所赏物件未曾具奏记注

乾隆十二年正月十四日

令使臣玛木特等观看焰火时，赏赐物品，曾拟具奏，因宫内均已备办停当，故未具奏。嗣后遇有类似之事，仍需具奏。

（军机处满文《夷使档》1762-3）

358
兵部尚书班第等奏报玛木特等观赏熬山灯时称奇片

乾隆十二年正月十六日

兵部尚书臣班第等谨奏。

遵旨引玛木特等，观赏正大光明殿两侧熬山灯鸣乐。玛木特及随行厄鲁特等，皆赞叹惊呼、大笑不止，纷纷告称，仰承大皇帝之恩，目睹如此神奇绝美之物，实乃前世之福，千载难逢也。乃吾等无名之辈，不仅不能目睹，耳闻亦难者也。一时眼花缭乱，难以铭记，惟有欣感祈祷外，委实难以言表。等语。

等因，乾隆十二年正月十六日奏入，奉旨：知道了。钦此。

（军机处满文《夷使档》1762-3）

359
带使臣玛木特等观赏焰火觐见仪注

乾隆十二年正月十六日

带准噶尔使臣玛木特等，以馈行礼，于西厂子瞻觐圣明，观赏焰火前，奉旨：著派尚书来保陪同，与大臣等一同带使臣玛木特等，先行观赏正大光明殿安放熬山灯。钦此。是日，陪同之章京等带使臣等至西南门外所支蒙古包，由大臣等照看，赏食饭食毕，入南路正门旁左翼门，行经出入贤良门右侧门，至正大光明殿观赏熬山灯后，仍由原路引出，坐西南门外所支蒙古包恭候。观赏火戏时，钦派御前侍卫等亦与御前行走蒙古王、额驸一同坐于廊下。圣上升宝座后，侍卫等上茶毕，令布库等开始摔跤，进呈黄酒、果品。圣上亲赐蒙古王、贝勒、我大臣等内数人以酒，饮毕，召使臣玛木特近前，亦赐酒饮之。旋复召玛木特近前，交付赏赐策妄多尔济那木扎勒、使臣玛木特之物。继于我大臣等内，复赏数人以酒时，侍卫等为其余诸大臣、副使、随行而来厄鲁特等斟酒。旋又召玛木特近前，亲赐黄酒饮之，令副使巴图蒙克、杜喇勒哈什哈等跪于阶下，亦赏酒饮之。开始放灯，进各样饽饽、肉食，火戏毕，圣驾还宫后，引使臣等出。

（嗣后缮写仪注时，著照此缮写）

（军机处满文《夷使档》1762-3）

360
使臣玛木特等观赏焰火时颁降谕旨记注

乾隆十二年正月十六日

引准噶尔使臣玛木特等，以馈行礼，于西厂子瞻觐圣明，观赏焰火时，圣上召玛木特近前。颁降谕旨曰：今为上元节，故带尔等前来观赏焰火。尔等之事皆已完竣，俟尔等治办妥当，即可起程返回。路上好走。问尔等之台吉好。钦此。

（军机处满文《夷使档》1762-3）

361
赐酒玛木特等人记注

乾隆十二年正月十六日

钦赐御前行走蒙古王、额驸、大臣等内数人酒饮后，召使臣玛木特近前，亲赐黄酒三杯饮之。派御前侍卫，赐副使巴图蒙克、杜喇勒哈什哈，各赏黄酒一杯饮之。其赏策安多尔济那木扎勒之漳绒六匹、漆盒一对、珐琅瓶一个、象牙盒一个、火镰一个，遵旨交付后，又赏玛木特漳绒二匹、漆盒一对、象牙盒一个。赐诸大臣饮酒后，将所剩黄酒，复召玛木特近前饮之。降旨曰：玛木特已知礼，甚为恭谨，人亦仁慈。钦此。遂令与科尔沁达尔汉亲王罗布藏衮布、敖汉王吹木皮勒、喀尔喀世子成衮扎布、厄鲁特王色布腾旺布相识，又降旨告知固伦额驸色布腾班珠尔乃朕之婿。亦召副使巴图蒙克、杜喇勒哈什哈跪于阶下，赐饮黄酒。

（此未复奏，仅记入档）

（军机处满文《夷使档》1762-3）

362
使臣等观看焰火情形记注

乾隆十二年正月十六日

玛木特等闻知施放烟花爆竹、演奏音乐，欣喜称，实乃妙音奇观也，目不暇接，仰仗圣恩，吾等小人，得见未曾目睹之物，得听未曾耳闻之乐。放焰火时，初极惊奇，环顾四周，似甚恐惧，后始释然，赞叹奇妙。行抵住处，与其属下人等一同，连声称赞，又模仿跳灯笼舞人等动作。告知章京等称，感激大皇帝不尽之恩，指达尔汉王等令彼等认识。等语。谈论饮酒，直至三更，始方就寝。

等因，乾隆十二年正月十七日奏入，奉旨：知道了。钦此。

（军机处满文夷使档 1762-3）

363
军机大臣讷亲等奏报交付敕书仪注片

乾隆十二年正月十六日

大学士·领侍卫内大臣·果毅公臣讷亲等谨奏。

查得，先前交付颁降准噶尔敕书时，若在圆明园，令使臣憩于吏部官房，赏食饭食后，带至正门前跪伏，交付敕书及赐物。此次颁降策妄多尔济那木扎勒之敕书，于本月二十日钤宝，二十一日交付，相应仍照前例，带玛木特等至圆明园，憩于吏部官房，赏食饭食后，引至正门前跪伏，一并交付敕书及赏策妄多尔济那木扎勒之物件、赏使臣玛木特等之物件。

等因，乾隆十二年正月十九日奏入，奉旨：知道了。钦此。

（将此交付永泰，转交内务府、武备院、蒙古衙门、茶膳房）

（军机处满文《夷使档》1762-3）

364
军机大臣讷亲等奏报准噶尔来使事件抄送额驸策凌等片

乾隆十二年正月十九日

大学士·领侍卫内大臣·果毅公臣讷亲等谨奏。

查得，先前准噶尔使臣等来京，将其赍至奏书、所议事件及圣上颁降谕旨等，概行抄录，咨送两路将军大臣等去讫。今玛木特等事毕，于二十二日起程返回，相应将此次策妄多尔济那木扎勒奏书，使臣玛木特等口奏之语，圣上颁降谕旨，及颁降策妄多尔济那木扎勒之敕书，及与彼等所议事件，概行抄录，咨行额驸策凌等、提督李绳武、总督庆复、巡抚黄廷桂各一份外，因赴藏熬茶，相应亦抄录一份，咨行副都统傅清。

为此谨具奏闻。

等因，乾隆十二年正月十九日奏入，奉旨：知道了。钦此。

（将此撰文五份钤印；将应咨行六项事件，亦抄录六份，一并包裹封装，于正月二十五日，咨行额驸策凌、提督李绳武、总督庆复、巡抚黄廷桂、副都统傅清各一份去讫。）

（军机处满文《夷使档》1762-3）

365
军机处为拨给使臣等乘骑马匹事咨兵部文

乾隆十二年正月十九日

军机处咨行兵部。

本月二十二日，遣返准噶尔使臣等，其所乘驿马十九匹、负驮马八匹、导引马六匹，伴送使臣理藩院主事尚图、笔帖式达善、领催伊勒哈，及随之而来两名通事兵应骑驿马，拟由尔部，均照彼等原先携至票照，从速办理拨给。再，护送使臣等，需派绿旗官二员、兵三十名随行。其乘驿勘合、火牌及调遣官兵之信票，著均交付于主事尚图等。

使臣等将沿边自宁夏路前往。

为此咨行。

（军机处满文《夷使档》1762-3）

366
户部尚书海望等奏报玛木特等祗领敕书赐物片

乾隆十二年正月二十三日

内大臣·尚书海望等谨奏。

交付准噶尔使臣玛木特以敕书时，彼等遥见敕书捧出，即跪地恭候，祗领之后，顶礼膜拜，手持赍捧。点交所赏物件时，皆跪地等候，交付众人已毕，一同叩恩。旋与大臣我等彼此问安，互致安好。观其感恩欣悦之意真切，举动甚为敬谨笃诚。

等因，乾隆十二年正月二十三日奏入，奉旨：知道了。钦此。

（军机处满文《夷使档》1762-3）

367
军机处为支付雇骡价银事咨户部文

乾隆十二年正月二十五日

军机处咨行户部，为知照事。

先前本处因准噶尔使臣返回时，需用驮运物品骡三十匹，故将此咨行都察院办理外，其应给付雇骡价银，俟接都察院咨文，即行办理给付。等因咨行尔部。兹使臣等返回，仅取用骡二十四匹，故而尔部俟接都察院咨文，即将如数给付雇价银之处，照例办理。

为此咨行。

（照此缮文钤印，交付中书巴扬阿，转交户部）

（军机处满文《夷使档》1762-3）

368
军机处为支取雇骡价银事咨都察院文

乾隆十二年正月二十五日

军机处咨行都察院，为知照事。

本处前以准噶尔使臣返回时，约需驮运物品用骡三十匹。等因行文尔院。兹使臣等返回，仅取用骡二十四匹。将此须由尔院依例咨行户部，支取雇价银。

为此咨行。

（将此缮文钤印，交付中书巴扬阿，转交都察院）

（军机处满文《夷使档》1762-3）

乾隆十二年（1747年）正月乙卯

准噶尔使臣玛木特等自京起程还部。

（《平定准噶尔方略前编》卷50）

369

主事尚图等为已带玛木特等
自宁夏起程前往肃州事呈军机大臣文

乾隆十二年二月十一日

伴送准噶尔使臣等之主事尚图等具呈军机大臣等，为具报事。

本年正月二十二日，尚图等带领使臣等自京城起程，二月二日安抵宁夏。据玛木特告称，前于京城我曾禀告大臣等，俟我等行抵宁夏，将行包留后，我等前行至肃州，料理贸易事务，并由彼轻装趱行至游牧。今既至宁夏，我拟与巴图蒙克、杜喇勒哈什哈，于随行十六人内，留三人照应驮包，率十三人随同理事官前往肃州。等因。是故，尚图照玛木特所禀，将所留照应驮包之三名蒙古人、二十四件驮包，由京支付雇骡价银之一半，计银一百八十二两四钱，均皆交付笔帖式达善，吩令沿途好生照看驮包，随后而行。尚图我带领使臣玛木特等十六人，已于本月十一日自宁夏起程，前往肃州。

为此具呈。

（军机处满文《夷使档》1762-3）

乾隆十二年（1747年）二月丙寅

豫筹夷使进藏熬茶事宜。

办理军机大臣等奏言：此次准噶尔夷使往藏熬茶，仍由嘎斯路行走，其卡伦应添兵展放，并预先搬移青海众蒙古等事，应交与副都统衔众佛保照乾隆八年例办理。至赏助来使口粮，仍照前次赏给之数，预备牛羊米面等物。来使马匹有疲乏者，酌量赏给。伊等若留疲乏牲口，派官兵牧放，再赏给所留人口粮。官兵马匹若有疲乏者，于预备驼马内换给，即将疲乏牲口，交地方官牧放，预备回时更换。以上诸项，请交侍郎玉保，亦照乾隆八年例办理。前次备往接济马匹、口粮银三万两，余剩一万两，此次应动银二万两，交侍郎玉保带往，至回时核实报销。再乾隆八年来使在东科尔贸易，事毕始启行入藏，故派西宁绿营兵三百名，令往卡伦，留百名照看准噶尔留下人畜，其余兵丁照看来使至东科尔后，即令各回本营，另派满洲兵五百名照看入藏。此次夷使不至东科尔，将货物就近在卡伦上贸易，即由彼处入藏。不需更派满洲兵，请专派西宁绿营官兵，照看来使留下之人。其至藏后往各庙行礼时，亦需防范跟随之人，请共派兵四百名，交该督庆复选派总兵官一员带领前往。若报来使于八月到卡伦，令派出官兵于六月内起程，往哈集尔卡伦等候。若信息不到，仍照伊等原奏，九月方来，令官兵于七月起程。其理藩院司官及笔帖式、领催等，交侍郎玉保带领，于四月起程往西宁，凡应办之项，与众佛保公同商办。再准噶尔此次在卡伦贸易，因伊等念经需费，恳求以银交易，应比前次带往银两十七八万两之数，略多预备，令巡抚黄廷桂于府道大员内，拣派贤能之员，会经办理贸易事务者，前往办理。

奏入，上从之。

（《平定准噶尔方略前编》卷50）

370
主事尚图等为副使杜喇勒哈什哈等行
抵肃州出痘事呈军机大臣文

乾隆十二年三月初五日

伴送准噶尔使臣等之主事尚图等具呈军机大臣等，为具报事。

顷将尚图我等照依玛木特所禀，于二月十一日自宁夏，令笔帖式达善率带二十四件驮包，三名蒙古人后行，尚图我带领玛木特等十六人先行前往肃州之处，业经具报大臣等。兹尚图我带领使臣玛木特、副使巴图蒙克、杜喇勒哈什哈及随从十三人，于本月十九日抵达肃州。二十四日，据玛木特等告称，我等自宁夏趱行，行抵肃州，拟料理我等贸易事毕，即行起程，孰料杜喇勒哈什哈浑身疼痛，卧病在床，随行之根敦扎布等人亦患病，经大夫诊断为出痘，我等蒙古人甚是惊恐，不能住在一起，相应请准我及巴图蒙克率带随从而来人等，择城外僻静处住二三日，以候杜喇勒哈什哈、随从根敦扎布等可否稍愈之消息。杜喇勒哈什哈处，将随彼前来之额木齐巴雅尔、现正出痘之根敦扎布等，一并留七人照料。请理事官仍交付地方官员，好生照管杜喇勒哈什哈及随从根敦扎布。等因。尚图我当即饬令肃州文武官员，将玛木特、巴图蒙克及随行人等，移至城外居住，好生照管杜喇勒哈什哈及随从根敦扎布等外，笔帖式达善率带二十四件驮包，三名蒙古人，于是日抵达肃州，将驮包、人等皆一一交付玛木特等。再，玛木特等住城外，俟将其贸易之事办妥，即行起程，或等杜喇勒哈什哈、随从根敦扎布病愈，一同起程之处，容另行具报。

为此呈报。

乾隆十二年二月二十四日

（将此文于初六日具奏，奉旨：知道了。钦此）

（军机处满文《夷使档》1762-3）

371
主事尚图等为副使杜喇勒哈什哈因痘亡
故事呈军机大臣文

乾隆十二年三月初七日

伴送准噶尔使臣等之主事尚图等具呈军机大臣等，为具报事。

本月二十四日，尚图我将副使杜喇勒哈什哈、随从根敦扎布出痘，使臣玛木特、副使巴图蒙克及随行人等，移住城外等情，业已具报大臣等。旋于二十五日晨，据照看使臣等住处之知州衙门前来之人告称，今日五更时分，出痘副使杜喇勒哈什哈亡故，尚图我等立即前往验看，又至城外，会见使臣玛木特等，玛木特等称，杜喇勒哈什哈无福，故而病故，我等不能前往彼处，即便其同处者，我等亦忌讳见面。为办理其丧事，请喇嘛念经，装殓出殡之处，彼已缮文，交付额木齐巴雅尔去讫。等语。尚图我等为办理杜喇勒哈什哈丧事，已饬令地方官员，照玛木特交付额木齐巴雅尔等之处办理。

为此呈报。

(军机处满文《夷使档》1762-3)

372
军机大臣讷亲等奏闻副使杜喇勒哈什哈病故
不必赏银片

乾隆十二年三月十三日

大学士·领侍卫内大臣·果毅公臣讷亲等谨奏。

查得，先前跟随准噶尔使臣而来之厄鲁特等内，倘于京城出痘亡故者，曾恩赏银一百两。此次副使杜喇勒哈什哈行抵肃州，因痘亡故。其丧事，玛木特等已指派办理，且料此间使臣等早已自肃州起程，即将出卡。现今即便行文，亦难赶上，相应照前次来京城亡故人等之例，似毋庸赏银。

为此谨具奏闻。

等因，将尚图等所报之文一并奏入，奉旨：知道了，不必赏。钦此。

(军机处满文《夷使档》1762-3)

373

主事尚图等为报根敦扎布病故及玛木特等
离开肃州日期事呈军机大臣文

乾隆十二年三月十三日

伴送准噶尔使臣等之主事尚图等具呈军机大臣等，为具报事。

二月二十五日，尚图我曾将交付地方官办理出痘亡故杜喇勒哈什哈丧事之处，具报大臣等。兹出痘之根敦扎布，于是月二十七日亡故，遂一面告知玛木特等，一面饬交地方官，办理根敦扎布之丧事。将此报知大臣等外，三月初二日，贸易事毕，使臣玛木特、副使巴图蒙克率随从三十六人，于是日自肃州起程。玛木特等如于宁夏地方所禀，留驮包后，率巴图蒙克及随行三十六人内之十四人，在前趋行。故此，尚图我带领玛木特等十六人前行，其初二日未及起程，下榻城内之额木齐巴雅尔等六人，由笔帖式达善带领，初三日自肃州起程，赶上玛木特等之驮队后，一并在后行之处，一并具报。再，俟玛木特等抵达哈密，将另行具报。

为此具报。

乾隆十二年三月初二日。

（将此文于十四日奏入，奉旨：知道了。钦此）

（军机处满文《夷使档》1762-3）

374

赏赐此次准噶尔来使物品清单

乾隆十二年三月十三日

乾隆十二（一）年十二月二十四日，引领准噶尔使臣玛木特等，于雍和宫大和斋朝觐时，赏策妄多尔济那木扎勒鼻烟壶一只，赏玛木特鼻烟壶一只。

十二月二十八日，钦派那木扎勒至使臣等之住处，赏策妄多尔济那木扎勒大荷包一对，小荷包两对，各装银元宝一个；赏玛木特大荷包一对，各装银元宝一个，小荷包两对，各装银元宝一个。

乾隆十三（二）年正月初五日，于丰泽园筵宴时，赏策妄多尔济那木扎勒妆缎二匹、漳绒二匹、宁绸二匹，珐琅器二种，玻璃器六种，磁器两种；赏玛木特大缎四匹、玻璃器四种、银二百两；赏副使巴图蒙克、杜喇勒哈什哈，各银五十两。钦派旺扎尔赏策妄多尔济那木扎勒无量寿经一部、玻璃壶一对、有盖玻璃碗一对；赏哈柳玻璃壶一对、问钟一个。又派那木扎勒，赏策妄多尔济那木扎勒悬挂灯笼两对、玻璃碗一对、玻璃壶一对；赏玛木特台灯一对、玻璃壶一对。圣上升宝座后，又赏策妄多尔济那木扎勒问钟一个、玉如意一柄；赏玛木特问钟一个、玉如意一柄。

正月十六日，引领使臣玛木特等，于西厂子朝觐，观赏焰火时，赏策妄多尔济那木扎勒漳绒六匹、漆盒一对、珐琅壶一个、象牙盒一个、火镰一个；赏玛木特漳绒二匹、漆盒一对、象牙盒一个。以颁降策妄多尔济那木扎勒敕书礼，赏缎十匹外，施恩加赏蟒缎、妆缎八匹，玻璃、磁器、珐琅器皿十八种。

（军机处满文《夷使档》1762-3）

乾隆十二年（1747年）三月乙丑

安息提督李绳武奏报，准噶尔使臣玛木特等出境。

（《平定准噶尔方略前编》卷50）

乾隆十二年（1747年）四月乙丑

驻防哈密总兵官王能爱奏报询问夷使言语情形。

王能爱奏言：臣于二月内钦奉谕旨，以准噶尔使臣玛木特等来京，会议贸易熬茶事务，伊等原奏明九月中旬前来，经玉保令其于八月初旬，到哈济尔、得卜特尔贸易，九月初即行进藏，玛木特等因已经伊台吉奏明，未变遽定，俟归告台吉，若如所议，当于四月内遣人至哈密通信。若照前奏，即不送信。可传谕王能爱，令于夷使回巢经过时，将何时遣人，确切询明，具折奏闻。臣于三月十一日接见夷使，遵照谕旨事理询问玛木特，据称进藏熬茶之事，已蒙大皇帝俞允，我台吉原奏明于九月十五前后到哈济尔、得卜特尔地方，贸易完毕，进藏念经。天朝大臣等仰体大皇帝体恤之恩，令于八月初旬前来，九月间进藏，天气暖和，行走便利，此实有益我等之事。我是以急欲回去，酌定日期，以便前来报信。现在即欲起程，恳由乌克克岭行走，路途较近。并有疲乏马匹，恳求换给数匹，必得于四月十五日前回到伊犁，方不致误事。臣问以四月十五日前方到伊犁，如何即能于四月内得到哈密，汝须约定准期，我在此等候呈报。据夷使云，我到伊犁定期后，遣报信人来，拣选好马，由我处卡伦昼夜兼行，四日内必到哈密。或仍照原奏，于九月内前来，即不送信。臣谕以即使九月前来，亦应送信为是。据夷使云，若仍九月前来，送信与否，当禀知台吉而行，我亦不敢主张。臣察其言词，及沿途行走甚紧，其意亦于八月内前来，是以急于回巢。已照例护送出境。

奏入，报闻。

（《平定准噶尔方略前编》卷50，《清高宗实录》卷288）

乾隆十二年（1747年）四月甲戌

筹办夷人贸易进藏事宜。

甘肃巡抚黄廷桂奏言：本年九月内，准噶尔夷使进藏熬茶，蒙圣恩允准，除以有成例者，俱照乾隆八年之例筹办外，惟是前次，在东科尔贸易，今次于哈济尔易银前往，所有应行酌办之处，悉心逐一酌议，恭陈圣鉴。

一、夷人在哈济尔易换银两，不需货物，廷议令较上次交易之数，略为多备。查上次用官银七万八千余两，今酌量预备交易银十六万两，进藏备用银二万两。由料理官兵口粮、盐菜、应赏俸饷、运送脚价等项，约需银十五万两，除八年熬茶案内剩银三万余两外，尚应需银三十万两，请先在甘肃藩库内拨用，仍于邻近省分，速拨解甘还项。

一、上次运粮及通信绿旗官兵，口粮、盐菜俱系从西宁裹带，今次护送夷使，派出绿旗官兵同行，全资马力未便携带口粮，以致迟累，除从宁赴卡、由藏回宁令其自行携带外，其由哈济尔进藏时所需口粮三个月、盐菜六个月，应照上次满洲官兵例，拨兵运送。其到藏驻扎及留牧兵丁并运粮兵丁，仍照上次之例办理。

一、防护绿旗兵丁于赏银外，每人请借支半年饷银，至绿旗官员，照例赏给一年俸银，均不敷用，请酌借总兵银五百两、游击、都司二百两、守备一百五十两、千、把总八十两，于回营之日，在俸饷内分季扣还。

一、乾隆八年夷使至东科尔贸易，奏明赏给食物三次。今次仍请于哈济尔，俟夷使初到时赏给一次外，其二次赏给，应请于卡伦交易事毕，起身进藏时，令照看夷使之侍郎玉保等宣布皇上隆恩，再赏给一次。熬茶事毕回巢时，仍在附近青海之处赏给一次。其应赏物件、廷议令备牛羊米面等物，查乾隆八年准侍郎玉保咨明，将牛羊米面酌换奶茶酥油赏给，今应仍照前例办理。

奏入，得旨：军机大臣议奏。

寻议：上次交易，共用银二十三万余两，此次在卡伦贸易，零星货物俱需官买，自较前次之数有加，是以臣等议令略为多备。今该抚酌定带银十六万两，量已敷用。其官兵口粮及备带银两，共估需银三十余万两。应照所请，即行动用，敕部酌拨补还。再前次护送满洲官兵口粮，俱另拨满洲官兵护送，绿旗兵丁口粮，则另其自行裹带，此次护送夷使绿旗官兵，若照旧例，概令自行裹带，诚多未便，亦应照该抚所请，除从宁赴卡、由藏回宁外，俱照满洲官兵例，拨兵运送。其到藏驻扎及留牧、运粮兵丁，俱照前例办理。至上次护送夷使进藏绿旗官弁赏一年俸银，马兵赏银十两、步兵赏银六两，与满洲官兵之例不同，但此次绿旗官兵，系护送夷使往藏，长途跋涉，未免拮据，应悉照该抚所奏数目借给，回营之日，按季扣还。其三次赏给夷使，并备用黑茶、酥油、白面等物之处，均应如所请办理。

奏入，上从之。

乾隆十二年（1747年）四月甲戌

甘肃巡抚黄廷桂奏言：本年九月内，准噶尔夷使进藏熬茶，蒙圣恩允准，除以有成例者，俱照乾隆八年之例筹办外，惟是前次，在东科尔贸易，今次于哈济尔易银前往，所有应行酌办之处，悉心逐一酌议，恭陈圣鉴。

一、夷人在哈济尔易换银两，不需货物，廷议令较上次交易之数，略为多备。查上次用官银七万八千余两，今酌量预备交易银十六万两，进藏备用银二万两。由料理官兵口粮、盐菜、应赏俸饷、运送脚价等项，约需银十五万两，除八年熬茶案内剩银三万余两外，尚应需银三十万两，请先在甘肃藩库内拨用，仍于邻近省分，速拨解甘还项。

一、上次运粮及通信绿旗官兵，口粮、盐菜俱系从西宁裹带，今次护送夷使，派出绿旗官兵同行，全资马力未便携带口粮，以致迟累，除从宁赴卡、由藏回宁令其自行携带外，其由哈济尔进藏时所需口粮三个月、盐菜六个月，应照上次满洲官兵例，拨兵运送。其到藏驻扎及留牧兵丁并运粮兵丁，仍照上次之例办理。

一、防护绿旗兵丁于赏银外，每人请借支半年饷银，至绿旗官员，照例赏给一年俸银，均不敷用，请酌借总兵银五百两、游击、都司二百两、守备一百五十两、千、把总八十两，于回营之日，在俸饷内分季扣还。

一、乾隆八年夷使至东科尔贸易，奏明赏给食物三次。今次仍请于哈济尔，俟夷使初到时赏给一次外，其二次赏给，应请于卡伦交易事毕，起身进藏时，令照看夷使之侍郎玉保等宣布皇上隆恩，再赏给一次。熬茶事毕回巢时，仍在附近青海之处赏给一次。其应赏物件、廷议令备牛羊米面等物，查乾隆八年准侍郎玉保咨明，将牛羊米面酌换奶茶酥油赏给，今应仍照前例办理。

（《清高宗实录》卷289）

乾隆十二年（1747年）五月己酉

安西提督李绳武奏报夷使赴藏熬茶口期。

李绳武奏言：本年五月初五日，准噶尔夷使奔塔尔至哈密，报赴藏熬茶日期。据称我宰桑玛木特于四月初六日回至伊犁，告台吉策妄多尔济那木扎勒云，进藏一事，蒙大皇帝恩准，令于八月初十前后到哈济尔，可及早进藏。我台吉不胜感激，给我字单，令我先来报信。随将所送字单译出，内称：往西边念经熬茶之人，定于八月十五前后到哈济尔，约共三百人。宰桑四人：一玛木特、一吹纳木喀、一巴雅斯瑚郎、一图鲁库；喇嘛三人：一绥绷、一温都逊、一固尼尔等语。

奏入，报闻。

（《平定准噶尔方略前编》卷50，《清高宗实录》卷291）

乾隆十二年（1747年）五月己未

定议进藏沿途卡伦台站事宜。

军机大臣奏言：据侍郎玉保等奏称，乾隆八年准噶尔来使入藏熬茶，由嘎斯路行走，于来使到时，将伊克柴达木、得卜特尔两卡伦展设于哈济尔、察罕乌苏，派出西宁绿营兵一百名。今年来使仍由嘎斯路，应照八年之例办理等语。应如所奏，交与西宁总兵官张士伟派兵一百名，与蒙古兵同在哈济尔等处展放卡伦。再乾隆八年侍郎玉保带领准噶尔之人赴藏，因沿路未设台站，凡奏折传事，俱从四川驰递，不但路途迂远，若有候旨办理之事，必致迟误。今次应请于现派出卡伦蒙古、绿营兵丁内，酌量派五六十名，交玉保进藏时带往，自哈坦和硕至喀喇乌苏暂安台站，遇有紧急事务，沿途递送。俟准噶尔人回巢后，仍行撤回。

奏入，上从之。

（《平定准噶尔方略前编》卷50，《清高宗实录》卷291）

乾隆十二年（1747年）六月癸亥

筹议夷使进藏熬茶添兵防范事宜。

驻藏副都统傅清奏言：夷使赴藏熬茶，各紧要地方俱应添兵防范，所有阿哈雅克、腾格里淖尔一路地方，前次派兵六千，令珠尔默特那木扎尔防守。今珠尔默特那木扎尔既留藏办事，其地已派宰桑那旺根敦、策凌达什在彼管辖，应即交与伊等防范驻守。至准噶尔进藏之时，臣令派噶卜伦策凌旺扎尔等，前至喀喇乌苏带兵三百名护送至藏。其防守阿克里一路，已令公珠尔默特策卜登前往，仍照前次带兵五千名，在彼驻扎。由查工布与达卜布及藏内地方，共备过兵四千名，臣仍照数防备，现在共调用兵一万五千名。再从准噶尔入藏，路径甚多，共有五处，每处俱须安设卡伦，每卡俱派兵一百名、头目一名，令其小心侦探。又归并藏内之那克素三十九部落番子，原系罗卜藏丹津属下之人，罔知法纪，闻夷使入藏，难保其必无生事之处，应于夷使将到时，令其游牧移至别处，以避其路，仍派人约束照管，暗行防范。其准噶尔人等往各寺庙熬茶之时，仍派官兵与原护送之官兵，一同约束，并密饬各寺庙喇嘛之处，已俱交珠尔默特那木扎尔小心办理。

奏入，得旨：军机大臣议奏。

寻议：准噶尔往藏熬茶，因系奏明为伊父修行善事，是以蒙恩俞允。而藏内之人虑其狡诈，不敢轻信，防范预备，自不可忽，但调兵至一万五千，不免声张耳目，且准噶尔此次尤极恭顺，诸事俱遵旨而行，应外示以宽和之恩，而从中暗行防范，以备部虞。现在调兵太多，不但老费无益，反恐伊等闻知，转生疑惧。应令傅清酌量预备调兵数千名于紧要各处，严行防守，尤当行所无事，不涉张皇，方为妥协。一切与珠尔默特那木扎尔公同酌商，相机办理。至拿克素各处番子，于准噶尔将到时，约束搬移，以及密饬各寺喇嘛之处，俱应如所奏办理。

奏入，上从之。

（《平定准噶尔方略前编》卷50，《清高宗实录》卷292）

筹办赴藏大臣官兵等米粮事宜

驻藏副都统傅清奏言：前次准噶尔赴藏熬茶，管送之大臣、官兵等所用米粮，动用库项，采买二千三百余石，后实支用九百余石。所余米石，作为驻藏官员、兵丁口粮，现已无存。此次应较前次量为减少，预备二千石。再管送之大臣、官兵，及准噶尔熬茶人等所用之柴草、奶油、茶叶、炒面等项，应酌量预备之处，交珠尔默特那木扎尔妥协预备。其用过银两，即于彼处收贮钱粮内照数支给。

奏入，得旨：军机大臣议奏。

寻议：此次管送之大臣、官兵，较前次为数既少，上次止用过米粮九百余石，则此次预备二千石，尚属过多。采买辇运不无老费，相应饬令采买一千石，以备支用。其草料等项，应如所奏预备，事竣核实报销。

奏入，上从之。

（《平定准噶尔方略前编》卷50，《清高宗实录》卷292）

乾隆十二年（1747年）六月戊寅

命郡王珠尔默特那木扎尔酌量资助熬茶人等牲畜口粮。

上谕军机大臣等曰：此次准噶尔使臣玛木特来京奏称，从前伊处赴藏熬茶人等，颇罗鼐并未照旧例帮助牲畜、口粮等语。经朕以颇罗鼐虽系受封号之人，究属远方部落，非内地臣民可比，不便降旨令其资助，但此次或较前量加资助，亦未可定，详悉晓谕该夷使等。并于玉保前往时，令其向珠尔默特那木扎尔公同酌商，妥协办理。著再传谕傅清，令其转谕珠尔默特那木扎尔，此次夷使到藏时，虽毋庸循照旧例，二十日即行办给一次，著于初到资给之外，酌量驻藏日期多寡，再行办给一二次，俾夷使等咸知感悦。

（《平定准噶尔方略前编》卷50，《清高宗实录》卷293）

乾隆十二年（1747年）七月丁酉

准暂停青海王公等巡察卡伦。

军机处奏言：据侍郎玉保等奏称，每年春秋二季，巡察额色勒金、柴达木两路卡伦，派定青海王公札萨克台吉等每路遣一人巡察卡伦，又派庄浪漫官四员，带领兵丁，每年于秋间巡察一次，均应于九月间自西宁起程前往。今值夷使进藏熬茶，请暂行停止等语。查准噶尔夷使赴藏熬茶，侍郎玉保现已在哈济尔驻扎，倘巡察卡伦人等照旧前往，正值夷使将到，人多势众，恐致夷使生疑，反多不便，应请将今秋巡察卡伦之青海王公等，并庄浪官兵，俱暂行停止，俟明年春季，仍照旧派往。

奏入，上从之。

（《平定准噶尔方略前编》卷50）

乾隆十二年（1747年）九月辛亥

命侍郎玉保覆奏熬茶情形。

上谕军机大臣等曰：据玉保奏，准夷熬茶来使，先遣阿喇卜扎报知伊等至塔里木河，因水大难渡，不能如约于八月十五前后到来缘由。又询问此处现派大臣几员，领兵若干，驻扎何处各情由，看其光景，似有疑虑等语。此次准噶尔进藏熬茶，诸事皆允其请，又系伊等从前经过之事，理宜无所疑虑。玉保此奏，宜甚含糊，并未详悉声明，著即传旨询问。若因伊迟误约期，预先遣人来报，即料其有疑虑，玉保尚属晓事人，不应至此。或准噶尔人等违背约期，自知食言，遂有掩饰之意，玉保即从此生疑，亦为可定。务将实在情形，明白速奏，以便预行办理。朕思准噶尔人等，素行狡诈，难以凭信，近又新袭台吉，或借赴藏缘由，窥我边界，且进藏熬茶，离青海甚近，藉端谋袭青海，亦不可不虑及。凡一应预备防范之处，即令玉保会同地方大员密行商酌，设法办理。倘伊等本无疑虑之形，而内地稍露张皇之意，反致伊等疑惧，则更大有关系。此事已令大学士庆复暂驻陕西，预行筹办，凡应行会商之事，就近密商妥办。仍俟玉保覆奏到日，再行酌商，并将此旨，寄庆复知之。

令庆复留驻陕西，密行防范。

上谕军机大臣等曰：据侍郎玉保奏称，准夷熬茶来使，于中途遣阿喇卜扎前来，告称伊等至塔里木河，因水大难渡，将约定八月十五期不能到来缘由，先行报知。又询问此处现派大臣几员，领兵若干，驻扎何处各情由，看其光景，似有疑虑等语。准夷如何疑虑之处，具奏不明，已降旨询问玉保。著将此折抄寄大学士庆复阅看。准夷向来不可凭信，策妄多尔济那木扎尔新袭台吉，往藏熬茶，离青海甚近，藉端谋袭青海，亦为可定，自应防范预备。现在玉保止领兵丁四百名，提督离绳武远在安西，总督张广泗又驻军营，西宁等处并无大员，设若遇生事端，亦属可虑。前令大学士庆复回京，必取道于陕西，此时如已起程，即令在陕西暂住，静候玉保信息，就近将一应预防事宜，暗为预备。设有事端，一面具奏，一面办理。然不过先事预筹之计，务宜加意慎密，断不可令夷使等稍有知觉，反生疑惑。即内地人等亦不可稍露形迹，致令泄露。俟应令伊回京时，俟朕降旨再行回京。

（《平定准噶尔方略前编》卷50）

乾隆十二年（1747年）十月已卯

侍郎玉保奏夷使至哈济尔情形。

玉保奏言：九月十四日，准噶尔宰桑巴雅斯瑚朗、玛木特及喇嘛绥绷等，带领三百人来至哈济尔，告称我等于六月初十日起程，七月二十四日到塔里木河，因河水泛滥，不能即渡，迟留守候，故至今始到。我等带来货物，恳求大人等照料贸易，俾得携银入藏等语。臣等当即将哈济尔卡伦，一次赏给口粮，传圣主恩旨，散给来使讫。臣于十五日带领来使，自哈济尔起身，往得卜特尔贸易。伏查准夷来使，因水发稽迟，约于九月二十日以后，到得卜特尔地方，赶办贸易事务约需一月，至十月二十以后起身，使一月内方能到藏，熬茶事毕，已在来年正月十五以后。藏地风俗，每正月初五起至二十九日止，修好事念经，各处人众，瞻拜聚集，准夷赋性狡诈，从中藉生事端，均未可定。臣意欲令及早事竣，与正月初五以内，带领来使回巢。倘初五内不能完竣，则藏地聚集人众，随到令其瞻拜，不留久住，庶可不致滋事。

奏入，上谕军机大臣等曰：前据玉保奏，准夷熬茶人等因不能如约到卡预先差人送信一折内，有伊等似有疑虑一语含糊具奏，朕初以为果有别项事端，今据奏报宰桑巴雅斯瑚朗等三百人，于九月十四日到哈济尔，现在得卜特尔交易等语，是准夷并无异意可知。又奏称藏地风俗，正月修好事念经，各处人众前来瞻拜，商贾聚集，甚属扰攘，恐准夷乘间滋事。伊欲催促熬茶，于初五日以内完竣，即带来使回巢。如迟久不能事毕，将内地人众随到瞻拜，不令久聚等语，此等意见，又属太过。准夷到藏熬茶，事毕即可回归游牧，但伊等见藏地修好事念经，必恳求多住数日，瞻仰数次，若遽催促起程，并将内地聚集瞻礼人众，驱逐不令久聚，使彼知觉，反生疑虑。至期惟有约束内地人等，暗为防范，不使滋事。著寄信玉保带领夷人至藏，于驻藏办事大臣索拜、傅清等公同商议，妥协办理，断不可稍有疏忽，亦不可使夷使知觉疑惑。再前因玉保之奏，令大学士庆复暂住陕西，预行防范，今并无事故，庆复即著回京，并谕玉保知之。

（《平定准噶尔方略前编》卷50，《清高宗实录》卷301）

乾隆十二年（1747年）十一月丙辰

甘肃巡抚黄廷桂奏报夷使贸易情形。

甘肃巡抚黄廷桂奏言：据派出办理贸易知府刘宏绪等禀报，夷使等于九月二十一日至得卜特尔，十月初四日将所带皮货议定价值挑收，先经酌议预备银十六万两，倘不敷用，祈为酌拨。臣即檄行西宁道杨应琚，就近于道库内动银三万两，量派弁兵于十一月二十一日兼程运赴该处备用讫。

奏入，报闻。

（《平定准噶尔方略前编》卷50）

乾隆十二年（1747年）十一月乙亥

侍郎玉保奏报夷使赴藏日期。

玉保奏言：十一月初七日，准噶尔宰桑巴雅斯瑚朗等告称，我等前次来至东科尔交易路远，往返劳苦，马驼亦多倒毙。此次熬茶，蒙大皇帝天恩，在卡伦交易，不劳往返，驼马亦无倒毙。今交易事竣，我等身受大皇帝洪恩，感激不尽。今欲于本月十三日起程进藏，大人带我等由何路行走。臣告之云，汝等在卡伦交易，可以就近进藏，实大皇帝格外之恩。前次进藏，由巴颜喀喇、纳木齐图穆伦渡穆鲁乌苏渡口，彼处地虽险窄，时因秋令少雪，行走尚易。今值冬令，若遇大雪，不能过险窄之处，马畜必致困。今自此起程进藏，当逾哈什哈岭，在巴颜喀喇山后，由布鲁尔道路行走，仍渡穆鲁乌苏渡口，道路平坦，方为便利。巴雅斯瑚朗等听从。臣于次日将圣主施恩赏给该夷使等驼马及第二次口粮，俱行赏给，该夷使等感激欣喜，复请照前例将沉重什物、疲瘦马驼，留交三十八人，在哈济尔、得卜特尔地方寄顿。臣照依所请，派人照看，俟熬茶事毕，该夷使由噶斯路回巢时，此处照看之人，送至噶斯，令其一同回巢。其因交易前来回人玛米第等十二人，据夷使称回教不同，不必带往藏内，臣即派人送出卡伦，现行回巢。臣于十一月十三日带领该夷使起程进藏。

奏入，报闻。

（《平定准噶尔方略前编》卷50）

375

军机大臣傅恒等奏请指派与准噶尔使臣议事大臣片

乾隆十三年二月二十四日

领侍卫内大臣·户部尚书臣傅恒等谨奏。

查得，乾隆十一年十二月准噶尔使臣玛木特等至，曾派阿克敦、海望、班第、那延泰与之议事，派内务府堂郎中庆恩、理藩院主事伊兴阿、伴送使臣之主事尚图加以照看，派海望、那延泰统管。照看此次所来使臣俺集等，仍派内务府堂郎中庆恩、理藩院主事伊兴阿、伴送使臣之章京外，海望、那延泰均不在京，相应派阿克敦统管照看。将应派一名大臣，由京城所留大臣内酌选，缮具绿头牌呈览，谨请钦点。此间虽暂不同使臣等议事，俟驾进京，前次派往与使臣等议事之大臣等内，仅剩阿克敦、海望，且无与使臣等说蒙古语之大臣，约计那延泰抵达之日期，在使臣等抵达京城之前，尚不能到达，请准咨文那延泰，将其应办事项，从速完结，计使臣等抵达京城之期，倘能于三月底返回京城，计那延泰在内，议事大臣方为三人，尚缺一名大臣，相应亦令补行派往照看使臣等之大臣议事。俟有旨下，容臣另行寄信那延泰。

又查得，前次所来使臣等，均令下榻位于西华门外街南侧内管领等之办事房屋中，所需蒙古包帐、口粮、饼果、使用器皿、柴薪等项，及拨给驿马、看守官兵、役使人等，均分别交付该管之处，照例备办。将此亦寄信来保，交付在京军机处官员等，凡应备办事项，均照前例备办可也。

等因，乾隆十三年二月二十四日奏入，奉旨：知道了。著派兆惠。钦此。

（军机处满文《夷使档》1762-4）

乾隆十三年（1748年）二月癸亥

安西提督李绳武奏报进贡夷使唵集等入境。

（《平定准噶尔方略前编》卷51）

乾隆十三年（1748年）二月丁丑

恩准夷使误带牲畜于哈密售卖。

上谕军机大臣等曰：安西提督李绳武奏夷使唵集等到卡，多带牲畜，欲在乌克图行走。责以违例。据称上年玛木特回时，并未传谕。此番初来，实不知定例。所带来瘦乏牲畜，恳在哈密变价，次日仍由东大坂过山。看其情形，尚属恭顺。著照上次加恩之例，准其将所带牲畜变价，但须晓以与例不符，姑因玛木特未经告知，致尔等误带，此次暂准货售，乃系格外加恩，明白宣示。著传谕李绳武一面办理，一面奏闻。

（《平定准噶尔方略前编》卷51，《清高宗实录》卷309）

乾隆十三年（1748年）三月丙戌

训饬侍郎玉保等。

上谕军机大臣等曰：据玉保奏称，准噶尔夷使知藏内有出痘之人，甚属畏惧，乞将护送官兵俱行离原居住。又往大小寺内时，令伊等自行守门，不使官兵同入等语。准噶尔人素行狡诈，其欲令我官兵远离，未必无言语离间之事，由此观之，其诡谲伎俩，尚未尽革，自应以理晓谕，使之折服。且我兵既已出痘，岂有复出之理。玉保等不即以此言驳诘，乃遽令护送官兵移令远住，办理甚属姑息。著将此传谕玉保等知之。

（《平定准噶尔方略前编》卷51，《清高宗实录》卷310）

乾隆十三年（1748年）三月辛卯

侍郎玉保奏报熬茶夷使玛木特等自藏起程还部。

（《平定准噶尔方略前编》卷51）

乾隆十三年（1748年）四月戊午

停止夷使筵宴。

军机大臣等奏言：从前夷使到京，俱蒙恩赐筵宴。今据护送夷使员外郎甘布等报称，准噶尔夷使俺集等于本月初六日进京。现遇孝贤皇后大事，距百日之期尚远，应请将筵宴之处停止。至夷使俺集等仰觐天颜之日，一切礼仪，照例办理。其齐集大臣侍卫等，著仍穿素服。

奏入，上从之。

（《平定准噶尔方略前编》卷51，《清高宗实录》卷312）

乾隆十三年（1748年）四月己未

准噶尔使臣俺集等到京进表请安，并贡方物。

准噶尔台吉策妄多尔济纳木扎尔谨奏大皇帝陛下。去岁奏请念经一事，蒙大皇帝隆恩俯准，又谕我念经人等宁少毋多，并令于哈吉尔地方贸易，以银易货，欢忭无极。从前在土伯特处延请墨尔根喇嘛，大半物故，现存者皆已年迈，思归故土，准于何路行走，酌量派人送往，以期推广黄教，安慰生灵，伏祈大皇帝睿鉴。

未尽之言，令俺集等口奏。

恭进马二匹、玉碗二只、貂皮四十一张。

奏入，报闻。

（《平定准噶尔方略前编》卷51）

乾隆十三年（1748年）四月己未

准噶尔使臣俺集到京，恭进表文，并贡万物。

（《清高宗实录》卷312）

376
军机大臣傅恒等议奏准噶尔使臣
乾清宫瞻仰仪注折

乾隆十三年四月十一日

领侍卫内大臣·户部尚书臣傅恒等谨奏，为议奏事。

本月十二日，将率此次前来之准噶尔使臣俺集等瞻觐圣明，拟仍照前例召集入班大臣、增派大臣等。届时，聚集大臣等各携坐褥入乾清宫，入班排列，著十位大臣在前入座，后扈两位大臣立于后，御前侍卫等立于宝座附近，豹尾班列于宝座两侧，乾清门侍卫等立于豹尾班之后。丹陛两侧各立侍卫二十名。乾清门两侧，各立值班章京一名、侍卫二十名，阶下每侧立侍卫二十名。再，使臣路经街道城门，增派章京、护军、步兵、披甲等排列整齐之处，交付前锋统领、护军统领、步军统领。命派往照看章京等，翌晨率使臣等由西华门入熙和门，令于照门赏食克食。俟皇上御乾清宫宝座，由尚书那延泰及奏蒙古事侍卫等，引使臣等入乾清门西侧门，由西侧拾阶而上，空出丹陛中央，令使臣俺集、敦多布、随行厄鲁特等排列，以初觐礼，行三跪九叩礼。礼毕，引使臣等由乾清宫西侧隔扇门而入，于右翼前排大臣等之队末跪叩一次，留出空隙而坐。其随行厄鲁特等，令坐于隔扇门外右侧台阶上。皇上用茶时，臣等带领跪叩，赐茶时，令其叩首饮之。颁降谕旨之时，令其跪地聆听。事毕，仍由西侧隔扇门引退，出照门、西华门，带至住处。

当日聚集大臣、侍卫等，拟仍令服素服。

为此谨奏。请旨。

等因，乾隆十三年四月十一日奏入，奉旨：知道了。钦此。

（军机处满文《夷使档》1762-4）

377
军机大臣傅恒等奏请钦点导引准噶尔使臣
入宫大臣片

乾隆十三年四月十一日

领侍卫内大臣·户部尚书臣傅恒等谨奏。

查得，先前率准噶尔使臣玛木特等瞻仰之时，曾由尚书班第、那延泰、侍郎玉保引入。兹班第、玉保皆出差在外，率此次前来使臣俺集等瞻仰之时，除尚书那延泰之外，请圣上酌情再派两位大臣。

等因，乾隆十三年四月十一日奏入，奉旨：著派勒尔森、阿尔彬。钦此。

（军机处满文《夷使档》1762-4）

378
军机大臣傅恒等奏请钦点
准噶尔使臣乾清宫瞻仰时入班大臣片

乾隆十三年四月十一日

领侍卫内大臣·户部尚书臣傅恒等谨奏。

查得，先前准噶尔使臣等抵达瞻仰圣颜，曾因入班大臣无多，臣等具呈满洲大学士、尚书、内阁学士、副都统之职名，酌情遣派，入班就座。兹令使臣俺集等瞻仰，仍照前例将未入班满洲尚书、侍郎、内阁学士、满洲蒙古副都统及前年增派入班大臣等之职名，缮具绿头牌，一并恭呈御览。俟上酌定，匀至两翼列班就座。

等因，乾隆十三年四月十一日奏入，奉旨：著派来保、傅恒、哈岱、盛安、色贝、法畴、海昌、奇通阿、丰安、法尔萨、英泰、庆泰、斋德倍、德龄、德通、穆赫廉、乌凌阿、沃永果、索住、雅尔胡达、钟靳、萨音图、恒禄、鄂托、明图、赫绷额、策楞、瑚必图、苏呼吉、鄂弥达、颂春、乌赖、明安、弘赢、乌雅图、石图、博庆额、法珠纳、尚坚保。钦此。

（军机处满文《夷使档》1762-4）

乾隆十三年（1748年）四月甲子

传谕准噶尔使臣俺集。

军机大臣等奏言：本年三月分内，据署定边副将军参赞大臣塔尔玛善奏，准噶尔乌梁海扎卜等五人，擅入额尔逊卡伦探亲，经卡伦侍卫等晓谕回巢。奉旨将此事于夷使来时，明白谕知。今夷使来京，应遵旨晓谕，令其归告台吉，务将此等乌梁海严加约束，不致日后滋生事端，以成永久和好之道。随交尚书海望等传谕来使俺集，据俺集等禀称，此等乌梁海所住之处，离我台吉处甚远，不能知悉，乞将伊等姓名、何人属下、擅入何卡伦之处，明白开载，交与我等，归告我台吉，严加惩治，以靖边界。

奏入，报闻。

（《平定准噶尔方略前编》卷51，《清高宗实录》卷312）

379
尚书海望等奏闻使臣等携至
货物请求交易片

乾隆十三年四月十二日

内大臣·尚书海望等谨奏。

奴才等带使臣淹集等瞻毕圣明出来，据淹集等告称，适才瞻觐圣明，诸凡皆已降旨详加开示。我等惟有铭记，俟至返回，告知我等之台吉策妄多尔济那木扎勒，大皇帝因有皇后之大事，未能宴赏，亦未亲赐酒，故特意降旨。我等亦为人也，遇此大事，岂有希冀筵宴恩赏之理耶，我等亦于心不安。再，我等之人前次来，均曾瞻拜旃檀佛，请择日令我等叩拜。另，我等之属下人等，仍携至些许货物，现天已热，请大臣等速令我等交易起程。等语。奴才等称，我等并无耽搁之项，尔等意欲何时起程皆可。尔等所告之处，已知晓矣。等语。言毕，将使臣带至住处。

查得，先前因准噶尔使臣等带至货物，奴才等已明白晓谕再来则不可携来货物。前年，使臣玛木特等来，曾因携来货物而具奏，陈明先前之约定，将不可再携货物前来之处，缮文赍回。此次，淹集等又携至货物若干，此次若为不准携带，不加晓谕，则继而佯装不知，携至更多，亦难逆料。奴才等拟于前往使臣等之住处之日，将其使臣等再来时不可携带货物之处，复行晓谕外，其现在携至货物，准其照前交易。交付照看使臣等之章京，视其得便，趁带至弘仁寺叩拜之机，倘拟前往嵩祝寺，亦可带往。

乾隆十三年四月十二日奏入，奉旨：知道了。准使臣等前往弘仁寺、嵩祝寺、雍和宫。此去也，尚书那延泰得暇，则带之去，若无暇，则交付喇嘛等，酌情于弘仁寺、嵩祝寺，召集喇嘛二三百名，于雍和宫召集喇嘛六七百名。钦此。

(军机处满文《夷使档》1762-4)

乾隆十三年（1748 年）四月乙丑

准噶尔来使臣淹集等入觐，命赏策妄多尔济那木扎勒妆缎、蟒缎、漳绒及玻璃滋器等如例。

(《平定准噶尔方略前编》卷 51)

乾隆十三年（1748 年）四月乙丑

御乾清宫，赐准噶尔来使茶，并颁赏策妄多尔济那木扎勒妆缎、蟒缎、漳绒，及玻璃磁器等如例。

(《清高宗实录》卷 312)

380
军机大臣傅恒等奏请赏赐唵集等银两物品折

乾隆十三年四月十三日

协办大学士·领侍卫内大臣·户部尚书臣傅恒等谨奏，为请旨事。

查得，先前遣返准噶尔所派使臣时，赏正使银一百两、御用缎二匹、官用蟒缎一匹、补缎一匹、彭缎二匹、毛青布二十四匹。赏副使银五十两、官用蟒缎一匹、御用缎二匹、彭缎二匹、毛青布二十匹。赏随行来京及留肃州之厄鲁特等皆银各二十两、官用缎各二匹、彭缎各一匹、毛青布各八匹。若在冬季，其使臣及随行来京之厄鲁特等，人各赏皮袄一袭、棉袍一袭；若在夏季，人各赏棉袍一袭、夹层纱袍一袭，及帽子、腰带等在案。

此次前来之正使唵集、副使敦多布、随行厄鲁特十三人，所赏银两、绸缎、布匹，仍照前例，于其临近起程时赏赐外，其赏留于肃州之十三名厄鲁特之银两、绸缎、布匹，即交付唵集唵集等，俟彼等抵达肃州，再行转赏。正使唵集、副使敦多布、照例各赏应时焰红妆缎面棉袍一袭，夹层纱袍一袭，其随从厄鲁特，除留肃州者外，其来京城之十三人，各赏金字缎面棉袍一袭，夹层纱袍一袭，并凉帽、腰带等。

为此谨奏。请旨。

乾隆十三年四月十三日奏入，奉旨：著依议。钦此。

(将此交付中书阔占，转交内务府、蒙古衙门去讫)

(军机处满文《夷使档》1762-4)

乾隆十三年（1748 年）四月丙寅

赐准噶尔使臣唵集等缎布、银两、冠服有差。

(《清高宗实录》卷 312)

381
尚书海望奏闻告知使臣唵集等不准携带货物片

乾隆十三年四月十三日

内大臣·尚书臣海望谨奏。

奴才等问唵集等曰，昨带尔等瞻觐我等之大皇帝时颁降谕旨，尔等皆已铭记乎。据彼等告称，我等大致记得，亦不甚明了。大殿内嘈杂，且相距亦远，因我等首次瞻觐，敬畏大皇帝之威严，不知所措。先前我等之使臣前来，瞻觐大皇帝事毕，所颁谕旨，曾由大臣等缮文给付，相应请大臣等怜爱，可否缮文予我等。等语。奴才等称，善哉，可缮文给付。唵集等又告奴才等称，我等之哈柳返回，曾告称大皇帝讲蒙古语甚好。昨日我等瞻觐之时，大臣尔给我等转降谕旨时，忽闻大皇帝用蒙古语颁降谕旨，甚是惊奇，故而未能铭记谕旨。后又奉大皇帝谕旨：先前之来使，朕曾亲手赐酒。俟尔等再来，将施恩筵宴尔等，亲手赐酒饮之。钦此。闻之甚切，语调流畅清晰，委实神奇，乃如何学得耶。正在赞叹间，奴才等告知唵集等称，尔等先前所来所有使臣，以初觐礼令其瞻觐时，因大殿两侧就座大臣众多，若以蒙古语降旨，恐我大臣等听不懂，故用满洲语降旨我等，再转降尔等。大皇帝之蒙古语，远胜于我等。我等之言语，原本欠缺，亦不连贯，且遗漏舛错之处甚多，经我等之大皇帝用蒙古语修正，降旨补齐。继令使臣等入内宴赏、瞻觐之时，皆以蒙古语降旨，委实神奇。昨令尔等瞻觐之时，既如此也。我等之大皇帝明鉴凡有外藩所派似尔等之使臣，及我内外蒙古王、贝勒等，逢新正来觐，随围行走，需用蒙古语，即始阅读，三四年间即已如此流利。且极善狩猎，无人匹敌。而于唐古特经，亦甚精通。寻常喇嘛等所念经调，全然不及。言毕，唵集等云，大皇帝乃佛也，集千聪、千眼、千耳而成大皇帝。因聪睿盖天下，理当诸凡超群。等语。奴才等又告唵集等曰，昨尔等告请拟往旃檀寺礼拜、准交易所携物品之处，业已具奏。我等之大皇帝以尔等系蒙古人，笃信佛法，准令前往旃檀寺、嵩祝寺、雍和宫叩拜，并传令商人与尔等从速贸易。等因相告。唵集等均皆欣悦，云此乃大皇帝之高厚之恩，我等于后天十五日，即往三寺礼拜。若与我等贸易之人来，我等即尽快贸易。奴才等告唵集等称，去岁因尔等之玛木特携至货物，业令明白告知尔等之台吉，若遣使前来，则照原定之例，不可携带货物。亦拟文赍往。尔等此次携至物品虽属无多，然亦有悖原议。若再来使，断不可携带。将此须谨记，告知尔等之台吉。等语。唵集等称，原定者属实。惟由我处遣使时，皆选干练可靠之人派遣，不予官办，自备资斧而来，无论如何需多带牲畜、行粮。进入大皇帝境内，一应皆系官办，故乞大皇帝恩典，将我赢牲畜，应牧放者牧放，应售卖者作价，于我等大为有益，且将物品携至大皇帝金城之名地，换些杂物，带给妻孥，赠送亲友，在所难免。去岁因嘱咐过玛木特，故此次我等携之甚少者，既缘于此。无论如何，定将此等情形，皆告于我等之台吉、宰桑。等语。俺集等又告奴才等曰，前日我等曾告请将赴肃州贸易之人皆为二百人，每年贸易，大臣等意下如何。奴才等称，前日我等已明白告知尔等矣，复又有何言。俺集等曰，我等之理事宰桑等嘱咐我等，尔等抵京后，告知大皇帝、大臣等，我等之地方遥远，若一次贸易仅去百人，难于照管，毫无益处，往返徒劳，故告请大臣等。等情。奴才等曰，尔等之宰桑等之言，尔等已告知我等，我等所议原定事项，不可违悖，宜永远遵行。此等言语，尔等须谨记，告知尔等之宰桑即可。俺集等称，将转告我等之宰桑。

为此谨奏。

乾隆十三年四月十三日奏入，奉旨：知道了。钦此。

（军机处满文《夷使档》1762-4）

382
军机大臣傅恒等议奏增加准噶尔赴肃州贸易人数折

乾隆十三年四月十四日

协办大学士·领侍卫内大臣·户部尚书臣傅恒等谨奏，为遵旨议奏事。

据准噶尔使臣俺集等告请，将其赴肃州贸易之人，每次定为二百人，每年前来贸易。查得，原先之议定，来京贸易之年，人不得超过二百，至肃州贸易之年，为一百人。后使臣哈柳来，称其众来京贸易艰难，亦请改在肃州，遂奏准其请，现为隔年来肃州贸易一次。此来也，若为应来京之年，为二百人，应赴肃州之年，则为一百人，此乃已定之事，理应驳回。兹蒙圣主施恩，谕令将前来贸易之人各为二百之处议奏。钦此。钦遵。将准噶尔赴肃州贸易之人，皆定为二百，仍隔年来贸易一次。将此交付与使臣等议事大臣等，转告使臣俺集等，肃州乃我边地，方圆极小，不便年年由各地遣往与尔等贸易之人，乃尔等明知者也。将此仍照原定之例，隔年前来贸易一次外，所谓百人来肃州贸易不便于照看之处，经我等之大皇帝睿鉴，降旨：准噶尔台吉策妄多尔济那木扎勒，效法其父，极为恭顺，甚属可嘉。逢其一百人来肃州贸易之年，恩准增加一百人，亦为二百人前来贸易，此乃朕之殊恩。嗣后，断不可复以增加人数及每年前来贸易，请求变更定例。等因降旨之处，晓谕使臣等外，颁降之敕书内，亦将缮入。

为此谨奏。请旨。

乾隆十三年四月十四日奏入，奉旨：是。钦此。

（军机处满文《夷使档》1762-4）

乾隆十三年（1748年）四月丁卯

议定准噶尔肃州贸易人数年分。

军机大臣等奏言：定例准噶尔来京贸易，不过二百人。肃州贸易，不过百人。嗣因入京途远，恩准其前赴肃州，并准两年中贸易一次，仍以百人为率。今来使俺集等又奏恳肃州贸易人数不敷，乞恩准增一百名，每年贸易一次。臣等酌议，肃州贸易准增百人。其所请每年贸易一次之处，应不准行。

奏入，上从之。

（《平定准噶尔方略前编》卷51，《清高宗实录》卷312）

383
尚书海望等奏闻使臣俺集等雍和宫礼佛情形折

乾隆十三年四月十五日

内大臣·尚书海望等谨奏。

照管准噶尔使臣等之官员等，带领使臣俺集等入雍和宫栅侧门，引入达喇嘛簇勒齐木达尔济屋内落座后，俺集、敦多布二人极为欣喜，告知奴才等称，我等仰承大皇帝之恩，今日得拜具有大福且久仰不曾瞻觐之旃檀佛祈福，继又入大观音殿拜谒祈福。其佛尊楼阁，如何建成耶。目睹者，信其人造，似我等未睹之人，定以为断非人为，乃天工所成也。大皇帝乃统领天下之主，造此佛寺，皆仗大皇帝之福力。若非因弘扬黄教之至意，佛天助成，断难造就，委实神奇至极。由彼又带至章嘉呼图克图所住寺庙，一一礼佛，并向章嘉呼图克图台座叩头祈福。言称抵此三寺，拜谒诸佛，得遂我愿，喜而忘食矣。大皇帝施此鸿恩，委实无量。嗣后不仅利我等之此生，即便来生，亦必转世为人。我等惟有感激文殊菩萨大皇帝之恩外，无以言表。等语。赏食喇嘛等所备茶果后，奴才谓俺集等曰，我等初次见面时，据尔等称，来肃州贸易之百人不敷，请再增百人，请亦为二百人，每年前来贸易。此乃我等之宰桑禀请诸大臣之言，并非具奏大皇帝者。故而我等将不便准行之处，晓告尔等，并未具奏大皇帝。前日我等来时，尔等又再三提及，确因不便准行，我等仍以原话回复，令尔等将我等之言，告知于尔等之宰桑。言毕散去。兹已遇便将此具奏大皇帝。奴才等站起，告知有大皇帝谕旨，闻此，二人立即一同跪地，颁旨完毕，俺集等叩头起立，告知奴才等曰，大皇帝至仁，兹恩准遇我来肃州贸易之年，照准所请，将百人再增一百人，亦为二百人，于我等大有裨益。将此告知我等之台吉后，将益加欣感大皇帝之恩也。等语。奴才等称，尔等谨记，如实相告，颁给尔等台吉之敕书内，亦将缮入。等语。晓谕彼等。俺集等拟拜佛，入天王殿，瞻拜四层大殿、乐师坛两侧殿之供佛，均皆叩拜祈福。见各殿皆有喇嘛念经讲经，赞叹曰，似此神奇大寺盛会，我等焉能得见，仰仗大皇帝至恩，得以瞻拜三世佛，于我等之三世皆有裨益。观此数寺庙之供佛及喇嘛等诵经情形，委实神奇壮观，无所不包，黄教之振兴，亦理所应当。今日仰承大皇帝之恩，遂我宿愿，且又照准我等所请，我等委实喜上加喜。言毕，带至住处。

为此谨具奏闻。

等因，乾隆十三年四月十五日奏入，奉旨：知道了。钦此。

（军机处满文《夷使档》1762-4）

384
军机大臣傅恒等奏闻将颁降敕书赏赐
物品缮入敕书内片

乾隆十三年四月十七日

协办大学士·领侍卫内大臣·户部尚书臣傅恒等谨奏。

查得，去岁策妄多尔济那木扎勒所遣使臣玛木特返回时，随敕赏缎十匹外，曾施恩加赏蟒缎、妆缎八匹，玻璃、磁器、珐琅器十八种。是以，此次颁降策妄多尔济那木扎勒敕书时，仍照前例赏赐之处，谨缮入敕书，恭呈御览。

等因，乾隆十三年四月十七日奏入，奉旨：知道了。钦此。

（军机处满文《夷使档》1762-4）

385
谕准噶尔台吉策妄多尔济那木扎勒之敕书

乾隆十三年四月十八日

奉天承运，皇帝敕谕准噶尔台吉策妄多尔济那木扎勒。

据台吉尔之奏书内称，去岁为念经事具奏，蒙大皇帝降旨，俯准我之所有奏请。又为我等念经人等之便利计，恩准于哈济尔地方贸易，故而欣喜无比。等因。感激朕恩，极为恭顺具奏，朕大为欣赏。又据奏称，我等先前自土伯特地方延请之贤明喇嘛等，大半已故，其余已因年迈，拟归土伯特地方。其准由何路行走，派少许人等送至土伯特地方，弘扬黄教，安逸生灵之处，伏祈大皇帝睿鉴。等语。我等之原议，并无将尔处所有唐古特喇嘛，俟其年迈送归藏地之处，且此等喇嘛，乃住尔处年久，年事已高之喇嘛等，更为熟悉经典。彼等乃出家人，身在何处，无所区分。即便我等之来京土伯特喇嘛等，亦从无返回原籍者，此事不便准行。再，据尔使俺集口奏，我等之台吉祈请大皇帝之恩，赏给喇嘛等，以推兴黄教。等语。振兴黄教，在于各自之心诚，佛法遍及天下，惟关经典，无关念经之人也。若言须延请他处喇嘛，方可兴教，则尔处喇嘛等不能兴教乎。朕乃天下之大皇帝，凡事惟但循理而行，其悖理不可行之事，岂可拘泥。延请喇嘛等之事，先前尔父奏请之时，其不可行之处，朕已详尽开示，明白降旨，未曾准行。兹台吉尔请，又岂有准行之理耶，断不能准。再，尔等之使俺集等又告知我等之大臣，我等应来京城之二百人，经奏请大皇帝之恩，亦准于肃州贸易。惟逢应至肃州贸易之年，定为一百人，人少不敷看管，相应逢应来肃州贸易之年，再增一百人，亦为二百人，每年至肃州贸易。等语。我等之大臣答复，此皆原定之事，断不得更张。并具奏于朕。肃州乃我边地，商人稀少，遣往与尔等贸易之人，地方遥远，不便每年贸易。仍照原定之例，隔年前来贸易一次。因台吉尔效法尔父，极为恭顺，所行可嘉，故特施恩，于应来肃州贸易之年，将贸易人数增加一百，亦为二百人。此乃朕之特恩，嗣后倘再祈请遣人、每年前来贸易，拟更改约定之处，断不可行。台吉尔但效法尔父，永修和好之道，仰副朕阐扬黄教、安逸众生之至意，则可永沐朕恩也。是故，撰拟敕书，交付尔使俺集等赍往。

随敕赏各色缎十匹，格外加恩赏蟒缎、妆缎八匹，玻璃、瓷、珐琅器十八种。特谕。

（军机处满文《夷使档》1762-4）

乾隆十三年（1748年）四月辛未

赐准噶尔台吉策妄多尔济那木扎尔敕书。

奉天承运皇帝诏曰：览奏，知尔感激朕恩，言词恭顺，朕甚嘉之。其欲将年老喇嘛，请派人送归土伯特，从前并无此议。且喇嘛年高，熟于经典，何故转欲送回，即如来京喇嘛，亦从无送归土伯特者，此事不便准行。再来使恳请另拨喇嘛，扶助黄教。佛之一道，惟在诚信，不关念经之人，从前尔父屡次奏请，朕已明白开导，未经准行，尔当稔悉，不必固请也。再请肃州贸易人数增加一百名，每年贸易一次，此事议有定例，不得更张，姑允所请，肃州贸易人数，准作二百名，仍于两年中前赴贸易一次。尔宜恪守前规，克修和好，以图永受朕恩。

特降敕令来使赍回。随敕赐各色缎十端，加赏妆缎、蟒缎各八端，玻璃、珐琅、磁器十八事。

（《平定准噶尔方略前编》卷51，《清高宗实录》卷313）

386
军机大臣傅恒等奏请赏赐伴送使臣等返回官员银两片

乾隆十三年四月十八日

协办大学士·领侍卫内大臣·户部尚书臣傅恒等谨奏。

查得，先前遣返准噶尔使臣时，曾赏派委伴送之章京治装银二百两、笔帖式银一百两。由肃州派委护送使臣前来之通事兵，赏银五十两在案。此次前来之使俺集等返回时，仍派原护送前来之理藩院郎中甘布、笔帖式德鲁顺伴送。相应照例赏郎中甘布银二百两、笔帖式德鲁顺银一百两，通事兵张顺、王利银各五十两，用于治装之处，恭谨请旨。

等因，乾隆十三年四月十八日奏入，奉旨：知道了。钦此。

（军机处满文《夷使档》1762-4）

387
军机大臣傅恒等奏报雍和宫诵经仪注片

乾隆十三年四月二十一日

协办大学士·领侍卫内大臣·户部尚书臣傅恒等谨奏。

今日于雍和宫召集千名喇嘛念依如格勒经时，将御临黄凉棚搭于天王殿前东侧，于宝座台上置放宝座。令前引十位大臣，列排坐于凉棚前东面，后扈两位大臣侍立，豹尾班侍卫列于天王殿两侧山墙前。御前侍卫、乾清门侍卫，计宝座东面所能容纳站立。二位呼图克图所坐二榻，于清宁门内面向天王殿放置。供献之黄案，自呼图克图等所坐榻前往后排列。其念经之千名喇嘛，分东西两侧对坐，自西侧狮子往南，稍离喇嘛等，令满洲文武大臣等西向挨次排列入座。准噶尔使臣俺集等，随首排大臣之末，留空隙而座，其随行厄鲁特等随之而坐。引领使臣之尚书那延泰等，酌情照看使臣入座。其使臣等，于午时前自住处引至，令憩于雍和宫达喇嘛房内，赏食饭食。念经喇嘛等所坐毡褥，暂免铺设。圣上驾临时，令千名喇嘛及呼图克图等皆于清宁门外两侧跪迎，引使臣俺集等往前跪迎，俟圣上驾临东书院，令铺喇嘛等之坐褥。钟鼓楼前之两侧，排列念经队伍，引入诸大臣排列，亦引入使臣等，令于就座处站立。届时奏闻，驾临之时，均令跪地。圣上升座后，令二位呼图克图就榻入座，令念经喇嘛等入座，众大臣、使臣等皆叩头入座。喇嘛等念经毕，于黄凉棚东侧放置矮榻，令二位呼图克图面西而坐。旋进茶，现皇上茶时，众皆跪地，皇上用茶时，众皆叩首。继依次为二位呼图克图、坐首排喇嘛等、首排及次排大臣等、使臣等进茶。上还宫后，由臣等照看其余人等饮茶。饮茶毕，由照看之章京等引使臣等出西侧门，带至其住处。念依如格勒经时，由都统旺扎尔向佛尊、呼图克图敬献哈达。

是日，聚集之大臣、官员等皆着素服。

为此谨奏。请旨。

乾隆十三年四月二十一日奏入，奉旨：知道了。钦此。

（军机处满文《夷使档》1762-4）

388
尚书海望等奏闻雍和宫道场毕使臣俺集等
欣喜情形片

乾隆十三年四月二十一日

内大臣·尚书臣海望等谨奏。

照看准噶尔使臣等之章京带俺集等，于扎萨克喇嘛簇勒齐木达尔济屋内歇息用茶毕，俺集等问奴才等曰，料今日于此寺做大道场也。奴才等答称，今日我等之圣上，特令为大行皇后念依如格勒经。未时左右，圣上理事已毕，驾临此处。大皇帝特念尔等系蒙古人，笃信佛法，尔等此来，缘未能多瞻觐圣明，故特施恩，亦带尔等前来听念依如格勒经，并瞻觐圣明。稍后，大皇帝驾御时，带尔等跪伏，瞻觐大皇帝。等语。俺集等闻后极为欣喜，言称，大皇帝乃真佛、大施主，扶佑黄教，乃大皇帝虔诚之心力，振兴教法，乃喇嘛之功课。今做如此之大道场，实乃神奇之典范，难以遇逢。因皇后之大事，大皇帝圣心悲恸，为皇后做依如格勒经之道场，又念我等系蒙古人，传来我等听依如格勒经，并瞻觐圣颜，实为喜出望外无尽之恩。嗣后，凡于我等此生及来世有益者，皆源自于大皇帝所施洪恩也。大皇帝驾临时，我等迎接。等语。其复告奴才等曰，我等之处因无贤能喇嘛，所教之徒平庸，屡请大皇帝之恩者，即为此也。等语。奴才等称，阐扬黄教，乃凭各自之诚意，并不在念经之人。尔等之处，由土伯特延请去之喇嘛等，皆为贤能之人也。其所教徒众，岂有平庸之理耶。尔等准噶尔与西藏人等原有嫌隙，我等之大皇帝即准尔等所请，将遣往喇嘛等之处，降旨王珠密那木扎勒等派遣，然彼处喇嘛等并不情愿，且遣其平庸者前往，又致尔等言遣平庸者前往。王珠密纳木扎勒亦为远处之人，因给尔等派往平常喇嘛，有将彼治罪之理乎。此事断不可行之处，我等之大皇帝已皆详尽降旨尔处所遣之使及尔等之台吉。将此一味渎奏，不仅不符和睦之道，且亦断不准行。能否准行之处，尔等亦心知肚明也。等语。俺集等称，大臣等所言是也。我等并非意欲复请，因闻今日做大道场，极为羡慕，趁闲谈无意提及。已定之事，我等惟有铭记大皇帝谕旨，转告我等之台吉。等语。皇上驾临，带俺集等跪迎时，奉上谕：今日于此念依如格勒经，因尔等皆系蒙古人，笃信

·351·

佛法，故带尔等前来，令尔等聆听念经，趁便再次觐见。尔等观毕返回后，问尔等之台吉好。钦此。上入内，奴才等带俺集等仍回扎萨克喇嘛屋内歇息，俺集等赞叹曰，大皇帝果然擅长蒙古语，清晰且悦耳，且以唐古特调呼我等之敦多布之名，益为神奇，若非深悉唐古特经，断不能如此呼也。等语。

　　为此谨具奏闻。

　　乾隆十三年四月二十一日奏入，奉旨：知道了。钦此。

（军机处满文《夷使档》1762-4）

389
军机大臣傅恒等奏闻交付敕书及赏物仪注片

乾隆十三年四月二十三日

　　协办大学士·领侍卫内大臣·户部尚书傅恒等谨奏。

　　查得，先前交付颁降准噶尔之敕书时，令使臣等憩于上驷院，赏食饭食后，带至箭亭前，令其跪地交付。此次颁降策妄多尔济那木扎勒之敕书，俟御览钤宝，拟于本月二十四日交付。相应仍照前例，带俺集等至上驷院屋内歇息，赏食饭食后，带至箭亭前，令其跪地，将敕书及赏策妄多尔济那木扎勒之物件、赏使臣俺集等之物件，均皆交付。其令使臣等觐见时颁降谕旨，及与彼等所议言语，皆译为蒙古语撰文，一并交付可也。

　　乾隆十三年四月二十三日奏入，奉旨：知道了。钦此。

（军机处满文《夷使档》1762-4）

乾隆十三年（1748年）四月辛未

　　准噶尔使臣俺集等自京起程还部。

（《平定准噶尔方略前编》卷51）

390
军机大臣傅恒等奏闻厄鲁特舍楞出痘亡故片

乾隆十三年四月二十五日

　　协办大学士、领侍卫内大臣、户部尚书臣傅恒等谨奏。

　　据照看准噶尔使臣之章京庆恩等前来告称，随使臣前来之厄鲁特舍楞出痘，已有十二日，至昨日突变，挠痒招风，全身浮肿，带医诊治，不见痊愈，于今日亡故。据使臣唵集等言称，以我等之例，人既死即为土灰，无须带回尸骨，随地掩埋即可。惟请派喇嘛一名念经为之招魂可也。等语。是故，除交付噶尔丹锡勒图呼图克图，酌派通经喇嘛一名念经招魂，并交付照看之章京等，照例装殓尸骨，运至城外远处掩埋外，查得，先前随准噶尔使臣前来之厄鲁特内，若于京城亡故，施恩赏银百两，交付使臣等赍回。去年准噶尔之副使杜喇勒哈什哈及随使臣前来之厄鲁特根敦扎布行抵肃州，因出痘亡故后，令将赏赐彼等之银两、衣物、缎布等物赍回，给其妻孥外，并无另行赏银之处。而今病故之舍楞，其按随从而来人等之例，应赏之银两、衣物、缎布等项均已赏赐，相应交付使臣唵集等赍回，给其妻孥外，似无须另行赏银。

为此谨具奏闻。

乾隆十三年四月二十五日奏入，奉旨：知道了。钦此。

（将此交付中书永泰，转交蒙古衙门及照看使臣等之章京等去讫）

（军机处满文《夷使档》1762-4）

附录：赏赐本次准噶尔来使物品清单※

乾隆十三年四月十二日瞻仰日，赏策旺多尔济那木扎尔玉如意一件、哥窑瓶二件、三色玻璃瓶一件、玻璃葫芦花插一件、西洋珐琅鼻烟壶一件、象牙如意盒一件、问钟一件、漆套盒二件、妆缎二匹、蟒缎二匹、章（漳）绒二匹、宁绸二匹。

十七日，大内交出敕书，加赏策旺多尔济那木扎尔亮蓝玻璃盘一对、翡翠玻璃瓶一对、珐琅碗二对、霁红僧帽壶一对、霁红盘一对、清花白地磁碗一对、清花白地靶（把）钟一对、涅黄玻璃插瓶一对、各色妆蟒八匹（随敕书加赏）、各色缎十匹（随敕书加赏）。

又十八日，大内交出，赏策旺多尔济那木扎尔艮（银）塔一尊、佛经一部、佛像一轴、蓝玻璃罩盖匣一对。

又二十一日，雍和宫念经，差旺扎尔赏策旺多尔济那木扎尔玻璃套匣一件，内盛小荷包三十八个。

四月十二日瞻仰日，赏夷使唵集象牙盒一件、洋漆套盒一对、章（漳）绒二匹。又照例赏正使唵集银一百两、上用缎二匹、官龙缎一匹、补缎一匹、彭缎二匹、毛青布二十四匹、火焰妆缎棉袍一件（连帽带等项）、夹纱袍一件（连帽带等项）；赏副使敦多布艮（银）五十两、上用缎二匹、官龙缎一匹、彭缎二匹、毛青布二十匹、火焰妆缎棉袍一件（连帽带等项）、夹纱袍一件（连帽带等项）；赏跟役十三名，每名艮（银）二十两（共二百六十两）、官缎二匹（共二十六匹）、彭缎一匹（共十三匹）、毛青布八匹（共一百零四匹）、字缎棉袍一件（连帽带等项）、夹纱袍一件（连帽带等项）。

• 353 •

391
军机处为支取雇骡价银事咨都察院文

乾隆十三年五月初一日

军机处咨行都察院。

本处前以准噶尔使臣返回时，约需驮运物品用骡二十五匹，俟得实数，再补行咨文。等因。行文尔院。兹使臣等返回，仅取用骡十四匹。将此须由尔院依例咨行户部，支取雇价银。

为此咨行。

（将此交付中书果兴阿，转交都察院）

（军机处满文《夷使档》1762-4）

392
军机处为支付雇骡价银事咨户部文

乾隆十三年五月初一日

军机处咨文户部，为知照事。

本处前因准噶尔使臣返回时，约需驮运物品用骡二十五匹。等因。咨行尔部。兹使臣等返回，仅取用骡十四匹，故尔部俟接都察院咨文，如数给付雇价银，照例办理。

为此咨行。

（将此交付中书果兴阿，转交户部）

（军机处满文《夷使档》1762-4）

393
军机大臣傅恒等奏闻将此次使臣事宜抄寄两路将军等片

乾隆十三年五月初四日

协办大学士·领侍卫内大臣·户部尚书臣傅恒等谨奏。

查得，先前准噶尔使臣等来京，将其赍至奏书、所议事件及圣上颁降谕旨等，概行抄录，咨送西北两路将军、大臣等、川陕总督、甘肃巡抚去迄。今使臣俺集等事毕，已返回游牧，相应将此次策妄多尔济那木扎勒奏书，使臣俺集等口奏之语，颁降策妄多尔济那木扎勒之敕书，及与彼等所议事件，概行抄录，咨行两路将军、大臣，川陕总督、甘肃巡抚各一份。

为此谨具奏闻。

等因，乾隆十三年五月初四日奏入，奉旨：知道了。钦此。

（将此交付兵部主事硕三，照奏准之例，抄录使臣事宜，缮写咨行此奏片之文，驰递额驸策凌、提督李绳武、总督张广泗、巡抚黄廷桂去讫。抄送事五件：策妄多尔济那木扎勒之奏书、初与使臣等所议之事、告知使臣嗣后不可携带货物之事、所议准增百人至肃州之事、颁降策妄多尔济那木扎勒之敕书）

（军机处满文《夷使档》1762-4）

乾隆十三年（1748 年）五月丙戌

命蠲免那克舒番子己巳应征钱粮。

上谕内阁曰：据索拜奏称，护送夷使进藏熬茶之官兵，经过那克舒番子游牧，将番子所备用牛马，用过五百有余，又派番子在喀喇乌苏以北安置台站八处。此系番子感激国家隆恩，急公报效，甚可嘉予，著加恩将该处己巳年钱粮，尽行宽免，以示体恤。

（《平定准噶尔方略前编》卷 51，《清高宗实录》卷 314）

乾隆十三年（1748 年）五月丙戌

申谕准噶尔人不得擅请入藏。

上谕军机大臣等曰：准噶尔人狡诈难信，从前拉藏汗时进藏为乱，至今众喇嘛、唐古忒人怀疑惧。即其来至藏地，供给一应所需，虽俱施恩，赏给价值银两，而唐古忒人等尚不无滋扰之处。若听其时常往来，日久必致滋事。近据朱尔墨特那木扎尔告知索拜等，以伊等时来藏内，非土伯特有益之事，其言不为无见。近时两次准令进藏熬茶者，特因噶尔丹策零为伊父策妄阿拉布坦，赍策妄多尔济那木扎尔为伊父嘎尔丹策零之故。伊既为父谆谆奏请，不便过为拒绝，是以加恩允准。嗣后准噶尔人，其有非此等事奏请入藏者，应令严行拒绝，断不准行。可将此旨传谕索拜等，令其转谕朱尔墨特那木扎尔并达赖喇嘛知之。

（《平定准噶尔方略前编》卷 51，《清高宗实录》卷 314）

乾隆十三年（1748年）五月丙戌

恩赏郡王朱尔墨特那木扎尔等缎疋有差。

上云军机大臣等曰：此次夷使进藏熬茶，所有赏赉及供给各项，虽系动公备办，而郡王朱尔墨特那木扎尔感激朕恩，凡事能体伊父，报效诚信，妥协办理，甚属可嘉，著加恩赏蟒缎二端、大缎四端；噶卜伦公班第达等襄助办公，并无贻误，亦著加恩，赏公班第达蟒缎一端，大缎二端；噶卜伦札萨卡头等台吉策凌旺扎尔及色玉特塞卜腾、布隆灿，札萨克头等台吉旺对等，俱著赏大缎各一端、官用缎各二端，逮绷达什达尔扎及章禄占巴、阿兰巴奈、巴克扎奈等，俱著赏大缎各一端、官用缎各一端，以示奖励。

（《平定准噶尔方略前编》卷51，《清高宗实录》卷314）

394
军机大臣傅恒等奏请著理藩院员外郎甘布料理
准噶尔肃州贸易事片

乾隆十三年五月二十日

协办大学士·领侍卫内大臣·户部尚书傅恒等谨奏。

查得，准噶尔贸易人等至肃州地方贸易时，将其前来贸易之处来报之后，派理藩院章京一员、笔帖式一员，赏章京银二百两、笔帖式银一百两治装，驰驿遣至肃州，会同地方官照管贸易。适才伴送准噶尔使臣奄集等，派理藩院员外郎甘布、笔帖式德鲁顺，于四月二十六日起程前往，此间尚未抵达肃州。前次准噶尔人等至肃州贸易，甘布曾加料理，相应咨文甘布，俟至肃州，料理准噶尔贸易事宜。肃州至哈密不远，相应奄集等由彼前往哈密时，由笔帖式德鲁顺率带领催等伴送可也。适才起程时，已赏员外郎甘布银二百两、笔帖式德鲁顺银一百两，相应不必另行赏赐。

为此谨奏。请旨。

等因，乾隆十三年五月二十日奏入，奉旨：著依议。钦此。

（将此交付兵部员外郎兴海，是日即缮拟咨文钤印，由兵部外带封套，沿边由宁夏、肃州路驰递，无论何地相遇，即行交付甘布去讫外，亦交付中书敬轩转交蒙古衙门去讫。文尾补写：文至，将使臣奄集等，照奏准之例，交付笔帖式德鲁顺等率带领催，妥加伴送外，尔即驻肃州，妥加料理准噶尔贸易事宜。等因）

（军机处满文《夷使档》1762-4）

乾隆十三年（1748 年）五月癸卯

恩准夷人疲乏牛羊于哈密售卖。

安西提督李绳武奏言：准噶尔此次贸易夷目赉木瑚里等所带牲畜，较上届加倍，肃州牧厂，既狭小难容，现谕该夷于山北有水草处，暂留牧放。俟稍有膘力，再分起赶行。其疲乏牲畜约有万余，穷夷恳求变卖，势难坚拒，但哈密地处极边，自减防之后，商民亦属寥寥，若仍令其赶赴肃州，途中难保存活。臣仍专差游击闫相师等，设法售变，俾不至于周章。

奏入，得旨：军机大臣等议奏。

寻议：准噶尔赴肃贸易定有章程，所带牛羊，从无在哈密变卖之例。但向来夷使贸易之年，及请安奏事之便，多有携带牛羊至哈密求售，提臣等据情具奏，屡经奉旨允准。此次所带牲畜，既倍上年，其疲乏牛羊，应仰体皇上怀柔远人之意，酌量于哈密地方，设措售卖。仍申明成例，令其不得视为故常，有违定议。

奏入，上从之。

（《平定准噶尔方略前编》卷 51）

乾隆十三年（1748 年）五月癸卯

军机大臣等议覆：安西提督李绳武奏言：准噶尔此次贸易夷目所带牲畜，较上届加倍，肃州牧厂，既狭小难容，现谕该夷于山北有水草处，暂留牧放。俟稍有膘力，再分起赶行。其疲乏牲畜约有万余，穷夷恳求变卖，现委员设法售变等语。查准噶尔赴肃贸易，所带牛羊，从无在哈密变卖之例。但向来求售，提臣等代奏，屡经奉旨允准。此次所带牲畜，既倍上年，其疲乏牛羊，应令酌量于哈密设措售卖。仍申明成例，令其不得视为故常，有违定议。

从之。

（《清高宗实录》卷 315）

395

员外郎甘布为已将使臣唵集等遣往
哈密事呈军机大臣等文

乾隆十三年六月十四日

伴送准噶尔使臣之员外郎甘布等具呈军机大臣等，为具报事。

我等率准噶尔使臣唵集等，于四月二十六日自京城起程，五月二十三日行抵凉州地方后，据使臣等告称，现时已炎热，因我等蒙古人不耐热，故而手脚浮肿、咽喉眼睛疼痛者愈半。请准令驮包后行，我等先至肃州，要取马驼休整，俟驮包等物抵达后起程，则于我等有益。等因，再三请求。故翌日经甘布我告知使臣等，令笔帖式德鲁顺率带领催等，照管唵集等十二人先行，于本月二十七日行抵肃州。甘布我带其留下照看驮包之二人及驮包等物，于二十九日均皆安抵肃州。继而大臣等札行我之文，于六月初一日抵达，故俟使臣等办理已毕，照大臣等奏准咨行之例，将使臣唵集等十四人及驮包等物，交付笔帖式德鲁顺，率带领催等照料，于本月初二日自肃州起程遣往哈密外，甘布我则留于肃州等候准噶尔贸易人等。

为此具呈。

（军机处满文《夷使档》1762-4）

396

员外郎甘布为准噶尔人等贸易
已毕事呈军机大臣等文

乾隆十三年九月二十二日

照看准噶尔贸易人等之员外郎甘布等呈文军机大臣等，为具报贸易之事已毕事。

此次为首而来准噶尔回人伊朗呼里、哈兹玛木里特布、蒙古塔克达率其随行一百二十七人，自闰七月初五日入肃州城起，甘布等会同地方官等照看，交付商人张柳岚等，将其携至价值六万四千七百零八两余银之马牛羊等牲畜、价值万余两银之皮张等物，相继查验，将共计七万四千五百六十两余价银之货物，均照往年贸易之例，将应减价银数目者，酌情议减，折给缎匹、茶叶、大黄等物。又将应行拨给之两份一千四百三十余两银，亦如数拨给完结外，伊朗呼里等携至赠送商人张柳岚等鹿茸四百五十五对、瑙砂三百二十一斤，张柳岚等回赠大黄三百九十六斤。

再，此次前来之一百三十一人内，玛木里特布属下回人罗斯默特染患伤寒，于闰七月十九日卯时病故。我等仍照往年办理之例，运至城外空地掩埋。其余一百三十人彼此议价时，甚是和气，较往年愈加恭顺。事毕返回时称，我等仰蒙大皇帝之恩，将本年贸易之事，妥为完结。等因。众皆欣感皇恩，于九月初九日移驻城外，初十日起程出边而去。是故，将商人张柳岚等之呈文一件、贸易物品数目清单两张，一并呈报。

为此咨呈。

（军机处满文《夷使档》1762-4）

乾隆十三年（1748年）十月壬午

安西提督永常奏报贸易夷使赍木瑚里等出境。

（《平定准噶尔方略前编》卷51）

397
军机处为令使臣等于元宵节前赶抵京城事札
行驻哈密章京诺木浑等文

乾隆十四年十一月二十六日

军机处札行驻哈密章京诺木浑等。本处奏称，查得，乾隆十一年，准噶尔使臣玛木特等来时，于十月二十二日行抵东岭，十二月二十二日抵达京城，计歇息之三日，共行六十日。十三年，准噶尔使臣唵集等来时，于正月二十七日行抵东岭，四月初六日抵达京城，计歇息之六日，共行七十日。此次之来使等，若按玛木特等来之行程，途中少作歇息，迅疾行走，则需六十日，相应可于正月初十日前后抵达。若按唵集来之行程，途中多歇数日，缓缓而行，则需七十日，相应可于正月二十日前后抵达。臣等札行驻哈密章京等，其带准噶尔使臣前来之员，须明白晓谕使臣等，依我大国之例，若逢上元时节，大皇帝于施恩筵宴蒙古客人及大臣等时，奏乐并观赏烟火等，且赏诸多物品。尔等若稍加疾行，于上元节时抵达京城，可仰承大皇帝之恩，又得观赏百戏。等因。带彼等于元宵节前赶至京城。倘于途中耽搁，难以趋行，亦不必过于趱行，以致于心生疑窦。令将元宵节前能否抵达之处，速行来报。再，令将使臣等闻听令彼等观赏焰火，并有多项赏赐后，如何回答、如何举动及于何日抵达肃州、何日抵达京城之处，一并尽速报明。俟有旨下，即速咨文驻哈密章京。

等因，乾隆十四年十一月二十六日奏入，奉旨：知道了。钦此。钦遵。

为此札行。

（将此交付兵部主事格图肯，缮写札付缄封，由兵部封装，日限六百里驰递驻哈密

章京诺木浑等去讫）

（军机处满文《夷使档》1763-1）

398
主事诺木浑为使臣尼玛等已由哈密
起程事呈军机大臣文

乾隆十四年十二月初三日

驻哈密办理回众事务主事额勒津、诺木浑具呈军机大臣等，为具报事。

乾隆十四年十一月十一日，据驻东岭卡伦守备达色报称，准噶尔台吉策妄多尔济那木扎勒处所遣请安正使斋桑尼玛，副使达希藏布、奔塔尔等四十七人，携进贡青马两匹、玉碗一个、貂皮四十一张、奏书一封及彼等骑驮之骆驼一百八十一峰、马六百七十八匹、羊二千五百八十五只、牛一百二十九头前来。等因。后于十一月十三日，均皆抵达哈密。除将照看出售其牲畜之处，由总兵张世伟处另行办理奏闻外，由主事诺木浑、笔帖式喜柱、领催济尔哈朗护送准噶尔使臣尼玛等四十七人，及所携进贡马匹等物至京，已于十一月十八日率使臣尼玛等自哈密起程。俟抵肃州，使臣等之随从内，带往多少人之处，俟主事诺木浑与尼玛等议定，另行呈报。

为此具呈。

（军机处满文《夷使档》1763-1）

399
军机大臣傅恒等奏报使臣抵京日期片

乾隆十四年十二月二十一日

大学士·领侍卫内大臣·忠勇公傅恒等谨奏。

查得，先前准噶尔使臣自肃州起程来京时，需行三十二、三日。此次之来使尼玛等，已于十二月初八日自肃州起程，亦以行三十二、三日计，则可于正月初十日抵达京城。

为此将所报之文一并恭呈御览。

等因，乾隆十四年十二月二十一日奏入，奉旨：知道了。钦此。

（军机处满文《夷使档》1763-1）

400
主事诺木浑等为使臣等自肃州起程事呈军机大臣文

乾隆十四年十二月二十一日

伴送准噶尔使臣等之主事诺木浑等具呈军机大臣等，为具报事。

先前我等率准噶尔使臣尼玛等四十七人，于本年十一月十八日自哈密起程之处，业经呈报。使臣等骑驮之马驼内，赢瘦者甚多，且口外雪大，故我等率使臣尼玛、达希藏布、奔塔尔及随从四十四人，于十二月初五日抵达肃州，留随从二十七人及马驼后，率赴京之正使宰桑尼玛，副使宰桑达希藏布、奔塔尔及随从十七人，已于是月初八日自肃州起程，俟抵宁夏，容再另行呈报。

为此具呈。

（军机处满文《夷使档》1763-1）

401
主事诺木浑等为带使臣尼玛等趱行事呈军机大臣文

乾隆十四年十二月二十一日

伴送准噶尔使臣等之主事诺木浑等具呈军机大臣等，为具报事。

乾隆十四年十二月初八日，接准大臣处札行之文，诺木浑等即亲往使臣之住处，陈明事之原委，加以晓谕。据使臣尼玛等告称，我等之台吉策妄多尔济那木扎勒，念神圣文殊菩萨皇帝仁爱之隆恩，为请安瞻仰神圣文殊菩萨皇帝金颜，遣我等前来。据跟随我等前曾来过之人告称，适逢尔等之年节，甚是热闹，是故，我等亦愿尽快抵达，切望早日瞻觐神圣文殊菩萨皇帝圣明，仰承隆恩，观赏我等未曾得见之戏，获赏我等不曾目睹之物。惟台吉策妄多尔济那木扎勒谨请神圣文殊菩萨皇帝之安，自我等之游牧携至马二匹，兹安抵肃州。此马内，有一匹消瘦柔弱，我等酌量马力，按每日行一百五六十里计，可于尔等之元宵节前抵达矣。无论如何，得蒙神圣文殊菩萨皇帝令我等观赏百戏、百般赏赐，但在我等之福也。等因。是以，据使臣之所行，留心勉力于上元节前抵达。倘有不便之处，除另行具报外，俟何时抵达宁夏、大同等地之处，再行报闻。

为此具呈。

（军机处满文《夷使档》1763-1）

402
主事诺木浑等为使臣尼玛等已从宁夏
起程事呈军机大臣文

乾隆十四年十二月三十日

伴送准噶尔使臣等之主事诺木浑等具呈军机大臣等，为具报事。

先前我等曾将率带尼玛等二十人，于十二月初八日由肃州起程之处呈报。今尼玛等于十二月二十日，均皆安抵宁夏。是月二十一日，我等率尼玛等自宁夏起程，约计于正月初十日抵京。至究于何日入京之处，俟至大同等地，容再另行呈报。

为此具呈。

将此于乾隆十四年十二月三十日奏入，奉旨：知道了。钦此。

（军机处满文《夷使档》1763-1）

403
军机大臣傅恒等奏请钦定使臣之住处片

乾隆十五年正月初三日

大学士·领侍卫内大臣·忠勇公臣傅恒谨奏。

查得，先前所来使臣，若在京城，则住位于西华门外街前根掌关防内管领等之办事房内。若在圆明园，则住位于西花园南所东侧之一所房内。此次使臣尼玛等抵达后，若在京城，拟仍令住西华门外掌关防内管领等之办事房内，若在圆明园，拟仍令住西花园南所东侧一所房内。俟有旨下，交付该处，酌情备办可也。

等因，乾隆十五年正月初三日奏入，奉旨：著住京城。钦此。

（将此交付中书松博转交蒙古衙门、内务府去讫）

（军机处满文《夷使档》1763-1）

404
军机大臣傅恒等奏请指派议事大臣及陪同官员片

乾隆十五年正月初三日

大学士·领侍卫内大臣·忠勇公臣傅恒等谨奏。

查得，先前与准噶尔使臣议事时，曾派阿克敦、海望、那延泰、班第。乾隆十年与使臣哈柳等议事时，曾派玉保替补那延泰缺。前年与使臣俺集等议事时，曾派兆惠替补班第缺。照看使臣等，曾派总管内务府堂郎中庆恩、理藩院主事伊兴阿及伴送使臣等前来之章京。总理照看者，因海望、那延泰外出，曾派阿克敦、兆惠。兹与此次前来之使尼玛等议事，除仍派阿克敦、海望、那延泰外，玉保会说蒙古语，现亦在家，相应仍派玉保。照看使臣等，拟派理藩院主事伊兴阿、伴送使臣前来之主事诺木浑。庆恩现在静宜园工程处，不得空闲，此缺拟派堂郎中觉世奇。总理照管者，仍派海望、那延泰。

等因，乾隆十五年正月初三日奏入，奉旨：知道了。钦此。

（将此由中书松博交付蒙古衙门、内务府总管衙门）

（军机处满文《夷使档》1763-1）

405
主事诺木浑等为报使臣尼玛等抵京
日期事呈军机大臣文

乾隆十五年正月初五日

伴送准噶尔使臣等之主事诺木浑等具呈军机大臣等，为具报事。

我等率领使臣等，于本年正月初三日安抵大同。仍以日行百余里计，经与使臣尼玛等商定，将于正月初八日进京。初七日下榻清河地方，相应请将使臣等之住房、食用羊只等项，转饬各该处，皆于清河备之。

为此具呈。

将此于本日奏入，奉旨：知道了。钦此。

（军机处满文《夷使档》1763-1）

406
军机大臣傅恒等奏请备办使臣抵京
当日接取奏书等事项片

乾隆十五年正月初六日

大学士·领侍卫内大臣·忠勇公臣傅恒等谨奏。

查得，先前准噶尔所遣使臣至，命派委照看之章京往迎，引使臣等至箭亭前，接取其奏书及所献礼物后，令使臣等憩于上驷院房中，赏食饭食之后，带至其住处下榻。兹使臣等于初八日抵京，相应仍照前例，提早一天派照看之章京往迎。使臣等抵达之日，所经门、街道，堆拔兵丁，须管带齐整之处，交付护军统领、步军统领等办理。使臣等进入时，由派往迎接之章京引入东华门，带至箭亭前，由所派大臣等会同理藩院大臣等，接取其奏书及进献之礼物，译出恭呈御览外，令使臣憩于上驷院房中，赏食饭食后，带至其住处下榻。使臣尼玛，副使达希藏布、奔塔尔，仍如前每日拨给食用蒙古羊各一只，其随从人等，每六人每日拨给汉羊一只，至食用奶、酥油、面、茶、盐、米、柴薪、炭火及所用炊餐器具等，皆照例由各该处支取给付，所拴驿马，照例备办，并派官兵，于使臣等之住所外围设置堆拔把守，交付武备院，计其足敷，搭支蒙古包、帐房，供使臣等下榻。所用夫役，由园户内择其憨厚者，足数派出。使臣等食用各种饼果等物，视其所需，由派往陪同之官员等由该处领取，给其食用。

乾隆十五年正月初六日奏入，奉旨：知道了。钦此。

（将此由本处交付理藩院外，均交中书顿赫，转交上驷院、内务府、茶膳房、统领衙门、兵工二部、光禄寺、景运门。又缮汉字片，饬交顺天府去讫）

（军机处满文《夷使档》1763-1）

407
准噶尔台吉策妄多尔济那木扎勒
为请准每年派人赴藏熬茶事奏书

乾隆十五年正月初八日

策妄多尔济那木扎勒谨奏于乾隆皇帝陛下：去岁钦奉我使俺集、敦多布转传大皇帝谕旨：台吉尔但效法尔父，恪守和睦之道，仰副朕弘扬黄教，安逸众生之至意，以图永承朕恩。等因降旨。且准增加我贸易之人一百为二百人。仰蒙大皇帝垂鉴，阐扬黄教、安逸众生，不胜欣喜。昔大皇帝为阐扬黄教、安逸众生，与我父修好，遣使通商，甚是和善。后我亦曾遣哈柳，希冀仍前弘扬黄教、安逸众生。等因具奏。直至今日，我亦照前所奏，遵行不悖。惟遣使通商和好者，系我等之事，乃为日后益于做善事耳。大皇帝屡屡颁发谕旨，惟愿阐扬黄教、安逸众生。是故，前蒙大皇帝降旨，赴唐古特地方念经二次，乃大事且合理，故而准行，其无理小事，岂可照准耶。等因。我等此处弘扬黄教，寻觅经意本源，益于教法众生，乃有区分，于我等为大事。故因先前本处由唐古特地方延请而来之诸喇嘛，大半已故，累次派少许人等至唐古特地方，瞻拜两位博克达，祈求四大寺庙及黄教各寺之平安，兹为日后祈祷，准许熬茶，寻求经源，于教法大有裨益，另外亦可为与大皇帝和睦之凭，无论何人闻之，于大皇帝之意愿、名望，均皆有益。是以，请准每年遣少许人至唐古特地方之处，伏乞大皇帝睿鉴。

余言将口奏。

随进碗一只、马二匹、貂皮四十一张。

己巳年九月十七日。

乾隆十五年正月初八日译奏，奉旨：知道了。钦此。

（将进贡马匹交付上驷院，木碗一只交付尚茶房，貂皮四十一张交付皮库去讫）

（军机处满文《夷使档》1763-1）

乾隆十五年（1750 年）正月壬子

准噶尔台吉策旺多尔济那木扎勒，遣使臣尼玛等谢准增贸易人数恩，附贡方物至京。

（《清高宗实录》卷 356）

乾隆十五年（1750 年）正月壬子

准噶尔使臣尼玛等入贡。

准噶尔台吉策妄多尔济那木扎尔奏言：前者使臣俺集、敦多布等回，述大皇帝谕旨，令我永守和好。又蒙恩准我处贸易人增加百名，为二百名，不胜感激。伏念大皇帝施恩我父，以兴黄教，安群生为念，永敦和好，是以准我处通贡贸易至今，今惟有益矢恭敬，遵行不违，以副大皇帝施恩和好之至意。至前蒙大皇帝准我处遣人在唐古忒地方念经二次，具荷鸿恩，深加矜悯，但我处由唐古特请来喇嘛，今大半亡故，为此恭请圣恩，准我处每次差二三十人往唐古忒地方二博科大、四大庙及黄教各庙请安，伏乞大皇帝睿鉴允行。仍命使臣尼玛等口奏。

奏入，报闻。

（《平定准噶尔方略前编》卷 52）

408
军机大臣傅恒等奏闻筵宴使臣仪注折

乾隆十五年正月初八日

大学士·领侍卫内大臣·忠勇公臣傅恒等谨奏，为议奏事。

因奉旨令准噶尔使臣尼玛等于正月初十日丰泽园瞻觐圣明，施恩筵宴，相应仍照前例，将搭支大蒙古包于丰泽园之处，业经交办外，是日，照看之章京等，预先引导使臣等，入紫光阁门，歇于另行所搭之蒙古包，由派往照料大臣等照看，先行用餐。进圣主之桌，置蒙古包内宝座前；众人之桌，列于两侧。诸使及跟役等所坐之处，亦酌量摆桌。与大蒙古包相对搭支黄凉棚，置高桌金器。召集列班大臣及增派大臣等，令前引就坐十位大臣入座，后厒二位大臣站立，豹尾班侍卫列宝座两旁。御前侍卫、乾清门侍卫等，列宝座两侧。时辰到，我等之大臣各带坐褥，预先进入铺垫，令使臣等继右翼首排诸臣末，空出间隙排列。俟圣上驾临，随我等之大臣跪迎，圣上升座后，由派委引领使臣等瞻觐之大臣等及奏蒙古事侍卫，引使臣尼玛等至大蒙古包前，将中间空出，行三跪九叩礼。礼毕，引使臣等由大蒙古包西侧隔扇门进入，继右翼首排诸臣末跪叩一次，留空隙而坐。其随行厄鲁特等，令坐于隔扇门外右侧。抬桌护军章京、尚膳正等进桌，而后尚茶正进茶。圣上饮茶之时，令使臣等随众跪叩一次。侍卫等近前敬众人以茶，饮茶时，跪叩一次。用茶毕，取桌布。内务府官员等由高桌取盅、壶、杯等进奉，俟至蒙古包大门附近，众皆跪地。敬酒大臣等近前献圣上以酒，圣上饮酒时，使臣等随众跪叩一次。敬酒大臣等，仍以大杯斟酒饮之。圣上尝过饽饽桌，移至两侧后，由尚膳正等进献肉食，分发众人之肉食，事先放置，进酒桌。领侍卫内大臣照管侍卫等分别斟酒，饮酒时，跪叩一次。接过酒杯，再跪叩一次。派侍卫等以大杯斟酒恩赏使臣等，令使臣跪叩一次饮之。进肉食时，令绰尔齐等即上前作乐，布库等摔跤。继令各类杂要人等分别上前表演。宴毕，使臣等随我大臣等就地跪叩三次，引出带至其住处。是日，聚集之大臣、侍卫、官员等皆着补褂、蟒袍。筵宴用桌等所有物件、杂要人等，均皆交付内务府备办，交由领侍卫内大臣、护军统领派人管理。圣上驾临时，排列仪仗，大蒙古包前备乐之处，则交付各该处，照前备办。

为此谨奏。请旨。

等因，乾隆十五年正月初八日奏入，奉旨：知道了。钦此。

（将此由本处交付内务府外，交付中书额图浑，一并交付侍卫处、蒙古衙门、吏兵二部、值月旗、景运门护军统领、武备院、步军统领、銮仪卫、膳茶房去讫）

（军机处满文《夷使档》1763-1）

409
军机大臣傅恒等奏请指派进酒大臣片

乾隆十五年正月初八日

大学士·领侍卫内大臣·忠勇公臣傅恒等谨奏。

查得，先前筵宴准噶尔使臣之日，为给皇上进酒，进呈领侍卫内大臣之职名，曾指派来保、哈达哈。前年因派哈达哈出差，后奉旨派庆泰补哈达哈缺，故将庆泰之名，一并缮于绿头牌进呈，伏乞钦派一名。

等因，乾隆十五年正月初八日奏入，奉旨：著派哈达哈。钦此。

（将此交付中书额图浑，转交侍卫处、内务府去讫）

（军机处满文《夷使档》1763-1）

410
军机大臣傅恒等奏请指派引领使臣瞻觐大臣片

乾隆十五年正月初八日

大学士·领侍卫内大臣·忠勇公臣傅恒等谨奏。

查得，先前引领准噶尔使臣瞻觐之时，曾派那延泰、班第、玉保带领瞻觐。因班第、玉保出差，亦曾派那延泰、勒尔森。今除那延泰、玉保外，尚需一人，相应于阿兰泰、勒尔森内，派谁之处，恭请圣裁。

等因，乾隆十五年正月初八日奏入，奉旨：著派阿兰泰。钦此。

（将此交付侍卫笔帖式苏隆阿）

（军机处满文《夷使档》1763-1）

411
军机大臣傅恒等奏请指派入班大臣片

乾隆十五年正月初八日

大学士·领侍卫内大臣·忠勇公臣傅恒等谨奏。

查得，先前准噶尔使臣抵达，瞻觐圣明及筵宴之时，因入班大臣少，曾由臣处呈览满洲大学士、尚书、侍郎、内阁学士、副都统等之职名，酌情派出，增添入班。兹筵宴使臣尼玛等，仍照前例，将未入班满洲大学士、尚书、侍郎、内阁学士、满洲蒙古副都统及前次增派入班大臣等之职名，一并缮于绿头牌，恭呈御览。俟上酌情派出后，匀入两翼入班就座。

等因，乾隆十五年正月初八日奏入，奉旨：著仍派原先所派乌凌阿、雅尔图、三和、德龄、雅尔胡达、何绷额、雅图、苏呼吉、明安、乌雅图、明图、瑚弼图、车凌、舒昌、博庆额、固纯、尚坚保。增派德通、杰福、通宁、舒山、嵩寿、官保、兆惠、马灵阿、乌拜、什臣、沙图、鄂托、四十六、普庆、乌赖、图喇、众佛保、鄂弥达、法畴、弘赢。

（将此交付中书额图浑，转交吏兵二部、值月旗，行文知照去讫。初九日，傅恒中堂交付：初十日筵宴时，其入班、增派、前引、后扈大臣等皆着貂褂。等语。将此交付中书额图浑，转交吏兵二部、侍卫处、护军统领处去讫）

（军机处满文《夷使档》1763–1）

412
军机大臣傅恒等议奏赏赐准噶尔台吉及使臣片

乾隆十五年正月初八日

大学士·领侍卫内大臣·忠勇公臣傅恒等谨奏。

查得，乾隆十一年十二月筵宴使臣玛木特等之日，曾赏策妄多尔济那木扎勒妆缎二匹、漳绒二匹、宁绸二匹及珐琅器二种、玻璃器六种、瓷器二种，赏使臣玛木特大缎四匹、玻璃器四种、银二百两，赏副使巴图蒙克、杜喇勒哈什哈各银五十两外，又钦派旺扎尔，赏策妄多尔济那木扎勒悬挂灯笼二对、玻璃碗一对、玻璃壶一对，赏使臣玛木特台灯一对、玻璃壶一对。又钦派旺扎尔赏策妄多尔济那木扎勒无量寿经一套、玻璃壶一对、带盖玻璃碗一对，赏玛木特玻璃壶一对。俟上升座，召玛木特近前，赏策妄多尔济那木扎勒问钟一个、玉如意一柄，亦赏玛木特一柄。惟先前几次前来之准噶尔使臣等，皆令住十余日后始方筵宴，虽酌赏其台吉及使臣等，然并不多。此数年前来之使臣均皆极其恭顺，故皇上悯恤彼等，加赏之物渐多。此赏也，乃皇上之特恩，并非定例，若所有来使皆照此例加赏，彼等反视此为定例，以致不知感激，亦未可料。且此次准噶尔使臣等，于初八日抵京，初十日即筵宴彼等，尚不知使臣等之情形如何，相应以臣等之愚见，初十日暂免赏赐，令住数日后，观彼等之情形，诚如先前所来使臣极为恭顺，则皇上再施恩，或于观赏烟火之日酌情减赏，或以饯行礼于瞻觐之日赏赐之处，伏祈圣裁。俟有旨下，钦遵施行。

为此谨奏。

等因，乾隆十五年正月初八日奏入，奉旨：著于筵宴之日照前赏赐。钦此。

（将赏赐物品、银两，已由大内先行由该处支取，交付我处前来，故未转交之处。由大内交出赏赐物品数目，已抄录档册之后）

（军机处满文《夷使档》1763-1）

413
丰泽园筵宴使臣尼玛等赏赐物品记注

乾隆十五年正月初十日

丰泽园大蒙古包内令准噶尔使臣尼玛等瞻觐并筵宴时，赏策妄多尔济那木扎勒漳绒二匹、妆缎二匹、宁绸二匹、玻璃瓶一对、玻璃碗二对、玻璃盘一对、瓷盘一对。赏使臣尼玛大缎四匹、银二百两、玻璃花插一对、玻璃碗一对。赏副使达希藏布、奔塔尔银各五十两外，皇上驾临大蒙古包前，派旺扎尔赏策妄多尔济那木扎勒带套木碗一个、珐琅小瓷瓶一对，赏使臣尼玛西洋鼻烟壶一对。皇上升座后，赏策妄多尔济那木扎勒、使臣尼玛玉如意各一柄。照例将赏赐物品俟皇上筵宴使臣完毕还宫后，带使臣至大蒙古包前，叩首交付之。

（军机处满文《夷使档》1763-1）

乾隆十五年（1750 年）正月甲寅

赐尼玛等宴于丰泽园。

（《平定准噶尔方略前编》卷 52）

414
协办大学士阿克敦奏闻询问使臣口奏事件片

乾隆十五年正月初九日

协办大学士·刑部尚书臣阿克敦等谨奏。

臣等与准噶尔使臣互致安好，落座用茶毕，臣问尼玛称，尔等台吉之奏书，已恭呈我等之大皇帝御览，奏书内称有口奏之言，尔等有何口奏之言，可告知我等，我等将转奏大皇帝。言毕，尼玛告称，我等之台吉嘱咐我等，我准噶尔现有由藏延请喇嘛，大半已故，请大皇帝恩准，由本处每年派少许人，叩拜两位博克达，祈请四大寺及其他黄教寺院之平安，为现在及后世祈祷熬茶，寻觅经源，于教法大有裨益。是故，每年派少许人往赴唐古特之处，谨请大皇帝洞鉴。等语，令我等口奏，无别他言。等语。臣等称，大皇帝乃文殊菩萨，无分内外，一体仁恤众生。惟涉及政治之事，合理即准行，若非合理之事，即便提请百次，亦断无准行之处。想必尔等亦知之。尼玛等称，此言是，无论如何，尽在大皇帝施恩裁断。等语。臣我等又谓尼玛等言，尔等此次抵达，正值年节。我等之大皇帝施恩筵宴众臣之际，明日筵宴时，奉我等之大皇帝降旨，因尔等适逢筵宴，相应亦令入宴瞻觐，赏食饭食。等因降旨。尔等诚属有福之人也。等语。尼玛等极为欣喜，据告称，我等乃远道而来之人，逢遇大宴，得以入宴，即属大喜，而况能入大皇帝之宴，瞻觐天颜，仰承恩泽，诚系我等意外之大喜，乃我等前世修来之福也。明日我等但依大臣等所指而行。言毕，臣等称，明日瞻觐，我等交付我等之章京等，教尔等练习礼节。瞻觐大皇帝，其礼节极为重要，乃恐尼玛尔又似昨日举止悖谬。等语。尼玛笑称，我等乃外藩之人，因不知礼节，冒昧询问，果真知晓，有来大国不行礼之理乎。若蒙大臣等指教，我等定照所指而行。等语。言毕散去。

为此谨具奏闻。

等因，乾隆十五年正月初九日奏入，奉旨：知道了。钦此。

（军机处满文《夷使档》1763-1）

415
协办大学士阿克敦奏闻尼玛等观溜冰及交付赏物情形片

乾隆十五年正月初十日

协办大学士·刑部尚书臣阿克敦等谨奏。

遵旨带准噶尔使臣尼玛等站河岸观赏溜冰时，尼玛好奇，问曰，彼等脚上所穿为何物，想必系铁石之物也，否则断不能溜如此之快，远看甚美。等语。奴才等告之曰，所穿乃溜冰鞋。又见皇上射鼓，彼等赞叹，问臣等曰，着黄蟒袍者，想必大皇帝也。观牌连连倒下，善射哉。等语。奴才等曰，我等之大皇帝不止善射，骑射狩猎，其兽无一漏网，均被射中，尔等见之，则愈加惊叹也。言毕，彼等闻之，皆赞叹不已。尼玛问奴才等，大皇帝有几位阿哥。等语。奴才等言称，我等之大皇帝有六七位阿哥，亦有孙辈阿哥。尼玛等称，实乃天生大福也。等语。继令尼玛等跪地，交付赏赐准噶尔台吉策妄多尔济那木扎勒之缎匹、玻璃、瓷器等物。赏尼玛大缎四匹、银二百两、玻璃器四种，赏副使达希藏布、奔塔尔银各五十两后，尼玛等甚是欣喜，据告称，我等前日抵达，今日即得以瞻觐圣明，将我等所来之事具奏，奉大皇帝旨，又仰承如此之洪恩，实乃我等之造化也。我惟谨记大皇帝之旨，转达我等之台吉耳。等情。极其欣悦。令于大蒙古包前叩谢天恩后，由照看之章京带领送至住处。

为此谨具奏闻。

等因，具奏，奉旨：知道了。钦此。

（军机处满文《夷使档》1763-1）

416
协办大学士阿克敦奏闻尼玛等返回住处欣喜情形片

乾隆十五年正月十一日

协办大学士·刑部尚书臣阿克敦等谨奏。

昨日使臣尼玛等自筵宴处返回住处，极是欣喜，并未言表，其照看之章京等与尼玛等闲聊之际，乘便问今日大皇帝筵宴尔等，赏赐若干物品，尔等观之如何。等语。尼玛称，今日蒙圣恩准我等瞻觐，入宴前特派大臣赏我等之台吉策妄多尔济那木扎勒诸多物件，赏我此壶。入大蒙古包后，又恩赏我等之台吉玉如意一柄，亦赏我一柄，诚乃未曾目睹之奇物。此皆大皇帝之慈恩也。言毕，又问尼玛，今日筵宴，可尝佳肴。彼叹道，今日筵宴，美味无比，且蒙古乐极其动听。其筋斗，乃如何练成也。等语。再问尼玛，其溜冰如何。其言，实乃神奇，观其溜冰如此之快，且又能上下射箭，诚非凡人可为之事，我等全然不曾见识。之后又闻鞄头扑扑刺中物品之声，问大臣等方知乃大皇帝射鼓，大皇帝能如此射中，委实极为神奇。等语。而后又对主事诸木浑言称，尔乃自哈密伴送我等前来之人也，今日我等瞻觐圣主，仰承如此之洪恩，得见各种未曾得见之戏，甚为欣悦，与尔理当祝贺。遂以祝贺礼，令取黄酒一瓶饮之，故此彼等甚是欣悦。

为此谨具奏闻。

等因，乾隆十五年正月十一日奏入，奉旨：知道了。钦此。

（军机处满文《夷使档》1763-1）

417
丰泽园筵宴尼玛面降谕旨不准派人赴藏习经记注

乾隆十五年正月初十日

尚书那延泰等率准噶尔使臣尼玛等，于丰泽园大蒙古包内朝觐筵宴时，奉上谕：尔等之台吉策妄多尔济那木扎勒之奏书，朕已览之，尔口奏之语，经我大臣等询问，亦已具奏。此皆非可行之事。先前为尔等之前台吉策旺阿喇布坦之事，噶尔丹策零奏请派人赴藏为其父熬茶，朕照准其请，派大臣官兵照看，沿途施恩加赏牲畜盘费送抵藏地，事毕遣回游牧。继而噶尔丹策零故，尔等之小台吉策妄多尔济那木扎勒亦奏请派人赴藏为其父熬茶，朕亦施恩照准其请，加赏牲畜行粮，照前办理。尔等之似此大事，理应准行，故朕视请即准，且施恩派大臣官兵照看，沿途加赏牲畜盘费，勉力扶助，但靠尔等之力可乎。彼时，朕即明确降旨，因尔等之似此大事，朕恩准之，若非此等大事，断不准行。等语。兹尔等之台吉反而奏请每年遣少许人前往西藏者，岂有此理，显系知其不准，借故遣使耳。自尔等之前台吉噶尔丹策零在世时始，和好至今。小台吉策妄多尔济那木扎勒感戴朕恩，若请每年派使请朕安，承沐恩泽，并无不可，缘何如此苟且以不可行之事，借故具奏耶。如此一味理论，不仅不符和睦之道，他人耳闻目睹，亦不成体统。尔等须明确告知尔等之台吉。

尼玛奏称，大皇帝曾降旨我等之台吉，为弘扬黄教，安逸众生，宜竭尽办理。等因。我等之台吉亦仰副大皇帝之意，为于我处弘扬黄教，始终勤勉。惟我处由藏延请之喇嘛等，因年迈已大半亡故，请大皇帝恩准，每年遣少许人赴藏叩拜二位博克达，祈求四大寺平安，寻觅今生来世之经源。兹于我处弘扬黄教，于我等即为大事，请照我等之策妄多尔济那木扎勒所请施行。等语奏入。

奉上谕：本处弘扬黄教，岂有制止于尔处弘扬黄教之理耶。惟由尔处赴藏，道远且尔等亦力所不及。朕仍可提醒尔等之台吉并晓谕尔等，各处之寺庙，均皆相同，习经亦无差异。与其由尔处派人至藏，本处早有大寺，均系由藏拣选之得道喇嘛，尔等之台吉由尔处派习经喇嘛近二十人，俟学成召回，以弘扬黄教，与遣人至藏学习有何异耶。此乃朕之特恩，乃于尔等之台吉甚有裨益之事。钦此。

尼玛奏称，大皇帝所降之谕旨，我惟谨记，转告策妄多尔济那木扎勒。惟自我处若能每年派少许人入藏，亦全然不需费力。借此和睦之道，大皇帝若能恩准施行，我等之人得以叩拜二位博克达，祈四大寺之平安，为现在及将来祈祷，探究经源，于我处之弘扬黄教之事，始有裨益。既已和好，除派使贸易之事不议外，弘扬黄教者，乃我等之大事，相应请大皇帝明鉴。等因具奏。

奉上谕：各处寺庙经文均皆相同，兹虽称尔等倘遣少许人入藏，并无所需之项，然适才尔等赴藏熬茶人等甫返游牧，我办理藏地噶伦事务郡王珠密那木扎勒即奏请免遣准噶尔等之人赴藏。地方之人虽皆为我属，然不可与内地相比，彼处之情形及所属人等之心，难以明晓。朕岂有只准尔等台吉之请，而全然不顾珠密那木扎勒之奏请之理耶。而况尔等之人，即便无需费力即可进藏，若无我等之人伴送，珠密那木扎勒安肯容纳尔等，此与尔等大有关碍。尔等台吉之此奏，全然不可行。替尔等之台吉思虑，由尔处将习经喇嘛等遣至京城，随大寺由藏拣选而来喇嘛等习经，俟学成返回尔处，俾助弘扬黄教，此乃朕之至恩，尔等理应虔心感戴朕通融垂爱之意则已，而一味奏请不可行之事，已属非事。朕之此旨，将另行缮写，交付尔等，颁降于尔等之台吉策妄多尔济那木扎勒。钦此。

（军机处满文《夷使档》1763-1）

418
丰泽园筵宴赐尼玛等饮酒赏策妄多尔济
那木扎勒及尼玛玉如意记注

乾隆十五年正月初十日

于丰泽园大蒙古包内赏众大臣饮酒时，钦命尼玛近宝座前跪地，亲赐饮酒四杯，赏玉如意一柄。奉上谕：将此如意带回，转赏尔之台吉策妄多尔济那木扎勒。另将此玉如意赏予尔。因尔系初来之人，不知本处规矩，尔或欲仿效哈柳也。钦此。尼玛奏言，我不懂规矩者实，惟思仿效哈柳。等语。旋将副使达希藏布、奔塔尔皆召近宝座前跪地，亲赐饮酒。

（军机处满文《夷使档》1763-1）

419
协办大学士阿克敦等奏闻转宣尼玛
不可每年派人至藏习经片

乾隆十五年正月十一日

协办大学士·刑部尚书臣阿克敦等谨奏。

臣等钦遵上谕，问准噶尔使臣尼玛曰，本日我等之大皇帝召入我等，颁降谕旨：昨日筵宴，尼玛所奏言内，即便有战事，亦无停止贸易之例，弘扬黄教者，乃我等之大事。此等言语，那延泰尔等遗漏，并未具奏于朕。朕尚当即降旨训导尼玛，惟昨日乃筵赏之吉日，故朕并未降旨训斥彼等之处。今日尔等前去降旨尼玛，以此和睦之道，战事一词，应出自其嘴乎。莫论其身，即便其台吉，亦非可轻言也。其台吉之父噶尔丹策零时，奏请准其贸易，永世和好，收束沿边居住人等，净绝争斗之事，故朕施恩，允其所请，准其贸易。因策旺阿喇布坦、噶尔丹策零故，照其所请，恩准赴藏熬茶。今策妄多尔济那木扎勒若出战争之语，乃毁其父议定之事哉，其岂可言也。策妄多尔济那木扎勒尚不可轻言之语，尼玛乃系何等之人，彼可如此妄言乎。即照其言构兵，我等之原设卡伦驻防兵丁，照常驻于彼处。彼等倘若妄自构衅，果真构兵，即便任何小部落，亦停止贸易之事，我大国岂有仍准贸易之理。此乃尼玛冒昧之语，朕施恩宽宥，未缮入颁降策妄多尔济那木扎勒之敕书内，如若缮入，其台吉必然斥责彼等，彼何堪承受。著降旨晓谕彼等，嗣后为使，不可信口胡言。钦此。

晓谕尼玛等后，尼玛甚为惊悸，面红而称，昨日我随意比喻，与那延泰言他部即便争战之际，尚且不停止贸易。今大皇帝轸念我准噶尔众生，彼此修好，如此行事，复有何言。现弘扬黄教者，乃我等之大事，因和好之故，乞请每年遣少许人赴藏而已，并非具奏大皇帝之语也。就此那延泰尔尚问我，乃尔等之台吉嘱咐之言，或系尔之意如此时，我随意比喻而已。战争乃甚恶之事，我又系何等之人，为使行走，岂可妄言。蒙大皇帝施恩训谕，将钦遵而行，不曾缮人颁降我等台吉之敕书内，实乃至恩。等语。

臣等告称，尼玛尔乃年轻人，似此言语，于大皇帝圣明前断不可言也。尔既知己过，相应我等之大皇帝亦加宽宥，尔惟谨遵圣上训谕而行，于尔甚有裨益。等语。尼玛甚是畏惧，称是。

臣等晓谕尼玛曰，奉我等之大皇帝谕旨：尔等之台吉策妄多尔济那木扎勒称其地由藏延请之喇嘛，大半已故，拟每年派少许人赴藏，瞻拜两位博克达及四大寺院，为现在及将来探究经源。惟彼等前以其肃州贸易之人少，百人不敷照看，请再增派百人，朕照请准增百人。尔等之前台吉噶尔丹策零为伊父策旺阿喇布坦之事，奏请遣三百人赴藏熬茶，朕身为大皇帝，因系应准之事，故特施恩，遣派大臣官兵照看，沿途赏补牲畜盘费至藏，完结其事，遣返至其游牧地。旋因噶尔丹策零故，尔等之小台吉亦奏请准遣三百人熬茶，朕亦施恩准照所请而行，照前办理，使彼等之人平安返回。兹尔等之台吉又奏请叩拜两位博克达及四大寺院，为现在及将来探究经源，每年派少许人入藏。或以为两次准其入藏，料再不准，此意过矣，诚有此等大事，朕视尔等所请，尚可准行也，而非永行禁止。今若依尔等台吉所请每年准二三十人入藏，订立之后，难免又以人少，奏请增人。尔等之人，每年行走，岂可每年派我官兵照看，现譬如，已令我等之侍郎玉保两次照看尔等，尔等每年前往，岂可每年派玉保照看尔等。尔等若有大事，属应准遣之事，则派我等之大臣官兵照看尔等，艰难困苦亦无怨言。今若无缘无故每年为照看尔等辛劳，彼等岂不抱怨于朕。惟尔等地方所有由藏延请诸喇嘛，诚若亡故殆尽，黄教渐泯，亦未可料。其人不可遣至藏地，不可由藏延请喇嘛而已，既于我处弘扬黄教，岂有使彼处黄教泯灭之理耶。朕思之再三，我等既已修好，由尔等台吉处选可习经文之聪睿喇嘛等，遣十人或近二十人至我京城，随此处大寺之呼图克图及由藏挑选而来德高喇嘛等，勤习三四年，返回游牧，济助弘扬黄教之事，何愁黄教难以弘扬。惟遣此等习经喇嘛，亦无需每年派遣，皆为年轻人，一次学成返回，即可济助黄教三四十年。若复殆尽，可再遣人来学。如此则尔等之准噶尔地方可永兴黄教，于尔等之准噶尔等之人众亦世有裨益。故此理当感戴朕此弘扬黄教之重恩，欣然遵行。朕之此旨，尔等妥加记录，明白告知策妄多尔济那木扎勒。彼知朕此重恩，若欲遣习经喇嘛，则于本年十二月内，遣似吹纳木喀明事之人为使，将由彼处遣几人习经、何时起程、驻几年返回之处议定返回后，再遣至习经喇嘛。俟其抵达，顾念和睦之道，朕将恩赏彼等盘费。钦此。

尼玛闻后言称，大皇帝为我准噶尔地方弘扬黄教之事，尽心详度，所降谕旨甚是。惟我等之台吉之意，每年遣少许之人，不敢劳烦大皇帝派官兵照看，请准靠我等之力而行。若交付藏王珠密那木扎勒容留我等，即为大皇帝之恩。谨请照准。等语。

臣告称，非但尔等不可擅行，且王珠密那木扎勒业已奏请禁遣尔等之人至藏，我等之大皇帝岂可降旨容许尔等之人每年前往。等语。尼玛言，我等之台吉之言，我已概行告知诸大臣。敬谨铭记大皇帝谕旨，明白晓谕我等之台吉策妄多尔济那木扎勒。等语。臣等复告尼玛称，昨日我等之大皇帝颁降尔等之谕旨，我等之转告有不明之处，今日再转告一次。尼玛称，我约略记得，大致与今日大臣等转传谕旨无异。尼玛又称，据我等先前所来人等返回后告称，大皇帝处大寺、塔甚多，彼等均皆叩拜祈福。我等可叩拜乎。臣等告知尼玛曰，先前所来使臣等事毕，曾视其所请，奏准叩拜。尔等之事毕，我等可代为奏请大皇帝之旨。言毕出门时，尼玛等甚为谦恭相送，始返蒙古包。

为此谨具奏闻。

等因，乾隆十五年正月十一日奏入，奉旨：著前往雍和宫、嵩祝寺、阐福寺、弘仁寺拜佛。钦此。

（军机处满文《夷使档》1763-1）

420

军机大臣傅恒等奏请令尼玛等观赏烟花仪注片

乾隆十五年正月十四日

大学士·领侍卫内大臣·忠勇公臣傅恒等谨奏，为议奏事。

查得，乾隆十二年正月带准噶尔使臣玛木特等于西厂子观看烟火爆竹时，令御前、乾清门行走蒙古王、额驸、台吉等坐于廊下两侧，入班大臣及增派大臣列坐于月台下两侧。是日，照看之章京等领使臣玛木特等，中午自京城起程，至圆明园后，领至西南门外所搭蒙古包、帐房内，由所派陪同大臣等照看，用晚饭饮茶，傍晚圣驾将临，引使臣玛木特等入西南门，带至幄城内，于右翼首排大臣之末，留空隙而立，恭迎圣驾。俟圣上升座，于右翼首排大臣之末，留空隙而坐。侍卫等进茶，布库等摔跤后，施放烟花爆竹时，令使臣等仍坐回原处。上还宫后，仍引出西南门，带至下榻处在案。

此次前来之使臣尼玛等，正月十六日于西厂子观看烟花爆竹，仍照先例，令御前、乾清门行走蒙古王、额驸、台吉等坐于廊下两侧，入班大臣及增派大臣列坐于月台下两侧。是日，照看之章京等领使臣尼玛等，中午自京城起程，至圆明园后，领至西南门外所搭蒙古包、帐房内，由所派陪同大臣等照看，用晚饭饮茶。傍晚圣驾将临，引使臣尼玛等入西南门，带至幄城内，于右翼首排大臣之末，留空隙而立，恭迎圣驾。俟圣上升座，于右翼首排大臣之末，留空隙而坐。侍卫等进茶，布库等摔跤后，施放烟花爆竹时，令使臣等仍坐回原处。上还宫后，仍引出西南门，带至畅春园西花园南所东边使臣等原先下榻房屋歇息一宿，次日领至京城之下榻处。

现不久即令使臣等起程，相应此次即为辞行礼朝觐，免再朝觐。

为此谨奏。请旨。

乾隆十五年正月十四日奏入，奉旨：知道了。钦此。

（将此交付中书永宁，转交吏兵二部、内务府、值月旗、侍卫处、蒙古衙门、统领衙门、善扑营、圆明园总管、武备院去讫）

（军机处满文《夷使档》1763-1）

421
军机大臣傅恒等奏请西厂子朝觐赏策妄多尔济那木扎勒及尼玛物品片

乾隆十五年正月十四日

大学士·领侍卫内大臣·忠勇公臣傅恒等谨奏。

查得，乾隆十二年正月十六日，引准噶尔使臣玛木特等于西厂子朝觐、观看烟火杂戏时，赏策妄多尔济那木扎勒漳绒六匹、漆盒一对、珐琅壶一个、象牙盒一个、火镰一个。赏使臣玛木特漳绒二匹、漆盒一对、象牙盒一个。此次使臣等于西厂子朝觐、观看火戏，是否赏赐之处，具奏请旨。所赏物品由内廷办理，将清单交付蒙古衙门。

所赏物品列后：赏策妄多尔济那木扎勒大红漳绒四匹、酱色漳绒二匹、黄漳绒一匹、表二件（随木匣）、磁珐琅瓶一对、蓝玻璃画金观音瓶一件、象牙佛手盒一件、画羊角方灯一对、画羊角六方瓶灯一对。赏夷使尼玛古铜漳绒一匹、黄漳绒一匹、洋漆罩盖三层海棠盒一对、象牙田瓜盒一对、画羊角方灯一对。

（军机处满文《夷使档》1763-1）

422
军机大臣傅恒等奏闻西厂子观看烟花曾亲赐使臣饮酒片

乾隆十五年正月十四日

大学士·领侍卫内大臣·忠勇公臣傅恒等谨奏。

查得，先前令准噶尔使臣玛木特等，于西厂子观看烟花爆竹，赏诸大臣饮酒时，曾召使臣近前亲赐饮酒。

为此谨具奏闻。

等因，乾隆十五年正月十四日奏入，奉旨：知道了。钦此。

（军机处满文《夷使档》1763-1）

423
协办大学士阿克敦等奏闻尼玛等前往各寺礼佛情形片

乾隆十五年正月十四日

协办大学士·尚书臣阿克敦等谨奏。

准噶尔使臣尼玛等于弘仁寺瞻拜后，进阐福寺大殿，见臣等在场，连尼玛在内，各皆欣悦，问臣等好，即欲谈事，臣等言称先带彼等礼佛，彼等纷纷拜佛，赞叹何等完美，敬献哈达。尼玛等合十欣喜称，今日我等仰蒙大皇帝垂爱，得以叩拜有大福之佛塔及有名之呼图克图等，实出我等之意外。仰承大皇帝施恩，上天亦降瑞雪，此亦我等前世所修微福，我等复有何言。惟有感戴大皇帝圣恩，祈祷神佛呼图克图之慈悲耳。等语。臣等称，尔等前日曾向我等告请如何得以叩拜弘仁寺、塔等庙宇，我等具奏我等之大皇帝，我等之大皇帝念尔等蒙古人笃诚乞请，准照所请，即行带至各寺叩拜佛塔及呼图克图等。故今日率尔等逐一叩拜，尔已至几处。等语。尼玛等作揖告称，大皇帝之此恩实属厚重，于我等之后世之生计皆有裨益也。我等自住处起行，先至雍和宫拜佛，一一瞻拜嚓尼特、温都孙、扎宁克、额木齐拉仓，亦拜大迈达礼佛轮、莲花佛。我处虽有塑立迈达礼佛之二寺，其佛尊焉能如此塑成耶，且亦小，此诚乃神奇。我等叩拜济隆呼图克图，据闻济隆呼图克图乃宗喀巴佛之徒弟，名喇嘛之呼毕勒罕，由藏而来方一二年，我等得以叩拜，甚是造化。由彼至章嘉呼图克图驻锡寺庙拜佛，觐见呼图克图，甚是惊奇，蒙古语好。蒙询问我等路经游逛地方。复往白塔，于座下叩拜祈福。至弘仁寺，叩拜旃檀佛。我等原先闻得，此佛自然而成，极有福分。兹仰仗大皇帝之恩，亦得以叩拜此佛。拜见著名噶尔丹锡勒图呼图克图，叩献哈达。此来叩拜查干萨固尔泰佛，委实神奇，我等难以言表。等因。欣欣然争相合十告知。臣等言，尔等仰承我等之大皇帝之恩，得以叩拜各大寺、塔及呼图克图等，实乃尔等之大造化。尔等可回住处歇息。彼等欲见该寺喇嘛，遂拜过副达喇嘛扎西藏布后返回住处。

据带领前往之照看章京等告称，彼等行抵雍和宫，笃诚叩拜四拉仓，逐一瞻拜佛殿，叩拜迈达礼佛轮、莲花佛，赞叹不已。至白塔眺望，亦甚欣悦。尼玛笃诚向三位呼图克图叩献哈达，将其地一位老喇嘛吹赞兰占巴进献章嘉呼图克图、噶尔丹锡勒图呼图克图之哈达各一条，由副使达希藏布代为进献，呼图克图等皆称不知此。章嘉呼图克图回赠一护符，噶尔丹锡勒图呼图克图不曾回赠。尼玛献旃檀佛以哈达，又献其台吉策妄多尔济那木扎勒所献之哈达。其尼玛之兄古木布所献黄金一两，尼玛所献三枚银币，供献于旃檀佛前。观之，尼玛及随行人等，皆大欢喜。

为此谨具奏闻。

等因，乾隆十五年正月十四日奏入，奉旨：知道了。钦此。

（军机处满文《夷使档》1763-1）

424
协办大学士阿克敦等奏闻尼玛等圆明园瞻觐之后情形片

乾隆十五年正月十七日

协办大学士·尚书臣阿克敦等谨奏。

昨日，准噶尔使臣尼玛等自京城之住处起行，至门外所支蒙古包后，饮茶闲聊间，尼玛问奴才曰，据我等之哈柳再来返回后告称，大皇帝此次用蒙古语降旨我等，系原先即会，或学之也。甚是赞叹。诚如何学之也。等语。奴才等称，我等之大皇帝先前未习蒙古语，此四五年间，鉴赏蒙古经文，并用蒙古语降旨，现已极为精通。不止蒙古语文，即唐古特字、唐古特经文，以蒙古语讲解，亦甚精练。等语。尼玛称，我等之哈柳所言无误矣，今我等听闻，大皇帝用蒙古语颁降谕旨，甚是明白熟练，且语调通畅，犹似原本即通，故此我等甚是惊叹。今听大臣言，始知大皇帝乃因近几年鉴赏蒙古经文，又以蒙古语讲解唐古特经文，而学之也。仅此数年间，何以如此精通两种语言，此诚乃天资聪慧矣。奴才等称，我等之皇帝习艺，必求精湛，断不半途而废。而况马步箭狩猎，此处之索伦、新满洲等皆不及。所有文武德才，无不精通。尼玛称，前日得见大皇帝之步箭，皆中要害。在我处曾闻大皇帝尚围猎，实为惊奇，乃诸德齐备也。等语。其一跟役进来，将一蒙古小刀献奴才玉保，称，此为我处与尔等一同赴藏返回之锡呼图喇嘛尼尔巴赠送大臣之礼品，问大臣好。奴才称，蒙喇嘛惦记，我且领之，尔等返回，问喇嘛好，亦回赠礼品。奴才遂收小刀一把。旋遵旨引使臣尼玛等围绕正大光明殿观赏两侧陈列鳌山灯，尼玛及其跟役等各皆欣喜，笑叹何以稍加环绕，即似活人般动作，实乃惊奇。尼玛惊叹曰，似此好戏，怎可得见。兹蒙大皇帝之恩，虽可见之，然如何做得如此惟妙惟肖，全然不明，我等返回后，亦不能详尽告知我等之人。等语。此后奴才等引尼玛等至清净地，令三位使臣进杜罡，命跟役等在门外叩拜，尼玛等皆挨倚栏坐位跪叩祈福，并叩拜三世佛殿、雅玛达噶殿祈福后，尼玛等称，大皇帝对佛教诚可谓虔诚，城内诸多大寺供奉佛尊，观花园内亦供奉如此清净之佛，黄教岂有不振兴之理耶。我等仰承大皇帝隆恩，得以叩拜各大寺庙之佛及著名呼图克图等祈福，且亦得以叩拜常人断难到达之处供奉之佛祈福，实于我等之此生及来世皆大有裨益也。

圣主升座，召尼玛近前，赏鼻烟壶，颁降谕旨后，尼玛又复奏请瞻觐圣明，来承圣恩。奉旨：尔感戴朕恩，奏请再来，朕亦欣喜。钦此。尼玛喜甚叩谢，回还住处坐定，告奴才那延泰称，适才我奏请大皇帝欲再来，蒙大皇帝降旨准我所请，亦甚喜。大臣等可闻得。奴才云，我始终在旁，缘何未闻此旨。尼玛称，似我等小人，不知能否仰蒙大皇帝如此之隆恩。等因一再合十言之。又称，此处大寺得道喇嘛等意欲多习经法，诚可如愿。惟我处喇嘛等内，已出痘者少，故此稍有疑虑耳，否则有何商议之处。等语。奴才称，我处所有蒙古王、台吉等，凡未出痘者，我等之大皇帝皆不准来京，即便西藏送至诸喇嘛，亦皆送已出痘者，并无未出痘者。而况尔处确无已曾出痘之喇嘛乎。尔乃准噶尔地方之人矣，尔缘何因痘成麻子耶。尔等如若借此支吾，有负我等之大皇帝为尔等之台吉详度之恩，于尔等之事亦无裨益也。尼玛称，大臣之言甚是。又问御座旁席地而坐之贝勒罗布藏等几人之名衔，闻知十九日令彼等前来观看烟火之旨，甚是喜悦，提及所赏之帽，称甚荣耀。极为赞赏我等之绰尔齐等之唱奏之乐。闻听烟花爆竹齐响，尼玛虽不形于色，达希藏布、奔塔尔等不时上下观看，表现惊慌。施放烟火后，奴才等将赏赐尼玛等之物，交付该处侍卫等，送至尼玛等之住处外，引尼玛等出，带至门外所支蒙古包前，使其跪地祗领御赐准噶尔台吉策妄多尔济那木扎勒之漳绒、时钟、象牙盒、磁瓶、玻璃瓶、灯笼；赏尼玛之漳绒、象牙盒、漆盒、灯笼。之后，尼玛告称，自我等抵达，仰承大皇帝之恩，至深至重，赏我等之台吉及我等之物，委实不可胜数，我等惟有祈祷永享大皇帝之恩耳。等因合十跪叩毕，由照看之章京等引至下榻处。

为此谨具奏闻。

等因，乾隆十五年正月十七日奏入，奉旨：知道了。钦此。

（军机处满文《夷使档》1763-1）

425
使臣尼玛等圆明园瞻觐观看烟火颁降谕旨记注

乾隆十五年正月十七日

乾隆十五年正月十六日，尚书那延泰、将军阿兰泰、侍郎玉保率带准噶尔使臣尼玛、达希藏布、奔塔尔等至山高水长楼下瞻觐圣明时，召尼玛近前跪地，亲赐珐琅鼻烟壶一只。降旨曰：此壶尔赍回，转赏尔等之台吉策妄多尔济那木扎勒。此玻璃壶，乃赏予尔。朕于二月初即起行前往文殊菩萨之道场五台山，今日领至尔等观看焰火后，准以辞行礼朝觐。尔等返回后，问尔等之台吉好。尔等可随意观赏。钦此。尼玛等叩奏称，钦遵大皇帝谕旨，赍回转赏我等之台吉策妄多尔济那木扎勒。自我等至此，仰承大皇帝之恩，得见诸多未曾目睹之物，得以瞻拜大福之佛、著名大胡图克图祈福。且今又得以叩拜大皇帝花园内所供之佛，又观赏难以想象不知如何扭转自动之神奇烟火，承领赏赐各样珍物，此乃我辈卑微之人前世注定之大造化，愿仍来瞻觐圣明请安，期望承恩。等因奏入，奉上谕：尔感戴朕恩，奏称愿再来朝觐，承领恩典者，甚属可悯，准再来，朕闻之亦欣悦。钦此。降旨已毕，尼玛叩拜回还原座，叩首入座。然放烟花时，恐火星粘其帽子，急忙取下抖动时，皇上拿出貂尾帽一顶、白珍珠毛狐皮帽二顶，召尼玛等三人近前跪地，降旨曰：朕赏还尔等三人各帽一顶。钦此。而后亲赐三人饮酒。尼玛等奏称，大皇帝所赏此帽，于我等甚为荣耀。等语。叩恩毕返回原处入座。皇上派旺扎尔转降谕旨曰：尔等观此烟火，观之似未尽兴，倘若仍欲观赏，可于十九日前来观看。所赏之物，皆带回住处。钦此。尼玛等跪叩奏称，仰蒙大皇帝降旨，命我等于十九日仍来观看，实乃至恩。我等十九日来时，尚可瞻觐圣明，尽情观赏神奇火戏矣。等语。施放烟花已毕，率使臣等出。

乾隆十五年正月十七日具奏入，奉旨：知道了。钦此。

（军机处满文《夷使档》1763-1）

426
军机大臣傅恒等奏闻带尼玛等观看烟火仪注折

乾隆十五年正月十八日

大学士·领侍卫内大臣·忠勇公臣傅恒等谨奏，为议奏事。

奉上谕：著准噶尔使臣尼玛等于本月十九日至西厂子观看烟火。钦此。钦遵。臣等酌议得，此次仍照十六日观看烟火之例，令御前、乾清门行走蒙古王、额驸、台吉等坐于廊下两侧，前引十位大臣、入班大臣及增派大臣列坐于月台下两侧。照看之章京等领使臣尼玛等，中午自京城起程，至圆明园后，领至西南门外所搭蒙古包、帐房内歇息，由所派陪同大臣等照看，用晚饭饮茶。圣驾将临，引使臣等入西南门，坐蒙古包等候。届时，带至幄城内，仍照前例，于右翼首排大臣之末，留空隙而立。俟圣上升座，随大臣等跪叩一次入座。侍卫等进茶，布库等摔跤后，施放烟花爆竹时，令使臣等仍坐回原处。上还宫后，仍引出西南门，带至畅春园西花园南所东边之使臣等先前所住之处歇一宿，翌日带回京城之住处。

十九日既非穿蟒袍之日，相应除入班大臣穿貂皮褂子外，其余委事侍卫官员等皆着补褂。

为此谨奏。请旨。

等因，乾隆十五年正月十八日奏入，奉旨：知道了。钦此。

（将此交付中书宝成，交付吏兵二部、内务府、茶膳房、照看使臣之章京、值月旗、侍卫处、蒙古衙门、统领衙门、善扑营、圆明园总管、武备院去讫）

（军机处满文《夷使档》1763-1）

427
军机大臣傅恒等奏请遣返尼玛等依例赏赐片

乾隆十九年正月十九日

大学士·领侍卫内大臣·忠勇公臣傅恒等谨奏。

查得，先前遣返准噶尔所遣使臣等时，赏正使银一百两、御用缎二匹、官用蟒缎一匹、补缎一匹、彭缎二匹、毛青布二十四匹。赏副使银五十两、官用蟒缎一匹、御用缎二匹、彭缎二匹、毛青布二十匹。赏随行来京及留肃州之厄鲁特等皆银各二十两、官用缎各二匹、彭缎各一匹、毛青布各八匹。若在冬季，其使臣及随行来京之厄鲁特等，人各赏皮袄一袭、棉袍一袭；若在夏季，人各赏棉袍一袭、夹层纱袍一袭，及帽子、腰带在案。

此次前来之正使尼玛，副使达希藏布、奔塔尔，随行厄鲁特十七人，所赏银两、绸缎、布匹，仍照前例临近其起程赏赐外，其赏留于肃州之二十七名厄鲁特之银两、绸缎、布匹，即交付尼玛等，俟彼等抵达肃州，再行转赏。正使尼玛，照例赏应时焰红缎面白鼠皮袄一件、焰红缎面棉袍一件；副使达希藏布、奔塔尔，赏应时焰红缎面黑鼠皮袄各一袭、焰红缎面棉袍各一件；除留肃州二十七人外，兹随行至京城之厄鲁特十七人，各赏金字缎面羊皮袄各一件、金字缎面面袍各一件，并凉帽、腰带等。

等因，乾隆十五年正月十九日奏入，奉旨：知道了。钦此。

（将此交付内务府笔帖式傅泰，照例备办之）

（军机处满文《夷使档》1763-1）

428
协办大学士阿克敦等奏闻尼玛等前往山高水长情形片

乾隆十五年正月二十日

协办大学士·刑部尚书臣阿克敦等谨奏。

昨日遵旨复令准噶尔使臣等观看花灯，引尼玛等至出入贤良门外西厢房内歇息。奴才等告知尼玛等称，我等之大皇帝念尔等前日观灯未能尽兴，令今日尔等用过饭后，仍行引入仔细欣赏。等语。尼玛等不胜欣喜，称，此乃大皇帝之恩。饭后，奴才等将尼玛等引至正大光明殿，见两侧花灯盘旋，音乐奏响，样样动作，尼玛及其跟役皆点头赞叹，欣欣然告称，承蒙大皇帝之恩，今日得以尽情观看，然其究竟如何做成，鲜活如此，始终难明其究，委实神奇。等语。入山高水长所支蒙古包坐定，闲谈之际，奉旨：今日降雪，不能燃放烟火，尔等返回住处，明日再令尔等来看。钦此。尼玛等称，甚是，如此潮湿，岂能燃放，承大皇帝之恩，明日再看。等语。由照看之章京等将其带回住处。

为此谨具奏闻。

等因，乾隆十五年正月二十日奏入，奉旨：知道了。钦此。

（军机处满文《夷使档》1763-1）

429
协办大学士阿克敦等奏闻与尼玛会谈贸易事宜片

乾隆十五年正月二十日

协办大学士·刑部尚书臣阿克敦等谨奏。

奴才等与准噶尔使臣尼玛等坐蒙古包内闲谈时，据使臣尼玛等称，我来时，我等之大臣等嘱咐我，俟尔抵达，闻达于诸大臣。据本处前往肃州贸易之人返回后告称，现大国于肃州与我等贸易之人，并不似先前，只管一味降低我处货物牲畜价格。将此告知大臣等，请求嘱咐彼处经商人等，按原定之例，公平交易。等语。再，我处商人赶至牲畜，皆系选其优者而来，因路途遥远，通过戈壁，仍有瘸残者，似此者，倘若留于肃州边外有水草之西吉玛、达里图地方牧放，令此处之商人迎往彼处购买，则彼等可得牲畜，且于我等亦有利。此乃闲聊。等语。

奴才等告知尼玛等称，按我大国之例，并不以贸易为事，我等亦不知情。尔等之前台吉噶尔丹策零时，遣哈柳奏请隔三年遣百人至肃州贸易。我等之大皇帝施恩，照准其请。尔等之台吉策妄多尔济那木扎勒又以若仅遣百人至肃州贸易，不便照看物件，奏请再增派一百人，将遣至京城之贸易，亦改于肃州贸易。我等之大皇帝亦施恩，照准其请。与尔等贸易，我属人等皆自出本金与尔等贸易，尔等携至货物牲畜，确如开始之一二次较优，想必我处之商人定按原出之价购买，彼等岂有减价之理。尔等携至货物牲畜并不及先前，而仍欲按先前之优者贸易，同为商人，谁不图利，岂有明知而亏损本金之理。我等之商人，我等亦不能勉强，尔返回后，告知尔等之大臣等，嘱咐尔等所遣贸易人等，宜视各自所带货物牲畜，计各有利，进行贸易，而尔等之大臣可称我等之商人并未遵行原议乎。我等与尔之哈柳原先议定，若来使者，不可携带货物。自议定以来，尔等之使臣逢来皆带货物，故我等屡经告知所来之使，尔等来时，务照原议，勿带货物，不可再带，均曾应承不再带至货物。而此次尔复告知我照看之章京等带有少许货物，请速贸易。以此观之，尔等一味悖行原定之处，是乃何理。尔等之台吉若再遣使，断不可再带货物。尔又以尔等商人赶至牲畜内，其瘸残者若带至肃州，恐倒毙，请于西吉玛、达里图地方牧放，让我商人远迎购买，岂有此理。凡事皆宜遵行原定之例，方为永久有利，断不可悖行。等语。

尼玛回称，我返回后，将大臣等之言告知我等之大臣。此次我属人等随我前来大国，彼等分别带有少许物品，并不多，请准尽速贸易。再，其前往肃州贸易人等赶至牲畜内，有癞残者，牧放于西吉玛、达里图牧场，令此处商人迎往购买，皆可获利一语，乃我之言，如若不准，我复有何言。等语。

为此谨具奏闻。

等因，乾隆十五年正月二十日奏入，奉旨：知道了。钦此。

（军机处满文《夷使档》1763-1）

430
协办大学士阿克敦等奏请派商人购买
尼玛等携至物品片

乾隆十五年正月二十日

协办大学士·刑部尚书臣阿克敦等谨奏。

据照看准噶尔使臣之堂郎中觉世奇、主事伊兴阿等告称，据使臣尼玛等告称，我等此次来时，我等之随行人等带至些许货物，兹我等之事均皆完毕，临近起程，相应请将此等些许货物速令贸易。等语。查得，使臣来时，不可携带货物之处，已皆晓谕其先前所来使臣等。然每次之来使，皆借故其属人等带至些许货物，经告请照依奏准，传派商人，会同照看之章京等，将彼等携至物品变价贸易。兹使臣尼玛又告请其属下人等带至些许货物，请准尽速贸易。相应仍照前例，传至商人孙楷武，派至使臣之住处，会同照看之章京等，将其携至物品贸易。使臣来时，不可携带货物之处，拟仍按先例晓谕之。

等因，乾隆十五年正月二十日具奏，奉旨：再来之使臣等，其携带物品数目，若在尼玛所带数目以内，准其贸易；若多于此数，则不许贸易，务令带回。嘱咐尼玛，明白转告其台吉。钦此。

（军机处满文《夷使档》1763-1）

431
协办大学士阿克敦等奏闻引使臣
至碧云寺礼佛等情形片

乾隆十五年正月二十一日

协办大学士·刑部尚书臣阿克敦等谨奏。

奴才等遵旨带领使臣尼玛等至碧云寺，礼佛祈福后，奴才等将尼玛等之随行人等及我等之跟役皆留于养鹿门外，带尼玛等三人、照看章京二人、该处管总等进入后，奴才指弘光、香山二寺告称，此二寺，乃我等之大皇帝花园内所供之佛，无人得以入内。内大臣旺扎尔因系御前大臣，故曾随我等之大皇帝入内，尚书那延泰因系部院大臣，亦不可入其内。我等之大皇帝念尔等系蒙古人，虔心向佛，恩准引入尔等拜佛。承蒙圣主之恩，我等亦得以礼佛。等语。尼玛等欣喜称，似此常人无法进入之地，我等得以进入，且得以瞻拜寺中所供之佛，实乃大皇帝之至恩，虽山高路远，然按我蒙古例，为礼佛而身受磨难，则可消除罪孽。此寺焉能轻易得以瞻拜耶。等语。进入弘光寺后，叩拜南北殿之佛尊、菩萨祈福。继入香山永安寺，叩拜大殿之佛尊、于南楞严雅、满达噶二坛祈福后，尼玛欣喜告奴才称，得以瞻拜此二寺之佛尊、菩萨，委实神奇，大皇帝之花园内所供佛尊，若无如佛之大皇帝之旨，似我等卑微之人如何得以叩拜耶，此皆我等先世注定之机缘。在我处时，曾闻大皇帝推兴黄教，不曾目睹。我等此次来，仰仗大皇帝之恩，得以叩拜城内大寺之佛尊及著名呼图克图等，并得以叩拜此二处常人所不能到达之花园内寺庙之供佛。观之皆甚神奇壮观，黄教之振兴，理所应当也。仰承大皇帝之恩，于我等之今生及来世，皆大有裨益。等语。大加赞赏。返回后，于西南门外所支蒙古包内进餐。进入山高水长时，尼玛更新衣，彼等三人，皆改带圣上所赐帽后，尼玛欣称，昨日大皇帝念我等衣服被雪淋湿，恩赏我等如许上好绸缎，且赏及我等之随行人等。我等之此衣尚好，并未损伤，蒙大皇帝之恩，我平白得此衣物。等语。奴才等带领尼玛瞻觐圣明，颁降谕旨，亲赐黄酒饮后，坐回原处，告知奴才那延泰曰，似我卑微之人，料无人承受大皇帝如此之恩，实属未视我等为外人而垂爱也。我等惟僭越承受而诚心祈祷。等语。奴才那延泰言，尔等之台吉派遣所有使臣等，实无似尔仰承大皇帝之恩者，即便哈柳，亦不及尔，此乃尔之福分，尔但笃诚感戴大皇帝之恩，我等之大皇帝生性慈爱，无分内外，一体仁爱，不但不视尔等为外人，尔等尚可仰沐不尽之恩也。等语。尼玛称是。

为此谨具奏闻。

等因，乾隆十五年正月二十一日奏入，奉旨：知道了。钦此。

（军机处满文《夷使档》1763-1）

432
协办大学士阿克敦等奏闻尼玛等圆明园
瞻觐圣明感恩情形片

乾隆十五年正月二十一日

协办大学士·刑部尚书臣阿克敦等谨奏。

乾隆十五年正月二十日，尚书那延泰、将军阿兰泰、侍郎玉保带领使臣尼玛，副使达希藏布、奔塔尔等至达山高水长楼下瞻觐时，传旨令尼玛近前跪地，颁降谕旨曰：此次尔较尔等之台吉派遣所有使臣均多承朕恩，即便哈柳，亦未曾似尔。前日尔等未能尽情观看烟火，故今日特带尔等前来观看。尔等可尽情观赏。钦此。尼玛叩首，奏称，大皇帝施加我等卑微人等之恩，至深至重，委实无边无际。此亦我辈卑微人等先世所修福分。钦遵大皇帝谕旨，将一饱眼福。等语。而后退回原处，叩毕入座。

继令尼玛近前跪地，亲赐黄酒饮之。颁降谕旨曰：今日尔已叩拜朕之西山花园内寺庙所供佛尊乎。钦此。尼玛答称，仰仗大皇帝之恩，今日我等前去瞻拜祈福于有大福之佛，委实神奇，与我等大有裨益也。等语。亲赐饮酒十杯之后，召副使臣达希藏布、奔塔尔近前跪地，亲赐饮酒，令回原处叩首入座。观看烟火毕，将赏赐彼等之物，仍交付该处侍卫等，送往使臣等之住处外，引尼玛等出，由照看之章京等带回住处。

为此谨奏。

等因，乾隆十五年正月二十一日奏入，奉旨：知道了。钦此。

（军机处满文《夷使档》1763-1）

433
协办大学士阿克敦等奏闻传谕尼玛等贸易事宜片

乾隆十五年正月二十一日

协办大学士·刑部尚书臣阿克敦等谨奏。

奴才等遵旨告知准噶尔使臣尼玛称，尔等前日告知我照看之章京等，兹我等起行之日已临近，请将我等属下人等携至些许货物，速令贸易。等语。业经彼等报闻我等，我等奏请我等之大皇帝之旨，奉旨：据原定议，使臣来则不带货物。然准噶尔使臣等每次来仍携至货物，奏请贸易，因念系已携之而来之物，禁止贸易，令其带回，彼等亦属可悯，故朕皆施恩，准照所请贸易。饬令彼等若再来使，断不可携带货物，然再来之使仍携至货物，请求贸易。每次所带货物，均皆照请准其贸易，又屡降谕旨禁止携带货物，徒具虚名，亦有辱名誉。兹朕格外加恩，著复有使臣来时，其携带物品数目，若在尼玛所带数目之内，准其贸易；若多于此数，则不许贸易，务令带回。嘱咐尼玛，明白转告其台吉。钦此。

尼玛闻后回称，我等使臣每次前来，皆携至少许货物，乃因我等属下人等有幸来大国一趟，仰仗大皇帝之恩，换取些许日用物品，带回家中使用者实，岂敢不遵行原定之处。兹蒙大皇帝施恩，将我携至些许货物准令贸易外，谕令若再来使，不可多于此数者，实于我等大为有益。我等返回后，告知我等之台吉、大臣等，敬谨遵行。

为此谨具奏闻。

等因，乾隆十五年正月二十一日奏入，奉旨：知道了。钦此。

（军机处满文《夷使档》1763-1）

434
军机大臣傅恒等奏请带尼玛等
观看雍和宫跳步扎时不必召集蒙古宾客片

乾隆十五年正月二十四日

大学士·领侍卫内大臣·忠勇公臣傅恒等谨奏。

兹将雍和宫跳布扎，多派喇嘛之处，询于章嘉呼图克图，据告称可召喇嘛二千人。惟跳布扎之时，所用披风、帽子不敷，且跳布扎并非每日诵经，故会者少，我等将勉力而为，可得喇嘛一千二三百人，视其可否，酌加召集。等语。相应按章嘉呼图克图所言，令其召集喇嘛一千二百人，本月二十九日将跳布扎，即带使臣尼玛等于二十九日前往观看。

再，为在雍和宫观看跳布扎，召进蒙古宾客之处，业已具奏。兹令使臣等观看跳布扎，将汇集入班、增派大臣、议政大臣等，若一并召集蒙古宾客，则过繁杂。相应是日免召蒙古宾客，翌日围绕迈达礼时，再召集观看。故此，其令使臣等观看跳布扎时应行备办事项，另行缮折，一并恭呈御览。俟有旨下，钦遵施行。

等因，乾隆十五年正月二十四日奏入，奉旨：知道了。钦此。

（将此交付中书德明图，转交蒙古衙门去讫）

（军机处满文《夷使档》1763-1）

435
军机大臣傅恒等奏闻备办带尼玛等
观看雍和宫跳步扎事宜折

乾隆十五年正月二十四日

　　大学士·领侍卫内大臣·忠勇公臣傅恒等谨奏，为议奏事。

　　本月二十九日，于雍和宫跳布扎，奉上谕：著带准噶尔使臣尼玛等前往观看。钦此。钦遵。查得，乾隆十二年①，令使臣哈柳等于雍和宫观看跳布扎时，因皇上未曾驾临，故未支黄幄，免却为众人进茶。令诵经喇嘛等坐左边，召集入班大臣、增派大臣、议政大臣等坐右边。届时，引使臣等入，于首排大臣之末，留隙而坐，随行而来之厄鲁特等坐于众大臣之后。此次之来使尼玛等观看跳布扎时，皇上亦不驾临，相应仍按前例，免支黄幄及为众人进茶。召集诵经之喇嘛千余名坐左边，大臣等于右边对坐。诵经喇嘛及聚集之大臣等就坐处皆铺毡垫。既然不支圣上所坐黄幄，相应照前令三位呼图克图正向而坐。是日清晨，照看之章京等带领使臣等至雍和宫，酌择喇嘛等所住房内宽敞之处，供使臣等歇息，由照看之大臣等赏食饭食毕，引至前后殿礼佛，再带至原处等候。届时引入。于首排大臣之末，留隙而坐，随行而来之厄鲁特等坐于众大臣之后。跳布扎礼毕，将使臣等带回住处。聚集之大臣等皆着蟒袍补褂。其备办恩赏使臣等之饭食茶饮，收拾令使臣等歇息之喇嘛房间，备办坐垫等处，皆交付各该处备办。使臣等路经街道门堆，皆令官兵排列整齐，及管理雍和宫外围之处，均拟交付步军统领、护军统领等。

　　为此谨奏。

　　等因，乾隆十五年正月二十四日奏入，奉旨：知道了。钦此。

　　（将此由中书德明图，除转交吏部、兵部、蒙古衙门、内务府、武备院、茶膳房、步军统领衙门、景运门护军统领、侍卫处外，亦交付照看使臣之章京等去讫）

（军机处满文《夷使档》1763-1）

---

　　①　应为乾隆十年。

436
谕准噶尔台吉策妄多尔济那木扎勒
准派喇嘛至京习经

乾隆十五年正月二十四日

奉天承运皇帝敕谕准噶尔台吉策妄多尔济那木扎勒：据台吉尔奏称，去年为来肃州贸易人等事具奏，奉大皇帝谕旨，准我处贸易之人增加一百，为二百人。乃因垂念振兴黄教，安逸众生，不胜欣悦。等因。感戴朕恩，极为恭顺具奏，朕甚嘉赏。又据奏称，我等先前自唐古特地方延请之喇嘛，已大半亡故，兹每次派少许人等赴唐古特地方，向二博克达、四大寺等黄教各寺庙请安。为现在及将来祈祷熬茶，探求经源，则于教法大有裨益，故每年派少量人前往唐古特地方之处，请大皇帝洞鉴。等情。此外尔使尼玛等亦曾照此口奏。朕为天下大皇帝，若系可行之事，朕即准行，若系不便准行之事，无论何人请求，亦无准行之处。此前台吉尔以赴肃州贸易人少，不敷照看，请求再增百人，朕既照所请准加百人。先前尔父噶尔丹策零，奏请为尔祖策旺阿喇布坦派人三百名赴藏熬茶，朕格外施恩，派大臣官兵照看，并沿途赏补牲畜路费，至藏善终其事，送返游牧。继而台吉尔为尔父噶尔丹策零之事，亦请求准派三百人熬茶，朕亦恩准，照请准行，如前办理，将尔等之人妥加遣返。似此大事，理应准行，故朕视其所请，不仅当即准行，尚且施恩，遣派大臣官兵照看，沿途赏补牲畜路费，妥加资助。仅凭尔等之力能行乎。彼时，朕即因尔等之似此大事，施恩准行。若非似此之事，断不准行。等因降旨甚明。今台吉尔又奏请每年遣少许人前往唐古特地方，乃明知不准行而遣使来奏。尔若拟较尔父噶尔丹策零时和好妥善行事，感激朕恩，每年遣使请朕安，承沐恩典，尽可表奏，缘何奏请似此断不便行之事。台吉尔或以为毕竟已两次派人赴藏，想必可再获准前往。朕并非永不准行，果有似此大事，视尔等之请，亦可准行。兹照台吉尔所请，准每岁差二三十人赴藏，断不可行，即便照准尔之所请，日后必又以人少，奏请增加人矣。尔等之人每年行走，难道每年皆派我等之官兵照看乎。尔等赴藏熬茶之人返回游牧，我办理藏地噶伦事务郡王珠密那木扎勒，即奏请停止准噶尔等之人赴藏。藏地人众，虽皆为朕属，然不可与内地相比，朕岂可惟准台吉尔之所请，而将珠密那木扎勒之奏请置之不理乎。尔等之人即便不需我等之官兵照看，自资前往藏地，若无我等之大臣官兵照看，王珠密那木扎勒岂肯容纳尔等之人耶。吾大国既无似此之例，此断非准行之事。惟尔地所有由藏延请喇嘛等，诚亡故殆尽，黄教日渐泯灭，亦未可料。朕之此处兴广黄教，岂有令尔地黄教日渐泯灭之理耶。朕嘉赏台吉尔极其恭顺，凡事皆遵朕旨而行，故今为尔详度，我等地方所有大寺，有著名呼图克图及由藏地挑选之贤能喇嘛，以及各地习经喇嘛等，我等既已修好，台吉可将尔处习经喇嘛，选派十名或二十名至京，随大寺呼图克图及由藏选取贤能喇嘛等勤学三四年，再返回游牧，俾助推兴黄教，又何患黄教难以振兴耶。此即与遣人赴藏无异也。惟遣至京城习经之喇嘛等，亦不便每年派遣，须遣年轻者来学，学成返回，即可行教三四十年。此等人将尽，再遣人来学可也。此乃念台吉尔奏请每年遣人赴藏之处不便准行，且又恐尔地黄教泯灭，详尽筹度，通融之恩也，并非强令遣派喇嘛等至京城学习。台吉尔若不愿遣派喇嘛则罢。倘复借故渎奏每年遣人赴藏，抑或自藏延请喇嘛等不可行之事，则此台吉尔非为弘扬黄教，乃惟欲派人赴藏耳。其终不可行，且不领朕兴教之恩也。若台吉尔知晓朕此通融之恩，欲派习经喇嘛，可遣晓事之人为使，计于本年十二月内抵达京城，则彼等又可遇新年筵宴，承领朕恩。著议定由尔处派至习经喇嘛人数、起程日期、驻几年返回之处，俟尔使返回，再遣习经喇嘛等前来。俟其抵达，念和睦之道，朕施恩赏彼等以廪饩。此乃朕之至恩，勉台吉尔惟但感念朕恩，以图永受。是故，缮拟谕旨，交于尔使尼玛赍回。

随敕赏各色缎十匹，格外加恩赏蟒缎小龙缎八匹、玻璃磁珐琅器十八种。特谕。

（军机处满文《夷使档》1763-1）

乾隆十五年（1750 年）正月戊午

赐准噶尔台吉策旺多尔济那木扎尔敕书。

奉天承运皇帝诏曰：据台吉奏，肃州贸易之人，蒙恩加增百名，感戴陈谢。殊属敬顺，朕甚嘉之。至奏称所有唐古忒喇嘛，已多亡故，恳每次差数十人，往唐古忒二博克达、四大庙、黄教各庙请安等语，尔使臣尼玛等，亦经口奏及此。朕为天下主，可行之事，断无不允行。不可行者，虽恳求亦不许。昨尔奏来肃州贸易人少，不足照看，朕即照所请准加百名。从前尔父噶尔丹策零，奏请为尔祖策妄阿喇卜坦差人三百名，往西藏熬茶，朕特加恩派大臣官兵照看，并赏沿途牲畜路费，至藏完成此事。续又据尔奏请为尔父噶尔丹策零差人三百名熬茶，朕亦准尔照前办理。似此应行大事，朕一一俯从。若非此等事，则断不准行。从前降旨甚明，今尔又奏请每年差二三十人，在唐古忒地方行走，是以断不可行之事来奏也。尔意以已准尔等往藏熬茶两次，未必再准前往，是以妄生冀倖，殊不知果有前此大事，朕原未尝禁止往藏。今无故每年令二三十人前往，不惟事有不可，即照尔所请，日后又必言人少，请多增人数矣。将每年必派官兵照看尔往来之人，可乎？况从前往藏熬茶时，藏内郡王珠尔默特那木扎勒，曾奏请停止准噶尔人往藏。朕若准尔所请，则珠尔默特那木扎勒所奏，岂竟置之不问乎？尔等即不用朕官兵照看，以己力潜往藏地，珠尔默特那木扎勒亦安肯容纳乎？但今尔地有自藏延请喇嘛，大半亡故。诚恐黄教日泯，朕方欲广演黄教，岂肯令尔地之教，日就渐灭。今为尔详度，朕中国大庙，有名呼图克图、藏内挑取有德行喇嘛及各处有学业喇嘛，皆住持其中。尔可将喇嘛内聪颖者，挑选十名，或二十名，送至京师，在大庙勤学三四年，令其回去，即可助行黄教。但此学经喇嘛，须择年少之人。学成时可以行教三四十年，自后不得每年差来。必俟人数将完，方准再行挑送学习。此特恐尔处黄教渐废，是以多方为尔筹划，非必欲尔处喇嘛赴京也。尔若不愿喇嘛来学，即可中止。如复以差人至藏为请，则断不许。尔惟当感戴朕恩，永图承受，勿妄生他念，勉之。

（《平定准噶尔方略前编》卷 52，《清高宗实录》卷 356）

乾隆十五年（1750 年）正月戊午

寻又降旨：嗣后准噶尔贡使携带货物，如在尼玛数目以内，准其贸易。倘逾此数，即行驳回。著谕尼玛，令其回时，传谕台吉知之。

（《平定准噶尔方略前编》卷 52，《清高宗实录》卷 356）

437
军机大臣傅恒等奏闻随敕赏准噶尔台吉缎匹等物片

乾隆十五年正月二十四日

大学士·领侍卫内大臣·忠勇公臣傅恒等谨奏。

查得，乾隆十三年，策妄多尔济那木扎勒所遣使臣俺集等返回之时，除随敕赏缎十匹外，施恩加赏蟒缎妆缎八匹、玻璃磁珐琅器十八种。故此次颁敕策妄多尔济那木扎勒时，仍前将赏赐之处缮入敕书内，恭呈御览。

等因，乾隆十五年正月二十四日奏入，奉旨：知道了。钦此。

（将此交付内务府笔帖式傅泰抄录，转交内务府备办所赏绸缎外，为备办所赏玻璃、磁、珐琅器皿，亦撰清单交付内总管唐吉南等去讫）

（军机处满文《夷使档》1763-1）

438
军机大臣傅恒等奏请修改颁降准噶尔台吉敕书片

乾隆十五年正月二十七日

大学士·领侍卫内大臣·忠勇公臣傅恒等谨奏。

查得，将颁降准噶尔台吉策妄多尔济那木扎勒之敕书译成蒙古字，与清字敕书一并恭呈御览后，已蒙圣上朱笔匡正。已改蒙古字敕书内，此意过分一语，业经朱圈，清字敕书内无朱圈之处，臣等谨请将清字敕书内所有此语，亦加删除划一。故将原呈清字、蒙古字敕书，皆粘黄签，一并恭呈御览。

等因，乾隆十五年正月二十七日奏入，奉旨：是。钦此。

（军机处满文《夷使档》1763-1）

439
内大臣海望奏请准尼玛等于观看步扎时
向三位呼图克图进献木碗片

乾隆十五年正月二十八日

内大臣·户部尚书海望等谨奏。

据照看准噶尔使臣之堂郎中觉世奇、主事伊兴阿等告称，我等遵旨晓谕尼玛等将于本月二十九日观赏雍和宫跳步扎，尼玛等极为欣悦。据告称，自我等抵达，仰承大皇帝之恩，不可胜数，兹又谕令我等观看跳步扎，实乃至恩。按我蒙古例，若能观看跳步扎，则一年畅顺。兹蒙大皇帝之恩，得以观看，相应于我等更有裨益也。又告称，本月二十九日跳步扎之日，请准我等献三位呼图克图木碗各一只。请将此闻达大臣等。等语。尼玛等感激圣恩，敬戴三位呼图克图，禀请呈献木碗，相应准照其请，于跳步扎之日，俟呼图克图等入座，引彼等跪叩时，呈献木碗。

为此请旨。

等因，乾隆十五年正月二十八日奏入，奉旨：知道了。钦此。

（军机处满文《夷使档》1763-1）

440
军机大臣傅恒等奏闻交付颁降准噶尔
台吉敕书及赏物仪注片

乾隆十五年正月二十九日

大学士·领侍卫内大臣·忠勇公臣傅恒等谨奏。

查得，先前交付颁降准噶尔之敕书时，令使臣等于上驷院歇息，赏食饭食后，带至箭亭前令其跪伏交付之。此次，将颁降策妄多尔济那木扎勒之敕书，用玺之后，于二月初一日仍照前例，令尼玛等进上驷院歇息，赏食饭食后，带至箭亭前跪候，一并交付敕书、赏赐策妄多尔济那木扎勒及使臣尼玛等之物件。

等因，奏入，奉旨：知道了。钦此。

（将此交付中书果兴阿，转交蒙古衙门、内务府、武备院、茶膳房、上驷院、造办

·391·

处、银缎库去讫)

（军机处满文《夷使档》1763-1）

441
军机大臣傅恒等奏请赏伴送使臣
官员等银两片

乾隆十五年正月二十九日

大学士·领侍卫内大臣·忠勇公臣傅恒等谨奏。

查得，先前遣返准噶尔使臣时，曾赏派委伴送之章京治装银二百两、笔帖式银一百两。由肃州派委护送使臣前来之通事兵，赏银五十两在案。此次前来之使尼玛等返回时，仍派原护送前来理藩院主事诺木浑、笔帖式喜柱伴送。相应照例赏主事诺木浑银二百两、笔帖式喜柱银一百两，通事兵张福起、马征各五十两，敬谨请旨。

等因，具奏，奉旨：知道了。钦此。

（将此交付中书果兴阿，转交蒙古衙门、内务府去讫）

（军机处满文《夷使档》1763-1）

442
军机大臣傅恒等奏请将颁降谕旨等
译成蒙古字交付尼玛赍回片

乾隆十五年正月二十九日

大学士·领侍卫内大臣·忠勇公臣傅恒等谨奏。

查得，先前遣返准噶尔使臣等时，将其抵达后瞻觐时颁降谕旨、与彼等交谈话语及嘱咐之事，皆译成蒙古字，缮文赍回。此次使臣尼玛等返回时，亦照前译成蒙古字，缮文赍回。令其赍回时，将筵宴使臣等之次日，遵旨驳斥尼玛所奏即便构兵、亦无停止通使贸易之例等言，彼等悔过之处，及皇上施恩宽免尼玛等，已晓谕不将此事缮入颁降策妄多尔济那木扎勒之敕书内，晓谕不再译成蒙古字赍回。初次瞻觐筵宴时所降谕旨：尼玛回奏之言，及若复来使，其携带货物不得超出尼玛现在携至数目之处，著明白告知其台吉。钦此。又复奉旨：将尼玛等所告之言，皆译成蒙古字令其赍回。是故，将先前所奏清字谕旨、尼玛所告言语之文，今照此迻译之蒙古字，一并恭呈御览。俟蒙圣裁，明日向尼玛等交付敕书时，一并明白交付之。

等因，具奏，奉旨：是。钦此。

（军机处满文《夷使档》1763-1）

443
军机大臣傅恒等奏请将此次使臣事宜
抄送两路将军等片

乾隆十五年正月二十九日

大学士·领侍卫内大臣·忠勇公臣傅恒等谨奏。

查得，先前准噶尔使臣等来京，将其赍至奏书、所议事件及圣上颁降谕旨等，概行抄录，咨送西北两路将军、大臣等，川陕总督，甘肃巡抚去讫。今使臣尼玛等即将事毕，俟其起程，相应照前将策妄多尔济那木扎勒之奏书，与彼等所议之语、颁降策妄多尔济那木扎勒之敕书，及与彼等所议事件，概行抄录，咨行两路将军、大臣，川陕总督，甘肃巡抚各一份去讫。

等因，具奏，奉旨：知道了。钦此。

（将此缮写四份钤印，将应行之事抄录四份，于二月二十五日交付兵部章京吴英，分别咨行去讫）

（军机处满文《夷使档》1763-1）

444
尚书那延泰等奏报使臣观看跳步扎时
请章嘉呼图克图赠送佛尊片

乾隆十五年正月二十九日

尚书臣那延泰等谨奏。

今晨，照看准噶尔使臣尼玛等之堂郎中觉世奇等，带尼玛等至雍和宫扎萨克喇嘛簇勒齐玛达尔济屋中，奴才等请彼等入座，饮过茶后，奴才晓谕彼等曰，今日于雍和宫跳步扎，大皇帝念尔等系蒙古人，恩准尔等观赏跳步扎，故带尔等前来观看，尔等尽可观赏。等语。尼玛等纷纷称，自我等抵达，屡屡仰承大皇帝隆恩，今又令我等观看跳步扎，已属至恩。我等今蒙大皇帝之恩，得以观看跳步扎，则可尽除孽障，大有裨益也。等语。给使臣等赏食饭食后，引彼等逐殿礼佛祈福。尼玛等喜曰，似此有大福之佛，仰蒙大皇帝之恩，我等得以两次瞻拜祈福，实乃我等前世之造化也。将我等

·393·

抵达后所奏事件、颁降谕旨，大皇帝谕令缮拟交付我等赍回，对此我等毫无担忧，惟承恩返回游牧耳。等语。奴才等曰，尔等瞻观圣明时，颁降谕旨曰：将尔所奏言语及尔使若来不得超出此次所携货物数目之恩旨，明白晓谕尔等之台吉。我等之大皇帝已谕令我等将谕旨译成蒙古字，缮文交付尔等赍回。尔等委实有幸也。等语。彼等甚是欣喜，合掌作揖。礼佛毕，仍引至扎萨克喇嘛簇勒齐玛达尔济屋中饮茶闲谈，以待时辰。俟我等之入班大臣、三位呼图克图、喇嘛等均皆入座，奴才等引尼玛等入清宁西侧门后，据尼玛告称，我等拟献三位呼图克图以哈达、木碗。奴才等称，可。扎萨克喇嘛簇勒齐玛达尔济、照看之章京等引彼等叩拜三位呼图克图后，返至座位入座后。尼玛喜称，我等拜过三位格根，许愿祈祷已毕。旋叹观跳步扎，逢阿克巴额礼克汗、达尔楚特、阿匝喇出场逐加询问，故此奴才问尼玛曰，尔处是否亦如此跳步扎。尼玛称，吾处虽亦跳布扎，然岂可与此相比。等语。请巴灵时，见众喇嘛、大臣起立，亦一同起立，请过巴灵后，令照看之章京等引领尼玛等出西侧门至住处。

章嘉呼图克图等告奴才那延泰曰，适才尼玛等给我叩头献碗后，告知曰，仰蒙大皇帝恩典，我等得以两次叩拜三位呼图克图。我等均系远道前来之人，请呼图克图，赐我等宗喀巴、达喇额克祈愿佛，以便沿途虔诚祈祷而行。彼等如此请求，如若不给，似过小气，故经我等三人商酌，各送彼等宗喀巴、达喇额克之锡鲁克五尊、擦擦佛一尊、护符一个。

为此请旨。

等因具奏，奉旨：知道了。著照请赠送。钦此。

（将此由那延泰大臣交付蒙古衙门笔帖式刘保住，转告章嘉呼图克图等去讫）

（军机处满文《夷使档》1763-1）

445
交付使臣尼玛敕书赏物等记注

乾隆十五年二月初一日

将颁降准噶尔台吉策妄多尔济那木扎勒之敕书、赏赐缎匹器皿，著使臣尼玛等瞻观时颁降谕旨、彼等回奏言语之文，及其来使时，携带货物不得超出尼玛此次携至数目等加恩之谕旨，并赏赐彼等之物品银两等，皆已交付使臣尼玛等之处，于是日口奏，奉旨：知道了。钦此。

（军机处满文《夷使档》1763-1）

446
军机处为支付雇骡银两事咨户部文

乾隆十五年二月初六日

军机处咨行户部，为知照事。

准噶尔使臣将于本月初八日起程返回，约计需用驮物之骡三十匹，本处咨行都察院办理外，其应支付雇骡价银，俟接都察院行文，著即速办理拨给。再，所雇骡马，在途疲惫，亦未可料，将此由尔部仍照前例，咨饬使臣等行经地方官员，倘若路途驮骡有疲惫者，即雇好骡给换。

使臣等将沿边顺宁夏路而行。

为此知照。等因咨行。

（将此缮文钤印，交付中书满普转交去讫）

（军机处满文《夷使档》1763-1）

447
军机处为雇骡事咨都察院文

乾隆十五年二月初六日

军机处咨行都察院。

准噶尔所遣使臣等于本月初八日起程返回，约计需用驮物之骡三十匹，将此由尔部妥加办理，派官一员，于本月初八日凌晨，一并送至西华门外掌关防内管领等之办事房，交付蒙古衙门主事诺木浑、笔帖式喜柱。速计应给雇价银，由户部支取银两，仍照前例，一半发给出租人等，其余一半交给伴送章京等，在途陆续支发。

使臣等将沿边顺宁夏路而行。

为此咨行。

（将此缮文钤印，交付中书满普转交去讫）

（军机处满文《夷使档》1763-1）

448
军机处为拨给马匹事咨兵部文

乾隆十五年二月初六日

军机处咨行兵部。

准噶尔使臣于本月初八日起程返回，其所骑驿马二十匹、负驮马八匹、牵引马六匹，护送使臣等之理藩院主事诺木浑、笔帖式喜柱、领催济尔哈朗及由肃州随行而来之通事兵二人应骑之驿马，皆由尔部照其原先携至知照执行，从速办理拨给。再，随行照看使臣等，派往绿旗官弁二员、兵丁三十名。将乘驿勘合、火牌、官兵所领执照，著均皆交付主事诺木浑等。

使臣等将沿边顺宁夏路而行。

为此咨行。

（将此缮文钤印，交付中书满普转交去讫）

（军机处满文《夷使档》1763-1）

449
大学士来保奏闻尼玛等起程日期折

乾隆十五年二月初七日

大学士臣来保谨奏，为奏闻照管准噶尔使臣等起程事。

使臣等将起程，遵旨询问照看使臣等之章京觉世奇等，使臣等贸易之事如何之处，觉世奇等告称尚未讲定。初六日，觉世奇等前来告称，使臣等携至货物，现皆已平允议定，计其收拾停当，可于本月初八日起程。等语。故臣等当即将拨给彼等驿马、驮骡、雇骡银两等项，交付户、兵二部及都察院，妥加办理，视其贸易事毕，拟于本月初八日，交付原伴送前来理藩院主事诺木浑、笔帖式喜柱等照看起程。再，初七日进早餐时，协办大学士尚书阿克敦以饯行礼，曾至使臣等住处看望。因侍郎玉保进贡院，未能前去。使臣等感激圣恩，甚为欣悦。

为此谨具奏闻。

等因，乾隆十五年二月初九日奏入，奉旨：知道了。钦此。

（将此交付中书魏多保，转交兵部驿官等，驰递行在去讫）

（军机处满文《夷使档》1763-1）

450
协办大学士阿克敦奏闻尼玛等起程前感激圣恩言辞折

乾隆十五年二月初七日

协办大学士臣阿克敦谨奏，为奏闻事。

准噶尔使臣尼玛等贸易完毕，将于本月初八日起程。是以，臣于本日前去使臣等之住处，饮茶闲谈，令理藩院章京翻译。尼玛称，自此次我等为使前来，得以瞻觐大皇帝三次，仰蒙施以各种恩典，均优于历次前来之使，我等委实感激不尽。今将返回，惟有欢歌笑语，返回游牧耳。等语。臣告尼玛等曰，尔等诚若感激大皇帝之恩，则铭记大皇帝颁降谕旨，告知尔等之台吉，嗣后惟有钦遵谕旨而行，方可永久承恩。尼玛称，我将谨记大皇帝颁降谕旨，告知我等之台吉。嗣后永远交好，以承大皇帝恩泽。尼玛又起立，将木碗一只、刀一把作为礼物赠送于臣。继而副使达希藏布、奔塔尔亦各送刀一把。相应臣回赠尼玛红毡一块、缎一匹，回赠达希藏布、奔塔尔每人缎一匹。

为此谨具奏闻。

等因，乾隆十五年二月初九日奏入，奉旨：知道了。钦此。

（将此与来保中堂奏片，一并交付中书魏多保，驰递去讫）

（军机处满文《夷使档》1763-1）

451
军机大臣等为询问使臣等贸易等事寄阿克敦等人信

乾隆十五年二月初七日

军机大臣等字寄协办大学士阿克敦、理藩院侍郎玉保。

我等出来时，曾交付照看使臣等之章京觉世奇等，将使臣尼玛携至货物如何议定、彼等有何言语、举止如何、何时令彼等起程之处，即随本报寄至。此次并无音信，兹蒙圣上垂询，俟此文到，将其如何平允议价、使臣等有何言语、举止如何、何时令彼等起程之处，缮折声明，勿候本报，当即具奏（此句系朱笔增加）。此事来保亦应知晓。

为此寄往。

（军机处满文《夷使档》1763-1）

452
军机处为支取雇骡价银事咨都察院文

乾隆十五年二月十三日

军机处咨行都察院，为知照事。

先前本处因准噶尔使臣返回时，需用驮运物品骡近三十匹，故曾咨行尔院。兹使臣等返回，取用骡三十二匹，将此须由尔院照例咨行户部，支取租银拨给。

为此咨行。

（将此缮文钤印，交付中书宝成转交都察院）

（军机处满文《夷使档》1763-1）

453
军机处为支付雇骡价银事咨户部文

乾隆十五年二月十三日

军机处咨行户部，为知照事。

先前本处因准噶尔使臣返回时，需用驮运物品骡约近三十匹，故将此咨行都察院办理外，其应给付雇骡价银，俟接都察院咨文，即行办理给付。等因咨行尔部。兹使臣等返回，取用骡三十二匹，相应尔部俟接都察院咨文，即如数给付雇价银之处，照例办理。

为此咨行。

（将此缮文钤印，交付中书宝成转交户部）

附录：

赏赐此次准噶尔来使物品清单※

正月初十日，丰泽园瞻仰赐宴，赏策旺多尔济那穆扎尔连套木碗一个、珐琅小磁瓶一对，赏正使尼麻西洋鼻烟盒一对。又赏策旺多尔济那穆扎尔碧玉如意一件，赏尼麻碧玉如意一件。又赏策旺多尔济那穆扎尔漳绒二匹、妆锻二匹、宁绸二匹、套红涅玻璃瓶一对、月白涅玻璃碗一对、亮红玻璃碗一对、亮紫玻璃盘一对、霁红磁盘一对，赏正使尼麻大缎四匹、月白涅玻璃花插一对、亮紫玻璃碗一对、银二百两，赏副使达锡藏卜、奔塔尔银各五十两。

十六日，在山高水长看烟火，赐尼麻貂尾帽一顶、套红涅玻璃鼻烟壶一个，赐副使达锡藏卜、奔塔尔玄狐皮帽各一顶。赏策旺多尔济那穆扎尔洋磁珐琅鼻烟壶一个。

又赏台吉大红漳绒四匹、酱色漳绒一匹、黄漳绒一匹、表二个（随木匣）、磁珐琅瓶一对、蓝玻璃画金花观音瓶一对、象牙佛手盒一件、画羊角方灯一对、画羊角六方瓶灯一对；赏额尔亲尼麻古铜漳绒一匹、黄漳绒一匹、洋漆罩盖三层海棠盒一对、象牙田瓜盒一对、羊角方灯一对。

二十日王大人来，赏尼麻锦一匹、片金一匹、大缎一匹；副使二人，各锦一匹、大缎一匹；跟役十三名，各官用缎一匹。赏策王多尔济那穆扎尔四方羊角卓（桌）灯一对、四方纱卓（桌）灯一对、小荷包十对（内银锞二十个）、大荷包一对（内金钱二个），赏尼麻羊角卓（桌）灯一对、大荷包一对、小荷包三对（内都有银锞），赏达锡藏卜、奔塔尔各小荷包二对（内都有银锞）。

二十八日，赏策王多尔济那穆扎尔磁胎珐琅甘（橄）榄瓶一对、磁胎珐琅茶碗一对、青花白地碗一对、霁红靶（把）碗一对、青花白地碟一对、绿彩磁盘一对、霏（翡）翠玻璃大碗一对、亮绿玻璃刻花茶碗一对、亮蓝玻璃碟一对。

二十九日，照例赏正使尼麻元狐帽一顶、绿纺丝搭布一条、上用香色火焰龙妆缎面银鼠皮袍一件、香色火焰龙妆缎面棉袍一件，赏副使达锡藏卜、奔塔尔各青狐皮帽一顶、绿纺丝搭包一条、上用酱色火焰龙妆缎面灰鼠皮袍一件、酱色火焰龙妆缎面棉袍一件，赏跟役十七名，各黄狐皮帽一顶、绿纺丝搭包一条、官用石青字缎面羊皮袍一件、官用石青字缎面棉袍一件。

二月初一日交敕书，照例赏策旺多尔济那穆扎尔上用蟒缎一匹、片金一匹、妆缎二匹、闪缎一匹、字缎一匹、缎四匹，加赏缎一匹、片金一匹、妆缎一匹、闪缎二匹、字缎三匹；赏正使尼麻上用缎二匹、官用蟒缎一匹、补缎一匹、彭缎二匹、细布二十四匹、银一百两；赏副使达锡藏卜、奔塔尔各上用缎二匹、官用蟒缎一匹、彭缎二匹、细布二十四匹、银各五十两；赏跟役四十四名，各官用缎二匹、彭缎一匹、细布八匹、银二十两。

（军机处满文《夷使档》1763-1）

454
笔帖式喜柱为报使臣抵达肃州事呈军机处文

乾隆十五年三月十九日

伴送准噶尔使臣之笔帖式喜柱具呈军机处，为具报事。

喜柱我等于乾隆十五年二月初八日带使臣等离京，于是月二十九日行抵宁夏。据使臣尼玛等告称，我等欲先往肃州。等语。故经喜柱我与主事诺木浑商议，带使臣尼玛等十七人先行，使臣等之行李，由主事诺木浑带三名蒙古人后行。喜柱我带使臣尼玛等十七人，已于三月初八日行抵肃州。

为此呈闻。

（此文至，由大臣等阅之，未具奏）

（军机处满文《夷使档》1763-1）

455
主事诺木浑为尼玛等已由肃州起程
前往哈密事呈军机处文

乾隆十五年三月二十七日

伴送准噶尔使臣等之主事诺木浑具呈军机大臣等，为具报事。

前将准噶尔使臣尼玛、达希藏布、奔塔尔及随从十四人，由笔帖式喜柱率带由宁夏起行，已于乾隆十五年三月初八日行抵肃州之处，业经呈保。兹主事诺木浑我照看其跟随行李之三名蒙古人，已皆于三月十三日安抵肃州。使臣尼玛等复歇三日，于本月十七日，诺木浑等带尼玛等四十七人及行李起程前往哈密。何时抵达哈密之处，容再报闻。

为此具呈。

（此文未具奏，由大臣等阅毕存档）

（军机处满文《夷使档》1763-1）

乾隆十五年（1750 年）四月戊寅

谕安西提督永常等筹办夷使贸易事宜。

永常奏言：夷使尼玛回至哈密，恳求变卖乏弱驼马，购买货物。总兵张世伟恐坚拒启衅，遂悉准其请。

奏入，上谕军机大臣曰：此事尼玛固属卑鄙小见，而张世伟亦未免过于姑息，似此因循怯懦，将来或恐贻笑外夷，难令其弹压边境。伊前往西宁办理喂驼一节，尚属尽心，或于内地营务相宜，已令其来京陛见，酌量另补。其员缺令吕瀚补授。此旨不必告知张世伟。俟吕瀚到镇，凡夷使分内应得些小利益之处，仍照常听其交易，以示怀柔。若例外干求，当示之节制，以杜无厌之望。著传谕永常，可逐一详悉告知吕瀚，令其审度轻重，妥协办理。

（《平定准噶尔方略前编》卷 52）

456
主事诺木浑等为尼玛等已由哈密起程
返回事呈军机大臣文

乾隆十五年四月二十一日

驻哈密办理回众事务之主事额勒津、诺木浑具呈军机大臣等，为具报事。

护送准噶尔使臣等之主事诺木浑、笔帖式喜柱带使臣尼玛、达希藏布、奔塔尔等四十七人及其行李，于乾隆十五年三月十七日自肃州起程，于是月二十六日均已安抵哈密，交付于哈密驻防总兵张世伟。尼玛、达希藏布、奔塔尔等四十七人携其行李，已于四月初一日由哈密起程，前往其游牧。

为此具呈。

（此文未具奏，由大臣等阅后存档）

（军机处满文《夷使档》1763-1）

乾隆十五年（1750年）六月辛卯

议准夷贸易章程。

陕甘总督尹继善奏言：今岁系准夷贸易之年，现据报夷目诺洛素等已到哈密。但准夷自交易以来，货物日渐增多，内地愈难销售，允宜示以节制。今岁夷货业已远来，臣已谆谕甘肃镇、道，俟夷人到肃，责其违例，不准全数交易。如果情词恭顺，再行酌量办理。至嗣后章程，必宜定议，令商人仿照节次交易数目，将牛马羊只皮张等项，一一与之议定，并言明内地商人，止照此数备货。若违例多求，不准全人交易，并不准全人交界。

奏入，得旨：所见甚是。军机大臣议奏。

寻议：应如所请。上从之。

（《平定准噶尔方略前编》卷52）

乾隆十五年（1750年）六月

安西提督永常奏：准噶尔夷目诺洛素伯等到肃贸易，所带牲畜十六万零，人数三百余名，恳在哈密交易，俱与定例不符。缘其情词哀切，未便遽绝。除此次姑准售变外，仍札致辞镇臣，详示该夷使，其后不为例。

得旨：是。实系无耻之徒，尹继善亦虑及此。汝等相商妥办，以绝其后无厌之欲也。

（《清高宗实录》卷 367）

乾隆十五年（1750 年）九月辛酉

准噶尔宰桑萨喇尔率所属来降，报准噶尔台吉策妄多尔济那木扎尔为其下所弒。

先是，沙喇克来降时，称策妄多尔济那木扎尔昏暴不理政事，日以杀狗为戏，其姊乌兰巴雅尔代管诸务，又为策妄多尔济那木扎尔所疑，送往回地羁禁等语。及顿多克等来降，又称策妄多尔济那木扎尔自知凶暴淫乱，惧众人谋害。可代伊立为台吉者，惟喇嘛达尔扎一人。欲托言至沙喇擎勒行围，将喇嘛达尔扎谋害。有台吉赛音伯勒克，与为首宰桑厄尔锥音、衮布、鄂勒吹鄂罗什瑚巴哈曼集、那木扎勒多尔济、博和尔岱，商谋乘策妄多尔济那木扎勒行围，即将伊擒住，另立喇嘛达尔扎为台吉。经小策零敦多布之子达什达瓦密告其谋，策妄多尔济那木扎尔聚兵，将厄尔锥音拿获。衮布等闻知，随即领兵将厄尔锥音夺回。复将策妄多尔济那木扎而擒住，瞎其两目，并达什达瓦，俱送往阿克苏囚禁，遂立喇嘛达尔扎为台吉等语。

至是，萨喇尔来降。据办理青海番夷事务副都统班第具奏，将萨喇尔送京。经军机大臣询问，据称策妄多尔济那木扎尔疑忌其姊夫赛音伯勒克。赛音伯勒克遂与宰桑厄尔锥音等同谋，将策妄多尔济那木扎尔杀害，立其兄喇嘛达尔扎。因我台吉达什达瓦，为策妄多尔济那木扎尔所信任，亦遂擒拿。又拘唤大策令敦多布之孙达瓦齐，达瓦齐不肯前往。喇嘛达尔扎以其人众地险，亦未敢相迫。至我台吉被拿后，又欲将我等户口，分赏各宰桑，是以我等来降等语。

军机大臣具奏：并请将萨拉尔等照例安插，赏给畜产等项，编设佐领，即令萨拉尔管理。

奏入，命安插于察哈尔，寻授萨喇尔为散秩大臣。

（《平定准噶尔方略前编》卷 52，《清高宗实录》卷 373）

乾隆十五年（1750 年）九月

是月，陕甘总督尹继善奏：准噶尔此次贸易夷人，违例多带牲畜皮张，已经收买。至日后章程，臣仿照次多之年，酌中定数。嗣后，羊不得过三万只，各项皮张不得过三万张，牛、马不得过一千。总共不得过七万两之数，令该镇、道，一一与之定议。并谕今次货物，较前多至数倍，原应退回。因从前未定数目，既已远来，姑准从宽交易，以示格外体恤。以后违例多带，断不准入界等语。该夷等应允，回巢告知台吉。

得旨：此事所办得体。好。知道了。

（《清高宗实录》卷 373）

乾隆十五年（1750年）十二月癸未

谕陕甘总督尹继善办理夷使贸易事宜。

上谕军机大臣曰：据员外郎甘布报称，本年办理准夷交易，共银一十八万余两。此次夷人货物，较上届原多，理应按额裁减，念该夷远来，复再三恳请，是以从宽交易。但银数至一十八万有余，此内虽有兑给物件，而银数已属过多。以间岁一至计之，其数益当不赀。夫外夷所增之数，即内地所减之数。且内地得货，而旋用旋敝，外夷得银，则日积日赢，不可不为深虑。著传谕尹继善，令其查照军机大臣从前议准，酌定章程，划清界限之处，留心熟筹，随宜节制，以为防微杜渐之计，亦不得因此而过为裁抑，轻议更张，致骇夷人观听，总期寓驾驭之意于柔远之中，无滥无苛，妥协办理可也。

（《平定准噶尔方略前编》卷52，《清高宗实录》卷378）

457
军机大臣傅恒等奏报准噶尔使臣抵京日期片

乾隆十五年十二月十八日

大学士·领侍卫内大臣·忠勇公臣傅恒等谨奏。

查得，乾隆十四年，准噶尔使臣于十一月十一日自东岭起程，行五十七日，于正月初八日抵京。兹据永常奏称，十二月初三日，驻卡守备迎见准噶尔使臣于奎苏地方。等因具奏。计使臣等于本月初六七日由东岭起程前往京城，若路途畅通无阻，约可于二月初十日左右抵京。

为此谨具奏闻。

（军机处满文《夷使档》1763-2）

458
寄谕甘肃巡抚鄂昌等速令准噶尔使臣等赶赴京城

乾隆十五年十二月十八日

大学士·领侍卫内大臣·忠勇公傅恒、大学士·领侍卫内大臣来保字寄甘肃巡抚鄂昌、安西提督永常。

乾隆十五年十二月十八日奉上谕：据提督永常奏称，准噶尔台吉所遣使臣等已于十二月初三日行抵奎苏地方。等语。计先前准噶尔使臣等抵达京城日期，将于明年二月初十日左右方可抵京。朕于来年正月十三日即起驾南巡，准噶尔使臣等倘若不能抵达，必致彼等等候，著将此寄信安西提督、甘肃巡抚，由彼处派精明事务官员，速迎准噶尔使臣等，颁降朕旨晓谕之曰，其新立台吉进献朕以马匹等处，朕已粗略知之。朕于正月十三日即起驾南巡，彼等若照先前之使臣等缓行，则有所不及，必将耽误其所负使命。若令彼等随朕至江南奏事，则地方炎热，蒙古人不习舟船，且不耐热，甚属可忧。著将此晓谕彼等，令使臣内两三人或四人，先赍其台吉之奏书，带随从数名，轻车简从，赶在朕起程前来奏，至进献朕之马匹，可随后从缓携至。再彼等定将携至些许货物，将此由所留人等携带，其应留肃州者留之，其余人来京即可。朕仍照前派大臣官员照应贸易。彼等倘若不能赶在朕起程前抵达，亦可俟朕起程，由陆路赶往行宫朝觐，于彼等甚为有益。为此，由驻哈密办事章京等内，派一善骑之员，从速驰驿，赶在十三日前抵达，如此则可将彼等前来之事，具奏于朕。俟得朕旨，驻京交易其携至货物后返回，则不负其使命，亦不至炎热。此乃因朕此数年屡悯其使，此次彼等前来，恰逢朕之南巡，故为彼等详度，通融体恤之至恩。彼等知之，宜火速赶来。钦此。钦遵。

为此寄信。

（将此上谕缮拟两份，于十八日亥时交付兵部主事六格，一份装入安西提督永常之奏匣，一份封装，由兵部加附封套，日限六百里，驰递安西、兰州去讫）

（军机处满文《夷使档》1763-2）

459
军机处为带使臣火速赶至京城事札
行驻哈密员外郎阿尔彬等文

乾隆十五年十二月十八日

军机处札行驻哈密办事员外郎阿尔彬、主事额勒津。

此次前来之准噶尔使臣等，谕令由尔等内择一善骑之员，带使臣等轻车简从，务必赶在明年正月十三日圣驾起程前抵京。等语。是故，由尔等二人内，视其善骑，酌备一人，俟提督处吩咐，即带使臣火速前行，赶在明年正月十三日前抵达，不可稍有耽搁。使臣等所留之人等及累赘物件，由彼处笔帖式内视其精干者遣派一员续送前来。

为此札付。

（将此缮文，于十八日亥时交付兵部主事六格封装，由兵部加附封套，与永常之奏匣一并日限六百里，驰递去讫）

（军机处满文《夷使档》1763-2）

460
寄谕甘肃巡抚鄂昌等准噶尔使臣等可缓行来京

乾隆十六年正月初二日

大学士·领侍卫内大臣·忠勇公傅恒、大学士·领侍卫内大臣来保字寄甘肃巡抚鄂昌、安西提督永常。

乾隆十六年正月初二日奉上谕：先前降旨令准噶尔使臣等火速来京者，特系令彼等于朕起驾前抵京，具奏彼等所来之事，速结返回，以示对彼等之体恤之意。后鄂昌等处仅奏一次外，并无续报之处，据此观之，使臣等断难于十三日前抵达，且朕起驾之后，陆路焉能赶上。若沿途过于匆急，彼等之辛劳，在所难免。彼等若在途中劳累，益加不符朕悯恤外藩人等之意。俟朕起驾后抵达，则令乘船追赶亦可，相应寄信鄂昌等，著派干练官员往迎使臣等，将朕之此谕明白晓谕彼等，无需彼等速赶前来，可携其物品，仍缓行而来。俟其抵达，将其携至物品留京办理，将彼等派至行在朝觐。返抵京城，即可办理令其起程，则无迟延之处。今既定不必速行，相应送往行在时，亦勿过急。如此则使臣等不必辛劳，且其事亦不致耽误。此乃朕格外通融体恤使臣等之至意。著将此一并明白晓谕。钦此。钦遵。

为此寄信。

（将此上谕缮拟三份，于正月初三日卯时交付兵部员外郎珠林缄封，由兵部加附封套，一份寄甘肃巡抚，一份寄安西提督，日限六百里，驰递兰州、安西外，亦抄录一份，寄给伴送准噶尔使臣之章京，装入寄给彼等之封套，由兵部加附封套，饬由大同、宁夏、肃州前往哈密之路寻访，于何处相遇，即于何处交付去讫）

（军机处满文《夷使档》1763-2）

461
军机大臣傅恒等为宣谕使臣缓行来京事札行伴送章京文

乾隆十六年正月初二日

大学士·领侍卫内大臣·忠勇公傅恒等谨奏。查得，前奉令使臣等从速来京之谕旨，已寄信鄂昌，故将此次颁降谕旨仍常寄信鄂昌等外，未奉此谕前，使臣等或已接奉前旨从速起程前来，亦未可料。请准将此谕亦照抄一份，咨送伴送使臣等之部员。鄂昌等处，倘若尚未遣人宣谕使臣等缓行，则命彼等即将此谕旨明白晓谕使臣等，钦遵施行。

等因，乾隆十六年正月初二日奏入，奉旨：是。钦此。钦遵。兹将字寄鄂昌等之谕旨照抄一份，咨行尔等。俟至，鄂昌处所派宣谕使臣等缓行之人若未抵达，则尔等即将此谕明白晓谕使臣，免其趱行，携其物品，照常缓行来京。

为此札行。

（将此缮文，交付兵部员外郎珠林，将字寄鄂昌等之谕旨抄录一份附加封套，日限六百里迎往交付去讫）

（军机处满文《夷使档》1763-2）

462
员外郎阿尔彬等为准噶尔使臣已由哈密起程事呈军机大臣文

乾隆十六年正月初十日

驻哈密办理回众事务员外郎阿尔彬、主事额勒津具呈军机大臣等，为具报事。

乾隆十五年十一月二十三日，据驻西岭卡伦把总何金冠报称，准噶尔台吉喇嘛额尔德尼巴图鲁所派请圣安正使宰桑额尔钦、副使宰桑尼玛、奔塔尔、塔克达等五十二人，携进贡青马一匹、枣骝马一匹、貂皮四十一张、奏书一件，其骑驮骆驼四百二十二峰、马九百五十七匹、牛一百五十六头、羊三千六百五十四只抵达。等因报来。旋于十二月十二日，全数行抵哈密。除照管交易其牲畜及遣返彼等多带人畜等处，由总兵吕瀚处办理，报安西提督另行奏闻外，差主事额勒津、笔帖式广福、领催杨衮，伴送准噶尔使臣额尔钦等四十八人及进贡马匹等物赴京。兹已带使臣额尔钦等于十二月二十三日自哈密起程。俟抵肃州，由使臣等之跟役内，随带几人前往之处，拟由主事额勒津等与使臣额尔钦商定后，另行具报。

为此具呈。

等因，乾隆十六年正月初十日奏入，奉旨：知道了。钦此。

（军机处满文《夷使档》1763-2）

463
谕著照常接待准噶尔使臣

乾隆十六年正月初三日

乾隆十六年正月初三日奉上谕：照看此次前来之准噶尔使臣事，著派阿克敦、玉保、色贝、勒尔森。俟使臣等抵京，将奏书、贡物，照前于箭亭前进献，由派往照看之大臣等接收，迻译后随本报具奏。将使臣等于上驷院赏食饭食后，引至住处下榻。于内务府搭支帐房，令我等之人班大臣等于东侧，令使臣等于西侧，彼此对坐，唱戏筵宴一次。著玉保伴送使臣至行在，沿途勿令准噶尔及我等之人滋事之处，玉保须好生留心管束。再，其应派照看官员、于使臣等之住处应备、应办各项，均交各该处，仍前办理。钦此。

（将此交付中书，转交蒙古衙门、上驷院、兵工二部、内务府、茶膳房、统领衙门、光禄寺、景运门外，亦交付中书，另缮汉字清单，转交顺天府去讫）

（军机处满文《夷使档》1763-2）

464
谕著在京筵宴准噶尔使臣

乾隆十六年正月初四日

乾隆十六年正月初四日奉上谕：于京城筵宴使臣等之时，先令使臣等望阙叩首之后，令使臣等仍前于西侧首排大臣之末，留空隙而坐。令三位总管事务大臣，与我等之大臣、使臣等中间置榻就座，将榻斜向西南放置。尚告知使臣等曰，平素若皇上在京，王等皆如大臣一般行走，今皇上外出巡幸，留三位王总理事务，按我大国体制，理应如此行事。等语。钦此。

（此谕未宣，随记当即告知于诸王及中堂等）

（军机处满文《夷使档》1763-2）

465
谕将准噶尔奏书驿递行宫

乾隆十六年正月初四日

乾隆十六年正月初四日奉上谕：准噶尔之奏书无需迻译，俟至即将原文驿递行在。钦此。

（此谕未宣，记后即告知中堂）

（军机处满文《夷使档》1763-2）

466

主事额勒津为已带使臣先行赴京事呈军机大臣文

乾隆十六年正月十七日

伴送准噶尔使臣等之主事额勒津等具呈军机大臣等，为具报事。

额勒津我会同笔帖式广福率带使臣宰桑额尔钦等共四十八人，于去年十二月二十三日自哈密起程，行九日，于本年正月初二日抵达名四窝泉地方下榻后，由安西提督处差游击喀尔纳，照军机大臣处所寄，将令准噶尔使臣于正月十三日圣驾南巡前赶至京城之圣谕，明白转谕额尔钦等后，额尔钦等共同跪地告称，我等之台吉遣派我等前来恭请圣安奏事，兹逢大皇帝南巡，仰蒙圣明皇帝特施鸿恩，念我蒙古奴才不耐热，不便等待，颁降谕旨者，乃我等因朝觐大皇帝前即获重恩而感激不尽。我等皆蒙古人，将尽力赶在皇帝起程前抵达。复与额勒津我等商议曰，我等四人及无论何人均皆虔心企盼瞻觐圣颜，故我等四人皆先行，由我随行四十四人内，计可趱行，带往十二人，将进贡之马匹、皮张，留后缓行，其奏书，由我等恭谨赍往。再，我等骑至马驼皆已羸瘦，赶往肃州，边外并无驿马，相应请由伴送我等之兵丁所骑马匹内，抽出马数匹令我等骑用，可将我等之羸瘦马匹拨给彼等骑用。等因告请。且安西提督处亦咨称将伴送兵丁所骑马匹，通融换给彼等乘骑。故经额勒津我与游击喀尔纳共同商定，即照所请，连夜整治，额勒津我带彼等于次日即初三日晨起程前往肃州之处，已具报安西提督另行奏闻外，俟抵肃州，再另行具报。彼等其余三十二名随从，及所携马驼、行包，均皆交付笔帖式广福，护送至肃州后，再将带几人前往京城、留几人于肃州，会同地方官等照例办理后，另行具报。

为此具呈。

（已将此奏览）

（军机处满文《夷使档》1763-2）

467

主事额勒津为报带使臣等由肃州
起程日期事呈军机大臣等文

乾隆十六年正月十七日至

伴送准噶尔使臣等之主事额勒津等具呈军机大臣等，为具报事。

前于本年正月初三日，钦遵谕旨，率带准噶尔使臣宰桑额尔钦等四人及十二名随从，已由四窝泉起程之处，业经具报。本月初五日，行抵肃州。初六日，自肃州起程。行数日，俟抵宁夏，再估计其行程，具报抵京日期。

为此具呈。

（已将此奏览）

（军机处满文《夷使档》1763-2）

468
军机处为带使臣等缓行事札行主事额勒津等文

乾隆十六年正月十七日

军机处札行护送准噶尔使臣之主事额勒津等。

前为率带准噶尔使臣等趱行赶至而颁降之谕旨，业经咨行尔等。旋念使臣等难于圣驾起行前抵达，徒然趱行，至彼等辛苦，亦未可料，旋将所颁照常缓行来京之谕旨，亦加急咨行尔等。今观尔等之具报，其后寄往之谕旨，尚未接准，故仍依前旨，带使臣趱行。尔等现在具报此文，经我等奏览，奉旨：著尔等咨文伴送使臣等之章京，迎往饬付，命彼等钦遵朕之后旨而行。钦此。钦遵。尔等须遵后寄谕旨，带使臣等缓行来京，毋庸趱行。

为此札付。

（将此交付兵部主事何秉忠，缮拟咨文，日限六百里，由宁夏路迎送去讫）

（军机处满文《夷使档》1763-2）

469
寄谕大学士来保著饬玉保带准噶尔使臣等
至苏州或杭州瞻觐

乾隆十六年正月十八日

大学士·领侍卫内大臣·忠勇公傅恒寄信大学士·领侍卫内大臣来保。

乾隆十六年正月十七日奉上谕：先前曾定准噶尔使臣额尔钦等四人抵京之后，其中留一人将其所携货物议价，带其三人前来行在。兹据伴送使臣等之章京额勒津报称，额尔钦等四人均皆虔心告称前来。等语。著将此寄信大学士来保，俟准噶尔使臣抵京，晓谕彼等，若其中愿留一人就其贸易议价，则准留一人，若不愿留，则一同前来，勿加制止，可全数遣至。再，前已敕令侍郎玉保，命其带使臣来时，估计朕将临苏州，带至朝觐之处，著再行晓谕玉保，令其好生留心计程而行，率使臣等务于朕驾临苏州或杭州之时，带至朝觐。钦此。钦遵。

为此寄信。

（将此拟信，随本报字寄来保中堂去讫）

（军机处满文《夷使档》1763-2）

470
主事额勒津为报已奉旨带使臣缓行前来京城事呈军机大臣文

乾隆十六年正月十九日至

伴送准噶尔使臣等之主事额勒津等呈文军机大臣等，为具报事。

今年正月初十日，我等带使臣等宿宁夏以西名为红水之地方，夜接兵部转送军机大臣等札行额勒津我等称，正月初二日，仰蒙圣主格外施恩，降谕曰：若令准噶尔使臣等沿途过于匆急，难免辛劳，著彼等缓行前来，乘船追赶亦可。尔等奉此，即明白晓谕使臣等。等因咨文前来。次日即十一日晨，令使臣额尔钦等跪地，将所奉谕旨仔细详尽转降彼等，额尔钦等跪地告称，先前我等谨遵大皇帝谕旨，由肃州外分开，我等四人轻装前来，内心一半焦急，一半唯恐赶不及，甚是惶恐。兹蒙大皇帝特又悯恤我等卑微之人，恐我等趱行辛劳，谕令缓行而来，实属天地般无量之恩。我等已自肃州前来，惟笃意欲早日瞻觐大皇帝圣颜，禀奏吾前来事宜，岂敢偷安故意延缓而行。我等谨遵大皇帝谕旨，从此无须兼程赶路，视我等行走能力而行。等语告得。故额勒津我等于该日照常带领彼等，视彼等所愿行走速度，缓慢向京城进发。俟抵宁夏后，另行呈报。

为此呈文。

（此已奏览）

（军机处满文《夷使档》1763-2）

471
军机大臣傅恒等奏览准噶尔新台吉名称事片

乾隆十六年正月二十日

大学士·领侍卫内大臣·忠勇公傅恒等谨奏。

查得，先前降旨准噶尔台吉时，皆题曰降旨于准噶尔台吉某某之名。故臣我等遵旨，将准噶尔台吉之名称为喇嘛达尔扎之处字寄玉保。

拟旨恭谨奏览。

等因，乾隆十六年正月二十日奉朱批：知道了。钦此。

（军机处满文《夷使档》1763-2）

472
军机大臣傅恒以称呼准噶尔台吉之名事
字寄理藩院侍郎玉保

乾隆十六年正月二十日

大学士·领侍卫内大臣·忠勇公傅恒字寄理藩院侍郎玉保。

乾隆十六年正月十九日奉上谕：今新立准噶尔台吉之名，先前呼曰喇嘛达尔扎，此次前来使臣禀告驻哈密官员称曰喇嘛额尔德尼巴图鲁。以此看得，料不定欲特意令吾人亦称伊台吉之名号，以示体面。将此字寄侍郎玉保，准噶尔使臣抵达后闲谈时，使臣若照常称伊之台吉曰喇嘛达尔扎，则无议之处。若称喇嘛额尔德尼巴图鲁，玉保惟照前缮写，将伊之台吉仍称喇嘛达尔扎，如此称呼习惯之后，缮拟敕书时即照此缮拟。钦此。钦遵。

为此寄信。

（军机处满文《夷使档》1763-2）

473
主事额勒津等为报使臣抵达宁夏事呈军机大臣文

乾隆十六年正月二十一日

伴送准噶尔使臣之主事额勒津等呈文军机大臣，为具报事。

前曾具报，额勒津我等带领使臣等，于正月初六日自肃州起程前往京城。今额勒津我等带额尔钦等四人及跟随彼等之十二名跟役，于正月十四日皆已平安抵达宁夏。待彼等何时抵达大同后，再定进京日期呈报。

为此呈文。

（此已奏览）

（军机处满文《夷使档》1763-2）

474
军机大臣傅恒为接取奏表仪注等
事字寄大学士来保

乾隆十六年正月二十二日

大学士·领侍卫内大臣·忠勇公傅恒字寄大学士·领侍卫内大臣来保。

乾隆十六年正月二十一日奉上谕：以前准噶尔使臣每次前来，于射亭前呈献奏表时，惟言前来出使之语，方跪而呈献。此次或彼等借朕起程之故不跪，抑或言暂时不可呈献，于此务必提前言明才好。先前准噶尔使臣抵清河之日，派陪同官员往迎，照看赏予饭食，次日领进呈献奏表后，于上驷院赏食恩饭，再送至住处。将此字寄大学士来保，使臣抵清河之日，著差侍郎玉保迎陪，应备诸项食品皆照前例预备，照看赏用。交付玉保尽心宣示彼等，告知我皇上起程南巡，降旨我理事王大臣，准噶尔使臣抵达后，迎接照看赏食、呈献奏表、筵宴等处皆照前例办理，令彼等歇息数日，再追赶至朕之行宫瞻觐等语，故理事王大臣特意差我前来迎接尔等。彼等若问大皇帝起程，奏书呈献于谁、谁照看筵宴我等等语，玉保即明白晓谕，明日照前例将尔等带至箭亭前，呈献尔所携奏表，望阙叩首后跪呈，即如呈献我皇上一般。我大臣呈接后，由驿站转奏。再吾皇帝若在宫中，则筵宴尔等。今已起程，理应不筵宴尔等。吾皇帝因悯恤尔等乃外藩之远来人，特施至恩，派王大臣照看筵宴尔等，即如皇上筵宴无二。呈献尔台吉之奏表，享用恩宴后，我等即刻起程，赶往皇帝之行在，瞻觐圣颜。窃思瞻觐之后，于彼处又筵宴尔等也，尔之事宜迅速完结，即可返回等语，断勿令其疑惑。接取伊台吉之奏表后，若正值本报起递之日，则随本报咨奏。若非本报起递之日，勿等本报，立即由驿站咨奏。于此，玉保亲自前去迎接彼等，想必彼等说此等言语，尽力开导晓示。对于彼等如何言语、如何行动、伊处情形如何等处略微问及，视彼等所告，详细尽心缮折，与准噶尔奏表一道咨奏。钦此。钦遵。

为此字寄。

(军机处满文《夷使档》1763-2)

475
大学士来保为报使臣至清河时日事
寄信军机大臣傅恒

乾隆十六年正月二十七日

大学士·领侍卫内大臣来保寄信大学士·领侍卫内大臣·忠勇公傅恒。

准噶尔使臣于本月二十九日抵清河宿营。于此应备办诸项，我皆已交付各自所属之处。再，为派侍郎玉保迎接而字寄于我之谕旨，我亦呈接，已皆交代于侍郎玉保。

为此寄信。

（将此套封于未时交兵部笔帖式纳敏，由兵部接取追赶伴送准噶尔使臣之主事额勒津等报呈报军机处之文，一并咨送，不得延误）

（军机处满文《夷使档》1763-2）

476
预备迎接使臣事务片

乾隆十六年正月二十七日

准噶尔使臣于本月二十九日抵达清河宿营，三十日入京，进东华门，于箭亭呈献奏表。于此，彼等经过所有门街、堆拨皆整齐妥善管理，彼等住处应备物品，皆即妥善预备之处，由中书满保交付内务府总管衙门、膳茶房、户部、礼部、兵部、刑部、蒙古衙门、侍卫处、总管衙门、顺天府、景运门、值月旗、光禄寺、上驷院、武备院，立即预备办理。等因。

附录：

率前往行在瞻觐人员※

交户、兵二部。此次准噶尔夷使到京时，奉旨派侍郎玉保带往行在。所有沿途需用房屋、羊只、口粮、马匹、船只等项，可即行文顺天府尹、直隶、山东、江南、浙江督抚，务须预为妥办齐毕，不得有误。前项人数开列于后：

侍郎玉保

笔帖式一员

章京一员

领催二名

来使四名

跟役十二名

（正月二十七日交中书松福转交讫）

477

笔帖式广福为报后行使臣之跟役
马驮于肃州起程事呈军机大臣文

乾隆十六年正月二十八日

护送准噶尔使臣额尔钦等所留跟役、所驮物品之笔帖式广福呈文军机大臣，为具报事。

前主事额勒津曾具报，遵旨带使臣宰桑额尔钦于正月初三日自四窝泉地方火速起程，所剩准噶尔台吉喇嘛额尔德尼巴图鲁朝贡之两匹马、貂皮、使臣跟役三十二人及所有驮子，由广福我照看，随后缓行。等情。兹于正月十三日皆抵肃州，将三十二人内留二十四人及马驼于肃州后，带准噶尔台吉朝贡之两匹马、貂皮、蒙古托罗等八人及所驮物品，于本月十六日自肃州起程前往京城。俟抵宁夏后另行呈报。

为此呈文。

（二十八日奏览）

478

主事额勒津等为具报使臣至清河时日事呈军机大臣文

乾隆十六年正月二十九日

伴送准噶尔使臣之主事额勒津等呈文军机大臣，为报闻事。

额勒津我等携使臣宰桑额尔钦等四人及彼等跟役十二人，于今年正月二十五日皆平安抵达大同。我等与额尔钦等议定，于本月二十九日抵清河宿营。故请自大臣等处将彼等住处及所用食物等项，皆转交各自所属之处，照例预备。

为此呈文。

（正月二十九日奏览）

乾隆十六年（1751年）正月戊申

谕安西提督永常等办理准夷交易事宜。

永常奏言：准噶尔遣使额尔钦、尼玛入贡，现已至哈密。伊等所带人畜过多，臣等援定例责拒，夷使等愧惧认罪，遵受节制，至乏若牲只，俱照上届尼玛数内，恳求挑变，挑剩者愿即赶回。不敢例外干求，并下次不以为例。

奏入，得旨：永常所奏，自属办理正道。从来夷人贪利见小，乃其常技。我国家强盛之时，施恩字小，与前代和戎陋习迥异。驾驭远人，理应词严义正，方为得体。前此夷使多带货物，每藉口于未谙定制，是以格外求宽。今尼玛自上次入贡，已与申明约束，现在复来充使，更不得以未奉成约为词，宜及此时，办理成规，以塞其无厌之请。所有酌令按数变价及余数驳回之处，著即照折内所请，据理妥办。不必因意在柔远，过存迁就之见，致启干请之渐也。

寻陕甘总督尹继善奏报办理上次贸易，夷目所带皮张等项作价十八万六千余两，兑给内地绸缎茶线等项十六万七千余两外，酌给现银一万八千余两，开具总数一折，得旨：尹继善所奏准噶尔交易一事，朕从前以为银数过多，未免繁费，不可不为撙节。盖我大清国势强盛，许远夷互市者，不过寓绥怀之略而已，其权操自我，非前代和亲边市可比。即示之裁制，亦属当然。今详览尹继善所奏，彼此原不过以货物相准，所费银亦有限，即令彼沾受微利，感悦而去，亦足见天朝字小之恩。若照该督所定议单之数，未免过于裁减。如以为出自官商所定，彼固未必遵信奉行，即重以奏闻请旨，彼亦必具奏恳求，多费唇舌。再或坚执成议，令彼失所利赖，设或铤而走险，攘窃边储牛马，以激我兴师，岂能置之不问已乎。偏师一出，较之交易之费，何啻什倍，是交易虽有小费，所全实多。朕意该督所定，实属过严难行，若定以此番交易为大局，令其不出范围，或尚属可行。俟彼使到日，朕自酌量降旨传谕，再行传谕该督。又朕观准噶尔每次熬茶费至一二十万两金，似亦非仅此交易以济其用。即尹继善所奏，亦未必如朕向所谕从国势远大起见，或虑及该省一时难于售变耳。若然，则何妨奏明折价，以供赏恤，何惜此数万皮张、羊马，以安边圉耶。

（《平定准噶尔方略前编》卷53，《清高宗实录》卷380）

乾隆十六年（1751年）正月

是月，陕甘总督尹继善奏：准噶尔夷目来肃交易，携货较多。虽从宽挑收，已与写立议单，嗣后羊只皮张，不得过三万，马牛共不得过一千，交单带回。其挑存羊牛等项，共作价银十八万六千二百余两。兑给内地绸缎茶线等项，作价银十六万七千三百余两，给现银一万八千八百余两。并言明此次多收货物，下次扣除。业于去冬十一月，事竣回巢。收买各件，按例匀发领销。查准夷交易，向来彼此俱虚抬价值。此次交易，虽名为十八万余两，按实价并现银，共止十二万八千余两。变价还项，尚不亏折。但现定议单，虽交代夷持回，恐仍复有奏请。乞令料理夷使大臣，明切晓谕。

得旨：所奏是。

（《清高宗实录》卷381）

479
大学士来保奏闻于清河迎接使臣情形言辞折

乾隆十六年二月初三日

大学士·领侍卫内大臣·臣来保谨奏，为奏闻事。

准噶尔使臣于本月二十九日抵清河宿营，除将应备诸项妥善办理之处，皆交各自所属之处备办外，侍郎玉保携膳茶前往清河迎接。照看使臣等享用后，额尔钦等言，我等自哈密前来时，因得大皇帝谕旨，前去巡幸南省，著我等急行，于大皇帝起程之前抵达，故以为我等事宜可迅速完结，甚为感激欣喜而急行。而后大皇帝恐我等行走太急，沿途劳累，复降旨悯恤我等，甚为感戴。先前迎接来使时，皆遣扎尔固齐来，此次闻听侍郎前来，乃以大皇帝已起驾南巡。我等途中窃议，我台吉喇嘛额尔德尼巴图鲁之奏表于此处呈于谁。我等请求去追赶大皇帝，至彼处呈献。等语言毕。

侍郎玉保曰，今我前来，乃大皇帝起程南巡时，降旨交付吾理事王大臣：准噶尔使臣抵达后，迎接照看赏食、呈接奏表、筵宴等事，皆照前例办理。令彼等稍歇几日，差我护送尔等追赶行在朝觐。故吾办事王大臣特意差我前来迎接尔等。我于明日带尔等进京，照前例于大皇帝箭亭前遥望稽首，呈接尔台吉喇嘛达尔扎之奏表，即如呈献我大皇帝一般。吾大臣接取后，驰驿具奏。再，若吾大皇帝在宫中，则筵宴尔等。今已起程，理应不筵宴尔等。然吾大皇帝特为尔等乃外藩远来之人，悯恤尔等，派王大臣照看筵宴。此筵宴即如大皇帝之筵宴相同，乃悯恤尔等之至恩。食毕恩宴，吾等立即起程，赶往行在，瞻觐圣颜。窃思瞻觐之后，于彼处亦筵宴尔等耳。尔之事宜可迅速完结，即可返回。等语告之。

言毕，使臣额尔钦等曰，大皇帝已起程，然仍施恩筵宴我等，实为大皇帝之鸿恩，我等感激不尽。惟若在此呈表，抵达彼处如何空手朝觐大皇帝。况若大皇帝临御别处，吾喇嘛额尔德尼巴图鲁原未令我等在此呈献。前吾来使并未如此呈表，故我等甚是为难。等语。

侍郎玉保曰，吾大皇帝临御别省，尔台吉喇嘛达尔扎如何知晓，其交代不可将奏表于京城呈献，而赶去呈献乎？我圣上以为，若将尔台吉奏表驰驿具奏，则得知尔等前来事由，先让我圣上听闻，于尔等事宜有益，故降旨吾理事王大臣，准噶尔使臣抵达后，迎接照看赏食、呈接奏表、筵宴等处，皆照前例办理。此实乃我圣上因尔等乃外藩远来之人，为悯恤尔等之详度也。尔等理应欢欣感戴耳。尔等尚有何不得已而为难之处？设若我圣上未降此旨，尔等即于此处呈表，谁敢接取尔之奏表？尔等虽欲去南省，谁敢带尔等前往？倘若如此，尔等则需坐等，抑或返回。此皆我圣上悯恤尔等之至恩。尔等理应感戴遵行。

言毕，额尔钦等互相商议片刻，告言我等核计侍郎所言，此实乃大皇帝之洪恩。我等遵旨，将吾台吉喇嘛额尔德尼巴图鲁之奏表于明日进京呈献。

额尔钦等复言，因大皇帝谕令我等火速前来，我四人带十二人轻骑简从前来，所携进献大皇帝之马匹等物，及我等携带杂物皆留于后。我等请求将我现已前来之人，皆赴大皇帝临御之地朝觐。于今跟随前来之人内留二人，照看物品。等语。

言毕，侍郎玉保曰，尔人内可留数人，将尔所携货物于此间贸易，往行在之人返回后，若一并起程，则可避炎热。今因尔等感戴我圣上之恩，皆愿往行在瞻觐天颜，于前来跟随之人内留二人，我告知理事王大臣，照尔等所请留二人，余皆差往。等语。

额尔钦等曰，此实乃于吾事有益起见。亦留文给吾后来之八人，我等返回之前，与尔人一同贸易。等语。

另问使臣额尔钦等，尔等此次为何事而来？额尔钦等回言，前来具奏我策妄多尔济那木扎勒生病，全然不能理事，吾处众宰桑共议，立喇嘛额尔德尼巴图鲁为首理事。额尔钦等复曰，请问侍郎，我等抵哈密时，彼处大臣以吾所携之人多出四人，以大皇帝谕旨，遣返多余四人，而遣返之。此系果真有旨而遣返乎？设若自大皇帝由此处向吾处遣人，吾再以所携人多而遣返，则别人闻听亦不好。等语。言毕，侍郎玉保曰，尔使臣每次前来，一意请求携带多于所定人数之人前来贸易，故去年尔尼玛来时，吾圣上施恩确定：嗣后来使，若所带人数在尼玛所带人数之内，则予以贸易；若多，则不准贸易而遣返。想必吾地方大臣，因尔所携人数多于议定之数，故予以遣返耳。等情告知。

闲谈时，使臣额尔钦等问，大皇帝因何事南巡？侍郎告曰，大国之礼，为君者有巡省之例。先前吾康熙皇帝在位之时，曾巡行盛京、山西、江南、苏州、杭州诸省，即为此例。言毕，额尔钦等问，大皇帝此前有无巡行别处？侍郎玉保曰，此前吾圣上曾巡行盛京三省、山东、河南、山西、五台山等，此为尼玛所知。言毕，额尔钦等称是。

翌日晨，侍郎玉保带使臣进京，至箭亭前，令彼等跪呈，由大臣阿克敦接取台吉喇嘛达尔扎之奏表，令使臣入憩上驷院，照常赏食后，带至住处。于初二日筵宴彼等，初三日令其起程时，将彼等之言行，另行具奏。

看得，此次使臣所呈奏表及行为皆属恭谨，言谈时皆由额尔钦为首言说。看额尔钦其人，亦尚明白。再问伴送官员，称沿途行走时，彼等亦和顺。为此将准噶尔之奏表，一并恭谨奏闻。

等因，乾隆十六年二月初四日，奉朱批：知道了。钦此。

（军机处满文《夷使档》1763-2）

480
准噶尔台吉喇嘛达尔扎之奏表

乾隆十六年二月初四日

准噶尔台吉喇嘛达尔扎之奏表。

启奏乾隆汗圣明。从前吾父与大皇帝修好，通使贸易，振兴黄教，安逸众生。今我亦欲遵此例，以振兴黄教，安逸众生。大皇帝先前曾两次准吾人赴唐古特，补赏往返之需。为阐扬黄教，今年尼玛回时，特为振兴吾地之黄教，悯恤降旨，我等不胜感激。再：去年令尼玛为从西藏接取经源事具奏，大皇帝降旨：已两次准尔人赴藏，为何复请前往耶。朕并非永不准行，若实有似此之大事，则可视尔事宜准行。等语。今吾处照前例给两位博克达、四大寺院，及黄教所有寺院献礼具表，乃为大事，故派少许人轻装简从赴唐古特之处，恭请睿鉴。又大皇帝谕旨内有：惟尔处自唐古特延请之喇嘛，实已近亡故，黄教致衰。岂有吾处兴黄教，而视尔地黄教泯灭之理。今为尔计，吾处著名寺院有呼图克图、自西藏选来之贤能喇嘛颇多，今朕为永修和好，准自尔处派可学经之聪慧喇嘛，或十名或二十名至京，跟随自西藏选来之贤能喇嘛勤学二三年，返回游牧处，以助阐扬黄教，则振兴黄教有何为难之处，等语。吾处若有能学艺之喇嘛则甚好，而因吾地之人为生身，前往京城学经颇难，恭请大皇帝睿鉴。故乞请准四五名熟知经典之贤能喇嘛至吾处，为吾地教习四五年后返回，则于振兴黄教有益，亦增大皇帝威名，且可振兴黄教、安逸众生，福及大皇帝之庶众也。故延请喇嘛之事，恭请大皇帝鉴之。

另有微言口奏。

附献马二匹、貂皮四十一张。

庚午年九月　日。

（军机处满文《夷使档》1763-2）

481
军机大臣傅恒著使臣于皇上驾临
苏州翌日抵达事字寄理藩院侍郎玉保

乾隆十六年二月初六日

大学士·领侍卫内大臣·忠勇公傅恒文，字寄理藩院侍郎玉保。

乾隆十六年二月初六日奉上谕：尔等字寄侍郎玉保，先前令彼等带准噶尔使臣前来时，宜核朕驾临苏州之时日行走。今计日程，朕约于二月二十三、四日驾临苏州，使臣若于朕驾临之日抵达，则徒然忙乱，有碍观瞻。将此迎寄玉保，令伊带使臣前来时，沿途访探，务须谋计，于朕驾临苏州之次日抵达。谋计日程行走之处，勿令使臣知觉。钦此。钦遵。

为此字寄。

（将此拟信，交兵部员外郎索林，日限六百里，迎咨玉保去讫）

（军机处满文《夷使档》1763-2）

482
刑部尚书阿克敦等奏闻会见筵宴使臣言语情形折

乾隆十六年二月初八日

臣阿克敦、勒尔森、玉保谨奏，为奏闻事。

准噶尔使臣于正月三十日抵京，臣等承接喇嘛达尔扎之奏表，于次初一日前往使臣住处，互相问好。使臣等告称，因今日乃吾国新年，大臣等来吾住处，吾等甚悦，欲以吾蒙古之礼抱见。等语。故揖让拥抱后，看座用茶。臣我等谓额尔钦等言，今吾圣上起程南巡，降旨吾理事王大臣，筵宴尔等一次。吾王大臣明日即筵宴尔等。此乃吾圣上所施至恩。等语闻得，额尔钦等告称，此次吾等抵达，正值大皇帝起程南巡，带我等至彼处后，抑或深受大皇帝恩典。今我等起程之前，大皇帝又降旨筵宴，此实乃大皇帝额外所施鸿恩，我等于此惟有感戴天恩。等语言毕，额尔钦等皆悦，以蒙古之礼叩谢。额尔钦复言，我等乃蒙古人，惧怕炎热，我等瞻觐大皇帝返回后，得以即刻起程，方不至于炎热。言毕，臣等告曰，尔等昨日言尔留二人，与后来之人一同贸易货物。尔命尔来人之内一人为首，与吾商人共同商议贸易，妥善办理后，尔等返回即可得以起程。想必不至于受热也。额尔钦等闻后曰，我等自然交付吾人速速完结，然需全权依赖大臣等。总之，两国和好甚要，贸易稍有差异，所获有何重要，大臣等照旧例交付办理即可。等语。翌初二日，筵宴完毕席散时，使臣各自纷纷赞叹曰，咸仰承大皇帝恩典，吃饱喝足，得见各种美味饽饽，实乃感激不尽。等语。臣我等看得，此次前来之使臣，较前次来使多，皆恭敬和顺。

为此恭谨奏闻。

等因，乾隆十六年二月初八日奏入，奉朱批：知道了。钦此。

（军机处满文《夷使档》1763-2）

483

著两江总督办理使臣乘坐船只之上谕

乾隆十六年二月初九日

奉上谕：准噶尔使臣乘船来时，由驿差备办船只，使其乘坐，不得使彼等乘坐有妻儿坐乘之船只。将此降旨总督黄廷桂，著伊务必差一贤能大员，妥善照看办理。钦此。

（将此交付总督黄廷桂去讫）

（军机处满文《夷使档》1763-2）

484

军机处为使臣乘船事咨理藩院侍郎玉保文

乾隆十六年二月初九日

军机处咨文护送使臣之理藩院侍郎。

奉上谕：准噶尔使臣乘船来时，由驿差备办船只，使其乘坐，不得使彼等乘坐有妻儿坐乘之船只。钦此。将此交付总督黄廷桂。侍郎带使臣前来时，断不可取有妻儿坐乘之船只，务须取无妻儿之船只乘坐。

为此咨文。

（军机处满文《夷使档》1763-2）

485

军机大臣傅恒著使臣按原降旨时日
抵达苏州事字寄理藩院侍郎玉保

乾隆十六年二月十二日

大学士·领侍卫内大臣·忠勇公傅恒文，字寄理藩院侍郎玉保。

乾隆十六年二月十二日奉上谕：侍郎玉保带使臣等前来时，将沿途使臣所言行及其约于本月二十六七日可抵达苏州之处，业已陈奏。前曾字寄玉保，告之朕约于二十三四日驾临苏州，著伊沿途谋划，务必于朕驾临苏州之次日，带使臣抵达；再使臣乘船来时，勿使其乘坐有妻儿坐乘之船只，须取无妻儿之船乘坐。等语咨送。朕此旨尚未抵至，玉保又如此陈奏。将此字寄玉保，著其依原降之旨意执行。钦此。钦遵。

为此字寄。

（将此拟信，交兵部员外郎常良，用伊之奏事夹，日限六百里，饬由山东、直隶路去讫）

（军机处满文《夷使档》1763-2）

486

军机大臣傅恒著使臣于御临苏州之次日
抵达苏州事字寄理藩院侍郎玉保

乾隆十六年二月十六日

大学士·领侍卫内大臣·忠勇公傅恒字寄理藩院侍郎玉保。

乾隆十六年二月十六日奉上谕：前已两次降旨，迎咨带使臣前来之侍郎玉保，伊接朕旨，理应回奏，迄今一次未奏，以此看得，或以路中交错。将此复寄玉保，朕约于本月二十一二日左右驾临苏州，令伊仍照原降谕旨，估计于朕驾临苏州之次日抵达。此间抵达何处、何时可抵之处，著玉保即刻奏闻。再朕及使臣皆抵扬州后，带使臣前往平山堂、天宁寺叩拜游览。带使臣游玩之处，亦交总督预备。将此一并字寄玉保知晓。钦此。钦遵。

为此字寄。

（将此拟信密封，交主事何秉忠，由兵部附封套，日限六百里，由山东、直隶路去讫）

（军机处满文《夷使档》1763-2）

487

军机大臣傅恒等奏报回复遣返使臣其多带人数缘由折

乾隆十六年二月十八日

大学士·领侍卫内大臣·忠勇公臣傅恒等谨奏。

遵旨告于准噶尔使臣曰：尔等谓吾侍郎玉保言，此次尔所带之人内遣返四名，先前无此例，若自大国遣使至吾处，吾亦如此遣返乎。等语。此言非也，先前使臣哈柳与我共同议定，若使臣来，则带少数人由驿站前来，不得携带货物。因自议定以来，尔使臣每次前来，一意携贸易物品，且人亦多，吾边界大臣等欲遣返时，尔使臣反复告请，转奏之后，吾圣主施恩，因尔等远道而来，故所携货物皆已予以贸易。于此，因尔人愈加狂妄，已数次降谕尔台吉，告之若尔处再遣来使，不得携带多余之人货。去年，尼玛尔自己来时，因屡屡奏请携带多于前次之人货，吾圣上以原定之例，有使臣前来，不得携带货物。现来使每每皆携带货物，若遣返，彼等可悯，朕虽皆施恩照所请准令贸易，交代彼等再来使臣断不可携带货物，然续来使臣仍请求携带货物贸易。若每次所携货物均予以贸易，而又屡次具文令不得携带货物，亦为耻也。嗣后再来之使臣，若携带较尼玛所携之数少，则准贸易；若多于此数，则无贸易之处，定遣返之，断不可再多带，交付尼玛返回后明白告知尔台吉大臣。颁谕于尼玛时，尼玛呈接，言定转告知吾台吉大臣等语，自吾处拟文带回。因此次尔等所携人货，多于尼玛前次所携之数，故遣返数人。按理尼玛尔身受谕旨后返回，而此次尔明知又来，所携岂可多于前次数目？理应全部遣返，吾圣上悯恤尔等乃远道来人，准予贸易，实属至恩，尔等多带之人内，仅遣返四人，乃尔之大幸耳。尔等复如此言之，可乎？乃大谬也。等语告之。

等因。奏入，奉朱批：知道了。钦此。

（军机处满文《夷使档》1763-2）

乾隆十六年（1751年）二月乙亥

命四川总督策楞等防范准夷通藏道路。

上谕军机大臣曰：据班第奏言，公班第达告称，有拉达克汗书来，称近日准噶尔人从叶尔羌城至伊处贸易。询问达赖喇嘛、班禅额尔德尼安否，并及方兴黄教之事等语。近日准噶尔每遣使奏恳差人进藏，朕俱不允。前闻准噶尔进藏，道路艰难，若不往迎，断不能到。今观准噶尔常差人赴拉达克贸易，则彼处自有通藏之路。朕虽不准其进藏，而伊倘由叶尔羌城差人进藏，则所关甚要。将此事寄知总督策楞等，询问达赖喇嘛与班第达。凡准噶尔通藏道路，应行防范之处，详议具奏。

寻策楞等奏言称：询问达赖喇嘛与班第达，俱称准噶尔由叶尔羌城至阿里克地方，中隔大山，水草甚少，难以行走。每年贸易人赴拉达克，皆有定数。若大众前来，拉达克汗亦不许过。即使前至阿里克地方，自阿里克至藏，尚有两月路程，亦不难备御。又叶尔羌城有路可通鲁都克地方，亦须经戈壁，行走月余。现在鲁都克地方，常设卡座，至冬不撤。各处卡座，严密联络。自咱拉山以外至拉卜赛那穆，自阿哈雅克以外至顺图古尔等处，亦属通准噶尔之路，今请将卡座再行展放，严加防范。仍派谙练扎萨克台吉前往巡查。

奏入，报闻。

（《平定准噶尔方略前编》卷53，《清高宗实录》卷382）

488
理藩院侍郎玉保奏闻使臣沿途言语情形折

乾隆十六年二月十二日

　　奴才玉保谨奏，为奏闻事。

　　奴才我于二月初三日带准噶尔使臣额尔钦等自京起程。奴才我将章京、笔帖式分于前后照看，一日行二驿，于本月初九日抵齐河县。沿途行走时，使臣额尔钦言，今时已渐热，侍郎带我等于何时何地赶至大皇帝行在，令我等朝觐。我等恳请变热之前，速速完结吾事，返回则好。等语言毕，奴才我告之曰，吾圣上于正月十三日巡幸南省，尔等于正月三十日方抵达，吾等于二月初三日起程前来。吾圣上此间已巡幸甚远。追赶行在于何地，于何处朝觐之处今难以估计。虽然如此，然估略我等行速，大约于本月末，若于苏州赶不上，则可于杭州赶上。不会使尔等至于太热之时。等语。

　　抵雄县之日，使臣额尔钦言，我等近来诸日所食皆为瘦小羊只，侍郎若能吩咐彼等，可否给我等食用优质肥羊？言毕，奴才我告之曰，此处皆为内地汉人地方，不可与蒙古地方相比，羊只甚缺。虽有却为体小之汉羊。不以尔台吉喇嘛达尔扎所差之事为重，为何以所食之物为重？等语。使臣额尔钦等曰，侍郎所言甚是，永世和好甚要，吃食有何重要。使臣额尔钦复言，令我等瞻觐大皇帝后，将我等即刻遣返，还是使我等等待？奴才我告曰，令尔等瞻觐大皇帝，完结尔台吉达尔扎之事后，则即刻遣返耳。有何让尔等住下等待之处？等语。使臣尼玛沿途与额尔钦分开行走。额尔钦言，大皇帝甚爱黄教，京城所有寺庙皆粉刷修建，致力于安逸众生，吾地民众闻此，皆感戴欣喜，互为祈祷议论。今京城所有三位呼图克图之外，尚有圣贤喇嘛乎。等语询之。奴才告曰，因我圣上甚爱黄教，故除粉刷修建京城所有寺庙之外，各省有大佛之寺庙，亦皆粉刷修建。因吾圣上圣明，甚为仁慈，故我天下民众皆称为文殊师利大皇帝，无不行礼感戴。吾处除三位呼图克图之外，另有呼图克图噶布楚、喇木扎巴、莫尔根绰尔济等圣贤大喇嘛甚多。等语。

　　沿途跟随使臣额尔钦之下人问奴才之章京、笔帖式等言，沿途看得，虽乡屯甚多，人口甚多，然生活皆宁静，亦富裕。如此之众，如何查记？等语。奴才之章京笔帖式等告之，表面看来，人众似乎不可查数，然各自所属州县皆有其户口数。因尔等未抵吾海南，故不知晓。海南地方之人比此处还多，甚为富裕。等语。

　　奴才我沿途留心看得，此次来使彼此不合，行走住宿时，使臣额尔钦与塔克达同行、同睡、同食；使臣尼玛与奔塔尔同行、同睡、同食。沿途所用茶叶、饼、水果、羊，彼等分两份，取来吃喝。以尼玛之言行神态看得，常畏首畏尾，不敢多言。奴才我从彼等之永为和好甚要、欲速返回之急促神态看得，料不定伊之游牧处定有事端，故欲求得圣上谕旨，火速返回其游牧地，安抚其游牧处之民心。

奴才我以一日行两驿计算，约于二月二十六七日可抵苏州。待奴才我抵金山寺等地后，将何日抵达行在之处，恭谨奏闻。

为此谨具奏闻。

乾隆十六年二月十二日奉朱批：知道了，已降旨于尔。钦此。

（军机处满文《夷使档》1763-2）

489
理藩院侍郎玉保奏闻遵旨引使臣至苏州时日折

乾隆十六年二月十九日

奴才玉保谨奏，为奏闻事。

军机处字寄奴才之乾隆十六年二月初六日之上谕，奴才已于二月十一日，抵泰安府崔家庄，恭谨承接。二月十二日之上谕，奴才我亦于本月十三日，抵兖州府后恭谨呈接。乾隆十六年二月十六日上谕：前已两次降旨，迎咨带使臣前来之侍郎玉保，伊接朕旨，理应回奏，迄今一次未奏，以此看得，或以路中交错。将此复寄玉保，朕约于本月二十一二日左右驾临苏州，令伊仍照原降谕旨，估计于朕驾临苏州之次日抵达。此间抵达何处、何时可抵之处，著玉保即刻奏闻。再朕及使臣皆抵扬州后，带使臣前往平山堂、天宁寺叩拜游览。带使臣游玩之处，亦交总督预备。将此一并字寄玉保知晓。钦此。钦遵。亦于本月十七日抵孙河集后恭谨呈接。奴才我带使臣等，自地方官员处取无妻儿船只，奴才我等一并乘坐，于二月十八日自孙河集由水路行进。奴才我等抵扬州后，将遵旨带使臣游览叩拜平山堂、天宁寺。奴才我估略路程，足可于二月二十三日抵苏州。奴才我遵旨沿途探行，皇上若于二十一日抵苏州，奴才则带使臣于二十二日抵达苏州；若皇上二十二日抵达，奴才我则于二十三日抵达。临近时，奴才将抵达之日另行恭谨奏闻。

为此谨具奏闻。

乾隆十六年二月十九日奉朱批：即于二十一日抵达，若于午后未初时头一刻左右更好。钦此。

（军机处满文《夷使档》1763-2）

490
军机大臣傅恒著使臣于二十一日抵达
苏州事字寄理藩院侍郎玉保

乾隆十六年二月十九日

大学士·领侍卫内大臣·忠勇公傅恒字寄护送准噶尔使臣之理藩院侍郎玉保。

乾隆十六年二月十九日奉上谕：尔等字寄玉保，朕于二十一日驾临苏州，著伊带使臣，沿途快速强行，亦于二十一日尾随朕赶至苏州。若甚难抵达，务必于二十二日晨抵达，断不可迟误。钦此。钦遵。

为此字寄。

（军机处满文《夷使档》1763-2）

491
军机大臣傅恒等奏请御定增派入班大臣片

乾隆十六年二月二十一日

大学士·领侍卫内大臣·忠勇公臣傅恒等谨奏。

查得，因随驾前来在前行走之大臣仅有六人，应再派四人，故将此次随驾大臣、头等侍卫之职名，拟于绿头牌，恭谨进呈，钦定四人。

等因，乾隆十六年二月二十一日奏入，奉旨：著派新柱、乌凌阿、努三、永庆。钦此。

（军机处满文《夷使档》1763-2）

492
军机大臣傅恒等奏请使臣瞻觐仪注折

乾隆十六年二月二十一日

大学士·领侍卫内大臣·忠勇公臣傅恒等谨奏。

奉上谕：著准噶尔使臣于苏州行在瞻觐。钦此。钦遵。查得，此次随驾前来之文武大臣，著坐首排之外，尚不足之人于地方官员内，钦定指派入班。是日，照先前令使臣朝觐之例，派入班大臣各自携带坐褥，入行在大殿，预先按列铺垫，在前坐之十位大臣并立预备，令御前侍卫等排列于宝座近处，豹尾班侍卫列于宝座两侧，令乾清门侍卫等排列于豹尾班侍卫之后。将丹陛两侧各立二十名侍卫，行在大门两侧各立入值章京侍卫二十名，大门内应立侍卫之处，酌情于两侧排列侍卫。使臣经过街道，交付地方大臣，派官兵整齐排列。准噶尔使臣额尔钦等抵苏州后，引于住处，习练礼仪。赏食克食后，由尚书那延泰、侍郎玉保引领，于行在大门外预备。皇上升座后，那延泰、玉保、奏蒙古事侍卫等引领使臣，入行在西侧门，由西侧拾阶而上，于所空出之丹陛中央排列，以首次前来之礼行三跪九叩礼。礼毕，引使臣入西侧隔扇门，于右翼首排大臣末尾跪叩而座，随行之厄鲁特等令坐于隔扇门外廊檐下右侧台阶。皇上用茶时，令随大臣跪叩；赏茶时，令其叩谢而饮，降旨则跪地聆听。事毕，仍由西侧隔扇门引出，送至住处。是日，聚集之大臣侍卫等，皆着补褂、蟒袍类常服。

兹将入班大臣官员等之职名，缮于绿头牌，一并谨奏请旨。

等因，乾隆十六年二月二十一日奏入，奉朱批：依议。钦此。

(军机处满文《夷使档》1763-2)

493
理藩院侍郎玉保奏报使臣可于二十二日抵达苏州折

乾隆十六年二月二十日

奴才玉保谨奏，为奏闻事。

奴才我前曾奏称，于本月二十二三日抵苏州，临近时将抵达日期另行奏闻等语，奉朱批：即于二十一日抵达，若于午后未初时头一刻左右更好。钦此。钦遵。奴才我于二十日申时抵高邮州所属之坎华洞地方，恭谨跪接。奴才我带使臣乘船于十八日自孙河集起程急行，于十九日抵黄河，因渡河风大，自太阳升起至午时方得渡。奴才我考问地方官，自坎华洞至苏州有多少里，二十一日能否抵苏州。其曰坎华洞至苏州五百余里，即使急行数夜，断不能于二十一日抵苏州。奴才伏思，抵扬州后，带使臣叩拜游览平山堂、天宁寺，亦稍有迟延，且五百余里急行数夜于二十一日确实不能抵苏州。若不乘船，将使臣分拨，轻骑简从，由陆路驰驿日夜兼行，料不定匆忙不便，抑或使臣等以为何以复如此着急。故奴才我带使臣，仍乘船连夜急行，赶于二十二日午后抵达苏州。抵达后，带使臣于何处下榻之处，奴才已呈文询问军机大臣。

为此恭谨奏闻。

(军机处满文《夷使档》1763-2)

494
大学士来保奏闻迎接使臣情形折

乾隆十六年二月二十一日

乾隆十六年二月二十一日与本报同至。

大学士·领侍卫内大臣·臣来保谨奏，为奏闻事。

准噶尔使臣于本月二十九日抵清河宿营，除将应备诸项妥善办理之处，皆交各自所属之处备办之外，侍郎玉保携膳茶前往清河迎接。照看使臣等享用后，额尔钦等言，我等自哈密前来时，因得大皇帝谕旨，前往巡行南省，著我等急行，于大皇帝起程之前抵达，故以为我等事宜可迅速完结，甚为感激欣喜而急行。而后大皇帝虑及我等行走太急，沿途劳累，复降旨悯恤我等，甚为感戴。先前迎接来使时，皆遣扎尔固齐来，此次闻听侍郎前来，乃以大皇帝已起驾南巡。我等途中窃议，我台吉喇嘛额尔德尼巴图鲁之奏表于此处呈于谁。我等请求去追赶大皇帝，至彼处呈献。等语言毕。

侍郎玉保曰，今我前来，乃大皇帝起程南巡时，降旨交付吾理事王大臣：准噶尔使臣抵达后，迎接照看赏食、呈接奏表、筵宴等事，皆照前例办理。令彼等稍歇几日，差我护送尔等追赶行在朝觐。故我办事王大臣特意差我前来迎接尔等。我于明日带尔等进京，照前例于大皇帝箭亭前遥望稽首，呈接尔台吉喇嘛达尔扎之奏表后，即如呈献我大皇帝一般。吾大臣接取后，驰驿具奏。再，若吾大皇帝在宫中，则筵宴尔等。今已起程，理应不筵宴尔等。然吾大皇帝特为尔等乃外藩远来之人，悯恤尔等，派王大臣照看筵宴。此筵宴即如大皇帝之筵宴相同，乃悯恤尔等之至恩。食毕恩宴，吾等立即起程，赶往行在，瞻觐圣颜。窃思瞻觐之后，于彼处亦筵宴尔等耳。尔之事宜可迅速完结，即可返回。等语告之。

言毕，使臣额尔钦等曰，大皇帝已起程，然仍施恩筵宴我等，实为大皇帝之鸿恩，我等感激不尽。惟若在此呈表，抵达彼处如何空手朝觐大皇帝。况若大皇帝临御别处，吾喇嘛额尔德尼巴图鲁原未令我等在此呈献。前吾来使并未如此呈表，故我等甚是为难。等语。

侍郎玉保曰，吾大皇帝临御别省，尔台吉喇嘛达尔扎如何知晓，而交代不可将奏表于京城呈献，而赶去呈献乎？我圣上以为，若将尔台吉奏表驰驿具奏，则得知尔等前来事由，先让我圣上听闻，于尔等事宜有益，故降旨吾理事王大臣，准噶尔使臣抵达后，迎接照看赏食、呈接奏表、筵宴等处，皆照前例办理。此实乃我圣上因尔等乃外藩远来之人，为悯恤尔等之详度也。尔等理应欢欣感戴耳。尔等尚有何不得已而为难之处？设若我圣上未降此旨，尔等即于此处呈表，谁敢接取尔之奏表？尔等虽欲去南省，谁敢带尔等前往？倘若如此，尔等则需坐等，抑或返回。此皆我圣上悯恤尔等之至恩。尔等理应感戴遵行。言毕，额尔钦等互相商议片刻，告言我等核计侍郎所言，此实乃大汗之洪恩，我等遵旨，将吾台吉喇嘛额尔德尼巴图鲁之奏表于明日进京呈献。

额尔钦等复言，因大皇帝谕令我等火速前来，我四人带十二人轻骑简从前来，所携进献大皇帝之马匹等物，及我等携带杂货皆留于后。我等请求将我现已前来之人，皆赴大皇帝临御之地朝觐。于今跟随前来之人内留二人，照看物品。等语。言毕，侍郎玉保曰，尔人内可留数人，将尔所携货物于此间贸易，往行在之人返回后，若一并起程，则可避遇炎热。今因尔等感戴我圣上之恩，皆愿往行在瞻觐天颜，于前来跟随之人内留二人，我告知理事王大臣，照尔等所请留二人，余皆差往。额尔钦等曰，此实乃于我事有益起见。亦留文给我后来之八人，我等返回之前，与尔人一同贸易。等语。

另问使臣额尔钦等，尔等此次为何事而来？额尔钦等回言，前来具奏我策妄多尔济那木扎勒生病，全然不能理事，吾处众宰桑共议，立喇嘛额尔德尼巴图鲁为首理事。额尔钦等复曰，敢问侍郎，我等抵哈密时，彼处大臣以吾所携之人多出四人，以大皇帝谕旨，遣返多余四人，而遣返之。此系果真有旨而遣返乎？设若自大皇帝由此处向吾处遣人，吾再以所携人多而遣返，则别人闻听亦不好。等语。言毕，侍郎玉保曰，尔使臣每次前来，一意请求携带多于所定人数之人前来贸易，故去年尔尼玛来时，吾圣上施恩确定，嗣后来使，若所带人数在尼玛所带人数之内，则予以贸易；若多，则不准贸易而遣返。想必吾地方大臣，因尔所携人数多于议定之数，故予以遣返耳。等情告知。

闲谈时，使臣额尔钦等问，大皇帝因何事南巡？侍郎告曰，大国之礼，为君者有巡省之例。先前我康熙皇帝在位之时，曾巡行盛京、山西、江南、苏州、杭州诸省，即为此例。言毕，额尔钦等问，大皇帝此前有无巡行别处？侍郎玉保曰，此前吾圣上曾巡行盛京三省、山东、河南、山西、五台山等，此为尼玛所知。言毕，额尔钦等称是。

翌日晨，侍郎玉保带使臣进京，至箭亭前，令彼等跪呈，由大臣阿克敦接取台吉喇嘛达尔扎之奏表，令使臣入憩上驷院，照例赏食后，带至住处。于初二日筵宴彼等，初三日令其起程时，将彼等之言行，另行具奏。

看得，此次使臣所呈奏表及行为皆属恭谨，言谈时皆由额尔钦为首言说。看额尔钦其人，亦尚明白。再问伴送官员，称沿途行走时，彼等亦和顺。为此将准噶尔之奏表，一并恭谨奏闻。

等因，乾隆十六年二月初　日，奉朱批：知道了。钦此。

（此朱批及原折已交汉员何廷枢）

（军机处满文《夷使档》1763-2）

495
理藩院侍郎玉保奏报使臣需于二十四日抵达苏州折

乾隆十六年二月二十三日

奴才玉保谨奏。

奴才我已呈报军机大臣称，原带使臣叩拜游览天宁寺、平山堂太久，因下大雨，拉船人力均不能在泥水中行进，陆续逃走而迟误，故不能于二十二日抵苏州，可带使臣赶在二十三日抵苏州。奴才我带使臣，连夜急行，于二十三日打更时，方抵无锡县，距苏州尚有百余里，故奴才我带使臣，连夜急行，于二十四日午时左右定可抵苏州。

为此恭谨奏闻。

乾隆十六年二月二十三日奉朱批：知道了。钦此。

（军机处满文《夷使档》1763-2）

496
户部尚书海望等奏闻使臣言辞折

乾隆十六年二月二十五日

户部尚书臣海望等谨奏。

奴才我等今日带准噶尔使臣额尔钦等四人行走时，额尔钦见卡伦帐篷，问此帐篷为何用？奴才我等告曰，大皇帝出行，大营外皆置此种卡伦。额尔钦称此甚有理。见途中跪迎皇上、皇上施恩赏老年男妇后，额尔钦谓奴才我等曰，似此小民并不赶开，大皇帝皆如此施恩于老人，以此看得，实属至仁。此处千万男妇，跪迎瞻觐，乃此理也。等语。奴才我等曰，吾大皇帝将天下众人皆视同己子，对老人愈加悯恤仁爱，巡幸此诸省时，数日于路途边居住之民众皆追赶来，于途中下跪，瞻觐皇上。几乎跪至马镫，并无回避之处。额尔钦等称果然非凡也。

谕令额尔钦等临近，降旨垂询彼等具奏返回时，可否与朕同行后，其谓奴才我等曰，大皇帝谕令我将此次来事完成后返回，乃与我等体面，实乃大皇帝之恩。似我等出使之人，将吾台吉交代之言禀奏于大皇帝，谨记大皇帝所降谕旨，回禀我台吉，则吾事即完结。所请之处，如此完结，实属与我等体面也。等语。

为此恭谨奏闻。

等因，乾隆十六年二月二十五日奏入，奉旨：知道了。钦此。

（军机处满文《夷使档》1763-2）

497
使臣瞻觐圣明时所降谕旨

乾隆十六年二月二十五日

尚书那延泰、侍郎玉保于苏州灵岩山行在，率领准噶尔使者额尔钦、尼玛、塔克达、奔塔尔等朝觐。奉旨：朕已览尔台吉喇嘛达尔扎之奏表，喇嘛达尔扎奏称，伊准噶尔地方之喇嘛未曾出痘，不便派往京城习经，恳请于京城延请四五位熟知经史之贤能喇嘛，教授吾地喇嘛四五年后遣回，恭请睿鉴，等语。前尔旧台吉策妄多尔济那木扎勒曾奏请，在准噶尔有德之喇嘛，大半亡故，所剩者已年迈，欲返回故地，故请自吾处派少许人，解至藏地，自藏地学习经德，于弘扬吾处黄教大有裨益，等语。此乃断不可行之事，故未准伊之所请。然岂有于朕处弘扬黄教，而视尔地黄教衰败之理耶？朕京城大寺，有著名呼图克图、自藏选来之有德喇嘛，及自各处习得而来之喇嘛。若和睦友好，则派尔处可习经之聪慧喇嘛，或十名或至二十名至京城，勤学四五年返回，可助弘扬黄教之事，则何虑黄教不兴也。此乃朕周详曲体之仁恩，并非勒令，尔等若不派则罢。降旨甚明。今尔台吉喇嘛达尔扎反称，准噶尔地方喇嘛未曾出痘，不便派往京城习经，恳请于京城精通经典内，延聘四五位前往教习，乃不欲遣习经喇嘛之意甚明。夫学习德艺，有徒就学于师，无师往教于徒者。唯念尔准噶尔蒙古，亦甚为崇尚黄教，若无教习经史之喇嘛，则致黄教渐衰。朕准尔台吉所请，然若即遣教习之喇嘛，则朕处呼图克图、有德之喇嘛，均于各处教授喇嘛事宜，不便遣往尔处。若亦自藏择遣可教德艺之喇嘛，抵至尔处后，尔等或又以所派喇嘛平常，仍请自藏延请喇嘛等不便准行之事渎奏。此次朕暂不派遣，著尔等将朕此谕旨明记，告知尔等台吉，若务需自朕京城延聘教经之喇嘛，则再遣使者至请，抵至之时，朕再与尔使者一齐遣之。钦此。

降旨后，使者额尔钦奏称，吾台吉交我口奏，大皇帝念吾准噶尔地方黄教渐衰，降旨准我遣喇嘛来京城，学习德艺，以助弘扬黄教，实乃安逸众生之至恩。唯吾处喇嘛未曾出痘，不便派往京城习经之处，请大皇帝睿鉴，体恤我等，恩准吾等自藏延请四五位喇嘛，于吾处教习四五年后，遣回故地。等因。

奉旨：尔等自藏延请喇嘛之事，断不准行，且亦断不可去藏地延请喇嘛。尔等台吉奏表内称，恳请于京城延请熟知经史之贤能喇嘛。尔口奏又称自藏地延请喇嘛，与尔等台吉奏表相悖。朕轸念尔等台吉用心，若遣使自朕京城延请教经之喇嘛，朕再降旨派之。今尔等即遵尔台吉所付，请自藏延请喇嘛，故尔自藏延请喇嘛之处，不惟不准，且自朕处亦无派喇嘛之处。钦此。

奉旨后，额尔钦奏称，我台吉交付吾等奏请大皇帝施恩，故依此而奏。如何定夺之处，请大皇帝睿鉴。等因。

奉上谕：朕恐尔处黄教衰落，故详度如此办理。朕处传经艺之喇嘛，均自藏地择取。即遣至尔处传经之喇嘛，亦系自藏地选取可传经者也。朕岂可遣不能传经之喇嘛乎？尔等自藏地延请，与自朕处所遣喇嘛，乃同样也。尔等何以务必遣人，自藏地延请。尔等将此明记，告知尔台吉喇嘛达尔扎，达尔扎需谨记之。钦此。

闻旨后，额尔钦奏称，愿明记大皇帝谕旨，告知我台吉。再吾台吉请求派人前往藏地，给二博克达、四大寺献礼、呈文之事，恳请大皇帝施恩准行。等因。

奉旨：尔台吉喇嘛达尔扎奏表内称，伊欲派人至藏地行善、熬茶，并无名分。尔老台吉噶尔丹策零，为其父策旺阿喇布坦，奏请赴藏熬茶。后尔前台吉策妄多尔济那木扎勒，为父噶尔丹策零，亦奏请派人赴藏熬茶。此皆为其父行善，理应准行之事，是以俯从所请，又施恩沿途赏给牲畜盘费，特差大臣官员照看而行。蒙古遣人赴藏熬茶者，均为报答彼等亡故父母之恩情。噶尔丹策零、策妄多尔济那木扎勒，均为报答其父之恩而遣人耳。今喇嘛达尔扎之请，为报答何人之恩？愿报答尔等前台吉策妄多尔济那木扎勒之恩乎？若为伊自身，才承其位，好端端生时即遣人赴藏乎。再，于达尔扎此等非要紧之事上，朕岂有屡次派官兵照管之理？此等事断不准行。钦此。

额尔钦奏称，大皇帝所谕甚是。吾台吉今虽无此等之事，正坐其位，乃据吾之例，派人赴藏给二博克达、四大寺献礼、呈文。恳请施恩准行。等因。

奉旨：此奏愈加无理。尔等老台吉噶尔丹策零嗣其父策旺阿喇布坦之位，策妄多尔济那木扎勒嗣其父噶尔丹策零之位后，并无为此奏请之处。今喇嘛达尔扎以承策妄多尔济那木扎勒之位，欲遣人赴藏，乃无例之事，断不可行。尔台吉若如尔老台吉噶尔丹策零之时，和睦友好，感怀朕恩，每年遣使请安，承领朕恩，则可明奏也。何故以此等非要紧、不可行之事渎奏？将朕此谕明记，告之尔台吉。钦此。

（军机处满文《夷使档》1763-2）

乾隆十六年（1751年）二月癸巳

准噶尔使臣额尔钦等进贡，入觐于苏州府行宫。

（《平定准噶尔方略前编》卷53，《清高宗实录》卷383）

乾隆十六年（1751年）二月癸巳

赐扈从王公大臣等暨准噶尔使臣额尔钦等食。

（《清高宗实录》卷383）

498
户部尚书臣海望等奏报与使臣额尔钦等会议贸易事宜折

乾隆十六年二月二十五日

户部尚书臣海望等谨奏。

臣等与使者额尔钦等商议，其来肃州贸易之年，按圣上所定，所持物品不得超过乾隆十三年。若多携带，则将多带之物不准贸易。额尔钦称，适才大皇帝已降旨，明确定之，吾唯谨记，以告知吾台吉遵行。

再就额尔钦等告知侍郎玉保，责怪边界大臣将彼等四人遣回之处，亦与之商议，若再来使，则按去年圣上所定，不可超过尼玛来时所携带之物品。额尔钦等称，大臣所言甚是，于和睦友好之道、遣使往来贸易之名目，乃甚好之事。今大皇帝已规定，吾告之我台吉，遵照规定而行。等语言后，臣等告知额尔钦等，尔等返回后，可明白告知尔台吉。我圣上给尔等台吉敕书内，亦写入此旨。等因，额尔钦等称如此则甚好。臣等照看食毕恩飨，遣回住地。

等因，乾隆十六年二月二十五日具奏，奉旨：知道了。钦此。

（军机处满文《夷使档》1763-2）

499
颁于准噶尔台吉喇嘛达尔扎之敕书

乾隆十六年三月初一日

奉天承运皇帝诏曰，降旨喇嘛达尔扎。

阅尔奏表，言称按尔等俗规，派少许人赴藏给二博克达、四大寺献礼、呈书，乃大事也，恳请睿鉴等语。熬茶之事并非俗规，前尔已故台吉噶尔丹策零为其父台吉策旺阿喇布坦，策妄多尔济那木扎勒为其父台吉噶尔丹策零，奏请赴藏熬茶诵经，此皆欲追报先人，理应准行，故准其所请，又加恩沿途补赏牲畜盘费，特派大臣官员照管。彼时朕即降旨，尔等台吉因有此大事，朕方允行。若无大事，断然不许，所降谕旨甚明。今尔并非有如此大事，有何恩之当报。乃欲差人赴藏，给二博克达、四大寺献礼、呈书。尔前台吉策妄多尔济那木扎勒曾差尼玛，奏请每年派少许人赴藏，欲叩拜二博克达、四大寺。朕将此等断不可行之事，并未准行，降旨止其渎奏。今台吉喇嘛达尔扎复有此奏，非但从无更换一台吉，即差人赴藏一次之例，即便我处，岂有屡派内地官兵前往照管之理耶？此次所请派人赴藏之事，断不可行。

再所奏喇嘛习经一项，因尔旧台吉策妄多尔济那木扎勒曾奏称，准噶尔处之西藏喇嘛，大半均已亡故，所剩者亦年高体衰，皆欲返回故地。恳请少派数人，赴藏习经，以弘扬黄教等语。此奏亦为断不可准行之事，朕未准行，唯念于中国弘扬黄教，而有使尔外藩黄教就衰之理耶？因为尔等详度，中国大庙内，原有自藏选来之高僧，是以降旨准尔处将可以学经之聪慧喇嘛，或十人，或二十人，送至京师，习学数年返回故地，以益于弘扬黄教，何虑黄教自此不广？此乃朕念和好日久，周详曲体之特恩，本非勒令尔处之人，来为僧徒也。今乃谓尔处喇嘛，未曾出痘，不能赴京学习，恳请选四五位通达经史之喇嘛往教，四五年后再请返回等语。若诚心差派，自然选得已出痘之喇嘛，何以借出痘之故言之。凡学习德艺，有就学，无往教。中国有德行之喇嘛，彼等皆有教各地前来习经僧众之事，难脱身前往，即奉旨差派，彼等亦难情愿？尔处既无赴京之喇嘛，应即行停止。今尔使臣额尔钦等口奏，我台吉交付我等，奏请大皇帝之加恩，恳请自藏延请四五位喇嘛，教习我处喇嘛四五年后遣回等语。此言又与尔奏表有悖。朕今念尔护持彼处黄教之意，以和睦友好相处，准台吉尔奏表所请，派四五位高僧，前往尔处教诲。但既命前往之后，尔毋得藉称所命往之喇嘛平常，捏词再次渎奏全然不可准行之事，反不合朕之美意。故令尔等使者额尔钦等返回后，告白晓谕台吉尔。尔再遣使来请，并将不行此等伎俩之处，抒诚具奏，可自京城延请喇嘛带回。此亦有关朕处声教，朕岂肯令漫无德行、不能训导之人充数耶？尔固不必虑此。此所派教经之喇嘛，即自藏地选取者，不必自尔处派人，亦不得复请自藏延请喇嘛带回。自此若复奏请延请西藏喇嘛，派人赴藏等断不可准行之事，即遣使者前来百次，亦无济于事。

再尔等贸易一事，乃朕优恤远方之格外之恩，于使者、未来之人、前来贸易之众，均甚有益处。前既定以年岁，约以章程，即当永远遵照。而近年来贸易者，货物每次加增，较前数倍。边疆司事之臣，屡次奏请驳回。朕念其携货远来，若如常遣返，则所来之人亏损实多，故格外加恩，酌量贸易。而该使该商，皆谓不知从前议定成数，又谓非能自作主张，归当告知台吉。彼等果归告与否，固未可知。然若告之台吉，则台吉果真重利，而违背所定之言乎？边疆司事之臣以屡增不停，非长久贸易之道，故于去年尔等贸易年份，将所议定章程，奏请予尔文书，朕以事务琐碎，亦无研讨之处，且尔等使者、再来贸易之人，朕岂可规定。然恃朕迁就加恩，而屡增无厌，且难合例理之处显著，将来必至定数之外，均令带回而后已，有何益处？故今特明谕，嗣后肃州贸易，毋得过乾隆十三年货物之数。使臣前来，所持物项，以尼玛上次携带货物为准。如逾此数，数内者如常贸易，多余者不准贸易，即由边境驳回。日后若逢前来贸易之年、来使之年，台吉喇嘛达尔扎即宜明确晓谕彼等，俾知敬谨遵行。朕亦敕谕疆吏，照此办理。今后不可复言不知定例也。

特谕。

（军机处满文《夷使档》1763-2）

乾隆十六年（1751年）二月丙申

赐准噶尔台吉喇嘛达尔扎敕书。

奉天承运皇帝诏曰：据台吉奏请差人前往西藏喇嘛处，递赍见仪，恳赐恩准等语。曩者尔故台吉噶尔丹策零，为父策妄阿喇布坦既殁，奏请往藏熬茶。策妄多尔济那木扎勒为父噶尔丹策零既殁，亦以熬茶奏请，此皆欲追报先人，是以俯从所请，并加恩沿途赏给牲畜路费，特派大臣官员照管。彼时朕即降旨，尔台吉因有此大事，朕方允许，否则断然不许，所降谕旨甚明。今尔并非有如此大事，何恩之当报，乃欲差人往藏耶。不但无换一台吉，即遣人赴藏一次之例，即中国亦岂有屡派官兵照管之理耶。尔所请遣人赴藏之事，断不可行。

至所奏喇嘛学经一节，因尔旧台吉策妄多尔济那木扎勒奏称，准噶尔地方所有西藏喇嘛，大半物故。恳准少派数人，至藏学经，以广黄教。朕念差人至藏学习，则事不可行。而尔地黄教就衰，亦殊可念。因为尔等计，中国大庙内，原有自藏选来高僧，是以许尔处将可以学经之聪慧喇嘛，或十人，或二十人，送至京师，习学数年而回，可以阐述黄教。此朕念和好日久，周详曲体之特恩。初非敕令尔处夷人，来为僧徒也。今乃谓尔处喇嘛，未曾出痘，不能赴京学习。恳将精通经典喇嘛，准请四五人，到尔处教习。夫学习文艺，有就学，无往教。尔处既称无可赴京之喇嘛，应即行停止。今尔使臣额尔钦口奏，又谓台吉令伊等奏恳，自藏延请四五喇嘛，教习数年，再令回籍等语。此又与尔奏书有异。朕今念尔护持黄教之意，准尔所请。令高等喇嘛前往教诲。但既命往之后，尔毋得藉称命往之喇嘛平常，捏词再来渎奏。是以令尔使回巢后，明白宣示，尔再遣来使请，并将不行此等伎俩之处，抒诚具奏，然后令喇嘛前往。此亦有关中华声教，朕岂肯令漫无德行、不能训导之人充数耶。尔固不必虑此。

再交易一事，乃朕优恤远方之大惠。前既定以年岁，约以章程，即当永远遵照。而近年来贸易者，货物每次加增，较前数倍。边疆司事之臣，屡请驳回。朕念其携货远来，若不准销售，则亏损实多，姑准量为交易。而该使该商，皆谓不知从前议定成数，又谓非能自作主张，归当告知台吉。伊等果归告与否，固未可知。然恃朕迁就加恩，因而屡增无厌，将来必至定数之外，一一驳令带回而后已。今特明切晓谕，嗣后肃州贸易，毋得过乾隆十三年货物之数。使臣前来，以尼玛上次带来货物为准。如逾此数，即由边境驳回，不准贸易。尔其晓谕使臣商人等，俾知敬谨遵行。朕亦敕谕疆吏，照此办理。今后不得仍以不知成例为辞也。

(《平定准噶尔方略前编》卷53，《清高宗实录》卷383)

乾隆十六年（1751年）二月丁酉

申谕陕甘总督尹继善准夷贸易事宜。

上谕军机大臣曰：准噶尔夷人交易一事，每岁加增，固属无厌，而为数太少，亦属难行。前见尹继善所定交易之数，较之上次，未及其半。伊等历年已加增至数倍，何能强之骤减，朕即料其未能奉行。昨召见夷使，果称总督曾有字来，原非奉旨事理，未便遵行等语。观此则其不能遵奉可知。朕今谕该台吉，肃州交易，以十三年来数为准。来使交易，以尼玛来数为准，不得出此范围。

可寄知尹继善，令其遵照办理。在此数内者，许其交易。多者驳令带回。总在不离大数，货物内此多彼少，许其折算相当。如此，则伊等不至受苦，其心自平，而后来亦有节制矣。

(《平定准噶尔方略前编》卷53，《清高宗实录》卷383)

500
大学士来保奏闻接取使臣后至进献之马匹貂皮事宜折

乾隆十六年三月初三日

乾隆十六年三月初三日随本报至。

大学士·领侍卫内大臣臣来保谨奏，为奏闻事。

准噶尔使臣额尔钦等留于后行，携带给圣上进献貂皮、马匹之八人，于本月二十四日皆抵京城。所献六岁栗色马一匹、五岁青马一匹、貂皮四十一张，于箭亭前跪呈，由所派照看大臣阿克敦、勒尔森接取后，除依例交付各自所属之处外，将抵至之八人，带至彼等住处后，留员照管。所献两匹马，臣等骑之看得，青马均步履温顺，栗色马不大温顺，马匹大体与前次所献马匹相似。亦交付上驷院，著将此马善养之。等因。

再，彼等所带商品物项共十二驮，大体均为貂皮、狐皮等皮革，将此交付派出照管之大臣官员等，亦依例晓谕商人，著与伊等集中快速交易。

为此恭谨奏闻。

等因，乾隆十六年三月初三日具奏，奉旨：知道了。钦此。

（军机处满文《夷使档》1763-2）

501
侍郎玉保奏闻护送使臣回京沿途言语情形折

乾隆十六年三月初三日

奴才玉保谨奏，为奏闻事。

奴才吾率使臣于二十六日自苏州起程返回，沿途闲谈之时，使者额尔钦询问奴才吾云，敢问侍郎，我等奏请派少许人赴藏，往四大寺熬茶，将台吉哈尔哈之缘由告于两博克达，大皇帝因何不准行，等语。

奴才言之，我圣上之谕旨曰，前台吉噶尔丹策零、策妄多尔济那木扎勒，均奏请为伊父布施熬茶，合情合理，故施恩依所请准行。策妄多尔济那木扎勒、喇嘛达尔扎复以恩情请求熬茶，并非分内熬茶之例。前噶尔丹策零、策妄多尔济那木扎勒均唯言为伊父赴藏布施熬茶，并非奏言为台吉哈尔哈事，告之于两博克达等语。谕旨甚明，额尔钦尔忘记乎？等语言后，额尔钦注视尼玛等，言我处虽已两次奏请布施熬茶，然并未向大皇帝陈奏将台吉哈尔哈之事，告闻两博克达之处，故事才至此。等情。

额尔钦等复打探云，请问侍郎，我等奏请自土伯特处延请喇嘛，为吾处之人传经，以弘扬黄教，大皇帝因何亦不准行等语。

奴才告之，我圣上旨意：尔台吉喇嘛达尔扎奏称，尔处之人均未出痘，难以遣派，故恳请自此处延请喇嘛前往传经，以弘扬黄教等语。尔处之众多人内，果真难选出两三位已出痘之人乎？喇嘛达尔扎特借此故渎奏。为徒聘师者，从无如此聘师之例。吐伯特地方喇嘛亦不准私自去尔地。若依所请给尔喇嘛，又反致滋事，生出不派有德贤善喇嘛之妄语。额尔钦尔口奏自吐伯特处延请喇嘛之语，与尔台吉奏表亦相悖，是以断不可行。唯欲弘扬尔处黄教，无传经之喇嘛，故额尔钦尔返回后，告之尔台吉，朕乃无量大主，有坐视尔处黄教就衰之理乎？喇嘛达尔扎若竭诚自此处延请喇嘛，可遣使者来请，届时施恩自吾处派喇嘛，虽不派似三呼图克图之经德贯通之喇嘛，亦将以土伯特选来，可教经之喇嘛派之。此乃特予尔台吉喇嘛达尔扎之恩。额尔钦尔所来两项事务亦得完成一项，额尔钦尔可愉快返回。钦此。我圣上旨意甚明。

等语言后，额尔钦亦言，大皇帝以蒙语降谕，甚为明达，吾所记与侍郎所言谕旨相同。吾等返回后，愿将此谕告知我台吉喇嘛达尔扎。唯未必将章嘉呼图克图等通德喇嘛赐予我处。等语。

奴才吾言之，额尔钦尔等此言差矣，尔台吉喇嘛达尔扎即欲延请吾三呼图克图等喇嘛，吾圣上岂可准乎？旨意甚明。尔台吉喇嘛达尔扎可具奏延请似吾三呼图克图之喇嘛乎？

额尔钦闻后，诺诺称是。奴才吾等二十八日抵达金山寺，将众使臣引至行宫，叩拜寺塔后，使者额尔钦询问以何缘修建此寺。奴才告之，吾康熙皇帝临幸此地六七次，系承此缘而建。

额尔钦手舞足蹈，特别欣喜言道：吾等沿途看得，福运较大之寺院，皆系大皇帝更新修建，实乃笃信黄教之文殊师利大皇帝也。我等得以叩拜有大福之寺，既得祈福，蒙大皇帝之恩，我等罪孽皆可消除矣。等语。

奴才吾等留心观察彼等行动，乃如常和睦而行。

为此恭谨奏闻。

等因，乾隆十六年三月初三日奉朱批：知道了。钦此。

（军机处满文《夷使档》1763-2）

502
大学士来保奏闻依例赏赐使臣等物品银两事折

乾隆十六年三月初三日

大学士·领侍卫内大臣臣来保谨奏，为奏闻事。

查得，前遣返准噶尔所派使者之时，赏正使银百两、御用缎两匹、官用蟒缎一匹、全百合补缎一匹、彭缎两匹、毛青布二十四匹。赏副使银五十两、官用蟒缎一匹、上用缎两匹、彭缎两匹、毛青布二十四。赏随从来京并留于肃州之厄鲁特人等银均为二十两、官用缎二匹、彭缎一匹、毛青布八匹。一并赏使者及随从来京之厄鲁特人等皮袄各一、棉袍各一及帽子腰带，记录在案。

此次所来使者额尔钦等，自行在返回后，即办理遣返，故正使额尔钦，副使尼玛、塔克达、奔塔尔及前后随从而来之二十厄鲁特，依例应赏皮袄各一，棉袍各一，帽子腰带等，交付所属之处均依照前赏备办。额尔钦等自行在返回，抵达并起程之时应赏银缎，随从之众应赏之布匹，均依前赏之数自所属地方办取，将衣服、帽子、腰带一并付。此外将留于肃州之二十四厄鲁特所赏银缎布匹，依前赏之数自所属之处领取，交付使者额尔钦带回，著抵至肃州后转赏。

为此恭谨奏闻。

等因，乾隆十六年三月初三日具奏，奉旨：知道了。钦此。

（军机处满文《夷使档》1763-2）

503
军机大臣傅恒等奏闻依颁敕书之礼
随赏准噶尔台吉等物品事折

乾隆十六年三月初四日

大学士·领侍卫内大臣·忠勇公臣傅恒等谨奏。

查得，前给准噶尔台吉颁赐敕书时，将依礼赏赐绸缎等物项，均自臣等处将敕书具奏御览，将前次所赏物项之数付之，一并具奏御览。此次奏览敕书，自臣等之处将前次所赏交绸缎等物项，疏漏未奏。查得前次以颁赐敕书之礼，赏赐准噶尔台吉物项之数，各色缎十匹，施恩加赏蟒缎、小龙缎八匹，玻璃、瓷器、珐琅器十八项，记录在案。

臣等将此字寄大学士来保，将所赏物项之数，除依例缮写于敕书内外，著将应赏绸缎、蟒缎、小龙缎，均自广储司取后赐予。昔玻璃、瓷器、珐琅器均自大内取出赏赐，此次所赏之玻璃、瓷器、珐琅器等十八项器皿，或依照前次所赏之物，自内廷领取赐予，或应如何定夺之处，恭谨请旨。

等因，乾隆十六年三月初四日具奏，奉旨：知道了。若赐，则从内廷取玻璃等十八项器皿赏予。钦此。

（拟此字寄，将前次所赏绸缎玻璃等物，均交付缮写，装于封套内，当日交付兵部主事何秉忠交兵部加封外套后，以六百里加急，驰递至京城，交于军机满大臣去讫）

（军机处满文《夷使档》1763-2）

504
大学士来保奏闻办理赏赐使臣等物品银两事宜折

乾隆十六年三月初三日

乾隆十六年三月十日随本报至。

大学士·领侍卫内大臣来保谨奏，为奏闻事。

查得，前遣返准噶尔所派使者之时，赏正使银百两、御用缎二匹、官用蟒缎一匹、全百合补缎一匹、彭缎二匹、毛青布二十四匹。赏副使银五十两、官用蟒缎一匹、御用绸缎二匹、彭缎二匹、毛青布二十四。赏随从来京并留于肃州之厄鲁特人等银均为二十两、官缎而匹、彭缎一匹、毛青布八匹。一并赏使者及随从来京之厄鲁特人等皮袄各一、棉袍各一，及帽子腰带，记录在案。此次所来使者额尔钦等，自行在返回后即办理遣返，故正使额尔钦，副使尼玛、塔克达、奔塔尔，前后随从而来之二十厄鲁特，依例应赏皮袄各一，棉袍各一，及帽子腰带等项，交付所属之处均依照前赏备办。额尔钦等自行在返回，抵达并起程之时应赏银缎，随从之众应赏之布匹，均依前赏之数，自所属之处办取，将衣服、帽子、腰带一并付之。此外将留于肃州之二十四厄鲁特所赏银缎布匹，依前赏之数自所属之处领取，交付使者额尔钦带回，著抵至肃州后转赏。

为此恭谨奏闻。

等因，乾隆十六年三月初三日具奏，奉旨：知道了。钦此。

（将此交付中书顿赫，著交内务府即刻办理，亦交至理藩院）

（军机处满文《夷使档》1763-2）

505
侍郎玉保奏闻护送使臣回京沿途言语折

乾隆十六年三月十日

奴才玉保谨奏，为奏闻事。

奴才吾率使臣于三月初五日抵至顺和集，下船换乘驿马。沿途与使臣一起闲谈时，使者额尔钦告于吾等，定将大皇帝所降谕旨牢记，大皇帝乃佛祖菩萨转世之身，业已明鉴我准噶尔事务，即吾身体发热亦明鉴之。吾抵后即朝觐。将我等事务贯通明白降旨，吾等不胜欣悦感激。奉大皇帝之旨，前噶尔丹策零、策妄多尔济那木扎勒均奏请为其父赴藏熬茶，于理相合，故予准行。策妄多尔济那木扎勒、喇嘛达尔扎何以无端奏请熬茶。降旨甚为明鉴。至于吾等延请喇嘛之事，蒙大皇帝施恩，再遣使前来时，自京城选派从西藏择来喇嘛内给予等情。此即使吾等前来申奏两事内，得以完成一件。唯我喇嘛达尔扎或遵大皇帝之旨，自此处延请喇嘛，或仍欲自西藏延请喇嘛，实由喇嘛达尔扎之意愿定夺。等语言后，奴才吾告之，我圣上已降旨：尔台吉喇嘛达尔扎处若自此处延请喇嘛，可奏请我圣上，吾圣上施恩于尔台吉喇嘛达尔扎，喇嘛达尔扎再遣使来时，从此处选派自西藏择来之喇嘛内，选取赐予。钦此。尔喇嘛达尔扎若诚心为兴黄教，务须遵从我圣上之旨。等语。

使者额尔钦等言，吾等自京城起程至榆林等处后，留吾等数人照看行李后行。吾等身先速行，先至肃州，赶办留于彼处之货物。额尔钦率四人，各带一二随从，乘天热之前先行赶往游牧地，恳请大臣等交付护送吾等之扎尔固齐，等语。

奴才吾告之，尔等既言欲于酷暑前，务必先行赶往游牧地，吾交付于我之扎尔固齐等。既如此，尔等宜好生严饬后返之人，沿途与我等护送官员，和睦而行，断不可沿途胡乱饮酒滋事，等语。额尔钦言，大臣所言极是，吾等定严饬留后之人，谨遵护送官员之意而行，等语。

为此恭谨奏闻。

等因，乾隆十六年三月十日奉朱批：知道了。钦此。

（军机处满文《夷使档》1763-2）

506
大学士来保奏闻接准噶尔进献之马匹貂皮事宜折

乾隆十六年三月初三日

乾隆十六年三月十一日随本报至。

大学士·领侍卫内大臣臣来保谨奏，为奏闻事。

准噶尔使者额尔钦等留后看护进献圣上马匹、貂皮之八人，于本月二十四日皆抵京城。所献六岁栗色马一匹、五岁青马一匹、貂皮四十一张，于箭亭前跪呈，由所派照看大臣阿克敦、勒尔森接取后，除依例交付各自所属之处外，将抵至之八人，带至彼等住处后，照看下榻。所献两匹马，臣等试骑之看得，青马步履温顺，栗色马不太温顺，马匹大体与前次所献马匹相似。亦交于上驷院，著将此马善养之，等因。再，彼等所带商品物项共十二匹驮，大体均为貂皮、狐皮等皮革，将此交付派出照看之大臣官员等，亦交付其依例晓谕商人，著集中快速交易，等因。

为此恭谨奏闻。

等因，乾隆十六年三月初三日具奏，奉旨：知道了。钦此。

（将此交中书顿赫，交至内务府、理藩院）

（军机处满文《夷使档》1763-2）

507
军机处为支驮骡租银事咨户部文

乾隆十六年三月十九日

军机处咨文户部，为知照事。

准噶尔所派使者，于本月二十一、二十二日即将起程返回。约略估算，此次所携之物需要驮骡三十八匹。除自我处行文都察院办理外，将应给雇骡之银两，见都察院咨文后即速办给。再断不可使骡子沿途劳顿，将此由尔部仍照前例行文所经过地方之官员，沿途若有劳顿之骡子，即刻雇取好骡子换给。

使臣等沿边自宁夏路前去。

为此咨文。

（军机处满文《夷使档》1763-2）

508
军机处为驿马、火票事咨兵部文

乾隆十六年三月十九日

军机处咨文兵部。

准噶尔使臣将于本月二十一、二十二日起程返回。于此，需将所乘驿马四匹、驮马二十匹、牵马六匹，自肃州随行而来之三通事兵所骑驿马三匹、驮马二十三匹，护送使者前去之理藩院主事额勒津，笔帖式广福、德昌，领催杨衮所骑驿马，由尔部皆照伊原携之信票，快速办给。再护送使臣时，派绿营官二员、兵三十名随行。将驰驿勘合火票、官兵所取信票，皆交付主事额勒津等。

使臣等沿边自宁夏路前去。

为此咨文。

（军机处满文《夷使档》1763-2）

509
军机处为雇驮骡事咨都察院文

乾隆十六年三月十九日

军机处咨文都察院。

准噶尔所派使臣于本月二十一、二十二日即起程返回。约略估算，此次所携之物，需要驮骡三十八匹。将由尔院如数从速备办，著派官一员，于起程之日黎明，送至西华门外掌关防内管领等办事房，交于伴送使者之理藩院主事额勒津。尔院速核应给租银，咨文户部领取。仍照前例，一半给雇佣之人，所余一半交付伴送之主事额勒津，著沿途陆续给之。此间若有增减之项，再将实请之数，补行尔等衙门。

使者等沿边自宁夏路而去。

为此咨文。

（军机处满文《夷使档》1763-2）

510
大学士来保奏闻使臣还京及备办所需赏赐物品之项折

乾隆十六年三月二十二日

大学士·领侍卫内大臣臣来保谨奏，为奏闻事。

侍郎玉保率使臣额尔钦等，于本月十四日抵达京城。使者额尔钦告于彼等留于京城之人，此次抵达行在之后，大皇帝即施恩召吾等朝觐，赏食恩宴。竟大赐未见之珍宝，又特施恩，亦于大皇帝所幸珍异之地，使吾等均尽情观看游玩。实华丽富庶之地也。等因告知。彼等留于京城之众听闻后，均以未能前往为憾。使臣额尔钦等所携商品，亦于此间均于商人议价。唯额尔钦等言，今吾商贸虽完结，然整备大皇帝赏赐吾等之物项，再吾等所买取物项，均需数日，视情速办完结后，请于本月二十一、二十二日起程等语。

再随敕书赐予准噶尔台吉喇嘛达尔扎之绸缎、布匹等物项，臣等看后均已备办，已缮入满洲、蒙古文书内。彼等起程前，仍依前例，将使者集于箭亭前，将谕旨、赏赐喇嘛达尔扎之物品，交付于使臣额尔钦。另将赏赐使臣额尔钦之衣服、银子、绸缎、布匹等物项，均赏赐于额尔钦等。赏赐喇嘛达尔扎之物项，均交付造办处，善加整治，交于额尔钦等带回。此外使者等起程后，再另行奏闻。

查得，前曾赏伴送准噶尔使臣之章京整治银二百两，赏笔帖式百两，赏自肃州派出、护送使者而来之通事兵五十两，记录在案。此次所来使者额尔钦等返回之时，仍由原伴送而来之理藩院主事额勒津，笔帖式广福、德昌护送而去，故依例赏主事额勒津二百两，笔帖式广福、德昌各百两，赏通事兵张福起、郭金才、王力各五十两，亦依前例，自广储司支取赏予。

此将照看使臣起程之处，一并恭谨奏闻。

等因，乾隆十六年三月二十二具奏，奉旨：知道了。钦此。

（军机处满文《夷使档》1763-2）

511
侍郎玉保奏闻使臣抵京及其起程日期折

乾隆十六年三月二十二日至

奴才玉保谨奏，为奏闻事。

奴才吾率准噶尔使臣于二月二十六日自苏州起程，沿途照护，于三月十四日抵至京城，恩赏饭食。再十五日奴才玉保我与协办大学士事务尚书阿克敦、侍郎勒尔森一起去使者驻地看望。使臣额尔钦告称，吾此次前来，得以去外省朝觐大皇帝金颜，观所未观，食所未食。回来时大皇帝念吾等惧热，明鉴降旨，使我沿途直抵此处，并未逢燥热，完好抵达京城。此皆大皇帝鸿恩，吾等不胜欣悦，感激不尽。等语，众人均合掌叩拜。复言我等已将吾等之物品应售者售之，应买者买之，看得时日，请于本月二十一、二十二日起程。等语告之。

　　为此恭谨奏闻
　　等因，乾隆十六年三月二十二日具奏，奉朱批：知道了。钦此。
　　（将此与本报一齐咨送）

（军机处满文《夷使档》1763-2）

512
军机处为取驮骡租银事咨都察院文

乾隆十六年三月二十五日

　　军机处咨文都察院，为知照事。
　　前我处曾咨文尔院，准噶尔所派使臣于本月二十一、二十二日即起程返回。约略估算，此次所携之物，需要驮骡三十八匹。将由尔院如数从速备办，著派官一员，于起程之日黎明，送至西华门外掌关防内管领等办事房，交于伴送使者之理藩院主事额勒津。尔院速核应给租银，咨文户部领取。仍照前例一半给雇佣之人，所余一半交付伴送之主事额勒津，著沿途陆续给之。此间若有增减之项，再将实请之数，补行尔等衙门。使者等沿边自宁夏路而去。等因咨行。
　　今使者驮物共需四十四匹骡子，故将四十四匹骡子之租银，尔衙门自户部支取，著依前例办理。
　　为此咨文。

（军机处满文《夷使档》1763-2）

513
军机处为支驮骡租银事咨户部文

乾隆十六年三月二十五日

　　军机处咨文户部，为知照事。
　　前我处曾咨文尔部，准噶尔所派使者，于本月二十一、二十二日即将起程返回。

约略估算，此次所携之物需要驮骡三十八匹。除自我处行文都察院办理外，将应给雇骡之银两，见都察院咨文即速办给。再断不可使骡子沿途劳顿，将此由尔部仍照前例行文所经过地方之官员，沿途若有劳顿之骡子，即刻雇取好骡子换给。使臣等沿边自宁夏路前去。等因咨行。

今使臣载物须骡四十四匹，故将所用四十四匹骡之租银，见都察院咨文后，著尔部依前例即刻办给。

为此咨文。

（军机处满文《夷使档》1763-2）

514
大学士来保奏闻使臣还京及备办所需
赏赐物品之项折

乾隆十六年三月二十二日

乾隆十六年三月二十八日与本报齐至。

大学士·领侍卫内大臣来保谨奏，为奏闻事。

侍郎玉保率使臣额尔钦等，于本月十四日抵达京城。使者额尔钦告于彼等留于京城之人，此次抵达行在后，蒙大皇帝即施恩，召吾等朝觐，赏食恩宴。竟大赐未见之珍宝，又特施恩，亦于大皇帝所幸珍异之地，使吾等均尽情观看游玩。实华丽富庶之地也。等因告知。彼等留于京城之众听闻后，均以未能前往为憾。使臣额尔钦等所携货物，亦于此间均于商人议价。惟额尔钦等言，今吾商贸虽完结，然整备大皇帝赏赐吾等之物项，及吾等所买取物项，均需数日，视情速办完结后，请于本月二十一、二十二日起程等语。

再随敕书赐予准噶尔台吉喇嘛达尔扎之绸缎、布匹等物项，臣等看后均已备办，已缮入满洲、蒙古文书内。彼等起程前，仍依前例，将使者集于箭亭前，将谕旨、赏赐喇嘛达尔扎之物品，交付于使臣额尔钦。另将赏赐使臣额尔钦之衣服、银子、绸缎、布匹等物项，均赏赐于额尔钦等。赏赐喇嘛达尔扎之物项，均交付造办处，善加整治，交于额尔钦等带回。此外使者等起程后，再另行奏闻。

查得，前曾赏伴送准噶尔使臣之章京整治银二百两，赏笔帖式百两，赏自肃州派出、护送使者而来之通事兵五十两，记录在案。此次所来使者额尔钦等返回之时，仍由原护送而来之理藩院主事额勒津，笔帖式广福、德昌护送而去，故依例赏主事额勒津二百两，笔帖式广福、德昌各百两，赏通事兵张福起、郭金才、王力各五十两，亦照前例，自广储司支取赏予给。

将照看使臣起程之处，一并恭谨奏闻。

等因，乾隆十六年三月二十二日具奏，奉旨：知道了。钦此。

（将此交内务府笔帖式　去讫）

（军机处满文《夷使档》1763-2）

515
刑部尚书阿克敦等奏闻率使臣等
叩拜二呼图克图等情形折

乾隆十六年四月初一日

奴才阿克敦、勒尔森、玉保谨奏，为奏闻事。

使臣额尔钦告知臣等，吾等曾奏请大皇帝，叩拜弘仁寺等寺院及三位呼图克图，大臣等欲何时率吾等叩拜等语。

臣等告知，噶尔丹锡勒图呼图克图、吉隆呼图克图今均在寺中。章嘉呼图克图去热河，此间或尚未返回等语。

额尔钦称，吾等仰蒙大皇帝仁旨，赶在天热前起程，此间若呼图克图未归，亦不能等待。至寺院后，瞻仰叩拜呼图克图之禅位，亦相同也，等语。

臣等回言，已遣人往询章嘉呼图克图，告知使臣等于本月二十一、二十二日起程，此间呼图克图能否归来，得知呼图克图以足疾不能归来。故臣等率使臣额尔钦等，叩拜弘仁寺、阐福寺、雍和宫、嵩祝寺呼图克图后，二呼图克图赐使臣额尔钦等饭食时，使臣额尔钦等恳请噶尔丹锡勒图呼图克图、济隆呼图克图，将各经文，仁慈赏赐吾等，以建祠诵经。等因，二呼图克图均将宗喀巴赞、阿密达赞经文向四使臣各赐一套。

使臣额尔钦等，入雍和宫叩拜四拉仓。告称，额尔钦初来，未曾想亲身得见此等福缘深厚之寺院，观托布霍佛，喇嘛诵经之礼，实为致于弘扬黄教之大皇帝也，吾等若得再来，仍可得叩大皇帝之恩。等因。合掌礼拜，各自议之。

为此恭谨奏闻。

乾隆十六年四月初一日具奏，奉旨：知道了。钦此。

（军机处满文《夷使档》1763-2）

516
大学士来保奏闻使臣承接敕书等业已起程返回事折

乾隆十六年四月初一日

大学士·领侍卫内大臣、臣来保谨奏，为奏闻事。

使臣额尔钦等整理完其物品后，定于本月二十三日起程。十九日由照看大臣阿克敦、勒尔森、玉保带领使臣等赴雍和宫、弘仁寺、阐福寺、嵩祝寺，瞻仰叩拜大佛，亦叩拜呼图克图等。二十日，照看大臣率领使臣额尔钦等入大内，仍如前憩于上驷院，赏食恩饭后，引之于箭亭前跪候，由照看大臣阿克敦、勒尔森、玉保将颁于喇嘛达尔扎之敕书及随赏物品、额尔钦等瞻觐之日所降谕旨及所赏额尔钦等衣物、银两、绸缎、布匹，赏赐彼等留于肃州之厄鲁特等银两、绸缎、布匹等，皆明白交于额尔钦等。额尔钦等跪接后告称，大皇帝赐我台吉喇嘛达尔扎之敕书及随赏物品，吾等瞻觐之日所降谕旨，吾等皆妥善谨慎赍回。再仰蒙大皇帝之恩，此次遍赏吾等各项珍玩宝物，甚为神奇之地，吾等均已得观。又瞻仰叩拜大皇帝所奉福源深厚之佛，吾等实感戴不尽。今以送行之礼又赏赐衣服、银两、布匹，吾等无以言表，唯叩谢鸿恩，恭谨接取。等语。所赐留于肃州之厄鲁特等之银两、绸缎、布匹，亦一并接取。二十三日，使者所乘之驿马，所需之骡均办送至其住处。护送之章京、笔帖式等引领使臣等，业已起程。

为此恭谨奏闻。

乾隆十六年四月初一日具奏，奉旨：知道了。钦此。

（军机处满文《夷使档》1763-2）

517
大学士来保奏闻使臣承接敕书等情形言辞事折

乾隆十六年四月初七日

乾隆十六年四月初七日随本报至。

大学士·领侍卫内大臣、臣来保谨奏，为奏闻事。

使臣额尔钦等整理完其物品后，定于本月二十三日起程。十九日由照看大臣阿克敦、勒尔森、玉保带领使臣等赴雍和宫、弘仁寺、阐福寺、嵩祝寺，瞻仰叩拜大佛，亦叩拜呼图克图等。二十日，照看大臣率领使臣额尔钦等入大内，仍如前憩于上驷院，赏食恩饭后，引之于箭亭前跪候，由照看大臣阿克敦、勒尔森、玉保将颁于喇嘛达尔扎之敕书及随赏物品、额尔钦等瞻觐之日所降谕旨及所赏额尔钦等衣物、银两、绸缎、布匹，赏赐彼等留于肃州之厄鲁特等银两、绸缎、布匹等，皆明白交于额尔钦等。额尔钦等跪接后告称，大皇帝赐我台吉喇嘛达尔扎之敕书及随赏物品、吾等瞻觐之日所降谕旨，吾等皆妥善谨慎赍回。再仰蒙大皇帝之恩，此次遍赏吾等各项珍玩宝物，甚为神奇之地，吾等均已得观。又瞻仰叩拜大皇帝所奉福源深厚之佛，吾等实感戴不尽。今以送行之礼又赏赐衣服、银两、布匹，吾等无以言表，唯叩谢鸿恩，恭谨接取等语。所赐留于肃州之厄鲁特等之银两、绸缎、布匹，亦一并接取。二十三日，使者所乘之驿马，所需之骡均办送至其住处。护送之章京、笔帖式等引领使臣等，业已起程。

为此恭谨奏闻。

乾隆十六年四月初一日具奏，奉旨：知道了。钦此。

（军机处满文《夷使档》1763-2）

518

军机大臣傅恒等奏请将予准噶尔之敕书等咨送西北两路将军等事折

乾隆十六年五月十八日

大学士·领侍卫内大臣·忠勇公臣傅恒等谨奏。

查得，前准噶尔使臣来京事，曾将彼等奏表、所议之事、圣上所降谕旨，均缮写咨送西北两路之将军大臣、陕甘总督、甘肃巡抚。故宜将此次喇嘛达尔扎之奏表、与使臣等议语、颁予喇嘛达尔扎之敕书，亦如前各缮写一份，乘各自事务之便，一并咨送。

等因，乾隆十六年五月十八日具奏，奉旨：知道了。钦此。

（将予使臣额尔钦等谕旨等事，恭谨誊录，于闰五月初五日进呈大内。誊录应咨送之四项，将赏予缎匹，一并于五月十九日咨送陕甘总督尹继善去讫；誊录应咨送之四项，将赏予之缎匹，于五月二十一日咨送甘肃巡抚鄂昌去讫；誊录应咨送之四项，于五月二十七日咨送定边左副将军成衮扎布去讫；誊录应咨送之四项，于闰五月二十一日咨送安西提督永常去讫）

（军机处满文《夷使档》1763-2）

519

护送准噶尔使臣等主事额勒津为报使臣等已自肃州起程事呈军机大臣文

乾隆十六年五月二十四日

护送准噶尔使臣等主事额勒津，呈文军机处大臣，为具报事。

前准噶尔使臣额尔钦、尼玛、奔塔尔、塔克达及彼等随行十五人，由笔帖式广福带领自榆林先行，于乾隆十六年四月二十一日抵至肃州之处，业已呈报。今主事额勒津吾护送彼等押运驮马之五人，于五月初二日均平安抵至肃州。使者额尔钦等又歇息九日，于五月十二日，由额勒津我等护送等四十六人，及驮捆物品自肃州起程，前往哈密。俟至哈密后，再另呈报。

为此具报。

附录：赏赐本次来使物品清单※

乾隆十六年二月二十四日使臣额尔钦等灵岩山瞻仰圣明时，赏台吉喇嘛达尔济：连套木碗一个、玻璃碗一对、磁碗一对、磁盘一对、花瓶一对、红玻璃瓶一对、金漆盒一对、玻璃盘一对、对子荷包一对（内有金钱）、小荷包十对（内有银锞）、漳绒二匹、缎三匹、妆缎一匹、宁绸二匹；赏额尔钦：珐琅花插一对、玻璃碗一对、玻璃盘一对、红花碗一对、对子荷包一对（内有银锞）、小荷包四对（内有银锞）、妆缎一匹、红缎一匹、各色缎四匹；赏尼玛：对子荷包一对（内有银锞）、小荷包三对（内有银锞）、各色缎四匹；赏奔塔尔、塔克都：对子荷包各一对（内有银锞）、小荷包各一对（内有银锞）、各色缎三匹；赏跟役五名：缎各一匹。

二十五日苏州筵宴，赏喇嘛达尔济：镶嵌如意九柄（一盒）、柿黄橄榄瓶一对、青花白地磁花瓶一对、霁红把碗一对、月白涅玻璃烧碗一对、绿磁盘一对、绿玻璃碗一对、酒黄玻璃碗一对、青花白地磁碟一对、象牙盒三件、珐琅碗一对、漳绒五匹；赏额尔钦：洋磁笔筒二件、青花白地磁碗一对、绿玻璃花瓶一对、镶金星玻璃鼻烟壶二件、漳绒三匹、各色缎四匹；赏尼玛：各色缎四匹；赏奔塔尔、塔克都二人：各色缎三匹；赏跟役五名：缎各一匹。

二十六日，使臣送驾，赏喇嘛达尔济：磁象花插一件、磁绕芝花插一件、磁各种果形笔洗一件、漆盒一对、锦缎六匹；赏额尔钦：磁小花瓶一件、磁笔洗一件、锦缎三匹；赏尼玛、奔塔尔、塔克都：锦缎各一匹；跟役无。

三月十九日照例赏正使额尔钦：元狐帽一顶、妆缎面银鼠皮袍一件、妆缎面绫里锦袍一件、绿纺丝搭包一条；赏副使三名：每名青狐皮帽一顶、妆缎面灰鼠皮袍一件、妆缎面绫里锦袍一件、绿纺丝搭包一条；赏随来跟役二十名：黄狐帽各一顶、字缎面羊皮袍各一件、字缎面杭细里锦袍各一件、绿纺丝搭包各一条。

三月二十日交敕书，照例赏喇嘛达尔济：上用蟒缎一匹、片金一匹、妆缎二匹、闪缎一匹、字缎一匹、缎四匹。加赏上用蟒缎一匹、片金一匹、妆缎一匹、闪缎二匹、字缎一匹、玻璃磁器珐琅十八件；赏正使额尔钦：上用缎二匹、官用蟒缎一匹、彭缎二匹、补缎一匹、细布二十四匹、银一百两；赏副使尼玛、奔塔尔、塔克都：上用缎各二匹、官用蟒缎各一匹、彭缎各二匹、细布各（原挡残缺，似为"二十匹"）、银各五十两；赏随来跟役二十名并留驻肃州跟役二十四名：每名官用缎各二匹、彭缎各一匹、细布各八匹、银各二十两。

（军机处满文《夷使档》1763-2）

520
员外郎阿尔彬等为使臣已从哈密起程
返回事呈军机大臣文

乾隆十六年闰五月二十日

驻哈密办理回众事务之员外郎阿尔彬、主事额勒津呈文军机大臣，为报闻事。

护送准噶尔使者前来之主事额勒津、笔帖式广福，伴送使臣额尔钦、尼玛、奔塔尔、塔克达等四十六人及其驮捆物品，于乾隆十六年五月十二日自肃州起程后，于本月二十六日、二十八日均陆续平安抵达哈密。交付于驻哈密总兵官吕瀚，护送使臣额尔钦、尼玛、奔塔尔、塔克达等四十六人及其驮捆物品，于二十九日自哈密起程，向彼等游牧地而去。

为此具报。

（军机处满文《夷使档》1763-2）

乾隆十六年（1751 年）八月辛丑

陕甘总督黄廷桂奏，预备明年准夷交易，仍请归官办。得旨允行。

（《平定准噶尔方略前编》卷 53）

乾隆十六年（1751 年）九月丁亥

申禁边境私相贸易。

上谕军机大臣曰：据定边左副将军亲王成衮扎布奏称，准噶尔回人阿克珠勒等带领四百人、马匹牲口四万余至伊都克卡伦，求告贸易。因使侍卫傅永等将禁止贸易之故晓谕。又遣头等台吉策卜登、与效力行走索拜带蒙古兵前往，禁止贸易等语。所奏甚是。准噶尔诡诈难信，禁止贸易之事，伊等非不闻知，今复携货求售，若以其远来辛苦，恩准贸易，伊等又习为固然，嗣后更多带货物，何所底止。且日久或别生事端，必当速为严。可寄知成衮扎布，令其转谕额默根明白晓谕回人阿克珠勒等云，准噶尔与我大国和好以来，议定只在肃州与京城两处贸易，后又归于肃州一处，并未有在喀尔喀贸易之例，尔等何得私带货物前来。虽称贸易已十余年，此皆下人之事，亦从无数万牲畜之多，所有从前与尔等私相贸易之人，已经查出治罪，所欠之项，亦已追出给还，尔等岂得佯为不知。自今以后，不许再来贸易。若因雪大难行，暂准卡外过冬，贸易则断乎不可。如此明白晓谕，只做成衮扎布之意，不必告以谕旨。

再，准噶尔人诡诈多计，观其能带大队牲畜前来，岂不能令大队人众行走乎？成衮扎布又一折称，准噶尔乌梁海八十余户，在卡伦附近游牧过冬，请照例准其过冬回去等语。由此观之，准噶尔之人明系习惯渐进，今虽无事，若任其如此，日久恐致生事。伊等渐次向内地游牧，或窥探喀尔喀等游牧，此等处不可不严紧防守，先期预备。各处卡伦时加稽查。可谕成衮扎布知之。

（《平定准噶尔方略前编》卷53，《清高宗实录》卷399）

乾隆十六年（1751年）十一月癸未

定边左副将军亲王成衮扎布奏报准噶尔内乱情形。

成衮扎布奏言：据派出禁止贸易之骁骑校齐克慎等密报，十月十四日，有厄鲁特库本等六十人前来，将贸易回众及厄鲁特人聚集，于十七日黎明，将回人库楚克穆鲁特等三十六人、厄鲁特孟克等十六人缚去。我等将回人巴起等带至喀尔喀副都统班珠尔家中，设法询问，据称台吉喇嘛达尔扎夏间遣人往额尔齐斯地方，唤大策零敦多卜之孙达瓦齐，达瓦齐不敢去，与台吉达什、策凌乌巴什商议投奔大皇帝，定于九月十二日，带领妻子及属下人来投，达什、策凌乌巴什等暗中将达瓦齐私谋告知喇嘛达尔扎，至约定日期，达什等集兵五千，将达瓦齐属下三千人擒获一半，并此处贸易内，所有达瓦齐之属下人，亦行缚去等语。又询问贸易来之厄鲁特锡喇卜，据称闻今年秋间，台吉喇嘛达尔扎差宰桑博和勒岱唤达瓦齐议事，达瓦齐不奉命，喇嘛达尔扎遂遣博和勒岱、鄂勒锥二人带兵一万往擒。有人前往达瓦齐处报信，达瓦齐商议欲于九月二十六日前来投顺大皇帝，后闻博和勒岱、鄂勒锥带兵将到，遂于二十二日带兵五千，行至和通哈尔垓地方，被策凌乌巴什领兵追战，策凌乌巴什战败，犹带领残兵尾追，而博和勒岱、鄂勒锥所带万余兵，在纳林布鲁尔河、阿尔台山梁邀击。此时光景，未知如何等语。臣等已令参赞大臣保德密谕各卡伦，一应瞭望巡察之处，加意防范，如有投诚前来者，酌量情形办理。

奏入，得旨：达瓦齐乃准噶尔大策零敦多卜之孙，在彼处众台吉中，较为强大，今与伊台吉喇嘛达尔扎不合，前来投诚，若论与准噶尔和好，自不应收受，然议定疆界时，并无彼此不留逃人之条。且自康熙年间以来，收养此等投来之准噶尔人，不知几凡，今若不收达瓦齐等，是绝伊归路矣。著寄信成衮扎布等，达瓦齐若投入我卡伦，实系力穷，恳求收养，可加恩给与口粮及骑驮牲口，量为接济，照去年萨喇尔投来之例，将达瓦齐及属下紧要头目拣选数人，先行驰驿送往京师，其余人众照例妥办候旨。倘未入我卡伦之先，预使人来，恳求接济，则断不可应付，恐堕准噶尔诡计。再此际达瓦齐实系率众投诚与否，一得实信，即行具折奏闻。

（《平定准噶尔方略前编》卷53，《清高宗实录》卷403）

521

军机大臣傅恒等奏报预计使臣至京日期折

乾隆十六年十二月初十日

大学士·领侍卫内大臣·忠勇公臣傅恒等谨奏。

查得，乾隆十四年准噶尔使臣于十一月十一日自东岭起程，所行五十七日，于翌年正月初八日抵达京城。十五年十二月初三日自奎苏出发，行五十七日，于今年正月三十日抵达京城。此次自李绳武处奏称，使臣已于十一月二十五日至松树塘等语。奎苏距东岭八十里，松树塘在两地之间，使者等若于十一月二十七、二十八日起程前来京城，即使速行，亦需至明年正月二十日方可到达。故为使臣等速来，宜遣伴送官员往迎。

恭谨奏览候旨。

（军机处满文《夷使档》1763-3）

522

军机处为令使臣速来予伴送准噶尔使臣官员之札付

乾隆十六年十二月十日

军机处札付伴送准噶尔使臣之官员。

乾隆十六年十二月十日奉上谕：安西提督臣李绳武奏称，准噶尔使臣等已于十一月二十五日抵松树塘等语。著尔等从速咨文驻哈密办事章京，询问其中由谁护送使者来京，使伊等向使臣等宣谕，依我等大国之例，于灯节后，皇上施恩筵宴蒙古王公时，聆听佳乐，观赏杂耍，且赏赐珍宝，尔等欲承此恩，亦可于此际赶至京城。唯尔等抵达，所需时日略久，若尔等稍加速行，亦可赶至灯节抵达京城，承领我圣上之恩，亦得见各项杂戏。若尔等不能速行，可按平常行程而行，可于二月抵达。此并无强迫尔等之处。等语，明白晓喻。使臣等若言赶至灯节到达，即护送速行，著务必赶于来年正月十五日前抵达。若不能速行，赶至十九日抵达亦可。钦此。故此札抵至后，尔等遵旨晓谕使臣等，将伊等所携辎重留后，简装而行，护送使臣等从速前来。此外，宜将此告明伊等后，伊等有何言行，或能否于正月十五日至十九日内抵达之处，著从速具报。

为此札付咨行。

（将此誊录一份，装入封套，交兵部员外郎佟启，外加封套后，以日行六百里加急，火速驰递哈密去讫）

（军机处满文《夷使档》1763-3）

乾隆十六年（1751年）十二月丙午

谕安西提督李绳武办理夷使交易事宜。

上谕军机大臣曰：李绳武奏准噶尔使臣图卜济尔哈朗到境日期一折内称，今次所带人畜数目，虽据称不越钦定之例，然或以多报少，亦未可知，现在留心查察等语。准夷交易一事，每岁加增，贪得无厌，前经尹继善奏请定以数目，未免过于减少，朕酌量加恩，传谕该台吉等，嗣后肃州贸易，以十三年来数为准；贡使交易，以尼玛来数为准，多者驳令带回。今夷使所带人畜货物，据报虽在定例之内，但夷情狡诈，或以多报少，临时又再三恳求，以图例外多售，亦所不免。此番系定例后初次交易，不可稍有迁就。著传谕李绳武即行查明夷使等所带人畜货物，如在定例之内，准其交易，若有浮多，一面先令贡使进京，一面查明所多之数，概行驳回，使该夷将来知所遵循，不致妄生希冀。

寻李绳武又奏称：此次来使所带牲畜，俱在前次夷使尼玛数内，惟骆驼浮多二十只，与从前所奉此多彼少、折算相当之谕旨相符。并擦掌乏弱牲畜，俱应准其变售。

奏入，上谕军机大臣曰：据李绳武所奏，是该夷等已知恪遵朕谕，不敢越例多带矣。其浮多骆驼，既合之少带之数，折算相当，自应准其交易。至擦掌乏弱牲畜，即留之口外喂养，俟其回巢时带归，亦未为不可，何必定在哈密变售。但为数不多，需银不过二千余两，此次该提镇等既循往例，带为售变，亦姑照所奏办理，然究属不在额数之内者。总之夷性狡诈，不足深信，或因此次定例之初，故为恭顺，以相尝试，将来又复逐次增添，亦为可定。向来绿营习气，多图迁就了事，此次夷人交易，必应明白晓谕，示以节制，俾其怀德畏威，方为妥协。若一味委曲周旋，致夷人不但不知感激，且窥测该提镇等有畏彼之心，则大不可矣。著一并传谕知之。

（《平定准噶尔方略前编》卷53）

乾隆十六年（1751年）十二月丙午

上谕军机大臣曰：李绳武奏准噶尔使臣图卜济尔哈朗到境日期一折内称，今次所带人畜数目，虽据称不越钦定之例，然或以多报少，亦未可知，现在留心查察等语。准夷交易一事，每岁加增，贪得无厌，前经尹继善奏请定以数目，未免过于减少，朕酌量加恩，传谕该台吉等，嗣后肃州贸易，以十三年来数为准；贡使交易，以尼玛来数为准，多者驳令带回。今夷使所带人畜货物，据报虽在定例之内，但夷情狡诈，或以多报少，临时又再三恳求，以图例外多售，亦所不免。此番系定例后初次交易，不可稍有迁就。著传谕李绳武即行查明夷使等所带人畜货物，如在定例之内，准其交易，若有浮多，一面先令贡使进京，一面查明所多之数，概行驳回，使该夷将来知所遵循，不致妄生希冀。

（《清高宗实录》卷 404）

523
伴护使臣前来之员外郎阿尔彬为报使臣
自哈密起程事呈军机大臣文

乾隆十六年十二月十八日

驻哈密办理回部事务员外郎阿尔彬、主事额勒津呈文军机大臣，为具报事。

乾隆十六年十一月二十一日，据驻西岭卡伦之把总葛守玉报称，自准噶尔喇嘛达尔扎处所遣为圣上请安之正使图卜济尔哈朗、副使塔克达、皋莽等四十六人，携进献圣上之青马一匹、貉皮马一匹、雕一只、备贡雕一只、貂皮四十一张、奏表一份，及骑驮骆驼二百零一峰、马五百三十五匹、牛八十八头、羊一千八百零七只抵至，等因来报。后于本月二十八九日全部抵达哈密，照看售卖伊等牲畜之处，自总兵官吕瀚处报安西提督，除另外奏闻外，将准噶尔使臣图卜济尔哈朗等四十六人，及进献圣上之马匹等物解赴京城。由员外郎阿尔彬、笔帖式扎木布、领催布达扎布，伴送使臣图卜济尔哈朗自哈密起程。俟抵至肃州后，使者随行之人内，几人跟随前往之处，员外郎阿尔彬等与使臣图卜济尔哈朗议定后，另行禀报。

为此具呈。

乾隆十六年十二月初三日。

乾隆十六年十二月十八日进呈，奉旨：知道了。钦此。

（已将此奏览）

（军机处满文《夷使档》1763-3）

524
员外郎阿尔彬为报使臣遵旨速行
已自肃州起程事呈军机大臣文

乾隆十七年正月十七日至

伴送准噶尔使臣之员外郎阿尔彬呈文军机大臣，为具报事。

　　阿尔彬吾与笔帖式扎木布一起，护送使臣宰桑图卜济尔哈朗等四十六人，于去年十二月初三日，自哈密起程后，于本月十八日抵达肃州。于十九日亥时自大臣等处，为使准噶尔使臣图卜济尔哈朗等赶灯节抵京之札付至，谨遵谕旨，阿尔彬吾等明白传谕使者图卜济尔哈朗等后，图卜济尔哈朗等皆跪而合掌告称：我台吉遣吾等谨向大皇帝请安奏事而来，今大皇帝慈爱吾等，降谕：若于十五日前不能抵达，则赶至十九日前抵至，若不能从速而行，则如平常行程而行，可于二月抵达亦可。钦此。乃大皇帝特施隆恩，实感激不尽。尚未瞻觐圣明，今即承此鸿恩矣。吾等皆为蒙古人，定竭力速行，务必赶正月十九日前抵京，等语。

　　又向阿尔彬吾等告称：吾三人思虑，均欲诚心朝觐大皇帝金颜，吾等皆欲先行，均轻装简从而行，吾等随行之四十三人内，著二三人跟随。所献二马于后平安而行，谨携奏表、贡雕、貂皮前往。等因议定后，即连夜整理，阿尔彬吾亲自与领催布达扎布一起，护送使臣图卜济尔哈朗等，翌日即向京城进发。何时抵至宁夏后，另行具报。此外，将所留二贡马，及伊等随行二十六人，携带驮捆，全部交付笔帖式扎木布。其携几人赴京、将几人留于肃州，与地方官员会议后依例办理，再另禀报。

　　为此具呈。

　　乾隆十六年十二月二十日。

　　（初二日进呈御览）

（军机处满文《夷使档》1763-3）

525

护送使臣后行人员之笔帖式扎木布为报
自肃州起程事呈军机大臣文

乾隆十六年正月①初一日至

　　护送准噶尔使臣图卜济尔哈朗所留随行人员及驮捆之笔帖式扎木布，呈文军机大臣，为具报事。

　　员外郎阿尔彬谨遵圣旨，伴送准噶尔使者图卜济尔哈朗等十八人，已于十二月二十日自肃州出发，兼程速行。所剩三十人内，除将二十六人及马驼留于肃州外，扎木布吾护送准噶尔台吉喇嘛达尔扎所献二马，及前往京城之蒙古普勒布等四人，于本月二十一日自肃州起程，将视两贡马之力而行。俟抵宁夏后，再另呈报。

　　为此具呈。

---

　　① 满文档案525—531，此处年份皆写作"abki wehiyehe i juwan ningguci aniya aniya biyai"，即"乾隆十六年正月"，而根据内容，可知应该为"乾隆十七年正月"。为遵重原文，照实翻译。特此说明。

乾隆十六年十二月二十一日。

（未进呈）

526
军机大臣傅恒等奏报著使臣速行于灯节前抵京事折

乾隆十六年正月初二日

大学士·忠勇公臣傅恒等谨奏。

据伴送使臣前来之章京阿尔彬等呈文内称，准噶尔使臣图卜济尔哈朗等，于去年十二月二十日自肃州起程，途中竭力速行，务必赶今年正月十九日前抵达京城，等语。臣等估算伊起程之日并路程，若兼程速行，十五日前即可抵达。依臣等愚意，咨文晓谕阿尔彬等，即按伊等之意，言于使臣等，沿途稍事速行，著务必赶至十五日抵达京城。使臣等若不能兼程速行，则仍按原报，著于十九日前赶至。等因具奏。

奉旨：知道了。钦此。

（将此缮文，交付兵部员外郎兆明，以日行六百里加急，速咨伴送使臣前来之章京阿尔彬等去讫）

527
伴护使臣前来之员外郎阿尔彬为报使臣
自宁夏起程事呈军机大臣文

乾隆十六年正月初五日

伴送准噶尔使臣之员外郎阿尔彬等呈文军机大臣，为具报事。

前将吾伴送使臣图卜济尔哈朗等十六人，于十二月二十日自肃州起程之处，业已呈报。今图卜济尔哈朗等于十二月二十九日均平安抵达宁夏，本月三十日，吾护送图卜济尔哈朗等自宁夏起程。何时抵达大同后，再另行呈报。

为此具呈。

（将此于初六日奏览）

528
军机大臣傅恒等奏请指派与使臣议事大臣折

乾隆十六年正月初六日

大学士·领侍卫内大臣·忠勇公臣傅恒等谨奏。

查得，前与准噶尔使臣议事之时，曾派阿克敦、海望、舒赫德、那延泰、兆惠、玉保等。各次照看使臣等曾派内务府堂郎中、该部章京、原伴送而来之章京，曾派海望、那延泰总管其事。此次与所来使臣图卜济尔哈朗等议事之时，将前曾派大臣之职名缮于绿头牌进呈，恳请圣上指派四人。照看使臣，著仍依前派内务府堂郎中觉世奇、该部章京、原伴送而来之章京，著派海望、那延泰总管。

等因具奏。奉旨：知道了。与使臣议事时，著派阿克敦、海望、那延泰、玉保。钦此。

（军机处满文《夷使档》1763-3）

529
军机大臣傅恒等奏请御定使臣住处片

乾隆十六年正月初六日

大学士·领侍卫内大臣·忠勇公臣傅恒等谨奏。

查得，以前来使来时，若居京城，则住于西华门外街前角掌关防内管领等办事房内。若居圆明园，则住于西花园前聚会处东侧一所房内。此次使臣图卜济尔哈朗等抵达后，若在京城，著仍住于西华门外掌关防内管领等办事房内，若居圆明园，著住于西花园前聚会处东侧一所房内。奉旨后，交付所属之处，酌情整备。

等因，乾隆十六年正月初六日具奏，奉旨：知道了。钦此。

（军机处满文《夷使档》1763-3）

530
伴护使臣前来之员外郎阿尔彬为报使臣抵京时日事呈军机大臣文

乾隆十六年正月十一日

伴送准噶尔使臣之员外郎阿尔彬等呈文军机大臣，为具报事。

阿尔彬等伴送使臣宰桑图卜济尔哈朗等三人，及其随从十三人，于本年正月初九日平安抵达大同。吾与图卜济尔哈朗等商定，于正月十三日入京。十二日抵达清河歇宿，故恳请自大臣处传于各所属地方，将伊等下榻处食用等项，依例备办。

为此具呈。等因。

乾隆十七年正月初九日。

乾隆十七年正月十一日具奏，奉旨：知道了。钦此。

（军机处满文《夷使档》1763-3）

531
军机大臣傅恒等奏报备办使臣等需用物品事折

乾隆十六年正月十二日

大学士·领侍卫内大臣·忠勇公臣傅恒等谨奏。

查得，前准噶尔所遣使臣抵达后，由所派照看之章京，将使臣引至圆明园门前，接取奏表及所献贡品后，使臣等憩于吏部官房，食毕恩宴后，带至住所下榻。

此次所来使臣既于十三日抵达，故于本日派出照看之章京外，翌日由照看章京将使臣引至圆明园门前跪候，由所派大臣与理藩院大臣一起接取喇嘛达尔扎之奏表及所献方物。除将奏表翻译后奏览外，著使臣等憩于吏部官房，食毕恩宴后引至住所歇宿。正使图卜济尔哈朗，副使皋莽、塔克达仍如前，日赏蒙古羊各一只，随来之人，每六人日赏汉羊一只。著将所食奶、面、奶酥油、茶、盐、米、木薪、所用器物，均依例自所属之处支取赏给。著将所拴驿马依例拴之。著派官兵于使臣住所周围外值堆看守。交付武备院，考虑备足，著支蒙古包供使臣等居住。所有役使皆自园内慎选忠厚良善者派给。使臣等所食杂项饽饽果品等物，著于所派照看官员所属之处，支取予之。

等因，乾隆十七年正月十二日具奏，奉旨：知道了。钦此。

（将此交于中书赫成额，交付内务府、理藩院、兵部、武备院、步军统领衙门、茶

膳房、侍卫处、圆明园之营总、光禄寺、工部，著将应办应行之处，皆从速办行）

（军机处满文《夷使档》1763-3）

532

军机大臣傅恒等奏请指派入班大臣片

乾隆十七年正月十二日

大学士·领侍卫内大臣·忠勇公臣傅恒等谨奏。

查得，前准噶尔使臣朝觐圣明筵宴时，以入班大臣不足，故将未入班之文武满洲大臣职名具奏，酌情增派入班而坐。今筵宴使臣图卜济尔哈朗等时，仍如前将未入班之满洲尚书、侍郎、内阁学士、满洲蒙古副都统，及以前增派入班大臣之职名等，一并缮于绿头牌奏览，圣上酌情指派后，均分两翼入班而坐。

等因，乾隆十七年元月十二日具奏，奉旨：著兆惠、杰福、嵩寿、雅尔图、舒山、明安、弘赢、鄂托、明图、德通、色世琉、雅尔胡达、法畴如常派出。亦派穆赫廉、惠永、鹤年、世贵、积德、广成、德尔苏、明福、兆明、依伦起、那亲、富僧额、阿兰泰、海亮。钦此。

（将此交于中书赫成额，交付吏兵二部、侍卫处）

（军机处满文《夷使档》1763-3）

533

军机大臣傅恒等奏请指派引领使臣朝觐大臣片

乾隆十七年正月十二日

大学士·领侍卫内大臣·忠勇公臣傅恒等谨奏。

查得，前率领准噶尔使臣朝觐之时，曾派那延泰、玉保、勒尔森。此次率领使臣朝觐吋，如常仍派那延泰、玉保、勒尔森之处，请旨。

等因，乾隆十七年正月十二日具奏，奉旨：知道了。钦此。

（将此交中书赫成额，交付刑部、理藩院）

（军机处满文《夷使档》1763-3）

534
军机大臣傅恒等奏闻使臣
朝觐筵宴仪注折

乾隆十七年正月十二日

大学士·领侍卫内大臣·忠勇公臣傅恒等谨奏，为议奏事。

奉上谕：明日于大蒙古包筵宴蒙古宾客后，著准噶尔使臣图卜济尔哈朗等朝觐筵宴。故明日使臣等呈献奏表后，著于吏部官房赏食恩饭。宴请蒙古宾客后，摆置桌席之暇余，由所派陪同大臣，引领使臣等至西南门外所支起之蒙古包内，暂时等候歇息。仍依前例，将御用之桌置于蒙古包内宝座前，其他众席分列两旁，于蒙古包对面支起黄幄，内高桌上摆放金器。召入班大臣及增派大臣进入，前卫十大臣入座，后扈二大臣站立，豹尾班侍卫列于宝座两旁，御前侍卫、乾清门侍卫立于宝座两侧。著将大臣之坐褥预先带入铺毕。时辰将至，我大臣于蒙古包外序分两翼列班，使臣等随右翼首排大臣之末而立。皇上临御时，与吾大臣一道跪迎。皇上升座后，著大臣序分两翼入蒙古包站立。由所派瞻仪大臣、奏蒙古事侍卫引图卜济尔哈朗等至大蒙古包前，于中间行三跪九叩之礼后，引领使臣等由大蒙古包西侧隔扇门进入，随右翼首排大臣一起跪叩，留出空隙而坐。著随行之厄鲁特，坐于隔扇门外右侧。进桌护军章京、尚膳正进桌，旋尚茶正进茶。圣上用茶时，著使臣随众臣叩拜。侍卫等依次给为众人献茶，饮茶时仍行叩拜之礼。茶毕撤桌布，由内府官员自高桌处将杯盏盘壶端入，至蒙古包门口时众人皆跪伏，献酒大臣进入为皇上进酒，皇上饮酒时，使臣随众人一道跪叩，献酒大臣依例于杯内斟酒使饮之。皇上进饽饽后，移恩两侧。尚膳正等进肉，随即于各桌上摆放肉食。进献黄酒后，侍卫班长站起查看，侍卫等亦摆放黄酒，皆跪叩后饮之。接取酒杯后再次叩谢。皇上施恩，于大酒杯内斟酒，派侍卫等赏给使臣等，令使臣一起叩头饮用。进肉时，即令绰尔齐等进入奏乐，令布库手摔跤，各项杂耍之人列队献艺。筵宴完毕，令使臣随吾大臣于座位处叩首三次，引出与我大臣一起列班，跪送圣上回銮还宫后，将使臣等带回住处。

当日，著会集大臣等皆着补服蟒袍类常服。筵宴所需桌子等项，及表演之人，皆交总管内务府备办，著领侍卫内大臣、圆明园统兵大臣派人管理。于大蒙古包前备乐之处，亦著所属之处照前备办。

恳请圣上钦定献酒大臣。

为此恭谨奏闻，请旨。

乾隆十七年正月十二日具奏，奉旨：依议，著派傅恒献酒。钦此。

（将此交中书曼普，交付吏兵二部、理藩院、内务府、侍卫处、值年处、景运门护军统领、总管圆明园官兵处、銮仪卫、武备院、步军统领衙门、善扑营、茶膳房，著

将应办应行之处，各自从速办行）

535
筵宴所颁谕旨及令使臣等观灯赏烟火记注

乾隆十七年正月十三日

筵宴时奉上谕：撤下茶桌后，暂止进黄酒。俟降谕准噶尔使臣等毕后，再呈黄酒。钦此。

本日照例令使臣等于西厂子观看盒子灯，亦观赏烟火。使亲军、乾清门额驸台吉等、入班大臣列班，缮入礼节仪注，未具奏。

536
准噶尔台吉喇嘛达尔扎之表文

乾隆十七年正月十三日

准噶尔台吉喇嘛达尔扎奏表。

奏于乾隆帝之圣明。前遣额尔钦、尼玛二人，以遣少许人赴藏延请喇嘛之事具奏。奉大皇帝谕旨：所奏乃为尔处黄教不衰，甚是。今朕思及睦和，照尔之奏请，于复遣使臣来时，延请带回有德行之四五喇嘛，前往尔处教诲众喇嘛，以弘扬黄教、安逸众生。乃睿鉴仁爱者也，闻命之下，不胜感激。恳请自三呼图克图内恭请一位，再自索尔巴噶尔丹锡勒图内延请一位，如此于弘扬黄教、安逸众生，实有裨益。若大皇帝悯准延请此二位，则可见大皇帝之美名，且福分亦大。故乞睿鉴，准延请二位至此。祈仍照前奏，许另我遣少许人轻骑简从，前往西藏。作为黄教发源地，于二博克达、四大寺及黄教众寺，为我先人设忏呈文进贡者，乃我分内大事。伏乞大皇帝明鉴。沿途派拨官兵照看我赴西藏之众，虽稍繁杂，惟已蒙恩和好，且遣往之人，为数无几，尚属易行。洞鉴弘扬黄教、安逸众生之大事，蒙恩遣人前往，远近闻知，亦扬大皇帝之威名。故望恩准我遣少许人轻骑简从前往。

其贸易之事，些微之语，令使臣口奏。

随献礼马二、雕二、貂皮四十一。

辛未年九月二十二日。

乾隆十七年（1752 年）正月乙亥

准噶尔使臣图卜济尔哈朗等入贡。

准噶尔台吉喇嘛达尔扎奏言：前遣使臣额尔钦、尼玛，将前往西藏聘请喇嘛之事具奏。蒙大皇帝恩准于再遣使臣入贡时，延请有德行喇嘛四五人，前来教诲众喇嘛，不胜感激。今遣使臣图卜济尔哈朗进贡，并延请喇嘛。仰恳圣恩俯准于呼图克图三人内，恭请一人，前来教诲众喇嘛，于推广黄教，实有裨益。并祈仍照前奏，许令我处遣人轻骑简从，前往西藏，为我先人设忏进供。所有沿途派拨官员兵丁照看等事，虽觉烦琐，但已蒙恩和好，而遣往之人，为数无几，尚属易行。使远近闻知，无不仰慕大皇帝之盛德。其贸易之事，令使臣口奏。

（《平定准噶尔方略前编》卷 54）

乾隆十七年（1752 年）正月乙亥

准噶尔台吉喇嘛达尔扎奏：前遣使臣额尔钦、尼玛，将前往西藏聘请喇嘛之事具奏。仰蒙恩准于再遣使臣入贡时，延请有德行喇嘛四五人，前来教诲众喇嘛。闻命之下，不胜感激。今遣使臣图卜济尔哈朗进贡，虔申顶戴下忱，并延请喇嘛。恳于呼图克图三人内，恭请一人，前来教诲众喇嘛，于推广黄教，实有裨益。并祈仍照前奏，许令我处遣人轻骑简从，前往西藏，为我先人设忏进供。所有沿途派拨官员兵丁照看等事，虽觉烦琐，但已蒙恩和好，而遣往之人，为数无几，尚属易行。使远近闻知，无不仰慕盛德。其贸易之事，令使臣口奏。

奏入。赐喇嘛达尔扎敕书曰：据台吉奏，恳准于呼图克图三人内，延请一人，前往尔处，推衍黄教，并恳准尔处遣人至藏进供等语。去年尔使额尔钦、尼玛来，以延请喇嘛之事具奏，朕已明降谕旨。我中国呼图克图三人及有德行喇嘛，俱有教习学艺之事，不可遣往。但朕不忍令尔处黄教灭绝，故特许于西藏拣选有德行喇嘛到京，俟尔再遣使来，准令请往。是时降旨后，朕即令达赖喇嘛，拣选精于经咒，可以推衍黄教之喇嘛十人，送至京师。今尔不遵朕旨，反以断不可遣往之呼图克图为请，是尔并非真心推衍黄教可知。况西藏选来之喇嘛，尔来使亦曾会面，以未奉尔命，不敢延请。朕自去年即挑藏内喇嘛至京，以待尔之延请。今尔使既至，又不请往，是尔原无请喇嘛之意。今并此喇嘛十人，亦不遣往矣。

至尔奏遣人至藏一事，去年尔使额尔钦、尼玛来时，以尔袭位为辞，朕既降旨，必无换一台吉，即差人进藏一次之理。今来使又以追报尔父噶尔丹策零为辞，果尔，则从前策旺多尔济那木扎勒，已经为尔父熬茶一次，安得今又差人前往。设有子十人，将十次差人进藏乎。

来使又奏，使臣来往，请不限人数。肃州贸易牲畜内不好者，准其售卖等语。从前我大臣与尔使臣哈柳定议，有事差人，不携买卖。后因每次遣来使臣，俱托言预备口粮，携带货物，渐渐加增。本应不准贸易，勒令带回。朕因和好，是以施恩来使，令照尼玛所带货物为准。其人数若不限定，日久亦难遵行，故亦令以五十人为准。至肃州贸易，复加恩准照乾隆十三年最多之数。贸易一节，原系小人谋利之事。尔等携来不堪之物，虑我中国之人不用。若我中国之人，将不堪之物给尔等，尔等肯受乎。此事琐屑，朕所不问。即我封疆大臣，亦不屑办理，尔何必以此渎奏。

来使又以逃走之萨喇尔赐回为请。萨喇尔虽来自尔处，实因惧祸逃生，朕为天下大皇帝，以生成众生为本，岂肯转置之死地。况我中国逃至尔处，如罗卜藏丹津者甚多，若一一索取，不可胜计。朕并不索取一人，即尔送至，朕亦不受。朕以为既往之事，不忍深究，尔反求给我回，甚属错误。尔若念尔父恭顺和好，年年遣使请安，受朕恩典，事属可行。若以此等断不可行之事渎奏，究属无益。是以特降敕旨，令尔使图卜济尔哈朗赍归，谕尔知之。

（《清高宗实录》卷406）

乾隆十七年（1752年）正月乙亥

上御山高水长幄次，赐准噶尔使臣图卜济尔哈朗等宴。

（《清高宗实录》卷406）

537
朝觐筵宴时依礼赏赐准噶尔台吉及使臣物项记注

乾隆十七年正月十三日

朝觐前，遣领侍卫内大臣旺扎尔赏喇嘛达尔扎碧玉花插一件、铜镀金套拉古尔碗一个；赏使臣图卜济尔哈朗铜镶石鼻烟盒二个。

筵宴前，赏喇嘛达尔扎碧玉如意一柄；赏使臣图卜济尔哈朗碧玉如意一柄。

照筵宴礼之例，赏喇嘛达尔扎妆缎二疋、漳绒二疋、宁绸二疋、玻璃瓶一对、玻璃碗二对、玻璃碟一对、磁碟一对；赏使臣图卜济尔哈朗大缎四疋、玻璃瓶一对、玻璃碗一对、银二百两；赏副使皋莽、塔克达，每人银各五十两。

（军机处满文《夷使档》1763-3）

538
护送使臣留后人员之笔帖式扎木布
为报抵达宁夏事呈军机大臣文

乾隆十七年正月初八日

护送准噶尔使臣图卜济尔哈朗等所留行李人等之笔帖式扎木布呈文军机大臣，为具报事。

前扎木布我曾呈报，已率准噶尔台吉喇嘛达尔扎所献贡马二匹、蒙古普勒布等四人及伊等行李，于去年十二月二十一日自肃州起程。

今护送所贡二马及蒙古普勒布等，于正月初八日皆平安抵达宁夏。至入京之日，俟抵大同后，再另行呈报。

为此呈报。

乾隆十七年正月初八日　　　　　　　　　　（军机处满文《夷使档》1763-3）

539
使臣图卜济尔哈朗等朝觐时颁降谕旨记注

乾隆十七年正月十三日

尚书那延泰、侍郎玉保、勒尔森率准噶尔使臣图卜济尔哈朗、塔克达、皋莽朝觐时，奉上谕：朕览尔台吉喇嘛达尔扎表文，内称以厚德喇嘛往教，恳准施恩于三呼图克图内延请一人，前往尔处，以推衍黄教等语。去年，尔使额尔钦来时，朕既明降谕旨，我三呼图克图及有德行喇嘛，俱有教习各处前来学艺喇嘛之事，断不可遣往。惟朕不忍令准噶尔地方黄教渐次灭绝，故特许于西藏拣选有德行喇嘛到京，俟尔遣使带回，乃朕为尔详度之恩。今尔台吉喇嘛达尔扎复请自我三呼图克图内延请一二人，断不可准行。尔等虽说亦料事不差，反以我断不可遣往之三呼图克图为请，不如直自西藏将二博克达延请带回。借以断不可行之事遣使者，或思乘便贸易一次罢了。降谕询之，除不可遣往之三呼图克图外，尔有无延请自藏拣选来京之有德行喇嘛，请往尔处之意乎。钦此。

图卜济尔哈朗奏称，我等皆照我台吉之交代，具奏大皇帝。既无交代除三呼图克图外，另延请有德行喇嘛，故我等不敢擅自具奏。等语。

奉上谕：以此观之，尔台吉并非以兴尔处黄教为辞矣，此次尔所赍奏表内，所奏请二项，特以若不准延请呼图克图，则准遣人赴藏。尔又以未奉尔台吉之命，不便延请有德行喇嘛等。至遣人赴藏一事，额尔钦来时，朕即降谕尽心启发，若可准行，则去年即准矣，今亦无须复议。尔等若念尔老台吉噶尔丹策零恭顺和好，感戴朕恩，年年遣使为朕请安，事属可行。若藉以此等断不可行之事遣使，不唯所请之事不准行，朕亦无施恩之处。尔将此明记，告知尔台吉。再，著尔等口奏之言语为何事。钦此。

图卜济尔哈朗奏称，我台吉交代我等奏请大皇帝，使臣来往，请不限人数。来肃州贸易之商民所带牲畜，不好者准其任意售卖。等因。

奉上谕：遣使乃为特别之事，原以议定，若有来使，不可携带贸易物品，率少数人轻骑简从，驰驿前来。此因尔每次来使，皆携带货物贸易，且渐次增多。去年朕即降旨，若来使令照尼玛所带货物为准，肃州贸易准照乾隆十三年贸易数目，不得超过。若有携带浮多，多出者自我边界驳回，照数贸易。此特以尔所携带物品渐次不堪，且为数甚多，是故定此二项规则。钦此。

图卜济尔哈朗奏称，此次我等前来之时，即遵大皇帝谕旨，除照尼玛来时之例，将携带牲畜留于肃州贸易外，以我等行粮之由，携带少量贸易物品买卖，并无携带浮多物品。等语。

奉旨：朕断无食言，违背已定之事，若尔台吉遵朕所定之处而行，于尔等大有裨益。钦此。

图卜济尔哈朗复奏称，我台吉喇嘛达尔扎使我奏请大皇帝，将于马年自准噶尔逃来之萨喇尔赐回。

等因。奉上谕：萨喇尔之主令其杀害喇嘛达尔扎，伊为逃生诚意前来我处，朕接纳并施恩赐为散秩大臣，现正坐班，尔等亦见矣。岂有将逃生之人复转于尔等，而置其于死地之理乎。况我人逃至尔处，似罗卜藏丹津者甚多。朕若一一指名索取，不可胜计。朕并未索取一人，即今尔台吉送至，朕亦不受。朕乃天下大主，尚思融会，以既往之事，不忍深究。尔台吉喇嘛达尔扎反求给回，甚属悖误。尔台吉是否有另行交代尔等之言？钦此。

图卜济尔哈朗奏称，我台吉喇嘛达尔扎惟令我奏请此等事由。再无交付回奏之语。我惟恭记大皇帝谕旨，禀告我台吉。

（军机处满文《夷使档》1763-3）

540
协办大学士阿克敦等奏报会见使臣言语情形折

乾隆十七年正月十四日

协办大学士·尚书臣阿克敦等谨奏。

臣等将对准噶尔使臣图卜济尔哈朗所降谕旨及伊等奏语，翻译成蒙古文，对伊等宣读。图卜济尔哈朗告称，谕旨甚为详尽。昨日将我台吉喇嘛达尔扎恳请遣少许人进藏熬茶者，乃以伊弟策妄多尔济那木扎勒，虽曾为老台吉噶尔丹策零进藏熬茶，伊如今袭位，为人子宜尽人心，遣人入藏熬茶行善后，才得安生。将此托于诸位大臣，转奏大皇帝请以准行。等语。

臣告称，昨日我圣上所降谕旨甚明，尔台吉喇嘛达尔扎以为，若不准延请断不可遣往之三呼图克图，则或准其遣人入藏。至不可无故遣人进藏之处，额尔钦来时既已降旨，则无须复议颁旨矣。今将尔此言具奏，亦断无准行之处。等语。

图卜济尔哈朗告称，我台吉喇嘛达尔扎与大皇帝和睦互信，多希冀以和好之谊，可派官兵照看我少许人进藏。若大皇帝不准行，亦属无奈，我等晓于我台吉，则我之事完结。无论如何，恳请诸大臣奏闻大皇帝。等语。

臣称虽将尔之言上奏，亦断不准行。吾等可见机奏闻圣上等语。臣等告知图卜济尔哈朗称，昨日尔奏请停止限制使臣之跟役人数，我圣主以尔使臣等携带贸易物品甚多之由，规定若来使，不可超过尼玛所携商品。至肃州贸易，照十三年例携带，多携商品不准贸易，勒令带回。并无限制人数之处。即便如此，若不定来使之跟随人数，亦难遵行。故我等议定携带之人数，奏请我圣上旨意，永久遵行为宜。等因。

图卜济尔哈朗称，使臣之跟役起初仅二十余人随来，今因行和好之道，实较先前跟随之人增多。今诸大臣欲如此商定者，乃十分有益之事。无论如何，请诸大臣定之。等语。

臣告称，我圣上施恩，既已规定来使不超尼玛来时所携商品，来人总数不过五十为宜。等语。图卜济尔哈朗称，如此甚好，定告知我台吉。等语。

臣晓谕图卜济尔哈朗称，昨日尔等抵达，我圣上即降旨，施恩令尔等朝觐筵宴，观赏烟火。念尔等初到之人，甚为疲劳，故此间免尔等入觐，令稍加休息。

图卜济尔哈朗称，此乃大皇帝对我等之仁恩，今日所赏额木齐喇嘛前来为我治病给药，洞悉吾之脚疾。十七日将又来看治，我亦可即刻好转也。

等因，乾隆十七年正月十四日入奏，奉旨：知道了。钦此。

（军机处满文《夷使档》1763-3）

541
军机大臣傅恒等奏请议定使臣所携跟役人数事折

乾隆十七年正月十四日

大学士·领侍卫内大臣·忠勇公臣傅恒等谨奏。

查得，前曾与准噶尔使臣哈柳共同议定，来京贸易人数为二百，肃州贸易人数为一百。后于乾隆十三年，策妄多尔济那木扎勒之来京贸易之年，奏请于肃州贸易人数增加百名，至二百并每年进行贸易。等因，奉旨：肃州乃我边地，商人稀少，遣人与尔等贸易，地处遥远，不便每年贸易。著照原定之例，隔年前来贸易一次。将贸易人数加增一百，允准二百人前来。钦此。并缮入敕书赍回。再以遣使时所携物项数目，多寡不等，故令照尼玛所携货物为准。因尼玛来时仅为四十八人，去年使臣额尔钦来时较尼玛多带四人，故令自边界解回。

使臣等昨日所奏，或出此缘由。臣等慎思，使臣来时所带物品数目多少，业已议定。即伊等多带数人，亦无大碍，即较尼玛来时多带四五人，亦可准行。惟准噶尔之众甚为诡诈，倘若不做规定，料不定伊等此后又企图侥幸，且于我边界一带亦因之仓惶。将此交议事大臣等与使臣等商定，嗣后来使时人数较尼玛来次稍有浮多者，或五十人，或六十人，限定人数后，缮入敕书咨行。

乾隆十七年正月十四日奏，奉旨：知道了。钦此。

（军机处满文《夷使档》1763-3）

542
使臣于山高水长观看烟火时赏赐准噶尔台吉及使臣物项记注

乾隆十七年正月十五日

于山高水长观看烟火时，遣领侍卫内大臣旺扎尔，赏准噶尔台吉喇嘛达尔扎各色漳绒六疋、磁花瓶一对、蓝玻璃瓶一对、象牙盒一对、纱灯二对。赏使臣图卜济尔哈朗漳绒二疋、洋漆盒一对、象牙盒一对、纱灯一对。

（军机处满文《夷使档》1763-3）

乾隆十七年（1752年）正月丁丑

赐准噶尔使臣图卜济尔哈朗等宴。

（《清高宗实录》卷406）

543
协办大学士阿克敦等奏闻使臣不敢延请喇嘛言语情形折

乾隆十七年正月十六日

协办大学士·尚书臣阿克敦等谨奏。

昨日臣等遵旨，晓谕准噶尔使臣图卜济尔哈朗等，今日聚集我蒙古宾客、呼图克图、喇嘛等观看烟火。此元宵佳节，热闹非凡，尔等抵达后已稍歇息二日，著尔等一同进入观赏。等语。

图卜济尔哈朗为难而称，我脚昨日稍见起色，然今日踏地之脚掌仍痛。又告称奉大皇帝谕旨，令我等亦观赏烟火，实乃我等承蒙仁恩而得入观赏。等语。

臣等复告知图卜济尔哈朗称，我呼图克图现皆在此处，尔若叩拜，即可率尔叩拜。等因。将使臣等引入呼图克图所居蒙古包内，陆续叩拜。臣等告知图卜济尔哈朗，尔台吉奏称，愿自我三呼图克图内延请一二名带回，前日我圣主即已下旨，断不可遣往。尔今与我呼图克图会面，叩拜祈福。尔可当面询问呼图克图等是否愿前往尔处。等语。图卜济尔哈朗称，我岂敢问呼图克图等。

章嘉呼图克图云：我等皆承圣上重恩，正力求完成传播宗喀巴之教义，弘扬黄教、安逸众生之事。我不于文殊菩萨之道场弘扬黄教，谈何前往似尔等之边地。等语。

图卜济尔哈朗告称，惟谨记昨日大皇帝所降谕旨及今日所颁谕旨，告知我台吉。

臣等告知图卜济尔哈朗称，我圣主于去年尔使臣额尔钦来时，既已降旨：似我三呼图克图之有德行喇嘛，断不可遣往。可自西藏拣选精于经咒、可教习学艺之喇嘛解往，俟尔台吉再遣使延请喇嘛之时，一齐遣往。钦此。是时，我圣主即颁旨，著达赖喇嘛自四大寺选送甚有德行者、有噶布楚、拉姆扎木巴等称号之喇嘛十人至京。我圣上降旨询问，尔等见此十位喇嘛，尔台吉若延请几位，由我呼图克图等选出，尔即延请带回，若将十位喇嘛皆延请带回亦可。钦此。

图卜济尔哈朗告称，我台吉并无交付我等延请其他喇嘛，故我等岂敢擅自延请带回。等语。

臣等告之，尔台吉既特遣尔等为使臣，岂有不估计我三呼图克图断不可遣往之理？果真未交代尔等，我圣上若不遣呼图克图，另选有德行之喇嘛，切莫带回乎。尔若惟以未交代尔等为辞，则延请喇嘛者，乃借口耳，并非真心推衍黄教。此意我圣主业已明鉴，降谕：尔若不延请带回，返回后明白告于尔台吉，虽说再遣使延请此喇嘛等，亦不遣往矣。将此谕旨转告尔台吉。钦此。

图卜济尔哈朗称，我台吉实无交代我等之处，我等惟照大皇帝所降谕旨，告知我台吉。是否延请之处，意出我台吉。等语。

是时，率图卜济尔哈朗等朝觐时，降旨询问：带回喇嘛之处，我大臣等传谕于尔乎。图卜济尔哈朗奏称，大臣等已将谕旨传于我等，自藏择来之喇嘛等亦已会面，惟因我台吉未交付我等，故不敢延请，返回后告知我台吉。等语。

奉上谕：尔台吉若再遣使延请此等喇嘛，朕亦不遣往。尔台吉虽延请喇嘛，遣与不遣，则出自朕。尔作为出使之人，若称因尔台吉未交付，即不敢延请，则此议罢了。钦此。

（军机处满文《夷使档》1763-3）

544
著使臣等于西厂子观看烟火之上谕

乾隆十七年正月十八日

奉上谕：著准噶尔使臣等明日于西厂子观看烟火，饬交侍卫处、吏兵二部、值年旗，皆晓谕入班大臣、原派及增派大臣等，皆着常服貂皮褂，明日前来预备列班。再交蒙古衙门、武备院、内务府总管衙门、总管圆明园官兵处、銮仪卫、步军统领衙门、景运门护军统领、茶膳房、善扑营，皆秩然备办应备办之项。

（将此交中书罗庚传谕）

（军机处满文《夷使档》1763-3）

545
勿议与准噶尔边界贸易事宜之上谕

乾隆十七年正月十九日

军机大臣口奏，欲与准噶尔使臣图卜济尔哈朗等，商议伊处回人于我边界一带进行贸易一事。

奉旨：伊等若来贸易，我无非不与贸易，遣回完结。今若与伊商议，伊等反得商议之凭据。勿议。钦此。

（军机处满文《夷使档》1763-3）

546
协办大学士阿克敦等奏闻会见使臣言辞折

乾隆十七年正月十九日

协办大学士·尚书臣阿克敦等谨奏。

准噶尔使臣图卜济尔哈朗告于臣等，前日诸大臣所宣谕旨称，三呼图克图断不可遣往，尔欲自二博克达内延请一名带回乎。钦此。已明记谕旨。惟问及如何得以不再提欲延请索尔巴噶尔丹锡勒图呼图克图之处。

臣等告称，虽未分辨索尔巴呼图克图之处，然谕旨已有：呼图克图等断不可遣往。况去年尔之使臣额尔钦来时，我圣主即已明降谕旨：我三呼图克图及有德行喇嘛，俱有教习学艺之事，断不可遣往。尔即便欲自藏延请大喇嘛，伊等亦不愿前往。朕降旨拣选精于经咒、可推衍黄教之喇嘛来京，俟尔台吉再遣使臣延请喇嘛之时，一同遣往。钦此。索尔巴噶尔丹锡勒图呼图克图等，乃我西藏坐床之呼图克图，不仅不可遣往尔处，即索尔巴噶尔丹锡勒图，亦不肯去。又有何可复议之处。等语。

图卜济尔哈朗称，因对此无一言回复，故特询之。再我昨日告知诸大臣称，我台吉以为追报伊父为辞，奏请遣少许人进藏熬茶行善。诸位大臣乘便奏闻大皇帝，询问其间如何具奏。

臣等称，尔台吉去年即以伊新袭汗位为辞，恳请遣人进藏。此次又以为追报伊父，为其熬茶为辞。至遣人赴藏一事，我圣主曾屡次降旨甚明，尔亦洞悉其不可行之处。交付尔等之敕书，将缮入与尔一同商议之言语。等语。

图卜济尔哈朗称，我台吉喇嘛达尔扎遣人入藏者，首为追报伊父，再以伊新袭汗位，闻于二博克达，行善熬茶。再为邻国闻见亦好。大皇帝若不准行，我等复有何言。得以尽心将我台吉之言具奏，明记大皇帝谕旨，告知我台吉，我事即毕。我处并非无明事之人，惟因身子尚生，不得遣派，故择我已出痘之人遣来。请大臣等全面缮写交付于我等赍回之敕书。再敢问诸位大臣，昨日我等所会之十位喇嘛，皆自西藏四大寺庙拣选来者，惟我等欲知于一寺内选有几名喇嘛，愿大臣等晓谕我等。等语。

臣等告称，此事容易，大致视有德行者拣选遣往耳，并非以寺庙为准选派。等语言后，图卜济尔哈朗称，无论如何，烦劳诸位大臣乘便询问，以晓谕我等。

等因，乾隆十七年正月十九日具奏，奉旨：知道了。钦此。

（军机处满文《夷使档》1763-3）

547
协办大学士阿克敦等奏闻使臣
朝觐时所降谕旨及使臣所奏事情折

乾隆十七年正月二十日

协办大学士·尚书臣阿克敦等谨奏。

乾隆十七年正月十九日，率使臣图卜济尔哈朗等，于高山水长朝觐时，奉上谕：尔告知我大臣等言，大皇帝谕旨，与其延请三呼图克图，不如尔自藏二博克达内延请一名带回。我已牢记等语。朕此乃特谕我呼图克图等断不可延请。另尔又以若使臣前来，所携货物以尼玛来时为准，故欲仍按尼玛时贸易，此事毋庸似此妄议。钦此。

图卜济尔哈朗称，我岂敢妄奏。所奉与其延请三呼图克图，不如自藏之二博克达内延请一名之谕，我甚明白。惟因我台吉喇嘛达尔扎奏请，乞大皇帝施恩，自藏三位索尔巴噶尔丹锡勒图呼图克图内，自西藏选来一名，我台吉再自京城延请带回之处，未得回复，故询问于大臣等。等因具奏。

奉上谕：本年自西藏奏称，索尔巴噶尔丹锡勒图呼图克图已圆寂。尔等何以延请。另我西藏并无三索尔巴呼图克图。钦此。

图卜济尔哈朗奏称，我地处边远，误闻有三索尔巴噶尔丹锡勒图呼图克图等语。

奉上谕：朕自西藏选来之十位喇嘛，虽非呼图克图、呼毕尔罕，然皆精于经咒，坐床之有德喇嘛。倘尔今以未奉喇嘛达尔扎之命，不敢延请，虽喇嘛达尔扎再欲延请，朕亦不遣往。钦此。

图卜济尔哈朗奏称，我台吉未交付于我等，我等不敢擅自延请。俟我等返回后，将大皇帝谕旨晓谕我台吉喇嘛达尔扎后，我台吉必有决断。等因具奏。

奉上谕：即尔台吉喇嘛达尔扎若再遣使延请我之十位喇嘛，朕已决定，断不遣往。钦此。

图卜济尔哈朗奏称，此皆蒙大皇帝之圣恩，我等复有何奏。等语。

奉上谕：尔又提及，喇嘛达尔扎以追报尔老台吉噶尔丹策零为辞，奏请派少许人进藏。去年使臣额尔钦以喇嘛达尔扎新即位为辞具奏，朕已明降谕旨，断不准行。今尔台吉复以伊尽心追报噶尔丹策零为辞，恳请派少许人进藏熬茶。此为何言。前策妄多尔济那木扎勒已熬茶一次，设有十子，岂有十次差人进藏之理。遣人赴藏一事，断不准行，尔等明白记之，禀告于尔台吉。今日率尔等观赏烟火，于此处并无事。尔等明日回京居住，将尔所带之物品，就近贸易亦易。俟贸易毕，饬交尔等敕书，即可起程。至朕自藏选带之十位喇嘛，乃由四大寺庙分派拣选，俟尔等叩拜章嘉呼图克图时，可乘便询问。钦此。

乾隆十七年正月二十日具奏，奉旨：知道了。钦此。

（军机处满文《夷使档》1763-3）

乾隆十七年（1752年）正月甲申

命尚书舒赫德、侍郎玉保赴北路军营会筹防范准夷事宜。

定边左副将军亲王成衮扎布奏：据防卡骁骑校齐克慎报称，准噶尔宰桑玛木特等遣人前来告称，本处台吉达瓦齐作乱，在纳林布鲁尔地方，被我兵杀败。达瓦齐与阿睦尔撒纳等十二人逃出，不知去向。是以我台吉令阿尔台等处游牧宰桑三人，带兵往乌兰大坂、努克穆隆、都什托罗海、华硕罗图、洪郭尔鄂隆、舒鲁克图、得楼等七处隘口驻扎，以防达瓦齐与阿睦尔撒纳远遁。恐各卡疑我无故动兵，特来告知等语。又据蒙古管旗章京莫尼扎卜前往乌梁海，确访信息。有准噶尔人至乌梁海探亲，告称：达瓦齐于去年九月内，与台吉喇嘛达尔扎有隙。私与台吉达什、阿睦尔撒纳、班珠尔、策凌、沙克都尔等，商议投顺大皇帝。其后达什、沙克都尔反将商议之事，告知喇嘛达尔扎，即带兵追赶，与达瓦齐战败而回。达瓦齐又与阿睦尔撒纳、班珠尔等商议，若投中国，恐阿尔台地方有兵堵截，地狭难过。因向额尔齐斯，前赴哈萨克等语。

奏入，谕军机大臣等：准噶尔向多诡诈，伊等如果虑达瓦齐逃窜，不过派兵防守足矣。今反遣人来告，殊属可疑。此或伊等恐我处生疑，故为安慰，却暗行谲计，猝然阑入我境，亦未可知。闻喀尔喀游牧，多有距卡座甚至近者。今若不豫筹防范，恐贼人一旦窃发，不暇向内收移。将反令其得利。所有附近卡座之喀尔喀游牧，应早令收入腹地方妥。然此时遽使移徙，又不免起众人惊疑。且或贼人闻知，转以我为畏惧。此中宜缓宜急，应如何熟计妥办，甚关紧要。今派尚书舒赫德、侍郎玉保，前往军营查看军容器械。著传谕成衮扎布，俟伊等到时，会商密议，务期筹划尽善，定议具奏。

（《平定准噶尔方略前编》卷54，《清高宗实录》卷407）

548
协办大学士阿克敦等奏闻使臣叩拜
呼图克图等言语情形折

乾隆十七年正月二十一日

协办大学士·尚书臣阿克敦等谨奏。

臣等谨遵谕旨，率准噶尔使臣图卜济尔哈朗等叩拜弘仁寺、阐福寺、雍和宫、嵩祝寺之佛、三呼图克图后，皆饮茶。图卜济尔哈朗告于臣等，蒙大皇帝施恩，得以叩拜大福之佛、大德之呼图克图等，我等甚为幸运。似此大之佛轮，如何筑之。等语，欣喜议之。

臣等将昨日所降谕旨及伊等奏言，宣于伊等闻知。图卜济尔哈朗称，此皆是也，惟我台吉以其分内再三奏请大皇帝，遣少许人进藏之事。大皇帝降旨于我台吉，若有十子，岂有十次遣人赴藏之理，此事断不准行之谕，故我亦不敢渎奏。所能为者，唯照此告知我台吉耳。等语。

臣等告知图卜济尔哈朗称，自西藏选来之十位喇嘛，乃由四大寺分别选派，尔可询问章嘉呼图克图。等语，图卜济尔哈朗称，我等曾询问章嘉葛根，葛根告称，甘丹寺、色拉寺各二，哲蚌寺四名，二温都孙寺各一，皆为坐床之有德喇嘛。在藏之索尔巴噶尔丹锡勒图皆已圆寂，现今已无。等语。

臣等问图卜济尔哈朗，尔昨日告知我等，尔准噶尔并非无明事之人，因身子尚生者多，故选派我等已出痘之人遣来之语，是否缮入我等议论之言内，予尔等赍回。等因，图卜济尔哈朗称，此乃我所言之语，若缮入亦可等语。臣等言，此乃闲谈之语，有何紧要。等情。

再章嘉呼图克图告称，准噶尔使臣图卜济尔哈朗自我处，恳请济鲁海、鄂克托经、坐禅受戒等六种经及药物等。臣告言，尔核查所请经典，若可则给之，若不可，则咨文使臣等下榻之处，告明伊等。

等因，乾隆十七年正月二十一日具奏，奉旨：知道了。钦此。

（军机处满文《夷使档》1763-3）

乾隆十七年（1752年）正月戊子

命驻藏都统班第等防范准夷窥藏。

上谕军机大臣曰：此次准噶尔台吉喇嘛达尔扎奏请三事，朕俱未准行，看来喇嘛达尔扎并非为推衍黄教，其意以为不准请胡土克图，或准其遣人至藏耳。准噶尔曾向拉达克汗转求达赖喇嘛遣一大喇嘛，达赖喇嘛未曾给与。今或因朕不允所请，复嘱拉达克汗转求达赖喇嘛，亦为可知。应将情由预告达赖喇嘛，俾得临时回答。准夷使臣又奏，大皇帝若以我等入藏派兵护送为烦，请以己力前往，则伊且将借端图谋藏地，妄生事端。班第谙熟藏地情形，当预为筹划。准噶尔通藏道路，何处近易，何处险远，倘有用兵之事，应如何添设卡伦，遣兵堵御，著班第、纳穆扎尔妥商定议，多尔济到时，亦易遵行。倘准夷来犯，藏内之人或不能支，应将达赖喇嘛如何移驻泰宁之处，亦宜预计。再班禅额尔德尼所住扎什伦布地方，准夷若来，有无干碍。班第等务求万全，勿稍疏漏。慎之密之。

（《平定准噶尔方略前编》卷54）

乾隆十七年（1752年）正月戊子

谕军机大臣等：可寄信班第、那穆扎勒，此次准噶尔台吉喇嘛达尔扎奏请于呼图克图苏尔巴、噶勒丹、萨拉图三人内，准其延请一人，并少遣人至藏，再将逃来之萨拉尔赐回等语。经朕谕知，我处呼图克图三人，皆有造办经卷，教习学艺之责，断难遣往。其遣人赴藏之事，去岁额尔钦来云为新袭爵事，此次又云为伊父噶尔丹策凌建做好事，不能换一新人，作一次好事。至萨拉尔乃系逃生求救之人，亦无遣回害伊之理，况我中国逃往彼处，如罗卜藏丹津者尽有，朕并未逐一索取，萨拉尔著不必给还。再由藏选来之喇嘛十名，亦曾与伊会面，朕已明谕准噶尔使臣，此次汝等既云延请喇嘛，即行请去，若汝台吉并未令汝延请，即再遣使来，亦不遣往矣。看来喇嘛达尔扎并非为推衍黄教，其意以为不准请胡土克图，或准其遣人至藏耳。况准噶尔去岁曾由拉达克汗转求达赖喇嘛，遣一有德行喇嘛前去，达赖喇嘛未准，并云汝等欲请喇嘛，须奏明天朝等语。此次所请三事，朕俱未准行，恐伊又向达赖喇嘛延请喇嘛。著告明达赖喇嘛，使知此等情由，俾得临时回答。再，准噶尔原甚奸猾，或因此次不遂所愿，伊若云天朝如以我等入藏派兵护送为烦，请以己力前往，则伊且将借端图谋藏地，妄生事端。班第谙熟藏地情形，事虽未形，当预筹防范。其由准噶尔通藏道路，何处近易，何处险远，倘有用兵之事，应如何添设卡座，遣兵堵御，著班第、纳穆扎尔妥商定议，俟多尔济到时，明白交付，以便遵行。从前达赖喇嘛曾移驻泰宁，倘准夷来犯，

·471·

藏内之人或不能支，应将达赖喇嘛如何复往泰宁之处，亦须预筹方妥。再班禅额尔德尼所住扎什伦布地方，距前藏几许，准夷若来，有无干碍，务须留心。朕如此预为筹划者，亦特因藏地关系紧要，而土伯特素性怯懦，若不妥协预备，万一有误，彼必至于惊溃。汝等知此，当留意务求万全。此等预为防范机宜，不可使属下闻知。即达赖喇嘛移驻泰宁一事，亦不可稍有泄漏。慎之密之。

（《清高宗实录》卷407）

549
著使臣观看跳步扎之上谕

乾隆十七年正月三十日

于雍和宫跳布扎时，奉旨：著使臣图卜济尔哈朗等观看，届时，入班大臣、增派大臣亦入座。

（军机处满文《夷使档》1763-3）

550
协办大学士阿克敦等奏闻使臣观看跳步扎情形折

乾隆十七年二月初一日

协办大学士·尚书臣阿克敦等谨奏。

照看使臣之章京率准噶尔之图卜济尔哈朗等三使臣及十跟役，入札萨克喇嘛簇勒齐玛达尔济之住所内会面后，臣等传谕于图卜济尔哈朗称，今日我等于雍和宫诵依如尔根经，跳步扎舞，我圣主特以尔等为蒙古人，既逢跳布扎，亦令尔等观看。等因。图卜济尔哈朗等称，承蒙大皇帝圣恩，我等得以观看。我三人内，皋莽曾于哈柳一同前来时得见，我与哈柳来时，因不逢时，故未得见。今日可得一见。等语。饮茶后，赏食恩饭之时，伊等三人皆吃斋，故以圣主施恩供给伊等斋饭。而我等同来之众内，有不吃斋者，亦供给饭食。

臣等引领图卜济尔哈朗等入清宁门。至座位后，图卜济尔哈朗问臣等，欲叩拜呼图克图等。臣告称，尔等可随意。随即伊等即于坐褥上朝呼图克图三叩首。跳布扎舞时，伊等熟谙赫其麦、多尔板、马哈兰杂者即相互议论，且告知臣等。不熟谙者则仔细磨勘。跳布扎毕，将伊等带回下榻处时，图卜济尔哈朗言，我处之布扎舞亦大致相似。如何探得知此经之奥秘等语。

为此恭谨奏闻。

乾隆十七年二月初一日具奏，奉旨：知道了。钦此。

（军机处满文《夷使档》1763-3）

551

军机大臣傅恒等奏报使臣所携贡马及物品于翌日抵京事折

乾隆十七年二月初一日

大学士·领侍卫内大臣·忠勇公臣傅恒等谨奏。

准噶尔台吉喇嘛达尔扎进贡二马、使臣等所携之贸易物品，皆于明日抵达京城。除将其进贡之二马仍照前例饬交上驷院外，照看伊等贸易物品之人，皆安置于使臣图卜济尔哈朗等之住处下榻。

为此恭谨奏闻。

乾隆十七年二月初一日具奏，奉旨：知道了。钦此。

（军机处满文《夷使档》1763-3）

552

军机大臣傅恒等奏请依例赏赐使臣等银两物项事折

乾隆十七年二月初二日

大学士·领侍卫内大臣·忠勇公臣傅恒等谨奏。

查得，先前遣返准噶尔所派使臣等时，赏赐为正使银一百两、御用缎二、官用蟒缎一、补缎一、彭缎二、毛青布二十四；副使银五十两、御用缎二、官用蟒缎一、彭缎二、毛青布二十；跟随来京之厄鲁特、留于肃州之厄鲁特等皆银各二十两、官用缎各二、彭缎各一、毛青布各八。又赏使臣等及跟随来京之厄鲁特等冬季皮袄各一套、棉袍各一套，夏季棉袍各一套、双层纱袍子各一套，以及帽子、腰带一并赏赐，记录在案。

此次赏赐前来之正使图卜济尔哈朗，副使塔克达、皋莽及跟随而来之十七名厄鲁特人银两、绸缎、布匹等，除仍照先例，于伊等即将起程之日赏予外，将赏赐留于肃州之二十六名厄鲁特人之银两、绸缎、布匹等，即交付图卜济尔哈朗等，俟伊等抵达肃州，再行赏予。届时，照例赏赐正使图卜济尔哈朗焰红蟒缎面熏制灰鼠皮袄一套，焰红蟒缎棉袍一套；副使塔克达、皋莽焰红蟒缎面灰鼠皮袄一套，焰红蟒缎棉袍一套；

除留于肃州之二十六名厄鲁特外，赏给来京城之十七名厄鲁特金字缎面羊皮袄各一套，金字缎面棉袍各一套，并帽子、腰带等一并赏之，等因。

乾隆十七年二月初二日具奏，奉旨：知道了。钦此。

（既然使臣等几日内即将起程，交内务府总管衙门笔帖式常青，饬交内务府总管衙门即速备办）

（军机处满文《夷使档》1763-3）

553
军机大臣傅恒等奏请依例加赏准噶尔台吉物品片

乾隆十七年二月初二日

大学士·领侍卫内大臣·忠勇公臣傅恒等谨奏。

查得，乾隆十六年喇嘛达尔扎所遣使臣额尔钦等返回之时，除随颁敕礼赏赐绸缎十匹外，施恩加赏蟒缎、妆缎八，玻璃、瓷器、珐琅器十八项。故此次颁敕于喇嘛达尔扎时，仍照先例赏赐，并缮入敕书内。

为此恭呈。

（军机处满文《夷使档》1763-3）

554
协办大学士阿克敦等奏报使臣交呈贡马及言行折

乾隆十七年二月初二日

协办大学士·尚书臣阿克敦等谨奏。

于箭亭前，准噶尔使臣图卜济尔哈朗等告知臣等，此次进贡二马不能与我等一同抵达，随后才平安牵至。告知扎尔固齐，先前我等抵达之时，已将奏表、贡品皆跪呈，现若不将抵至马匹亲自呈交，于心不安。等语。

除将二马交付上驷院外，将使臣等带至上驷院，饮茶后，臣等告知图卜济尔哈朗，今早我扎尔固齐前来，将尔所言告知我等后，我等乘便具奏圣上，奉上谕：尔知礼节，特予恩赏。等因，伊等下跪承领叩拜，甚为喜悦而分食。图卜济尔哈朗告知臣等，今我等上贡之马畜皆抵达，恳请过初十日起程等语。臣等称，此时天气渐热，蒙古人亦不适应，我等交与尔等带回之敕书等物，皆即刻预备。尔等欲何时起程，即交与尔等，无稍有耽搁之项。惟尔交易携带之少量贸易物品，又需延误时日，多久不可预料。尔等延挨迟缓，我等亦不敦促。若欲起程，亦无挽留之处。无论如何，凭尔等定之。等语。图卜济尔哈朗称，恳请二扎尔固齐将我等携带之少量贸易物品，即刻售完，并无持久之项。

后引回下榻之处。

为此恭谨奏闻。

（军机处满文《夷使档》1763-3）

555
颁予准噶尔台吉喇嘛达尔扎之敕书

乾隆十七年二月初二日

奉天承运皇帝诏曰，谕准噶尔台吉喇嘛达尔扎。

据尔奏表内称，恳准自我三呼图克图内延请一名，索尔巴噶尔丹锡勒图内任请一人，并恳准以尔分内可遣少许人进藏等语。去年，尔使臣额尔钦前来延请喇嘛，朕即已明将谕旨：我处三呼图克图及有德行之喇嘛，俱有教习各处前来学艺喇嘛之事，断不可遣往。惟朕弘扬黄教，不忍令尔处黄教泯灭，与朕相悖，故特施恩于西藏拣选有德之喇嘛来京，遣往尔处，以济弘扬黄教之事。俟尔再遣使来时，准延请带回。颁敕后朕即降旨西藏，令达赖喇嘛拣选精于经咒、有噶布楚、拉姆扎木巴等称号、有德行可教习之喇嘛十人，送至京城。此次台吉尔不遵朕先前之至仁谕旨，反以断不可遣往之呼图克图为请，以此观之，是尔并非真心推衍黄教矣。况自西藏选来之十位喇嘛，尔来使亦曾会面，问及伊等自此些喇嘛内延请几人带回，伊等以未奉尔命，不敢擅专延请，等语言奏。朕敕谕于伊等：若此次尔不请往，今后虽屡次请往，亦不遣往矣。伊等惟以未奉尔命，不敢擅专带回等语渎奏。以此观之，乃尔本无延请喇嘛之意。今并此十位喇嘛，亦不遣往矣。

再尔奏遣人至藏之事，去年尔使臣额尔钦前来，以尔新袭位为辞奏请，朕即降旨：无换一台吉，即遣人入藏一次之理，故不准行。此次尔使臣图卜济尔哈朗又以追报尔老台吉噶尔丹策零为辞，前策妄多尔济那木扎勒已为噶尔丹策零熬茶一次，今安得又遣人前往。若有十子，岂有十次遣人进藏之理？此皆不可能准行之事。

尔使臣图卜济尔哈朗口奏，使臣来往，请不限人数。前来肃州贸易民众所带牲畜内，不堪者准其任意售卖等语。从前我大臣与尔使臣哈柳共同议定，若有事来使，不携商品，轻装简从，驰驿前来。此后尔来使皆以备盘缠为辞，携带货物，渐渐增多，理应不准贸易，勒令解回。朕因和好，是以施恩，若来使以尼玛所携货物为准。至肃州贸易，准照乾隆十三年之例。贸易者，原系下属小人谋利之事。尔携带不堪之物，恐我处之人不用。若我国之人将不堪之物给尔等，尔等肯受乎？朕为天下之大皇帝，不问此等琐事，即便我封疆大臣亦不屑办理。惟思尔使臣来时，尔之人随意前来者浮多，若不限定人数，日久亦难遵行。朕饬付我大臣与尔使臣商定，著以五十人为准。

尔使臣图卜济尔哈朗又奏请，将马年逃来之萨喇尔赐回等语。萨喇尔虽来自尔处，实因逃生而来。朕乃天下大主，以安逸众生为本，尽力收受所有恳请前来之众，岂有复转置于死地之理。况我处逃往尔处，似罗卜藏丹津者甚多，若一一追索，应追索之人甚多。朕并未索取一人，即尔今送至，朕亦不受。朕乃大主，以为既往之事，不复深究。尔反求索回，甚属悖误！

台吉尔若念尔父之恭顺和好，感戴朕恩，年年遣使请安，受朕恩典，事属可行。若以此等断不可行之事为借口，实属无益，亦不合恭顺和好之道。是以颁敕谕，交尔使臣图卜济尔哈朗赍回。

随颁敕之礼，赏各色缎十匹，施恩加赏蟒缎、妆缎八匹，玻璃、瓷器、珐琅器十八项。

特谕。

（军机处满文《夷使档》1763-3）

乾隆十七年（1752 年）二月甲午

赐准噶尔台吉喇嘛达尔扎勒书。

奉天承运皇帝诏曰：据台吉奏，恳准于呼图克图三人内延请一人，前往尔处，推衍黄教，并恳准尔处遣人至藏进供等语。去年尔使额尔钦来，以延请喇嘛之事具奏，朕已明降谕旨。我中国呼图克图三人及有德行喇嘛，俱有教习学艺之事，不可遣往。但朕不忍令尔处黄教灭绝，故特许于西藏拣选有德行喇嘛到京，俟尔再遣使来，准令请往。是时降旨后，朕即令达赖喇嘛，拣选精于经咒，可以推衍黄教之喇嘛十人，送至京师。今尔乃不遵朕旨，反以断不可遣往之呼图克为请，是尔并非真心推衍黄教可知。况西藏选来之喇嘛，尔来使亦曾会面，以未奉尔命，不敢延请。朕自去年即挑藏内喇嘛至京，以待尔之延请。今尔使既至，又不请往，是尔原无请喇嘛之意。今并此喇嘛十人，亦不遣往矣。

至尔奏遣人至藏一事，去年尔使额尔钦来时，以尔袭位为辞，朕既降旨，必无换一台吉，即差人进藏一次之理。今来使又以追报尔父噶尔丹策零为辞，果尔，则从前策旺多尔济那木扎勒，已经为尔父熬茶一次，安得今又差人前往。设有子十人，将十次差人进藏乎。

来使又奏，使臣来往，请不限人数。肃州贸易牲畜内不好者，准其售卖等语。从前我大臣与尔使臣哈柳定议，有事差人，不携买卖。后因每次遣来使臣，俱托言预备口粮，携带货物，渐渐加增。本应不准贸易，勒令带回。朕因和好，是以施恩来使，令照尼玛所带货物为准。其人数若不限定，日久亦难遵行，故亦令以五十人为准。至肃州贸易，复加恩准照乾隆十三年最多之数。贸易一节，原系小人谋利之事。尔等携来不堪之物，虑我中国之人不用。若我中国之人，将不堪之物给尔等，尔等肯受乎？此事琐屑，朕所不问。即我封疆大臣，亦不屑办理，尔何必以此渎奏。

来使又以逃走之萨喇尔赐回为请。萨喇尔虽来自尔处，实因惧祸逃生，朕为天下大皇帝，以生成众生为本，岂肯转置之死地。况我中国逃至尔处，如罗卜藏丹津者甚多，若一一索取，不可胜计。朕并不索取一人，即尔送至，朕亦不受。朕以为既往之事，不忍深究，尔反求给我回，甚属错误。尔若念尔父恭顺和好，年年遣使请安，受朕恩典，事属可行。若以此等断不可行之事渎奏，究属无益。是以特降敕旨，令尔使图卜济尔哈朗赉归，谕尔知之。

（《平定准噶尔方略前编》卷54）

556
军机大臣傅恒等奏请御定所译蒙古文敕书等事折

乾隆十七年二月初四日

大学士·领侍卫内大臣·忠勇公臣傅恒等谨奏。

将准噶尔台吉喇嘛达尔扎所颁敕书，翻译成蒙文，恭谨奏览。圣上批改后，照例缮写满蒙文，钤用玉玺，俟使臣等起程之前一二日，照先例率使臣图卜济尔哈朗等至箭亭前饬交。再，除使臣等朝觐时所降谕旨，亦照例翻译成蒙文外，拣选伊等所议言语内有关交涉事项，亦翻译成蒙文，一并恭谨奏览，圣上批改后，于饬交敕书之日，一同交与使臣等。

等因，乾隆十七年二月初四日具奏，奉旨：知道了。钦此。

（军机处满文《夷使档》1763—3）

557
军机大臣傅恒等奏请依例赏赐伴送
使臣官员等银两事折

乾隆十七年二月初七日

大学士·领侍卫内大臣·忠勇公臣傅恒等谨奏。

查得，先前准噶尔使臣返回之时，赏护送之章京整装银二百两、笔帖式一百两，赏自肃州派来护送使臣之通事兵五十两。记录在案。

此次来使图卜济尔哈朗等返回之时，仍由原伴送之理藩院员外郎阿尔彬、笔帖式扎木布护送，故请旨照例为整装事宜，赏予员外郎阿尔彬银二百两，笔帖式扎木布一百两，通事兵张福起、马金宝银各五十两。

以此请旨。

等因，乾隆十七年二月初七日具奏，奉旨：知道了，依例赏予。钦此。

（将此项银两自广储司领取赏予外，饬交内务府总管衙门）

（军机处满文《夷使档》1763-3）

558
军机大臣傅恒等奏请向使臣交付敕书事折

乾隆十七年二月十九日

大学士·领侍卫内大臣·忠勇公臣傅恒等谨奏。

准噶尔使臣图卜济尔哈朗等所携贸易物项，今皆贸易完毕，惟伊等以所携银两欲购之物，现亦有争议。俟完结后，可于二十几日起程，故予喇嘛达尔扎之敕书，将于明日饬交。仍照先例将使臣图卜济尔哈朗等安置于吏部房内，赏食恩饭，引领至正门前跪伏，将敕书及赏赐喇嘛达尔扎、使臣图卜济尔哈朗之物项，皆交付之。

将此恭谨奏闻。

等因，乾隆十七年二月十九日具奏，奉旨：使臣起程之日定后，再饬交。钦此。

（军机处满文《夷使档》1763-3）

559
军机处为支付驮骡租银事咨户部文

乾隆十七年二月二十三日

军机处咨文户部，为知照事。

准噶尔所派使者，于本月二十六七日即将起程返回。预计此次所携之物需用驮骡大四十匹。除自我处行文都察院办理外，将应给雇骡之银两，俟见都察院咨文，即速办给。再断不可使骡子沿途劳顿，将此由尔部仍照前例行文使臣等所经之处地方官员，沿途若有劳顿骡子，即刻雇取好骡子换给。

使臣等沿边自宁夏路前去。

为此咨文。

（军机处满文《夷使档》1763-3）

560
军机处为雇驮骡事咨都察院文

乾隆十七年二月二十三日

军机处咨文都察院。

准噶尔所派使臣于本月二十六七日起程返回。预计此次驮运所携之物，约需驮骡四十匹，将由尔院如数从速备办。俟我处确定起程日期，著即派官员，送至西华门外掌关防内管领衙门，交于伴送使者之理藩院员外郎阿尔彬等。尔院核应给租银，速行文户部领取。仍照前例，一半给雇佣之人，所余一半交付伴送之章京，著沿途陆续给之。

使者等沿边自宁夏路而去。

为此咨文。

（军机处满文《夷使档》1763-3）

561
军机处为备驿马事咨兵部文

乾隆十七年二月二十四日

军机处咨文兵部。

准噶尔使臣于本月二十五日起程返回。除将其所骑二十四匹驿马内，所骑马十六匹、驮重之马八匹，照数备办外，护送之员外郎阿尔彬、笔帖式扎木布、领催布达扎布及通事兵张福起、马金宝等所骑驿马，著皆照伊等所持之勘合火票办给。

为此咨文。

（以使臣驮重之马八匹不敷，又饬付兵部，增给二匹驮马）

（军机处满文《夷使档》1763-3）

562

随敕书赏赐准噶尔台吉喇嘛达尔扎之物品※

乾隆十七年二月二十四日

于箭亭交付敕书时，依例赏予准噶尔台吉喇嘛达尔扎之物品为：上用蟒缎一匹、片金一匹、妆缎一匹、闪缎一匹、字缎一匹、缎四匹。加赏上用蟒缎一匹、片金一匹、妆缎一匹、闪缎一匹、字缎三匹、磁胎法琅橄榄瓶一对、磁胎法琅茶碗一对、青花白地碗一对、霁红靶碗一对、青花白地碟一对、绿彩磁盘一对、霏翠玻璃大碗一对、亮绿玻璃刻花茶碗一对、亮蓝玻璃碟一对。

（军机处满文《夷使档》1763-3）

563

军机处为支驮骡租银事咨户部文

乾隆十七年二月二十六日

军机处咨文户部，为知照事。

前我处曾咨文尔部，准噶尔使者返回时，预计共需要驮骡四十匹，除自我处行文都察院办理外，将应给雇骡之银两，见都察院咨文即速办给。今使臣等返回，计需驮骡三十八匹，故此尔部见都察院咨文，依例如数办给租银。

为此咨文。

（将此缮文钤印，由中书罗庚饬交户部）

（军机处满文《夷使档》1763-3）

564

军机处为取驮骡租银事咨都察院文

乾隆十七年二月二十六日

军机处咨文都察院，为知照事。

前我处曾咨文尔院，准噶尔使臣返回时，预计共需要驮骡四十匹。今使臣等返回，计需驮骡三十八匹。尔部照例咨文户部，领取租银办给。

为此咨文。

（将此缮写咨文钤印，交中书罗庚饬交都察院）

565

大学士来保等奏闻使臣等接取敕书等
已于二十五日起程返回事折

乾隆十七年二月二十七日

大学士·领侍卫内大臣臣来保等谨奏，为奏闻事。

准噶尔使臣图卜济尔哈朗等告知照看之章京，俟伊等贸易事完结，将于二十五日起程。等语转告，臣等仍照先例于使臣等起程之前日，即二十四日，引其入憩于上驷院房中，赏食恩饭后，引领其至箭亭前跪伏，由陪同大臣海望、那延泰将颁予喇嘛达尔扎之敕书，赏予之丝绸、玻璃、瓷器、珐琅器，及使臣图卜济尔哈朗等朝觐时所降谕旨、与伊等所议言语等所译蒙古文书，赏赐之衣服、银两、绸缎、布匹等物项，皆照数明白交付后，使臣等甚为喜悦，叩拜承领，旋遣回住处。翌日即于二十五日，将驿马、驮骡送往使臣等住处，共用骡三十八匹。复饬交护送之员外郎阿尔彬等，沿途妥善照看使臣。伊等整治行李完备，皆于巳时左右起程。

为此恭谨奏闻。

乾隆十七年二月二十七日具奏，奉旨：知道了。钦此。

566

户部尚书海望等奏闻使臣接取敕书及
与之告别言语情形折

乾隆十七年二月二十七日

户部尚书海望等谨奏，为奏闻事。

本月二十四日，引领准噶尔使臣图卜济尔哈朗等入上驷院后，奴才等晓谕图卜济尔哈朗等，我圣上于二十二日谒陵，故我等奏请于二十日饬交敕书于尔等。我圣上念尔等乃远来之人，所携商品贸易未结，降旨：伊之些许物品，若不买而返，甚为可怜。

著视伊等空暇饬交。钦此。钦遵。尔等即称于明日起程,本日将敕书及所赏赐物项,交于尔等。等语告之。

图卜济尔哈朗等告称,大皇帝体恤我等之恩甚重。今定于明日起程,一切尚来得及。承蒙大皇帝仁恩,沿途必能顺行。现于肃州仍有所留商品,故我等自京城起程后,先将几人遣往肃州,于彼处井然处理贸易事项。如此俟后行人马抵达,则可即刻起程,于事有益。既然先前我等使臣返回时,皆照此而行,此次仍照先例,准我遣人于中途先行前往肃州。等语。

奴才我告之,既然先前如此而行,此次亦可如此。尔惟妥善交代先遣、后行之人才好。

施恩供给图卜济尔哈朗等饭食后,引至箭亭前跪伏,明白交付所颁喇嘛达尔扎之敕书,伊朝觐时所颁谕旨、奴才等与使臣所议言语内容所译蒙古文书及赏赐台吉喇嘛达尔扎及伊等绸缎银两等物后,准噶尔使臣及跟役皆甚为欢喜,叩拜谢恩后,返回住处。

旋奴才等前往伊等住处会见图卜济尔哈朗,行饯行礼。图卜济尔哈朗称,此次我等承大皇帝圣恩,沿途必可顺行,平安抵达我游牧地。祈望诸位大臣蒙大皇帝圣恩,一切安好。俟我等再来,愉快相会。等语。

奴才等告于图卜济尔哈朗,尔等明日起程,以友好之礼,我等亲至为尔等饯行,既然尔等无暇,我等即去。尔等一路好走。等语言毕而散。

为此恭谨奏闻。

乾隆十七年二月二十七日奏,奉旨:知道了。钦此。

（军机处满文《夷使档》1763-3）

567

军机大臣傅恒等奏请将准噶尔之奏表等咨行西北两路将军及官员事折

乾隆十七年三月十五日

大学士·领侍卫内大臣·忠勇公臣傅恒等谨奏。

查得,先前准噶尔使臣来京之时,将伊等奏表、所议事宜、圣上所颁敕书等皆誊录,咨送西北两路将军大臣、陕甘总督、甘肃巡抚。故宜将此次喇嘛达尔扎之奏表、与使臣所议之语及颁于喇嘛达尔扎之敕书,亦照先例誊录一份,随事乘便一并咨送。

等因,乾隆十六年（应为十七年——译者注）三月十五日具奏,奉旨:知道了。钦此。

（将降于使臣图卜济尔哈朗等谕旨等事,于三月十五日,恭谨缮写,呈进大内;誊录咨行安西提督之四项事,于四月二十二日,与所送药锭一并咨送;誊录咨行定边左副将军成衮扎布之四项事，于四月二十二日，与所送药锭一并咨送；将咨行陕甘总督之四项事，于六月十四日，以伊之奏匣，一并咨行；将咨行甘肃巡抚之四项事，于六月初四日，以伊之奏匣，一并咨行去讫）

（军机处满文《夷使档》1763-3）

568
伴送准噶尔使臣之笔帖式扎木布为报使臣
抵达肃州事呈军机大臣文

乾隆十七年四月初三日

护送准噶尔使臣之笔帖式扎木布呈文军机大臣，为具报事。

扎木布我等于本年二月二十五日自京城率准噶尔使臣出发，于二十九日抵宣化府，扎木布我与领催布达扎布先行率使臣图卜济尔哈朗、塔克达、皋莽及随行之十二人，于三月二十三日，皆顺利抵达肃州。后行照看行李及五蒙古跟役之员外郎阿尔彬，于何时抵肃州后，再另行具报。

为此呈报。

乾隆十七年三月二十三日。

（四月初三日至，未被大臣等奏览）

（军机处满文《夷使档》1763-3）

569
护送准噶尔使臣之员外郎阿尔彬为使臣
已自肃州起程事呈军机大臣文

乾隆十七年四月二十一日

护送准噶尔使臣之员外郎阿尔彬呈文军机大臣，为具报事。

先前笔帖式扎木布曾呈报，其率准噶尔使臣图卜济尔哈朗等十五人，自宣化府起程，于乾隆十七年三月二十三日抵达肃州。今员外郎阿尔彬我照看伊等行李及五名跟役，于四月初九日皆平安抵达肃州。使臣图卜济尔哈朗等又歇程三日，于四月十二日，阿尔彬我等率图卜济尔哈朗等四十六人及行李，自肃州起程。俟抵达哈密后，再另行具报。

为此呈报。

· 483 ·

乾隆十七年四月十二日。

（四月二十一日至，未被大臣等奏览）

（军机处满文《夷使档》1763-3）

570
护送准噶尔使臣之员外郎阿尔彬为葬
使臣跟役索诺木依希事呈军机大臣文

乾隆十七年四月二十三日

护送准噶尔使臣之员外郎阿尔彬呈文军机大臣，为具报事。

阿尔彬我自肃州起程，翌日自嘉峪关起程之时，自肃州护送使臣等之守备刘德呈文称，正使图卜济尔哈朗遣人告称，随伊等前来之厄鲁特索诺木依希，于肃州患伤寒病，出嘉峪关后亡故，欲将索诺木依例埋葬。等语，故阿尔彬我等与驻嘉峪关游击刘杰共同商议，即交于游击刘杰，依以前跟随使臣而来之亡故民众例，买棺埋葬外，阿尔彬我等率领使臣，起程向哈密进发。

为此呈报。

乾隆十七年四月十三日。

（四月二十三日至，未被大臣等奏览）

（军机处满文《夷使档》1763-3）

乾隆十七年（1752年）五月壬申

谕陕甘总督黄廷桂、安西提督李绳武办理准夷贸易事宜。

上谕军机大臣曰：李绳武奏，此次准噶尔夷目额伦瑚里等所报贸易之牲畜货物，合算较十三年之数，不无浮多。再每次夷人到哈密，必有擦掌之乏弱牲畜求售，应俟该夷到哈密后，查明确数，以理责问，如果恭顺恳求，再行照例办理等语。此番交易系初次定例，必当示之以信，不可稍有迁就。在该夷贪狡无厌，不过得尺进尺，得寸进寸，向来承办员弁唯恐生事，一味委曲周旋，将就了事，而于奏报时，则又称夷人如何哀求，如何苦诉，究其实何尝有是，徒粉饰以美观听耳。朝廷体制尊严，边疆奏事，有不能尽实，而外藩小国，其上下之情，转相联贯，交易一事，未必不早为所窥破，一次逾例，后次又复加增，厚利所在，彼何乐而不为耶。今该夷内乱之余，又与哈萨克搆衅，其交易较前所增有限，已可得其情形，此正办理机会，总当悉遵前旨，在十三年定数内者，许其截长补短，通融折算。逾数者虽少亦概驳回。至奏报来使言语情形，务须一一据实，倘稍有粉饰，将来查出，唯该提督是问。将此传谕黄廷桂、李绳武知之。

寻李绳武将夷目言语情形具奏。上谕军机大臣曰：李绳武所奏，看来竟似毫无主见，而姑为游移两可之词，以俟朕之批示。如所称该夷等似觉失望，又不敢违背章程，其词色深为作难，是以只求转奏等语。又将夷人伴送北山，暂住放牧，是已明示据情入奏矣。贸易一事，既经定有章程，自当永远遵行，若因其恭顺畏惧，而曲为迁就，将来势必逐渐加增，何所底止。至疲弱马驼，如果实在难行，自可留哈密牧放，从前准其变售，原属办理错误，今既立定限制，何得尚复因循故辙，视为常例乎。李绳武具折奏请，夷人必无不知之理，兹反不必游移迁就，致令夷人窥笑其底里也。著即将入奏奉旨之处，明白宣谕，以哈密贸易原属非例，今既新定规条，当即按照十三年肃州贸易之例，永远遵守。其疲乏牲畜，不妨在哈密留人放牧，回巢日携回。此事必须如此办理，方可以杜无厌之请。在李绳武本非办事果断之才，但身为提督，于此等重务，一味周章观望，将来何以承受恩典。著严行申饬。

（《平定准噶尔方略前编》卷54，《清高宗实录》卷414）

571
驻哈密员外郎阿尔彬等为准噶尔商队起程前往肃州事呈军机大臣文

乾隆十七年七月初八日

驻哈密办理回部事务员外郎阿尔彬、主事额勒津呈文军机大臣，为具报事。

前我处曾呈报，准噶尔前来贸易之商人头目额尔呼力伯克等抵达哈密。今将商人头目额尔呼力伯克等之属下一百九十七人及所卖牲畜、行李，编为七队，自六月十三日始，至本月十九日，陆续起程前往肃州。除已由驻哈密总兵吕瀚将此禀报安西提督外，将额尔呼力伯克等自哈密起程前往肃州之日期，具报于大臣等。

为此呈文。

乾隆十七年六月二十二日。

（军机处满文《夷使档》1763-3）

乾隆十八年（1753年）正月戊寅

议派员侦探准夷情形。

定边左副将军成衮扎布奏言：钦奉谕旨，以准夷近未通使，宜密加防范。伏思准夷素性诡谲，当广为体察信息，请嗣后五、六月间，派贤能台吉、官员各一人，以年例购买马匹为名，在乌梁海暗行侦探。再喀尔喀副将军每年于军营四季驻班，若令其在参赞上，随内地大臣行走，学习事务，亦属有益。

奏入，得旨：值班副将军著在参赞上行走，余著军机大臣会同该将军议奏。

（《平定准噶尔方略前编》卷 54，《清高宗实录》卷 431）

乾隆十八年（1753 年）二月戊申

命侍郎兆惠赴藏。

上谕军机大臣曰：近年准噶尔台吉喇嘛达尔扎，奏恳延请喇嘛及往藏熬茶等事，朕俱未允行。今一年以来，未有遣使入觐之信，或阴怀不轨，潜图入藏，亦未可知，所当密为防备。今遣兆惠前往，协同多尔济、舒泰办事。可传谕多尔济等，俾其乘便晓示达赖喇嘛，一切机宜，务宜预为留意。

（《平定准噶尔方略前编》卷 54，《清高宗实录》卷 433）

乾隆十八年（1753 年）四月壬子

命湖广总督永常、护军统领努三前赴安西。

先是，上谕军机大臣曰：准夷无遣使入觐之信，或潜怀窥伺，亦未可知。安西提督王进泰系属新任，恐未必深悉情形，永常在彼更事已久，著传谕永常，倘至四、五月尚无夷使来信，伊即应驰赴安西，与王进泰协同商议防范事宜。

至是，上命永常及努三驰赴安西等处，并给与钦差大臣关防。

（《平定准噶尔方略前编》卷 54）

乾隆十八年（1753 年）四月壬子

命湖广总督永常、护军统领努三驰驿前往安西，并颁给钦差大臣关防。

（《清高宗实录》卷 437）

乾隆十八年（1753 年）五月癸未

谕军机大臣等，据成衮扎布等奏称：今春喇嘛达尔扎发兵往哈萨克，征伐达瓦齐。伊兵转与达瓦齐合，结连哈萨克兵，将喇嘛达尔扎拿获，达瓦齐即为台吉。又有准夷察罕宰桑，带领将及百人，向南逃走等语。朕思准夷性多奸狡，或知我防范，故捏造此言，使人传播，实隐为窥伺之计，亦未可定。至察罕宰桑，如果向南逃走，别无去处，必至安西。可传谕永常等，如彼带人投我边界，询实情节，一面具奏，一面照萨喇勒之例送京。此时各卡，仍应严加防范，不可疏忽。

（《清高宗实录》卷 439）

乾隆十八年（1753 年）六月丙申

尚书舒赫德等奏报准夷信息。

舒赫德、成衮扎布等奏言：据遣往乌梁海探信之四等台吉班扎喇克察等密报，喇嘛达尔扎发兵往哈萨克，索取达瓦齐。其兵反随达瓦齐来擒喇嘛达尔扎，现闻达瓦齐已袭台吉。臣等复遣喀尔喀侍卫完楚克前往，同班扎喇克察询取实信，据回报云，我等至克木齐克河、巴颜台罕等处，托买马匹，察看乌梁海情形。据贝子旗分宰桑都塔齐等告称，我等会见准噶尔乌梁海宰桑满济岱等，据称达瓦齐承袭台吉是实，现在欲往谒见。又闻达瓦齐遣使入京，亦遣使往俄罗斯，不知于何日起程。臣等察看此等所报信息，是达瓦齐自为台吉，已属确实。今仍照原议，带防秋兵行围前进，如有信息，再行奏闻。

再，查从前西北两路，若有使臣前来，俱互相知会，臣等已密行知会安西提督讫。奏入，报闻。

（《平定准噶尔方略前编》卷 54）

乾隆十八年（1753 年）六月丁酉

谕钦差大臣永常等西路防范事宜。

上谕军机大臣曰：据尚书舒赫德、副将军成衮扎布等奏称，探得准噶尔达瓦齐，戕害喇嘛达尔扎，自立为台吉。现闻遣使前来请安，已密行知会西路军营等语。可即传谕永常、努三、尹继善、王进泰等，如夷使到哈密，一切事宜，并可照旧办理。其携来人数、货物牲只，亦必遵照立定章程。或有额外多带，即按数驳回，以示节制。其西路现在防范机宜，务宜加意缜密，不可稍露形迹，致使伊等得以窥测也。

（《平定准噶尔方略前编》卷 54，《清高宗实录》卷 440）

乾隆十八年（1753 年）七月丙辰

尚书舒赫德等续奏准夷信息。

舒赫德、成衮扎布等奏言：据南路探信侍卫蒙固勒等报称，我等由喀尔占和硕卡伦寻踪至巴颜珠尔克，遇见厄鲁特人巴图车林，我等托以打牲来此，询问伊现在台吉，据云系达瓦齐。臣等前奏达瓦齐之信，俱得自乌梁海之人，今蒙固勒所报，得自准噶尔卡伦，是达瓦齐自立之事，确无疑义。

奏入，报闻。

（《平定准噶尔方略前编》卷 54）

乾隆十八年（1753 年）八月甲辰

钦差大臣永常等奏报准夷信息。

永常等奏言：臣等巡查哈密至东大坂，有准夷部人伯勒克携眷来降，臣等询问准夷信息，据供上年喇嘛达尔扎为台吉时，疑达瓦齐有反意，欲诱至伊犁加害。达瓦齐不肯前去，喇嘛达尔扎即遣宰桑鄂什尔、索诺木二人带兵往拿。达瓦齐带领所属欲投哈萨克，为追兵所截，仅率百余人，内有塔尔巴噶台头目阿睦尔撒纳，一同投入哈萨克。喇嘛达尔扎遂将阿睦尔撒纳部众分给众人，一半给与阿睦尔撒纳之兄沙克都尔。又将达瓦齐家眷拘至伊犁看守，遣人向哈萨克索取达瓦齐。哈萨克不与，随派宰桑赛音伯勒克及讷默库济尔噶尔二人，带兵三万往拿。哈萨克恐惧，欲将达瓦齐等送出。达瓦齐闻之，即同阿睦尔撒纳并原带之属人，潜至旧游牧处，将沙克都尔杀害，收复众人至千余名，遂至趋伊犁。喇嘛达尔扎闻知，遣宰桑图鲁库、乌克图、鄂什尔、博第四人，挑兵应截，兵未挑齐，于途次遇达瓦齐，图鲁库、乌克图二人即行投降，鄂什尔、博第二人不肯，为达瓦齐所杀。去年十一月二十七日到伊犁，将喇嘛达尔扎杀害，达瓦齐自立为台吉，讷默库济尔噶尔旋夷归顺。赛音伯勒克潜逃，又被拿获。达瓦齐将从前原管地方人众，给与阿睦尔撒纳。等语。

奏入，报闻。

（《平定准噶尔方略前编》卷 54）

572

军机处为令准噶尔使臣火速前来及探询
其密言事札付伴送之章京

乾隆十九年闰四月十二日

军机处札付伴送准噶尔使臣之章京。

乾隆十九年闰四月十二日奉上谕：前自永常处奏闻准噶尔使臣前来迹象，朕即降旨永常，若来使情况属实，即刻交付照看之章京急速送往京城。今自永常处奏称，准噶尔之众已于四月二十六日抵达卡伦，询之，乃所遣使臣也等语。故尔等咨文往迎护送之章京，著伊等率使臣火速来京。将何时抵达之处，预先具报。钦此。钦遵。圣上若于五月初六日起程，十一日即至避暑山庄。尔等估算速行，率使臣等务于五月十五日内抵达避暑山庄。此次前来，入京后即转路自昌平州前往避暑山庄。

除仍将何时承接此咨文，何日起程之处，速报军机处外，再使臣等称另有密言，欲于朝觐大皇帝后具奏等语。之前来使虽有口奏之言，皆于伊奏文内标出，并无抵卡伦即告知之例。今伊等至卡伦即预先如是告称，或定有要言。尔等承接此咨文后，告知使臣等，已将另有密言之处，呈报于我大臣等，我大臣等奏闻后奉上谕：令照看之章京即刻询问尔口奏之密语具奏。钦此。著我大臣等转咨于我等。尔等欲于朝觐圣主时具奏之言，或于众人前具奏矣，又有何隐秘可言，然我等皆为受托此事之人，今奉旨询问尔等所奏者，即似尔朝觐之时具奏，尔即将欲具奏之密言明告于我，我等驰驿具报我大臣等。若预先奏闻我圣主，对尔前来之事更有裨益。等语询之，核实问明使臣等，即刻火速驰驿具报军机处。

为此札付。

（将此缮写咨文，钤印装封，交兵部员外郎普福自兵部加封套钤印，与永常等之奏事匣子一并，以六百里加急咨送去讫。沿边迎询，于何处相遇，即刻饬交）

（军机处满文《夷使档》1763-5）

乾隆十九年（1754 年）闰四月辛亥

陕甘总督永常等奏报进贡夷使敦多克等入境。

（《平定准噶尔方略正编》卷 2）

573
大学士来保等奏闻估略使臣至避暑山庄日期折

乾隆十九年闰四月十六日

大学士来保等谨奏。

先前准噶尔使臣自东岭起程至哈密，需四五天。于哈密休整数日，于十五日左右起行，至肃州者共需二十六或二十 · 天。此次准噶尔来使敦多克等，于四月二十六日至东岭，若仍照先例估算，四月二十九天或三十日即可抵达哈密，于哈密休整数日后起程，可于闰四月二十日左右抵至肃州。再著永常转饬伴送之章京，率使臣等速行。等因。奉上谕：本月初六日咨行，永常承接后若即追赶伴送之章京，则于抵肃州前即可赶上。伴送之章京自肃州引之星驰前来，若按先前行进二十三四日，以估算抵京日期，大致可于五月十五日左右抵达避暑山庄。

为此谨奏。

等因，乾隆十九年闰四月十六日具奏，奉旨：知道了。钦此。

（军机处满文《夷使档》1763-5）

574
军机处为催准噶尔使臣火速前来事札
付伴送之主事索诺木

乾隆十九年闰四月二十四日

军机处札付护送准噶尔使臣之主事索诺木。

乾隆十九年闰四月二十四日奉上谕：尔等寄文饬交护送准噶尔使臣之主事索诺木，著告于使臣敦多克等，尔新台吉达瓦齐以尔为使，遣往恭请圣安，尔理应慎思以尔台吉交付之事为要，星驰前往，以力求尽快完结朝觐我圣主之事，然尔并不估谋此事，反盘踞哈密十余日，惟频请照尼玛例，久延时日，是何道理。况尼玛乃噶尔丹策零之子所遣之使，尔乃篡夺喇嘛达尔扎汗位之达瓦齐所遣之使，何可与尼玛等相提并论。我圣上即将驻跸口外避暑山庄，尔应率少数善奔之人，轻骑简从，竭力星驰，估略行程，火速往至才对。倘若拖延迟缓，于尔来之事无益。等因告之，嗣后，即竭力火速前来避暑山庄，断不可拖延。再著索诺木等除妥善护送伊等外，断不可与使臣敦多克乃至随行之准噶尔跟役，提及伊等彼处之事态。钦此。钦遵。索诺木尔将圣谕宣于使臣等，伊等所言，及抵肃州、宁夏等地，沿途如何行进，何时抵达避暑山庄之处，明白陆续呈报，不可稍有耽搁。

为此札付。

（将此缮写札文，钤印装封，交兵部员外郎乌哩布自兵部外加封套，与咨行总督永常之密匣一同，以日行六百里加急驰往肃州，沿边一路询访，于何处相遇，即刻饬交）

（军机处满文《夷使档》1763-5）

575
伴送使臣之主事索诺木等为使臣等
已自哈密起程事报军机大臣文

乾隆十九年闰四月二十七日

驻哈密办理回部事务主事索诺木、萨灵阿呈文军机大臣等，为具报事。

据驻东岭卡伦之都司赵明等呈称，准噶尔台吉达瓦齐为圣上请安，所遣正使敦多克，副使奔塔尔、布林等五十一人，携贡马二、貂皮四十一、玉碗一、奏表一，及伊等所带马匹一千零三十八、骆驼三百四十四、牛二百一十七、羊四千四百，于乾隆十九年四月二十七日抵达卡伦。等情。嗣于闰四月初一日抵至哈密。除自总兵官叶达雄处将伊等所带之牲畜，呈报陕甘总督、安西提督，另行奏闻外，将解往京城之使臣敦多克等三十三人及上贡马匹等物，交由主事索诺木、笔帖式扎木布、领催图鲁孙照看，于闰四月十二日自哈密起程。

　　为此呈文。

　　乾隆十九年闰四月十二日。

（军机处满文《夷使档》1763-5）

乾隆十九年（1754年）五月壬午

　　命总督永常预筹西路兵丁进剿事宜。

　　上谕军机大臣等曰：据永常奏，准噶尔夷使已抵桥湾，现在即可入关。且据该夷使言，于起程时，业已派出贸易头目，亦于六月间可到等语。从前准夷部落，准其通贡贸易，原系加恩噶尔丹策零。其后策妄多尔济那木扎勒、喇嘛达尔扎继立，因系噶尔丹策零之子孙，是以仍前办理。至达瓦齐篡立，则系伊之仆属矣。今伊贡使前来，若仍前相待，我朝当全盛之时，国体攸关，不应委曲从事，以示弱于外夷。若稍示贬损，准夷素性猜疑，阴怀叵测，将来必至构衅滋事，不得不先为防范。况伊部落数年以来，内乱相寻，又与哈萨克为难，此正伊处人心离散，事会有可乘之机。若失此不图，再阅数年，伊事势稍定，必将故智复萌，然后仓猝备御，其劳费必且更倍于今。况伊之宗族车凌、车凌乌巴什等率众投诚，至万有余人，亦当思所以安插之道。朕意机不可失，明岁拟于两路进兵，直抵伊犁。即将车凌等分驻游牧，众建以分其势。此从前数十年未了之局。朕再四思维，有不得不办之势。所有明岁军兴，一应粮饷兵丁马驼，均应豫为筹划。其西路所调兵丁，约需二万，此内欲拨甘、凉绿旗兵八千，及西宁、凉、庄、西安、归化城、土默特、察哈尔以及新降之厄鲁特兵，共和二万之数。如此办理，似已足敷调遣。或有另行办理之道，著永常详细筹议，速行具折陈奏，候朕酌定。将来十月内，朕另降谕旨，令永常、策楞等来京，将一应机宜，面加训谕。

（《平定准噶尔方略正编》卷2，《清高宗实录》卷464）

576
军机大臣傅恒等奏闻接待此次使臣事宜折

乾隆十九年五月初二日

　　大学士·领侍卫内大臣·忠勇公臣傅恒等谨奏。

　　查得，先前于准噶尔使臣返回时，除赏赐银两、绸缎、布匹外，又酌情赏赐使臣

· 491 ·

及随行入京之厄鲁特等，合身之衣帽两套。

此次达瓦齐所遣使臣敦多克等，不可与前次来使相提并论，无须仍照前例赏赐。使臣等抵避暑山庄后，观伊等态势，恭遵圣旨所饬而行。使臣等抵至后，除著海望、那延泰率章京等照看外，饬付海望于避暑山庄，酌情请示下榻之处，搭建蒙古包、帐篷，以安置使臣等。

等因，乾隆十九年五月初二日具奏，奉旨：知道了。钦此。

（将此除交由理藩院笔帖式太平、内务府笔帖式齐延禄誊录外，亦行文尚书海望）

（军机处满文《夷使档》1763-5）

577

伴送使臣之主事索诺木为遵旨率使臣
趱行事呈军机大臣文

乾隆十九年五月初三日

伴送准噶尔使臣之主事索诺木呈文军机大臣等，为具报事。

索诺木我与笔帖式扎木布率宰桑敦多克等三十人，于本年闰四月十二日，自哈密启程，本月二十一日酉时，抵至一名为桥湾之地方，承接自大臣等处前来之札付，内开乾隆十九年闰四月十二日奉上谕：前自永常处奏闻准噶尔使臣前来迹象，朕即降旨永常，若来使情况属实，即刻交付照看之章京急速解往京城。今自永常处奏称，准噶尔之众已于四月二十六日抵达卡伦，询之，乃所遣使臣也等语。故尔等咨文往迎护送之章京，著伊等率使臣火速来京。将何时抵达之处，预先具报。钦此。钦遵。圣上若于五月初六日起程，十一日即至避暑山庄。尔等估算速行，率使臣等务于五月十五日内抵达避暑山庄。此次前来，入京后即转路自昌平州前往避暑山庄。除仍将何时承接此咨文，何日起程之处，速报军机处外，再使臣等称另有密言，欲于朝觐大皇帝后具奏等语。之前来使虽有口奏之言，皆于伊奏文内标出，并无抵卡伦即告知之例。今伊等至卡伦即预先如是告称，或定有要言。尔等承接此咨文后，告知使臣等，已将另有密言之处，呈报于我大臣等，我大臣等奏闻后奉上谕：令照看之章京即刻询问尔口奏之密语具奏。钦此。著我大臣等转咨于我等。尔等欲于朝觐圣主时具奏之言，或于众人前具奏矣，又有何隐秘可言，然我等皆为受托此事之人，今奉旨询问尔等所奏者，即似尔朝觐之时具奏，尔即将欲具奏之密言明告于我，我等驰驿具报我大臣等。若预先奏闻我圣主，则于尔前来之事更有裨益。等语询之，核实问明使臣等，即刻火速驰驿具报军机处。等因前来。

索诺木等谨遵圣旨，明白转奏使臣敦多克等后，敦多克等一同跪称，我台吉遣我前来恭请圣安并奏事。今圣主仁慈，降谕我等速驰往避暑山庄朝觐圣颜，询问我台吉所交付之事，使我得以及早朝觐圣主。惟我三人内，宰桑敦多克年事已高，且有脚疾。

我等将尽力赶往避暑山庄。等语欣喜告称。至于伊等抵达卡伦即称另有口奏密言，按大臣等教诲，核实问明使臣敦多克等。其一致告称，我台吉达瓦齐谨奏圣主之事，皆其亲自密封，任谁亦不得知，且亦未另交付我等口奏密言。于卡伦处我等并无告称另有口奏密言。若果另有口奏密言，今降谕问及，岂敢不告知。等语。又对索诺木我云，我等议定，我三位皆诚意先行前往朝觐圣颜，扈从之三十人内，以轻骑简从，使十二人跟随。将上贡之二马随后缓行，谨携奏表及所献玉碗、貂皮前往。等语。

连夜整饬后，索诺木我亲自与领催图鲁孙一起率使臣敦多克等，由桥湾照例办给营马引领，于翌日启程。俟何时抵大同后，估算路程，另报抵达避暑山庄之日期外，将其余所进贡二匹、伊随行之人所携带行李，交付笔帖式扎木布，仍带几人前往京城，将留肃州之数人，交与地方官员等一同照例办理等处，另行具报。

为此呈文。

乾隆十九年闰四月二十二日。

（军机处满文《夷使档》1763-5）

578
军机处以晓谕使臣速至避暑山庄
事札付伴送使臣之主事索诺木

乾隆十九年五月初三日

军机处札付护送准噶尔使者之主事索诺木。

据尔等报称，尔带领准噶尔使臣敦多克等十二人先行，于闰四月二十二日起程，询问使臣，并无口奏之处等语。尔告于使臣敦多克等，先前尔准噶尔奏表内，多称有口奏之言，今若尔等无口奏之言，我等亦无询问之处。尔等到达避暑山庄后，若奏文内称有口奏之言，或尔等又欲口奏，是尔等撒谎，抑或尔等台吉亦撒谎也。今促尔等速行，殊因我圣主于五月十日左右至避暑山庄，由彼处前往吉林乌喇。尔等若竭力速行，则能瞻觐我主圣明，如延缓延误，我圣主岂可等尔等乎。若赶不及，朝觐不成，岂不枉来。等语转告之，看伊等如何回话，立即奏报。除此之外，尽快护送敦多克等赶来，将到达日期预先奏报。敦多克脚伤实不能速行，若坐轿可速行，则地方官员派人抬轿速行。务必不得延误。

为此札付。

（将此札付缮写后加封，兵部亦加封套，交付兵部员外郎硕山，限日行六百里，往边外哈密沿途询问，赶至何处，立即交付）

（军机处满文《夷使档》1763-5）

579
伴送使臣之主事索诺木为报使臣
至凉州及其行走情形事呈军机大臣文

乾隆十九年五月初五日

伴送准噶尔使者之主事索诺木呈文军机大臣，为呈报事。

闰四月二十二日，我按大臣交付询问使臣敦多克等后，立即回禀，于桥湾交付驿站呈报。当日自桥湾起程，二十三日即至肃州，二十四日又自肃州起程。估算日程，按大臣交付于五月十五日内到达避暑山庄，需急速日行二百六十八十里不等，欲二十六日到达凉州。沿途急行中，使臣宰桑敦多克遣蒙古博罗特来告，我宰桑敦多克脚又浮肿，不能急行，告于扎尔固齐后，恳请于附近暂驻休养等语。故索诺木我按伊等所请，至凉州七十里外之凤落堡下榻。翌日若不可如旧时速行，则视其情形，缩减行程，每日稍缓而行等情，再另具报。

为此呈报。

(军机处满文《夷使档》1763-5)

580
伴送使臣之主事索诺木为报接札趱程事呈军机大臣文

乾隆十九年五月初七日

护送准噶尔使者之主事索诺木呈文军机大臣，为呈报事。

索诺木我带领使臣宰桑敦多克等，于闰四月十二日自哈密出发，本月二十一日酉时抵达桥湾之日，承接大臣处札付：奉旨从速趱行，再遵旨询问使者欲奏之密语。翌日，二十二日寅时随即于桥湾呈报外，本日即从桥湾出发，二十三日抵达肃州。二十四日自肃州出发，速行七日，于五月初一日抵达宁夏，途中接到大臣处札付内开：乾隆十九年闰四月二十四日奉上谕：尔等寄文饬交护送准噶尔使臣之主事索诺木，著告于使臣敦多克等，尔新台吉达瓦齐以尔为使，遣往恭请圣安，尔理应慎思，以尔台吉交付之事为要，星驰前往，以力求尽快完结朝觐我圣主之事，然尔并不估谋此事，反盘踞哈密十余日，惟频请照尼玛例，久延时日，系何道理。况尼玛乃噶尔丹策零之子所遣之使，尔乃篡夺喇嘛达尔扎汗位之达瓦齐所遣之使，何可与尼玛等相提并论。我圣上即将驻跸口外避暑山庄，尔应率少数善奔之人，轻骑简从，竭力星驰，估略行程，火速往至才对。倘若拖延迟缓，于尔来之事无益。等因告之，嗣后，即竭力火速前来避暑山庄，断不可拖延。钦此。钦遵。宣谕后，使臣敦多克等跪告，我台吉达瓦齐遣我等向大皇帝请安，进献供品，朝觐圣颜。于闰四月初一日抵至哈密后，即欲前行，哈密官员称，不似先前，不准我等前行。继而数次商议，十二日才放行。我等承接文书，且又口禀，沿途速行等处，扎尔固齐尔等皆知。再我等曾恳请哈密官员按先前来使之例，将我等从速遣出，并未提及尼玛之事。我等诚意带原选之十二人，竭力速行赶往避暑山庄，向大皇帝请安，进献贡礼。等语告称。

再，拣选使者沿途骑乘之营马驰奔，虽正午畏惧炎热，小憩一下，索诺木我亦不许，谨遵交付急行。看得伊等虽似顺从，但准噶尔之人本性奸诈狡猾，善负约食言，索诺木我从使臣敦多克等处取得可信文书。除将所取文书一并上呈外，仍依大臣交付，沿途速行。欲于本月十四日赶至避暑山庄。沿途若有生病耽搁之处，另行呈报。

再恳请从昌平州到达避暑山庄，将沿途乘驮之驿马、蒙古人所乘营马及照看官兵等处，交付地方官员备办。

为此呈报。

（将随附之蒙文奏片，贴于原呈文）

（军机处满文《夷使档》1763-5）

581
护送使臣之主事索诺木为询问
使臣口奏之语事回禀军机大臣文

乾隆十九年五月初九日

护送准噶尔使者之主事索诺木呈文军机大臣，为具报事。

我等五月初六日渡过黄河后，于宝德州接取自大臣处咨来为确实探明准噶尔使臣有无口奏之语之札付，即告于使臣敦多克，敦多克等回称，我台吉达瓦齐给大皇帝之奏文，大皇帝洞鉴后，若降旨询问，我等则依旨将所问回奏，除此之外，奏表内所无者，无另口奏之处。索诺木我言于敦多克等，尔台吉达瓦齐奏表内，若称有使者口奏之语，尔等与其当时上奏，不如现在告于我等，我等预先传呈于我大臣后，于尔等事情亦属有益。等语。使者敦多克等只摇头，全不作声。继因我反复追问，敦多克等言到：若有，则待我到达大皇帝驾前，将奏表奏于大皇帝后，根据大皇帝如何提问，那时我等再回奏。等语。

再，索诺木我率带使臣敦多克等竭力速行，一日能驰行三百余里，或二百七八十里不等。依大臣交付，五月十五日以内，可于十四日抵达避暑山庄。自闰四月二十六日抵达凉州之凤落堡，五月初一日从宁夏既陆续呈报。大臣既吩咐携之尽快前来，索诺木我谨遵札付，沿途尽力速行，或于十三日能到达，或者另有耽搁，再另行具呈。

为此呈报。

（军机处满文《夷使档》1763-5）

582
军机大臣傅恒等奏请指派议事大臣事折

乾隆十九年五月十二日

大学士·领侍卫内大臣·忠勇公臣傅恒等谨奏。

查得，前与准噶尔使臣议事时，皆派出四位大臣。今扈从大臣内，海望、舒赫德、那延泰、班第、玉保皆曾派出，此次与准噶尔使臣敦多克等议事时，将其中哪位派出，请旨钦定。

等因，乾隆十九年五月十二日具奏，奉旨：著派舒赫德、那延泰、班第、玉保。钦此。

（将此交付中书托芬，转交理藩院）

（军机处满文《夷使档》1763-5）

583
军机大臣傅恒等奏闻接取达瓦齐之奏表事宜折

乾隆十九年五月十二日

大学士·领侍卫内大臣·忠勇公臣傅恒等谨奏。

此次前来之准噶尔使臣敦多克等，于十四日抵达。抵达之日，将使臣敦多克等带至正门前跪候，呈献达瓦齐之奏表。由所派议事大臣、所属衙门大臣接取奏表，除奏览外，将使臣等安置厢房，款待恩饭后，带至住处。

等语。乾隆十九年五月十二日具奏，奉旨：知道了。钦此。

（将此交于中书托芬，转交理藩院、茶膳房、武备院、侍卫处、热河副都统、前锋统领、护军统领）

（军机处满文《夷使档》1763-5）

584
大学士傅恒等奏闻使臣朝觐仪注折

乾隆十九年五月十二日

大学士·领侍卫内大臣·忠勇公臣傅恒等谨奏，为议奏事。

本月十五日引领此次前来使臣敦多克等瞻觐圣明时，聚集入班王公、蒙古王公、三品以下大臣及新降来之厄鲁特等。时辰一到，各自携带坐褥进入，按品级预排位置，前排十位大臣坐定，后扈二大臣站立。御前侍卫站于宝座旁边，后扈侍卫列于宝座两旁，乾清门侍卫站于后扈侍卫后。正门两边列当班章京各一，侍卫各二十名。月台下每翼各站侍卫二十名。另于使者路过之街门，增派章京兵丁，整齐排立之处，交付于前锋统领、护军统领、热河副都统。由指定陪同之章京等，是日引领使臣等，安置于正门外厢房内休息，恩赏饭食。皇上升宝座后，所属部院大臣、奏蒙古事侍卫等引使臣等从西侧翼门进入，上西边月台，中间留出空地，将使臣敦多克、奔塔尔、布林及跟随伊等前来之厄鲁特等排列，按初至之礼，行三跪九叩礼。礼毕，引使臣从殿西隔扇门进入，于右翼首排大臣之末跪叩后，留空隙而坐。余下之厄鲁特等，令坐于隔扇门外之右侧月台上。皇上用茶时，令随王公大臣跪叩，赏茶时，令其叩谢而饮。降旨时跪闻。礼毕，由西侧隔扇门引退，出西侧翼门，带至住处。

是日，聚集之王公大臣、侍卫、初降之厄鲁特王车凌等皆着蟒袍补褂类常服。

为此谨奏，请旨。

等因，乾隆十九年五月十二日奏入。奉旨：知道了。钦此。

（将此交付内阁主事富精阿，转交吏部、兵部、宗人府、侍卫处、护军统领及理藩院、茶膳房、热河副都统、武备院）

（军机处满文《夷使档》1763-5）

585
使臣敦多克所携达瓦齐之奏表

乾隆十九年五月十四日

奏于乾隆皇帝圣明。

我兄噶尔丹策零，曾将法教转交给策妄多尔济那木扎勒，喇嘛达尔扎抓住二弟，将其杀害，且据闻欲施毒于我。因其悖行毁坏厄鲁特礼法之事，我将其抓住后，手执礼法，依先前旧例而行。从前大皇帝与我兄诺颜一起振兴黄教，安逸众生，和好相处。

现我亦愿依此和好而行，以振兴黄教、安逸众生。前哈柳赉回大皇帝谕旨：平日不可无故而行，有似此等事岂有不准行之理。钦此。于我等有此等事后即可熬茶诵经，故奏请为我弟策妄多尔济那木扎勒，派出一队人前往西藏诵经。此后，我之事乃益加振兴黄教、安逸众生，恭请大皇帝明鉴。

另有微言口奏。

随献马二，玉碗一，貂皮四十一。

鸡年十二月二十六日。

五月十四日将原蒙文奏表，一并奏览。

（将玉碗、貂皮皆由理藩院交付该管之处）

（军机处满文《夷使档》1763-5）

586
军机大臣傅恒为遣员探听准噶尔
事态事字寄大学士来保

乾隆十九年五月十五日

大学士·领侍卫内大臣·忠勇公傅恒寄信大学士来保。

奉上谕：跟随使臣敦多克等前来之厄鲁特内有去京城之人，厄鲁特侍卫和硕齐、阿珠齐、满楚原本皆系准噶尔人，若以伊等分别询问，或可探得彼处真实情形，为此将和硕齐等遣往京城，为不显出差役模样，不带翎顶。著伊等与前来之厄鲁特等言，因皇帝现往御避暑山庄，故得空闲，听闻尔等前来，故来看望。等语。趁闲谈之便，巧妙盘问准噶尔情势。钦此。钦遵。故派出领催带领伊等由驿站前往京城，由大学士处将伊等遣至前来之厄鲁特等住处，听其自便，详细探听准噶尔等事态。事务特派，切勿泄露，事毕仍旧遣回。等因寄信。

（派理藩院领催阿理珲，从兵部取驰驿火票，给马六匹，于十六日清晨遣出）

（军机处满文《夷使档》1763-5）

587
筵宴使臣等时所降谕旨记注

乾隆十九年五月十六日

筵宴杜尔伯特特古斯库鲁克亲王车凌等时，著准噶尔达瓦齐所遣使臣敦多克、奔塔尔、布林亦入宴。皇上赏众王、大臣烧酒时，亦召敦多克等近前而跪，赐饮烧酒。
奉上谕：今日筵宴，乃特为特古斯库鲁克亲王车凌等诚心归诚于朕，故而聚集我内外
诸王、大臣，庆贺大宴。尔等来至，恰逢赶上，顺便施恩入宴，观看各项戏耍。再施
恩于尔等，亦赏饮烧酒，乃因尔等远道而来，路途劳顿，方才仁爱赏赐。此中情形尔
等知晓为好。钦此。

敦多克等奏称，大皇帝英明如同日月之光，普照众生，皆蒙仁恩。大皇帝先前谕
旨，如刻石之文般坚实，将如何施恩、安逸众生之处明鉴。等语。

上谕曰：先前噶尔丹策零诚意遵奉朕旨，恭谨顺行，故朕特仁爱施恩，每次使者
来时亦宴赏，直至噶尔丹策零之子仍一体施恩。今达瓦齐乃将噶尔丹策零余下之一子
喇嘛达尔扎杀害，系夺位篡立之人，如何能与噶尔丹策零之子相比，反而争以振兴黄
教、安逸众生之语妄奏，越发可恶。其将尔处之喇嘛皆勒令还俗，有如此振兴黄教者
乎？自策妄多尔济那木扎勒之事以来，尔内部彼此构衅不止，涂炭众生，有如此安逸
众生者乎？其此等妄言，乃粉饰恶性。若推诚入奏于朕，尚可审视。若仍如此争立名
分，妄言振兴黄教、安逸众生之语，尔等使者来时亦不得入。尔等返回后，将朕此旨，
晓谕达瓦齐。钦此。

敦多克等奏称，因喇嘛达尔扎毒害教法，故而垮台，昨日我等已将此具奏。再喇
嘛内有从中离间诽谤者，故将此数人治罪，并无令众人皆还俗之事，抑或从中议论之
人夸大其词耳。大皇帝日后可将我今日所奏明鉴。等语。

上谕：喇嘛内若有离间诽谤之人，想必只一二人也，岂有众人皆如此行事之理？
喇嘛达尔扎纵有再多恶端，然终为噶尔丹策零之子也，将其杀害既断噶尔丹策零之子
嗣。朕原本仁爱噶尔丹策零，听闻此情后，尚为噶尔丹策零甚感不平，尔等皆噶尔丹
策零之世仆，承受其恩之人，于心中无愧乎？达瓦齐所行之事，朕甚非之，振兴黄教、
安逸众生与彼何干？自此以后切勿将此事再提，凡事只确实陈奏。将朕前后所降旨意，
尔等皆好生记下，晓示达瓦齐。钦此。

敦多克奏言，诸事皆蒙大皇帝明鉴，降旨我等卑微之人。我等必视使者之责而行，
将大皇帝谕旨恭谨记下，返回游牧处，详告达瓦齐。等语。

复谕之曰：尔等尚有时日，仍要筵宴车凌等人数日，使观赏各项杂戏。尔等既然
恰逢赶上，亦著入宴，观赏各项戏耍。朕以达瓦齐恶行为非，与尔等并无干系。尔等
皆噶尔丹策零之旧仆，现为达瓦齐逼迫，亦属无奈跟随行事。即若幼婴承父母慈爱般，
朕仍慈爱尔等。钦此。

敦多兑等共同叩谢，言大皇帝如同众生之父母般仁爱，洞悉我等隐情。等语。

乾隆十九年五月十六日奏入。

（军机处满文《夷使档》1763-6）

588
达瓦齐所遣使臣朝觐时所降谕旨

乾隆十九年五月十六日

乾隆十九年五月十五日，尚书那延泰、班第、侍郎玉保引领准噶尔之达瓦齐派遣使臣敦多克、布林觐见。奉上谕：尔等台吉达瓦齐之事，朕已尽知。今遣尔等前来，理应推诚实言为是。现仍以欲似噶尔丹策零、振兴黄教、安逸众生等语入奏，全不相干。达瓦齐弑噶尔丹策零之子喇嘛达尔扎，夺取台吉之位，又与纳默库济尔噶尔反目，互相攻伐，荼毒准噶尔部众生。又将喇嘛等破戒还俗，有似此振兴黄教、安逸众生之理乎。从前喇嘛达尔扎，杀其弟策妄多尔济那木扎勒，继台吉位，朕虽不以为是，仍因其为噶尔丹策零之子，朕仍旧施恩。现达瓦齐又杀害喇嘛达尔扎，乃绝噶尔丹策零之子嗣矣。其若不提噶尔丹策零，朕尚无言，其反愈加提及噶尔丹策零。噶尔丹策零原乃朕施恩之人，朕振兴黄教、安逸众生，噶尔丹策零可助朕，其于准噶尔地方竭力振兴黄教、安逸众生，故朕照常仁爱施恩于其子。达瓦齐乃从准噶尔逃出，求助于哈萨克，从哈萨克返回后，弑喇嘛达尔扎，致使噶尔丹策零子嗣皆无，夺其基业权位之人，此系报答噶尔丹策零之恩，抑或辜负噶尔丹策零之恩者乎，实乃噶尔丹策零之仇人矣，又安得以兴教安生为辞乎？又云为策妄多尔济那木扎勒，派人赴西藏念经等语。先前喇嘛达尔扎奏请遣人赴藏，朕尚未准，今反准达瓦齐遣人赴藏之请乎？谅达瓦齐不会不知，其奏请之事难行。其一，凭借特殊身份，欲按先前例，派使者贸易。其二，借遣使向大皇帝请安，以安众意，窥探情形。若依请准行，则逐渐探试奏请别事。前来试探之意昭著。其若如此争立名分，则毋议。若诚意祈请圣恩，尚可再审视。若似此欺瞒具奏，于尔事无益也。尔等返回后，将朕此谕旨晓谕达瓦齐知之。钦此。

敦多克奏言，前大皇帝降旨，永行和好，所谕似碑文般坚实。噶尔丹策零将我准噶尔法教，付于策妄多尔济那木扎勒。大皇帝明鉴，喇嘛达尔扎，分非当立，仅承百户驻于边界。喇嘛达尔扎杀害策妄多尔济那木扎勒，继立为台吉，破坏法教，故达瓦齐为首捉而弑之，取居其位。遣我等出使时嘱咐，若大皇帝询问此事，我等宜明白陈奏，除表内之语外，并无其他事项。至于喇嘛还俗，乃个别恶人在诺颜之间，离间诽谤，破坏黄教，因而处之，并非令众喇嘛尽行还俗也。等语。

上谕曰：若有人从中离间，无非一二人耳，岂有众人皆如此行事之理？尔处令喇嘛还俗，众人皆知，尔等毋庸讳言。再尔等此次至我卡伦时，曾告称有口奏密语，后我扎尔固齐索诺木询问尔等，尔等又称并无口奏之言。今奏表内又称有微言口奏。此又与尔等所言自相矛盾。若有欲言，可于朕前陈奏。钦此。

敦多克等奏称，奏表内所称有微言口奏，乃谓大皇帝若摘问表内何语时，著我等明白陈奏。除奏表外实无另奏之事。等语。

又复降谕曰：尔若称除此奏表外并无另奏之言，奏表内并无隐伏之语，则毋庸询问。可见遣尔等至此，乃系交付尔等窥探情形，若易进之言，则为索取新降之杜尔伯特车凌等，觉其难成而止之。钦此。

敦多克奏告：大皇帝若施仁恩，将此情形，亦著我等提议。等语。

上谕曰：达瓦齐先前被喇嘛达尔扎逼迫，欲求归附我处，因为车凌乌巴什之兄达什拦截，逃奔哈萨克。达瓦齐返回篡立台吉后，执达什而囚之。彼时若达瓦齐降入我处，朕亦似施恩于车凌一体施恩耳，岂有返还准噶尔之理乎？杜尔伯特车凌等，乃与达瓦齐一体之人，既来投诚于朕，达瓦齐安得索取之。断不可提及。况达瓦齐乃辜负噶尔丹策零之恩，使其子嗣断绝，霸占其基业权位之仇人，朕尚为噶尔丹策零不平，尔等皆噶尔丹策零之旧仆，世受其恩，却毫无悼惋之意，不觉于心有愧乎？钦此。

敦多克等奏：大皇帝谕旨，如同皓日，洞悉隐怀，臣等复有何言？我等亦无计矣。等语。

复奉上谕：达瓦齐奏表内之事，朕皆明白降旨，尔等返回时，或缮敕书赍回。今筵宴来降之杜尔伯特车凌等，观看各项杂戏。尔等前来，既恰逢赶上，亦顺便入宴，共观杂戏。钦此。

敦多克等叩谢圣恩。

等因，乾隆十九年五月十六日入奏。

（军机处满文《夷使档》1763-6）

乾隆十九年（1754年）五月癸巳

理藩院尚书那延泰、左侍郎玉保，带领达瓦齐使臣敦多克进见。上曰：汝台吉达瓦齐之事，朕已尽知。今遣汝来，一切推诚实言为是。今乃以欲如噶尔丹策零，阐扬黄教，安辑群生等语入奏，殊属无谓。达瓦齐弑噶尔丹策零之子喇嘛达尔扎，夺取台吉之位，又与纳默库济尔噶尔等构衅，糜烂准部生灵。又将喇嘛等破戒还俗，有如此阐扬法教，安辑群生者乎？从前喇嘛达尔扎，杀其弟而代之，朕即不以为是。然以彼终系噶尔丹策零之子，是以弗替旧恩。今达瓦齐残害喇嘛达尔扎，夺其基业，是噶尔丹策零之仇雠也，又安得以法教群生为辞乎？又云欲为策妄多尔济那木扎勒等，遣人赴西方念经。从前喇嘛达尔扎，奏请遣人赴西方，朕尚未允许，今反允达瓦齐之请乎？谅达瓦齐亦知所请难行。一则自占身份，欲照前例通行贸易。二是遣使请安，藉此窥探意指。若允其请，渐且奏请别事耳。伊若推诚祈恩，或可再议。若似此狡饰具奏，于伊事无益。尔等归时，将此旨晓谕达瓦齐知之。

敦多克奏言：前大皇帝降旨，永守和好，不谕旧盟。噶尔丹策零将准噶尔教法，付之策妄多尔济那木扎勒。喇嘛达尔扎，分非应立，仅以百户安置边徼，乃杀其弟而代之，干犯法教，是以达瓦齐不服，统众而居其位。臣奉使来时，命臣云：大皇帝若询及此事，宜明白陈奏。至喇嘛还俗，乃一二不肖之人，谗间众诺颜等干犯法教，因而治罪，并非尽行还俗也。

上曰：汝处令喇嘛等还俗，众莫不知，尔不必讳言。再汝等此次至我边卡时，曾称：有口奏机密之语。及理事官索诺木询问尔等，乃云：并无口奏之言。而疏内又称：尚有数语口奏。何乃自相矛盾？果有欲言，可于朕前实奏。

敦多克等奏言：疏内所称有数语口奏者，乃谓大皇帝若摘问疏中之言，命臣明白陈奏耳，疏外实无另行具奏之事。

上曰：据汝称疏外并无另行具奏之言，疏内又无他语，无庸询问。然则遣汝等至此者，明系命汝等窥探情形。若易于进言，则索取新降之杜尔伯特车凌等，若事觉难行即止耳。

敦多克奏言：大皇帝若俯赐矜全，此等情节，亦曾命臣等提及。

上曰：达瓦齐从前为喇嘛达尔扎所迫，欲求归附，为车凌乌巴什之兄达什所阻，逃奔哈萨克。达瓦齐自篡为台吉后，将达什执而囚之。彼时达瓦齐若归降于朕，朕亦如车凌一体施恩，岂有归之准噶尔之理乎。杜尔伯特车凌等，乃达瓦尔一体之人，既已投诚于朕，达瓦齐安得索之，此断不能行。况达瓦齐系辜负噶尔丹策零之恩，绝其嗣续，夺其基业之仇雠，朕尚为不平。汝等皆其臣仆，世受深恩，乃绝少悼惋之意，宁无愧于心乎。

敦多克气沮词屈，奏言：大皇帝谕旨，明如皎日，无微不照，洞悉隐怀，臣等复有何言。

上曰：达瓦齐疏内所奏，朕已明白降旨。汝等回时，自有谕旨赍去。今筵宴新降之杜尔伯特车凌等，汝等一同入宴，共观百戏。

敦多克谢恩而退。

（《清高宗实录》卷464）

589
军机大臣傅恒等奏报使臣所请贸易等事折

乾隆十九年五月十七日

大学士·领侍卫内大臣·忠勇公·臣傅恒等谨奏。

准噶尔使臣敦多克等告于照看章京等，前日瞻觐大皇帝圣明时所奉谕旨，昨日于筵宴时所奉谕旨，大臣等既皆明白听闻，我等不复告闻，唯欲探问大臣等，将我等于何时遣返。再，达瓦齐进献大皇上之马二匹，尚于途中盘亘，仍未到达，又数驮子及五名跟役亦皆尚未到达。探问于诸位大臣，令这些人前来此处，抑或由彼处差往京城。另跟随我等前来之跟役来至京城大地方，仍按先例，各自携带少量货物，为数不多。所携物品皆伊等私物，并非达瓦齐物品，现亦向大臣等探问，伊等所带区区物品可否交易。又，我等作为使者前来时，竭尽全力到达肃州，所带预备用来骑驮之马驼、用以做食物盘费之牛羊，抵达哈密后大半皆被禁止，未得进入。今奉大皇帝明鉴谕旨：

念及噶尔丹策零，仍按先例，施仁恩于尔等。钦此。既施恩于我等，恳请将从我处带来之备用骑驮之马驼、用作盘费食物之牛羊内，拣出瘦弱者进行交易。将返回时骑驮之用留足，而剩余者仍可按前例交易。等语。

乾隆十九年五月十七日入奏。

（军机处满文《夷使档》1763—6）

590
兵部尚书舒赫德等奏报与达瓦齐使臣
议论贸易等事折

乾隆十九年五月十七日

尚书舒赫德等谨奏。

臣等遵旨，询问准噶尔使臣敦多克等，既然伊等随身所带之少量贸易物品，并非达瓦齐之物，皆其自身所带，圣上念及尔等皆噶尔丹策零旧仆，准尔等贸易。另留于肃州、哈密之马驼等贸易物品，系达瓦齐者，抑或确实为尔等者？若系达瓦齐之商品，则不准贸易。等语。

敦多克等告称，按我等彼处之例，虽行于军旅，被遣往各处，均不办给各项差役，各自量力而行。我等来时，连一捆烟亦未曾给过，故所携皆自身之物，并无达瓦齐之物品。如若不信，一问现降来之车凌、撒林等，即知有无隐瞒。大皇帝仁念噶尔丹策零，昨日已降旨施恩于我等。我等所带少量交易物品，可否按先例贸易之处，欲遵大皇帝仁恩而行。达瓦齐之大商队于后行，或于六月方可到达卡伦地方。等语。

臣等告于伊等，此次若确无达瓦齐之贸易物品，皆为尔等之物，则圣主定施恩于尔等，依请准行。唯尔等所携物品若得以贸易，交易数量如先前尼玛之例则好，若欲贪利而屡生纠葛，断然不可，更何况于尔等之事无益。再，暂且不议达瓦齐贸易之事。另若其谨遵圣主旨意，洗心革面，实意奏请圣恩，仍可准之。此次使者之事尚未确定，如何能议贸易之事。今圣主教谕，达瓦齐如何回奏之处，复遣使者时，圣主明鉴，依旨而定，难于预言。等语。将此皆晓示敦多克等，伊等皆称是。

复对伊等言道：先前尔准噶尔使臣抵达后，朝觐圣主时，并未将圣旨缮写赍回之处，皆伊等记下带回。后因吹纳木喀等屡次食言，方缮写使其赍回。此次将圣主谕旨及尔等回奏之言，皆齐备缮写，尔等若欲赍回亦可，若不想赍回亦可，尔等可欲赍回？

答言大皇帝所降谕旨，我等皆已竭力记下，若缮文书予我则更好。等语。

乾隆十九年五月十七日入奏。

（军机处满文《夷使档》1763-6）

591
军机大臣傅恒等奏报晓谕使臣此次贸易及缮写文书等事宜折

乾隆十九年五月十八日

大学士·领侍卫内大臣·忠勇公·臣傅恒等谨奏。

臣等遵旨，著章京索诺木负责准噶尔使臣敦多克等留于肃州、哈密之物品之贸易事宜。晓谕使者，若欲仍照先前定例公平贸易，尔等货物须好，且我地方官员不将尔等达瓦齐派遣之人与噶尔丹策零之使臣比堪，强行压价，若有刁难，索诺木即将所属地方官员参劾具报。如尔等所携货物不及以前，且明显不好，而尔等凭恃圣主恩惠，无赖狂妄，一再提价，索诺木亦将此情形奏报，则停止贸易。此乃特施仁恩于尔等，与达瓦齐毫不相干，今后前来之达瓦齐等商队贸易之事，暂且不议。达瓦齐若谨遵圣主谕旨，洗心革面，诚心具奏请旨，再审视而定。等语。将此晓谕伊等后，敦多克等告称，蒙大皇帝之恩，降此恩旨，我三人已心满意足，又岂肯贪多？惟跟随前来之人为从各处摊派而来者，原并非皆为我等属民。等语。

臣等晓之曰，伊等现随尔等前来，即应约束管教，岂可怠于管理，使伊等私下胡乱争斗，反而于尔等无益矣。惟诚实贸易方好。等语。敦多克等亦皆称是。

复问于伊等，将近来尔等朝觐我主圣明时所奉谕旨，及尔等回奏之言，皆记录缮文，译告尔等，与尔等记录悉数符合。惟伊等奏言内，有我等亦无法、无力之语，若将此类语赍回，于尔等有碍否。尔等若有恐惧疑虑，将尔等此言语删却亦可。等语。

使臣回言，我等稍事商议，明日答复等语。今早臣等复问时，伊等告称，如何承领大皇帝鸿恩，全凭诸位大臣关照耳。等语。

臣等回言，若如此，则将此类语从交付而等赍回之文书内删却。等语。

伊等甚为喜悦。等因具奏。

本日奉旨：知道了。钦此。

（军机处满文《夷使档》1763-6）

592

军机大臣傅恒等奏报与使臣定议贸易事折

乾隆十九年五月十八日

大学士·领侍卫内大臣·忠勇公臣傅恒等谨奏。

适才臣等谨遵圣主训谕，晓谕使臣敦多克等曰，据定议之处，尔等准噶尔贸易惟从巴里坤一路前来哈密、肃州，无从北路方向前来贸易之例。尔等扎哈沁部众仍私下将马羊等物，带到我卡伦处彼此贸易。去年我处禁止，迄今尔处之人仍偷越前来。再尔等扎哈沁之宰桑玛木特越入我卡伦，奉旨派兵缉拿，我带兵前去之大臣将其诱捕，我圣主以玛木特并非因兵衅被抓，并无明显过失，宽恕于他，不予拟罪，施恩赏赐后遣回。我军追拿之珲图克、扎木三，未予释放。此等缘由，使尔等了解为好。现将从西路前来之大队贸易暂停。达瓦齐遵旨奏请时再审定。至若阿勒泰边民前来之零星贸易，则永行禁止为好。等语。

敦多克等回曰，玛木特等皆边界住民，我等隔离甚远，我等来时未闻其如何进入卡伦，如何被抓获之事。禁止从阿勒泰方向前来之贸易，甚属好事。至西路贸易事宜，如何回奏大皇帝，俟我等返回后禀于达瓦齐。等语。

臣等复言于敦多克等，玛木特乃尔扎哈沁部宰桑，为我朝所获，又释放遣回，尔等实皆不知乎，若确如此，尔彼处法律不完善也。尔等于诸事不能回复，竟推诿而言不知。等语追问，敦多克等无言以对，惟称伊等确实如此。

五月十八日具奏，奉旨：知道了。钦此。

（军机处满文《夷使档》1763-6）

593

兵部尚书舒赫德奏闻询问使臣自彼处起程时日情形折

乾隆十九年五月十九日

兵部尚书舒赫德等谨奏。

臣等向使者敦多克等言，据尔等告称，尔等十二月即从游牧地出发，全然不知玛木特等事情。再尔等所携奏表，虽亦为十二月二十六日缮写，唯刚抵北路卡伦，尔达瓦齐所派之博浩等来告于尔等，乃三月从游牧处遣出。且我等之乌梁海人传闻亦是达瓦齐曾于三月间派使臣给皇上请安，何故将日月皆弄错。听尔等告称：起初派遣使者时，曾派使者图布吉尔干，伊于途中病故后，敦多克尔等又顶缺被派出。图布吉尔干于何月出发，尔等于何月顶缺被遣。再，前日尔等瞻觐圣明时尚奏称，大皇帝如若仁慈施恩，则欲奏请等语。若实全然不知此事，则奏请何处。等语问之。

伊等告称，图布吉尔干十一月出发，十二月敦多克我等顶其缺被派出。途中以我脚疾，行路缓慢，三月方至巴里坤，当时确不知玛木特等事。前日口奏，乃欲言杜尔伯特车凌等于我处获罪，故而来投大皇帝。大皇帝若施恩仁爱，准我等所奏，恳请将此等人赏给遣回。既然大皇帝将车凌等事，明指降旨，复有何奏之处。惟记谕旨，传达于达瓦齐。等语。

臣等又言于敦多克，所称图布吉尔干等于十一月才出发，显为谎言。彼时达瓦齐正攻伐纳默库济尔噶尔之际，安有空闲派遣使者等语。追问之下，敦多克词穷，唯推诿言称我住于游牧地，间隔遥远，故未能明知等语。

又将派侍郎玉保，护送伊等至京城，准伊等贸易之处，晓谕伊等，敦多克等甚喜。

等因，乾隆十九年五月十九日入奏。

（军机处满文《夷使档》1763-6）

594
兵部尚书舒赫德等奏闻使臣闻遣伊等往京城谕旨后之言辞折

乾隆十九年五月十九日

尚书舒赫德等谨奏。

适才臣等谨遵谕旨，转谕使臣敦多克等。敦多克等甚惊，回奏称我等作为使者前来，并无计谋，竭力尽言。大皇帝谕旨明如皓日，无微不至，洞悉隐怀，彼时大皇帝降谕详指，我等唯牢记谕旨，尽心尽力，此外何敢另奏。今如此施恩车凌等，直至跟随其前来之人，我等窃思，大皇帝确如佛祖一般，不分远近，轸念众生。我等此次前来，恰逢赶上，蒙一并承恩入宴，观看各类戏耍，此亦先世之机缘，才得如此之机遇，实属不易。大皇帝怜惜我等，正值天热，著明日即起程前往京城，既然如此，我等整饬行装，随侍郎前去。等语。

视此等情形，甚属诚心感戴圣恩。

等因，五月十九日入奏。

（军机处满文《夷使档》1763-6）

595
兵部尚书舒赫德等奏闻使臣接取赏赐
物品时言语情形折

乾隆十九年五月十九日

尚书舒赫德等谨奏。

臣等按圣训晓示使臣敦多克等，将赏赐达瓦齐之各项物品及赏伊等物品一并按各自名分，指明交付。敦多克等告称，我等数日亲见大皇帝每日施恩赏赐，实乃殊恩。以达瓦齐台吉具奏彼处情形，遣使向大皇帝请安、进献贡礼之故，而蒙施恩赏赐。再将其所奏之事不准行之处，皆明白降旨指出，将各条皆牢记。今日大皇帝又施恩于我等，赏赐我等未曾得见奇异珍贵之物品，惟叩谢圣恩。等语言毕，跪叩不已。

五月十九日具奏，奉旨：知道了。钦此。

（军机处满文《夷使档》1763-6）

596
军机大臣傅恒为使臣贸易等事寄信大学士来保

乾隆十九年五月十九日

大学士·领侍卫内大臣·忠勇公傅恒寄信大学士来保。

奉上谕：著将准噶尔使者敦多克等遣往京城后，使其贸易。此前派出之厄鲁特侍卫和硕齐等三人，若仍在彼处，抑或为伊等察觉，著将和硕齐等即刻催返，勿使伊等碰面，躲远些经过。为此知照。另寄信大学士，近使臣敦多克等事情完结，钦派侍郎玉保，将伊等带至京城，办理贸易事宜。伊等明日即起程，大学士若有事情，则交付照看使者之卿、堂郎中觉世奇，按例办理后，传唤商人贸易。现将颁于达瓦齐敕书缮写后，奏请御览钦定后再寄外，著将此间缮写敕书所用黄龙纸，交付内阁，著从速备办。

等因寄信。

（军机处满文《夷使档》1763-6）

597
大学士傅恒等奏览敕书并请旨赏赐达瓦齐事折

乾隆十九年五月十九日

大学士·领侍卫内大臣·忠勇公臣傅恒等谨奏。

现将颁于达瓦齐之敕书恭谨缮写，具奏御览，皇上御览后，译成蒙文奏览。寄往京城，缮于黄纸上，钤盖玉玺。俟使者贸易之事完结后，临出发时，著玉保交与伊等，令其赍回。除此之外，先前降旨于准噶尔台吉喇嘛达尔扎文内，曾按例以颁敕之礼，随赏缎十匹外，又施恩加赏各色缎八匹，玻璃磁珐琅器皿十八项。此次颁敕于达瓦齐，臣等愚意，只按例赏赐，无需加赏。如何赏予之处，俟降旨后，遵旨缮入敕书。

等因，乾隆十九年五月十九日入奏。

（军机处满文《夷使档》1763-6）

598
颁予准噶尔达瓦齐之敕书

乾隆十九年五月十八日奏览

奉天承运皇帝诏曰，降谕准噶尔台吉达瓦齐。

朕统辖天下，不分内外，一体仁爱。将好者赏赐鼓励，恶者惩戒指教，俾众生皆各得安逸生活。据尔等奏表内称，我兄噶尔丹策零，曾将法教转交给策妄多尔济那木扎勒，喇嘛达尔扎抓住二弟，将其杀害，且据闻欲施毒于我。因其悖行毁坏厄鲁特礼法之事，我将其抓住后，手执礼法，依先前旧例而行。从前大皇帝与我兄诺颜一起振兴黄教，安逸众生，和好相处。现我亦愿依此和好而行，以振兴黄教，安逸众生。奏请为我弟策妄多尔济那木扎勒，派出一队人前往西藏诵经，此后，我之事乃益加振兴黄教、安逸众生，恳请明鉴。另有微言口奏。等语。询尔使臣敦多克等有何口奏之言，敦多克等唯称，若指摘问及奏表内之语，即将缘由明白陈奏。除此之外，并无他事等语。噶尔丹策零素遵朕旨，至诚恭谨行事。故朕遍施仁恩，及其子孙，一体仁爱恤之。喇嘛达尔扎弑其弟策妄多尔济那木扎勒，继立台吉，朕甚非之。现尔又将噶尔丹策零之子喇嘛达尔扎杀害，夺其台吉之位，攻伐纳默库济尔噶尔，驱逐纳默库济尔噶尔后，用计谋将其杀害，方复为台吉，致使庶众涂炭，令喇嘛还俗，此等情形系阐扬黄教、安逸众生之道乎？尔将噶尔丹策零仅余一子杀害，断其嗣续，无愧于噶尔丹策零之恩乎？不负其恩乎？尔乃为噶尔丹策零之仇人也。朕素仁爱噶尔丹策零，尚为其生恨，尔反提及欲效噶尔丹策零，又妄言振兴黄教、安逸众生。争立名分，甚可非之。振兴黄教、安逸众生与尔何干？先前喇嘛达尔扎奏请派人赴藏，朕尚未准，反可准尔遣人赴藏乎？此亦尔明知者。尔使臣敦多克未得将杜尔伯特台吉车凌等带回，其奏称，若蒙大皇帝仍按先例仁爱施恩，亦将此提奏等语。车凌皆尔一体之人，以其推诚投顺于朕，朕分别施恩封赏亲王、贝勒、贝子、公、台吉等，直至其属人，皆得安逸生活。何可将似尔之人返给尔等？况前曾闻，台吉尔为喇嘛达尔扎所迫，欲投诚于朕，被杜尔伯特达什拦阻，未能前来，才请往哈萨克，尔若果真投诚于朕，朕亦如施恩于车凌般待尔，若他人欲将尔带走，有返给之理乎？另于复后，尔之扎哈沁宰桑玛木特等潜入我卡伦后逃去，朕闻听派兵欲将伊等抓获治罪，率兵前去之副都统达青阿将玛木特诱捕。若入我卡伦，朕亦如对玛木特、扎木三、珲图克、扎哈沁之众一样抓获治罪。再尔等扎哈沁人等仍偷越阿勒泰前来，于我卡伦处贸易，因此去年曾禁止，迄今仍有人前来进行少量贸易。宜将此永行禁止，若再有前来者，不准于我卡伦处贸易，驱逐遣返。朕颁此谕，著暂停贸易。既遵此旨，若不妄言争立名分，推诚继来请恩，则可再议。若仍如此争立名分，妄言振兴黄教、安逸众生，奏请派人前往西藏等不相称之语，则不准使者贸易。尔将诸事熟虑定夺，若遵行朕旨，推诚奏请圣恩，不复妄言，可复遣使臣将诸事实情奏报，若非如此，则停遣使者。若仍如此遣派使臣，亦不准进入。故缮敕书，交使臣赍回。

随颁敕礼赏赐各色缎十匹。再尔既效噶尔丹（策零），进献玉碗、马匹，朕又依此加赏玻璃磁器十六项。

特谕。

（军机处满文《夷使档》1763-6）

599

军机大臣傅恒等奏请赏赐使臣及护送章京等银两事折

乾隆十九年五月十九日

大学士·领侍卫内大臣·忠勇公臣傅恒等谨奏。

谨遵谕旨：著仍按先例赏赐准噶尔使臣。故应赏正使敦多克银一百两，副使奔塔尔、布林每人银各五十两，跟役每人各二十两。此等赏银仍按先例，于交付敕书时，从所属之处领取赏予。

又查得，先前曾赏护送使者之章京银二百两、笔帖士银一百两、兵丁银五十两。此次护送使者之章京索诺木、笔帖士佟色亦按先例赏赐。为此请旨。奉旨后寄信大学士满保（原档抄写有误，应为"来保"——译者注），将应赏之银自所属之处领取赏之。

等因，乾隆十九年五月十九日奉旨：知道了。钦此。

（将此拟信，自本房寄信来保大学士去讫）

（军机处满文《夷使档》1763-6）

600
护送贡马之笔帖士扎木布为抵达
宁夏事报军机大臣文

乾隆十九年五月二十一日

护送准噶尔使者敦多克等留后之跟随及行李之笔帖士扎木布呈文军机大臣，为具报事。

前曾呈报，扎木布我带领准噶尔台吉达瓦齐所献马二匹及蒙古克博克等五人及伊等行李，于本年闰四月二十九日从肃州出发。今护送进献马匹及蒙古克博克等，于五月十四日皆平安抵达宁夏。俟抵大同后，再另行具报至京城日期。

为此呈报。

乾隆十九年五月十四日。

（军机处满文《夷使档》1763-6）

601
主事索诺木为报副使奔塔尔病故事
呈军机大臣文

乾隆十九年五月二十三日

带领准噶尔使臣等赴京之主事索诺木呈文军机大臣，为呈报事。

索诺木我所带生病之使臣奔塔尔，于五月二十二日至古北口时亡故。其跟役巴藏等来报，索诺木我问于巴藏等，按尔等之例如何办理？巴藏等告称，依我等之例，请喇嘛巴克什等看后，选地点埋葬。此处既无喇嘛巴克什，我等欲选一地葬之。等语。按伊等所禀，交付古北口巡监徐成考，带伊等之人择地埋葬。我亲带其跟随之六名同伴跟役，向京城进发。

为此呈报。

（军机处满文《夷使档》1763-6）

602
军机处为携贡马等自昌平州入京
事札付笔帖士扎木布

乾隆十九年五月

军机处札付护送准噶尔使臣敦多克等留后跟役等之笔帖士扎木布。

据尔报称，尔带领克博克等五人，五月十四日抵达宁夏等语。使臣敦多克等到达避暑山庄，瞻觐我主圣明后，于五月二十日，由侍郎玉保带领，起程前往京城。扎木布尔带领克博克等五人及伊等行李，护进献之马匹，到达昌平州后，由彼处进入京城，会见来保大学士，安置于使臣敦多克等所住之处。

为此札付。

（将此装入封套，于兵部钤印加外封，驰驿札付去讫）

（军机处满文《夷使档》1763-6）

603
军机大臣傅恒为安置使臣后至跟役事
寄信大学士来保

乾隆十九年五月

傅恒大学士字寄来保大学士。

据护送使臣敦多克等跟役厄鲁特克博克等前来之笔帖士扎木布报称，带领克博克等五人，五月十四日抵达宁夏，俟抵大同后，再另行具报至京城时日等语。我处已札付扎木布，侍郎玉保带领使者敦多克等已前往京城，尔带领克博克等五人及伊等行李，护进献之马匹，到达昌平州后，由彼处进入京城，会见来保大学士，安置于使臣敦多克等所住之处。等语。除此之外，扎木布带领厄鲁特等抵达京城后，著伊等将进献二马交大学士处，由尔处交于上驷院。将后至之厄鲁特等与敦多克等安置于一处。

等因字寄。

（将此拟信，随本报寄来保大学士去讫）

（军机处满文《夷使档》1763-6）

604

护送贡马之笔帖士扎木布为抵京时
日事报军机大臣文

乾隆十九年六月初一日

护送准噶尔使臣敦多克等留后跟役之笔帖士扎木布呈报军机大臣，为呈报事。

五月二十五日于宝德州接得大臣处札付内开，带领准噶尔克博克等五人及其行李，护赶进献之马匹前往京城等语。吾带领克博克等可于本月二十九日平安抵达大同，视所献二马之情形，估算行程，可于六月初三日住于清河。恳请自大臣处转饬各自所属之处，将蒙古克博克等住处及食羊等项，按例于清河处备办。

为此呈报。

将此于乾隆十九年六月初一日入奏，奉旨：交付侍郎玉保阅此文后，晓于使臣敦多克等。钦此。

（军机处满文《夷使档》1763-6）

605

大学士来保侍郎玉保奏闻使臣承接敕书及使臣言语折

乾隆十九年六月十三日

奴才来保、玉保谨奏，为奏闻事。

本月十日，奴才等依例带领准噶尔使臣敦多克等跪于箭亭前，交付敕书，并将赏赐银两皆赏之。将赏予病故之副使奔塔尔银五十两，亦告知敦多克，明白交付其跟随之人。使臣敦多克等带领所属人，望阙叩谢圣恩，于十二日自京城起程。十一日奴才玉保我前去看望，使者敦多克告称，奉大皇帝旨意，我台吉达瓦齐若诚意奏请圣恩，可复派使臣具奏。若非如此，则停派使臣，若似此派遣使臣，断不准入。钦此。我等返回后，我台吉达瓦齐既谨遵大皇帝谕旨，诚意派遣使臣请恩，亦料不定。抵至卡伦后，若出示表文于卡伦之人验看，似又不成，若不让卡伦之人验看，定不准我等进入，届时该如何，等语。

奴才玉保答之，尔台吉达瓦齐若果然诚意谨遵圣主谕旨，派遣使臣请恩，到达卡伦后，尔等只告称我台吉诚意遵奉大皇帝谕旨，遣出我等请恩等语，定令尔等进入矣，亦无须出验表文。唯不可仍似本次，哄骗我等言有口奏密语。等语。

敦多克回曰，我等作为使臣前来大国，何敢欺瞒，确无如是之言。另时值炎热，且我台吉此次令我等所带贸易物品不多。我等伏思，尽快起程返回，到达宁夏等地后，视驮捆情形，轻装减从前往肃州，将各项贸易物品尽快贸易完毕后返回。恳请如此交付护行官员。等语。

奴才玉保告之，既然以前尔处之人曾如此办理，我即交付护行章京等语。

为此恭谨奏闻。

乾隆十九年六月十二日奉朱批：知道了。钦此。

（军机处满文《夷使档》1763-6）

606

伴送使臣之主事索诺木为带使臣
先行前往肃州事呈军机大臣文

乾隆十九年七月

伴送准噶尔使臣之主事索诺木呈文军机大臣，为具报事。

索诺木我等于本年六月十二日自京城出发，七月初四日安全到达宁夏。使臣敦多克派人告称，我等前去京城时，曾将随带货物留于肃州，现若允许我等二人带领四名跟随之人，先行前往肃州办理，令随从博尔古等三蒙古人将行李随后带来。等语。如此，谨遵著索诺木照看准噶尔使臣各项贸易物品之圣谕，于本月初五日，即带领使臣敦多克等十六人向肃州进发，将余下之博尔古等三蒙古人及行李等物，悉数交付笔帖士扎木布看护后行。到达肃州后，即日将贸易事宜另行具报。

再此次前来之使臣敦多克等皆安分随行，并无狡诈等项。

为此呈报。

七月初四日。

（军机处满文《夷使档》1763-6）

607

伴送使臣之主事索诺木为使臣抵达
肃州事呈军机大臣文

乾隆十九年七月二十八日

伴送准噶尔使者之主事索诺木呈文军机大臣，为具报事。

前曾呈报，至宁夏后，我等分两队前行。索诺木我带领使臣敦多克等，于七月十四日皆平安抵达肃州，沿途众蒙古并无事项。

为此呈报。

七月十四日。

（军机处满文《夷使档》1763-6）

乾隆十九年（1754年）七月戊子

命永常传谕准噶尔贸易夷目。

上谕军机大臣曰：永常奏，准噶尔贸易夷目阿济伯克等到卡，办理情形，甚属妥协。此时敦多克等已将回至安西，可即传谕敦多克，大皇帝亲降谕旨，已甚明晰，并非不令伊等贸易。但此番贸易出自达瓦齐，乃欲自比噶尔丹策零，是以大皇帝不允。须俟敦多克回巢传谕后，达瓦齐果能一一遵旨，恭顺恳恩，亦不妨仍准贸易。即敦多克在热河时，加恩赏赉，亦系念从前台吉噶尔丹策零，并不因达瓦齐遣来之故。今伊等贸易夷目，或即回巢，或在哈密候信，听其自便。若留此守候，所需米面口粮，准以羊马换易，此亦怜悯伊等众人皆噶尔丹策零旧属，不忍令其饥饿，是以格外施恩。即令敦多克将热河所降谕旨，宣谕于阿济伯克等，若敦多克业已回巢，则但将此旨晓谕。著传谕总督永常、提督豆斌，其如何回奏情形，作速驰奏，并将该夷目等各自居住，不得与内地兵役稍有交涉。该督提等务期加意防维，妥协办理。

（《平定准噶尔方略正编》卷3，《清高宗实录》卷468）

608
伴送使臣之主事索诺木为遵旨传谕
准噶尔贸易事宜事呈军机大臣文

乾隆十九年八月

护送准噶尔使臣之主事索诺木呈报军机大臣，为具报事。

七月二十六日到达桥湾后，接大臣处札付内开：尔所报带领准噶尔使臣敦多克等，从宁夏去往肃州之禀文，我处接到后奏览。奉上谕：尔等晓示使臣敦多克等，近来据总督永常奏称，尔台吉达瓦齐所遣贸易之人，抵达卡伦。谨遵谕旨，禁其进入等语。先前圣主降谕于尔等甚明，待达瓦齐复遣使臣奏请时，方将尔等贸易准行或不准行之处定夺。尔返回后，将圣主旨意明白晓示伊等，或将此次贸易返回，或暂于住处等候，任凭尔等。钦此。伊等若复请尔转奏，尔唯告之，此事我大臣奏后，圣主业已降旨，大臣等遵旨札付我等，不可将尔等之言转奏。尔何时得到此文，如何晓示伊等，伊等如何说，将此仍报于我处。等语。

见此札付，我等即译成蒙文，晓示使臣敦多克等后，敦多克等会同告称，我等系作为使臣前来之人，为进行贸易另有为首前来之人，我等若得以自察齐尔达克处先到达哈密，面见跟随前来贸易之人后，将大皇帝谕旨晓谕，我等共同商议，或返回，或于住处等候，定夺后再返告理事官。等语。故而索诺木依其所请，带领敦多克等自察齐尔达克先去哈密外，由笔帖式扎木布护送伊等之行李后行。俟伊等到达哈密，与前来贸易之人会合议定后，再另行具报。

为此呈报。

七月二十六日。

（军机处满文《夷使档》1763-6）

下编

相关问题研究

一、清修官书取材管窥

——以《使者档》与《方略》《实录》之内容比对为例

多年以来，无论在清史学界还是民族史学界，学者多以实录和方略为基本研究资料，近年来，则多倾向于对档案的研究和利用。档案资料是最原始的资料，纂修实录和方略时，即为馆臣所依赖，故实录、方略与档案相比，乃为二手资料。且编纂方略、纂修实录，皆在战事甫定、先皇驾崩之后，故对档案资料择选、利用颇多倾向性，因而，档案资料更能反映当时的各种实际情况。

《清代军机处满文准噶尔使者档译编》①（下简称《使者档》）的译文，约45万字，而《平定准噶尔方略》和《清高宗实录》所记载与其相对应的内容字数，仅4万余字，因而可知，在纂修《平定准噶尔方略》和《清高宗实录》，引用《使者档》中相关的资料时，在取舍、删节方面精挑细选，乃因纂修目的及篇幅有限所致也。具体则体现于在引用原奏折、敕书、记注等档案时，均有删节。兹以《使者档》与实录、方略作内容比较研究，即欲使研究者理解实录、方略与档案资料之差异，从而窥知档案的价值。

另外，目前学术界多认为实录、方略皆由馆臣编纂，因实录皆系子为父纂，故有歌功颂德、择善弃恶之嫌；方略系战事终结后编修，亦有成王败寇、歪曲史实之虑。因而将实录、方略所载与原始档案比勘，以了解馆臣在编纂实录、方略时，如何取舍、删节原始资料，其中是否有歪曲利用史料等问题，从而明确实录、方略之史料价值，则是撰写本书的另一初衷。

（一）内容多寡不一

在编纂《平定准噶尔方略前编》和《清高宗实录》时，史官并非将奏折、敕书等全文引用，而是删节后编入的，删节少者，均将奏折首由语、称谓语等删却；删节多者，仅引用其中数语，如《平定准噶尔方略前编》和《清世宗实录》记载雍正十三年策凌关于与准噶尔划界的奏折为：

定边左副将军额驸策凌遵旨议奏言：噶尔丹策零请以哲尔格、西喇胡鲁苏为我喀尔喀游牧地界。查从前喀尔喀游牧，尚未至哲尔格、西喇呼鲁苏地方，应即照伊所请行。但我卡伦，原在阿尔台以东额贝和硕、和通鄂博、布延图、科卜多、托尔和乌兰等处安设。此系哲尔格、西喇呼鲁苏界外，应议定将我卡伦，照旧安设。至厄鲁特游牧，应以额尔齐斯为止。如伊不遵，或以阿尔台岭为界，不得越过哈巴博尔济、阿里

---

① 中央民族大学出版社2009年版。笔者曾多次介绍此部档案，兹不赘述。另本书所引用之档案，皆出此书，故不再于注释下另注出处。

克台清吉尔等处。至中间交错之处，彼此俱毋得打牲。嗣后阿尔台迤东，令我处人巡逻；迤西令彼处巡逻。如此庶争端可以永息。

再，昔准噶尔策旺阿喇布坦在时，其游牧原在霍博克萨里、察罕呼济尔迤西。数年以来，渐越额尔齐斯。贼夷素性狡诈，反复无常，若彼游牧逼近，则防守实难，断勿令过阿尔台岭，方为善策。①

该奏折原文为：

臣策凌谨具密奏。据军机大臣等寄信臣称，雍正十三年三月初六日奉上谕：著抄录遣往准噶尔之使傅鼐等所奏之折，密寄额驸策凌，令彼仔细阅看，其噶尔丹策零所奏请将哲尔格、西喇胡鲁苏等地划为喀尔喀游牧边界之处，是否可行，倘若不便准行，应如何办理之处，著详思熟虑后具奏。以朕之意，噶尔丹策零既已如此奏请，我等若仍固执己见，彼当能立即遵从，必致又复请议。一再往返遣使会议，则事无完结之日，而彼等准噶尔人等其间得以喘息，毫发无损，而我等却不得不照常屯兵驻扎，徒误时日，糜费钱粮。此非顾惜一片空地，惟恐日后招致艰辛。此等地方之名称，地处何方，距离之远近，如何为宜，于日后之事是否有益，有无关碍，并不熟悉，且胡孙托辉地方亦未绘入舆图，不便即行决断。此皆喀尔喀游牧地，乃额驸策凌熟知者也，相应将舆图一并寄往，令彼细阅，其可否照噶尔丹策零所请施行，倘有不便之处，或于我等原定地方稍往里靠，按其所指地方外推，宜定何处，如何议之，及定边之后，其间闲置地方内，是否仍行禁止双方人等狩猎之处，俱著详细定议，将地名一一核实，填写于舆图中，于噶尔丹策零之使臣吹纳木喀等未至之前具奏，便于我等酌情与使臣等议之。此事关系綦重，务须熟虑事之便利，不留后患，永久有利之处，从速详议具奏。甚机密，惟令额驸独自知道。钦此。钦遵。抄录侍郎傅鼐等所奏二折，一并密寄前来。

臣谨恭阅，窃思，观噶尔丹策零此次迎往我等之使臣会议之情形，虽知圣主轸念众生涂炭，止息兵戈，永久安逸之意，然仍似稍有疑虑。噶尔丹策零奏请以哲尔格、西喇胡鲁苏为喀尔喀游牧之边界者，亦系恐我等往前推进，趁其疏虞之时潜入；抑或彼等翻越阿勒泰而来，趁我等不意潜入，皆未可料。现噶尔丹策零奏请，拟将哲尔格、西喇胡鲁苏为喀尔喀游牧之边界。等语。查从前喀尔喀游牧之边界，并未至哲尔格、西喇胡鲁苏，相应即照噶尔丹策零所请施行。惟我等之卡伦，原设阿勒泰以东额贝和硕、和通鄂博、布延图、科布多之托罗库乌兰等处。此等地方，位于哲尔格、西喇胡鲁苏之外，应议定将我等之卡伦，照旧安设。我等既已罢兵，又何须设卡，惟我等喀尔喀不能信任尔等准噶尔，故奏请仍于游牧内驻兵，在外照旧安设卡伦防范。是故，照常设置此等卡伦，然游牧地不越过哲尔格、西喇胡鲁苏，尔等厄鲁特游牧地，应以额尔齐斯为界。如若不从，则以阿勒泰山麓为界，但限制越过哈巴、博尔济、阿里克泰、青吉尔等处游牧才好。再，其中间闲置地带，若令双方人等狩猎，倘小人等彼此打架斗殴，抑或胡言乱语，致使相互生疑，又复兴兵。而况尔等喀尔喀、厄鲁特原即有仇，今复叠增。嗣后，阿勒泰以东地方，由我等之人巡查，阿勒泰以西地方，由尔等之人巡查。如此则争端永息矣。等因颁降谕旨。如若不从，拟欲越过阿勒泰游牧，

---

① 《平定准噶尔方略前编》卷36、《清世宗实录》卷153，雍正十三年（1735年）三月己亥条。

则不可谓别无企图。策旺阿喇布坦时，其游牧原在阔布克、萨里、察罕胡济尔以西。此数年来，开始越过额尔齐斯游牧。准噶尔人等素性狡诈，不可相信。虽计近几年内其属众之安宁，然日久之后，又将乘隙而行。厄鲁特游牧若至阿勒泰山麓，相逼过近，相应防守亦难。若我方先动，则我方侥幸；倘若彼等抢先，彼时，即便我等之喀尔喀等，亦不可相信。臣愚以为，我等喀尔喀游牧之边界，可随机而定，而厄鲁特游牧之边界，定为额尔齐斯，如若不行，勿令越过阿勒泰山麓方为良策。究竟如何办理之处，谨请圣主明鉴躬裁。

为此谨奏。①

从以上文本对比可以得出，原折内容远多于方略、实录所载，而文字亦显委婉，思虑之处更多，更能说明喀尔喀蒙古对与准噶尔汗国划界之要求。

另外对比方略或实录所引折片，可以发现其中对折片内容删节较多，而对朱批基本照录。如乾隆二年（1737年）十二月军机大臣商定接待准噶尔使臣达什等至京事宜，《平定准噶尔方略前编》援引该奏片及朱批如下：

大学士鄂尔泰等奏言：此次准噶尔来使达什、博济尔到时，请引至圆明园宫门前跪伏，理藩院阅受表文并贡物，翻译呈览。引来使至吏部朝房，列坐赐食毕，馆之于圣化寺。道经额驸策凌寓，即令其递送噶尔丹策零与额驸书。所有给于来使食物、器用、夫役、驿马，请悉如吹纳木喀例，令各处支给办理。

奏入，得旨：著台吉额默根并派理藩院官一员，驰驿前往，迎问达什来情。伊等若系特差奏疏之人，即照尔等所议，接受奏疏。若系差向额驸策凌处送书之人，到时，即带往额驸策凌住处，呈递来书。额驸策凌看过所与来书，再接受奏疏转奏。余依议。②

其原奏片为：

大学士·伯臣鄂尔泰等谨奏，为请旨事。

查得，雍正十三年，噶尔丹策零所遣使臣吹纳木喀、诺惠尼抵达后，曾引至圆明园宫门前跪伏，由所派议事大臣等照看，接受其奏书、进贡物品，令使臣等坐吏部房中，赏食饭食，引至西花园下榻，派官兵护卫。所给使臣之食物、使用物件、夫役、驿马等项，皆由各该处按例支给在案。此次噶尔丹策零所遣使臣达什、博济尔至时，引至圆明园宫门前跪伏，由理藩院大臣等照看，接受其奏书、进贡物品，译毕恭呈御览外，令使臣等坐礼部房中，赏食饭食，引往圣化寺住处时，途经额驸策凌之住处，将噶尔丹策零之咨文具呈。达什、博济尔，每日给食用蒙古羊各一只，随行跟役六人，每日各给中原羊一只。所食奶、酥油、面、茶、盐、米；所需柴薪、木炭；所用碗、盘、锅等器皿，皆按例由该处支取给付。所需驿马，亦按例预备，派官兵于使臣驻地周围堆守。交付武备院，计其足敷，搭支蒙古包，供使臣等下榻。其夫役，由园户内，择敦厚者，按其所需派往。使臣等所需饽饽、果品等杂物，按其所需，可由派往陪同官员由各该处支取供其食用。其赍至奏书，据使臣等所言情形，择日准其瞻觐赏赐之

---

① 雍正十三年四月初八日《额驸策凌奏复与噶尔丹策零定边宜以额尔齐斯为界折》。

② 《平定准噶尔方略前编》卷43。

处，将另行议奏。

为此谨奏。请旨。

等因，乾隆二年十二月二十四日奏入，奉旨：著派台吉额默根，理藩院官一员，乘驿迎往使臣达什等，询其所来缘由。伊若称系特遣奏疏者，即按尔等所议，接其奏疏。若系特遣行文额驸策凌者，俟其抵达，即带往额驸策凌之住处呈递其文。额驸阅过其文，再接其奏疏转奏。余依议。钦此。①

两相对比，可以发现方略所引奏片内容，与原片差距较大，几乎将原片内容肢解，但从奏片原文看，军机大臣商定接待此次来使事宜，与以往接待规制完全相同，在安排使者驻地，接取奏书、方物，日给廪饩等诸方面，均做周到安排，而从方略所引中则难以窥见其真貌。相比之下，朱批却几乎一致，可知纂修之馆臣，不敢擅自删节朱批，并有突出朱批、体现皇帝圣明睿鉴之初衷。

一般而言，在实录和方略中，记载向准噶尔汗国所颁之敕书，虽掐头去尾，但主要内容应该完备。其实不然，方略、实录对敕书的记载，也是删节颇多的，如乾隆十三年（1748年）所颁之敕书，《平定准噶尔方略前编》和《清高宗实录》记为：

赐准噶尔台吉策妄多尔济那木扎尔敕书。

奉天承运，皇帝诏曰：览奏，知尔感激朕恩，言词恭顺，朕甚嘉之。其欲将年老喇嘛，请派人送归土伯特，从前并无此议。且喇嘛年高，熟于经典，何故转欲送回，即如来京喇嘛，亦从无送归土伯特者，此事不便准行。再来使恳请另拨喇嘛，扶助黄教。佛之一道，惟在诚信，不关念经之人，从前尔父屡次奏请，朕已明白开导，未经准行，尔当稔悉，不必固请也。再请肃州贸易人数增加一百名，每年贸易一次，此事议有定例，不得更张，姑允所请，肃州贸易人数，准作二百名，仍于两年中前赴贸易一次。尔宜恪守前规，克修和好，以图永受朕恩。

特降敕令来使赍回。随敕赐各色缎十端，加赏妆缎、蟒缎各八端，玻璃、珐琅、磁器十八事。②

而敕书原文为：

奉天承运，皇帝敕谕准噶尔台吉策妄多尔济那木扎勒。

据台吉尔之奏书内称，去岁为念经事具奏，蒙大皇帝降旨，俯准我之所有奏请。又为我等念经人等之便利计，恩准于哈济尔地方贸易，故而欣喜无比。等因。感激朕恩，极为恭顺具奏，朕大为欣赏。又据奏称，我等先前自土伯特地方延请之贤明喇嘛等，大半已故，其余已因年迈，拟归土伯特地方。其准由何路行走，派少许人等送至土伯特地方，弘扬黄教，安逸生灵之处，伏祈大皇帝睿鉴。等语。我等之原议，并无将尔处所有唐古特喇嘛，俟其年迈送归藏地之处，且此等喇嘛，乃住尔处年久，年事已高之喇嘛等，更为熟悉经典。彼等乃出家人，身在何处，无所区分。即便我等之来京土伯特喇嘛等，亦从无返回原籍者，此事不便准行。再，据尔使俺集口奏，我等之台吉祈请大皇帝之恩，赏给喇嘛等，以推兴黄教。等语。振兴黄教，在于各自之心诚，

---

① 乾隆二年十二月二十四日《军机大臣鄂尔泰等奏请接待使臣达什等事宜片》。
② 《平定准噶尔方略前编》卷51，《清高宗实录》卷313，乾隆十三年四月辛未条。

佛法遍及天下，惟关经典，无关念经之人也。若言须延请他处喇嘛，方可兴教，则尔处喇嘛等不能兴教乎。朕乃天下之大皇帝，凡事惟但循理而行，其悖理不可行之事，岂可拘泥。延请喇嘛等之事，先前尔父奏请之时，其不可行之处，朕已详尽开示，明白降旨，未曾准行。兹台吉尔请，又岂有准行之理耶，断不能准。再，尔等之使唵集等又告知我等之大臣，我等应来京城之二百人，经奏请大皇帝之恩，亦准于肃州贸易。惟逢应至肃州贸易之年，定为一百人，人少不敷看管，相应逢应来肃州贸易之年，再增一百人，亦为二百人，每年至肃州贸易。等语。我等之大臣答复，此皆原定之事，断不得更张。并具奏于朕。肃州乃我边地，商人稀少，遣往与尔等贸易之人，地方遥远，不便每年贸易。仍照原定之例，隔年前来贸易一次。因台吉尔效法尔父，极为恭顺，所行可嘉，故特施恩，于应来肃州贸易之年，将贸易人数增加一百，亦为二百人。此乃朕之特恩，嗣后倘再祈请遣人、每年前来贸易，拟更改约定之处，断不可行。台吉尔但效法尔父，永修和好之道，仰副朕阐扬黄教、安逸众生之至意，则可永沐朕恩也。是故，撰拟敕书，交付尔使唵集等赍往。

随敕赏各色缎十匹，格外加恩赏蟒缎、妆缎八匹，玻璃、瓷、珐琅器十八种。特谕。①

对比原件，可知方略、实录所记，乃该敕书之提纲挈领而已，且省略许多内容，口气强硬，足见依据档案方可得知当时对所议问题的全貌，及具体之文移状况。

另外，至于对清朝官员和使臣等的赏赐，方略所记简略，实录则记载甚少。《使者档》中对每次赏赐准噶尔大汗及使团成员的物品，记载极为详尽，但均不见于方略、实录。即便对陪伴使臣官兵的赏赐，乃属定例，实录亦不载，而方略偶有记载，亦颇简略。如《使者档》中记载乾隆三年赏赐陪伴使臣官兵的内容为：

大学士·伯臣鄂尔泰等谨奏。

额驸策凌前派喀尔喀副都统达尔佳、佐领乌巴西及兵丁十二名，偕同台吉额默根至准噶尔。其中，副都统达尔佳率带兵丁两名，沿途照看使臣达什等前来。另有兵丁四名，随台吉额默根前来。适蒙施恩，授额默根为头等台吉，相应赏目今前来副都统达尔佳大缎二匹、银五十两，兵丁六名，每人各赏官缎一匹、银二十两。其留军营之佐领乌巴西赏大缎一匹、银三十两，其余六名兵丁，各赏官缎一匹、银十两遣往之处，谨此请旨。

等因，乾隆三年正月二十五日具奏。奉旨：知道了。钦此。②

该赏赐内容在《平定准噶尔方略前编》中记载为：

命赏副都统达尔佳等。

办理军机大臣等奏言：喀尔喀台吉额默根与副都统达尔佳、佐领乌巴什由额驸策凌处，率兵十二人，差往准噶尔部还，额默根已蒙恩授头等台吉，其达尔佳及各兵丁等应否量加赏给。

奏入，命赏达尔佳等银两有差。

---

① 乾隆十三年四月十八日《谕准噶尔台吉策妄多尔济那木扎勒之敕书》。
② 乾隆三年正月二十五日《军机大臣鄂尔泰等奏请赏赐额驸策凌遣至准噶尔官兵片》。

两相对比，其史料价值，一目了然。

另外，准噶尔每次所遣进京使者，目的无非是递送奏书、觐见皇帝传达本方意愿。其往来文书，虽以奏书、敕书名之，但基本载录于方略、实录之中，而觐见时的情况，却几乎被忽略不记，或一语而过。如乾隆十六年二月在苏州行宫会晤使者之事，《方略》《实录》仅有：

准噶尔使臣额尔钦等进贡，入觐于苏州府行宫。①

而《使者档》对之记之甚详，其为：

尚书那延泰、侍郎玉保于苏州灵岩山行在，率领准噶尔使者额尔钦、尼玛、塔克达、奔塔尔等朝觐。奉旨：朕已览尔台吉喇嘛达尔扎之奏表，喇嘛达尔扎奏称，伊准噶尔地方之喇嘛未曾出痘，不便派往京城习经，恳请于京城延请四五位熟知经史之贤能喇嘛，教授吾地喇嘛四五年后遣回，恭请睿鉴，等语。前尔旧台吉策妄多尔济那木扎勒曾奏请，在准噶尔有德之喇嘛，大半亡故，所剩者已年迈，欲返回故地，故请自吾处派少许人，解至藏地，自藏地学习经德，于弘扬吾处黄教大有裨益等语。此乃断不可行之事，故未准伊之所请。然岂有于朕处弘扬黄教，而视尔地黄教衰败之理耶？朕京城大寺，有著名呼图克图、自藏选来之有德喇嘛，及自各处习得而来之喇嘛。若和睦友好，则派尔处可习经之聪慧喇嘛，或十名或至二十名至京城，勤学四五年返回，可助弘扬黄教之事，则何虑黄教不兴也。此乃朕周详曲体之仁恩，并非勒令，尔等若不派则罢。降旨甚明。今尔台吉喇嘛达尔扎反称，准噶尔地方喇嘛未曾出痘，不便派往京城习经，恳请于京城精通经典内，延聘四五位前往教习，乃不欲遣习经喇嘛之意甚明。夫学习德艺，有徒就学于师，无师往教于徒者。唯念尔准噶尔蒙古，亦甚为崇尚黄教，若无教习经史之喇嘛，则致黄教渐衰。朕准尔台吉所请，然若即遣教习之喇嘛，则朕处呼图克图、有德之喇嘛，均于各处教授喇嘛事宜，不便遣往尔处。若亦自藏择遣可教德艺之喇嘛，抵至尔处后，尔等或又以所派喇嘛平常，仍请自藏延请喇嘛等不便准行之事渎奏。此次朕暂不派遣，著尔等将朕此谕旨明记，告知尔等台吉，若务需自朕京城延聘教经之喇嘛，则再遣使者至请，抵至之时，朕再与尔使者一齐遣之。钦此。

降旨后，使者额尔钦奏称，吾台吉交我口奏，大皇帝念吾准噶尔地方黄教渐衰，降旨准我遣喇嘛来京城，学习德艺，以助弘扬黄教，实乃安逸众生之至恩。唯吾处喇嘛未曾出痘，不便派往京城习经之处，请大皇帝睿鉴，体恤我等，恩准吾等自藏延请四五位喇嘛，于吾处教习四五年后，遣回故地。等因。

奉旨：尔等自藏延请喇嘛之事，断不准行，且亦断不可去藏地延请喇嘛。尔等台吉奏表内称，恳请于京城延请熟知经史之贤能喇嘛。尔口奏又称自藏地延请喇嘛，与尔等台吉奏表相悖。朕轸念尔等台吉用心，若遣使自朕京城延请教经之喇嘛，朕再降旨派之。今尔等即遵尔台吉所付，请自藏延请喇嘛，故尔自藏延请喇嘛之处，不惟不准，且自朕处亦无派喇嘛之处。钦此。

奉旨后，额尔钦奏称，我台吉交付吾等奏请大皇帝施恩，故依此而奏。如何定夺

之处，请大皇帝睿鉴。等因。

奉上谕：朕恐尔处黄教衰落，故详度如此办理。朕处传经艺之喇嘛，均自藏地择取。即遣至尔处传经之喇嘛，亦系自藏地选取可传经者也。朕岂可遣不能传经之喇嘛乎？尔等自藏地延请，与自朕处所遣喇嘛，乃同样也。尔等何以务必遣人，自藏地延请。尔等将此明记，告知尔台吉喇嘛达尔扎，达尔扎需谨记之。钦此。

闻旨后，额尔钦奏称，愿明记大皇帝谕旨，告知我台吉。再吾台吉请求派人前往藏地，给二博克达、四大寺献礼、呈文之事，恳请大皇帝施恩准行。等因。

奉旨：尔台吉喇嘛达尔扎奏表内称，伊欲派人至藏地行善、熬茶，并无名分。尔老台吉噶尔丹策零，为其父策旺阿喇布坦，奏请赴藏熬茶。后尔前台吉策妄多尔济那木扎勒，为父噶尔丹策零，亦奏请派人赴藏熬茶。此皆为其父行善，理应准行之事，是以俯从所请，又施恩沿途赏给牲畜盘费，特差大臣官员照看而行。蒙古遣人赴藏熬茶者，均为报答彼等亡故父母之恩情。噶尔丹策零、策妄多尔济那木扎勒，均为报答其父之恩而遣人耳。今喇嘛达尔扎之请，为报答何人之恩？愿报答尔等前台吉策妄多尔济那木扎勒之恩乎？若为伊自身，才承其位，好端端生时即遣人赴藏乎？再，于达尔扎此等非要紧之事上，朕岂有屡次派官兵照管之理？此等事断不准行。钦此。

额尔钦奏称，大皇帝所谕甚是。吾台吉今虽无此等之事，正坐其位，乃据吾之例，派人赴藏给二博克达、四大寺献礼、呈文。恳请施恩准行。等因。

奉旨：此奏愈加无理。尔等老台吉噶尔丹策零嗣其父策旺阿喇布坦之位，策妄多尔济那木扎勒嗣其父噶尔丹策零之位后，并无为此奏请之处。今喇嘛达尔扎以承策妄多尔济那木扎勒之位，欲遣人赴藏，乃无例之事，断不可行。尔台吉若如尔老台吉噶尔丹策零之时，和睦友好，感怀朕恩，每年遣使请安，承领朕恩，则可明奏也。何故以此等非要紧、不可行之事渎奏？将朕此谕明记，告之尔台吉。钦此。①

《使者档》中收录了大量乾隆皇帝会见使臣或优礼使者的记注，其中记载彼此的答对等内容，更可体现双方关系。而乾隆皇帝的旨意，亦成为向此次使者所颁敕书之蓝本，因而会见使臣时的记注、带领使者礼佛时的记注等内容，具有不容忽视的重要史料价值。

（二）记载取舍不一

以上所述，似乎告诉大家档案极为重要，而方略、实录缺陷颇多，此亦不可一概而论。在《平定准噶尔方略前编》和《清高宗实录》中，有许多和使者往来相关的内容，在《使者档》中并未有相关记载，这种情况颇多，如对乾隆八年准噶尔使者赴藏熬茶事宜，在实录、方略中有如下记载：

1. 大学士鄂尔泰等议覆甘肃巡抚黄延桂奏准噶尔夷使进藏熬茶事宜：

一、夷使进藏熬茶，各官兵沿途护送。请照上次之例，酌运四个月本色口粮，八个月盐菜银两。逮到藏驻扎，请令川抚饬驻藏管粮员弁会同该副都统及郡王等，照进藏数目办给四个月口粮。如事竣不至东科尔贸易，即由卡回巢，有不敷口粮盐菜，听

---

① 乾隆十六年二月二十五日《使臣瞻觐圣明时所降谕旨记注》。

领兵之将军、侍郎等酌议加增，在藏办理。

一选派西宁镇绿旗兵丁前往哈济尔边卡等候夷使。日期难以悬定，请令裹带六个月口粮，俾往返充足。

一侍郎玉保带领章京官员自京前往西宁候夷使，护送进藏，事毕护送回巢，然后还京，请照例按品级支给衣服银两。至驻扎东科尔等候，即请照驻宁之例支给。

一进藏满洲官兵俸赏，应量加宽裕。请于官员赏给一年俸银外，加借一年。兵丁各赏银三十两外，再各借半年饷银，回营后陆续扣还。

一西宁镇标派往哈济尔等候夷使之马兵三百名，路途遥远，往返需时，请每名赏银四两，以整行装。

一夷使如不至东科尔贸易，其照管留藏之夷使官兵，必俟熬茶事竣撤回。所需口粮盐菜，及夷使留人应给口粮等项，请照噶斯案内供支坐台放卡之例，动支脚价，运送备供。

一夷使如不至东科尔，其应赏赉各项，请将口粮米面，顺便运送哈济尔，并就近购买牛羊，先赏一次。如赏过仍至东科尔，再于起程时赏一次。俟熬茶回日，又于青海驻近处所赏一次。

俱应如所请。查侍郎玉保，已蒙恩赏银二千五百两，无庸再给。如玉保等自西宁至噶斯等候夷使回东科尔地方，亦应照例料理。

得旨：依议，速行。①

2.（户部）又议，拨河东盐课银二十万两，解往甘肃，为准噶尔夷使进藏熬茶等项之用，从甘肃巡抚黄廷桂请也。②

3. 驻防哈密提督永常折奏酌办夷目贸易羊只事宜。

永常奏言：噶尔丹策零令巴布等至境报称，进藏熬茶，仍遣吹纳木喀等，于四月初旬起程前来。巴布等带有马羊求货，臣谕以今非贸易之年，与定例不符。该夷甚为悔惧，哀恳再三，求将疲乏不能驱回者变卖。臣查马虽疲乏，尚可行走，羊则擦掌乏弱者甚多。察其言辞恳切，而羊只实难以驱回。令马匹仍留卡外，止将羊二千余，与兵民交易。仍谕以嗣后非贸易之年，羊亦不许携带。巴布等欣喜叩谢，即日起身回巢。

奏入，报闻。③

4.（乾隆八年五月癸卯）侍郎玉保奏报熬茶使吹纳木喀、巴雅斯瑚朗等入境。④

5. 命办理夷使速行进藏。

上谕军机大臣等曰：据侍郎玉保所奏，噶尔丹策零此次遣使进藏熬茶，其词貌俱极恭顺，且请将所携货物先在东科尔贸易。朕之恩准夷使入藏者，因噶尔丹策零恳请为伊父修行善事，故特允之。前此来使，因贸易羁留，遂至过时，不能前进，半道空回。此次所携货物，并无羚羊角、绿葡萄等项，止系皮张，尚易于变易。著行文甘肃

---

① 《清高宗实录》卷185，乾隆八年二月丙午条。
② 《清高宗实录》卷187，乾隆八年三月乙亥条。
③ 《平定准噶尔方略前编》卷47，《清高宗实录》卷190，乾隆八年闰四月癸亥条。其中个别字句，方略与实录有异，此引文以方略为主。
④ 《平定准噶尔方略前编》卷47。

巡抚黄廷桂，令其即往西宁，将夷使交易之事，速行料理，俾得即日起程。若复迁延过时，不能入藏，将来又须另为办理。此次一切俱令宽裕施恩。筹办妥协，速竟其事。著玉保将朕加恩接济，并令即行进藏之故，晓谕夷使等知之。①

6. 夷使吹纳木喀等自哈丹和硕起程进藏。侍郎玉保等传旨，加赏口粮，换给驼马。②

7.（乾隆八年十二月甲寅）侍郎玉保等奏报夷使吹纳木喀等自藏起程还部。③

8. 准噶尔进藏夷使吹纳木喀遣图尔都等至京谢恩，表贡方物。④

9.（乾隆八年十二月甲子）夷使图尔都等至京，进表谢恩，并贡方物。

准噶尔台吉噶尔丹策零谨奏大皇帝。使臣吹纳木喀得从嘎斯路进藏，补给口粮，并准每年遣二三十人查阅托尔辉，又至肃州贸易人等，不论何时，一听其便，来京贸易者，若畏京城路远，即在甘州、凉州、兰州、西安等处贸易，皆蒙降旨允行，其为感戴懽悦，谨使图尔都等谢恩，恭请大皇帝万安。贡玉碗一只、马二匹、貂皮三十张。

奏入，报闻。⑤

上述内容，与准噶尔使者相关，似应入《使者档》内，然这一时期与准噶尔相关的档簿，除《使者档》外，另有《熬茶档》《准噶尔档》《北路军务档》等，所录档案各有侧重，上述内容则被录入《熬茶档》中。

《使者档》所收录者，基本限于各次进京使者从入境、进京、面圣、离京直至出境期间的相关的奏折、上谕、奏表、敕书、仪注、记注等，而对此外发生的事情，未被列入该档簿内。而未被记载的事件，却对下次接待来使以及清朝对准噶尔汗国之政策均有重要影响。如：乾隆十五年九月，清朝侦得准噶尔台吉策妄多尔济那木扎尔被杀、其兄喇嘛达尔扎即位之消息，《平定准噶尔方略前编》《清高宗实录》对此做详细记载如下：

准噶尔宰桑萨喇尔率所属来降，报准噶尔台吉策妄多尔济那木扎尔为其下所弑。

先是，沙喇克来降时，称策妄多尔济那木扎尔昏暴不理政事，日以杀狗为戏，其姊乌兰巴雅尔代管诸务，又为策妄多尔济那木扎尔所疑，送往回地羁禁等语。及顿多克等来降，又称策妄多尔济那木扎尔自知凶暴淫乱，惧众人谋害。可代伊立为台吉者，惟喇嘛达尔扎一人。欲托言至沙喇擘勒行围，将喇嘛达尔扎谋害。有台吉赛音伯勒克，与为首宰桑厄尔锥音、衮布、鄂勒吹鄂罗什瑚巴哈曼集、那木扎勒多尔济、博和尔岱，商谋乘策妄多尔济那木扎勒行围，即将伊擒住，另立喇嘛达尔扎为台吉。经小策零敦多布之子达什达瓦密告其谋，策妄多尔济那木扎尔聚兵，将厄尔锥音拿获。衮布等闻知，随即领兵将厄尔锥音夺回。复将策妄多尔济那木扎而擒住，矐其两目，并达什达瓦，俱送往阿克苏因禁，遂立喇嘛达尔扎为台吉等语。

至是，萨喇尔来降。据办理青海番夷事务副都统班第具奏，将萨喇尔送京。经军

---

① 《平定准噶尔方略前编》卷47，《清高宗实录》卷195，乾隆八年六月甲戌条。

② 《平定准噶尔方略前编》卷47，《清高宗实录》卷200，乾隆八年九月壬午条。

③ 《平定准噶尔方略前编》卷47。

④ 《清高宗实录》卷206，乾隆八年十二月甲子条。

⑤ 《平定准噶尔方略前编》卷47。

机大臣询问,据称策妄多尔济那木扎尔疑忌其姊夫赛音伯勒克。赛音伯勒克遂与宰桑厄尔锥音等同谋,将策妄多尔济那木扎尔杀害,立其兄喇嘛达尔扎。因我台吉达什达瓦,为策妄多尔济那木扎尔所信任,亦遂擒拿。又拘唤大策令敦多布之孙达瓦齐,达瓦齐不肯前往。喇嘛达尔扎以其人众地险,亦未敢相迫。至我台吉被拿后,又欲将我等户口,分赏各宰桑,是以我等来降等语。

军机大臣具奏:并请将萨喇尔等照例安插,赏给畜产等项,编设佐领,即令萨喇尔管理。

奏入,命安插于察哈尔,寻授萨喇尔为散秩大臣。①

此事在《使者档》中并无记载,但清朝得知准噶尔内乱,兄弟残杀,并由喇嘛继任台吉后,采取了防范其进一步与西藏联系等措施,并传谕不许将准噶尔新台吉按准噶尔人之称,呼为"喇嘛额尔德尼巴图鲁",而仍称其原名"喇嘛达尔扎",而使臣欲索要萨喇尔之请求,可以得以溯源。另有侦得达瓦齐夺取准噶尔汗位,又有准噶尔者前来的消息,乾隆皇帝立即发布上谕,《平定准噶尔方略前编》《清高宗实录》记之为:

上谕军机大臣曰:据尚书舒赫德、副将军成衮扎布等奏称,探得准噶尔达瓦齐,戕害喇嘛达尔扎,自立为台吉。现闻遣使前来请安,已密行知会西路军营等语。可即传谕永常、努三、尹继善、王进泰等,如夷使到哈密,一切事宜,并可照旧办理。其携来人数、货物牲只,亦必遵照立定章程。或有额外多带,即按数驳回,以示节制。其西路现在防范机宜,务宜加意缜密,不可稍露形迹,致使伊等得以窥测也。②

《使者档》对此虽无记载,但其实此上谕为接待该使团定了基调,即准噶尔汗位虽然旁落,但按定例允许该使团前来,并仍照以前方式接待。但随着得到之消息愈来愈准确,乾隆皇帝既有彻底武力解决准噶尔问题之意,虽然在接待这个准噶尔最后的使团过程中,仍以礼待之,但在接待和礼送该使团期间,已经秣马厉兵、调兵遣将,准备对准噶尔开战矣。

从上述对比可以看出,《使者档》虽内容详尽,但所记载的内容有限,因而若要了解时局,把握当时的历史脉络,还需依赖实录、方略等官书,这样无论是对研究该时期的历史,还是对翻译档案都有融会贯通的作用。

小　结

清自皇太极继汗位后,即令文馆纂修实录,入关后设实录馆专主修订和编纂各朝实录之事。实录满文称 yargiyan kooli,汉意为"确实的例、实在的例",即清人将实录视作例,故清代修实录并非修史,而是修"例"。各朝实录纂竣后,皆以满、蒙、汉三种文字精写,秘藏殿阁,以备后世查询祖例,处理军政事务,而并非是颁行之史书。今日学界认为修实录乃后朝为前朝修史立传之说,有待商榷。对《清实录》向有"实录不实"之说。其依据为康、乾之际对前三朝宗录多次修订,删改、隐讳诸多真相。另外臆断,编修实录所据材料曾由实录馆臣严格筛选,甚至曲解和篡改,故对官运斗

---

① 《平定准噶尔方略前编》卷52,《清高宗实录》卷373,乾隆十五年九月辛酉条。
② 《平定准噶尔方略前编》卷54,《清高宗实录》卷440,乾隆十八年六月丁酉条。

争、民族问题多相关重大历史事件，多粉饰掩盖、其目的系对先帝歌颂功德、粉饰太平。此说实乃对历代编修、修订实录目的之曲解，认为修实录系为前朝修史，故以修史之论评实录，在未核对实录所载与原始档案内容的情况下，妄言"实录不实"，且以之作传之作，影响日益。

清对重大政事、战事皆修书记其始末，谓之方略或纪略。自康熙二十六年设方略馆，委大学士或军机大臣为总裁，总领馆臣纂修，最后由皇帝审定，故冠以敕修、钦定。方略满文称 bodogon i bithe，直译为"谋略之书"，未尽方略之本意，而乾隆皇帝所言"夫示之义方之谓方，定之智略之谓略"，[①] 则最切方略本意。

实录馆、方略馆馆臣修书时，无疑要秉承实录、方略本意，从封建统治者立场出发取材。在修纂《平定准噶尔方略》时，乾隆帝降谕："从前办理准噶尔回部事宜，节次俱系清字谕旨。编纂方略时，所译汉文原不妨稍加词藻。至编辑清字方略，自有原奉谕旨可遵，不过节其繁冗，最为省便"，[②] 确定了取材方针，即对满文档案"节其繁冗"，而所译汉文可以"稍加词藻"，但不许偏离本意。通过以上比对，可以发现该《方略》所引用的满文档案，是遵照此方针实施的。我们从中或可窥见清代纂修官书的取材原则。

至于有人怀疑，馆臣等为迎合统治者，在编修方略、实录时有歪曲原始资料的问题，笔者在比对《使者档》与《平定准噶尔方略》《清高宗实录》内容的过程中，特别留意《平定准噶尔方略》《清高宗实录》在引用相关档案时，是否有对档案原文歪曲之处。经比对发现，《平定准噶尔方略》《清高宗实录》所引用的档案，与原文相比，节略之处颇多，但没有发现歪曲原文的情况。由此可以推定，方略馆、实录馆之馆臣，在利用档案编修实录、方略时，弃而不用或删节者颇多，曲解原文之处甚少，即在斟酌利用档案时是遵循可弃之、略之，而非曲而录之的原则，因而，清代馆臣在取材上是遵守史家之修史传统的，从这个角度来看，《平定准噶尔方略》《清高宗实录》堪称信史。

---

① 《清高宗实录》卷 1127，乾隆四十六年三月壬寅条。
② 《清高宗实录》卷 734，乾隆三十年四月辛亥条。

二、乾隆初年清朝接待准噶尔使者之礼仪初探

中国号称礼义之邦，自古注重各种礼仪。自周代以来，就制定出一套完备的礼仪制度，其中接待外藩、外国来使之礼仪，几经完善，一直延续到清后期，在西洋船坚炮利的威逼下方有所改变。中国的封建统治者，无论是汉族还是少数民族，皆以天下正统和天朝上国自居，对外国来使，首先要求其必须承认并尊奉其为"天朝上国"或"天下共主"，遵行体现宗藩关系的三跪九叩觐见之礼，方允许往来并商谈有关事宜，否则来使不予接待甚至被驱逐，乾隆、嘉庆年间英国马嘎尔尼、阿美士德两次来使，因觐见礼仪问题，导致出使失败，即为典型例证。

综合东亚各国或民族间的交往历史，可以看到因为觐见礼而导致出使失败的事例极为罕见，表明各民族、各国之间，都可以接受彼此的觐见之礼，而使彼此之使者可以频繁往来。值得注意的是中国历代君主在接待来使方面所体现出的正统与闰位、中华与外夷及"普天之下莫非王土，率土之滨莫非王臣"的思想，所以在接待使者过程中，处处体现出泱泱大国、礼仪之邦、天朝上国教化夷狄、怀柔抚远、皇恩浩荡之气势。往来于各国、各民族之间的使者，根据出使目的可分为朝贡使、谈判使、贸易使、递信使、熬茶使等，但在中国的官书中，皆将其称谓朝贡使，甚至在《明实录》中，将瓦剌往返商谈归还明英宗的使节，也称为朝贡使的无稽之谈，治史者在引用时应该对此类史料详细甄别。

清朝入关后，满族统治者很快摒弃了满洲人传统的觐见礼仪，而继承并完善了中国传统的接待使者的礼仪，并形成了一套接待外藩、属国使者的礼仪制度，其中在优礼使者、厚往薄来方面尤为完备。康雍年间，准噶尔巴图尔浑台吉、僧格、噶尔丹、策旺阿喇布坦等曾遣使到北京40余次，遣使目的不尽相同，主要为相互通好、要求贸易、避免征战、议和定边等，为简便起见，笔者根据相关资料，绘制出《〈使者档〉记载之前准噶尔部遣使来京一览表》，可以了解《使者档》记载前准噶尔汗国遣使清朝的基本情况。

无论是何目的之准噶尔汗国来使，清朝都是以礼相待的，但如何接待准噶尔使者及清朝接待准噶尔使者的礼仪等问题，在《清实录》及部分方略中，虽有一些记载，但过于零散和简略，而《使者档》所录有关接待使者的上谕、奏折、仪注、记注、咨文、呈文等，可谓清代接待使者的最完善的史料。兹以《使者档》为中心，对接待准噶尔使者的各类事宜进行综合研究，从中可以窥见清代对准噶尔汗国的政策变化及接待使者之礼仪等问题。另外，《使者档》中记载的清朝接待准噶尔使者之礼仪基本是沿袭前代的，因而根据《使者档》研究乾隆年间接待准噶尔使者的礼仪，亦可追溯前代接待使者之礼仪问题。

《使者档》记载之前准噶尔部遣使来京一览表①

来使时间	正使名称	遣使首领	来使事由	清朝态度	文献出处
崇德三年十月	墨尔根戴青	巴图尔浑台吉	献马匹	赏赐	《清太宗实录》卷44
崇德六年四月	诺垒	墨尔根戴青台吉	送拜山	赏赐	同上卷55
顺治三年三月	多尔济达赖	不详	贡马匹、骆驼	宴赍如例	《清世祖实录》卷25
顺治四年十一月	不详	巴图鲁诺颜	贡马匹、骆驼	宴赍如例	同上卷35
顺治七年三月	不详	鄂齐尔图台吉	奉表贡马匹	赏赍如例	同上卷48
顺治七年十一月	不详	巴图鲁贝勒	贡马匹、骆驼	宴赍如例	同上卷51
顺治九年十二月	不详	巴图鲁诺颜	进贡方物	宴赍如例	同上卷70
顺治十二年六月	不详	鄂齐尔图台吉	奉表贡马		同上卷92
顺治十二年	不详	鄂齐尔图台吉	遣使贡马	宴赍如例	同上卷95
顺治十三年正月	不详	巴图鲁台吉	贡貂皮、马匹	宴赍如例	同上卷97
顺治十四年五月	不详	巴图鲁台吉	以赐赙上表谢恩，贡珊瑚、数珠、白氆氇，并以西宁以东无驿站食物，使臣往来维艰为请	命理藩院议	同上卷109
顺治十六年十月	不详	鄂齐尔图台吉	贡马匹、骆驼	宴赍如例	同上卷125
康熙五年五月	不详	僧格	遣使进贡	赏赍如例	《清圣祖实录》卷19
康熙六年十一月	不详	僧格	遣使进贡	赏赍如例	同上卷24
康熙八年十二月	不详	僧格	遣使进贡	赏赍如例	同上卷31
康熙十一年正月	不详	噶尔丹	疏请"伊兄僧厄台吉在时，曾遣使进贡，今请亦准照常遣使进贡"	从其所请	同上卷38
康熙十一年十月	不详	噶尔丹	遣使进贡	赏赍如例	同上卷40

---

① 此表根据《清实录》相关记载绘制，并仅为至盛京、北京的使者。参考了张双智《清代朝觐制度研究》（学苑出版社2010年版）中的相关表格，并有增减。

来使时间	正使名称	遣使首领	来使事由	清朝态度	文献出处
康熙十三年三月	不详	噶尔丹	遣使进贡	赏赉如例	同上卷46
康熙十五年二月	不详	噶尔丹	遣使进贡	赏赉如例	同上卷59
康熙十六年五月	不详	噶尔丹	告灭鄂齐尔图汗，献所获弓矢等	仅收常贡之物	同上卷67
康熙十八年二月	不详	噶尔丹	遣使进贡	赏赉如例	同上卷79
康熙十八年九月	不详	噶尔丹	以获"博硕克图汗"号，奉贡入告	准其献纳	同上卷84
康熙十九年八月	不详	噶尔丹	遣使进贡	赏赉如例	同上卷91
康熙二十年十月	不详	噶尔丹	遣使进贡	赏赉如例	同上卷98
康熙二十一年八月	不详	噶尔丹	遣使进贡	赏赉如例	同上卷104
康熙二十二年三月	不详	噶尔丹	遣使进贡	赏赉如例	同上卷108
康熙二十二年七月	额尔克格隆	噶尔丹	谈朝贡及喀尔喀事宜	赏赉如例	同上卷111
康熙二十三年九月	古尔班拜	噶尔丹	携三千人朝贡贸易	赏赉如例	同上卷116
康熙二十五年九月	不详	噶尔丹	遣使进贡	赏赉如例	同上卷127
康熙二十六年九月	陶赖哈什哈	噶尔丹	遣使进贡	赐敕书、令罢兵	同上卷131、卷136
康熙二十七年九月	不详	噶尔丹	遣使进贡、乞正常贸易	遣使往谕、准其贸易	同上卷137
康熙二十九年十二月	不详	噶尔丹	疏言"自喀尔喀变乱、贸易不行，请赐白金，以育众庶"	赐白金千两	同上卷149
康熙三十年二月	达尔汉囊素	策旺阿喇布坦	奏与噶尔丹交恶始末	厚加赏赐	同上卷150
康熙三十一年九月	额尔德尼绰尔济	噶尔丹	遣使陈奏迟留之处	责杀害马迪之罪	同上卷156

续表

来使时间	正使名称	遣使首领	来使事由	清朝态度	文献出处
康熙三十二年二月	沙克海喇图	策旺阿喇布坦	密奏噶尔丹事	深嘉之、赐御用彩缎	同上卷158
康熙三十三年五月	纳木喀喇克巴喇	噶尔丹	率二千余人请安进贡	著止于归化城	同上卷163
康熙三十四年二月	西兰和卓	噶尔丹	请安入贡、陈请将喀尔喀部发回故土	遣回尔使，不许入边，用勿遣使贸易	同上卷166
康熙三十四年七月	梅寨桑、布拉特和卓	噶尔丹	请安、贸易	敕谕指责	同上卷167
康熙三十五年二月	囊素	策旺阿喇布坦	奏噶尔丹事，乞还回众归己	遣使加恩	同上卷171
康熙三十六年三月	喇木扎卜	噶尔丹	乞发还归降属下	若不降，必发兵追讨	同上卷181
康熙三十六年五月	不详	策旺阿喇布坦	遣使进贡	赏赉如例	同上卷183
康熙四十年七月	不详	策旺阿喇布坦	遣使解噶尔丹之女钟齐海至京	不详	同上卷205
雍正元年正月	吹纳木喀	策旺阿喇布坦	"议和"	传谕令诚心请罪	《清世宗实录》卷3
雍正元年十一月	根顿	策旺阿喇布坦	"议和"	甚为嘉之、赐宴	同上卷13、卷15
雍正三年三月	博洛胡尔哈	策旺阿喇布坦	议定疆界	照其所请	同上卷31
雍正五年十二月	特磊	噶尔丹策零	奏父病故，请赴藏熬茶	遵旨将罗卜藏丹津送来	同上卷64

1. 迎送使者

在乾隆朝以前，西北蒙古地区前往北京或北京派往西北蒙古地区的使者，基本是出张家口至呼和浩特，进入草原后自己解决食宿，由向导引领经喀尔喀至巴里坤出境，再前往所至地点，这条线路称为北路，距离较近，且可随行随牧，适合携带大量牲畜的商队行走。在乾隆初年，为了防止准噶尔使团滋扰地方、刺探消息，禁止准噶尔使者行走北路，规定其往返必须走南路，即从哈密入境，入嘉峪关后，奔肃州、宁夏、大同前往北京，归途亦然，沿途可利用驿站，由清朝解决各地所有食宿及畜力，虽然路途稍远，但比较安全舒适。

乾隆三年正月至京的达什、博济尔使团，是随清朝的使者从北路前来的，为了迎接该使团，清朝需"沿途轮派官四员、兵丁六十名随护。俟骑驮马驼至张家口，已奏准交付总管久霍托，相应俟使臣等至张家口，前来京城之时，俟伴送来京之章京等，仍准乘驿，驿马如若不敷，可将附近马匹酌情调用。携至其货物时，交付口北道员咨文，雇车运至，所用银两报部。咨文直隶总督，将自张家口至京城，沿途如何轮派绿旗官四员、兵丁六十名护送之处，视伴送前来章京等之吩咐遵行。使臣等行经地方墩台汛地之兵丁，须整治齐整之处，由直隶总督仍照旧例转饬地方官员，咨文备办。① 从中可以得知，使者走北路，清朝需轮流派 4 名官员、60 名绿营兵护送，到张家口后要为其备换马匹、骆驼，将使者之马匹、骆驼在口外牧放，似返回时换回。使者等由此乘驿马前往，驿马不足，便调用附近马匹，而其所携商品等，则交付口北道雇车运至京城，车价报户部报销；直隶总督转饬沿途地方官员整治墩台、汛地兵丁，并备好护送官员即绿旗兵丁，听候伴送使者之官员吩咐。虽然方便了使者，但给清朝带来沉重负担，且在草原行走，随行随牧，难免与喀尔喀及漠南牧民接触，日久必有摩擦之嫌，且为防止准噶尔沿途打探消息，清朝规定准噶尔使团及贸易商队，不准走北路，必须走南路。噶尔丹策零在奏表中曾多次恳请允许其商队、使团行走北路，但均被清朝回绝。

在策旺阿喇布坦时期，其所派使者既开始行走南路，噶尔丹策零即位后，其所派使团也以走南路为主。走南路虽然绕行，但对清朝而言却省却了很多麻烦和糜费。

走南路的使者到哈密后，与安西提督等官员接洽，商谈前往北京事宜。安西提督驰驿将使团人数、正副使臣、所携方物、货物数量及奏表主要内容等奏报，同时特派郎中、员外郎、主事级官员各一名，携一名笔帖式、数名通事兵，带领使团前往肃州、北京。沿途轮流由各地汛地出数名绿营兵护送。

使团到肃州后，将所携牲畜等主要货物留下，并留部分所带跟役于肃州贸易，跟役等待使臣等从北京返回肃州后，一起返回。陪伴官员将使团于肃州贸易之事，交付肃州地方官员照管，旋即带使者等前往北京。

陪伴官员及笔帖式等除照顾使者住宿、饮食，保护好使者所携物品外，还要随时奏报使者行程、言语、抵京日期等项。直至将使者平安伴送至京城，交与钦命之陪同大臣或照看官员，其护送使者来京之使命完成。

使者等返回时，若无特殊情况，仍由伴送前来之官员、笔帖式、通事兵等护送使臣等沿原路返回。清朝对伴送官员、笔帖式及护送通事等均按例赏赐，但每次需由军机处奏请后发放，在《使者档》中保留了许多依例赏赐陪伴官员的奏折，如有关吹纳木喀前两次前来的伴送官员的赏赐，即有"去年，吹纳木喀等返回时，曾赏派往伴送郎中阿拉布坦银二百两。此次，护送吹纳木喀等前来之员外郎僧保、笔帖式萨音查克，仍派往伴送吹纳木喀等返回，相应赏员外郎僧保银二百两、笔帖式萨音查克银一百两"② 之记载，可知对陪伴官员赏银 200 两、笔帖式 100 两。检索历次赏赐皆此标准。

① 乾隆二年十二月二十四日《军机大臣鄂尔泰等奏请备办使臣等由张家口至京事宜折》。
② 乾隆元年二月初七日《和硕庄亲王允禄等奏请依例赏赐伴送官员银两片》。

但对通事的赏赐稍有变化，雍正十三年闰四月奏请赏赐通事兵的奏片为："准噶尔使臣吹纳木喀等自肃州起程来京时，由刘于义处派三名绿旗兵，作为通事随之而来。吹纳木喀等返回时，彼等将随使臣等返回肃州。相应拟恩赏此三名兵丁每人凉帽一顶、绸衣一套、银五十两遣往。"① 即当时除赏银 50 两外，另赏衣帽。而此后对通事兵仅赏银50 两。② 这些赏赐物品及银两，"亦依前例，自广储司支取赏予"，③ 可知赏赐物品均出自内务府广储司，即皇家内帑，而非国库。

在往返伴送使臣过程中，一旦出现特殊情况，伴送官员要迅速奏报，并随机处理，如若有使臣、跟役等生病，要迅速奏报并延医诊治。而出现使臣或跟役出痘时，必须将出痘者与其他成员隔离，一般由伴送官员陪伴使臣等先行，而伴送之笔帖式则负责照顾生病人员。若有病故者，则按使臣要求处理后事，并详细奏报于军机处。另外，遇有紧急情况需使臣先行时，则由伴送官员陪使臣前往，笔帖式留后缓行，照顾进献之马匹和货物等。

总之，综合历次行走南路的来使往返情况来看，所有伴送官员等兢兢业业，对使臣等悉心照顾，在往返的伴送过程中，没有出现任何问题，而令使臣等非常满意。因此，行走南路虽然绕远，但除此之外，利大于弊。

2. 接待礼仪

接到准噶尔来使入边并前往北京的消息后，军机处即奏请安排此次来使之接待事宜，包括安排使者食宿、请旨钦定陪同大臣和列班大臣及照看使者之章京、进呈奏表方物仪注、朝觐仪注、筵宴仪注、使者礼佛事宜、赏赐事宜、辞行仪注等，事无巨细，均缮折片请旨，由乾隆皇帝钦定，足见清朝对准噶尔问题之重视，亦可窥知清代皇权集中之政体下机构运转情况以及清代各民族官员政务分工等问题。

每次准噶尔使者进京前，军机处均请旨钦定接待本次使团之照看官员，陪同大臣及议事大臣等。

A. 照看官员

接待每个使团，先钦定照看官员。其任务是负责使团在京期间的一切繁杂事务，包括前往清河迎接、引领使臣进京、照顾使团成员饮食起居、带领使团前往觐见、筵宴、辞行场所等，若使团成员生病，则由照看官员汇报奏请派御医诊治。这些照看使团的官员，虽然级别不高，但均由军机大臣奏请，由皇帝钦定。如接待乾隆三年进京之达什使团时，军机处奏请：

伏查，先前准噶尔使臣等至，曾派内务府郎中桑格、理藩院郎中阿拉布坦、员外郎达桑阿照看。今达桑阿病故，阿拉布坦奉差在外，故此次拟俟准噶尔使臣达什等至，仍派总管内府六库郎中桑格，及另派理藩院员外郎黑塞、扎什照看。④

照看乾隆十一年哈柳使团的官员为：

---

① 雍正十三年闰四月初九日《军机大臣鄂尔泰等奏请赏赐三名通事衣帽等项片》。
② 详见乾隆七年十一月二十七日《军机大臣鄂尔泰等奏请赏赐伴送使臣章京等银两片》；乾隆十一年三月十九日《军机大臣讷亲等奏请赏赐伴送使臣返回官员银两片》等。
③ 乾隆十六年三月二十二日《大学士来保奏闻使臣还京及备办所需赏赐物品之项折》。
④ 乾隆二年十二月初六日《军机大臣鄂尔泰等奏请指派照看使臣等之官员片》。

照看使臣等，拟派内护军统领庆纳，及派往迎接使臣之理藩院员外郎甘布、伴送使臣前来郎中伯达。①

乾隆十五年三月照看尼玛使团的官员为：

照看使臣等，拟派理藩院主事伊兴阿、伴送使臣前来之主事诺木浑。庆恩现在静宜园工程处，不得空闲，此缺拟派堂郎中觉世奇。②

由上述资料可知，钦定照看使臣之官员均由内务府、理藩院的堂郎中、郎中、员外中选任，后几次偶派主事司其职，但为首者仍为郎中。分别由理藩院出两名、总管内务府出一名。多数从在京官员内选用，偶有复派自哈密伴送前来之官员担任者，如乾隆十一年之伯达色、乾隆十五年之诺木浑，乃因其沿途出色陪伴使臣，或因精通语言之故，到京后仍令其担任照看官员。而伯达色、诺木浑，分别为理藩院驻哈密办理回众事务员外郎和主事，属于理藩院的官员。接待使者费用，一般出自总管内务府，由一名内务府郎中负责照看使团，可在饮食起居各方面均利于操办。而所选的两名理藩院官员，虽然难以考证其是否是蒙古人，但其精通蒙古语和满语乃为必备之条件，其除照顾使团成员起居之任务外，另有监视职能，要随时禀报使者之言行。

B. 陪同议事大臣

陪同大臣、议事大臣级别较高，一般由尚书、侍郎担任，职责是负责此次使团的总体接待事宜，另要陪同、引领使臣觐见、筵宴、礼佛、辞行并商谈使臣所奏请之事等，对使团所有问题及谈判情况、使者言行等均需随时具奏，其中必须有精通蒙古语之大臣。

每次使者进京前，军机处都要奏请钦定陪同、议事大臣，如乾隆十一年三月哈柳使团到北京前，军机处具奏：

前年与使臣图尔都议事时，曾钦差尚书海望、班第、那延泰，侍郎阿克敦；派内务府官员一名、理藩院官员二名照看；派尚书海望、那延泰总理照料事宜。去年与使臣哈柳议事时，因尚书那延泰患病，曾钦差侍郎玉保，并增派尚书班第总理照料事宜。今与前来之使臣哈柳等议事时，拟仍派海望、班第、那延泰、阿克敦。……总理照料，拟仍派海望、那延泰。③

乾隆十二年哈柳使团进京前，军机处奏请：

本年三月，为与使臣哈柳等议事，曾钦派尚书海望、班第、那延泰、阿克敦。为照料事，派内务府官员一名、理藩院官员二名。总其责者，派有尚书海望、那延泰。与此次之来使玛木特等议事，拟仍派海望、班第、那延泰、阿克敦。照看使臣，拟派内务府堂郎中庆纳、理藩院主事伊兴阿、伴送使臣前来之主事尚图。总其责者，拟仍派海望、那延泰。④

乾隆十五年尼玛使团到来前，军机大臣傅恒等奏请：

① 乾隆十一年二月十五日《军机大臣讷亲等奏请指派议事大臣等片》。
② 乾隆十五年二月十五日《军机大臣傅恒等奏请指派议事大臣及陪同官员片》。
③ 乾隆十一年二月十五日《军机大臣讷亲等奏请指派议事大臣等片》。
④ 乾隆十一年十二月初九日《军机大臣讷亲等奏请指派与使臣议事并照看大臣官员片》。

先前与准噶尔使臣议事时，曾派阿克敦、海望、那延泰、班第。乾隆十年与使臣哈柳等议事时，曾派玉保替补那延泰缺。前年与使臣淹集等议事时，曾派兆惠替补班第缺。照看使臣等，曾派总管内务府堂郎中庆恩、理藩院主事伊兴阿及伴送使臣等前来之章京。总理照看者，因海望、那延泰外出，曾派阿克敦、兆惠。兹与此次前来之使尼玛等议事，除仍派阿克敦、海望、那延泰外，玉保会说蒙古语，现亦在家，相应仍派玉保。……总理照管者，仍派海望、那延泰。①

以上3分奏片所涉及的海望、那延泰、班第、阿克敦及玉保、兆惠，当时均为尚书、侍郎级大员，其中海望为户部尚书、那延泰为理藩院尚书、班第为兵部尚书、阿克敦为刑部尚书、玉保为理藩院侍郎、兆惠为刑部侍郎，可见当时主要由理藩院、兵部、户部、刑部等满蒙官员陪同使者并参与和使者的谈判。另外，还需从陪同议事大臣中选出两名总其责者，基本由理藩院尚书和兵部、户部尚书担任。而选派出的陪同、议事大臣中，为交流方便，必须有精通蒙古语的蒙古官员，那延泰、玉保等即是。乾隆十三年准备接待淹集使团时，因那延泰出差，议事大臣中无能说蒙古语者，军机处奏请："约计那延泰抵达之日期，在使臣等抵达京城之前，尚不能到达。请准咨文那延泰，将其应办事项，从速完结，计使臣等抵达京城之期，于三月底返回京城。"② 足见当时必须配备能说蒙古语之大臣。那延泰一直被钦定为陪同大臣，与其为理藩院侍郎、尚书，且能说蒙古语有关。

另外，在使者觐见、辞行之时，由钦定陪同大臣引领入宫，故陪同、议事大臣不在入班大臣之列。

C. 入班大臣

接待外国使者属于重大国事，既要显示本朝礼仪，又要体现皇帝威严，故在接待使者的重大活动中，如觐见、筵宴、辞行、颁敕等活动，均有规定之仪注，其中钦定入班大臣，在使者觐见、筵宴、辞行时分两翼列班，即其中内容之一。

《使者档》中存录了一份雍正十三年使臣等朝觐日入班诸大臣的职务名单，兹援引如下：

左翼：大学士尹泰、都统色尔毕、都统鄂善、都统宗室色博、都统佛彪、协办大学士尚书班第、散秩大臣超武公岱屯、护军统领阿琳、都统奇勒萨、署理都统印务护军统领哲尔津、署理都统印务满洲八旗都统原品扎勒泰、散秩大臣包德、左都御史福敏、署理都统印务尚书高奇、署理都统印务副都统扁图、署理护军统领印务副都统宗室色布肯、副都统六格、副都统迈鲁、左侍郎宗室普泰、右侍郎托时、副都统卦木保、副都统李岳察、副都统布颜图。

右翼：协办大学士事务尚书三泰、散秩大臣宗室曾升、都统李希、都统尚书僧格、都统宗室章格、都统佟祥文、委领侍卫内大臣散秩大臣内务府大臣常明、署理都统印务尚书宪德、护军统领济兰泰、散秩大臣伯伍弥泰、散秩大臣奉恩辅国公格图肯、都统甘国弼、护军统领满泰、散秩大臣施勇、前锋统领叶楚、署理护军统领印务副都统

① 乾隆十五年二月十五日《军机大臣傅恒等奏请指派议事大臣及陪同官员片》。
② 乾隆十三年二月二十四日《军机大臣傅恒等奏请指派与准噶尔使臣议事大臣片》。

阿兰泰、副都统觉罗苏尔泰、副都统色勒登、副都统苏弼礼、副都统吉昌、副都统田存德、副都统于勇世、副都统杜依克、进茶散秩大臣伯玛哈达。

引导大臣：领侍卫内大臣公丰盛额、散秩大臣公纳木图、委散秩大臣沙津、委散秩大臣乌尔图纳苏图、御前头等侍卫策楞、散秩大臣公国舅伯奇、散秩大臣公马显、散秩大臣公噶尔萨、散秩大臣侯武格、头等侍卫傅拉纳。

随扈大臣：领侍卫内大臣哈达、署理护军统领印务头等侍卫乌勒德。①

从此份职名单中可以看到，入班大臣分为左右翼列班大臣、前引大臣、后扈大臣三类，其中左右翼各 23 名、共 46 名，前引大臣 10 名、后扈大臣 2 名，计 58 名，全部为八旗满洲、八旗蒙古之大学士、领侍卫内大臣、尚书、左都御史、侍郎、都统、协办大学士、副都统、护军统领、头等侍卫及散秩大臣等。以后，除在行宫接待使者，因特殊原因而减少入班大臣外，在京接待准噶尔来使时，其入班大臣均保持此规格。若有前次入班大臣因病或出差不能参加者，军机处等要奏请钦定增补入班大臣。如乾隆元年正月为使者觐见时，入班大臣不足而奏请钦定增补入班大臣，所奏为：

总理事务和硕庄亲王臣允禄等谨奏。

查得，先前准噶尔使臣吹纳木喀等抵达，令其入觐圣明时，会议边界事宜之诸大臣及派委陪同使臣之诸大臣，均未入班。前引、后扈之大臣等，亦皆另行就座，故入班大臣仅为二十余人，因人数过少，自尚书、侍郎、副都统等内抽出二十二人，共四十六人入班就座。此次令吹纳木喀等瞻仰圣明，拟仍照前例，毋令会议边界事宜之诸大臣及派委陪同使臣之诸大臣入班。今入班大臣内，除前引、后扈、献茶及另赴公差、因事耽搁者之外，两翼可入班者，仅剩三十余位大臣。是故，其未列入班之尚书、侍郎、副都统内，除左都御使福敏患腿疾，侍郎徐元梦年事已高，未将其名列入外，谨缮诸大臣之职名，恭呈御览。拟俟圣上钦定，匀为两翼，列班就座。

等因。乾隆元年正月十三日奏入，奉旨：著派三泰、来保、僧格、普泰、阿山、托时、申珠浑、穆赫廉、德沛、希德慎、柏修、色布金、色度、德敏、扎穆苏、策楞、柴寿、海兰、纪山、塞尔登、苏巴里、赫义、和兴、马什塔、秀库、法珠纳、吉昌、巴什、阿尔泰、巴勒岱、索拜、官保、鄂齐尔、桑格、托保、保玉、六格、布颜图、阿那布。钦此。②

乾隆十五年正月为筵宴使臣尼玛等，特奏请钦定增加原来未曾入班大臣列班：

大学士·领侍卫内大臣·忠勇公臣傅恒等谨奏。

查得，先前准噶尔使臣抵达，瞻觐圣明及筵宴之时，因入班大臣少，曾由臣处呈览满洲大学士、尚书、侍郎、内阁学士、副都统等之职名，酌情派出，增添入班。兹筵宴使臣尼玛等，仍照前例，将未入班满洲大学士、尚书、侍郎、内阁学士、满洲、蒙古副都统及前次增派入班大臣等之职名，一并缮于绿头牌，恭呈御览。俟上酌情派出后，匀入两翼入班就座。

---

① 雍正十三年四月二十日《准噶尔使臣朝觐时入班大臣名单》。
② 乾隆元年正月十三日《和硕庄亲王允禄等奏请钦定入班大臣名单片》。

等因，乾隆十五年正月初八日奏入，奉旨：著仍派原先所派乌凌阿、雅尔图、三和、德龄、雅尔胡达、何绷额、雅图、苏呼吉、明安、乌雅图、明图、瑚弼图、车凌、舒昌、博庆额、固纯、尚坚保。增派德通、杰福、通宁、舒山、嵩寿、官保、兆惠、马灵阿、乌拜、什臣、沙图、鄂托、四十六、普庆、乌赖、图喇、众佛保、鄂弥达、法畴、弘赢。①

以上原有或增补之入班大臣均为满蒙尚书、侍郎及满洲或蒙古都统、副都统等，可见接待准噶尔使者，亦只准满蒙大臣参与。

D. 接取奏书

清代接待至京准噶尔使臣时，于准噶尔使臣抵清河之日，即派照看官员或陪同大臣往迎，照看赏予饭食，并告知翌日进京呈献奏表及方物之仪式。而在京之相关部门，均做好迎接准备。需要参与的部门有理藩院、兵部、户部、工部、光禄寺、顺天府及总管内务府之上驷院、茶膳房等，若皇帝在圆明园，使者至圆明园觐见时，圆明园营总处亦要警备。

第二天，由陪同大臣和照看官员带领使团进城，"使臣等抵达之日，所经门、街道，堆拨兵丁，须管带齐整之处，交付护军统领、步军统领等办理。使臣等进入时，由派往迎接之章京引入东华门，至箭亭前，由所派大臣等会同理藩院大臣等，接取其奏书及进献之礼物，译出恭呈御览外，令使臣憩于上驷院房中，赏食饭食后，带至其住处下榻"②。即将使臣等带入东华门，于箭亭前望阙叩首，跪呈奏表，并宣称"我等奉××台吉之命前来出使，我台吉××给大皇帝请安"，如乾隆七年十一月，"准噶尔使臣吹纳木喀等，至箭亭前跪地，进呈噶尔丹策零之奏书及进献带把玉碗及貂皮三十张。跪地告称，我等之台吉噶尔丹策零请大皇帝安，另选本地马两匹，带至进献大皇帝。"③此乃使臣呈献奏表时之必备程序，旋由陪同大臣接取奏表及方物，礼成。随后将使团成员带至上驷院宴请后，引使者等到下榻之处，进城呈献、接取奏表和方物仪式方告结束。

《使者档》中所载历次来使，呈献奏表、方物都按此礼仪进行，除雍正十三年在圆明园前接取奏表、方物外，乾隆年间接取奏书的地点均在箭亭，即使皇帝在圆明园、苏州行在、热河行宫等地，使者觐见地点不在紫禁城，但准噶尔使者亦必须遵守此程序，在箭亭进行呈献奏表仪式。

乾隆十六年正月，乾隆皇帝南巡，喇嘛达尔扎所派使者额尔钦等前来，恐准噶尔使臣因皇帝不在北京，不按此仪式进献奏表，特于南巡路上降旨，由军机大臣傅恒字寄在京军机大臣，密授机宜，曰：

以前准噶尔使臣每次前来，于射亭前呈献奏表时，惟言前来出使之语，方跪而呈献。此次或彼等借朕起程之故不跪，抑或言暂时不可呈献，于此务必提前言明才好。先前准噶尔使臣抵清河之日，派陪同官员往迎，照看赏予饭食，次日领进呈献奏表后，

① 乾隆十五年正月初八日《军机大臣傅恒等奏请指派入班大臣片》。

② 乾隆十一年三月初四日《军机大臣讷亲等奏请备办使臣抵京当日接取奏书等事片》；乾隆十五年正月初六日《军机大臣傅恒等奏请备办使臣抵京当日接取奏书等事项片》等。

③ 乾隆七年十一月十七日《尚书海望等奏报使臣进呈奏书及方物片》。

于上驷院赏食恩饭，再送至住处。将此字寄大学士来保，使臣抵清河之日，著差侍郎玉保迎陪，应备诸项食品皆照前例预备，照看赏用。交付玉保尽心宣示彼等，告知我皇上起程南巡，降旨我理事王大臣，准噶尔使臣抵达后，迎接照看赏食、呈献奏表、筵宴等处皆照前例办理，令彼等歇息数日，再追赶至朕之行宫瞻觐等语，故理事王大臣特意差我前来迎接尔等。彼等若问大皇帝起程，奏书呈献于谁、谁照看筵宴我等等语，玉保即明白晓谕，明日照前例将尔等带至箭亭前，呈献尔所携奏表，望阙叩首后跪呈，即如呈献我皇上一般。我大臣呈接后，由驿站转奏。再吾皇帝若在宫中，则筵宴尔等。今已起程，理应不筵宴尔等。吾皇帝因悯恤尔等乃外藩之远来人，特施至恩，派王大臣照看筵宴尔等，即如皇上筵宴无二。呈献尔台吉之奏表，享用恩宴后，我等即刻起程，赶往皇帝之行在，瞻觐圣颜。窃思瞻觐之后，于彼处又筵宴尔等也，尔之事宜迅速完结，即可返回等语，断勿令其疑惑。接取伊台吉之奏表后，若正值本报起递之日，则随本报咨奏。若非本报起递之日，勿等本报，立即由驿站咨奏。于此，玉保亲自前去迎接彼等，想必彼等说此等言语，尽力开导晓示。对于彼等如何言语、如何行动、伊处情形如何等处略微问及，视彼等所告，详细尽心缮折，与准噶尔奏表一道咨奏。钦此。[①]

其内容乃恐准噶尔使臣不遵守清朝接取外国使臣呈献奏表仪注，而告知陪同大臣等如何晓谕使臣，使其不违反清朝接待使臣礼仪，顺利按仪注于箭亭完成呈献、接取奏表、方物之仪式而已。此仪式为使臣来使进京的首个仪式，其意义非凡，故乾隆皇帝降此御旨，绝非小题大做也。

E. 觐见礼仪

使者进京，最主要的礼仪就是觐见之礼，清代继承明朝觐见礼仪，制定了完备的觐见礼仪。觐见礼仪最突出的仪式，就是要体现出清朝乃"天朝上国""天下共主"，对使臣的优待和"厚往薄来"的赏赐政策，其目的即以此吸引诸国遣使来朝，达到其"万国来朝"之理想。外国使臣前来，属于代其国主向清朝皇帝请安纳贡，因此必须遵照清朝觐见礼仪朝觐，反之，则不予接待甚至驱逐来使，乾隆、嘉庆年间英国马戛尔尼、阿美士德两次来使，皆因觐见礼仪问题而功亏一篑，甚至对以后两国关系产生巨大影响。

另外，清朝自认为是天下共主，故对外遣使则设法在礼仪方面有所区别，即不行三跪九叩之礼，而是行二跪六叩等觐见亲王礼仪。清代使臣出使朝鲜、琉球等藩属国，均行二跪六叩之礼，以体现宗藩关系。对非藩属国，也尽量行此礼，方被视为得体，雍正年间遣使到莫斯科，对沙皇行二跪六叩之礼，清朝上下均沾沾自喜，即为典型例证。

在入关之前，因朝鲜、蒙古等地使者每年到沈阳，当时便有了一些简单的觐见之礼仪。入关后，结合中原传统的朝觐之礼，而形成了一套完备的觐见礼仪。《使者档》中详细地收录了每次来使之觐见礼仪，此记载较嘉庆《大清会典》所载觐见礼仪详

---

① 乾隆十六年正月二十二日《军机大臣傅恒为接取奏表仪注等事字寄大学士来保》。

细，① 如雍正十三年准噶尔吹纳木喀等于正大光明殿觐见时，其礼仪为：

令聚集之大臣等提前入殿预备，令乾清门侍卫等排列于宝座两侧，豹尾班侍卫等排列于台阶下，台阶两侧令侍卫等排列，正门两侧，令侍卫等排列。其在外值守之护军等，排列整齐之处，交付领侍卫内大臣等预先备办。晨起，令使臣等憩于吏部房中，俟至赏食克食之时，由西侧侧门引至厢房预备。皇上升座后，由侍郎那延泰、班第、副都统多尔济，奏蒙古事侍卫等引入使臣等，空出殿前阶下中央，行三跪九叩礼觐见。礼毕，由西侧隔扇门引入使臣吹纳木喀、诺惠尼，于右侧前排就座诸大臣后跪叩，留出间隙入座。其随行厄鲁特等，皆令坐于隔扇外之右侧。皇上用茶时，令随大臣等跪叩，赏茶时，令其叩谢而饮。降旨时侧跪地聆听。礼毕，仍由西侧隔扇门引退，送至住处。聚集之大臣、侍卫等，皆着常服。②

此为《使者档》收录较早的觐见礼仪，而以后的记载更为详尽，如乾隆四年十二月准噶尔使臣哈柳觐见时，其过程为：

届时，聚集之大臣等各带坐褥入乾清宫，列班预备，前面就座十位大臣，仍行入座，后厢二位大臣侍立。御前侍卫等立于宝座附近，豹尾班侍卫列于宝座两旁，乾清门侍卫等列于豹尾班侍卫之后。月台两侧，每翼排立侍卫二十名；乾清门两侧，各立值班章京一员，侍卫二十名；阶下两翼，各列侍卫二十名，照门立侍卫二十名。再，凡使臣经过之门，增派章京、护军等排列齐整之处，交付前锋统领、护军统领办理。令派往照看之章京等，率使臣等由西华门、西侧门进入，引至照门赏食饭食。俟圣上升乾清宫宝座，由尚书那延泰、侍郎勒尔森及奏蒙古事侍卫等，引使臣入乾清门西侧门，由西侧拾阶而上，空出丹墀中央，令使臣哈柳、松阿岱、巴颜及随行厄鲁特等列队，行三跪九叩礼。礼毕，引使臣等由乾清宫西侧隔扇进入，于右侧前排大臣等之后跪叩一次，留出空隙而坐。其随行而来之厄鲁特等，令坐于隔扇外右侧台阶上。皇上用茶时，令随大臣等跪叩，赐茶时，令其跪叩饮之。降旨时，跪地聆听。事毕，仍由西侧隔扇引退，行经照门，出西华门，送至住处。聚集之大臣、侍卫等，仍着常服。③

两者相较，并无本质区别，不过是后者在对入班大臣、各处侍卫、使臣进宫路线、使团成员行礼等方面记注更详细而已。但通过后者可以更准确的得知使臣觐见时清朝之仪仗等情况。

另外，《使者档》记载准噶尔来使中，有三次觐见地点不在宫中，因接见之处面积所限，或因随行大臣、侍卫人数不足，均做部分调整。其中乾隆十一年十二月使臣玛木特等于雍和宫大和斋觐见的仪注为：

兹令使臣玛木特等，于雍和宫大和斋瞻觐，相应由陪同章京等，于二十四日凌晨引领使臣玛木特等至雍和宫准备。圣上驾临，令使臣等于清宁门外随我大臣官员等跪迎。圣驾入，将使臣等安置于达喇嘛房内，赏以饭食。殿内令豹尾班侍卫站立，难以

---

① 嘉庆《大清会典》卷 31《礼部·主客清吏司》。

② 雍正十三年四月二十四《军机大臣鄂尔泰奏报所拟准噶尔来使觐见仪注折》。

③ 乾隆四年十二月十八《军机大臣鄂尔泰等奏闻使臣哈柳等瞻觐圣明仪注折》。

容纳，可斜立于廊下；其御前侍卫，计其容纳，立于宝座两旁，其余立于豹尾班地方。使臣等进入所经所有道路，皆带侍卫等站立。届时，先令入班大臣等进，将使臣等带至东书院门外站立，俟降旨传召，由尚书班第、那延泰、侍郎玉保、奏蒙古事侍卫引入，以初见礼，于殿前月台行三跪九叩礼。礼毕，自西侧引入，随右侧就座首排大臣，令为首使臣玛木特，副使巴图蒙克、杜喇勒哈什哈跪叩一次后，留空隙而坐。其随行而来之厄鲁特等，令坐月台西侧。皇上用茶时，令随大臣等跪叩，赐茶时，令其跪叩饮之。降旨时，跪地聆听。事毕引出，带至其原坐地方暂候。跳步扎时，圣上所坐黄幄，搭于天王殿前东侧，准备宝座。呼图克图所坐矮床，照前朝西放置。时近，令我诸大臣官员及诵经喇嘛等预先进入，排列整齐后，令使臣等进入，立大臣之末准备。圣上驾临，随众跪叩。圣上升座后，跪叩一次，而后准令入座，其随行而来之厄鲁特等，随后列坐。跳毕步扎，赏茶饮时，因聚集人多，逐一分放则需时过长，相应惟于前排就座两列分放。事毕，引使臣出，暂至原坐房内等候，俟皇上还宫，再带回其住处。其余喇嘛等，俟皇上回还，臣等再照料饮茶。其带使臣等至前后殿礼佛之处，俟确定圣驾御临之时辰，如若得当，则先行叩拜，如所不及，则俟皇上还宫，赏彼等以饭食，遣散众人后，再行叩拜。是日，聚集之大臣官员皆着补褂、蟒袍。使臣等行经之街道、门口、堆拔等，均派官兵排列整齐，及于雍和宫一带巡管之处，拟交付步军统领、护军统领等。[①]

此次于雍和宫觐见，实际有两项内容，其一是使者觐见，一切按觐见礼进行。不过由于场地狭窄，而减少仪仗侍卫、入班大臣数而已，而一切礼仪均遵照在正大光明殿瞻觐之礼进行。另一项内容则是带领使臣礼佛。

另有两次在京外觐见时，因随行大臣侍卫数有限，所以侍卫仪仗有所减少，而对入班大臣亦做调整。其中乾隆十六年喇嘛达尔扎所遣额尔钦等在苏州觐见的仪注为：

此次随驾前来之文武大臣，著坐首排之外，尚不足之人于地方官员内，钦定指派入班。是日，照先前令使臣朝觐之例，派入班大臣各自携带坐褥，入行在大殿，预先按列铺垫，在前坐之十位大臣并立预备，令御前侍卫等排列于宝座近处，豹尾班侍卫列于宝座两侧，令乾清门侍卫等排列于豹尾班侍卫之后。将丹陛两侧各立二十名侍卫，行在大门两侧各立入值章京侍卫二十名，大门内应立侍卫之处，酌情于两侧排列侍卫。使臣经过街道，交付地方大臣，派官兵整齐排列。准噶尔使臣额尔钦等抵苏州后，引于住处，习练礼仪。赏食克食后，由尚书那延泰、侍郎玉保引领，于行在大门外预备。皇上升座后，那延泰、玉保、奏蒙古事侍卫等引领使臣，入行在西侧门，由西侧拾阶而上，于所空出之丹陛中央排列，以首次前来之礼行三跪九叩礼。礼毕，引使臣入西侧隔扇门，于右翼首排大臣末尾跪叩而座，随行之厄鲁特等令坐于隔扇门外廊檐下右侧台阶。皇上用茶时，令随大臣跪叩；赏茶时，令其叩谢而饮，降旨则跪地聆听。事毕，仍由西侧隔扇门引出，送至住处。是日，聚集之大臣侍卫等，皆着补褂、蟒袍类

---

① 乾隆十一年十二月二十三日《军机大臣讷亲等议奏玛木特等于大和斋瞻觐仪注折》。

常服。①

可知此次因随行大臣不敷列班，故而从地方官员中指定，大门内应站立之侍卫，亦不像在宫中那样排列，而是酌情站立。

乾隆十九年达瓦齐所遣使臣敦克多前往热河行宫觐见之仪注为：

本月十五日引领此次前来使臣敦多克等瞻觐圣明时，聚集入班王公、蒙古王公、三品以下大臣及新降来之厄鲁特等。时辰一到，各自携带坐褥进入，按品级预排位置，前排十位大臣坐定，后扈二大臣站立。御前侍卫站于宝座旁边，后扈侍卫列于宝座两旁，乾清门侍卫站于后扈侍卫后。正门两边列当班章京各一名，侍卫各二十名。月台下每翼各站侍卫二十名。另于使者路过之街门，增派章京兵丁，整齐排立之处，交付于前锋统领、护军统领、热河副都统。由指定陪同之章京等，是日引领使臣等，安置于正门外厢房内休息，恩赏饭食。皇上升宝座后，所属部院大臣、奏蒙古事侍卫等引使臣等从西侧翼门进入，上西边月台，中间留出空地，将使臣敦多克、奔塔尔、布林及跟随伊等前来之厄鲁特等排列，按初至之礼，行三跪九叩礼。礼毕，引使臣从殿西隔扇门进入，于右翼首排大臣之末跪叩后，留空隙而坐。余下之厄鲁特等，令坐于隔扇门外之右侧月台上。皇上用茶时，令随王公大臣跪叩，赏茶时，令其叩谢而饮。降旨时跪闻。礼毕，由西侧隔扇门引退，出西侧翼门，带至住处。

是日，聚集之王公大臣、侍卫、初降之厄鲁特三车凌等皆着蟒袍补褂类常服。②

此次列班大臣，除随行而来的入班大臣外，在行宫之外藩蒙古王公、三品以下大臣及刚刚归降的厄鲁特三车凌等，皆得以列班，可谓变化较大，而随行侍卫充裕，故排列仪仗方面与在宫中觐见仪仗相同。

从以上在不同条件下接待使臣朝觐的仪注可以看出，清朝接待使臣朝觐，自己可以因特殊情况在仪仗和列班大臣等方面略作调整，但使臣觐见过程，无论在何地，均无任何变化，即在皇帝升座后，由引领大臣和奏蒙古事侍卫带领，从西侧门进入，由西侧拾阶而上，空出丹墀中央，令使臣及随行人员于丹墀上行三跪九叩礼。礼毕，引使臣等由西侧隔扇进入，立右翼列班大臣等之末，跪叩一次，留出空隙而坐。其随行而来之厄鲁特等，令坐于隔扇外右侧台阶上。皇上用茶时，令随众大臣等跪叩；赐茶时，令其跪叩饮之。降旨时，跪地聆听。事毕，仍由西侧隔扇引退，觐见礼成。由此可见，对外国使臣而言，其觐见礼仪主要是于丹墀之上行三跪九叩礼、立于右翼列班大臣之末、皇上用茶时其随众大臣等跪叩、赐茶时使臣跪叩饮之、降旨时跪地聆听。看似简单，其中却内涵深刻，处处彰显天朝威严。

引领使臣觐见之大臣，一般由陪同、议事大臣中选定。在觐见前军机大臣为此事具奏，特别是需要更换引领使臣瞻觐大臣时，要列出拟定者，由皇帝指定。如乾隆十三年四月军机大臣等具奏：

查得，先前率准噶尔使臣玛木特等瞻仰之时，曾由尚书班第、那延泰、侍郎玉保

---

① 乾隆十六年二月二十一日《军机大臣傅恒等奏请使臣瞻觐仪注折》。
② 乾隆十九年五月十二日《大学士傅恒等奏闻使臣朝觐仪注折》。

引入。兹班第、玉保皆出差在外，率此次前来使臣俺集等瞻仰之时，除尚书那延泰之外，请圣上酌情再派两位大臣。

等因，乾隆十三年四月十一日奏入，奉旨：著派勒尔森、阿尔彬。钦此。①

乾隆十五年正月指派引领使臣尼玛时，军机处奏请：

先前引领准噶尔使臣瞻觐之时，曾派那延泰、班第、玉保带领瞻觐。因班第、玉保出差，亦曾派那延泰、勒尔森。今除那延泰、玉保外，尚需一人，相应于阿兰泰、勒尔森内，派谁之处，恭请圣裁。

等因，乾隆十五年正月初八日奏入，奉旨：著派阿兰泰。钦此。②

以上所指派的引领大臣皆为理藩院之蒙古人，他们精通蒙古语，便于与使者沟通，可以讲述觐见礼仪，而对准噶尔蒙古使者而言亦有亲近之感，足见清朝对觐见礼仪，安排得细致入微。

列班大臣、侍卫所着常服，即蟒袍补服，乃大臣上朝面君之礼服。举行朝觐之礼，乃国家之大事，故皇帝、大臣皆着礼服。但在国丧期间，不但停止对使臣之筵宴之礼，觐见时列班大臣、侍卫等亦不穿常服，而改穿素服，此事亦由军机处具奏钦定，如乾隆十三年四月："军机大臣等奏言：从前夷使到京，俱蒙恩赐筵宴。今据护送夷使员外郎甘布等报称，准噶尔夷使俺集等于本月初六日进京。现遇孝贤皇后大事，距百日之期尚远，应请将筵宴之处停止。至夷使俺集等仰觐天颜之日，一切礼仪，照例办理。其齐集大臣侍卫等，著仍穿素服。"③ 故在乾隆十三年四月十二日，使臣俺集等觐见时，列班大臣及侍卫等皆着素服。

清朝对以上觐见之礼，执行严格，每次准噶尔使臣进京前，军机大臣均具奏此次使臣觐见礼仪之仪注，陪同大臣还要负责教习使臣演练，唯恐在觐见时出现不测情况。清朝接待准噶尔使臣的觐见之礼，亦适用于其他藩属国及外国的使臣，英国使臣马戛尔尼、阿美士德前来出使时，清朝强调觐见之礼，非难为外洋来使，而是固执自己的觐见礼仪而已。

F. 筵宴礼仪

古代颇重筵宴之礼，上自朝廷之各种筵宴，下到地方飨宴，均有一套完备礼仪。清廷每年春节，要举行中正殿筵宴（十二月二十三日）、保和殿岁除筵宴（除夕）、紫光阁筵宴（元旦后择日）、山高水长筵宴并赏烟花（正月十四、十五日）等，欢度佳节。筵宴对象为年班进京之蒙古汗、王、贝勒、贝子、公、台吉、塔布囊、额驸及外国来使等，在京呼图克图、朝中大臣等一并入筵。④ 其中准噶尔使臣哈柳、尼玛等参加了此类筵宴。

在非过年期间进京的准噶尔使者，亦有专门之筵宴之礼。有关清朝筵宴蒙古王公等场景，以乾隆十九年五月十六日筵宴三车凌的万牲园筵宴图最为直观，此次筵宴，准噶尔达瓦齐所遣使臣敦多克、奔塔尔、布林等皆位列其中。其筵宴礼仪，与此前筵

---

① 乾隆十三年四月十一日《军机大臣傅恒等奏请钦点导引准噶尔使臣入宫大臣片》。

② 乾隆十五年正月初八日《军机大臣傅恒等奏请指派引领使臣瞻觐大臣片》。

③ 《平定准噶尔方略前编》卷51，《清高宗实录》卷312，乾隆十三年四月戊午条。

④ 光绪十七年刊本《理藩院则例》卷18、19《宴赉》。

宴准噶尔使臣之礼相同。《使者档》中存录了多次在西厂子和丰泽园筵宴准噶尔使者的仪注，其中以乾隆十五年筵宴尼玛之仪注，记载最为详细，兹移录如下：

因奉旨令准噶尔使臣尼玛等于正月初十日丰泽园瞻觐圣明，施恩筵宴，相应仍照前例，将搭支大蒙古包于丰泽园之处，业经交办外，是日，照看之章京等，预先引导使臣等，入紫光阁门，歇于另行所搭之蒙古包，由派往照料大臣等照看，先行用餐。进圣主之桌，置蒙古包内宝座前；众人之桌，列于两侧。诸使及跟役等所坐之处，亦酌量摆桌。与大蒙古包相对搭支黄凉棚，置高桌金器。召集列班大臣及增派大臣等，令前引就座十位大臣入座，后扈二位大臣站立，豹尾班侍卫列宝座两旁。御前侍卫、乾清门侍卫等，列宝座两侧。时辰到，我等之大臣各带坐褥，预先进入铺垫，令使臣等继右翼首排诸臣末，空出间隙排列。俟圣上驾临，随我等之大臣跪迎，圣上升座后，由派委引领使臣等瞻觐之大臣等及奏蒙古事侍卫，引使臣尼玛等至大蒙古包前，将中间空出，行三跪九叩礼。礼毕，引使臣等由大蒙古包西侧隔扇门进入，继右翼首排诸臣末跪叩一次，留空隙而坐。其随行厄鲁特等，令坐于隔扇门外右侧。抬桌护军章京、尚膳正等进桌，而后尚茶正进茶。圣上饮茶之时，令使臣等随众跪叩一次。侍卫等近前敬众人以茶，饮茶时，跪叩一次。用茶毕，取桌布。内务府官员等由高桌取盅、壶、杯等进奉，俟至蒙古包大门附近，众皆跪地。敬酒大臣等近前献圣上以酒，圣上饮酒时，使臣等随众跪叩一次。敬酒大臣等，仍以大杯斟酒饮之。圣上尝过饽饽桌，移至两侧后，由尚膳正等进献肉食，分发众人之肉食，事先放置，进酒桌。领侍卫内大臣照管侍卫等分别斟酒，饮酒时，跪叩一次。接过酒杯，再跪叩一次。派侍卫等以大杯斟酒恩赏使臣等，令使臣等跪叩一次饮之。进肉食时，令绰尔齐等即上前作乐，布库等摔跤。继令各类杂耍人等分别上前表演。宴毕，使臣等随我大臣等就地跪叩三次，引出带至其住处。

是日，聚集之大臣、侍卫、官员等皆着补褂、蟒袍。

筵宴用桌等所有物件、杂耍人等，均皆交付内务府备办，交由领侍卫内大臣、护军统领派人管理。圣上驾临时，排列仪仗，大蒙古包前备乐之处，则交付各该处，照前备办。[①]

从中可以发现，筵宴礼仪与觐见礼仪有许多相同之处，因要进食、饮酒，故对使臣而言，筵宴之礼更为烦琐。此次筵宴准噶尔使臣的地点在丰泽园，首先由照看官员将使臣等引领到紫光阁前搭起的蒙古包内，休憩用餐。列班大臣、侍卫等就位后，使臣列于右翼列班大臣之末。皇帝驾临时，同群臣一样跪迎，皇帝升座后，由引领大臣和奏蒙古事侍卫带使臣至大蒙古包，于中间行三跪九叩之礼，礼毕回到原位。其后尚茶正进茶，圣上饮茶之时，使臣等随众大臣跪叩一次。侍卫等敬众人以茶，饮茶时，跪叩一次。用茶毕，献酒大臣等近前为皇帝献酒，皇帝饮酒时，使臣等随众臣跪叩一次。此后侍卫等分别为大臣等斟酒，饮酒时，跪叩一次。接过酒杯，再跪叩一次。皇帝派侍卫等以大杯斟酒恩赏使臣等，使臣等跪叩一次后饮之。宴毕，使臣等随列班大臣等就地跪叩三次，引出带至其住处。可见，使臣的筵宴之礼，是在不断跪叩中进行

① 乾隆十五年正月初八日《军机大臣傅恒等奏闻筵宴使臣仪注折》。

的，其中以使臣身份所行三跪九叩之礼为主要礼仪。而清朝在筵宴时赏赐准噶尔汗和使臣，亦为礼遇之一。从仪注上看，好像筵宴使臣时，使臣等唯叩首谢恩，其实在仪注外，使臣等是可以开怀畅饮的，乾隆皇帝也不拘使臣等饮食，如乾隆五年正月筵宴使臣哈柳时，即降旨于哈柳：

朕早欲召哈柳等入内，赏赐饭食。因近期筵宴诸位内王及以年节礼前来朝觐之蒙古王公，故而未曾召进尔等。此次尔等之噶尔丹策零，既悉遵朕旨，恭顺具奏，朕甚嘉之。尔哈柳往返数次，朕甚嘉赏，故趁今日筵宴诸臣，亦令尔等入内，赏食饭食，观赏百戏。尔等毋庸顾忌诸臣，尽管随意品尝畅饮欣赏。尔等蒙古人喜好饮酒，尔等若拟饮几杯，朕尽可赏给尔等畅饮。如同一家，切勿拘谨，尔等无所拘谨，朕即欣悦。尔等即便些微失礼，朕亦不会责怪。钦此。①

如此，方有宴会之气氛，也能达到筵宴使臣之目的。而筵宴中皆安排娱乐项目，在"进肉之时，令绰尔齐等近前作蒙古乐，继令各项杂耍人等纷纷近前演戏，摔跤手等摔跤"②，主要观赏项目有"蒙古音律、平地勐斗、棹子上套圈、桌子上撺蓆、擢索、盘杠子、爬杆子、软索、戏法、耍盆子、杂耍、掼跤、演戏"③等，概将当时宫廷娱乐项目，呈献殆尽。

清朝方面筹办、参与筵宴的相关机构有内务府、理藩院、侍卫处、吏部、兵部、护军统领、步军统领、八旗值月旗（十七年后改为值年旗）、武备院、銮仪卫、膳茶房等，操办机构亦较行觐见礼时多。

筵宴使臣时，列班大臣、侍卫仪仗等同觐见仪式相同，列班大臣亦由军机处奏请钦定。如乾隆十一年十二月准备筵宴使臣玛木特时，军机大臣奏请：

查得，先前准噶尔使臣至，令觐见筵宴之时，因入班大臣少，曾由臣处呈览满洲大学士、尚书、侍郎、内阁学士、副都统等职名，酌情派出，增添入列。兹筵宴使臣玛木特等，仍照前例，将未入班满洲大学士、尚书、侍郎、内阁学士、满洲蒙古副都统及今年增派入列大臣等职名，一并缮于绿头牌，恭呈御览。俟圣上酌情派出后，并入两翼入列，均匀就座。

等因，乾隆十一年十二月二十七日奏入，奉旨：著增派来保、哈岱、苏布希里、祥泰、海格、纳穆图、舒凌阿、傅恒、海兰、新柱、塞楞、纳玛什西、岱屯、伊通阿、傅达里、法畴、萨哈岱、海昌、哈达哈、齐木拜、奇通阿、特库、马斌、伊勒慎、永谦、保住、富昌、王怡、鸿凯、鄂岱、博伦岱、伍弥泰、庆泰、满福，及查郎阿、德龄、雅尔图、乌凌阿、舒赫德、勒尔森、索住、三和、雅尔胡达、色尔赫、留保、额勒格、富尔松阿、何绷额、雅图、苏呼吉、明安、罗山、乌雅图、明图、色勒登、瑚弼图、车凌、卓巴、阿尔彬、舒昌、博庆额、法珠纳、福德、固纯、尚坚保、索拜、拉布敦、哲库讷。钦此。④

前文已述，使者觐见时的列班大臣为58员，而此筵宴钦定列班大臣的名单为68

---

① 乾隆五年正月十二日《谕著使臣哈柳等西厂子筵宴尽可畅饮》。
② 乾隆七年十二月初二日《军机大臣鄂尔泰等奏报丰泽园筵宴使臣等仪注折》。
③ 同上。
④ 乾隆十一年十二月二十七日《军机大臣讷亲等奏请指派筵宴日入班大臣片》。

员，但乾隆十五年正月筵宴尼玛时，钦定之入班大臣为："著仍派原先所派乌凌阿、雅尔图、三和、德龄、雅尔胡达、何绷额、雅图、苏呼吉、明安、乌雅图、明图、瑚弼图、车凌、舒昌、博庆额、固纯、尚坚保。增派德通、杰福、通宁、舒山、嵩寿、官保、兆惠、马灵阿、乌拜、什臣、沙图、鄂托、四十六、普庆、乌赖、图喇、众佛保、鄂弥达、法畴、弘赢。"① 为 37 员；乾隆十七年正月筵宴图卜济尔哈朗时，钦定的列班大臣为："著兆惠、杰福、嵩寿、雅尔图、舒山、明安、弘赢、鄂托、明图、德通、色世琉、雅尔胡达、法畴如常派出。亦派穆赫廉、惠永、鹤年、世贵、积德、广成、德尔苏、明福、兆明、伊伦齐、那亲、富僧额、阿兰泰、海亮。"② 仅 27 员，可知筵宴之列班大臣不像觐见时列班大臣那样固定人数，但尽管对列班大臣人数不硬性规定，而其前引大臣 10 员、后扈大臣 2 员是必备的，只增减左右翼列班大臣而已，据此窥得，清朝筵宴使臣之礼不像觐见礼仪那样严格，所以觐见之礼重于筵宴之礼。而筵宴使臣的同时，尚有于正月筵宴朝中大臣之目的，故列班大臣不拘人数，即可释解矣。

此外，在筵宴使臣时，要钦定一名献酒大臣，专为皇帝献酒，并指挥侍卫为列班大臣、使者等敬酒，所以该献酒大臣均由领侍卫内大臣中选定。此献酒大臣亦由军机处奏请钦定，如乾隆十五年正月所奏：

查得，先前筵宴准噶尔使臣之日，为给皇上进酒，进呈领侍卫内大臣之职名，曾指派来保、哈达哈。前年因派哈达哈出差，后奉旨派庆泰补哈达哈缺，故将庆泰之名，一并缮于绿头牌进呈，伏乞钦派一名。等因，乾隆十五年正月初八日奏入，奉旨：著派哈达哈。钦此。③

其中提到的来保、哈达哈、庆泰皆系领侍卫内大臣，或因该职掌管各级侍卫，并为正一品武职，方得以专司其职也。

G. 辞行礼仪

使臣辞行之礼仪分为两部分，一是引至乾清宫等处向皇帝辞行，在此仍有辞行仪注。《使者档》中存录数份辞行仪注，内容相同，而以乾隆五年二月哈柳之辞行仪注最为详细，原因于下：

是日，召集所有入班大臣、议政大臣、增派之大臣等。届时，各带坐褥入乾清宫，列班预备，前面就座十位大臣，仍行入座，后扈二位大臣侍立。御前侍卫等立于宝座附近，豹尾班侍卫列于宝座两旁，乾清门侍卫等列于豹尾班侍卫之后。丹墀两侧，每翼排立侍卫二十名；乾清门两侧，各立值班章京一员，侍卫二十名；阶下两翼，各列侍卫二十名，照门立侍卫二十名。大臣、侍卫等皆仍前着常服。使臣经过之门、街、堆，增派章京、护军、步甲等，排列齐整、管束之处，交付护军统领、步军统领办理。是日晨起，令派往照看之章京等，率使臣等由其住处进西华门，引至照门赏食饭食。俟圣上升乾清宫宝座，由尚书那延泰、都统绰尔多、侍郎勒尔森及奏蒙古事侍卫等，引使臣入乾清门西侧门，由西侧拾阶而上，由西侧隔扇进入，于右侧前排大臣等之后

---

① 乾隆十五年正月初八日《军机大臣傅恒等奏请指派入班大臣片》。
② 乾隆十七年五月十二日《军机大臣傅恒等奏请指派入班大臣片》。
③ 乾隆十五年正月初八日《军机大臣傅恒等奏请指派进酒大臣片》。

跪叩一次，留出空隙而坐。其随行而来之厄鲁特等，令坐于隔扇外右侧台阶上。皇上用茶时，令随大臣等跪叩，赐茶时，令其跪叩饮之。降旨时，跪地聆听。事毕，仍由西侧隔扇引退。①

可见此仪式，在清朝方面此礼仪与觐见礼仪相同，其入班大臣亦是觐见时之钦定大臣，侍卫仪仗等与觐见时一样。但在使臣方面却有所变化，即不再于丹墀上行三跪九叩之礼，而是由引领大臣直接带至乾清宫，从西侧门进入，立于右翼列班大臣之末，并叩首一次。而此仪式中皇帝降旨最为重要，实乃对此次出使谈判事项之总结，故使臣等均需跪地聆听。辞行时，亦并非仅按仪注进行，也有互相问候祝福之类的对话，如乾隆十一年三月哈柳辞行时：

上宣哈柳近前，降旨曰：尔现已事竣，宜早起程而去。俟尔返回，向尔之台吉问好。尔等亦路途顺利。降旨毕，将赏给其台吉策妄多尔济那木扎勒之珐琅鼻烟壶一个，交付于彼。降旨曰：此乃赏赐尔之台吉者，尔且赍往转交。而后亦赏哈柳珐琅鼻烟壶一个。哈柳跪奏称，仰副大皇帝慈旨，我等一路顺行，送达圣谕。愿大皇帝陛下永久安康，延年益寿，弘扬黄教，安逸众生。②

辞行的另一仪式，是向使臣交付敕书的仪式，此仪式一般在使臣返程前进行，亦由军机处奏请，奉旨后执行。如乾隆十三年四月军机大臣等奏请：

查得，先前交付颁降准噶尔之敕书时，令使臣等憩于上驷院，赏食饭食后，带至箭亭前，令其跪地交付。此次颁降策妄多尔济那木扎勒之敕书，俟御览钤宝，拟于本月二十四日交付。相应仍照前例，带唵集等至上驷院屋内歇息，赏食饭食后，带至箭亭前，令其跪地，将敕书及赏策妄多尔济那木扎勒之物件、赏使臣唵集等之物件，均皆交付。其令使臣等觐见时颁降谕旨，及与彼等所议言语，皆译为蒙古语撰文，一并交付可也。③

这是每次接待使臣的最后一个仪式，即在箭亭前，由陪同大臣向使臣交付此次之敕书和赏赐给准噶尔汗和使团成员的所有银两、物品等，使臣跪接谢恩后此礼即成，比较简略。并且此仪式不像使臣递交奏表那样，必须在箭亭进行，其在圆明园时，此仪式即在圆明园正门前举行。④

综合以上对准噶尔使者的接待礼仪来看，可知清朝较为重视初谒之礼，即对交付奏表方物和觐见礼仪比较严格，而筵宴、辞行之礼虽有完备仪注，而在执行中偶有变通。在对使臣礼仪的要求上，则是在觐见和筵宴礼仪中，行三跪九叩之礼，以体现清王朝与朝贡国之尊卑等级关系。而负责接待准噶尔使臣的机构，以理藩院、内务府为主，但没有礼部参加，参与其中的大臣、官员，皆为满蒙大臣、官员，而且在伴送官员、照看官员、陪同大臣中，必须有精通蒙古语者，折奏均用满文，可见清朝处理边疆及民族问题之特色。

---

① 乾隆五年二月初五日《军机大臣鄂尔泰等议奏使臣辞行仪注折》。
② 乾隆十一年三月二十七日《军机处带哈柳等觐见辞行记注》。
③ 乾隆十三年四月二十三日《军机大臣傅恒等奏闻交付敕书及赏物仪注片》。
④ 乾隆十二年正月十六日《军机大臣讷亲等奏报交付敕书仪注片》。

3. 在京生活

雍正十三年三月准噶尔使臣抵达北京前，军机处具奏：

准噶尔噶尔丹策零之使臣吹纳木喀、诺惠尼旦夕将至。查得，先前策旺阿喇布坦所遣之使根顿、博罗呼楞，噶尔丹策零所遣之使特磊抵达后，入东华门，跪于箭亭前，由该部大臣等接受其奏书、所献礼物，赏给使臣等饭食，引至住处下榻，另行择日令其瞻仰圣明。使臣等皆下榻皇城内文书馆，由总管处派出官兵守护。其每日供给使臣等之食用蒙古羊一只，随行跟役等之中原羊一只，奶、酥油、面、茶、盐、米、柴薪、木炭、蜡烛、碗盘等物及差役、驿马，均由各处领取给付在案。此次俟噶尔丹策零所遣使臣吹纳木喀、诺惠尼等抵达后，将其引领至圆明园门前跪地，由派往办理使臣事务之大臣等接受其所带奏书、所献礼物，安置使臣等于吏部房中，赏给饭食，引至钦定之住处下榻。除将其奏书，经翻译恭呈御览后，另行择日瞻仰圣明之处，具奏请旨外，每日仍照例供给使臣吹纳木喀、诺惠尼食用蒙古羊各一只，跟行十三人中原汉羊二只，其奶、酥油、面、茶、盐、米、柴薪、木炭及所用器皿等物、驿马等，皆照例从各处领取给付。其差役由园户等内挑选憨厚者，计其足敷派往。其看守官兵，在外堆守，勿事更张。使臣等之住处，由武备院领取蒙古包三顶，帐房四顶搭支。派内务府官员一名、理藩院官员一名照看使臣等即可。[①]

据此可知，雍正末年对使者的接待礼仪及规格，是按以往成例进行，使者在当时下榻于皇城内文书馆，外有官兵把守。专门从内务府之园户内拣选忠实者，派到使臣等住处服侍使团成员。每天给正副使臣蒙古羊各一只，随来的13名跟役每天给中原汉羊两只，并供给奶、酥油、面、茶、盐、米、柴薪、木炭及所用器皿等，为使者出行提供马匹，且在使臣下榻之处，由武备院搭建蒙古包、帐篷，供使团成员居住。

这种接待规格，以后一直未变，每次准噶尔使团到达北京前，军机处均奏请接待使臣的各项事宜，其中涉及以上内容者，几乎变化不大，如乾隆十五年正月使臣尼玛等抵京前，军机处具奏：

先前准噶尔所遣使臣至，命派委照看之章京往迎，引使臣等至箭亭前，接取其奏书及所献礼物后，令使臣等憩于上驷院房中，赏食饭食之后，带至其住处下榻。兹使臣等于初八日抵京，相应仍照前例，提早一天派照看之章京往迎。使臣等抵达之日，所经门、街道，堆拔兵丁，须管带齐整之处，交付护军统领、步军统领等办理。使臣等进入时，由派往迎接之章京引入东华门，带至箭亭前，由所派大臣等会同理藩院大臣等，接取其奏书及进献之礼物，译出恭呈御览外，令使臣憩于上驷院房中，赏食饭食后，带至其住处下榻。使臣尼玛，副使达希藏布、奔塔尔，仍前每日拨给食用蒙古羊各一只，其随从人等，每六人每日拨给汉羊一只，至食用奶、酥油、面、茶、盐、米、柴薪、炭火及所用炊餐器具等，皆照例由各该处支取给付，所拴驿马，照例备办，并派官兵，于使臣等之住所外围设置堆拔把守，交付武备院，计其足敷，搭支蒙古包、帐房，供使臣等下榻。所用夫役，由园户内择其憨厚者，足数派出。使臣等食用各种

---

① 雍正十三年三月二十五日《军机大臣鄂尔泰等奏闻办理使臣吹纳木喀等日用物品折》。

饼果等物，视其所需，由派往陪同之官员等由该处领取，给其食用。①

比较两份奏折，内容基本相同，知乾隆年间接待准噶尔使者，一直沿用前代定例。其中使臣在箭亭进行完呈献奏表、方物礼仪后，被带到六部或内务府各衙门的官房中用餐，这是使团进入京城的第一餐，照例由内务府备办，所以属于皇帝赏赐。《使者档》中仅存一份使臣入京后，赏食第一餐的菜单，概所有使臣皆按此规格招待。其内容为：

军机处咨行膳房，为知照事。

准噶尔使臣等于本月二十一日抵达。使臣等抵达后，安置于吏部房中，按例赐宴。两位使臣饭食一桌，羊尾骨一盘，烤肉一盘，奶豆腐一碗，蒸饽饽、卢氏饽饽四种；随从人等饭食二桌，炖、烤肉各两盘，蒸饽饽、卢氏饽饽各两种，亦备茶。送往住所之饭食三桌，炖肉、饽饽一并送去。②

所赏食物，以肉食、奶食为主，充分考虑到了蒙古人的饮食习惯。每日所供给的羊只，正副使臣给蒙古羊、跟役等给汉羊，两者有所区别。蒙古羊是草原羊，汉羊是中原圈养的羊，两者口味不同，个头与肥瘦也不一样。乾隆十六年使臣额尔钦等前往苏州觐见时，路上给使臣等提供汉羊，使臣特向陪同大臣玉保要求供给肥羊，玉保将此事奏报如下：

抵雄县之日，使臣额尔钦言，我等近来诸日所食皆为瘦小羊只，侍郎若能吩咐彼等，可否给我等食用优质肥羊？言毕，奴才我告之曰，此处皆为内地汉人地方，不可与蒙古地方相比，羊只甚缺。虽有却为体小之汉羊。③

从中可见蒙古羊与汉羊的区别，而蒙古人喜食肥羊。在供给羊只方面，使臣与跟役有别，以体现对使臣之优待。

使臣之下榻处，乾隆初年在圣化寺，七年以后基本固定，其"若在京城，则住位于西华门外街前根掌关防内管领等之办事房内。若在圆明园，则住位于西花园南所东侧之一所房内"④。

准噶尔所遣使团中，有多个使团赶到北京时，恰逢春节，清朝安排使臣参加清廷春节期间筵宴群臣、观赏烟花、溜冰射鼓等活动。

筵宴群臣前述筵宴使臣已涉及，不再赘述。观赏烟花多于元宵节在圆明园西厂子举行，观赏烟花时要觐见皇帝，故亦有觐见仪注，其中乾隆十年哈柳观赏烟花的仪注为：

令准噶尔使臣哈柳等，于西厂子观看焰火时，令乾清门行走之蒙古王、额驸、台吉等，坐廊下两旁。各省将军、副都统大臣等及入班大臣等，部、院、旗满洲大臣等，列坐阶下两侧。是日，陪同之章京，引使臣哈柳等至西南门外所支蒙古包，由派往照看之大臣等照料进晚餐、饮茶。傍晚，圣驾将临，引使臣哈柳等进西南门入帷幄，于右翼首排大臣之末，留空隙立迎圣驾。圣上升宝座后，于右翼首排大臣末，留空隙而

① 乾隆十五年正月初六日《军机大臣傅恒等奏请备办使臣抵京当日接取奏书等事项片》。
② 雍正十三年四月十九日《军机处为备办宴筵准噶尔使臣事咨膳房文》。
③ 乾隆十六年二月十二日《理藩院侍郎玉保闻使臣沿途言语情形折》。
④ 乾隆十五年正月初三日《军机大臣傅恒等奏请钦定使臣之住处片》。

坐。侍卫等上茶，布库等摔跤后，施放爆竹时，令使臣等仍坐于原处观看。圣驾还宫后，仍引出西南门。①

乾隆十二年使臣玛木特以辞行礼观赏烟花的仪注为：

是日，陪同之章京等带使臣等至西南门外所支蒙古包，由大臣等照看，赏食饭食毕，入南路正门旁左翼门，行经出入贤良门右侧门，至正大光明殿观赏熬山灯后，仍由原路引出，坐西南门外所支蒙古包恭候。观赏火戏时，钦派御前侍卫等亦与御前行走蒙古王、额驸一同坐于廊下。圣上升宝座后，侍卫等上茶毕，令布库等开始摔跤，进呈黄酒、果品。圣上亲赐蒙古王、贝勒、我大臣等内数人以酒，饮毕，召使臣玛木特近前，亦赐酒饮之。旋复召玛木特近前，交付赏赐策妄多尔济那木扎勒、使臣玛木特之物。继于我大臣等内，复赏数人以酒时，侍卫等为其余诸大臣、副使、随行而来厄鲁特等斟酒。旋又召玛木特近前，亲赐黄酒饮之，令副使巴图蒙克、杜喇勒哈什哈等跪于阶下，亦赏酒饮之。开始放灯，进各样饽饽、肉食，火戏毕，圣驾还宫后，引使臣等出。②

从这两份仪注中可以看到，参加观赏烟花者不只是接待使臣的入班大臣，凡在京之蒙古王公、各省将军、副都统、各部院及八旗的满洲大臣皆可参加，人数庞大。对于使臣等，先由照看官员引领至为其准备的蒙古包内，与陪同大臣一起用餐后，先期观赏花灯。傍晚进入帷幄内立于右翼大臣之末，迎候圣驾。皇帝升座后，进茶、果、黄酒等，观布库摔跤，皇帝为蒙古王公、贝勒、大臣赐酒后，赐正副使臣酒。施放烟花后，开始上肉食、饽饽，边食边看。烟花施放完毕，皇帝还宫，引使臣等前往住处。

每年元宵节观赏烟花，是清廷过年的重大活动之一，能够参加者无疑荣耀莫大，而对准噶尔使者而言，能够参加更是难得的机遇，故观后皆兴奋称奇，如玛木特等观灯和烟花后：

玛木特等闻知施放烟花爆竹、演奏音乐，欣喜称，实乃妙音奇观也，目不暇接，仰仗圣恩，吾等小人，得见未曾目睹之物，得听未曾耳闻之乐。

放焰火时，初极惊奇，环顾四周，似甚恐惧，后始释然，赞叹奇妙。行抵住处，与其属下人等一同，连声称赞，又模仿跳灯笼舞人等动作。告知章京等称，感激大皇帝不尽之恩，指达尔汉王等令彼等认识。等语。谈论饮酒，直至三更，始方就寝。③

引玛木特等观赏正大光明殿两侧熬山灯鸣乐。玛木特及随行厄鲁特等，皆赞叹惊呼、大笑不止，纷纷告称，仰承大皇帝之恩，目睹如此神奇绝美之物，实乃前世之福，千载难逢也。乃吾等无名之辈，不仅不能目睹，耳闻亦难者也。一时眼花缭乱，难以铭记，惟有欣感祈祷外，委实难以言表。④

使者等兴奋之态，流露笔端，从中亦可窥见清朝怀柔使臣之一斑。

---

① 乾隆十二年正月初六日《军机大臣讷亲等奏闻令玛木特等观看焰火仪注》。
② 乾隆十二年正月十六日《带使臣玛木特等观赏焰火觐见仪注》。
③ 乾隆十二年正月十六日《使臣等观看焰火情形记注》。
④ 乾隆十二年正月十六日《兵部尚书班第等奏报玛木特等观赏熬山灯时称奇片》。

《使者档》中，记载使者观赏溜冰射鼓的史料，仅有一条，为：

旨带准噶尔使臣尼玛等站河岸观赏溜冰时，尼玛好奇，问曰，彼等脚上所穿为何物，想必系铁石之物也，否则断不能溜如此之快，远看甚美。等语。奴才等告之曰，所穿乃溜冰鞋。又见皇上射鼓，彼等赞叹，问臣等曰，着黄蟒袍者，想必大皇帝也。观牌连连倒下，善射哉。等语。奴才等曰，我等之大皇帝不止善射，骑射狩猎，其兽无一漏网，均被射中，尔等见之，则愈加惊叹也。言毕，彼等闻之，皆赞叹不已。尼玛问奴才等，大皇帝有几位阿哥。等语，奴才等言称，我等之大皇帝有六七位阿哥，亦有孙辈阿哥。尼玛等称，实乃天生大福也。①

可知此次观赏，是奉旨允准的，其目的不是为了让使者观赏满洲溜冰之戏，而是让使者等见识乾隆皇帝之射技，明白皇帝文武卓而不群及清朝骑射立国，所言不虚。

4. 瞻寺礼佛

准噶尔使者在北京另外一项重要活动是瞻寺礼佛。准噶尔蒙古人笃信黄教，与清朝交往过程中，亦因黄教问题导致双方关系恶化。噶尔丹策零与清朝和好，亦以双方要"阐扬黄教，安逸众生"为辞，在20余年的友好交往中，准噶尔要求赴藏熬茶、从西藏聘请喇嘛等问题，皆欲与清朝争夺黄教有关。而清朝振兴黄教，以黄教安蒙藏乃其国策。为展示本国黄教兴盛，同时满足使臣瞻拜大福之佛和叩拜活佛之心愿，清政府特意安排，皆带领准噶尔使臣前往各大寺院拜佛。若逢清廷跳步扎，则带领使臣观赏跳步扎；若遇重大诵经活动，则允许使者参加，同时，若使者有拜见活佛之请求，则安排其拜见活佛。

A. 前往寺院礼佛

准噶尔使者在北京前往拜佛的寺院主要为弘仁寺、嵩祝寺、圣化寺，后雍和宫、阐福寺建成，此二寺为必去之处。具体情况，详见《使者档所载准噶尔使臣在京礼佛情况表》。

从《使者档》有关瞻寺礼佛的档案里，可以发现清朝此举，收效颇大。如乾隆十五年尼玛等到弘仁寺、阐福寺、雍和宫后，陪同大臣等奏称：

准噶尔使臣尼玛等于弘仁寺瞻拜后，进阐福寺大殿，见臣等在场，连尼玛在内，各皆欣悦，问臣等好，即欲谈事，臣等言称先带彼等礼佛，彼等纷纷拜佛，赞叹何等完美，敬献哈达。尼玛等合十欣喜称，今日我等仰蒙大皇帝垂爱，得以叩拜有大福之佛塔及有名之呼图克图等，实出我等之意外。仰承大皇帝施恩，上天亦降瑞雪，此亦我等前世所修微福，我等复有何言。惟有感戴大皇帝圣恩，祈祷神佛呼图克图之慈悲耳。等语。臣等称，尔等前日曾向我等告请如何得以叩拜弘仁寺、塔等庙宇，我等具奏我等之大皇帝，我等之大皇帝念尔等蒙古人笃诚乞请，准照所请，即行带至各寺叩拜佛塔及呼图克图等。故今日率尔等逐一叩拜，尔已至几处。等语。尼玛等作揖告称，大皇帝之此恩实属厚重，于我等之后世之生计皆有裨益也。我等自住处起行，先至雍和宫拜佛，一一瞻拜嚓尼特、温都孙、扎宁克、额木齐拉仓，亦拜大迈达礼佛轮、莲花佛。我处虽有塑立迈达礼佛之二寺，其佛尊焉能如此塑成耶，且亦小，此诚乃神奇。

① 乾隆十五年正月初十日《协办大学士阿克敦奏闻尼玛等观溜冰及交付赏物情形片》。

我等叩拜济隆呼图克图,据闻济隆呼图克图乃宗喀巴佛之徒弟,名喇嘛之呼毕勒罕,由藏而来方一二年,我等得以叩拜,甚是造化。由彼至章嘉呼图克图驻锡寺庙拜佛,觐见呼图克图,甚是惊奇,蒙古语好。蒙询问我等路经游逛地方。复往白塔,于座下叩拜祈福。至弘仁寺,叩拜旃檀佛。我等原先闻得,此佛自然而成,极有福分。兹仰仗大皇帝之恩,亦得以叩拜此佛。拜见著名噶尔丹锡勒图呼图克图,叩献哈达。此来叩拜查干萨固尔泰佛,委实神奇,我等难以言表。等因。欣欣然争相合十告知。臣等言,尔等仰承我等之大皇帝之恩,得以叩拜各大寺、塔及呼图克图等,实乃尔等之大造化。①

这些活动确实对使臣触动很大,皆赞叹北京黄教之盛,并衷心感谢清朝使其得以有如此之礼佛机会,乃终生之造化,如使臣唵集所言:

拜谒诸佛,得遂我愿,喜而忘食矣。大皇帝施此鸿恩,委实无量。嗣后不仅利我等之此生,即便来生,亦必转世为人。我等惟有感激文殊菩萨大皇帝之恩外,无以言表。②

后来之使臣尼玛亦言:

在我处时,曾闻大皇帝推兴黄教,不曾目睹。我等此次来,仰仗大皇帝之恩,得以叩拜城内大寺之佛尊及著名呼图克图等,并得以叩拜此二处常人所不能到达之花园内寺庙之供佛。观之皆甚神奇壮观,黄教之振兴,理所应当也。仰承大皇帝之恩,于我等之今生及来世,皆大有裨益。③

清朝引领准噶尔使者到各大寺院拜佛,其目的是让使臣看到北京寺院堂皇,清朝黄教兴盛,清朝皇帝真心向佛,乃黄教之护法之王,返回后转告其台吉,可谓一举多得,颇有成效。

B. 参加跳步扎和诵经

跳步扎,汉文史料或记作"步踏",即金刚驱魔神舞,乃藏传佛教重要佛事活动。清宫每年年末均举行跳步扎活动,乾隆十一年以前,多在中正殿、乾清宫举行,其后基本在雍和宫进行。具体时间和邀请的参加者为:"每年十二月,喇嘛等于中正殿跳布扎,大建则二十九日跳,小建则二十八日跳,并于前一日演练。跳布扎之日,令蒙古客人等进入观赏。"④ 其中的蒙古客人是指年班进京的蒙古王公、额驸等,因蒙古人深信参加跳步扎驱鬼,可以消灾延福,保来年之平安,故多被邀请参加。乾隆四年与准噶尔划定边界,双方关系发生实质性变化,故开始邀请来京之使臣参加跳步扎和诵经活动。前面所述允许使臣等瞻寺礼佛,实际是让使臣参观各寺院之规模和特色,而让使臣参加跳步扎和诵经活动,则意在从佛事活动方面展示清朝黄教之兴盛状况。

因乾隆皇帝参加跳步扎,所以便有相关的仪注。乾隆四年年底准噶尔使臣哈柳首次参加跳步扎的仪注及仪式为:

本月二十九日,喇嘛等于中正殿跳布扎颂赞索若巴凌经时,遵旨令准噶尔使臣哈

---

① 乾隆十五年正月十四日《协办大学士阿克敦等奏闻尼玛等前往各寺礼佛情形片》。
② 乾隆十三年四月十五日《尚书海望等奏闻使臣唵集至雍和宫礼佛情形折》。
③ 乾隆十五年正月二十一日《协办大学士阿克敦等奏闻引使臣至碧云寺礼佛等情形片》。
④ 乾隆四年十二月二十一日《军机大臣鄂尔泰等奏请令使臣等入中正殿观赏跳布扎折》。

柳等进入观赏。是日未时始跳布扎，相应由陪同章京等将使臣等于午前引入西华门，带至咸安宫北面之空地，彼处事先搭支三个蒙古包预备，引使臣等至蒙古包歇息，由派委陪同之大臣等照看赏食饭食。是日，将入班大臣、议政大臣，及增派大臣等概行召集，于中正殿外门派护军统领一名、护军参领一名率护军校、护军二十名把门，中正殿内两侧门院，酌派侍卫等把守，令豹尾班侍卫等进入排列之处，交付领侍卫内大臣等。届时，令入班大臣等先入，由领侍卫内大臣等酌量入座。其章嘉呼图克图、噶尔丹锡勒图呼图克图所坐矮床，置于御座附近。喇嘛罗布藏西瓦在京之事，使臣等知之，跳布扎时，倘若不令罗布藏西瓦进入，必致使臣起疑心。罗布藏西瓦为达喇嘛，相应于跳布扎之日，命伊于达喇嘛之前，扎萨克喇嘛之后入座诵经。皇上升座之后，由尚书那延泰、都统绰尔多、侍郎勒尔森及奏蒙古事侍卫等，带使臣等进中正殿大门，入右翼门，于右翼前排大臣等之后，留出空隙叩拜一次后入座，其随行厄鲁特人等，命于诸大臣后面之西南墙角处就座。跳布扎颂赞索若巴凌之后，众喇嘛照例面向皇上撒米、诵达什经、敬献哈达，献过哈达，回原位入座。将茶桌由两侧一齐推进，多派献茶侍卫等。皇上用茶时，使臣等随大臣等跪叩，赐茶时，叩首饮之。茶桌撤后，先将使臣等引至住所。是日，将于咸安宫后面之空地搭支蒙古包预备，及于中正殿院两侧令诸大臣、喇嘛等、使臣等所坐之毡褥，交付武备院预先备办妥当。其赏给使臣等之饭茶，交付该部备办。凡使臣等行经之门，派护军等排列整齐，咸安宫后面之空地派护军等管带之处，拟交付护军统领办理。[①]

该仪注在大臣列班、侍卫仪仗、使臣进入、使臣位置、赐茶叩首等方面，与觐见、筵宴、辞行仪注基本相同，唯系参加佛事活动，又有活佛参加，故内容及安排活佛、达喇嘛等座位方面另有特色。跳步扎是每年的重要佛事活动，即使皇帝不参加，仍然要按部就班地进行。乾隆十一年、十五年，乾隆皇帝未曾参加，当时跳步扎的仪式为：

此次之来使尼玛等观看跳布扎时，皇上亦不驾临，相应仍按前例，免支黄幄及为众人进茶。召集诵经之喇嘛千余名坐左边，大臣等于右边对坐。诵经喇嘛及聚集之大臣等就座处皆铺毡垫。既然不支圣上所坐黄幄，相应照前令三位呼图克图正向而坐。是日清晨，照看之章京等带领使臣等至雍和宫，酌择喇嘛等所住房内宽敞之处，供使臣等歇息，由照看之大臣等赏食饭食毕，引至前后殿礼佛，再带至原处等候。届时引入。于首排大臣之末，留隙而坐，随行而来之厄鲁特等坐于众大臣之后。跳布扎礼毕，将使臣等带回住处。聚集之大臣等皆着蟒袍补褂。其备办恩赏使臣等之饭食茶饮，收拾令使臣等歇息之喇嘛房间，备办坐垫等处，皆交付各该处备办。使臣等路经街道门堆，皆令官兵排列整齐，及管理雍和宫外围之处，均拟交付步军统领、护军统领等。[②]

可知除免支黄帷、为僧众赐茶、叩首谢恩及呼图克图正向而坐以外，其他过程和仪式与皇帝驾临时相同。另外，跳步扎的过程并非仅仅表演驱鬼，而诵经亦为主要内

---

① 乾隆四年十二月二十四日《军机大臣鄂尔泰等奏请备办使臣等观中正殿跳布扎事宜折》。另乾隆十一年十二月二十三日《军机大臣讷亲等议奏玛木特等于大和斋瞻觐仪注折》，内容与此相似。

② 乾隆十五年正月二十四日《军机大臣傅恒等奏闻备办带尼玛等观看雍和宫跳步扎事宜折》。

容之一，故每次参加跳步扎的喇嘛较多，且呼图克图亦参与诵经，如乾隆十五年雍和宫跳步扎时，参加的喇嘛达 1200 余名，其中多数为诵经喇嘛。①

如准噶尔使者所言："按我蒙古例，若能观看跳步扎，则一年畅顺。兹蒙大皇帝之恩，得以观看，相应于我等更有裨益也。"② 在准噶尔地区的寺院，每年亦进行跳步扎，但规模难以与清廷举办的跳步扎相比，因此，准噶尔使者能够参加如此规模宏大的跳步扎活动，乃为莫大荣耀。清朝则以此来笼络使者，使之了解并宣传清廷信仰黄教之盛况。

准噶尔使者不在腊月、正月来北京时，便错过了参加跳步扎的活动，但若遇其他佛事活动，清廷亦准其参加。如乾隆十三年四月在雍和宫为孝贤皇后办道场，念"依如格勒经"时，便特谕准噶尔使者奄集等参加，此次参加道场之仪注为：

于雍和宫召集千名喇嘛念依如格勒经时，将御临黄凉棚搭于天王殿前东侧，于宝座台上置放宝座。令前引十位大臣，列排坐于凉棚前东面，后扈两位大臣侍立，豹尾班侍卫列于天王殿两侧山墙前。御前侍卫、乾清门侍卫，计宝座东面所能容纳站立。二位呼图克图所坐二榻，于清宁门内面向天王殿放置。供献之黄案，自呼图克图等所坐榻前往后排列。其念经之千名喇嘛，分东西两侧对坐，自西侧狮子往南，稍离喇嘛等，令满洲文武大臣等西向挨次排列入座。准噶尔使臣奄集等，随首排大臣之末，留空隙而座，其随行厄鲁特等随之而坐。引领使臣之尚书那延泰等，酌情照看使臣入座。其使臣等，于午时前自住处引至，令憩于雍和宫达喇嘛房内，赏食饭食。念经喇嘛等所坐毡褥，暂免铺设。圣上驾临时，令千名喇嘛及呼图克图等皆于清宁门外两侧跪迎，引使臣奄集等往前跪迎，俟圣上驾临东书院，令铺喇嘛等之坐褥。钟鼓楼前之两侧，排列念经队伍，引入诸大臣排列，亦引入使臣等，令于就座处站立。届时奏闻，驾临之时，均令跪地。圣上升座后，令二位呼图克图就榻入座，令念经喇嘛等入座，众大臣、使臣等皆叩头入座。喇嘛等念经毕，于黄凉棚东侧放置矮榻，令二位呼图克图面西而坐。旋进茶，献皇上茶时，众皆跪地，皇上用茶时，众皆叩首。继依次为二位呼图克图、坐首排喇嘛等、首排及次排大臣等、使臣等进茶。上还宫后，由臣等照看其余人等饮茶。饮茶毕，由照看之章京等引使臣等出西侧门，带至其住处。念依如格勒经时，由都统旺扎尔向佛尊、呼图克图敬献哈达。

是日，聚集之大臣、官员等皆着素服。③

这是清廷所比较大的道场，其仪注与跳步扎之仪注基本相同。诵经者除章嘉呼图克图、噶尔丹锡勒图呼图克图外，还有上千名喇嘛。让使臣参加此类活动，目的仍在显示清朝黄教之兴盛，同时以此优待使者。使者等能够参加如此规格的佛事活动，自然是千载难遇，故皆欣喜感恩，如所言：

大皇帝乃真佛、大施主，扶佑黄教，乃大皇帝虔诚之心力，振兴教法，乃喇嘛之功课。今做如此之大道场，实乃神奇之典范，难以遇逢。因皇后之大事，大皇帝圣心悲恸，为皇后做依如格勒经之道场，又念我等系蒙古人，传来我等听依如格勒经，并

---

① 乾隆十五年正月二十四日《军机大臣傅恒等奏请带尼玛等观看雍和宫跳步扎时不必召集蒙古宾客片》。

② 乾隆十五年正月二十八日《内大臣海望奏请准尼玛等于观看步扎时向三位呼图克图进献木碗片》。

③ 乾隆十三年四月二十一日《军机大臣傅恒等奏报雍和宫诵经仪注片》。

瞻觐圣颜，实为喜出望外无尽之恩。嗣后，凡于我等此生及来世有益者，皆源自于大皇帝所施洪恩也。①

对于笃信黄教之使者等而言，能够参加如此道场，可修今生和来世之福。其回到游牧地后，汇报参加如此道场，宣传清朝黄教盛况，无疑对准噶尔人颇为震撼。而乾隆皇帝通过让使者到寺院礼佛、参加跳步扎和诵经活动，展示清朝皇帝系实心阐扬黄教、安逸众生，乃蒙藏民众心目中的"菩萨王"。②

C. 拜见活佛

准噶尔使臣拜见驻京呼图克图的途径有二：一为前往嵩祝寺、弘仁寺礼佛时，若章嘉呼图克图、噶尔丹锡勒图呼图克图在寺内，得以前往叩拜，如乾隆五年正月哈柳由陪同大臣"带至嵩祝寺叩谒章嘉呼图克图，由彼带至弘仁寺，叩谒噶尔丹锡勒图呼图克图"③。但这种情况下拜见呼图克图，也是由军机大臣奏准后，才得以拜见的，并且连呼图克图招待使臣的肉食、茶叶，亦皆从内务府备办。④

另一拜见呼图克图的途径为参加跳步扎。跳步扎时，章嘉呼图克图、噶尔丹锡勒图呼图克图，乾隆十五年以后济隆呼图克图均参加，因而，参加跳步扎之准噶尔使臣得以借机拜见呼图克图。

拜见呼图克图时，使臣敬献哈达和礼品，如木碗等，呼图克图亦回赠其护符等。如乾隆十五年正月，"尼玛笃诚向三位呼图克图叩献哈达，将其地一位老喇嘛吹赞兰占巴进献章嘉呼图克图、噶尔丹锡勒图呼图克图之哈达各一条，由副使达希藏布代为进献，呼图克图等皆称不知此。章嘉呼图克图回赠一护符，噶尔丹锡勒图呼图克图不曾回赠"⑤。

若使臣等向呼图克图请求佛尊，呼图克图会将此事汇报给陪同大臣等。乾隆十五年正月尼玛等在雍和宫参加跳步扎时，向三位呼图克图进献木碗各一，并请求佛尊，章嘉呼图克图即告于陪同大臣那延泰，"适才尼玛等给我叩头献碗后，告知曰，仰蒙大皇帝恩典，我等得以两次叩拜三位呼图克图。我等均系远道前来之人，请呼图克图，赐我等宗喀巴、达喇额克祈愿佛，以便沿途虔诚祈祷而行。彼等如此请求，如若不给，似过小气，故经我等三人商酌，各送彼等宗喀巴、达喇额克之锡鲁克五尊、擦擦佛一尊、护符一个"。那延泰即时具奏，奉旨"著照请赠送"后，呼图克图方赠之。⑥

由此可知，尽管准噶尔使臣等笃信黄教，均欲拜见活佛，但必须得到清朝的允许。即使允许其拜见活佛，各个方面也均在清朝的掌控之中。

①　乾隆十三年四月二十一日《尚书海望等奏闻雍和宫道场毕使臣唵集等欣喜情形片》。
②　石滨裕美子《清朝与藏传佛教——菩萨王化的乾隆帝》，早稻田大学出版社 2011 年 9 版。
③　乾隆五年正月二十四日《军机大臣鄂尔泰等奏请准使臣叩谒章嘉呼图克图等片》。
④　同上。
⑤　乾隆十五年正月十四日《协办大学士阿克敦等奏闻尼玛等前往各寺礼佛情形片》。
⑥　乾隆十五年正月二十九日《尚书那延泰等奏报使臣观看跳步扎时请章嘉呼图克图赠送佛尊片》。

《使者档》所载准噶尔使臣在京礼佛情况表

来使时间	正使名称	前往寺院	参加佛事	拜见活佛
雍正十三年四月	吹纳木喀			
乾隆元年正月	吹纳木喀			
乾隆三年正月	达什	圣化寺、旃檀寺①		
乾隆三年十二月	哈柳	弘仁寺、圣化寺		
乾隆四年十二月	哈柳	嵩祝寺、圣化寺、旃檀寺	中政殿跳步扎	章嘉呼图克图、噶尔丹锡勒图呼图克图
乾隆五年闰六月	莽萧			
乾隆七年三月	吹纳木喀	旃檀寺		噶尔丹锡勒图呼图克图
乾隆七年十一月	吹纳木喀	旃檀寺		噶尔丹锡勒图呼图克图
乾隆八年十二月	图尔都		乾清宫跳步扎	
乾隆十年正月	哈柳			
乾隆十一年正月	哈柳	雍和宫	雍和宫跳步扎	章嘉呼图克图、噶尔丹锡勒图呼图克图
乾隆十一年十二月	玛木特	雍和宫	雍和宫跳步扎	章嘉呼图克图、噶尔丹锡勒图呼图克图
乾隆十三年四月	俺集	嵩祝寺、雍和宫、旃檀寺	参加雍和宫诵经	章嘉呼图克图、噶尔丹锡勒图呼图克图
乾隆十五年正月	尼玛	弘仁寺、阐福寺、嵩祝寺、雍和宫、碧云寺、永安寺、弘光寺	雍和宫跳步扎、诵经	济隆呼图克图、章嘉呼图克图、噶尔丹锡勒图呼图克图
乾隆十六年正月	额尔钦	弘仁寺、阐福寺、嵩祝寺、雍和宫、金山寺、天宁寺		噶尔丹锡勒图呼图克图、济隆呼图克图
乾隆十七年正月	图卜济尔哈朗	弘仁寺、阐福寺、嵩祝寺、雍和宫	雍和宫跳步扎、诵经	济隆呼图克图、章嘉呼图克图、噶尔丹锡勒图呼图克图
乾隆十九年五月	敦多克			

5. 赏赐之礼

自古各国通使，无论商谈何事，总要备礼为先。使者所携除国书外，即为见面礼

---

① 满文写作"jantan syi"，实为弘仁寺。因弘仁寺内供奉旃檀佛，故时人将该寺亦称旃檀寺或旃檀觉卧寺。另，弘仁寺在乾隆年间因避讳，或写作"宏仁寺"。

品。但中国古代王朝，均自称"中国"，周边诸国皆为外藩，故将此类礼品，多称贡品、方物，进而将外国谈判使节与属国之朝贡使者混而为一，混淆两者关系，直至清后期，在列强抗议及船坚炮利之威逼下，才设立专属衙门，将此合理区分。

准噶尔汗国时期的使臣，清朝均将其列入贡使之列，其实其与朝鲜、琉球等之贡使有很大区别。准噶尔每次来使皆有各自的谈判内容，清朝在接待使者方面，虽然礼仪有相同之处，但亦与接待朝鲜、琉球等来使有区别。在乾隆三年以前，清朝与准噶尔汗国之间相互遣使，其中清朝向准噶尔汗国遣使达 30 余次，① 每次皆携带国书和礼品前往。清朝使臣携带之"国书"，清朝自称敕书，以体现尊卑等级关系；携带绸缎等礼品，清朝自称赏赐礼品，而实质都是两国间的通使必备之物而已。此问题治史者不可不察，否则无法研究中国古代的中外关系沟通、交流的发展历史。

一般而言，各国使臣所携带的礼品，多为本国特产，如清朝的丝绸磁器、西洋的钟表、草原的貂皮良马等，是使臣携带的主要礼品。准噶尔使臣每次进京携带的礼品主要是貂皮、马匹等。笔者根据《使者档》等记载，绘制出雍正、乾隆年间《准噶尔进京使臣所携礼品表》如下：

准噶尔进京使臣所携礼品表

来使时间	正使名称	遣使首领	所携礼品
雍正十三年四月	吹纳木喀	噶尔丹策零	貂皮 35 张
乾隆元年正月	吹纳木喀	噶尔丹策零	貂皮 35 张
乾隆三年正月	达什	噶尔丹策零	貂皮 31 张
乾隆三年十二月	哈柳	噶尔丹策零	貂皮 30 张
乾隆四年十二月	哈柳	噶尔丹策零	貂皮 31 张 使臣哈柳另献貂皮 21 张
乾隆五年闰六月	莽萧	噶尔丹策零	貂皮 31 张、玉碗 1 件
乾隆七年三月	吹纳木喀	噶尔丹策零	貂皮 30 张
乾隆七年十一月	吹纳木喀	噶尔丹策零	貂皮 30 张、马 2 匹、玉碗 1 件
乾隆八年十二月	图尔都	噶尔丹策零	貂皮 30 张、马 2 匹、玉碗 1 件
乾隆十年正月	哈柳	噶尔丹策零	貂皮 30 张，玉碗、木碗各 1 件，犬、马各 2 匹
乾隆十一年正月	哈柳	策妄多尔济那木扎勒	貂皮 40 张
乾隆十一年十二月	玛木特	策妄多尔济那木扎勒	貂皮 41 张、马 2 匹、木碗 1 件
乾隆十三年四月	唵集	策妄多尔济那木扎勒	貂皮 41 张、马 2 匹、玉碗 1 件
乾隆十五年正月	尼玛	策妄多尔济那木扎勒	貂皮 41 张、马 2 匹、玉碗 1 件
乾隆十六年正月	额尔钦	喇嘛达尔扎	貂皮 41 张、马 2 匹

---

① 详见张双智《清代朝觐制度研究》第 96、第 97 页。

来使时间	正使名称	遣使首领	所携礼品
乾隆十七年正月	图卜济尔哈朗	喇嘛达尔扎	貂皮 41 张、马 2 匹、雕 2 只
乾隆十九年五月	敦多克	达瓦齐	貂皮 41 张、马 2 匹、玉碗 1 件

从表内的礼品栏中可见，准噶尔汗国的主要礼品是貂皮，一般每次带 30 至 40 余张。其次是马匹，准噶尔草原历来是出名马之地，《使者档》所载准噶尔的 17 次来使中，有 9 次携良马 2 匹。其中有 7 次带玉碗为礼品，准噶尔汗国辖境内出产和田玉，玉碗为珍贵之物，或其知晓乾隆皇帝嗜玉而献之。另有木碗、雕、犬等，仅一两次携带，非主要礼品。

清朝以上国自居，号称礼仪之邦，在对外国国王和使臣的赏赐方面，继承了中原王朝"厚往薄来"的原则，赏赐丰厚，成为清朝怀柔边远、吸引往来的重要手段，并以此体现天朝上国政治、经济、文明之昌盛。从《使者档》有关赏赐的记载中，可知清朝对准噶尔台吉及使者的赏赐，分为例赏、加赏、特赏三部分，是根据谈判情况、关系好坏分别进行赏赐的。例赏、加赏、特赏的对象包括准噶尔台吉和使团成员，而对使团成员的赏赐，按正使、副使、跟役三类分别赏赐，标准差距较大。

A. 例赏

例赏是遵循以往的礼尚往来之礼，对对方携带礼品之回礼和对使者们的例行赏赐。清朝于顺治八年，定对额鲁特贡使之例赏为：

额鲁特贡使一等者：上号蟒缎一，帽缎、彭缎各一，毛青布二十四，银茶桶一、重三十两。随从五人，各彭缎一，毛青布八；次等者：补缎一，彭缎一，毛青布十六。随从三人，各彭缎一，毛青布十六；小台吉及塔布囊各官来使，各彭缎一，毛青布八。随从一人，各毛青布四。[①]

详细规定了各级别台吉所遣来使之赏赐待遇，准噶尔巴图尔浑台吉之使臣即为一等者。另外，从中可以窥得，当时额鲁特各部遣使者既有浑台吉，亦有小台吉。但后来基本都是浑台吉遣使，且赏格亦有增加。

清朝对准噶尔来使的例赏，分为对准噶尔台吉例赏和对使者例赏两部分，其中对准噶尔台吉的例赏，清朝称为"颁敕之礼"，标准为"赏各色缎十匹"，该标准一直未变。对使团成员的例赏标准为：

其为首使臣，赏银一百两、御用缎二匹、官用蟒缎一匹、补缎一匹、彭缎二匹、毛青布二十四匹；赏副使银五十两，官用蟒缎一匹、御用缎二匹、彭缎二匹、毛青布二十匹；其随行来京之厄鲁特，留肃州之厄鲁特等，人各赏银二十两、官用缎二匹、彭缎一匹、毛青布八匹外，其使臣及随行来京之厄鲁特等，若在冬季，赏皮袄各一袭、棉袍各一袭，倘在夏季，赏棉袍各一袭、双层纱袍一袭，及帽子、腰带。[②]

---

① 《清世祖实录》卷 54，顺治八年闰二月丁丑条。

② 乾隆三年二月初十日《军机大臣鄂尔泰等奏请照例赏赐使臣达什等物项片》；乾隆七年十一月二十二日《军机大臣鄂尔泰等奏请依例赏赐使臣吹纳木喀等银两缎匹等物折》等。

其中例行赏赐的银两、绸缎、布匹，一直没有变化，而赏赐的衣服却根据季节有所变化，在冬季赏赐正使"焰红妆缎面白鼠皮袄一袭，焰红妆缎棉袍一袭"；副使"焰红妆缎面黑鼠皮袄一袭，焰红妆缎棉袍一袭"；随来北京的跟役"赏金字缎面羊皮袄各一袭、金字缎棉袍各一袭"，并腰带、帽子等。① 夏季来使，正副使臣"各赏应时焰红妆缎面棉袍一袭，夹层纱袍一袭"；至京之跟役"各赏金字缎面棉袍一袭，夹层纱袍一袭"，并腰带、凉帽等。②

另外，雍正十三年闰四月奏请赏赐准噶尔使臣的奏折为：

准噶尔噶尔丹策零所派使臣吹纳木喀等，事毕将遣返。查得，先前准噶尔使臣等来，除专特施恩另行赏赐外，照例赏使臣二等蟒缎一匹、补缎一匹、大缎二匹、彭缎二匹、毛青布二十四匹；赏随从跟役等，每人各赏大缎二匹、彭缎一匹、毛青布八匹，遣往在案。今特施恩赏使臣吹纳木喀等棉衣各一套、纱夹衣各一套、吹纳木喀银一百两，诺惠尼银五十两，随从十三人，每人各赏银二十两外，彼等返回之时，亦照前例，拟赏吹纳木喀二等蟒缎一匹、补缎一匹、大缎二匹、彭缎二匹、毛青布二十四匹；赏随从跟役等，每人各赏大缎二匹、彭缎一匹、毛青布八匹。其诺惠尼，酌加核减，赏二等蟒缎一匹、官缎二匹、彭缎二匹、毛青布二十匹。随从十三人，及留肃州七人，均各赏官缎二匹、彭缎一匹、毛青布八匹。③

据此奏折可知，在雍正年间之前，赏赐准噶尔使者的例赏仅为绸缎、布匹，而银两、衣服属于加赏。乾隆元年赏赐吹纳木喀时，总理事务王大臣等仍将赏赐衣服作为加赏奏请，④ 获准加赏后，即成为对后来使者的赏赐定例，同绸缎、布匹一样变成例赏。加赏逐渐变为例赏，在《使者档》记载中体现颇多。

每次准噶尔使团都有大批跟役随从，至肃州后，将多数跟役留于肃州进行贸易，仅带部分跟役进京。按清朝赏赐之礼，对来京之跟役除例赏外皆有加赏，偶有特赏，但对留于肃州之跟役，仅有例赏，赏格与来京之跟役相同，为"人各赏银二十两、官用缎二匹、彭缎一匹、毛青布八匹"，这些赏品同赐给使者的其他物品一起交于使臣，由使臣带至肃州分发。

B. 加赏

乾隆七年十一月，军机大臣为加赏准噶尔台吉事具奏：

查得，先前颁降准噶尔噶尔丹策零以敕书，例赏缎十匹。乾隆四年，因噶尔丹策

① 乾隆三年二月初十日《军机大臣鄂尔泰等奏请照例赏赐使臣达什等物项片》。
② 乾隆十三年四月十三日《军机大臣傅恒等奏请赏赐喀集等银两物品片》。
③ 雍正十三年闰四月十六日《军机大臣鄂尔泰等奏请赏赐使臣吹纳木喀等物品折》。
④ 详见乾隆元年正月十九日《和硕庄亲王允禄等奏请赏赐吹纳木喀等物项片》，该奏片内容为：查得，去年遣返准噶尔噶尔丹策零所遣使臣吹纳木喀等时，曾赏吹纳木喀银一百两、御用缎二匹、官用蟒缎一匹、补缎一匹、彭缎二匹、毛青布二十四匹，赏诺惠尼银五十两、官用蟒缎一匹（原档残缺）、毛青布二十匹，随行而来之二十人，人各赏银二十两、官用绸缎二匹、彭缎一匹、毛青布八匹。另对吹纳木喀、诺惠尼及随行而来之厄鲁特人中除留于肃州之七人外，其来京城之十三人，人各赏纱袍一件、棉袍一件、帽子、腰带等在案。赏此次前来使臣吹纳木喀、额塞及随行而来之二十四名厄鲁特之银、缎、布，拟仍照前例，俟其起程之时颁赏。其赏留于肃州之六名厄鲁特之银、缎、布，则交付吹纳木喀等，俟其抵达肃州转赏外，届时赏给吹纳木喀、额塞火红妆缎面儿狐皮袄（原档残缺），其随行而来十八名厄鲁特，各赏金字缎面儿羊皮袄一件、金字缎棉袍一件。可否之处，谨此请旨。等因。乾隆元年正月十九日奏入，奉旨：著赏。钦此。

零派使臣哈柳，一切事宜，悉遵谕旨，恭顺具奏，格外施恩赏蟒缎、妆缎六匹，玻璃、磁器十种。继而使臣莽鼐、吹纳木喀等至，恩赏玻璃、瓷器十种，缎十六匹。均皆记录在案。

此次，噶尔丹策零特派吹纳木喀等，进献玉碗、马匹，极为恭顺具奏，相应请随敕赏缎十匹外，其如何另行恩赏之处，谨此请旨。

等因，乾隆七年十一月二十二日奏入，奉旨：亦赏缎十匹外，著赏蟒缎、妆缎八匹，玻璃、磁器十二种。钦此。①

看来加赏噶尔丹策零的主要原因是"一切事宜，悉遵谕旨，恭顺具奏"，即两者友好关系日益密切，因而加赏。乾隆四年十二月使臣哈柳来京时，所携奏书遵旨划界，并奏请赴藏熬茶，乾隆皇帝为此甚为欣悦，是开始加赏噶尔丹策零之直接原因。

另外，由于准噶尔使臣携带礼品增加，且"极为恭顺具奏"，作为礼尚往来，也是加赏的重要因素。乾隆七年以后，对准噶尔台吉的加赏也固定化，且数量不断增加，几乎形同例赏。

加赏准噶尔台吉的同时，对使臣等亦行加赏。乾隆四年十二月因诸事商谈成功，亦对使臣哈柳加赏，经军机大臣奏请，奉旨"赏哈柳大缎四匹、玻璃器皿四种"②，并在返回前加赏哈柳银二百两，副使松阿岱、巴彦各加赏银五十两。

此后，对准噶尔来使的加赏，基本标准为正使"大缎四匹、玻璃器四种、银二百两"，副使"银五十两"，并且，每次噶尔丹策零、策妄多尔济那木扎勒、喇嘛达尔扎的来使，基本都按此标准加赏，偶有增加者，亦仅为哈达等，为数不多，而此加赏标准则形同定例。

C. 特赏

乾隆年间对准噶尔台吉之特赏，始于乾隆七年十一月吹纳木喀来使之时，实为使臣为其台吉求索而致。该赏缘起于：

照看使臣等之内护军统领庆恩等禀称，据使臣吹纳木喀暗地告称，噶尔丹策零喜好鹰犬，闻知大国鹰犬甚佳，极愿得以一见。料想此次大皇帝必恩赏我等之噶尔丹策零，可否恩赏鹰犬带往耶。③

乾隆皇帝览后降旨：

准噶尔之噶尔丹策零请安，进献马匹、物件，笃诚恭顺具奏，相应照例赏赐外，特恩赏好鹰二只，良犬二只。著饬交该大臣等，挑上等鹰绊、犬圈各两副赏之，一副在途用，一副俟至其游牧后用。钦此。④

在此次紫光阁筵宴使臣吹纳木喀后，传旨使臣：

等之台吉噶尔丹策零进献之马，适朕已试骑，故此格外施恩，将朕佩戴素珠赏给噶尔丹策零。尔等赍往晓谕噶尔丹策零。钦此。

又以噶尔丹策零进献良马，特赏御佩素珠一挂。使者临行前复降旨：

---

① 乾隆七年十一月二十二日《军机大臣鄂尔泰等奏请格外恩赏噶尔丹策零物品片》。
② 乾隆四年十二月二十六日《军机大臣鄂尔泰等奏请时逢年节赏噶尔丹策零及使臣哈柳物品折》。
③ 乾隆七年十一月二十八日《军机大臣鄂尔泰等奏闻据称噶尔丹策零喜好鹰犬片》。
④ 乾隆七年十一月二十七日《谕著赏噶尔丹策零鹰犬》。

著赏噶尔丹策零橘、柑各一篓赏往。①

从此，开特赏准噶尔台吉之例。此后来使时，基本都对准噶尔台吉有特赏，赏赐物品以绸缎、磁器、玻璃器、珐琅器、如意、佛经、佛塔、酒海、灯笼、象牙制品、漆器、荷包等为主，每次赏赐种类和数量均较前一次多，其中以乾隆十五年特赏于策妄多尔济那木扎勒，十六年赏于喇嘛达尔扎的物品之种类、数量最多。乾隆十五年尼玛来使时特赏策妄多尔济那木扎勒的物品有：

漳绒二匹、妆缎二匹、宁绸二匹、玻璃瓶一对、玻璃碗二对、玻璃盘一对、瓷盘一对；带套木碗一个、珐琅小瓷瓶一对；玉如意一柄；大红漳绒四匹、酱色漳绒二匹、黄漳绒一匹、表二件（随木匣）、磁珐琅瓶一对、蓝玻璃画金观音瓶一件、象牙佛手盒一件、画羊角方灯一对、画羊角六方瓶灯一对；四方羊角卓（桌）灯一对、四方纱卓（桌）灯一对、小荷包十对（内银锞二十个）、大荷包一对（内金钱二个）；磁胎珐琅甘（橄）榄瓶一对、磁胎珐琅茶碗一对、青花白地碗一对、霁红靶（把）碗一对、青花白地碟一对、绿彩磁盘一对、霏（翡）翠玻璃大碗一对、亮绿玻璃刻花茶碗一对、亮蓝玻璃碟一对。②

翌年，因准噶尔汗位更替，使臣额尔钦赶至苏州觐见。乾隆皇帝或遵前例，或因其诚心请安具奏，故对新汗喇嘛达尔扎例赏、加赏外，特赏亦颇丰厚，主要特赏为：

连套木碗一个、玻璃碗一对、磁碗一对、磁盘一对、花瓶一对、红玻璃瓶一对、金漆盒一对、玻璃盘一对、对子荷包一对（内有金钱）、小荷包十对（内有银锞）、漳绒二匹、缎三匹、妆缎一匹、宁绸二匹；镶嵌如意九柄（一盒）、柿黄橄榄瓶一对、青花白地磁花瓶一对、霁红把碗一对、月白涅玻璃烧碗一对、绿磁盘一对、绿玻璃碗一对、酒黄玻璃碗一对、青花白地磁碟一对、象牙盒三件、珐琅碗一对、漳绒五匹；磁象花插一件、磁绕芝花插一件、磁各种果形笔洗一件、漆盒一对、锦缎六匹。③

特赏与例赏、加赏不同，根据乾隆皇帝的意愿可增可减，所赏物品也不像例赏、加赏那样固定，随意性较大。如乾隆十七年图卜济尔哈朗来使时，因聘请喇嘛谈判破裂，乾隆帝对喇嘛达尔扎的特赏既减少较多，而乾隆十九年达瓦齐所遣使臣敦多克来使时，对达瓦齐未予特赏，仅有例赏和加赏而已。

清朝对使臣特赏，始于乾隆十年对哈柳之特赏，当时筵宴时特赏噶尔丹策零时，亦赏哈柳"灯笼一对"。此后开特赏使臣之例，前来使臣均有不同特赏，仍以乾隆十五年、十六年来使所得特赏最多。乾隆十五年特赏正使尼玛西洋鼻烟壶一对；玉如意一柄；古铜漳绒一匹、黄漳绒一匹、洋漆罩盖三层海棠盒一对、象牙田瓜盒一对、画羊角方灯一对；锦一匹、片金一匹、大缎一匹；羊角卓（桌）灯一对、大荷包一对、小荷包三对（内都有银锞）。赏副使达希藏布、奔塔尔各锦一匹、大缎一匹。各小荷包二对（内都有银锞）。至京之跟役各官用缎一匹。④

乾隆十六年对喇嘛达尔扎特赏的同时，亦对使臣特赏，赏正使额尔钦珐琅花插一

---

① 乾隆七年十二月十二日《谕著赏赐噶尔丹策零橘柑赍往》。
② 乾隆十五年二月十三日《赏赐此次准噶尔来使（尼玛）物品清单》
③ 乾隆十六年五月二十四日《赏赐本次来使（额尔钦）物品清单》。
④ 乾隆十五年二月十三日《赏赐此次准噶尔来使（尼玛）物品清单》。

对、玻璃碗一对、玻璃盘一对、红花碗一对、对子荷包一对（内有银锞）、小荷包四对（内有银锞）、妆缎一匹、红缎一匹、各色缎四匹；洋磁笔筒二件、青花白地磁碗一对、绿玻璃花瓶一对、镶金星玻璃鼻烟壶二件、漳绒三匹、各色缎四匹；磁小花瓶一件、磁笔洗一件、锦缎三匹。赏副使尼玛对子荷包一对（内有银锞）、小荷包三对（内有银锞）、各色缎四匹；各色缎四匹；锦缎一匹。赏副使奔塔尔、塔克达对子荷包各一对（内有银锞）、小荷包各一对（内有银锞）、各色缎三匹；各色缎三匹；锦缎各一匹。对跟随到苏州的5名跟役，先后各特赏缎2匹。① 因乾隆十五年尼玛曾为策妄多尔济那木扎勒的正使至京，且各项谈判顺利，清朝对其优礼有加，故十六年尼玛复为喇嘛达尔扎之副使时，清朝将其与其他两名副使区别对待，对特赏物品有异，属于赏赐中之特例。

乾隆十七年因聘请喇嘛谈判破裂，使臣图卜济尔哈朗拒不延聘清朝为准噶尔准备的喇嘛，所以在减少对准噶尔台吉特赏的同时，亦减少了对使臣的特赏，仅特赏正使"铜镶石鼻烟盒二个；玉如意一柄"，"漳绒二疋、洋漆盒一对、象牙盒一对、纱灯一对"②。且对副使等未予特赏。

笔者根据《使者档》和《清实录》等文献，绘制了《清朝赏赐准噶尔台吉及使者物品表》，基本概括了乾隆年间清廷对准噶尔台吉及历次使者的例赏、加赏、特赏，从中可以了解清朝对使者之赏赐之礼。

清朝赏赐准噶尔台吉及使者之物品表

使臣名称及到京时间	赏赐对象	所 赏 物 品		
		例 赏	加 赏	特 赏
吹纳木喀雍正十三年四月	噶尔丹策零	赏各色缎十匹		
	正使吹纳木喀	二等蟒缎一匹、补缎一匹、大缎二匹、彭缎二匹、毛青布二十四匹、银一百两	棉衣一套、纱夹衣一套、帽子、腰带等	
	副使诺惠尼	赏二等蟒缎一匹、官缎二匹、彭缎二匹、毛青布二十四匹、银五十两	棉衣一套、纱夹衣一套、帽子、腰带等	
	跟役	至京之13名、留肃州之7名跟役每人各赏大缎二匹、彭缎一匹、毛青布八匹、银二十两	至京之13名跟役各赏棉衣一套、纱夹衣一套、帽子、腰带等	

---

① 乾隆十六年五月二十四日《赏赐本次来使（额尔钦）物品清单》。

② 乾隆十七年正月十三日《朝觐筵宴时依礼赏赐准噶尔台吉及使臣物项记注》和乾隆十七年正月十五日《使臣于山高水长观看烟火时赏赐准噶尔台吉及使臣物项记注》。

续表

使臣名称及到京时间	赏赐对象	所赏物品		
		例 赏	加 赏	特 赏
吹纳木喀 乾隆元年 正月	噶尔丹策零	赏各色缎十匹		
	正使吹纳木喀	官用蟒缎一匹、补缎一匹、御用缎二匹、彭缎二匹、毛青布二十四匹、银一百两	火红妆缎面儿狐皮袄（原档残缺）及帽子、腰带等	
	副使额塞	官用缎二匹、御用缎二匹、彭缎一匹、毛青布二十四匹、银五十两	火红妆缎面儿狐皮袄（原档残缺）及帽子、腰带等	
	跟役	至京之18名、留肃州之6名跟役每人各赏官用缎二匹、彭缎一匹、毛青布八匹、银二十两	至京之18名跟役各赏金字缎面儿羊皮袄一件、金字缎棉袍一件及帽子、腰带等	
达什 乾隆三年 正月	噶尔丹策零	赏各色缎十匹		
	正使达什	官用蟒缎一匹、补缎一匹、御用缎二匹、彭缎二匹、毛青布二十四匹、银一百两；焰红妆缎面白鼠皮袄一袭，焰红妆缎棉袍一袭及帽子、腰带等	（上述加赏成例赏）	
	副使博济尔	官用缎二匹、御用缎二匹、彭缎一匹、毛青布二十四匹、银五十两；焰红妆缎面黑鼠皮袄一袭，焰红妆缎棉袍一袭及帽子、腰带等		
	跟役	22名跟役每人各赏官用缎二匹、彭缎一匹、毛青布八匹、银二十两。至京之22名跟役各赏金字缎面儿羊皮袄一袭、金字缎棉袍一袭及帽子、腰带等		

续表

使臣名称及到京时间	赏赐对象	所赏物品		
		例 赏	加 赏	特 赏
哈柳 乾隆三年十二月		各色缎十匹		
	正使哈柳	官用蟒缎一匹、补缎一匹、御用缎二匹、彭缎二匹、毛青布二十四匹、银一百两；焰红妆缎面白熏皮袄一袭，焰红妆缎棉袍一袭及帽子、腰带等		
	副使绰诺、乌巴什	各赏官用缎二匹、御用缎二匹、彭缎一匹、毛青布二十匹、银五十两；焰红妆缎面黑熏皮袄各一袭，焰红妆缎棉袍各一袭及帽子、腰带等		
	跟役	39名跟役每人各赏官用缎二匹、彭缎一匹、毛青布八匹、银二十两。至京之18名跟役各赏金字缎面儿羊皮袄一袭、金字缎棉袍一袭及帽子、腰带等		
哈柳 乾隆四年十二月	噶尔丹策零	各色缎十匹	蟒缎、妆缎六匹，玻璃、磁器十种	
	正使哈柳	官用蟒缎一匹、补缎一匹、御用缎二匹、彭缎二匹、毛青布二十四匹、银一百两；焰红妆缎面白鼠皮袄一袭，焰红妆缎面棉袍一袭及帽子、腰带等	大缎四匹、玻璃器四种；临行赏银二百两	
	副使松阿岱、巴颜	各赏官用缎二匹、御用缎二匹、彭缎一匹、毛青布二十匹、银五十两；各赏焰红妆缎面黑鼠皮袄一袭，焰红妆缎面棉袍一袭及帽子、腰带等	临行各赏银五十两	

使臣名称及到京时间	赏赐对象	所赏物品		
		例　赏	加　赏	特　赏
哈柳 乾隆四年十二月	跟役	62名跟役每人各赏官用缎二匹、彭缎一匹、毛青布八匹、银二十两。至京之27名跟役各赏金字缎面儿羊皮袄一袭，金字缎棉袍一袭及帽子、腰带等		
莽噶① 乾隆五年闰六月	噶尔丹策零	各色缎十匹	玻璃、磁器四十件，大缎六匹	
	副使莽噶	官用缎二匹、御用缎二匹、彭缎一匹、毛青布二十匹、银五十两；焰红妆缎面黑鼠皮袄一袭，应时双层纱袍一袭并凉帽、腰带等		
	跟役	6名跟役每人各赏官用缎二匹、彭缎一匹、毛青布八匹、银二十两。6名跟役各赏金字缎面羊皮袄一袭，并凉帽、腰带等		
吹纳木喀② 乾隆七年三月	噶尔丹策零	各色缎十匹	磁器十件、大缎六匹	
	正使吹纳木喀	官用蟒缎一匹、补缎一匹、御用缎二匹、彭缎二匹、毛青布二十四匹、银一百两；焰红妆缎面皮袄一袭，焰红妆缎面棉袍一袭及帽子、腰带等	大缎四匹、玻璃器四种、银二百两	

①　此次来使，奉旨按副使待遇接待。

②　《使者档》对此次来使无记载，《方略》《实录》亦未记载副使及跟役情况。对使臣之例赏，系笔者根据赏例推定者。

续表

使臣名称及到京时间	赏赐对象	所赏物品		
		例　赏	加　赏	特　赏
吹纳木喀乾隆七年十一月	噶尔丹策零	各色缎十匹	蟒缎、妆缎八匹,玻璃、磁器十二种	好鹰两只、良犬两条;御佩素珠一掛;橘、柑各一篓
	正使吹纳木喀	官用蟒缎一匹、补缎一匹、御用缎二匹、彭缎二匹、毛青布二十四匹、银一百两;焰红妆缎面皮袄一袭,焰红妆缎面棉袍一袭及帽子、腰带等	大缎四匹、玻璃器四种、银二百两	
	副使玛木特副使图尔都	各赏官用缎二匹、御用缎二匹、彭缎一匹、毛青布二十五匹、银五十两;焰红妆缎面皮袄各一袭,焰红妆缎面棉袍各一袭及帽子、腰带等。	银各五十两	
	跟役	23名跟役每人各赏官用缎二匹、彭缎一匹、毛青布八匹、银二十两。至京17名跟役各赏金字缎面儿羊皮袄一袭,金字缎棉袍一袭及帽子、腰带等		
图尔都①乾隆八年十二月	噶尔丹策零	各色缎十匹	锦缎、妆缎各八匹,玻璃、磁器十五件	佛像二尊;妆缎、漳绒、宁绸各二匹,玻璃器六件,珐琅器四件
	正使图尔都	官用蟒缎一匹、补缎一匹、御用缎二匹、彭缎二匹、毛青布二十四匹、银一百两;焰红妆缎面皮袄一袭,焰红妆缎面棉袍一袭及帽子、腰带等	大缎四匹、玻璃器四件、银二百两	

① 《使者档》对此次来使无记载,《方略》《实录》亦未记载副使及跟役情况。对使臣之例赏,系笔者根据赏例推定者。

使臣名称及到京时间	赏赐对象	所赏物品		
		例　赏	加　赏	特　赏
哈柳① 乾隆十年正月	噶尔丹策零	各色缎十匹	妆缎、漳绒、宁绸各二匹，玻璃器六种、珐琅器四种	玻璃器四种、佛果一个、灯笼一对
	正使哈柳	官用蟒缎一匹、补缎一匹、御用缎二匹、彭缎二匹、毛青布二十四匹、银一百两；焰红妆缎面皮袄一袭，焰红妆缎面棉袍一袭及帽子、腰带等	大缎四端，玻璃器四件，银二百两	灯笼一对
哈柳 乾隆十一年正月	策妄多尔济那木扎勒	各色缎十匹	蟒缎、妆缎八匹，玻璃六件，磁器八件，珐琅器四件	玉如意一柄；重五十两之银茶桶一件、酒海一个、曼达一个、藏香一百束；鼻烟壶一个；《无量寿经》一部、玻璃壶一对、玻璃盖碗一对；珊瑚素珠一串、珐琅壶一对、珐琅花茶桶一个
	正使哈柳	官用蟒缎一匹、补缎一匹、御用缎二匹、彭缎二匹、毛青布二十四匹、银一百两；焰红妆缎面白鼠皮袄一袭，焰红妆缎面棉袍一袭及帽子、腰带等	大缎四匹、玻璃器四件、大哈达四条、银二百两	玉如意一柄；鼻烟壶一个；玻璃壶一对、问钟一件
	副使图布吉尔干、玛木特	各赏官用缎二匹、御用缎二匹、彭缎一匹、毛青布二十四匹、银五十两；焰红妆缎面灰鼠皮袄各一袭，焰红妆缎面棉袍各一袭及帽子、腰带等	银各五十两	
	跟役	25名跟役每人各赏官用缎二匹、彭缎一匹、毛青布八匹、银二十两。至京之15名跟役各赏金字缎面儿羊皮袄一袭，金字缎棉袍一袭及帽子、腰带等		

① 《使者档》对此次来使无记载，《方略》《实录》亦未记载副使及跟役情况。对使臣之例赏，系笔者根据赏例推定者。

续表

使臣名称及到京时间	赏赐对象	所赏物品		
		例赏	加赏	特赏
玛木特 乾隆十一年 十二月	策妄多尔济那木扎勒	各色缎十匹	蟒缎、妆缎八匹，玻璃、磁器、珐琅器皿十八种	鼻烟壶一只；大荷包一对、小荷包两对，荷包内各放银元宝一个；妆缎二匹、漳绒二匹、宁绸二匹，珐琅器二种，玻璃器六种、磁器两种；《无量寿经》一部、吊灯两对、玻璃碗一对、玻璃壶一对；玉如意一柄、问钟一个；漳绒六匹、漆盒一对、珐琅壶一个、象牙盒一个、火镰一个
	正使玛木特	官用蟒缎一匹、补缎一匹、御用缎二匹、彭缎二匹、毛青布二十四匹、银一百两；焰红妆缎面白鼠皮袄一袭，焰红妆缎面棉袍一袭及帽子、腰带等	大缎四匹、玻璃器四种、银二百两	鼻烟壶一只；大荷包一对、小荷包两对，荷包内各放银元宝一个；台灯一对、玻璃壶一对；玉如意一柄、问钟一个；漳绒二匹、漆盒一对、象牙盒一个
	副使巴图蒙克、杜喇勒哈什哈	各赏官用缎二匹、御用缎二匹、彭缎一匹、毛青布二十五匹、银五十两；焰红妆缎面灰鼠皮袄各一袭，焰红妆缎面棉袍各一袭及帽子、腰带等	银各五十两	
	跟役	43 名跟役每人各赏官用缎二匹、彭缎一匹、毛青布八匹、银二十两。至京之 16 名跟役各赏金字缎面儿羊皮袄一袭，金字缎棉袍一袭及帽子、腰带等		

使臣名称及到京时间	赏赐对象	所赏物品		
		例　赏	加赏	特赏
俺集 乾隆十三年 四月	策妄多尔济那木扎勒	各色缎十匹	蟒缎、妆缎八匹，玻璃、磁器、珐琅器皿十八种	玉如意一件、哥窑瓶二件、三色玻璃瓶一件、玻璃葫芦花插一件、西洋珐琅鼻烟壶一件、象牙如意盒一件、问钟一件、漆套盒二件、妆缎二匹、蟒缎二匹、章（漳）绒二匹、宁绸二匹；银塔一尊、佛经一部、佛像一轴、蓝玻璃罩盖匣一对。玻璃套匣一件，内盛小荷包三十八个
	正使俺集	官用蟒缎一匹、补缎一匹、御用缎二匹、彭缎二匹、毛青布二十四匹、银一百两；焰红妆缎面棉袍一袭，夹层纱袍一袭并凉帽、腰带等		象牙盒一件、洋漆套盒一对、漳绒二匹
	副使敦多布	官用缎二匹、御用缎二匹、彭缎一匹、毛青布二十四匹、银五十两；焰红妆缎面棉袍一袭，夹层纱袍一袭并凉帽、腰带等		
	跟役	26名跟役每人各赏官用缎二匹、彭缎一匹、毛青布八匹、银二十两。至京之13名跟役各赏金字缎面棉袍一袭，夹层纱袍一袭并凉帽、腰带等		

使臣名称及到京时间	赏赐对象	所赏物品		
		例 赏	加 赏	特 赏
尼玛 乾隆十五年正月	策妄多尔济那木扎勒	各色缎十匹	蟒缎、小龙缎八匹，玻璃、磁、珐琅器十八种	漳绒二匹、妆缎二匹、宁绸二匹、玻璃瓶一对、玻璃碗两对、玻璃盘一对、瓷盘一对；带套木碗一个、珐琅小瓷瓶一对；玉如意一柄；大红漳绒四匹、酱色漳绒二匹、黄漳绒一匹、表两件（随木匣）、磁珐琅瓶一对、蓝玻璃画金观音瓶一件、象牙佛手盒一件、画羊角方灯一对、画羊角六方瓶灯一对；四方羊角卓（桌）灯一对、四方纱卓（桌）灯一对、小荷包十对（内银锞二十个）、大荷包一对（内金钱两个）；磁胎珐琅甘（橄）榄瓶一对、磁胎珐琅茶碗一对、青花白地碗一对、霁红靶（把）碗一对、青花白地碟一对、绿彩磁盘一对、霏（翡）翠玻璃大碗一对、亮绿玻璃刻花茶碗一对、亮蓝玻璃碟一对
	正使尼玛	官用蟒缎一匹、补缎一匹、御用缎二匹、彭缎二匹、毛青布二十四匹、银一百两；焰红妆缎面白鼠皮袄一袭，焰红妆缎面棉袍一袭及帽子、腰带等	大缎四匹、玻璃花插一对、玻璃碗一对、银二百两	西洋鼻烟壶一对；玉如意一柄；古铜漳绒一匹、黄漳绒一匹、洋漆罩盖三层海棠盒一对、象牙田瓜盒一对、画羊角方灯一对；锦一匹、片金一匹、大缎一匹；羊角卓（桌）灯一对、大荷包一对、小荷包三对（内都有银锞）

使臣名称及到京时间	赏赐对象	所赏物品		
		例 赏	加 赏	特 赏
尼玛 乾隆十五年正月	副使达希藏布、奔塔尔	各赏官用缎二匹、御用缎二匹、彭缎一匹、毛青布二十匹、银五十两；焰红妆缎面黑鼠皮袄各一袭，焰红妆缎面棉袍各一袭及帽子、腰带等	银各五十两	各锦一匹、大缎一匹；各小荷包两对（内都有银锞）
	跟役	44名跟役每人各赏官用缎二匹、彭缎一匹、毛青布八匹、银二十两。至京之17名跟役各赏金字缎面儿羊皮袄一袭，金字缎棉袍一袭及帽子、腰带等		各官用缎一匹
额尔钦 乾隆十六年正月	喇嘛达尔扎	上用蟒缎一匹、片金一匹、妆缎二匹、闪缎一匹、字缎一匹、缎四匹	御用蟒缎一匹、片金一匹、妆缎一匹、闪缎二匹、字缎一匹，玻璃、磁器、珐琅器十八件	连套木碗一个、玻璃碗一对、磁碗一对、磁盘一对、花瓶一对、红玻璃瓶一对、金漆盒一对、玻璃盘一对、对子荷包一对（内有金钱）、小荷包十对（内有银锞）、漳绒二匹、缎三匹、妆缎一匹、宁绸二匹；镶嵌如意九柄（一盒）、柿黄橄榄瓶一对、青花白地磁花瓶一对、霁红把碗一对、月白涅玻璃烧碗一对、绿磁盘一对、绿玻璃碗一对、酒黄玻璃碗一对、青花白地磁碟一对、象牙盒三件、珐琅碗一对、漳绒五匹；磁象花插一件、磁绕芝花插一件、磁各种果形笔洗一件、漆盒一对、锦缎六匹

使臣名称及到京时间	赏赐对象	所赏物品		
		例　赏	加　赏	特　赏
额尔钦乾隆十六年正月	正使额尔钦	御用缎二匹、官用蟒缎一匹、彭缎二匹、补缎一匹、细布二十四匹、银一百两；元狐帽一顶、妆缎面银鼠皮袍一件、妆缎面绫里锦袍一件、绿纺丝搭包一条		珐琅花插一对、玻璃碗一对、玻璃盘一对、红花碗一对、对子荷包一对（内有银锞）、小荷包四对（内有银锞）、妆缎一匹、红缎一匹、各色缎四匹；洋磁笔筒两件、青花白地磁碗一对、绿玻璃花瓶一对、镶金星玻璃鼻烟壶两件、漳绒三匹、各色缎四匹；磁小花瓶一件、磁笔洗一件、锦缎三匹
	副使尼玛、奔塔尔、塔克达	御用缎各二匹、官用蟒缎各一匹、彭缎各二匹、细布各二十四匹、银各五十两；每名青狐皮帽一顶、妆缎面灰鼠皮袍一件、妆缎面绫里锦袍一件、绿纺丝搭包一条	赏尼玛：对子荷包一对（内有银锞）、小荷包三对（内有银锞）、各色缎四匹；各色缎四匹；锦缎一匹	赏奔塔尔、塔克达：对子荷包各一对（内有银锞）、小荷包各一对（内有银锞）、各色缎三匹；各色缎三匹；锦缎各一匹
	跟役	赏随来跟役 20 名并留驻肃州跟役 24 名：每名官用缎各二匹、彭缎各一匹、细布各八匹、银各二十两。至京之 20 名跟役黄狐帽各一顶、字缎面羊皮袍各一件、字缎面杭细里锦袍各一件、绿纺丝搭包各一条		赏至苏州之 5 名跟役缎各一匹；复赏 5 名跟役缎各一匹

使臣名称及到京时间	赏赐对象	所赏物品		
		例 赏	加 赏	特 赏
图卜济尔哈朗乾隆十七年正月	喇嘛达尔扎	御用蟒缎一匹、片金一匹、妆缎一匹、闪缎一匹、字缎一匹、缎四匹	加赏上用蟒缎一匹、片金一匹、妆缎一匹、闪缎一匹、字缎三匹、磁胎珐琅橄榄瓶一对、磁胎珐琅茶碗一对、青花白地碗一对、霁红把碗一对、青花白地碟一对、绿彩磁盘一对、翡翠玻璃大碗一对、亮绿玻璃刻花茶碗一对、亮蓝玻璃碟一对	碧玉花插一件、铜镀金套拉古尔碗一个；玉如意一柄；妆缎二疋、漳绒二疋、宁绸二疋、玻璃瓶一对、玻璃碗二对、玻璃碟一对、磁碟一对；各色漳绒六疋、磁花瓶一对、蓝玻璃瓶一对、象牙盒一对、纱灯二对
	正使图卜济尔哈朗	官用蟒缎一匹、补缎一匹、御用缎二匹、彭缎二匹、毛青布二十四匹、银一百两；焰红蟒缎面熏制灰鼠皮袄一套，焰红蟒缎棉袍一套及帽子、腰带等	大缎四疋、玻璃瓶一对、玻璃碗一对、银二百两	铜镶石鼻烟盒二个；玉如意一柄；漳绒二疋、洋漆盒一对、象牙盒一对、纱灯一对
图卜济尔哈朗乾隆十七年正月	塔克达、皋莽	各赏官用缎二匹、御用缎二匹、彭缎一匹、毛青布二十四匹、银五十两；各赏焰红蟒缎面灰鼠皮袄一套，焰红蟒缎棉袍一套及帽子、腰带等	银各五十两	
	跟役	43 名跟役每人各赏官用缎二匹、彭缎一匹、毛青布八匹、银二十两。至京之 17 名跟役各赏金字缎面儿羊皮袄一袭，金字缎棉袍一袭及凉帽、腰带等		

使臣名称及到京时间	赏赐对象	所 赏 物 品		
		例 赏	加 赏	特 赏
敦多克 乾隆十九年 五月	达瓦齐	各色缎十匹	加赏玻璃、磁器十六种	
	正使敦多克	银百两①		
	奔塔尔、布林	银各五十两		
	跟役	48 名跟役各赏银二十两		

以上赏赐银两、物品，皆出自内务府。清代接待外藩使者，一应财物，皆出自内务府。接待准噶尔使者的照看使臣之官员中，有一员为内务府司员，其主要任务即协同办理使者所需和赏赐物品等。清代除户部所属之银库外，还有内务府所属银库，一般将其称为"内帑"，为皇家所属，而户部所属银库为"外帑"或"国帑"，是国家的银库，其或在北，或在各省。"国帑"财政来源于国家之正项税收，而"内帑"财物来源是内务府所属人员上缴银两、物品及内务府专司产业之所出。在以往的研究成果中，基本认为"内帑"属于皇家银库，是供皇帝等挥霍的财务，这种观点存在缺陷。清朝皇帝并非仅把内帑银两等供皇宫消费，而亦多将其用于国事，用于接待、赏赐外藩等，仅为其中一部分，另外还用于赏赐八旗、出征官兵等。在清代的汉文史料中，出自户部银库的款项写作"拨"，而出自内务府的款项、物品等则写作"赏"或"赐"，以此庶可区分款项来源。

6. 抚恤之礼

在中国历史上，北方游牧民族、渔猎民族等与中原王朝的交往中，有一个困扰北方民族的最大问题，就是春季的天花和夏季的炎热，这是在目前民族关系史研究中被忽略的问题，但确是一个影响巨大的问题。夏季炎热使北方民族不便在长城内久留，而春季天花却使其在该季节不敢跨入长城。在长城之内各地区春季天花病菌流行，未曾出痘之成人染之，九死一生。北方民族民众绝大多数未曾出痘，且无治疗此病之经验，故染之必亡，因而使游牧民族对此病菌极为畏惧，亦畏内地如雷池。

此问题虽然成为双方交往的重大障碍，但也阻止了游牧民族的南下，常常挽救中原王朝之败局。在战争中，北方民族即使怎样势如破竹，进入长城以内，但在春季之

---

① 对此次来使，乾隆皇帝降旨"著按先例赏赐准噶尔使臣"，故应该仍有缎、布、衣类等项例赏，但因档案未记载，只记载了银两数，故仅录之。

前都要撤回，而夏季因为难耐酷暑，在征战中或突然终止返回。许多汉文史料皆将其记为战败北还，而实际却是因为惧怕天花和难耐酷暑所致。

因为惧怕天花和难耐炎热，所以北方民族向中原遣派使者，如无特殊原因，都要避开春季和夏季，一般在秋末从游牧地出发，冬季到达内地，在春节过后，即返回游牧地。清朝在安排外藩年班进京或朝觐时，亦基本如此安排时间，为防止未曾出痘者在京城染病，特许位列年班的外藩王公不必进京，而在围班时观见，即"其有因生身年班，不来京者，至围班则毕集"①。清朝建热河行宫，令外藩蒙古赴行宫朝觐，乃为解决外藩王公惧怕天花和难耐炎热之良策。

乾隆年间准噶尔使者基本都是在冬季进京的，春节过后即离京，但仍有部分使者染病身亡。笔者根据《使者档》绘制《清朝对病逝之准噶尔使者抚恤表》，其中仅为来京之使臣和跟役病逝情况，不包含准噶尔派往肃州等地贸易的使者。来京病逝人员中有副使2名、跟役8名，10人中8人因出痘身亡，1名因伤寒，另1名未记病因，故感染天花为主要死因。

无论是在北京，还是在往返途中，发现有染病者，即与使团成员隔离，如使臣玛木特所请："杜喇勒哈什哈浑身疼痛，卧病在床，随行之根敦扎布等人亦患病，经大夫诊断为出痘，我等蒙古人甚是惊恐，不能住在一起，相应请准我及巴图蒙克率带随从而来人等，择城外僻静处住二三日，以候杜喇勒哈什哈、随从根敦扎布等可否稍愈之消息"②，可窥见蒙古人对出痘之恐惧之状。在京有染病者，要派御医医治；在途中有染病者，由伴送官员交付地方官员延医治疗，清廷接到奏报后，"派笔帖式一员，赏银百两，带往医生一名，立即乘驿遣往，照料诊治"③。亦有有幸被治愈者，例由派往照看之官员护送追赶使团后返回。④

对病逝准噶尔使者后事之处理，清朝先后有所变化。雍正十三年闰四月吹纳木喀使团跟役在北京病逝后，奉旨："将塔尔济骨殖火化，派领催一名，送交吹纳木喀等。并照先前办理所来使臣等内病故人等之例，赏银一百两，交付吹纳木喀等，赍回交付塔尔济之妻孥"⑤，知当时是将逝者遗体火化，派1名领催携骨灰及100两抚恤银，追赶交付使臣，将骨灰和抚恤银两交给使臣带回交于其遗属的。但在乾隆七年十二月，准噶人使团跟役卓特巴出痘病故，正使吹纳木喀告称："按我准噶尔之例，人一旦故去，即如灰尘，无庸带回尸体，随处可葬，惟请遣派喇嘛一名念经，招引其魂"，清朝按其所请，"除交付扎萨克达喇嘛噶尔丹锡勒图呼图克图，酌派诵经喇嘛一名，念经招魂外，再交付照看之章京等，照例装殓尸体，运至城远郊掩埋"⑥。此

① 嘉庆《大清会典事例》卷747《理藩院·朝觐》。
② 乾隆十二年三月初五日《主事尚图等为副使杜喇勒哈什哈等行抵肃州出痘事呈军机大臣文》。
③ 乾隆七年十二月二十四日《军机大臣鄂尔泰等奏报使臣吹纳木喀等跟役之于阳高县出痘片》。
④ 详见乾隆八年正月二十五日《军机大臣鄂尔泰等奏护送出痘痊愈厄鲁特事宜片》。
⑤ 雍正十三年闰四月二十九日《领侍卫内大臣丰盛额等奏报准噶尔使臣跟役塔尔济染痘病故片》。
⑥ 乾隆七年十二月初二日《军机大臣鄂尔泰等奏请赏赐病故跟役卓特巴以银两片》。

后，不再将逝者遗体火化带回，而是就地掩埋，但按蒙古人之习惯，要请喇嘛为其念经招魂。

对准噶尔使团病逝者之抚恤，除其所得各项赏赐物品外，清朝按抚恤"所来使臣等内病故人等之例，赏银一百两"，交给使臣带回交于遗属。若在回程途中病逝，"所需银两，由地方官员处支取"①，交给使臣带回。但从《清朝对病逝之准噶尔使者抚恤表》中可以看到，乾隆十二年以后，未再给准噶尔使团病逝者发抚恤银两，其原因与清朝处理事务，皆遵循前例有关。乾隆十二年三月，军机处接到伴送官员有关副使杜喇勒哈什哈等病逝的呈文后具奏：

"此次副使杜喇勒哈什哈行抵肃州，因痘亡故。其丧事，玛木特等已指派办理，且料此间使臣等早已自肃州起程，即将出卡。现今即便行文，亦难赶上，相应照前次来京城亡故人等之例，似毋庸赏银"，奉旨："不必赏"。②

乃因使臣等已出境，难以追赶而未赏。但翌年准噶尔淹集使团之跟役舍楞在京城病故，军机大臣奏请：

"去年准噶尔之副使杜喇勒哈什哈及随使臣前来之厄鲁特根敦扎布行抵肃州，因出痘亡故后，令将赏赐彼等之银两、衣物、缎布等物赍回，给其妻孥外，并无另行赏银之处。而今病故之舍楞，其按随从而来人等之例，应赏之银两、衣物、缎布等项均已赏赐，相应交付使臣淹集等赍回，给其妻孥外，似无需另行赏银。"③ 奉旨："知道了"。

其后，按此例未再抚恤，从其中或可发现清代循例办事之规章。

清朝对病逝之准噶尔使者抚恤表

来使时间	逝者	身份	病因	病逝地	抚恤金额
雍正十三年五月	塔尔济	跟役	出痘	北京	银 100 两
乾隆七年十二月至八年正月	卓特巴	跟役	出痘	北京	银 100 两
	额木齐等 3 人	跟役	出痘	宣化	银各 100 两
乾隆十二年三月	杜喇勒哈什哈	副使	出痘	肃州	因无法追赶而奉旨未恤
	根敦扎布	跟役	出痘	肃州	
乾隆十三年四月	舍楞	跟役	出痘	北京	因前例未恤
乾隆十七年四月	索诺木	跟役	伤寒	嘉峪关	未奏览
乾隆十九年五月	奔塔尔	副使	（未详）	古北口	未记载

以上从对使者之迎送、接待、赏赐、礼佛、抚恤及安排使者生活几个方面，总结

---

① 乾隆七年十二月二十一日《军机大臣鄂尔泰等奏报使臣吹纳木喀等之跟役于宣化府出痘片》。
② 乾隆十二年三月十三日《军机大臣讷亲等奏闻副使杜喇勒哈什哈病故不必赏银片》。
③ 乾隆十三年四月二十五日《军机大臣傅恒等奏闻厄鲁特舍楞出痘亡故片》。

了清代接待准噶尔使者的各种礼仪。清代每年由礼部、理藩院等定期接待属国或外藩来京使臣，具有一套完备的礼仪制度。以上所述，仅为为期 20 余年间接待准噶尔使臣的各种礼仪制度，其虽难以涵盖清朝接待来使之全部礼仪制度，但从中可以窥见清朝接待外藩使臣的礼仪情况和清代处理边疆民族问题之策略。

清以少数民族政权借机入关，迁都北京，一切草创，故行政制度方面基本沿袭明制。机构方面具有民族特色并不同于明朝者，乃理藩院和内务府。理藩院执掌内外蒙古、回部、番部等事务，而内务府职责为"奉天子之家事"，乃管理皇室宫禁事务之机构，其下辖七司三院分管内廷财政、礼仪、宫禁、营造、侍奉等事务。但在翻译满文档案中，我们发现内务府在接待外藩使者过程中，发挥着重要作用，比如接待使者过程中，陪同官员必须有内务府的官员、一切接待费用出自内务府、赏赐使者的物品亦出自内务府等，证明内务府亦有参与"国事"之职能，为我们重新认识清廷"家"与"国"的关系，提供了全新的资料。

清代接待外国、藩属国来使的机构，是礼部和理藩院、内务府，此与以往皆以礼部执掌有不同之处。实际上，清朝将接待外藩事宜，分为"汉文化圈"和"非汉文化圈"两部分。所谓汉文化圈之藩属，系指明朝时既有三藩属体系，而非汉文化圈则是指清朝初始与非汉文化国家或部族建立起来的藩属体系。接待朝鲜、安南、琉球等汉文化圈的朝贡者，具体由礼部负责，派汉大臣接待，而对"非汉文化圈"的来使，如蒙、藏地区或俄罗斯等国外使者，则由理藩院、内务府负责，派满蒙大臣接待。此情况直至近代，才在接待国外使者方面有所更改。目前学界研究清代宗藩体制、朝贡体制的学者，多侧重礼部接待使者方面，而忽略了理藩院、内务府接待使者的研究，或囿于理藩院、内务府接待使者的资料，基本为满文档案所致。然有清一代，理藩院和内务府接待使者次数，却远远超过礼部，因而此问题值得进一步深入探讨。

本书不嫌冗长，叙述理藩院、内务府接待准噶尔使者的各种礼仪，乃为补以往对清代接待"非汉文化圈"研究缺失之处。另外，以往研究清代"大一统"和满族"汉化""儒化"问题的国内外学者，或因不能参考满文、蒙古文、藏文等档案文献资料，都过于强调汉文化对藩部、藩属的影响和在清代大一统中的作用，其实清代统治者与蒙藏地区或者"非汉文化圈"的部族和国家交往，并未推行汉文化，而是因地制宜、因俗而治，使用的文字是作为国文的清文和相关民族的文字，很少使用汉字。在宗教方面，也以弘扬黄教以安蒙藏为国策，并未推行儒教，因而，清代北部边疆各民族并没有被"汉化"或"儒化"，清代的大一统是在尊重并利用各民族文化基础之上实现的，绝非如一些学者所持的，系以汉族区域为中心，汉文化不断向边疆延伸的观念。关于这一点，应该说"新清史"学者的观点值得注意。

三、乾隆朝清与准噶尔之贸易协定研究

自古以来，由于游牧经济的单一性和脆弱性，所以要依赖其他经济方式作为补充，而最重要的补充方式当属对外贸易。游牧民族皆重视对外贸易问题，他们以所产马匹、牛羊等牲畜和毛皮等物，换取中原地区的茶叶、粮食、布匹、绸缎、磁器及大黄等药材，并获取大量银两。历史上哪个游牧民族或部落处理好与周边的贸易关系，该民族或部落就会得到发展，并称雄一方，否则会衰落直至被吞并，因而有谋略的草原领袖，都要设法解决对外贸易事宜。

准噶尔汗国与清朝交往的诸事项之中，贸易问题属于比较重要的问题之一。《使者档》中有关贸易问题谈判和商贸事宜的内容，颇为丰富，是每次来使都要涉及的问题，因而研究准噶尔与清朝的关系，绝不能忽略贸易问题，而其中乾隆五年初双方签订的贸易协定，为双方进行友好贸易的依据，是一个很有研究价值的议题。

在乾隆年间准噶尔所遣使臣中，当以宰桑哈柳所取得的成就最为突出。哈柳先后四次来使，在划定边界、奏请熬茶、确定贸易等方面均起到重要作用。其中在乾隆三年底进京时，与清朝划定了边界，结束了双方多年的边界谈判，奠定了与准噶尔汗国友好关系的基础。翌年底，哈柳再次进京，请求赴藏熬茶及贸易之事，均获允准，并与清朝签订了贸易协定，其内容为：

大清国大臣等会同准噶尔使臣宰桑哈柳等，遵循和睦之道议定者：

一、尔等贸易之事，如俄罗斯例，隔三年至第四年，不得超过二百人，自备资斧，行经内地前来京城，贸易一次；其至肃州者，亦隔三年至第四年，遣百人自备资斧，前来贸易一次。均皆限期贸易八十日。俟至贸易之年，先将于何月何日起程、何时抵达我边界地方，咨报我边界大臣等，俟其转报，由部具奏，遣派看护章京、笔帖式往迎，照料贸易事宜。其至京城贸易人等，命由肃州行经西安。贸易者，除违禁物品外，随其自愿买卖，非可官为强逼。其贸易年份，若与俄罗斯时逢同年，则货物积压，无益于尔等。今计俄罗斯之贸易，准于申、子、辰年来京，相应将尔等之贸易，与俄罗斯之贸易年份错开，准于寅、午、戌年前来贸易。其至肃州贸易者，准于申、子、辰年前来。

一、噶尔丹策零若有具奏圣主之事，仍常遣使来京，不得携带货物，人数毋多，可通过驿站伴送。①

该协议内容主要有两个方面，其一规定了准噶尔定期前往肃州、北京贸易事宜；其二明确了准噶尔进京使者不得携货贸易。该协议第一部分内容被收录到《大清会典

---

① 乾隆五年正月《尚书海望等与准噶尔使臣哈柳等议定贸易条款》。《平定准噶尔方略前编》卷45，《清高宗实录》卷109，乾隆五年正月甲子条录之。

·理藩院则例》之稿本中，而在定稿时，准噶尔汗国灭亡，故删除该条。① 拟将其载入《大清会典·理藩院则例》之中，足见清朝对此协议之重视。但因在签订该协定15年后，准噶尔汗国灭亡，故该协定及其执行情况迄今未引起学界注意。兹根据《使者档》之记载对该协定之实施情况，略述一二。

（一）至京贸易未曾进行

准噶尔与清朝签订贸易协议后，其与清朝的贸易进入平稳发展阶段，但在执行该贸易协议过程中，并未完全按照该协议条款进行，主要为准噶尔并未遣商队进京贸易和使者进京时皆依然携带货物贸易两个方面。

哈柳与清朝签订贸易协议时，考虑到北京贸易行走肃州、西安等南线颇为困难，提出"其贸易行经北路，于马畜、贸易之事有益；倘若行经内地，无处牧放牲畜、拾捡柴薪，无益于贸易之事"，军机大臣等为此议奏："准噶尔人等极为奸诈，断不安分。其贸易若经由喀尔喀，日久难免恣意滋事，发生偷盗斗殴之事。不可令其行经喀尔喀"，深得乾隆皇帝认可，故降旨："喀尔喀路，断然不可准行。噶尔丹策零倘以其人行经内地来京贸易，力有不支，奏请施恩，彼时酌情赏给马畜调换之处，再行办理。"② 即清朝宁可资助其畜力，亦不允许其使团和商队从北线来京，以防其与喀尔喀蒙古有直接接触。

按贸易协议规定，准噶尔贸易使团于寅、午、戌年至北京贸易，其年份应在乾隆七年、十一年、十五年，但该年份准噶尔并未派商队到北京。乾隆七年，因此前发生熬茶使于东科尔贸易不顺利，齐默特等擅自返回之事，噶尔丹策零特遣吹纳木喀至京解释，并奏请"其入京贸易者，著由肃州、陕西路而行。等因降旨哈柳。倘由彼而行，路远且弯曲险峻，以一己之畜力，全然难行。昔我双方和好之际，我贸易人等进京，因水草丰美且路近，由呼和浩特路而行。前往多坝、西宁，随我贸易人等之便而行，并无戒规之处，请大皇帝睿鉴。兹准自喀尔喀蒙古行经呼和浩特，由青海前往多坝、西宁。不准经由此两路者，窃以为乃朝中大臣，恐我与喀尔喀蒙古、青海蒙古交往也"③，仍恳请进京贸易商队行走北路，并允许前往西宁、多坝贸易。且将不许行走北路之咎归罪于大臣疑心，而与乾隆无涉，乃准噶尔指出其实质且颇委婉之辞。

乾隆对此请当然未与允准，在给噶尔丹策零的敕书中婉转拒绝，告诫噶尔丹策零："若依所请，则难免属下人等发生争执，小事渐变大事。若欲和好，则宜谋永远无事，信约弥坚，岂可惟图一时小利，而一味更改已定之约耶。朕乃大皇帝，合理之事，皆可照准台吉尔之所请施行，若不合理，无论何人乞请，亦不便准行。倘若如此借端，

---

① 详见达力扎布《有关乾隆朝内府抄本〈理藩院则例〉》，载《中国边疆民族研究》第四辑，中央民族大学出版社2011年版。
② 乾隆五年正月二十四日《军机大臣鄂尔泰等奏请确定准噶尔贸易使者来京路线片》；《平定准噶尔方略前编》卷45，《清高宗实录》卷109，乾隆五年正月甲子条。
③ 乾隆七年十一月十七日《噶尔丹策零为请准商队行经呼和浩特等路事之奏书》。

尚不如不准贸易。台吉尔宜核计其轻重，仍遵前议而行"①。清朝要其必须遵守贸易协议而行，但准噶尔商队行走南线至京，确属艰难，或得不偿失，因而其不可能遣商队至京。

此次来使吹纳木喀所带货物，根本未想携往北京，故其一入哈密，即请求将"所带货物，恳恩准其在肃交易，并派文武大臣照料"②。其到肃州后，"除使臣等带至京城之驮包外，其余五十驮包，留于肃州③"，所请得到清朝允许，并委派妥员照看在肃州贸易事宜，开可不入京而就近于肃州贸易之先例。

乾隆十年噶尔丹策零去世，故乾隆十一年哈柳来京，乃以奏报准噶尔汗更替及请求为噶尔丹策零赴藏熬茶诵经为主要使命，顺便口奏："今年乃我等宜入京贸易之年。前以我等之贸易，倘念路途遥远，不便抵京，于肃州贸易后返回亦可。等因商定。今吾商队，将接踵而至，此间，或将抵肃州，拟请即于彼处贸易后返回。"④ 清朝予以允准，在回复准噶尔新汗策妄多尔济那木扎尔的敕书中，明确约定："至今岁货物，欲于肃州随便贸易，此可行之事，准尔所请，交与该地方官，照看贸易。"⑤ 乃因为噶尔丹策零熬茶之事，特允其该年份在肃州就近贸易，而将来或仍按贸易协定于寅、午、戌年来京贸易，但两次应进京贸易之年，皆恩准其于肃州贸易，实际已将进京贸易改在肃州。并且，为了安排该年份准噶尔在肃州贸易事宜，清朝还颇费心思，悉心准备。⑥

乾隆十三年俺集使团至京，已不再提请将进京贸易改在肃州之事，足见清朝已完全认可其不必来京，而皆在肃州贸易。而此次准噶尔使者有关贸易方面所奏请为："我等应来京城之二百人，经奏请大皇帝之恩，亦准于肃州贸易。惟逢应至肃州贸易之年，定为一百人，人少不敷看管，相应逢应来肃州贸易之年，再增一百人，亦为二百人，每年至肃州贸易。"对此，经军机大臣等反复商议，奏请在敕书内回复为："肃州乃我边地，商人稀少，遣往与尔等贸易之人，地方遥远，不便每年贸易。仍照原定之例，隔年前来贸易一次。因台吉尔效法尔父，极为恭顺，所行可嘉，故特施恩，于应来肃州贸易之年，将贸易人数增加一百，亦为二百人。此乃朕之特恩，嗣后倘再祈请遣人、

<hr>

① 乾隆七年十二月初三日《谕噶尔丹策零准派人赴藏熬茶然不必分为两路》；《平定准噶尔方略前编》卷47，乾隆七年十二月戊子条。

② 《清高宗实录》卷177，乾隆七年十月条。

③ 乾隆七年十一月二十三日《军机大臣鄂尔泰等奏请另行委员照看使臣等贸易片》。

④ 乾隆十一年三月初九日《户部尚书海望等奏报哈柳转请延请喇嘛并就近于肃州贸易片》。

⑤ 《平定准噶尔方略前编》卷49，《清高宗实录》卷261，乾隆十一年三月甲申条；乾隆十一年三月十八日《谕准噶尔台吉策妄多尔济那木扎勒为其父赴藏熬茶须为一次》。

⑥ 《平定准噶尔方略前编》卷49，《清高宗实录》卷262，乾隆十一年闰三月丙午条记载："甘肃巡抚黄廷桂疏奏预备夷人贸易事宜。黄廷桂奏言：向例准噶尔夷人，于子辰申年在肃州贸易，寅午戌年在京贸易。今岁例当在京贸易，经夷使哈柳奏恳，将夷货在肃就近贸易，得旨准行。查向年夷货在肃贸易，派委参将及知州等员照看，并饬委镇、道臣督率稽查。今照例委肃州镇臣许仕盛、甘肃道牛廷彩等就近照看。又经臣等奏明，动银一万五千两，往江南采办绸缎，已抵肃州。现在夷货将到，将此项绸缎，交商人李永祚先行交易，扣价还官。俟伊自制商货运到，再与夷人兑换，庶夷人不致稽迟回集时日。"可窥见清朝于肃州准备与准噶尔商队之贸易情况。

每年前来贸易，拟更改约定之处，断不可行。"① 清朝回绝了准噶尔每年至肃州贸易之请，但允许了其在至肃州贸易的申、子、辰年份，增加百人，以二百人之规模前来肃州贸易。于是，准噶尔可于子、寅、辰、午、申、戌年派商队至肃州贸易，此隔年一次贸易被固定下来。

肃州在乾隆初年一直为准噶尔与清朝的主要贸易地点，关于这一时期准噶尔于肃州贸易问题，蔡家艺、张羽新、林永匡、王熹、柳岳武、吕文利先生等做了详实研究②，故在此不再赘述，仅将准噶尔使臣携货及准噶尔商队于肃州互市之贸易情况的表格，修订援引于下，从中可了解当时准噶尔于肃州贸易之规模。另在互市中，准噶尔使臣及商队所携羊只、马匹等有瘦弱难行者，便准留于哈密贸易，但使臣等为就近贸易，多将部分牲畜直接于哈密交易，因此哈密亦为双方边贸之重镇。

准噶尔使臣携货于肃州、哈密贸易情况表③

时间	正使	人数	使者所携货物	于肃州贸易额	于哈密买牲畜或所得银两数
雍正十三年（1735年）二月至六月	吹纳木喀	22	各色毛皮等	14197.56 两	
雍正十三年十一月至乾隆元年（1736年）夏	吹纳木喀	26	羊 344 只、马 237 匹、驼 113 峰及毛皮等	未详	
乾隆二年十一月至三年春	达什	24	牲畜、毛皮、葡萄、硇砂、羚羊角等	（未经过哈密、肃州）	
乾隆三年十一月至四年夏	哈柳	42	马 428 匹、驼 145 峰及毛皮等	40000 余两	
乾隆四年十月至五年春	哈柳	65	羊 3000 余只、马 701 匹、驼 388 峰、葡萄 1700 余斤、硇砂 10000 余斤、羚羊角 5000 余只及毛皮等	53000 余两	马 200 匹、羊 3000 余只

---

① 乾隆十三年四月十八日《谕准噶尔台吉策妄多尔济那木扎勒之敕书》，并见乾隆十三年四月十四日《军机大臣傅恒等议奏增加准噶尔赴肃州贸易人数折》；《平定准噶尔方略前编》卷51，《清高宗实录》卷312，乾隆十三年四月丁卯条。

② 详见蔡家艺《清代新疆社会经济史纲》（人民出版社 2006 年版）；林永匡、王熹《清代西北民族贸易史》（中央民族学院出版社 1991 年版）；张羽新《肃州贸易考略》（上、中、下），《新疆师范大学学报》1986 年第 3、第 4 期，1987 年第 1 期；柳岳武《乾隆朝清朝与准噶尔贸易研究》，《新疆社科论坛》2005 年第 3 期；吕文利《乾隆年间清准贸易诸问题》，（日本）《满族史研究》第 11 期。

③ 两表参照《准噶尔史略》（广西师范大学出版社 2007 年版），第 122—126 页；蔡家艺《清代新疆社会经济史纲》（人民出版社 2006 年版）第 92—95 页的相关表格，其中数据根据《使者档》记载略有修改。

续表

时间	正使	人数	使者所携货物	于肃州贸易额	于哈密买牲畜或所得银两数
乾隆七年二月至七月	吹纳木喀	42	羊 5000 余只、马 484 匹、驮驼 634 峰、空驼 81 峰、葡萄 174 包、硇砂 86 包及羚羊角、毛皮若干	17989.15 两	驼 44 峰、马 342 匹
乾隆七年九月至八年三月	吹纳木喀	26	羊 5629 只、马 146 匹、驼 114 峰（内驮驼 78 峰）及毛皮等	18220 两	
乾隆八年十二月至九年夏	都尔图	14	羊 545 只、马 84 匹、驼 42 峰及毛皮等	26118 两	
乾隆九年十二月至十年六月	哈柳	38	牛 378 头、羊 7669 只、马 543 匹、驼 191 峰及毛皮、葡萄、羚羊角等	41200 两	马 75 匹、牛 174 头、羊 3546 只
乾隆十年十二月至十一年夏	哈柳	28	牛 28 头、羊 954 只、马 290 匹、驼 95 峰（内驮驼 38 峰）及毛皮等	26118.05 两	
乾隆十一年十一月至十二年春	玛木特	46	牛 690 头、羊 13700 余只、马 913 匹、驼 217 峰（内驮驼 61 峰）及各色毛皮	9405.65 两	
乾隆十三年二月至六月	奄集	28	羊 1267 只、马 407 匹、驼 87 峰（内驮驼 36 峰）及毛皮等	未详	马 136 匹、羊 1267 只
乾隆十四年十一月至十五年春	尼玛	47	牛 129 头、羊 2585 只、马 678 匹、驼 181 峰（内驮驼 88 峰）及毛皮等	10200 余两	（卖牲畜银 4000 余两）
乾隆十五年十二月至十六年六月	额尔钦	52	牛 156 头、羊 3600~3700 余只、马 957 匹、驼 346 峰（内驮驼 76 峰）及毛皮等	10500 余两	羊 2500 只、马 240 匹、牛 79 头
乾隆十六年十二月至十七年夏	图卜济尔哈朗	46	牛 88 头、羊 1807 只、马 535 匹、骆驼 201 峰及毛皮等	9000 余两	（卖牲畜银 2000 余两）
乾隆十九年闰四月至八月	敦多克	51	牛 217 头、羊 4400 只、马 1038 匹、骆驼 344 峰及毛皮等	8175 两	牛 151 头、羊 3500 只、马 493 匹、驼 73 峰

肃州定期互市贸易表

时间	领队	人数	牲畜数	肃州贸易额	哈密贸易额	合计
乾隆八年十一月至九年春	图卜济尔哈朗、额连胡里	122	牛260头、羊26800只、马545匹、驼726峰（内驮驼444峰）及毛皮、葡萄、硇砂、羚羊角等	41000余两	9790两	50790余两
乾隆十一年五月至九月	赉木胡里	213	牛2642头、羊40615只、马1628匹、驼745峰（内驮驼543峰）及毛皮、葡萄、硇砂、羚羊角等	95922.95两	13130两	109052.95两
乾隆十三年四月至七月	额连胡里	136	牛402头、羊71505只、马2984匹、驼585峰（内驮驼304峰）及毛皮、葡萄、硇砂、羚羊角等	12744两	74000余两	86744余两
乾隆十五年五月至九月	诺洛素伯	301	牛2200余头、羊156900余只、马1900余匹、驼1000余峰（内驮驼500余峰）及毛皮、葡萄、硇砂、羚羊角等	186200余两	7867.5两	194067.5两
乾隆十七年六月至九月	额连胡里	200	牛1200头、羊77000余只、马1270余匹、驼588峰（内驮驼279峰）及毛皮、葡萄、硇砂、羚羊角等	未详	未详	

（二）使者携货未被禁止

乾隆年间，准噶尔使臣出使清朝，皆携带大量货物前来，故其出使目的，一为请安谈判，为携货贸易。虽然清朝与准噶尔签订的贸易协定第二条内容规定，"噶尔丹策零若有具奏圣主之事，仍常遣使来京，不得携带货物，人数毋多，可通过驿站伴送"，但除使臣沿边由驿站伴送得以实行外，其不准携货和"人数毋多"，皆未得以执行，且从肃州往返北京，其所用马驼及日常供应，均由清朝负责，为此给沿边驿站带来巨大压力。

《使者档》中记载了部分使臣所携货物情况，如乾隆十年十二月哈柳入边时，"带九十五峰骆驼、三十五驮物品、二百九十匹马、六十一头牛、九百四十五只羊"[1]。翌年十月玛木特来使，"随带进贡马二匹、木碗一只、貂皮四十一张、奏书一封。另有彼

---

① 乾隆十一年正月十七日《伴送准噶尔使臣郎中伯达色等为哈柳已由哈密起程事呈军机大臣等文》。

等骑驮、作为盘费出售之二百余峰骆驼、九百余匹马、六百余头牛、一万三千余只羊抵境。等因前来。嗣于本年十一月初四日，尽数行抵哈密"①。连准噶尔最后一次来使，由达瓦齐所遣的敦多克使团，仍携"马匹一千零三十八、骆驼三百四十四、牛二百一十七、羊四千四百"②，及各色毛皮等，这些货物多数留在肃州贸易，一部分携往北京贸易。

因为携带大量货物前来，需要照看之人，故每次来使，都有大批跟役随从。根据在哈密、肃州和北京的贸易需要，将所带跟役多分别留在哈密、肃州，带往北京者则根据货物多少和役使需要而定。如乾隆十一年十二月使臣玛木特使团，"其随行人众内，留二十一人于哈密……行抵肃州，将其马驼及六人留于肃州……赴京城之使臣宰桑玛木特，副使巴图蒙克、杜喇勒哈什哈及随行十六人"③，亦有不在哈密贸易，而仅在肃州留跟役贸易的情况。一般在哈密、肃州的交易商品，以所携牲畜为主，而将毛皮等物品带至北京交易。

在双方没有签订贸易协定之前，并未限制使者携带货物前来和在北京交易，如乾隆元年正月，吹纳木喀要求出售所携带的货物，并与陪同大臣商议："俟我等携至些许物品售出之后，拟从本地采买我等所需之绸缎、药物等带回。请交付此处之官员等，待我等罗列欲购物品，可否交付彼等采买。"陪同大臣慨然应允，告之"可将尔等欲购物品，缮单交付我等，若此处有且可携带之物品，缘何不准采买"④。可知当时并无任何限制，不但由清廷购买准噶尔使者所携物品，而且使者还可以在北京采买物品。所欲采购之物品，也由清朝代为帮办，此亦为清朝笼络准噶尔使者的策略之一。

至双方划定边界进入友好发展阶段后，熬茶和贸易问题成为最重要的议题。乾隆四年末，哈柳来京，主要商议这两个问题，均得到圆满解决，清朝允许准噶尔人入藏熬茶，并派大臣照看此事，允以资助牲畜粮食等。而贸易方面经商议，准其同俄罗斯一样，定期派商队到肃州和北京贸易。在商议准噶尔贸易时，清朝方面认为既然准噶尔可以定期派商队前来贸易，则应限制使者携货前来，提出："从前使臣吹纳木喀来时，噶尔丹策零倘若派使奏事，仅派使臣而已，不曾携至货物。故此尚准由驿而来，若系专特前来贸易之人，均曾告知自备资斧行走。嗣后，噶尔丹策零派使奏事，须减少其人数，不准携带货物，仍行照例驰驿前来。"⑤ 如此既可减少驿站负担，亦可使使者不受货物拖累，加快往来速度，认为"若如此，则事情极为明晰，且可永久遵循"⑥。故在制定贸易协定时，将此特别作为专条。

虽然有了明文规定，不许使者携货前来，但因为准噶尔使臣出使之费用由使臣等自理，故使臣必须携货贸易以补充出使费用，因而使臣携货贸易并未杜绝。清朝一度因专注于熬茶等事，另从体恤、怀柔使者方面考虑，亦姑妄听之任之，"念其携货远

①　乾隆十一年十一月二十二日《员外郎甘布等为准噶尔使臣已由哈密起程前往京城事呈军机大臣文》。
②　乾隆十九年闰四月二十七日《伴送使臣之主事索诺木等为使臣等已自哈密起程事报军机大臣文》。
③　乾隆十一年十二月初一日《伴送准噶尔使臣之主事尚图已率使臣由肃州起程事呈军机大臣文》。
④　乾隆元年正月二十二日《陪同大臣等奏报使臣吹纳木喀等欲采买绸缎药品片》。
⑤　乾隆四年十二月十七日《军机大臣鄂尔泰等奏请准噶尔贸易及熬茶事宜折》。
⑥　乾隆四年十二月二十七日《尚书海望等奏报与使臣哈柳等议论贸易事宜片》。

来，若如常遣返，则所来之人亏损实多，故格外加恩，酌量贸易"①。嗣因使臣携货越来越多，所带跟役亦随之增加，地方官员多有微词，边境大臣奏请驳回，清廷才重视并重申此事。乾隆十二年正月陪同大臣海望告诫使臣玛木特："据原先之议定，若来使，既准乘驿，相应减少随行人等，不可携至货物；其贸易人等，须按规定年份，另行前来。等因。而尔等为使之人，次次携至货物，尚蒙大皇帝施恩，准令贸易，虽晓谕尔等使臣遣往，继之使臣又携至货物。尔数次为使，均皆清楚，而今尔反倒携至如许货物。业经议定之处，永久遵行，始有诚信。此次我等共同议定，嗣后来使，务必遵循原先所定，减少人数，不得超过十数位，不携带货物为好。其贸易究于时宜贸易年份遣往也。"玛木特等自知理亏，深致歉意，并表示"俟返回，定将诸大臣所言情形，告知我等之台吉，此后遣使不再随带货物"②。

清朝或以此认为续来之准噶尔使臣会遵守协定，不再携货前来，但翌年前来之唵集使团仍携大量货物前来，请求于肃州和北京贸易。清朝便与使臣唵集重申此事："去岁因尔等之玛木特携至货物，业令明白告知尔等之台吉，若遣使前来，则照原定之例，不可携带货物。亦拟文赍往。尔等此次携至物品虽属无多，然亦有悖原议。若再来使，断不可携带。将此须谨记，告知尔等之台吉。"但"唵集等称，原定者属实。惟由我处遣使时，皆选干练可靠之人派遣，不予官办，自备资斧而来，无论如何需多带牲畜、行粮。进入大皇帝境内，一应皆系官办，故乞大皇帝恩典，将我赢瘦牲畜，应牧放者牧放，应售卖者作价，于我等大为有益，且将物品携至大皇帝金城之名地，换些杂物，带给妻孥，赠送亲友，在所难免。去岁因嘱咐过玛木特，故此次我等携之甚少者，既缘于此。无论如何，定将此等情形，皆告于我等之台吉、宰桑"③。唵集所言，道出准噶尔使臣出使，不得不携带货物之苦衷，请求施恩允许其携货前来，合情合理，乾隆皇帝出于各方面考虑，不能再固执条文，故于翌年使臣尼玛来使，降旨："再来之使臣等，其携带物品数目，若在尼玛所带数目以内，准其贸易；若多于此数，则不许贸易，务令带回。嘱咐尼玛，明白转告其台吉。"④ 但乾隆十六年到京之喇嘛达尔扎所遣使臣额尔钦等，未遵此例，故在给喇嘛达尔扎之敕书内再次强调："使臣前来所持物项，以尼玛上次携带货物为准。如逾此数，数内者如常贸易，多余者不准贸易，即由边境驳回"⑤，乃清朝已放弃协议规定，允许使臣可以携货贸易，并确定携货数目以尼玛出使时之规模为准，即可携："骑驮之骆驼一百八十一峰、马六百七十八匹、羊二千五百八十五只、牛一百二十九头"⑥ 及毛皮等物前来，所带跟役限在 44 名以内。

准噶尔来京使者，因人生地疏，语言不通，故将所携至京商品，请求清朝约商人到其下榻之处交易，清朝初则派内务府催长曾令迪和崇文门税务书办孙鸿旭扮作商人

---

① 乾隆十六年三月初一日《颁于准噶尔台吉喇嘛达尔扎之敕书》。
② 乾隆十二年正月初五日《户部尚书海望等奏报告知玛木特等嗣后派使不得随带货物片》。
③ 乾隆十三年四月十三日《尚书海望奏闻告知使臣唵集等不准携带货物片》。
④ 乾隆十五年正月二十日《协办大学士阿克敦等奏请派商人购买尼玛等携至物品片》。
⑤ 乾隆十六年三月初一日《颁于准噶尔台吉喇嘛达尔扎之敕书》。
⑥ 乾隆十四年十二月初三日《主事诺木浑为使臣尼玛等已由哈密起程事呈军机大臣文》。

前去交换，实际乃为了体恤笼络使臣，由内务府官方与其交易，如乾隆元年正月请求交换携带物品后，总理事务王大臣允禄等奏请："去年吹纳木喀等携至货物，令其交易时，命造办处催长曾令迪、崇文门税监书办孙鸿旭等充作商人前去贸易。此次拟仍照前例办理。"① 为优待怀柔使者，扮作商人的孙鸿旭、曾令迪等肯定在交换时未曾杀价，且颇慷慨，使得准噶尔使者极为满意，所以孙姓商人在准噶尔使臣中颇有名气，以后之准噶尔使臣，多指名要与孙姓商人交易，如乾隆四年十二月军机大臣鄂尔泰等具奏："据陪同使臣之章京桑格等前来禀称，使臣哈柳等请求将其携至物品，仍令商人孙鸿旭进入与之交易。等因。查得，先前售卖准噶尔使臣等携至货物时，曾令原崇文门税监衙门之书办孙鸿旭、营造处催总曾令迪等为商人进入贸易。兹使臣哈柳等既已入觐，售卖其携至货物，宜仍照前办理。"②

至乾隆五年闰六月准噶尔使臣莽鼐来京，仍请求与孙姓商人贸易，"使臣莽鼐告称，彼等携至少许货物，请仍准先前贸易之孙姓之人前去贸易。等因。兹使臣莽鼐等即将返回，相应仍令先前与使臣等贸易之孙楷武、催总曾令迪扮作商人前去尽速交易"③。在乾隆四年于哈柳交易时，孙鸿旭为"原崇文门税监衙门之书办"，或因其年迈致仕，抑或升迁调转而不能参与扮作商人与准噶尔使者交易之事，故在乾隆五年以后改由内务府七品官商孙楷武、内务府催长曾令迪与其交易，在准噶尔使者看来，孙姓商人未变，所以交易仍如以往。尽管清朝反对使臣携带货物前来，但对已携带到京之货物，皆按此方式准予交易，并让使臣满意离京。此亦可看作清朝优待笼络准噶尔使者之环节之一。④

关于准噶尔使臣携带至京的货物数量，目前所见所有档案均记为"些微""少许"，仅有乾隆十六年额尔钦等到北京"所带商品物项共十二匹驮，大体均为貂皮、狐皮等皮革"⑤ 之记载，因而难以考证其他使臣所带商品具体数量。将来中国第一历史档案馆若公布所藏总管内务府档案，或许可以从中找到一些相关记载。

准噶尔使者自哈密到肃州后，将所携牲畜于肃州贸易，其驮运马、驼，亦于肃州牧放，使臣仅携部分毛皮等物品前往北京贸易。自肃州往返北京，皆由清朝解决脚力。在准噶尔使臣离京返回肃州时，户部、都察院、兵部要为使者返回准备驮运牲畜，所驮运的物品，除部分为赏赐之物外，基本为使者在京交易或购买之物。现将《使者档》中部分所需驮运牲畜数之记载，检索于下表中，或可从中窥得准噶尔使者在北京之贸易情况。

---

① 乾隆元年正月十八日《和硕庄亲王允禄等奏请派人交易吹纳木喀等所携货物片》。
② 乾隆四年十二月二十一日《军机大臣鄂尔泰等奏请派员料理使臣等交易事宜片》。
③ 乾隆五年闰六月二十九日《军机大臣鄂尔泰等奏报准令使臣等售卖所带货物片》。
④ 其他使臣在京之交易情况，可阅乾隆十三年四月十二日《尚书海望等奏闻使臣等携至货物请求交易片》、乾隆十五年正月二十日《协办大学士阿克敦等奏请派商人购买尼玛等携至物品片》、乾隆十七年二月初二日《协办大学士阿克敦等奏报使臣交呈贡马及言行折》、乾隆十九年五月十七日《军机大臣傅恒等奏报使臣所请贸易等事折》等。
⑤ 乾隆十六年三月初三日《大学士来保奏闻接准噶尔进献之马匹貂皮事宜折》。

准噶尔使臣所带跟役及携货情况表

来京时间	正使名称	跟役	留于哈密和肃州的跟役	至京跟役	使臣所携货物	离京时所用驮运畜力
雍正十三年四月	吹纳木喀	20	7	13	各色毛皮等	
乾隆元年正月	吹纳木喀	24	6	18	羊 344 只、马 237 匹、驼 113 峰及毛皮等	
乾隆三年正月	达什	22		22	牲畜、毛皮、葡萄、硇砂、羚羊角等①	
乾隆三年十二月	哈柳	39	21	18	马 428 匹、驼 145 峰及毛皮等	
乾隆四年十二月	哈柳	62	35	27	羊 3000 余只、马 701 匹、驼 388 峰、葡萄 1700 余斤、硇砂 10000 余斤、羚羊角 5000 余只及毛皮等	
乾隆五年闰六月	莽萧	6		6		
乾隆七年三月	吹纳木喀				羊 5000 余只、马 484 匹、驮驼 634 峰、空驼 81 峰、葡萄 174 包、硇砂 86 包及羚羊角、毛皮若干	
乾隆七年十一月	吹纳木喀	23	6	17	羊 5629 只、马 146 匹、驼 114 峰（内驮驼 78 峰）及毛皮等	
乾隆八年十二月	图尔都				羊 545 只、马 84 匹、驼 42 峰及毛皮等	
乾隆十年正月	哈柳				牛 378 头、羊 7669 只、马 543 匹、驼 191 峰及毛皮、葡萄、羚羊角等	
乾隆十一年正月	哈柳	25	10	15	牛 28 头、羊 954 只、马 290 匹、驼 95 峰（内驮驼 38 峰）及毛皮等	驮骡 16 匹（其中 4 匹驮轿）、驮马 12 匹
乾隆十一年十二月	玛木特	43	27	16	牛 690 头、羊 13700 余只、马 913 匹、驼 217 峰（内驮驼 61 峰）及各色毛皮	驮骡 24 匹、驮马 8 匹

---

① 达什使团系从北路军营出发行走北路经张家口至北京，其所携货物亦皆携至北京，据乾隆三年正月初四日《军机大臣鄂尔泰等奏报安排使臣等所携物品折》所载："惟张家口地方狭小，不可与肃州相比，生意亦无多。故宜咨行照看使臣前来之章京甘布，将此情由，明白晓谕使臣等，勿将其携至货物及随从人等留于张家口，尽数带至京城。其蒙古包等琐杂物品，可留于张家口，交付总管久霍托等暂为看管，待使臣等返回时交还"，可知其所携商品，皆在北京交易。

来京时间	正使名称	跟役	留于哈密和肃州的跟役	至京跟役	使臣所携货物	离京时所用驮运畜力
乾隆十三年四月	唵集	26	13	13	羊 1267 只、马 407 匹、驼 87 峰（内驮驼 36 峰）及毛皮等	驮骡 14 匹
乾隆十五年正月	尼玛	44	27	17	牛 129 头、羊 2585 只、马 678 匹、驼 181 峰（内驮驼 88 峰）及毛皮等	驮骡 32 匹、驮马 8 匹
乾隆十六年正月	额尔钦	44	24	20	牛 156 头、羊 3600~3700 只、马 957 匹、驼 346 峰（内驮驼 76 峰）及毛皮等	驮骡 44 匹、驮马 23 匹
乾隆十七年正月	图卜济尔哈朗	43	26	17	牛 88 头、羊 1807 只、马 535 匹、骆驼 201 峰及毛皮等	驮骡 38 匹、驮马 8 匹
乾隆十九年五月	敦多克	48	18	30	牛 217 头、羊 4400 只、马 1038 匹、骆驼 344 峰及毛皮等	

四、准噶尔蒙古赴藏熬茶研究

熬茶，是指在藏传佛教寺庙发放布施的一种宗教仪式。清代熬茶，通常由熬茶者向众喇嘛发放银两等物件，众喇嘛则为之诵经祈福。乾隆初年准噶尔蒙古派使赴藏熬茶，因有极其复杂的历史背景，故而清廷并未将此视作单纯的宗教活动。

首先从政治上讲，清人主中原之后，远在西北的卫拉特蒙古四部之一的准噶尔部开始时与清廷基本保持和平交往，但随着噶尔丹势力的增强，准噶尔与清廷之间的关系曾一度转为以战为主的关系，噶尔丹兵败之后，准噶尔汗国陷入困境，而发展到噶尔丹策零统治时期，随着准噶尔汗国日益强盛，则与清廷保持时战时和的状态。雍正十一年（1733年），准噶尔部兵败额尔德尼召之后，开始连年遣使进京，请求开放肃州等地的贸易，清廷也多次派人到准噶尔地方晓以利害。乾隆帝是在双方关系缓和的情况下，才考虑准许准噶尔部派人赴藏熬茶的。

其次从准噶尔与西藏的关系上讲，准噶尔蒙古进藏，对清廷来说，始终是个敏感问题，因为准噶尔蒙古策旺阿喇布坦当政时期，利用蒙古民众对藏传佛教的崇信，为了控制拉萨以号令众蒙古，曾经派兵侵扰西藏，占领拉萨，直到三年后才被清军逐出西藏，所以无论是清廷还是西藏当地的僧俗显贵，都对准噶尔人进藏持有戒心。

再次从宗教上讲，准噶尔蒙古人众信奉藏传佛教，入藏熬茶拜佛，是藏传佛教信徒毕生的信念和追求，尤其遇有上层人物去世，更得派人赴藏布施，请喇嘛念经超度。清廷为了笼络安抚蒙藏人民，一向推崇藏传佛教，面对准噶尔部力求派使赴藏，也不好断然拒绝。因此尽管存在诸多不便，最后还是同意准噶尔部派使熬茶。

中国第一历史档案馆保存的涉及乾隆初年准噶尔蒙古赴藏熬茶事宜的档案有满文《熬茶档》《夷使档》等专档，除此之外，相关内容尚可散见于宫中满汉文《朱批奏折》，军机处满文《录副奏折》《上谕档》等，这些珍贵清朝官方原始档案的存留，为我们还原准噶尔蒙古赴藏熬茶活动之史实提供了极其丰富厚实的史料基础。今从这些满文档案看，准噶尔部派使赴藏熬茶共有三次，第一次是在乾隆五年至乾隆六年（1740—1741年），第二次是在乾隆八年至乾隆九年（1743—1744年），第三次是在乾隆十二年至乾隆十三年（1747—1748年）。准噶尔蒙古熬茶使第一次赴藏熬茶，半道由青海西宁返回，而第二次、第三次则真正进入西藏，完成了所担负的熬茶使命。现就这三次准噶尔蒙古赴藏熬茶活动分别论述，以共同好。

（一）准噶尔蒙古第一次派使赴藏熬茶

准噶尔蒙古第一次提出派使赴藏熬茶，是噶尔丹策零以五世班禅额尔德尼圆寂需作佛事并为噶尔丹策零之父已故策旺阿喇布坦熬茶为由，奏请乾隆帝准许遣使入藏，向已故班禅额尔德尼进献布施并为其亡父念经超度。五世班禅额尔德尼名洛桑益西，于康熙五十二年（1713年），被康熙帝册封为"班禅额尔德尼"，赐金册金印，印面满、藏、汉三种文字对照，印文为："敕封班禅额尔德尼之印"，"额尔德尼"由此成为历世班禅之封号。五世班禅额尔德尼于乾隆二年（1737年）圆寂后，乾隆帝即料到准噶尔蒙古会提出派使赴藏熬茶，故在乾隆三年（1738年）派侍郎阿克顿一行前去与噶尔丹策零谈判时即预先嘱令："噶尔丹策零倘若提及达赖喇嘛、班禅额尔德尼，则告之曰，达赖喇嘛身体甚好，班禅额尔德尼去岁圆寂。本朝大皇帝派遣诸大臣、喇嘛等赍送布彦，我等来时，遣往之人尚未返回。等因相告。彼若提及遣人赴藏熬茶，则称，俟定边界和好之后，台吉尔若奏请圣上，料必遣派大臣官员等伴送尔之所派之人前往。"① 并降旨噶尔丹策零曰："朕不拦敬奉黄教之人，先前尔属人等潜行入藏，祸害藏地，残害土伯特人众。今尔等之人遽经其地，土伯特人众怀愤生事，亦未可料。尔果欲赍送布彦诵经，俟遵朕旨定议后，若遣使前往，可遣百人赴藏。"② 噶尔丹策零接到乾隆帝的这一谕旨，并未否认原先发兵入藏的事实，承认"前此起衅，发兵骚扰是实。兹礼待土伯特、前去诵经之少许人，断不致生事。惟携往藏地用于诵经之物件，百人难以送达，故不便与哈柳一同派往。兹吾与大国敦固修好，想诵经贸易之处，倘不仍旧，则属无益，故此奏请准将赴藏之人为三百人。至使臣贸易等杂事，已令哈柳口奏。"③噶尔丹策零在此提到的哈柳，曾于乾隆三年（1738年）侍郎阿克顿等与噶尔丹策零谈判回京时第一次随同到京，受到清廷礼遇，赏赐颇丰，提出派人赴藏熬茶，获准只可派100人前往。紧接第二年哈柳再次进京，带至噶尔丹策零奏书，在乾隆帝同意派使赴藏熬茶的基础上，要求将人数由已准的100人增加到300人。这一要求，经过军机大臣鄂尔泰等议奏获准同意，遂将熬茶人数定为300名。

　　早在乾隆三年（1738年）哈柳来京请求入藏熬茶并获准后，时任西宁办事大臣的巴灵阿就开始考察熬茶使的进藏路线，巴灵阿认为准噶尔"遣人赴藏熬茶既从巴尔库尔（巴里坤）而来，势必由肃州、赤金、安西等处而入青海境内，其间隘口汛卡之险要，通衢四达之关键，必须详加审查，以杜微渐"④。巴灵阿查出途经青海进入西藏的四季可行的大道，从肃州、赤金、安西进发，共有六条，第一条自肃州正南稍西行十日至阿里汉河，自阿里汉河西南再行一日至库尔鲁克；第二条自肃州西南尚有一条路直达库尔鲁克，计程也在十一日；第三条自赤金向正南稍东行六七日至阿里汉河，从阿里汉河再行一日至库尔鲁克；第四条自赤金正南经过苏勒河直至库尔鲁克，计程也在六七日；第五条自安西向正南过希尔哈尔金河约六七日至依克柴达木，依克柴达木的正南是大戈壁，无路可通，因此须从依克柴达木复向正东行六日至库尔鲁克；第六条自安西西向东南过希尔哈尔金河约十日也至库尔鲁克。也就是说，所有六条路都可到达库尔鲁克，库尔鲁克是自肃州、赤金、安西三处经青海进藏之必经之地。从库尔鲁克再往东南行经卡伦台站则到额默克，额默克系得卜特尔、依克柴达木两路卡伦之总台，传递公文运送粮食之要道，自额默克正南行四日至索洛木出青海境，过木鲁乌苏入玉树地方即可到达西藏。巴灵阿的结论是准噶尔熬茶使通过青海进藏，所经地方均系扼要重地，即便令其由西宁出口进藏，虽不到卡伦总台，也要沿途安设小台，且

---

① 乾隆三年三月初六日《军机大臣鄂尔泰等奏报阿克敦等语噶尔丹策零会谈事项片》。
② 乾隆四年《噶尔丹策零为请准遣使赴藏熬茶事之奏表》。
③ 乾隆四年《噶尔丹策零为请准遣使赴藏熬茶事之奏表》。
④ 中国第一历史档案馆藏《宫中朱批奏折》40-2。

经涉各扎萨克驻牧之处，因此行经青海腹地存在诸多不便。巴灵阿的奏折经过军机大臣等议奏，考虑安全及物资供应等诸多方面的问题，将准噶尔进藏熬茶路线确定为由肃州进入，出扁都口，前往东科尔地方贸易，而后由东科尔赴藏。

与此同时，远在西藏的驻藏大臣纪山与郡王颇罗鼐也在安全防范上做了周密安排。乾隆四年（1739年）八月，驻藏大臣纪山接到军机大臣等议准准噶尔派使赴藏熬茶之事一文，命令纪山等人严固卡隘，注重防范，若有消息，即行调兵防备堵截。纪山当即密奏西藏地方原本备有厄鲁特、唐古特马步兵5万名，既有准噶尔熬茶之事，更须勉力防备。其基本部署是喀喇乌苏、达木、羊八井、纳克桑等处驻兵6000名，令扎萨克头等台吉珠尔默特纳木扎勒率带驻守；阿里克地方驻兵5000名，令公珠尔默特车布登驻守。且"于阿哈雅克路所属哈济尔、得卜特尔、仲干里麻尔诺木浑地方设卡三处；腾格里淖尔路所属穆斯加根、兴济勒沃岳地方设卡两处；纳克桑路所属工斯塘、特巴克托罗盖、沃莫库鲁木地方设卡三处；如托克路所属塞塘理塘地方设卡一处；努热路所属努如地方设卡一处。此等卡伦，每卡驻兵百名，干练可靠头目各一名"①。此外，考虑暂由西藏兼管之那克树等三十九族人众，均在木鲁乌苏、喀喇乌苏之间游牧，也需要遣派干练官兵收束防范，因此委派绿营官兵及唐古特精兵，前往那克树等三十九族游牧边缘瞭望，管束其游牧所有人众。纪山和颇罗鼐认为这样喀喇乌苏地方有重兵驻守，且又往外拓展设卡于阿哈雅克地方，熬茶使行抵西藏边界后，遣派官兵护送至藏，妥为办理熬茶拜佛，则无不虞。

西藏在物资供应上也做了充分准备，从东科尔开始，清廷派500名官兵护送准噶尔熬茶使进藏。自东科尔至西藏，路程约三个月，途中遇有水草丰美之地，虽然可以歇息牧养马畜，然渡河涉水，耽搁延宕，在所难免，因此加量拨给四个月米石、八个月盐菜银，以资沿途食用。抵藏之后，其在藏期间及由藏返回时所需口食米石，则由四川巡抚方显札饬驻藏管理钱粮官员，仍行咨文驻藏大臣纪山，会同郡王颇罗鼐，按入藏之人数，拨给四个月口食米石。在返回时，如若不需四个月口食米石，则由统兵将军、副都统酌情及时办理。纪山预计官兵至藏居留两个月，返回时拨给四个月口食米石，其护送熬茶使等之需用口食米石之官兵、跟役约近1000人，六个月共需口食米1494石，因西藏所产皆为青稞，用米还得提前去往各地采买。此外，西藏附近地方，无处放牧牲畜，即便柴薪，亦在八九日路程之外方可砍伐，在藏用草料、柴薪，均需差役由各处背运而来。准噶尔熬茶使及护送官兵之骑驮马驼，有数千余匹，一齐抵藏，肯定无处牧放，需要计其足敷乘骑入藏，将其余马驼均留于喀喇乌苏地方，酌留官兵，交付颇罗鼐之子扎萨克头等台吉珠尔默特纳木扎勒，遣派干练宰桑、兵丁，赶到水草丰美的地方代为牧放。其官兵之驮包，由颇罗鼐处遣派贤能第巴，将唐古特人等之乌拉牛预先聚集于喀喇乌苏地方，俟准噶尔熬茶使抵达，妥加驮载进藏。抵藏之后，其喂养官兵骑至马畜所需草料、柴薪，均照驻藏官兵支取草料、柴薪之例，逐月供给发放。

从以上情况分析，清廷在答应噶尔丹策零派使赴藏熬茶的请求之后，即开始了积

---

① 乾隆五年五月初三日《驻藏大臣纪山奏报会同颇罗鼐筹议准噶尔人等入藏熬茶防范事宜折》，见《清代军机处满文熬茶档》上册，上海古籍出版社2010年10月版。

极的准备工作，只等准噶尔熬茶使前来即护送入藏。但事情的发展似乎有些出乎清廷的意料，噶尔丹策零原先说的是其熬茶使于乾隆五年（1740年）四月底到达哈密，但却迟迟不见来，直到六月十七日，准噶尔派往进京奏事的莽鼐一行7人到哈密卡伦，莽鼐曾于乾隆四年（1739年）随哈柳进京，乾隆帝准许准噶尔派300人赴藏熬茶后，经哈柳奏请，派莽鼐先行回去传信给噶尔丹策零。因此莽鼐此次到哈密告称噶尔丹策零原准备等到哈柳返回，再令进藏人等启程，但哈柳于乾隆五年（1740年）四月二十九日方回到准噶尔地方，准噶尔首领等人认为天已转暖，路途蚊蝇滋生，不便行走，想等入秋天凉再去。因此噶尔丹策零先派莽鼐奏明情况，并请准熬茶人等由口外可可沙西、希喇哈尔占等地行至东科尔，以免患病出痘。其前往熬茶之宰桑齐默特等，此时正在乌鲁木齐地方等候，可于八月二十日后抵达哈密。

此后的一段时间里，准噶尔熬茶使便杳无音信，但清廷的准备工作却并未因此而停止。早在乾隆五年（1740年）二月，军机大臣鄂尔泰等即筹划遣派凉州、庄浪满洲兵500名护送准噶尔熬茶使，军机处还咨文告知凉州将军乌赫图、西宁办事大臣巴灵阿："此次伴送准噶尔熬茶使赴藏，已派尔等二人。尔等沿途须好生照看，凡事共同商议。好生管束兵丁，妥为牧放马匹，若有疲乏羸瘦者，巧为办理，断不可成累赘。再，准噶尔之噶尔丹策零既皆遵旨恭顺和好，相应沿途尔等凡事皆宜留意而行。乌赫图之将军之职，不可令准噶尔人等知晓，训诫官兵等皆呼大臣。尔等抵藏，须尊崇黄教，恭敬喇嘛，酌情行事。礼佛并叩拜达赖喇嘛时，务须恭敬。晓谕驻藏副都统纪山、郡王颇罗鼐，准噶尔熬茶使倘若提请由藏延请喇嘛及额木齐，或有不便之请，则颇罗鼐等告之曰，吾等虽在藏为首办事，然事无巨细，若未奉有圣旨，吾等未敢擅断。等因加以抚慰。"① 但因乾隆五年（1740年）准噶尔熬茶使始终不见来，乌赫图于乾隆六年（1741年）二月初八日方带官兵自凉州启程，于十四日行抵庄浪，十六日率带庄浪官兵接着前行，二十一日抵达西宁。直到此时，因仍无准噶尔人的消息，乌赫图遂于西宁地方歇养马畜滞留8天，至二十九日会同西宁办事大臣巴灵阿率带官兵前行，于三十日抵达东科尔地方。

准噶尔熬茶使到达东科尔，则是在一个月之后。乾隆六年（1741年）二月十六日，哈密提督李绳武所派副将钱子发带兵300名，在乔湾之布鲁顿地方迎接准噶尔人等后启行，自四月初一日至初四日陆续抵达东科尔，乌赫图等将准噶尔人等安顿在东科尔城东南的一处院内。准噶尔熬茶使一行有"为首喇嘛二人、随行喇嘛十八人，宰桑二人，噶尔丹策零之亲信二人，蒙古二百二十四人，回子五十二人，番子三人，共三百零三人，鸟枪一百五十支，撒袋七十二副，腰刀五把"②。其为首喇嘛为多约特、禅机，宰桑为齐默特、巴雅斯瑚朗。

准噶尔熬茶使在东科尔休整10天左右，喇嘛多约特、禅机等即提出西宁塔尔寺系宗喀巴佛诞生地，黄河以南扎西车里寺系阿寿、阿旺喇嘛居住地，宗喀巴佛系众喇嘛之佛祖，扎西车里寺所居喇嘛，亦为名僧，来时噶尔丹策零献有布施，要求前去熬茶。开始乌赫图等以其先请准熬茶时，仅称赴藏熬茶，并未具奏前往他处熬茶而未应允，

---

① 乾隆五年二月十二日《军机处为妥为伴送准噶尔使臣进藏事咨将军乌赫图等文》。

② 乾隆六年四月十九日《凉州将军乌赫图等奏报准噶尔人等行抵东科尔日期折》，见《清代军机处满文熬茶档》上册。

然经宰桑齐默特等再三告请，以扎西车里寺位于黄河以南，路途遥远且沿途皆系蒙古游牧地方未加应允外，因塔尔寺位于西宁以南50里处，距东科尔一日路程，往返需时二三日，且无蒙古游牧，遂答应了其前往塔尔寺熬茶的请求。五月初三日，准噶尔约60人前往塔尔寺，巴灵阿率满洲官兵100名护送，当日即抵塔尔寺。初五日，准噶尔熬茶使入寺熬茶，进献布施，燃灯念经，于当日即返回东科尔。此后准噶尔熬茶使提出前往位于距东科尔城约30里地方的大藏寺、东科尔寺熬茶，也如愿以偿。因在大藏寺、东科尔寺之熬茶布施数目不见记载，在此无法统计外，其于塔尔寺之熬茶布施细数列表如下：

准噶尔蒙古第一次派使于青藏地区寺庙熬茶布施并互赠物品统计表

熬茶日期	地点	寺庙/人物	布施物品	数量	赠送礼品	数量	回赠礼品	数量	备注
乾隆六年五月初五日	青海	塔尔寺							军机处熬茶档1741-1
		佛伞	1把	西洋缎	1匹			
		园幡	4个	西洋绸	1匹			
		长幡	2个	西洋布	1匹			
		哈达	400条					
		银	1036两					

准噶尔熬茶使到达东科尔之后，除了在东科尔附近寺庙熬茶之外，并未立即进藏，而是在东科尔滞留达数月，其问题就出在准噶尔熬茶使携带货物贸易之事上。准噶尔请求进藏时，原本只讲是熬茶，但准噶尔熬茶使真正来的时候却带来了大量货物，这些货物经过肃州时虽曾出售一部分，但大部分都带到了东科尔。贸易一事，从准噶尔方面讲是其熬茶活动的一部分，因为路途遥远，熬茶使所带皮张等实物，不可能动用大量人力、物力直接带到西藏，须在半道某个合适的地方换成便于携带的金银等物带往。但此事事先并未与清廷很好沟通，护送熬茶使的乌赫图等人并不知道熬茶使要带来如此多的货物，因此官方预先安排也不够周密，而仅靠东科尔当地市场，购买力相当有限。

准噶尔熬茶使本欲五月二十日始启程赴藏，但其贸易之事，因价格问题难以解决，故而迟迟无法成行。期间双方在价格问题和启程赴藏问题上多次交涉，准噶尔宰桑齐默特等认为，如果赶在夏季行路，水草丰美，人会觉得舒服；若秋季行路，则进藏路途极其寒冷，在藏不宜过冬，而返回东科尔地方又无水草，人畜之给养草料将无法解决。此外双方讲和之后，准噶尔人等进京纳贡，往来贸易四五次，对于物价已有一定的心理预期，所以此次前来，希望按照以前在北京或肃州的贸易价格出售货物。准噶尔熬茶使认为并未讨要高价，如果乾隆帝命令降价出售，也可以服从，当初请求赴藏熬茶时，乾隆帝曾颁有敕书准许将货物携至西宁、东科尔等地出售后，采买在藏熬茶所用物件携带至藏。但到东科尔以来，凡涉及牧放牲畜及供给食用牛羊口粮，均称奉有乾隆帝谕旨，但议及货价，皆称系民人自行购买，所出价低，其货物不便出售，因此要求携带所余货物进藏。在东科尔准噶尔熬茶使一味强调肃州等地贸易价高，但却忽略了一个重要问题，即东科尔本是一个小城，没有太大的货物吞吐能力，购买力极其有限，准噶尔人等携来大量货物，且品种单调，形成庞大的卖方市场，货物自然销不出去。而清廷一方则认为准噶尔熬茶使"因不加价，即告称进藏者，显系以其货物为重，借此伴装，不宜即遂其愿，相应俟将军等处一旦挑定马驼，确定日期赴藏，彼等便计穷无望，不再萌发贪得无厌之心"①。因而断然拒绝了齐默特等人的要求。齐默特等人见加价无望，进一步提出到东科尔已有两三个月，拟赶在夏季行路，若久留东科尔，所有物件皆得采买，其原先携来50余天口粮，食用至今已有两月有余，衣烂粮绝，状况已极窘迫。先前奏请赴藏熬茶，奉有乾隆帝谕旨，等到贸易地方，要尽速贸易启程，且以其马驼倘若疲惫，准给调换马驼，认为乌赫图等没有遵行谕旨。而且以前请乌赫图等确定启程日期，乌赫图等言称将咨文总督、巡抚，俟有回文，再确定启程日期。准噶尔人等声称其贸易事小，赴藏熬茶事大，要乌赫图等确定启程日期，尽早起行。双方交涉至此，乌赫图等计划安排七月初启程赴藏，具体启程日子则由准噶尔熬茶使来定，准噶尔熬茶使告称要在七月底启程。

此后的日子里，准噶尔熬茶使售出狼皮3600余张、羊皮30500张，其余物品则打算不再出售。事情到此，准噶尔熬茶使本该启程赴藏了，但在七月二十日，宰桑齐默特等派人告诉乌赫图等："先前我等曾来与大臣等商定于七月底启程赴藏，故此我等派人前去探察我等之在牧驼马，马尚可骑用，驼则全然不可，问询我等曾在藏地游历之人，据称藏路地势险峻，且极为寒冷，并无适宜骆驼之水草。我等蒙古往来行走，但靠驼马，而今我等之骆驼已不堪用，且马亦水土不服，倘若行至中途驼马不支，不仅于我等极为无益，且难返回我等地方。我等谨此告知大臣等，俟至办妥我等之贸易之事，请准返回。"②乌赫图等问齐默特等其中原因，齐默特等说并无他故，只是现在天已寒冷，草亦枯萎，藏路险峻，不宜于驼马远行，故而意欲返回。这时乌赫图等还是主张进藏，告知齐默特等说既经请旨前来，理宜即行赴藏。驼马有膘壮堪用者，可挑其膘壮者，如若不敷，可补给驼马，其余羸瘦驼马留原地牧放，俟由藏返回，牧放之马驼业已上膘，则易返回。而齐默特等以时值寒冷，草木枯黄，马驼不支，即便补给数百驼马也难前往为由，执意返回。而且讲熬茶之事每年皆可前往，返回之后，拟将何时前来为宜，何时入藏为宜之处，加以斟酌，整治行装，再行前来。此消息传到北京，军机大臣等认为准噶尔人请求为黄教赴藏熬茶，但又携至多项货物，现因未能如愿抬高价钱，不便明言，故托词马驼羸瘦不能前往，指望便利其贸易之事。此次准噶尔等派使熬茶，不仅不便官为资助，如果以后习以为常，日后频频前来贸易，以此为惯例随意勒索，则更有掣肘之处。故乾隆帝命乌赫图等还是规劝准噶尔熬茶使按原先

①　乾隆六年六月二十日《凉州将军乌赫图等奏报准噶尔人等告请起程赴藏折》，见《清代满文军机处熬茶档》上册。

②　乾隆六年八月初四日《凉州将军乌赫图等奏报准噶尔人等意欲起程返回其游牧折》，见《清代满文军机处熬茶档》上册。

议定之例入藏，如若执意返回，也可听其自便。当乌赫图将乾隆帝的谕旨转告齐默特等人后，齐默特仍以天气寒冷为由坚持返回。

此次为了准噶尔贸易，清廷也曾动用官银十万余两，但准噶尔熬茶使自有主张，到八月底的时候，其携来羊皮、狼皮、狐狸皮、沙狐皮等皮张业已尽数售罄，羚羊角、绿葡萄、瑙砂等物，亦售出大半，其余物品，决定不再出售，而且拟于八月二十六日启程返回游牧。乌赫图率带领官兵，于二十六日自东科尔启程护送准噶尔熬茶使，九月二十一日经赤金地方，十月初九日抵达哈密，将300余名准噶尔人如数移交提督李绳武等。乌赫图于当月十三日率凉州、庄浪官兵自哈密启程返回外，西宁办事大臣巴灵阿率侍卫、章京等仍回到西宁。准噶尔第一次派人赴藏熬茶之事至此无果而终。

（二）准噶尔蒙古第二次派使赴藏熬茶

准噶尔蒙古第一次派使熬茶半道折回，从噶尔丹策零后来的奏书看，似乎也在噶尔丹策零的预料之外，因为齐默特一行返回后，噶尔丹策零即以吹纳木喀为使派往京城，吹纳木喀于乾隆七年（1742年）正月二十二日到哈密，驻防哈密安西提督李绳武奏报此消息称："据云，赴京进贡，并去岁蒙恩许熬茶，齐默特等去藏不远，中道而返，恐天朝见责，故遣使谢罪，并恳仍许熬茶。"此折奉乾隆帝朱批："朕已料彼必为熬茶之事再来陈请也。"[1] 吹纳木喀三月到北京，携至噶尔丹策零奏书，果然请求赴藏熬茶，且经由噶斯而行，乾隆帝对吹纳木喀讲："尔台吉噶尔丹策零奏章，朕已入览，今尔口奏之语，朕之大臣亦悉以闻。前噶尔丹策零以其父故屡请赴藏熬茶，朕廷臣议应勿许，朕特施恩，念其为父诵经，尊崇黄教，本属善事，降旨允之，复遣大臣官兵护送，助以牲畜口粮。乃尔使齐默特等既至东科尔，惟以贸易为事，迁延数月，并不进藏，遽欲还部，朕之大臣屡谕不听，始以奏闻。"[2] 吹纳木喀解释说齐默特回去后曾告诉是受到了守卡人的阻拦而返回，噶尔丹策零不信，因此派使具奏。乾隆帝认为进藏熬茶，本是噶尔丹策零最重要的事情，应该遣派可靠之人，为什么要派齐默特呢？况且齐默特等返回时，已经明确降旨，现如今就是仍欲进藏，亦应等候再降旨允行才能前往，岂容自作主张，且要求取道噶斯而行呢？见乾隆帝态度如此坚决，吹纳木喀讲出原因，是因为以前齐默特回去后，并没把乾隆帝的谕旨告知噶尔丹策零，所以众人怀疑。进藏一事，在噶尔丹策零最为切要，恳请能够恩准。乾隆帝遂以熬茶人数、日期俱未议定，未具体降旨，只是以天气即将转暖为由，遣回了吹纳木喀等人。

吹纳木喀一行七月经过哈密返回准噶尔游牧地方，但时隔不久，又被噶尔丹策零派赴进京，于十月初三日从哈密启程，途经肃州、宁夏而行，于十一月十七日到京。吹纳木喀等人带来的噶尔丹策零奏书中讲明齐默特等去年未曾入藏而由东科尔地方擅自返回属实，已经治罪，拟派300人于乾隆八年（1743年）三月初启程。且提到："若照前由南行，则绕弯且于马畜无益；倘取道噶斯，则路近且水草丰美，有益于牲

---

① 《清高宗实录》卷160，乾隆七年二月丙申条。
② 《清高宗实录》卷164，乾隆七年四月庚寅条。

畜。吾等前往土伯特念经之人携带物品，理宜径直带往，惟于多坝、西宁地方贸易毕，带其易获物品前往念经，庶得两便。若皆行经噶斯，将所留人等，留噶斯口附近水草丰美之处。其带我等之物径赴念经者，行经麻勒占、呼济尔路；其往多坝、西宁者，自哈济尔、得卜特尔、柴达木路至多坝、西宁，渡过木鲁乌苏之多伦沃罗木渡口，逐水草而行，则于牲畜有益，相应奏请准自此路行。"① 这段话，颇让朝臣费解，因此问吹纳木喀是何意，吹纳木喀讲："吾等返回游牧，将大皇帝颁降慈旨告知噶尔丹策零后，噶尔丹策零甚为感激欣悦，仅令我等歇息十日，即令从速启程。噶尔丹策零之意，倘蒙大皇帝悯顾，恩准我等遣人赴藏，则先前所行之路远且难，请就近准由噶斯路而行。由我等遣往三百人内，分出一队，带现有财帛、供品，先行自噶斯口纳木噶地方沿麻勒占库察路径行赴藏。另分一队，携带皮张等物，自哈济尔、得卜特尔路前往西宁、多坝，换取物品后，再由多伦沃罗木渡口渡木鲁乌苏河，进藏会合，则于我等赴藏之事及牲畜、盘费均皆有益。"② 其意就是 300 人分两路而行，一路带部分物品抄近道，一路绕道贸易换取金银携往西藏。对于路线问题，军机大臣等告诉吹纳木喀分两路不可行。为此，乾隆帝颁降敕书给噶尔丹策零曰："尔先前请求赴藏熬茶，朕已恩准，然尔等之人半道折回。兹复请派人赴藏，此次由噶斯路行走，理应不准，惟因系为尔父诵经之好事，且极为恭顺具奏，故朕特地施恩，照尔所请，仍准派三百人赴藏，虽不能准由噶斯路而行，然仅此一次亦准尔之所请，但将尔赴藏人等分两路，一路自噶斯纳玛干行经麻勒占库察路径直入藏，一路至西宁、多坝贸易已毕，由多伦鄂罗木路赶赴藏地。如此，不但我大臣、官兵等难以照看，即尔所遣人等，亦难分起行走。此等情形，朕已面谕吹纳木喀，因彼等称欲至西宁贸易，相应仍准三百人为一队，一同至西宁，俟贸易事毕，皆由多伦鄂罗木入藏。朕酌情沿途赏补牲畜、盘费，并派大臣、官兵等护送。尔等之人何时自游牧地方启程、何时抵达我边界地方之处，务必预先报告边界大臣等。"③ 吹纳木喀遂于十二月十五日启程返回。

允准准噶尔蒙古第二次派使赴藏熬茶后，乾隆帝即安排凉州将军乌赫图和侍郎玉保护送并办理相关事宜，并谕令在四个方面做了准备：

一是增派官兵，拓展沿途卡伦。西宁至伊克柴达木、得卜特尔，原设卡 30 处，有青海蒙古兵 200 名、绿营兵 100 名分别驻守。因准噶尔赴藏人等此次行经噶斯路，须将卡伦酌情往远处拓展至哈济尔。皂哈、巴哈柴达木等卡伦，仅驻有蒙古兵，并无绿营兵，因此需要在使臣往返之前，由西宁总兵所属绿营兵中，再增派 100 名，交付西宁办事大臣莽鹄赉，酌情派往卡伦驻守。赴藏经过路线附近的青海游牧蒙古人众，预先要离开住处迁往他处，等熬茶使通过后，才可照常游牧。由满洲、索伦、蒙古侍卫、章京内，拣选 4 人带领引见，分别遣往哈济尔、得卜特尔 2 处卡伦，等候准噶尔熬茶使抵达后，伴送赴藏。

二是调遣官兵，以便护送准噶尔熬茶人等。钦差将军乌赫图、侍郎玉保总统管带伴送；派理藩院章京 1 员、笔帖式 2 员、领催 2 员，负责往来为熬茶使等传话、办理杂

① 乾隆七年十一月十七日《噶尔丹策零为请准商队行经呼和浩特等路事之奏书》。
② 乾隆七年十一月十九日《尚书海望等奏报使臣之口奏赴藏贸易等事件片》。
③ 乾隆七年十二月初三日《谕噶尔丹策零准派人赴藏熬茶然不必分为两路》。

事；仍拣派庄浪、凉州的满洲官兵 500 名护送赴藏，妥为办理马畜、撒袋、鸟枪等物；准噶尔熬茶人等来时，侍郎玉保即带领章京、官员等至卡伦地方迎接，带至东科尔照料贸易，会同将军乌赫图率领官兵伴送入藏。俟熬茶事毕，由原路送出边界后，除乌赫图带领官兵返回任所外，侍郎玉保则率领部院章京等回京。清廷也做了噶尔丹策零不让熬茶人等赴西宁东科尔贸易，奏请经卡伦取道麻勒占库察径直入藏的准备。其预案是如果准噶尔事先派人至卡伦报称由彼就近前往，则侍郎玉保等即一面奏闻，一面咨文将军乌赫图，带领满洲官兵前往卡伦，护送熬茶使由卡伦直接入藏，并由卡伦地方守候的 300 名绿营官兵内，酌留照看熬茶使存留人畜者外，将其余绿营兵遣回原处。由索伦等章京内酌留 1 人，会同绿营官员看护，仍令驻西宁办事大臣莽鹄赉稽查办理。

三是采办粮石牲畜，以备接济准噶尔熬茶使及其护送官兵。准噶尔台吉噶尔丹策零为其父遣人入藏熬茶，自备资斧前往，但路途遥远，人数逾百，加之护送官兵近千人，需要酌情接济。因此，事先饬令准噶尔熬茶使路经诸地的总督、巡抚等备办廪给牛羊、米面等项，由东科尔地方启程前往西藏时赏赐一次外，事毕返回时，于青海附近地方再赏赐一次。另外，命令各该地方官员预先备办马驼，当准噶尔熬茶使及其护送官员的马畜疲乏或倒毙时，视其情形酌量给予补充或更换。其换下的牲畜，交付地方官员妥为牧放，以备返回时补充或更换使用。

四是筹办银两，以便支付盘费和贸易之价银。事先命令四川总督筹银 3 万两，转交将军乌赫图、侍郎玉保携带，用于支付赴藏途中及在藏期间的所需盘费，等熬茶事毕后核销。另外，为了保证准噶尔人赴藏途次在青海的贸易顺利进行，除事先召集商贾前去贸易外，还下令陕甘总督等筹办官银 17 万至 18 万两，以便贸易之用。

与此同时，驻藏大臣索拜也做了相应准备，一是加强前后藏防备，增设卡伦，派官兵及第巴等驻守那克树地方。二是将卡伦、兵丁以及游牧，于熬茶使抵达阿哈雅克卡伦之前内迁至水草丰美地方，交付扎萨克头等台吉珠尔默特纳木扎勒妥加管束，俟熬茶使抵达西藏地界附近，交付珠尔默特纳木扎勒由其所辖驻守兵丁内简派干练宰桑、第巴 2 名，率兵 300 名往迎，一直护送到拉萨，并加以防范准噶尔人探取消息。三是熬茶使拜谒大小昭庙、哲蚌、色拉、甘丹等大寺时，妥派官兵加以管束，依次拜谒。熬茶使倘若前往后藏拜谒班禅额尔德尼并熬茶，则派可靠宰桑、第巴 2 人率兵 300 名护送。四是熬茶使携带进藏货物，视颇罗鼐力所能及，尽数购买，也可动用国帑收购。五是班禅额尔德尼呼毕勒罕甫经转世，年方六岁，而后藏除商卓特巴济隆罗布藏策旺外，别无管事者，故请郡王颇罗鼐遣派可靠大第巴 1 名，在熬茶使抵达之前遣往扎什伦布，会同商卓特巴济隆罗布藏策旺办事。

乾隆八年（1743 年）四月初二日，侍郎玉保即由西宁启程，二十六日行抵得卜特尔卡伦。将军乌赫图于三月二十八日率官兵自凉州启程，四月初三日行抵庄浪，再带庄浪官兵于十五日抵达东科尔。侍郎玉保于五月二十七日行抵纳马噶，得到消息称准噶尔熬茶使已于五月二十一日至噶斯，查询来人及牲畜情形，有"为首使臣吹纳木喀、喇嘛第巴纳尔巴、商卓特巴，副使巴雅斯瑚朗、多尔济，噶尔丹策零近侍四人及随从等在内共三百零三人、二千三百五十三匹马、一千三百七十三峰驼、一千八百三十九只羊、一百七十三支鸟枪、七十副撒袋"①。第二天侍郎玉保在噶斯之噶顺会见吹纳木喀等，问其逾期原因，吹纳木喀告称，四月初十日即自游牧启程，因塔里木河发洪水，月余才渡完河。六月初三日，准噶尔熬茶使到哈济尔，此后双方商谈前往东科尔贸易及在附近寺庙熬茶事宜，吹纳木喀等要求先派一部分人前往东科尔贸易，并提供了清单，前去贸易和熬茶者共175人，驮载行李货物600余包，并打算采办缎绫、哈达、茶叶、把碗等物件。侍郎玉保给赏60头牛、600只羊以及米石、炒面等，派头等侍卫达赖等带绿营兵100名护送，于六月初七日自哈济尔卡伦启程前往东科尔。熬茶使抵达东科尔贸易期间，准备前往衮布木庙、大藏寺、塔尔寺熬茶念经，而在卡伦地方等候的有为首使臣喇嘛商卓特巴、宰桑吹纳木喀等。侍郎玉保带领他们到哈坦和硕等处，于靠近拜都河渡口附近玛勒延库察路等候其前往东科尔贸易之人，俟贸易之人返回后，即速进藏。准噶尔人到达东科尔后，于七月初三日前往大藏寺熬茶，七月十三日前往衮布木庙熬茶，七月二十一日前往塔尔寺熬茶，进献寺庙以哈达、金盅二只、银盅、银奔巴、银灯、银盘、铁镜、绸缎，转交噶尔丹策零致各寺庙的唐古特字、蒙古托忒字信5封，各寺庙喇嘛亦回赠氆氇、玉珠、哈达等物，并交给致噶尔丹策零回信5封。

准噶尔人在东科尔的贸易熬茶活动，至八月初基本完毕，将军乌赫图于八月初八日照料准噶尔人等自东科尔地方启程，二十六日行抵哈坦和硕地方。次日吹纳木喀至乌赫图住处相见，告称其前往东科尔贸易人昨日全数抵达，鉴于天已转冷，打算尽速进藏办妥熬茶事宜，只是骆驼已倒毙500余只、马也倒毙460余匹，请赏给马匹、骆驼。乌赫图答应赏给更换所需驼300只、马300匹，并接济口粮。当办完补充牲畜口粮事宜后，乌赫图于九月初三日率领熬茶使自哈坦和硕启程赴藏，历时一个月，于十月初三日抵达拉萨。初六日，喇嘛商卓特巴、宰桑吹纳木喀等将噶尔丹策零交付之宗喀巴史迹经书、衣冠、坐褥等物进献达赖喇嘛。次日，喇嘛商卓特巴、宰桑吹纳木喀等又将噶尔丹策零为其父母祈福而供献之金银缎匹等物进献后，达赖喇嘛照其所请，为之念经，准噶尔熬茶使合掌跪地聆听叩首。而后，喇嘛商卓特巴、宰桑吹纳木喀等先后到大小昭、色拉、哲蚌、甘丹等大寺庙亲自熬茶，进献物件，散发布施银两。同时，还分派属下人前往里定、齐齐克塔拉、色当、格木贝、桑布等小寺熬茶，散给布施银。随同熬茶使前来之人众，纷纷前往达赖喇嘛处进献伯勒克为自己祈福，顶礼膜拜。十一月初三日，准噶尔人等前往扎什伦布熬茶，于二十四日返回前藏。

准噶尔熬茶使在藏期间，"进献达赖喇嘛金十两、银一百两，进献大昭银三千七百二十二两，进献小昭银三百六十九两，进献布达拉银一百零九两，进献哲蚌寺银四万九千二百八十二两，进献色拉寺银三万一千九百六十八两，进献甘丹寺银二万八千七百八十九两，进献热振寺银六百零八两，进献齐齐克塔拉寺银五十四两，进献净寂寺银五百两。进献珠木札勒寺银一百八十二两，进献尼塘寺银二百二十八两二钱，进献德格都温都孙寺银九千零五十两，进献道喇都温都孙寺银八千八百一十两，进献班禅

---

① 乾隆八年六月十九日《侍郎玉保奏闻准噶尔使臣行抵噶斯地方请求前往东科尔贸易折》，见《清代军机处满文熬茶档》上册。

额尔德尼金二两、银一百两，进献扎什伦布寺金二百两、银三万八千七十六两，进献前世班禅额尔德尼塔金二百两、银二千两，进献色赖卓特巴寺银二百二十五两，进献鲁木布泽寺银二百九十两，进献纳木灵寺银七十八两八钱，进献赣衮寺银九百二十四两，进献荣扎木沁寺银五十八两，进献色当寺银二十六两，进献拉穆吹忠金一两，进献哲蚌吹忠金一两。噶尔丹策零之子策妄多尔济那木扎勒进献班禅额尔德尼金十三两、银三十两，进献拉穆吹忠金一两。大策零敦多卜之孙达克巴进献哲蚌吹忠金一两、银二十七两"。此次准噶尔人等在藏期间，前后共给二十个寺庙进献"金四百三十六两、银十七万五千五百零六两"①。给七世达赖喇嘛、六世班禅额尔德尼等人带来噶尔丹策零的信6封，而七世达赖喇嘛、六世班禅额尔德尼等也给噶尔丹策零回信4封。其熬茶布施细数列表如下：

准噶尔蒙古第二次派使于青藏地区寺庙熬茶布施并互赠物品统计表

熬茶日期	地点	寺庙/人物	布施物品	数量	赠送礼品	数量	回赠礼品	数量	备注
乾隆八年七月初三日	青海	大藏寺							军机处熬茶档1742-1
			哈达	68条					
			银	147两					
乾隆八年七月二十日	青海	衮布木庙							军机处熬茶档1742-1
			哈达	260条	缎	11匹	氆氇	2匹	
			伞	1把			哈达	2条	
			大幡	1对			玉珠	1串	
			金盅	2只					
			银盅	7只					
			奔巴	1只					
			银灯	1盏					
			银盘	2个					
			镜子	1个					
			银	1261两1钱					
乾隆八年七月二十二日	青海	塔尔寺							军机处熬茶档1742-1

---

① 乾隆九年正月十八日《凉州将军乌赫图等奏报噶尔丹策零进献各寺庙布施银数目折》。

续表

熬茶日期	地点	寺庙/人物	布施物品	数量	赠送礼品	数量	回赠礼品	数量	备注
			哈达	1068 条					
			沙狐皮	7 张					
			狼皮	1 张					
			银	1175 两 6 钱					
乾隆八年八月初九、初十日	青海	东科尔寺							军机处熬茶档 1742-1
			狐狸皮	1 张					
			哈达	275 条					
			木珠	2 串					
			小刀	1 把					
			马	24 匹					
			驼	5 只					
			狼皮	2 张					
			银	2 两					
乾隆八年十月初六日	前藏	达赖喇嘛							军机处熬茶档 1742-1
					哈达	2 条	氆氇	20 块	
					宗喀巴史经	1 套			
					衣冠	1 袭			
					缎	33 匹			
					铺垫	1 块			
					俄罗斯毡	23 块			
					熏牛皮	13 张			
					水獭皮	10 张			
					回部绸	10 匹			
					布	7 匹			
					金	10 两			
					银	100 两			

熬茶日期	地点	寺庙/人物	布施物品	数量	赠送礼品	数量	回赠礼品	数量	备注
乾隆八年十月	前藏	拉穆吹忠							军机处熬茶档1742-1
					哈达	5条	哈达		
					鸟枪	1支	衣物		
					回部缎	2匹	腰刀		
					披甲	1副			
					撒袋	1个			
					鸟枪	1支			
					腰刀	1把			
					矛	1支			
					金	2两			
乾隆八年十月	前藏	哲蚌吹忠							军机处熬茶档1742-1
					哈达	5条			
					撒袋	1个			
					鸟枪	2支			
					腰刀	1把			
					矛	1支			
					缎	4匹			
					俄罗斯毡	1块			
					熏牛皮	36张			
					貂皮	9张			
					金	2两			
					银	27两			
乾隆八年十月	前藏	颇罗鼐							军机处熬茶档1742-1
					哈达	1条	哈达	1条	
					回部缎	2匹	佛像	1尊	
					绸	3匹	氆氇	20匹	

续表

熬茶日期	地点	寺庙/人物	布施物品	数量	赠送礼品	数量	回赠礼品	数量	备注
					俄罗斯毡	2块	药单		
					鸟枪	1支			
					腰刀	1把			
					布	5匹			
					回部马	5匹			
乾隆八年十月	前藏	大昭寺							军机处熬茶档1742-1
			哈达	26条					
			银曼达	3个					
			塔齐勒	7个					
			奔巴	1个					
			法轮	1个					
			银盅	5只					
			念珠	4串					
			钵	3个					
			禅杖	1根					
			佛衣	7袭					
			冠	1顶					
			伞	3把					
			幡	7个					
			金钱	9枚					
			镜子	2面					
			珍珠	5个					
			耳饰	1个					
			如意	1个					
			银夹	1个					
			鸟枪	4支					
			矛	1支					
			撒带	1个					
			虎皮	2张					

续表

熬茶日期	地点	寺庙/人物	布施物品	数量	赠送礼品	数量	回赠礼品	数量	备注
			嘎布拉	1个					
			银	671两					
乾隆八年十月	前藏	小昭寺							军机处熬茶档1742-1
			哈达	5条					
			念珠	2串					
			佛衣	2袭					
			禅杖	1根					
			钵	1个					
			七珍八宝						
			伞	1把					
			幡	7个					
			镜子	46面					
			银嘎布拉	1个					
			剃刀	1把					
			鸟枪	4支					
			银	369两					
乾隆八年十月	前藏	布达拉							军机处熬茶档1742-1
			哈达	12条					
			法轮	1个					
			念珠	11串					
			佛衣	2袭					
			伞	1把					
			幡	2个					
			银	109两					
乾隆八年十月	前藏	哲蚌寺							军机处熬茶档1742-1

熬茶日期	地点	寺庙/人物	布施物品	数量	赠送礼品	数量	回赠礼品	数量	备注
			哈达	37条					
			回部缎	1匹					
			绸	1匹					
			布	1匹					
			伞	3把					
			幡	3个					
			镜子	6面					
			银碗	1个					
			嘎布拉	1个					
			银杖	1根					
			银绳	1根					
			鸟枪	6支					
			剃刀	1把					
			俄罗斯毡	1块					
			熏牛皮	1张					
			银	47927两6钱					
乾隆八年十月	前藏	色拉寺							军机处熬茶档1742-1
			哈达	3条					
			伞	1把					
			幡	3个					
			镜子	3面					
			银碗	1个					
			嘎布拉	1个					
			银莲花	1个					
			回部缎	1匹					
			绸	1匹					
			布	1匹					
			鸟枪	2支					

熬茶日期	地点	寺庙/人物	布施物品	数量	赠送礼品	数量	回赠礼品	数量	备注
			银	30568两1钱					
乾隆八年十月二十七、二十八日	前藏	甘丹寺							军机处熬茶档1742-1
			哈达	4条					
			伞	2把					
			幡	5个					
			七珍八宝						
			金法轮	2个					
			缎饰	4条					
			镜子	9面					
			嘎布拉	4个					
			剃刀	2把					
			杖	1根					
			绳	1根					
			回部缎	1匹					
			绸	1匹					
			布	1匹					
			鸟枪	9支					
			腰刀	2把					
			银	27664两6钱					
乾隆八年十月	前藏	热登寺							军机处熬茶档1742-1
			哈达	7条					
			伞	3把					
			幡	3个					
			银	617两4钱					
乾隆八年十月	前藏	齐齐克塔拉寺							军机处熬茶档1742-1
			哈达	3条					

熬茶日期	地点	寺庙/人物	布施物品	数量	赠送礼品	数量	回赠礼品	数量	备注
			伞	3 把					
			幡	3 个					
			银	54 两					
乾隆八年十月	前藏	净寂寺							军机处熬茶档1742-1
			佛衣	1 袭					
			银	157 两 5 钱					
乾隆八年十月	前藏	珠木札勒寺							军机处熬茶档1742-1
			银	116 两					
乾隆八年十月	前藏	吉当甘丹吹库尔寺							军机处熬茶档1742-1
			银	26 两					
乾隆八年十月	前藏	上温都孙							军机处熬茶档1742-1
			回部缎	1 匹					
			绸	1 匹					
			布	1 匹					
			银	2750 两					
乾隆八年十月	前藏	下温都孙							军机处熬茶档1742-1
			回部缎	1 匹					
			绸	1 匹					
			布	1 匹					
			银	2500 两					
乾隆八年十月	前藏	迈达里佛							军机处熬茶档1742-1
			哈达	2 条					

熬茶日期	地点	寺庙/人物	布施物品	数量	赠送礼品	数量	回赠礼品	数量	备注
			佛衣	1袭					
			幡	2个					
乾隆八年十一月	后藏	班禅额尔德尼							军机处熬茶档1742-1
					哈达	5条	佛像	1尊	
					经	2套	氆氇	10块	
					衣冠	2袭			
					铺垫	3块			
					钵	1个			
					禅杖	1根			
					铃	2只			
					缎	37匹			
					俄罗斯毡	28张			
					熏牛皮	13张			
					水獭皮	13张			
					回部绸	3匹			
					布	10匹			
					金轮	1个			
					曼达	1个			
					钵	1个			
					金	22两			
					银	130两			
乾隆八年十一月	后藏	班禅额尔德尼之商卓特巴							军机处熬茶档1742-1
					哈达	1条			
					俄罗斯缎	1匹			
					毡	1块			
					回部绸	2匹			
					布	4匹			

熬茶日期	地点	寺庙/人物	布施物品	数量	赠送礼品	数量	回赠礼品	数量	备注
乾隆八年十一月	后藏	扎什伦布寺							军机处熬茶档1742-1
			哈达	1条					
			伞	8把					
			幡	4个					
			镜子	5面					
			缎	1匹					
			银叉	1个					
			嘎布拉	4个					
			鸟枪	4支					
			杖	1根					
			剃刀	1把					
			熏牛皮	2张					
			白布	1匹					
			金	200两					
			银	31440两					
乾隆八年十一月初十、十三日	后藏	班禅额尔德尼塔							军机处熬茶档1742-1
			金	200两					
			银	2000两					
乾隆八年十一月	后藏	色赖卓特巴寺							军机处熬茶档1742-1
			哈达	1条					
			伞	8把					
			幡	2个					
			镜子	3面					
			鸟枪	2支					
			杖	1根					
			银绳	1根					

熬茶日期	地点	寺庙/人物	布施物品	数量	赠送礼品	数量	回赠礼品	数量	备注
			熏牛皮	3 张					
			水獭皮	1 张					
			布	2 匹					
			银	840 两 5 钱					
乾隆八年十一月	后藏	鲁木布泽寺							军机处熬茶档1742-1
			镜子	3 面					
			伞	8 把					
			嘎布拉	3 个					
			杖	1 根					
			腰刀	1 把					
			鸟枪	2 支					
			银	290 两					
乾隆八年十一月	后藏	纳木灵寺							军机处熬茶档1742-1
			哈达	1 条					
			伞	1 把					
			银	75 两 8 钱					
乾隆八年十一月	后藏	鞑衮寺							军机处熬茶档1742-1
			哈达	4 条					
			伞	2 把					
			镜子	4 面					
			嘎布拉	1 个					
			剃刀	1 把					
			鸟枪	3 支					
			水獭皮	1 张					
			熏牛皮	2 张					
			缎	2 匹					

熬茶日期	地点	寺庙/人物	布施物品	数量	赠送礼品	数量	回赠礼品	数量	备注
			布	3 匹					
			银	816 两 5 钱					
乾隆八年十一月	后藏	荣扎木沁寺							军机处熬茶档1742-1
			伞	1 把					
			银	58 两					
乾隆八年十一月	后藏	阿迪沙佛塔							军机处熬茶档1742-1
			哈达	4 条					
			伞	1 把					
			幡	8 个					
			银	110 两					
乾隆八年十一月	前后藏	哲蚌等六寺450名喇嘛			银	6750两			军机处熬茶档1742-1

熬茶结束后,乌赫图等带领准噶尔人于当年十二月初五日由藏启程,十三日抵达喀喇乌苏。十二月十六日自喀喇乌苏启程,二十八日到达边界卡伦,令其自行返回游牧地方,而乌赫图、侍郎玉保分别返回各自之任所。

那么,此次准噶尔熬茶使赴藏,到底有多少人进藏,其费用又如何呢?据驻藏大臣索拜奏称:"其护送大臣、满洲官兵及跟役共七百三十七人,骑至马驼骡九百二十八头匹;因赍送颁降达赖喇嘛、班禅额尔德尼敕书及运米等差而来绿营官兵跟役六十二人,骑至马驼七十五头匹;准噶尔人等二百三十五人,骑至马驼骡五百九十六头匹。"这样算下来,进藏人数共为1034人,带至牲畜共1599匹。而"将此照采买驻藏防守官兵所需草料、柴薪之例,每人每日支给柴薪十斤,无论马驼骡,每畜每日支给草料十斤、料豆二升计,自抵藏之日起至启程之日止,共六十二日,核计给过柴薪六十四万一千零八十斤,以每斤按定价给银五毫计,共需银三百二十两五钱四分;草料九十九万一千三百八十斤,以每斤给价银五毫计,共需银四百九十五两六钱九分;料豆一千九百八十二石七斗六升,以每石给价银七钱五分计,共需银一千四百八十七两七分。再,准噶尔之驼一百九十四只,理应喂盐,六十二日共喂盐三千二百零一斤,以每斤给价银一分计,共需银三十二两一分。以上草豆、柴薪及盐之价银共二千三百三十五两三钱一分"①。护送准噶尔熬茶使入藏官兵及准噶尔人乘骑骑马驼所需之草料、柴薪等项，事先曾令郡王颇罗鼐动用西藏库存银两采买。因此，当熬茶活动结束后，即刻按实际消费的草料、柴薪等项数目，依据当地驻防官兵采买此类物品的市价核算，共需上列价银 2335 两 3 钱 1 分，如数交给郡王颇罗鼐归库。

（三）准噶尔蒙古第三次派使赴藏熬茶

准噶尔蒙古第二次派使赴藏熬茶结束后，时隔两年，乾隆十年（1745 年），噶尔丹策零病逝，其次子策妄多尔济那木扎勒于次年初继珲台吉位，继续与清廷的和好通使关系，其所派使臣哈柳，于乾隆十一年（1746 年）三月初九日到京，递交了策妄多尔济那木扎勒的奏书，奏书中称其父于乾隆十年（1745 年）突然去世，以前遇有此事，曾派人赴藏念经，因此要循例先行遣往数人，熬茶超度，随后遣往多人念经，以弘扬黄教。其中心意思是要派人赴藏熬茶，而且要分作两批前往。对此，乾隆帝特降敕书："尔为尔父祈福诵经，理所应当，素常无事，本不准行，似此之事，焉有不准行之理。唯修善事，不在次数之多寡，尔等之人往返之辛劳，尔等亦知之。分作两次，未免烦琐。尔等且将欲修善事，一次修齐。此次前往，特为尔父修善事，相应朕仍照前例，施恩遣人照看，赏补牲畜、口粮。又为尔父超度，专特施恩赏银曼达、茶桶、酒海各一个，红、黄香一百束，交付使臣哈柳等赍往外，又赏大哈达一百条、小哈达一千条、茶一千包，俟尔等诵经人等赴藏之时，由我边界地方取而带往。尔等前往人数、启程日期、何时可抵我边界之处，须先来报。"②从乾隆帝敕书看，对准噶尔蒙古第三次派人赴藏熬茶之事是答应得很爽快，但限定一次前往，不得分作两次。

乾隆十一年（1746 年）十一月初六日，准噶尔台吉策妄多尔济那木扎勒派赴京城请安的使臣宰桑玛木特一行 26 人从哈密启程，于十二月二十二日到京，所递策妄多尔济那木扎勒奏书中讲，其"诵经人三百，约于兔年（1747 年）九月十五日行抵哈济尔等处。惟我等赴唐古特地方诵经人众内，有自带货物乘作法之隙售卖者，亦有径直带物前往诵经者。故请将携实物前往诵经之众安置于哈济尔、得卜特尔过冬，俟赴东科尔贸易人众返回，与住哈济尔、得卜特尔之众会合，一同前往诵经"③。策妄多尔济那木扎勒还让使臣玛木特等口奏，请赏给其赴藏人等以牲畜、口粮等物，并强调诵经之事，要在用银，请在其前往东科尔地方贸易人等贸易时，饬令内地商贾用银换购。清廷委令侍郎玉保专门与玛木特商议，就启程时间、贸易地点等具体事项和环节逐一协商，最后基本同意策妄多尔济那木扎勒所请。

清廷照准准噶尔的熬茶请求后，自乾隆十二年（1747 年）初即开始筹办相关事宜，从军机大臣讷亲的奏折看，借鉴前两次的经验，在以下几方面做了准备：

一是确定进藏路线，委派官兵设卡。此次准噶尔熬茶使进藏路线，仍定为噶斯路，均照乾隆八年（1743 年）第二次熬茶之例，酌量派兵丁拓展卡伦，预先迁移途经青海地方的游牧蒙古人众，具体由西宁办事大臣众佛保负责办理，以期确保准噶尔赴藏熬

---

① 乾隆九年三月初二日《驻藏大臣索拜奏闻用过草料等物价银数目折》，见《清代军机处满文熬茶档》上册。
② 乾隆十一年三月十八日《谕准噶尔台吉策妄多尔济那木扎勒为其父赴藏熬茶须为一次》。
③ 乾隆十一年十二月二十二日《策妄多尔济那木扎勒为遣使赴藏事之奏书》。

茶使及途经地方之安全。

二是采办粮石牲畜，以备接济准噶尔熬茶使及其护送官兵。准噶尔熬茶人等长途跋涉前往西藏，而且是数百人，必须做好各项补给事项，其中食粮和乘骑牲畜更为重要。预先交付陕甘总督、巡抚等员，仍照乾隆八年（1743 年）第二次熬茶之例，备办口食所需牛羊、米面等物，除酌情赏给赴藏熬茶使外，还供应给留在青海看管其羸瘦疲惫牲畜及行李杂物人员。同时，还备办一定数量的马驼，根据护送官兵及准噶尔人马驼的羸瘦疲惫情况，及时给予更换。其换下来的驼马交给当地官兵妥善牧放，以备返回时再使用。

三是筹办银两，以便支付盘费和贸易价银。乾隆八年（1743）第二次熬茶时，备带银 3 万两，实际花费 2 万两，剩余 1 万两携回，加之这次派往官兵少于前次，所以让陕甘总督动支当地官库银 2 万两，交付侍郎玉保带往，以便支付赴藏途次及入藏期间的盘费，返回后如数核销。另外，准噶尔熬茶使此次于卡伦地方贸易，为了便于携带和熬茶布施，请求其所带货物仅以银两交易。因此，此次较上次贸易所需备银 17 万至 18 万两之数应略为增加，并令甘肃巡抚黄廷桂筹办此项银两，由当地道员、知府等员内选派干练者，率领有贸易经验的人前往卡伦地方，与准噶尔人进行贸易，其易取的物品限期变价出售，所得银两补还原项。

四是调遣官兵，以便护送准噶尔熬茶人等。前于乾隆八年（1743 年）熬茶时，先到东科尔贸易结束后才入藏，因而由西宁遣派绿营兵 100 名驻防卡伦，100 名看管准噶尔所留人员、牲畜和物件，100 名看护准噶尔人赴青海各寺熬茶，另派 500 名满洲官兵看护准噶尔人入藏。此次赴藏熬茶使等不到东科尔，将其货物在卡伦地方贸易，而后入藏，不必遣派过多兵丁。因此，决定不再遣派满洲官兵，改派西宁绿营官兵 450 人，派总兵 1 员管带，预计准噶尔人来的时间，赶赴哈济尔卡伦等候。侍郎玉保率领由京所派章京等员于四月启程前往西宁，会同西宁办事大臣众佛保协商办理所有应办事项。

五是备办礼品，以便赏给准噶尔熬茶使及达赖喇嘛、班禅额尔德尼等西藏活佛。拟赏给准噶尔熬茶使的大哈达 100 方、小哈达 1000 方，侍郎玉保由京城内库支取带往；茶叶 1000 包，交付甘肃巡抚黄廷桂由该处存储茶叶内拨给，委派官兵先期如数运抵西藏，等准噶尔熬茶使等抵达后赏赐。另外，又备办颁给七世达赖喇嘛、六世班禅额尔德尼的敕书及赏赐所需茶桶、银壶等物件，也由侍郎玉保启程时带往。

六是深思熟虑，以防不测。准噶尔熬茶使若告求将策旺阿喇布坦、噶尔丹策零遗骨做成擦擦，则要驻藏大臣傅清婉言回绝。准噶尔蒙古前次派使熬茶时，西藏郡王颇罗鼐曾尽心竭力备办诸项事务，保证了在西藏的熬茶活动圆满完成，而准噶尔蒙古这次派使熬茶之前，西藏郡王颇罗鼐刚刚去世，颇罗鼐的儿子珠尔默特纳木扎勒袭封郡王，总理藏务，然而珠尔默特纳木扎勒年轻气盛，阅历不多，办事恐有不周到的地方，因此事先命令驻藏大臣傅清务必与郡王珠尔默特纳木扎勒多加协调，以期熬茶活动的顺利进行。

乾隆十二年（1747 年）五月初五日，准噶尔派人到哈密报告，其派赴西藏熬茶人等，于八月十五日抵达哈济尔地方，贸易事毕即行赴藏。八月二十日，侍郎玉保抵达哈济尔，当日策妄多尔济那木扎勒的近侍阿尔布扎前来告诉，其赴藏熬茶使喇嘛绥绷、宰桑巴雅斯瑚朗等 300 人，于六月初十日由游牧地方启程，行至塔里木河，因水大难渡，不能如约于八月十五日前抵达，或可于八月二十六七日抵达哈济尔地方。然熬茶正使宰桑巴雅斯瑚朗，副使宰桑玛木特等 300 人，带着驼 2000 余只、马近 3000 匹、羊 3000 余只、鸟枪 200 余支、撒袋近 60 副，直至九月十四日才行抵哈济尔，较预报的时间晚了近二十天。宰桑巴雅斯瑚朗等告诉其中原因，这次仍是塔里木河发大水，渡河时许多马匹、骆驼等牲畜被冲走，但携带而来的货物价银仍在 30 万两左右。侍郎玉保告诉他们说，按原先约定应该携带价银 8 万两的货物，增加如此多的货物，现在召集到得卜特尔地方的商贾没有如此大的购买力，也没能力运走换取的货物。由于准噶尔熬茶使抵达哈济尔的时间过晚，倘于九月二十一二日抵达得卜特尔，二十三四日开始贸易，即便加紧办理，亦须将近一个月时间才能贸易完毕，至十月二十日左右才可启程赴藏。按西藏的习俗，自正月初五日始，至二十九日止，举行法会念经作法，召集藏属官兵施放枪炮，各地人众聚集瞻拜，各处商贾亦云集贸易，非常热闹熙攘。若于十一月二十日抵藏后即行加紧熬茶，至来年正月十五、二十日方可完毕。因此，侍郎玉保要求必须及早赴藏，赶紧办理熬茶事宜，争取于正月初五日前启程返回。然而，由于贸易进展缓慢，未能按侍郎玉保计划的时间赴藏。直到十月初，宰桑巴雅斯瑚朗来找侍郎玉保时，尚称商贾之间议价近半月，仅议定沙狐、貂皮、狼皮、水獭等六七项皮张的等级，其价钱至今尚未议定，而狐狸皮之等级仍迟迟未定。于是，侍郎玉保命令办理交易参将马得胜，限定在 10 天内务必议定狐狸皮、俄罗斯毡子、骆驼价钱。至十月十二日，"共点取灰鼠皮一万六千八百四十张、狼皮五千六百九十六张、羊羔皮八万九千三百五十二张"①。

准噶尔熬茶使贸易期间，九月二十六日，宰桑巴雅斯瑚朗等请求派 6 人前往衮布木、大藏、扎西车里、郭隆等寺熬茶，而后前往西藏，侍郎玉保以此次策妄多尔济那木扎勒并未事先请皇帝前往衮布木等寺熬茶为由婉言谢绝。十月初三日，宰桑巴雅斯瑚朗又提出，策妄多尔济那木扎勒已将在衮布木等寺熬茶所用物品交付携来，前次噶尔丹策零为其父赴藏熬茶时，曾在衮布木等寺熬茶，此次若无法前往衮布木等寺熬茶，则策妄多尔济那木扎勒熬茶之事便有所缺憾。侍郎玉保回答说，扎西车里寺靠近西宁界内河州，衮布木、大藏、郭隆等寺靠近东科尔，并非西藏地方，策妄多尔济那木扎勒既不知详情，将赴衮布木等寺熬茶所用物品交付携至，可以派 6 人前往熬茶。但熬茶结束后，不必由彼赴藏，仍由原路返回，会同留在得卜特尔地方的人暂住等待赴藏人等返回。十月十六日，准噶尔前往衮布木等寺熬茶的 6 人启程，侍郎玉保派理藩院笔帖式颛泰、千总马贤应带兵 10 名护送，于十一月初五日抵达东科尔。十一月十二日，准噶尔人前往大藏寺熬茶 4 次；十六日，前往郭隆寺熬茶 4 次；二十一日，前往衮布木寺熬茶 4 次；三十日，前往扎西车里寺熬茶 3 次，分别供献金银、缎匹，哈达、俄罗斯毡子、布、熏牛皮、狐狸皮、木碗、小素珠等物件，并带去策妄多尔济那木扎勒致各寺庙喇嘛的蒙古、唐古特字信函，于十二月十七日，自东科尔启程返回。

至于准噶尔赴藏熬茶使的启程时间，则迟迟无法确定，直到十一月初七日，宰桑

---

① 乾隆十二年十月二十七日《侍郎玉保奏报准噶尔人等贸易事宜即将告竣折》，见《清代军机处满文熬茶档》下册。

巴雅斯瑚朗等才向侍郎玉保说，其贸易进行得十分不顺利，计划于本月十三日启程赴藏，并打听从什么路入藏。侍郎玉保告诉说，由得卜特尔地方启程进藏，越过哈西哈岭，经巴彦喀喇北面山根布伦路而行，仍由木鲁乌苏摆渡过河。同时答应委派会蒙古语官弁照看其留于哈济尔、得卜特尔地方看管杂物及剩余马驼的38人。巴雅斯瑚朗等又请求拨给应赏的300只骆驼、300匹马及口粮。侍郎玉保等如数赏发，并按先前之预定，于十一月十三日率领准噶尔熬茶使自得卜特尔启程赴藏。二十八日抵达木鲁乌苏后，宰桑巴雅斯瑚朗等请求拨给马畜，侍郎玉保未答应，巴雅斯瑚朗称抵达喀喇乌苏后若不拨给马畜，则难以抵藏，侍郎玉保答应等到喀喇乌苏后根据具体倒毙疲惫牲畜之数目再行拨给。十二月初七日，抵达喀喇乌苏，西藏之公班第达、噶伦策零旺扎勒率官兵300名前来迎接。七世达赖喇嘛、郡王珠尔默特纳木扎勒委派多尼尔等人，仍照前次之例作为口粮拨给准噶尔人等以米石、炒面、茶叶、酥油等物。此时，经侍郎玉保查看准噶尔熬茶使乘骑驮载而来的牲畜，其600余匹马多已倒毙，800余只骆驼可用的仅剩两成多，于是按喇嘛、宰桑等每人马二匹，随从人员每人马一匹计算拨给外，还拨给驮载物品所需牛300头。在喀喇乌苏经过短暂几天的休整后，十二月初十日启程前行，十九日到达拉萨。

从到达拉萨的第二天起，准噶尔进藏喇嘛、宰桑及其随从人员就开始进行礼节性的拜访西藏僧俗首领的活动。二十日，前往大小昭瞻拜，而后前去拜见郡王珠尔默特纳木扎勒。二十一日，达赖喇嘛在布达拉宴请准噶尔熬茶使，侍郎玉保、索拜、傅清等亦照例一同前往，准噶尔熬茶使叩谒达赖喇嘛、进献伯勒克。从二十六日起，准噶尔人等开始前往各寺庙进行熬茶、拜佛、诵经、布施等项佛事活动。

准噶尔熬茶使在藏期间，正赶上年节，因此其活动较前次要频繁而丰富。首先是参加年节期间七世达赖喇嘛举行的法会或宴会。这年十二月二十九日是除夕夜，达赖喇嘛在布达拉念经作法，新年的正月初一、初二日，达赖喇嘛举办宴会，准噶尔熬茶使参加了法会和宴会，还遣派6人前去参加后藏的法会，先行向班禅额尔德尼问候，进献哈达、供佛之衣物，奉献法会之物品。此后达赖喇嘛于正月十三日以年礼至大昭念经，直至二十三日法会结束达赖喇嘛才返回布达拉。此间，正月十五日，准噶尔熬茶使向达赖喇嘛进献丹舒克，侍郎玉保等随行观看准噶尔人呈递其台吉策妄多尔济那木扎勒进献七世达赖喇嘛的丹舒克物品、瞻拜达赖喇嘛。

其次是前往各寺庙熬茶。关于熬茶之事，巴雅斯瑚朗起先曾告诉侍郎玉保等说要等法会结束再前往各寺庙熬茶，但听说当地有人出痘，就要求从正月十八日开始就前往色拉、哲蚌、甘丹等寺庙加紧熬茶，而后赴后藏熬茶。侍郎玉保答应了这一要求。至二月初二日，宰桑玛木特等告称，已在色拉、哲蚌等寺熬茶完毕，本应先往甘丹、色当二寺熬茶后再赴后藏，但据闻甘丹、色当二寺之人亦在出痘，所以要在第二天即赴后藏熬茶，等返回后不再出痘，再前往甘丹、色当二寺熬茶，倘若仍然出痘，则派已出痘的少部分人前去熬茶。侍郎玉保于是率100余名官兵照看准噶尔宰桑巴雅斯瑚朗等150人，于二月初三日启程前往后藏。初九日，抵达后藏，受到六世班禅所派喇嘛人众的迎接。此后总理班禅额尔德尼商上事务的商卓特巴喇嘛益西车累与侍郎玉保商议，前藏有人出痘，其本地喇嘛等未出痘者众，班禅额尔德尼亦未出痘，倘若仍前照其所请拜谒数次，供献祈福物品熬茶，多有不便，请让熬茶人等歇息一日，于第三日拜谒班禅额尔德尼，所有呈递丹舒克之事，当日完成。十一日，准噶尔喇嘛、斋桑等叩拜班禅额尔德尼，递丹舒克，为其台吉祈福。十六日，六世班禅筵宴准噶尔熬茶使，交付回信及赏赐物件。十九日，侍郎玉保率熬茶使离开后藏返回前藏。又派出过痘的准噶尔侍卫布林等带29人前往拉萨，进献其留于色拉、哲蚌、大昭、小昭等寺之灯火银两，再由拉萨前往甘丹寺熬茶，然后由甘丹寺直接前往喀喇乌苏。巴雅斯瑚朗等也要求不再去前藏，让留于前藏的216人前往羊八井暂住，最后于喀喇乌苏集结，一同返回游牧。侍郎玉保于二十四日抵达前藏，留在前藏的宰桑玛木特请求前瞻拜达赖喇嘛，此事经七世达赖喇嘛同意，于二十八日准其11人瞻拜。三月初七日，在拉萨的准噶尔熬茶使得到了驻藏大臣等补给的牲畜、食物等后启程前往喀喇乌苏。至此，准噶尔蒙古第三次所派熬茶使在西藏的熬茶活动结束。

准噶尔蒙古第三次派使赴藏熬茶，除在甘丹寺熬茶用银27913两余外，其用于布施或献礼的金银总数，较前一次赴藏熬茶略有增减。据侍郎玉保奏称："进献达赖喇嘛、班禅额尔德尼、各寺庙之金四百余两、银五万九千八百余两，散给各寺庙喇嘛等布施银九万六千八百余两，其中给银各二十五两之堪布喇嘛十五名，给银各五两之喇嘛一万六千六百余名，给银各一两之喇嘛一万零二百余名，给银各一钱之喇嘛二万零六百余名，得布施银之喇嘛共四万七千七百余名，此次共用金四百余两、银十五万六千七百余两。"[①] 此数经军机处比较发现："金较前次少十六两七钱，银较前次多五百八十九两一钱。"[②] 其熬茶布施细数见下表：

准噶尔蒙古第三次派使于青藏地区寺庙熬茶布施并互赠物品统计表

熬茶日期	地点	寺庙/人物	布施物品	数量	赠送礼品	数量	回赠礼品	数量	备注
乾隆十二年十一月十二日	青海	大藏寺							军机处熬茶档1741-2
			哈达	19条			哈达	2条	
			缎	2匹			氆氇	2块	
			布	2匹					
			熏牛皮						
			狐狸皮						
			木碗						
			银	186两					

---

① 乾隆十三年四月初九日《军机大臣傅恒奏报核查准噶尔人等散给布施银数目片》，见《清代军机处满文熬茶档》下册。

② 乾隆十三年四月初九日《军机大臣傅恒奏报核查准噶尔人等乾隆九年散给布施银数目片》，见《清代军机处满文熬茶档》下册。

续表

熬茶日期	地点	寺庙/人物	布施物品	数量	赠送礼品	数量	回赠礼品	数量	备注
乾隆十二年十一月十六日	青海	郭隆寺							军机处熬茶档1741-2
			哈达	43 条			哈达	2 条	
			缎	2 匹			氆氇	2 块	
			布	2 匹					
			熏牛皮						
			狐狸皮						
			素珠						
			银	885 两					
乾隆十二年十一月二十一日	青海	衮布木寺							军机处熬茶档1741-2
			哈达	70 条			哈达	4 条	
			缎	4 匹			氆氇	3 块	
			布	12 匹					
			熏牛皮						
			狐狸皮						
			素珠						
			银	1486 两					
乾隆十二年十一月三十日	青海	达西车里寺							军机处熬茶档1741-2
			哈达	38 条			哈达	4 条	
			缎	8 匹			氆氇	3 块	
			布						
			熏牛皮						
			狐狸皮						
			素珠						
			俄罗斯毡						
			木碗						
			金	1 两 1 钱					

熬茶日期	地点	寺庙/人物	布施物品	数量	赠送礼品	数量	回赠礼品	数量	备注
			银	1614两					
乾隆十二年十二月二十日	前藏	前郡王颇罗鼐							军机处熬茶档1741-2
					哈达	1条			
					锁子甲	1副			
					木碗	1个			
					回部缎	8匹			
					俄罗斯毡	1块			
					元狐皮	1张			
					马	2匹			
乾隆十二年十二月二十日	前藏	郡王珠尔默特纳木扎勒							军机处熬茶档1741-2
					缎	8匹			
					元狐皮	1张			
					马	1匹			
乾隆十三年正月初八日	前藏	阿齐图诺们罕							军机处熬茶档1741-2
					缎	19匹			
					俄罗斯毡	13块			
					熏牛皮	7张			
					布	3匹			
					金	5两			
					银	50两			
乾隆十三年正月十五日	前藏	达赖喇嘛							军机处熬茶档1741-2
					哈达	63条			
					银曼达	1个			
					佛像	1尊			
					经	3函			

续表

熬茶日期	地点	寺庙/人物	布施物品	数量	赠送礼品	数量	回赠礼品	数量	备注
					金叶经版	1块			
					塔	1座			
					杵	1个			
					铃	1个			
					把碗	1个			
					奔巴	1个			
					盒	2个			
					衣服	2袭			
					靠垫	1副			
					袈裟	2件			
					缎	214匹			
					绫	6匹			
					布	175匹			
					胶	1块			
					俄罗斯毡	24块			
					貂皮	9张			
					熏牛皮	22张			
					水獭皮	18张			
					茶叶	100包			
					金	202两			
					银	600两			
乾隆十三年正月	前藏	噶勒丹锡勒图喇嘛							军机处熬茶档1741-2
					哈达	1条			
					缎	20匹			
					俄罗斯毡	13块			
					熏牛皮	7张			
					水獭皮	5张			
					布	3匹			
					金	5两			

熬茶日期	地点	寺庙/人物	布施物品	数量	赠送礼品	数量	回赠礼品	数量	备注
					银	50两			
乾隆十三年正月	前藏	扎塞林布齐呼毕勒罕							军机处熬茶档1741-2
					哈达	2条			
					缎	12匹			
					俄罗斯毡	12块			
					熏牛皮	8张			
					金	3两			
					银	30两			
乾隆十三年正月	前藏	济隆呼图克图							军机处熬茶档1741-2
					哈达	1条			
					缎	9匹			
					熏牛皮	6张			
					俄罗斯毡	12块			
					水獭皮	3张			
					布	1匹			
					金	3两			
					银	30两			
乾隆十三年正月	前藏	萨林堪布							军机处熬茶档1741-2
					哈达	1条			
					缎	10匹			
					俄罗斯毡	12块			
					熏牛皮	6张			
					水獭皮	3张			
					布	1匹			
					金	3两			
					银	30两			

续表

熬茶日期	地点	寺庙/人物	布施物品	数量	赠送礼品	数量	回赠礼品	数量	备注
乾隆十二年十二月二十日	前藏	大昭寺							军机处熬茶档1741-2
			哈达	59条					
			银曼达	1个					
			奔巴	1个					
			镜子	1面					
			法轮	2个					
			盘子	1个					
			银盅	5只					
			素珠	1串					
			钵	1个					
			佛衣	4袭					
			佛冠	1顶					
			幡	10个					
			鸟枪	1支					
			虎皮	1张					
			金	2两					
			银	5471两5钱					
乾隆十二年十二月二十日	前藏	小昭寺							军机处熬茶档1741-2
			哈达	7条					
			佛衣	1袭					
			项圈	1个					
			银曼达	1个					
			嘎布拉	1个					
			玉钵	1个					
			禅杖	1把					
			伞	1把					
			幡	6个					
			镜子	1面					

续表

熬茶日期	地点	寺庙/人物	布施物品	数量	赠送礼品	数量	回赠礼品	数量	备注
			鸟枪	1支					
			腰刀	1把					
			金	8钱					
			银	1074两4钱					
乾隆十三年正月初一、初二日	前藏	布达拉							军机处熬茶档1741-2
			哈达	14条					
			素珠	1串					
			佛衣	1袭					
			耳饰	1副					
			伞	1把					
			幡	2个					
			金	3钱					
			银	1166两					
乾隆十三年正月初一、初二日	前藏	五世达赖喇嘛金塔							军机处熬茶档1741-2
			哈达	1条					
			宝盖	1个					
			幡	6个					
			银	437两					
乾隆十三年正月十八日	前藏	哲蚌寺							军机处熬茶档1741-2
			哈达	163条					
			伞	2把					
			幡	6个					
			镜子	5面					
			银曼达	1个					
			嘎布拉	5个					
			缎	42匹					

续表

熬茶日期	地点	寺庙/人物	布施物品	数量	赠送礼品	数量	回赠礼品	数量	备注
			鸟枪	3 支					
			喀央阿	1 个					
			银棒	1 根					
			腰刀	1 把					
			素珠	1 串					
			熏牛皮	1 张					
			布	2 匹					
			银	52190 两 7 分 5 厘					
乾隆十三年 正月十八日	前藏	色拉寺							军机处 熬茶档 1741-2
			哈达	17 条					
			镜子	1 面					
			幡	4 个					
			伞	1 把					
			铁索	1 根					
			斧	1 把					
			鸟枪	1 支					
			缎	4 匹					
			布	4 匹					
			熏牛皮	3 张					
			水獭皮	2 张					
			银	37094 两 5 钱 5 分					
乾隆十三年 正月	前藏	扎克 布里寺							军机处 熬茶档 1741-2
			哈达	3 条					
			银	57 两 5 钱					
乾隆十三年 正月	前藏	道都 温都孙							军机处 熬茶档 1741-2

续表

熬茶日期	地点	寺庙/人物	布施物品	数量	赠送礼品	数量	回赠礼品	数量	备注
			嘎布拉	4个					
			杵	1个					
			铃	1个					
			鸟枪	3支					
			斧	1把					
			腰刀	1把					
			熏牛皮	5张					
			俄罗斯毡	50块					
			布	10匹					
			钵	1个					
			小刀	503把					
			银	7220两5钱					
乾隆十三年正月	前藏	德济温都孙							军机处熬茶档1741-2
			哈达	2条	哈达	2条			
			缎	3匹	缎	2匹			
			嘎布拉	1个	熏牛皮	1张			
			鸟枪	1支	水獭皮	1张			
			喀央阿	1个	布	2匹			
			伞	1把					
			布	4匹					
			熏牛皮	2张					
			水獭皮	2张					
			剃刀	500把					
			银	7517两					
乾隆十三年正月	前藏	热登寺							军机处熬茶档1741-2
			哈达	3条					
			幡	5个					
			缎	5匹					

熬茶日期	地点	寺庙/人物	布施物品	数量	赠送礼品	数量	回赠礼品	数量	备注
			银	582两9钱					
乾隆十三年正月	前藏	齐齐克塔拉寺							军机处熬茶档1741-2
			哈达	5条					
			伞	2把					
			鸟枪	1支					
			撒袋	1副					
			眼镜	1副					
			嘎布拉	1个					
			棒	1根					
			银	526两7钱					
乾隆十三年正月	前藏	达希仲寺							军机处熬茶档1741-2
			哈达	1条					
			布	1匹					
			狐狸皮	1张					
			熏牛皮	4张					
			银	56两					
乾隆十三年正月	前藏	尼塘淖尔寺							军机处熬茶档1741-2
			七珍八宝						
			幡	2个					
			缎	5匹					
			熏牛皮	2张					
			银	211两1钱					
乾隆十三年正月	前藏	桑孚寺							军机处熬茶档1741-2
			幡	2个					
			伞	1把					

熬茶日期	地点	寺庙/人物	布施物品	数量	赠送礼品	数量	回赠礼品	数量	备注
			七珍						
			佛衣	1袭					
			银	136两					
乾隆十三年正月	前藏	济特默散寺							军机处熬茶档1741-2
			银	55两					
乾隆十三年正月	前藏	净寂寺							军机处熬茶档1741-2
			银	624两9钱					
乾隆十三年正月	前藏	耶尔巴寺							军机处熬茶档1741-2
			哈达	1条					
			伞	4把					
			幡	4个					
			银	52两					
乾隆十三年正月	前藏	桑噶喀尔寺							军机处熬茶档1741-2
			哈达	5条					
			嘎布拉	1个					
			镜子	1面					
			鸟枪	1支					
			腰刀	1把					
			银	349两6两					
乾隆十三年二月	前藏	色当寺							军机处熬茶档1741-2
			哈达	3条					
			伞	3把					
			银棒	1个					
			嘎布拉	1个					

熬茶日期	地点	寺庙/人物	布施物品	数量	赠送礼品	数量	回赠礼品	数量	备注
			眼镜	1 副					
			鸟枪	1 支					
			通嘎拉克	1 个					
			银	1410 两					
乾隆十三年二月十一日	后藏	班禅额尔德尼							军机处熬茶档1741-2
					哈达	40 条	佛像	3 尊	
					曼达	1 个	漳佳	1 个	
					佛像	1 尊	阿迪斯	1 包	
					经	3 函	氆氇	204 块	
					经版	1 块	沃尔齐木济	4 个	
					塔	1 座	毡褂	7 件	
					杵	1 个			
					铃	1 个			
					瓷碗	1 个			
					银盒	1 个			
					奔巴	1 个			
					衣服	1 袭			
					靠垫	1 副			
					缎	208 匹			
					绫	4 匹			
					俄罗斯毡	21 块			
					熏牛皮	22 张			
					水獭皮	28 张			
					布	177 匹			
					貂皮	9 张			
					茶叶	100 包			
					金	195 两 2 钱			

续表

熬茶日期	地点	寺庙/人物	布施物品	数量	赠送礼品	数量	回赠礼品	数量	备注
					银	600两			
乾隆十三年二月十一日	后藏	班禅额尔德尼之商卓特巴							军机处熬茶档1741-2
					哈达	1条			
					缎	3匹			
					布	4匹			
					胶	1块			
乾隆十三年二月十一日	后藏	扎什伦布寺							军机处熬茶档1741-2
			哈达	118条					
			幡	16个					
			伞	3把					
			嘎布拉	4个					
			鸟枪	3支					
			眼镜	2副					
			喀央阿	2个					
			腰刀	1把					
			银曼达	1个					
			银盘	1个					
			银茶桶	1个					
			熏牛皮	12张					
			银	35832两6钱					
乾隆十三年二月	后藏	鞥衮寺							军机处熬茶档1741-2
			哈达	4条					
			伞	2把					
			嘎布拉	1个					
			通嘎拉克	3个					
			鸟枪	1支					

熬茶日期	地点	寺庙/人物	布施物品	数量	赠送礼品	数量	回赠礼品	数量	备注
			眼镜	1 副					
			银	1533 两 4 钱					
乾隆十三年 二月	后藏	色喇特 育特寺							军 机 处 熬 茶 档 1741-2
			哈达	2 条					
			伞	1 把					
			银棒	1 个					
			腰刀	1 把					
			眼镜	1 副					
			鸟枪	1 支					
			银	1043 两 5 钱 6 分					
乾隆十三年 二月	后藏	鲁木布泽寺							
			哈达	2 条					
			伞	1 把					
			银棒	1 个					
			嘎布拉	1 个					
			腰刀	1 把					
			鸟枪	2 支					
			眼镜	1 副					
			银	362 两 2 钱 7 分					
乾隆十三年 二月	后藏	甘津绰 木丕 勒寺							军 机 处 熬 茶 档 1741-2
			哈达	7 条					
			伞	1 把					
			银	56 两 2 钱					
乾隆十三年 二月	后藏	荣扎木沁寺							

续表

熬茶日期	地点	寺庙/人物	布施物品	数量	赠送礼品	数量	回赠礼品	数量	备注
			哈达	1 条					
			伞	2 把					
			银	315 两 3 钱 5 分					
乾隆十三年三月初八日	前藏	甘丹寺							军机处熬茶档 1742-2
			哈达	22 条					
			银曼达	1 个					
			嘎布拉	3 个					
			金瓜	1 把					
			斧	1 把					
			幡	10 个					
			伞	1 把					
			缎	24 匹					
			眼镜	3 副					
			毡围	1 套					
			鸟枪	3 支					
			腰刀	3 把					
			俄罗斯毡	12 块					
			水獭皮	3 张					
			熏牛皮	9 张					
			布	6 匹					
			金	3 两					
			银	27913 两 8 钱 7 分 5 厘					

　　另外，准噶尔蒙古此次赴藏熬茶与前一次比较，还有两件事可以说是在意料之外，第一件事是准噶尔人在哈济尔贸易时，因嫌物价低，将熏牛皮 7000 张、俄罗斯毡子近 700 张直接带到了西藏，拟提请郡王珠尔默特纳木扎勒同意后出售。其结果按郡王珠尔默特纳木扎勒之说法，当地人根本不用这些物品，没有人会去购买。宰桑巴雅斯瑚朗等人又找侍郎玉保帮忙说情，侍郎玉保回答："在得卜特尔地方交易时，给尔等携至之

大熏牛皮银一两五钱、小熏牛皮银一两三钱，毡子不计优劣，每尺给银七钱，尔等为买高价，未曾出售，告称带回，并未声明在藏交易，此处无人购买者实。"① 巴雅斯瑚朗见没有通融的余地，无奈进献给寺庙用修善事。

第二件事是准噶尔熬茶使在藏期间，拉萨等地流行天花。乾隆十三年（1748年）正月十七日，宰桑玛木特等得知当地有人出痘的消息后，因其熬茶人等多未出过痘，极为惊慌，打算避往其他地方，但熬茶活动尚未完结，因此要求看护的官兵住远一些，并适当减少，且从第二天起即前往色拉、哲蚌、甘丹等寺庙加紧熬茶，而后前往后藏熬茶。这些要求，侍郎玉保一一答应。但准噶尔人仍以人多气味杂为由，要求随行官兵回避或再减少，侍郎玉保遂指出官兵若不随行，存在诸多安全隐患，因此不能再减少随行的官兵。这样，虽然侍郎玉保没有完全满足其撤离官兵的要求，但相应减少了随行护卫的官兵数目，以消除其顾虑。然而对侍郎玉保的这一做法，乾隆帝极不赞同，训斥说："玛木特等告请其众畏惧出痘时，侍郎玉保等自应驳斥，尔等不过畏惧身生出痘而已，我兵丁既已出痘，岂有复出之理，不必远离。然听从彼等所言，饬令官兵撤离远住，所办甚属姑息。"②

这两件事说明，准噶尔蒙古此次赴藏熬茶确实也遇到了一些始料未及的问题，但在各方面的协调努力下，其熬茶活动还是得以善始善终。

结 语

从清朝满文档案的记载看，通过清廷允许准噶尔派人赴藏进行的大规模熬茶活动共有三次，其中第一次因故中途返回而未曾进藏，其余两次都圆满完成。准噶尔蒙古笃诚信奉藏传佛教，其赴藏熬茶，旨在祈求福祉、超度亡灵、保佑众生，故而对熬茶活动极为重视。因此当圆满完成这两次赴藏熬茶活动之后，准噶尔台吉策妄多尔济那木扎勒曾希望采用减少人数的方式，将派人赴藏熬茶活动常态化。乾隆十五年（1750年），台吉策妄多尔济那木扎勒派人进京向乾隆帝进递奏书请准每年派少许人赴藏熬茶。乾隆十六年（1751年），准噶尔新袭台吉喇嘛达尔扎也派人进京向乾隆帝奏书请求赴藏熬茶。然而，清廷以准噶尔台吉没有为其亡父熬茶超度之事为由，均婉言拒绝，准噶尔蒙古持续派人赴藏熬茶的要求未能得以实现。

在乾隆五至乾隆十三年（1740—1748年）的九年时间内，准噶尔蒙古先后三次派人赴藏熬茶，无论对准噶尔蒙古来讲，还是对清廷乃至西藏、青海地方来讲，都是一件重大活动，受到了各方面的高度重视和相互协作，特别是清廷在安全保障和物资供应方面给予了最大限度的帮助，从而保证了准噶尔派人赴藏熬茶活动的圆满完成。在当时历史背景和条件下，能够得以实现熬茶活动实属不易，是各方面尽心协作的结果。这些不仅有利于改善清廷与准噶尔蒙古的关系，而且也有利于促进西部蒙古与西藏、青海地区之间的交流，特别是在宗教文化方面的交流。

---

① 乾隆十三年三月初二日《侍郎玉保等奏报前藏有人出痘带准噶尔使臣等现行前往后藏熬茶折》，见《清代军机处满文熬茶档》下册。

② 乾隆十三年三月初二日《字谕侍郎玉保等著驳回准噶尔人等令官兵远离之请》，见《清代军机处满文熬茶档》下册。

　　纵观这三次熬茶活动的内容及相关交涉情况，准噶尔派人赴藏熬茶不仅仅是要进行一种宗教仪式，而且在很大程度上隐含着贸易的目的，因此其每次携带之货物数量都非常可观，准噶尔人等中途在东科尔等地长期停留贸易，甚至将货物直接带到了西藏拉萨。另外，当时虽然清廷和准噶尔蒙古业已讲和，谈判划界，停止交战，准噶尔台吉每年遣使进京纳贡，清廷则允许在肃州等地定期开市贸易，但清廷对准噶尔蒙古仍存有戒心，故将其赴藏途经地区居民都事先派官兵撤离，不准接触准噶尔人，而且委派官兵随时随地严密观察准噶尔人的言行。再者，清廷接待和护送准噶尔人员赴藏熬茶花费大量的人力和财力，而且还组织内地商人到东科尔或卡伦地方购买其货物，必要时又动用官库银两采买，无疑是一种负担。所以，当准噶尔台吉提出以常态化方式继续派人赴藏熬茶时，清廷之婉言谢绝就成为其必然的结果。

五、准噶尔汗国延聘喇嘛之谈判及其影响

《军机处满文准噶尔使者档》（以下简称为《使者档》）中所录准噶尔来使与清朝谈判的档案内容，主要有边界划分、赴藏熬茶、双方贸易、友好朝贡、延聘喇嘛等问题。边界谈判经过多年往复，终于于乾隆四年年底达成意向，基本确定了清朝与准噶尔汗国的边境。可以说，此议虽颇为艰难，终于成功，也成为以后双方进一步发展友好关系之基础。边界谈判完成，接着主要是贸易谈判和要求赴藏熬茶，贸易谈判最终双方签订贸易协定，允许准噶尔汗国同俄罗斯一样，可以定期遣贸易使团至肃州、北京贸易，以后，直到清朝兵指达瓦齐，双方贸易进行很顺利，因而贸易谈判对双方政治、经济发展起到了重要作用。清朝为显示其推衍黄教、安逸众生之意，接受准噶尔之请，允许其遣员赴藏熬茶，并投入大量人力、物力，对其熬茶使团加以保护和资助，使得准噶尔蒙古得以3次遣使团赴藏熬茶，后虽对其要求每年赴藏熬茶之请予以拒绝，但总的来看，熬茶的谈判也属于成功的。其中唯独延聘喇嘛的谈判，往复历时近8年，最后仍无果而终，乃唯一未成功者。

在外交谈判中，成功之事，往往符合双方利益，谈判比较容易，而未成功者则缘于问题错综复杂，其对双方关系之影响亦绝不亚于成功者。并且，未成功之事，对双方关系的发展所起到的影响，可能远远超过已经合意之事。此次延聘喇嘛的谈判未获成功，致使乾隆帝愈加不相信准噶尔人，看到准噶尔窥视西藏，觊觎控制黄教的目的，其抑或为乾隆皇帝最后毅然出兵准噶尔之诱因之一。

有关延聘喇嘛之谈判未获成功之原因是多方面的，而最主要的因素，则是涉及黄教问题。在准噶尔方面，其欲直接从西藏延聘高僧，一为发展本地黄教事业，二可再次打通本地喇嘛直接与西藏联系的渠道。而在清朝方面，推衍黄教以安蒙藏，乃其在蒙藏地区的基本政策，其必须接受噶尔丹、策旺阿喇布坦时期直接准噶尔与西藏僧界联系密切之教训，绝不会允许准噶尔汗国与西藏再有直接的交往。因而，对此事双方各怀心腹，致使此项谈判失败。

对此次聘请喇嘛谈判的过程及失败原因进行研究，可以窥得双方对黄教的重视，以及清朝在蒙藏地区推行的民族宗教政策和对准噶尔汗国的政策变化等问题。目前，学界尚未有研究此次延聘喇嘛谈判之专论，鄙人在翻译《使者档》时，颇觉得此项谈判事关重大，故自不量力，试作此文，以抛砖引玉。

（一）延聘喇嘛之谈判始末

作为黄教信徒，赴藏熬茶诵经乃其终生之愿，特别是人死后，要去西藏请高僧大德作佛事念经，以修来世之福。而聘请西藏高僧到本地传经，亦众教徒所愿。土尔扈特部曾不远万里来西藏熬茶朝佛，延请喇嘛，即缘于此。从宗教信仰方面来看，准噶尔请求赴藏熬茶并自西藏延聘喇嘛，乃属常理，清朝为弘扬黄教，理应予以支持，但清朝因从政治统治和防范准噶尔方面出发，允其赴藏熬茶，每次皆派大臣随往，严密

防范。而聘请喇嘛之请，不符合清朝有关各地喇嘛不许私相交往之规定，更恐准噶尔自西藏聘请喇嘛后，两地喇嘛建立直接联系，导致准噶尔再次渗透西藏黄教界之中，故断然不顾准噶尔黄教信徒之信仰问题，对聘请喇嘛之事设法拒绝。

准噶尔地区的喇嘛主要有两个来源，其一是当地出家之蒙古喇嘛，其中有一部分喇嘛赴西藏学经，学成后回到本地，颇著名者如噶尔丹等；其二是自西藏延聘的喇嘛，其中以策旺阿喇布坦时期准噶尔自西藏撤回时，带回的喇嘛最多。由此可知，准噶尔地区的喇嘛与西藏各大寺院关系密切。

清朝成功驱准保藏后，切断了准噶尔汗国与西藏的各种联系，但仍注重防范喇嘛之间的来往。在乾隆四年，允许准噶尔汗国第一次遣团赴藏熬茶后，就更加关注两地间僧侣联络问题，当时既已估计准噶尔熬茶使团可能要向西藏提及聘请喇嘛之事，故密令伴送熬茶使的凉州将军乌赫图等密切关注此事，并令"晓谕驻藏副都统纪山、郡王颇罗鼐，准噶尔使臣等倘若提请由藏延请喇嘛及额木齐，或有不便之请，则颇罗鼐等告之曰，吾等虽在藏为首办事，然事无巨细，若未奉有圣旨，吾等未敢擅断"①。此次熬茶使虽未提及延聘喇嘛问题，但军机处已告诫各级官员，如何应对此事。

准噶尔的第二个熬茶使团，果然在熬茶事宜完毕后，向藏王颇罗鼐提及此事，陪伴熬茶使理藩院侍郎玉保迅速奏报此事，告知"据王颇罗鼐前来告称，准噶尔之使臣吹纳木喀等告请延请本地通经及懂医好喇嘛，我答曰，尔等欲请通经及懂医好喇嘛，噶尔丹策零理应奏请我等之文殊菩萨大皇帝恩准，尔等之噶尔丹策零既未奏请我等之文殊菩萨大皇帝之旨，我何敢擅自给付"②。关于此事，驻藏办事大臣索拜所奏更为详细，其中内容有："第巴喇嘛、宰桑巴雅斯瑚朗等又称：我等前来时，我等之噶尔丹策零曾吩咐我等，我等地方并无好额木齐，尔等抵藏熬茶事毕返回时，延请好额木齐及通经大喇嘛各一位带回。兹熬茶之事已毕，回返在即，请贵王顺遂我等之噶尔丹策零所请，择好额木齐及通经喇嘛各一名随同我等遣往。颇罗鼐答称，问尔等之台吉噶尔丹策零奏请熬茶之时，可将由藏延请好额木齐及通经喇嘛各一位之处奏请大皇帝。答称无。尔等并未奏请，既未奉我大皇帝之旨，我岂可择额木齐喇嘛及通经喇嘛遣往尔等地方，非我所能专主者也。第巴喇嘛等称，我等之噶尔丹策零料想或可能行，故而吩咐我等，诚然不可行，又奈之何，不请则罢。"③ 答对之间，看似轻描淡写，其实各有玄机。

颇罗鼐之应对，显系遵照之清朝密谕而行，有理有据，告诫准噶尔使者，其乃清朝政府任命的地方官员，国家之间的事情不能做主，必须遵旨方可办理。颇罗鼐因此

---

① 乾隆五年二月十二日《军机处为妥为伴送准噶尔使臣进藏事密咨将军乌赫图等文》。

② 乾隆九年正月十八日《理藩院左侍郎玉保奏报转降敕谕给班禅额尔德尼并返抵前藏折》。

③ 乾隆九年正月十八日《副都统索拜奏闻准噶尔使臣请求修庙延请喇嘛颇罗鼐未允折》。《平定准噶尔方略前编》卷47，《清高宗实录》卷208中皆收录此事，为"第巴喇嘛、宰桑巴雅斯瑚朗又曰：我准噶尔地方，并无好额木齐。噶尔丹策零吩咐我等，熬茶事毕，将好额木齐，与通经好大喇嘛，延请一位带回。乞王子即为给发前去。颇罗鼐答曰：汝等欲请好额木齐，与通经好大喇嘛，并未奏请大皇帝，既未奉大皇帝谕旨，此事我何敢专主"。虽略有删节，其意已达。

颇受乾隆皇帝赏识，并予以嘉奖。①

准噶尔使者向颇罗鼐提及此事，明显有试探之意，冀以得知颇罗鼐之权限及西藏之人，是否因策妄阿拉布坦时准噶尔人入藏，仍对准噶尔心存芥蒂。若能成功，则可以使准噶尔地区黄教抛开清朝政府，直接与西藏建立联系，对其进一步掌控黄教，提高自身地位极为有力。若被拒绝则向清政府请求此事。值得注意的是准噶尔汗国在派出此次熬茶使赴藏的同时，还派都尔图出使北京，通告其熬茶使已赴藏、感谢清朝予以支持，并谈及双方贸易等事。该使团在北京收到隆重接待，但其只字未提延聘喇嘛之事，足见噶尔丹策零之用心良苦。

噶尔丹策零见直接于西藏延聘喇嘛不成，便向清朝提请。乾隆十年所遣哈柳使团进京，目的是感谢资助其赴藏熬茶，并在奏书中，正式提请延聘喇嘛之事，奏文为：

从前我等地方未立法性教，现在新立此教，所有西藏请来好喇嘛业已大半亡故，现在所存甚少，且年皆衰迈，若于土伯特地方拣选通于经咒好喇嘛，赏给前来，则我等地方经咒之教，可以永久不绝，而大皇帝之恩德，亦永久感戴矣!②

在朝觐时，哈柳向乾隆皇帝口奏：

我等熬茶之人由藏回来，颇罗鼐办给牲畜路费，不甚妥协，与先例不同。颇罗鼐原系拉藏汗属下书写之人，大抵仍思拉藏汗旧仇，所以如此。③

乃将颇罗鼐不同意延聘喇嘛及对熬茶使资助不力之事，直告于御前。不料其弄巧成拙，乾隆皇帝借此对延聘喇嘛之事予以拒绝。并告诉哈柳，颇罗鼐已奏报此事，其中有"但从前准噶尔人等扰乱藏地，拆毁寺庙，有侵害土伯特之仇，俱不愿前往"④ 之语，指出不能派遣喇嘛，乃藏地喇嘛不愿前往，究其原因，系因尔准噶尔人曾赴藏毁教、戕害藏人所致。

在所颁敕书中，对此写得比较委婉，曰：

尔奏称前往西藏诵经人等，蒙恩赏给牲畜口粮，成全诵经之事，不胜欢欣。并请于土伯特赏给善于经咒喇嘛数人，令经咒之教，可乘久远，推广不绝等语。尔尊崇佛道，因立法性教，欲请西藏喇嘛，实一善事。朕观奏内，辞意敬顺恳切，实属可嘉。但去年尔使臣进藏熬茶，已向郡王颇罗鼐求请喇嘛，彼地喇嘛因念尔等曾在藏内骚扰，不愿前往，故颇罗鼐托言无大皇帝旨意，并未发往，亦曾经颇罗鼐具奏。

今尔使臣哈柳口奏，颇罗鼐仍念拉藏汗之仇，于尔等进藏熬茶人，牲畜路费，并未支给妥协。由此观之，尔等两地相疑，未忘旧仇。朕为大君，不分内外，视群生如一体，抚恤仁爱，即佛道亦以群生为要，众喇嘛皆系佛门弟子，伊等既不情愿，朕勒令前往可乎？即使降旨令发给尔等喇嘛，伊等亦未必发给贤能者，此后尔等又不免藉为口实，反生怨望。颇罗鼐是僻处远地之人，准噶尔亦系僻处远地之人，尔等彼此互有违言，朕岂可偏听，遽罪颇罗鼐乎？尔等地方亦有喇嘛，岂无一善于经咒者。且敬

---

① 乾隆皇帝在《副都统索拜奏闻准噶尔使臣请求修庙延请喇嘛颇罗鼐未允折》后朱批："知道了。颇罗鼐所办一切事务均属得体，甚属可嘉，著传旨奖谕。钦此。"

② 《平定准噶尔方略前编》卷48，《清高宗实录》卷233，乾隆十年（1745年）正月己亥条。

③ 同上。

④ 《平定准噶尔方略前编》卷48，《清高宗实录》卷233，乾隆十年正月庚子条。

佛广教，只在于心，亦不必专凭经咒，何必求助他人。此事朕不必降旨，今特勒付使臣哈柳赍回，尔其善体朕意。①

此份敕书颇为高明，既体现出清朝皇帝身为大国共主、护法之王旨在阐扬佛法、安逸众生之态势，又表现出既能允尔赴藏熬茶，岂可拒绝延聘喇嘛，于尔处推衍黄教之情理。然不能准行者，乃因准噶尔与藏地旧仇未亡、彼此相疑，德高喇嘛不愿前往，王颇罗鼐不肯遣派所致，与我这位黄教大施主无关。且告诉噶尔丹策零，尔等所参颇罗鼐之语，朕不能偏听，亦不会因此问责颇罗鼐，颇罗鼐如此办事，实尔准噶尔人咎由自取。另弘扬黄教，在于是否诚信侍佛，可自行修炼，何必求助于他人。并告诫使臣哈柳："汝台吉奏请之事，可行则准行，无例不可行者，则不准行，朕惟准酌情办理，初无成见。"②使其转告噶尔丹策零毋庸再次奏请此事。

乾隆帝料到准噶尔不会对此事就此罢休，或因此事导致准噶尔仇视颇罗鼐，故要驻藏办事大臣傅清密饬颇罗鼐，"务使留心，有应如何防范预备之处，详慎办理"③。可谓缜密之思。

准噶尔对延聘喇嘛一事当然未就此罢休，且以后每次使团入贡，多奏请此事。或其亦非仅为延聘喇嘛，而是以喇嘛问题，同自视为所谓黄教之大施主的乾隆皇帝在"推衍黄教，安逸众生"方面进行博弈而已。

乾隆十年九月噶尔丹策零病故，其次子策妄多尔济那木扎勒继承汗位，旋即复遣哈柳前往北京，所携奏表内容仅为奏报汗位更替并奏请为噶尔丹策零赴藏熬茶诵经，另有两件口奏之事，其一恳请允许赴北京贸易使团就近在肃州贸易；其二仍是延聘喇嘛之事，重申"我等台吉之意：我等地方之教法，原由土伯特传往。先前请回诸喇嘛，故者已故，今所剩者均已年迈。大皇帝弘扬各地黄教，安逸众生，相应请恩准我等延请喇嘛"④。表达新汗策妄多尔济那木扎勒仍欲自西藏延聘喇嘛之意。

清政府对所请赴藏为噶尔丹策零熬茶诵经一事，慨然应允，并赏赐大量熬茶物品，其余派员照看，资助口粮、牲畜等项一如往次之熬茶。于肃州贸易之请，亦得准行，并指派地方官照看。唯延聘喇嘛之事，回之"延请西藏喇嘛，前据尔父奏请时，朕即以不便准行，明白降旨矣"⑤，再次予以驳回。

乾隆十二年玛木特使团在北京，仅商谈赴藏熬茶事宜及与熬茶相关的贸易问题，未提及延聘喇嘛问题。清朝对此次来使接待隆重，诸事商议融洽，加赏、特赏颇多，或因其未提及喇嘛问题，乾隆帝认为准噶尔对延聘喇嘛之事已遵旨罢休，又解决一个难题之因素所致。

准噶尔遣使团到北京，一般在秋末启程，至北京多在春节前后，盘亘月余，即离京返回，究其原因许多，而内地春季天花病菌流行，防止感染天花身亡乃重要因素之

---

① 《平定准噶尔方略前编》卷48，《清高宗实录》卷234，乾隆十年二月甲寅条。

② 同上。

③ 《平定准噶尔方略前编》卷48，《清高宗实录》卷234，乾隆十年二月乙巳条。

④ 乾隆十一年三月初九日《户部尚书海望等奏报哈柳转请延请喇嘛并就近于肃州贸易片》。

⑤ 《平定准噶尔方略前编》卷49，《清高宗实录》卷261，乾隆十一年三月甲申条；另见乾隆十一年三月十八日《谕准噶尔台吉策妄多尔济那木扎勒为其父赴藏熬茶须为一次》。

一。但乾隆十三年的准噶尔奄集使团，却是在春季前来的。选择这个对游牧民族来说可谓危险的季节进京，目的是奏报为噶尔丹策零赴藏熬茶使团圆满回部，感谢清政府在各方面予以的支持，但在奏书中以其他的方式复提及喇嘛问题，书内请求："从前在土伯特处延请墨尔根喇嘛，大半物故，现存者皆已年迈，思归故土。准于何路行走，酌量派人送往，以期推广黄教，安慰生灵，伏祈大皇帝睿鉴。"① 此次的奏书，未直接提请延聘喇嘛，而是请求清朝允许其遣少许人回送西藏在准噶尔年迈喇嘛，而使臣奄集口奏事情中，主要是准噶尔地方喇嘛平庸，恳请允许其自藏地聘请通经喇嘛，实仍坚持欲于西藏延聘喇嘛。对此乾隆帝在所颁敕书中予以回绝，告诉准噶尔台吉策妄多尔济那木扎勒：

我等之原议，并无将尔处所有唐古特喇嘛，俟其年迈送归藏地之处。且此等喇嘛，乃住尔处年久，年事已高之喇嘛等，更为熟悉经典。彼等乃出家人，身在何处，无所区分。即便我等之来京土伯特喇嘛等，亦从无返回原籍者，此事不便准行。再，据尔使奄集口奏，我等之台吉祈请大皇帝之恩，赏给喇嘛等以推兴黄教等语。振兴黄教，在于各自之心诚，佛法遍及天下，惟关经典，无关念经之人也。若言须延请他处喇嘛，方可兴教，则尔处喇嘛等不能兴教乎。朕乃天下之大皇帝，凡事惟但循理而行，其悖理不可行之事，岂可拘泥。延请喇嘛等之事，先前尔父奏请之时，其不可行之处，朕已详尽开示，明白降旨，未曾准行。兹台吉尔请，又岂有准行之理耶，断不能准。②

颁布敕书后，乾隆帝仍让陪伴使臣之大臣户部尚书海望晓谕使臣奄集：

阐扬黄教，乃凭各自之诚意，并不在念经之人。尔等之处，由土伯特延请去之喇嘛等，皆为贤能之人也。其所教徒众，岂有平庸之理耶。尔等准噶尔与西藏人等原有嫌隙，我等之大皇帝即准尔等所请，将遣往喇嘛等之处，降旨王珠密那木扎勒等派遣，然彼处喇嘛等并不情愿，且遣其平庸者前往，又致尔等言遣平庸者前往。王珠密纳木扎勒亦为远处之人，因给尔等派往平常喇嘛，有将彼治罪之理乎。此事断不可行之处，我等之大皇帝已皆详尽降旨尔处所遣之使及尔等之台吉。将此一味渎奏，不仅不符和睦之道，且亦断不准行。能否准行之处，尔等亦心知肚明也。③

即明白告诉准噶尔台吉等，自西藏延聘喇嘛一事，从各方面来说绝不能成，欲以断其渎奏复请之念。

乾隆十五年准噶尔使臣尼玛等抵京，朝贡瞻觐，所持奏书内容系恳请清朝准许其每年遣少许人入藏熬茶，朝拜达赖、班禅并到四大寺院布施祈福。其不知在十三年为噶尔丹策零熬茶事宜完毕后，乾隆皇帝已经降旨并转告达赖喇嘛，嗣后除有似为策旺

---

① 《平定准噶尔方略前编》卷51。

② 乾隆十三年四月十八日《谕准噶尔台吉策妄多尔济那木扎勒之敕书》。另《平定准噶尔方略前编》卷51，《清高宗实录》卷313所载此敕书颇简略，仅为"其欲将年老喇嘛，请派人送归土伯特，从前并无此议。且喇嘛年高，熟于经典，何故转ం送回，即如来京喇嘛，亦从无送归土伯特者，此事不便准行。再来使恳请另拨喇嘛，扶助黄教。佛之一道，惟在诚信，不关念经之人，从前尔父屡次奏请，朕已明白开导，未经准行，尔当稔悉，不必固请也"。

③ 乾隆十三年四月二十一日《尚书海望等奏闻雍和宫道场毕使臣奄集等欣喜情形片》。

阿喇布坦、噶尔丹策零熬茶之事外，概不准准噶尔人入藏，其熬茶之请，断不准行。①乃以朱尔墨特那木扎尔所言西藏不愿准噶尔前来熬茶、恳请不要准许准噶尔人至藏地为由，断其与西藏僧众联络也。故此次恳请每年遣人赴藏熬茶之事，无疑被回绝。

除奏书外，另有使臣口奏之事，此次尼玛口奏之事，乃对奏书之解释，其实恳请每年赴藏熬茶是虚，要求派人赴藏习经，"寻觅今生来世之经源"，方为本意。在准噶尔方面看来：乾隆皇帝自称为天下共主，欲弘扬黄教、安逸众生，岂能坐视我处黄教衰微，我处缺少通经喇嘛是实，故奏请自西藏延聘喇嘛，尔既拒绝我延聘，并言藏地喇嘛不愿前往，我则不再提请延聘，而改为直接派人至藏习经，退而求其次，看你如何处理。

而在清朝方面，断绝准噶尔与西藏的联系乃其基本策略，当然不会允许其每年遣人入藏，乾隆告诫使臣尼玛："尔等赴藏熬茶人等甫返游牧，我办理藏地噶伦事务郡王珠密那木扎勒即奏请免遣准噶尔等之人赴藏。地方之人虽皆为我属，然不可与内地相比，彼处之情形及所属人等之心，难以明晓。朕岂有只准尔等台吉之请，而全然不顾珠密那木扎勒之奏请之理耶。而况尔等之人，即便无需费力即可进藏，若无我等之人伴送，珠密那木扎勒安肯容纳尔等，此与尔等大有关碍。"②仍以准噶尔曾入藏戕害藏人，毁灭黄教，藏人与尔等有隙，不愿尔准噶尔人入藏为由，回绝其每年遣人熬茶、习经之请。

既不准许其自西藏延聘喇嘛，又拒绝其遣人前往学习，无异于弘扬黄教之誉有亏，也会给准噶尔人以口实，故乾隆帝折中地处理了此问题，敕谕策妄多尔济那木扎勒：

惟尔地所有由藏延请喇嘛等，诚亡故殆尽，黄教日渐泯灭，亦未可料。朕之此处兴广黄教，岂有令尔地黄教日渐泯灭之理耶。朕嘉赏台吉尔极其恭顺，凡事皆遵朕旨而行，故今为尔详度，我等地方所有大寺，有著名呼图克图及由藏地挑选之贤能喇嘛，以及各地习经喇嘛等，我等既已修好，台吉可将尔处习经喇嘛，选派十名或二十名至京，随大寺呼图克图及由藏选取贤能喇嘛等勤学三四年，再返回游牧，俾助推兴黄教，又何患黄教难以振兴耶。此即与遣人赴藏无异也。惟遣至京城习经之喇嘛等，亦不便每年派遣，须遣年轻者来学，学成返回，即可行教三四十年。此等人将尽，再遣人来学可也。此乃念台吉尔奏请每年遣人赴藏之处不便准行，且又恐尔地黄教泯灭，详尽筹度，通融之恩也，并非强令遣派喇嘛等至京城学习。台吉尔若不愿遣派喇嘛则罢。倘复借故渎奏每年遣人赴藏，抑或自藏延请喇嘛等不可行之事，则此台吉尔非为弘扬黄教，乃惟欲派人赴藏耳。其终不可行，且不领朕兴教之恩也。若台吉尔知晓朕此通融之恩，欲派习经喇嘛，可遣晓事之人为使，计于本年十二月内抵达京城，则彼等又

---

① 《平定准噶尔方略前编》卷51，《清高宗实录》卷314，乾隆十三年（1748年）五月丙戌条记载：上谕军机大臣等曰：准噶尔人狡诈难信，从前拉藏汗时进藏为乱，至今众喇嘛、唐古忒人怀疑惧。即其来至藏地，供给一应所需，虽俱施恩，赏给价值银两，而唐古忒人等尚不无滋扰之处。若听其时常往来，日久必致滋事。近据朱尔墨特那木扎尔告知索拜等，以伊等时来藏内，非土伯特有益之事，其言不为无见。近时两次准令进藏熬茶者，特因噶尔丹策零为伊父策妄阿拉布坦，赍策妄多尔济那木扎尔为伊父嘎尔丹策零之故。伊既为父谆谆奏请，不便过为拒绝，是以加恩允准。嗣后准噶尔人，其有非此等事奏请入藏者，应令严行拒绝，断不准行。可将此旨传谕索拜等，令其转谕朱尔墨特那木扎尔并达赖喇嘛知之。

② 乾隆十五年正月初十日《丰泽园筵宴尼玛面降谕旨不准派人赴藏习经记注》。

可遇新年筵宴，承领朕恩。著议定由尔处派至习经喇嘛人数、起程日期、驻几年返回之处，俟尔使返回，再遣习经喇嘛等前来。俟其抵达，念和睦之道，朕施恩赏彼等以廪饩。此乃朕之至恩，勉台吉尔惟但感念朕恩，以图永受。①

清朝方面对此问题处理得很巧妙，以藏人不欢迎尔准噶尔人，故尔不可遣人前去习经，而北京各大寺院的呼图克图及自西藏来的高僧及通经喇嘛，在教习经文方面堪比藏地喇嘛，故尔方可以选聪慧年轻之人，前来北京学习，我方可以予以资助。学成回去后，即可教授本地喇嘛三四十年，待这批喇嘛年迈，再遣人前来学习，便可以使尔处之黄教得以推衍。如此缜密之思，令使臣无言以对，唯诺诺而已。为准噶尔汗国之黄教发展详度三四十年或更长时间，从中亦可窥得，此时乾隆帝仍以发展两国友好关系为念，或尚无以武力全歼准噶尔汗国之意。

乾隆十五年，准噶尔汗国内乱，喇嘛达尔扎弑弟立，成为新汗。即位后即遣使臣额尔钦等前往清朝，于乾隆十六年正月进京，适逢皇帝南巡，谕令准噶尔使臣额尔钦等赶往苏州朝觐。此次出使的目的，是奏报准噶尔汗位更替，恳请允许新汗喇嘛达尔扎遣人赴藏为噶尔丹策零熬茶诵经，并回奏难以派人至北京学习，仍要延聘喇嘛到彼处传经之事。关于喇嘛之事之奏表内容为："吾处若有能学艺之喇嘛则甚好，而因吾地之人为生身，前往京城学经颇难，恭请大皇帝睿鉴。故乞请准四五名熟知经典之贤能喇嘛至吾处，为吾地教习四五年后返回，则于振兴黄教有益，亦增大皇帝威名，且可振兴黄教、安逸众生，福及大皇帝之庶众也。故延请喇嘛之事，恭请大皇帝鉴之。"②

准噶尔方面亦当地人未曾出天花，不便遣至北京学习为由，拒绝了乾隆皇帝上年准其派年幼喇嘛来京学习之谋划，此明显系托词，当时在准噶尔人中有许多人已出过天花，历次遣来的使臣和跟役，就有许多未曾出过天花者。清朝方面也对此心知肚明，指出其"若诚心差派，自然选得已出痘之喇嘛，何以借出痘之故言之"③，但乾隆帝对此无可奈何，难以强求，否则有强令准噶尔人到北京做喇嘛之嫌，既然西藏喇嘛不愿前往准噶尔，清朝对喇嘛不能强令前往，岂有强令准噶尔未出天花之喇嘛来北京学习之理。

喇嘛达尔扎拒绝遣人来京学习，目的仍是延聘喇嘛。在奏表中恳请准许其延聘四五名熟知经典之贤能喇嘛，到准噶尔传经，四五年后可以返回。但系自何处延聘，却含糊不清。而使臣额尔钦在口奏中，明言请乾隆皇帝"体恤我等，恩准吾等自藏延请四五位喇嘛，于吾处教习四五年后，遣回故地"④，可知其目的仍是自西藏聘请喇嘛。

清朝已反复强调，不准其自西藏延聘喇嘛，对此次之请，当然不会有所改变。但事关弘扬黄教之声望，不能对此事予以不理，故乾隆帝再次让步，决定由清朝自西藏挑选高僧，请至京城，待下次准噶尔使者来时，聘往准噶尔。在敕书中明确告诉喇嘛

---

①　乾隆十五年正月二十四日《谕准噶尔台吉策妄多尔济那木扎勒准派喇嘛至京习经》；另见《平定准噶尔方略前编》卷52，《清高宗实录》卷356。

②　乾隆十六年二月初四日《准噶尔台吉喇嘛达尔扎之奏表》。

③　乾隆十六年三月初一日《颁于准噶尔台吉喇嘛达尔扎之敕书》；另见《平定准噶尔方略前编》卷53，《清高宗实录》卷383。

④　乾隆十五年正月初十日《丰泽园筵宴尼玛面降谕旨不准派人赴藏习经记注》。

达尔扎：

朕今念尔护持彼处黄教之意，以和睦友好相处，准台吉尔奏表所请，派四五位高僧，前往尔处教诲。但既命前往之后，尔毋得藉称所命往之喇嘛平常，捏词再次渎奏全然不可准行之事，反不合朕之美意。故令尔等使者额尔钦等返回后，告白晓谕台吉尔。尔再遣使来请，并将不行此等伎俩之处，抒诚具奏，可自京城延请喇嘛带回。此亦有关朕处声教，朕岂肯令漫无德行、不能训导之人充数耶？尔固不必虑此。此所派教经之喇嘛，即自藏地选取者，不必自尔处派人，亦不得复请自藏延请喇嘛带回。自此若复奏请延请西藏喇嘛，派人赴藏等断不可准行之事，即遣使者前来百次，亦无济于事。①

此举可谓一举两得，既解决了准噶尔延聘西藏的传经喇嘛问题，又可以防止准噶尔人从西藏自行聘请喇嘛，而导致准噶尔与西藏黄教建立直接联系的局面出现。

乾隆帝自认为这是解决此问题最好的办法，仍恐准噶尔反复，故遣大臣告诉使者额尔钦："朕恐尔处黄教衰落，故详度如此办理。朕处传经艺之喇嘛，均自藏地择取。即遣至尔处传经之喇嘛，亦系自藏地选取可传经者也。朕岂可遣不能传经之喇嘛乎？尔等自藏地延请，与自朕处所遣喇嘛，乃同样也。尔等何以务必遣人，自藏地延请。"②可谓用心良苦。但作为使臣，只是来往传递信息而已，不能主断，额尔钦明确告诉陪伴大臣玉保："唯我喇嘛达尔扎或遵大皇帝之旨，自此处延请喇嘛，或仍欲自西藏延请喇嘛，实由喇嘛达尔扎之意愿定夺。"③

送走额尔钦使团后，清朝即办理自西藏为准噶尔挑选喇嘛之事，"著达赖喇嘛自四大寺选送甚有德行者、有噶布楚、拉姆扎木巴等称号之喇嘛十人至京"④，以备准噶尔下次来使带往。达赖喇嘛亦重视此事，挑选出 10 名喇嘛，其中 "甘丹寺、色拉寺各二，哲蚌寺四名，二温都孙寺各一，皆为坐床之有德喇嘛"⑤ 护送至京城。伊等至京前，上谕暂住西山梵香寺⑥，以别于在京喇嘛。

然而事与愿违，乾隆十七年正月准噶尔使臣图卜济尔哈朗到京，所携奏表中关于

---

① 乾隆十六年三月初一日《颁于准噶尔台吉喇嘛达尔扎之敕书》；另见《平定准噶尔方略前编》卷 53，《清高宗实录》卷 383。

② 乾隆十六年二月二十五日《使臣瞻观圣明时所降谕旨》。

③ 乾隆十六年三月十日《侍郎玉保奏闻护送使臣回京沿途言语折》。

④ 乾隆十七年正月十六日《协办大学士阿克敦等奏闻使臣不敢延请喇嘛言语情形折》。

⑤ 乾隆十七年正月二十一日《协办大学士阿克敦等奏闻使臣叩拜呼图克图等言语情形折》。另据乾隆十六年五月二十六日《驻藏办事大臣班第等奏闻选得熟谙经典喇嘛十名偕达赖喇嘛使者赴京事折》载：今从达赖喇嘛处选出哲蚌罗萨凌拉仓莫罗姆拉姆扎木巴罗卜臧朋楚克，郭莽之莫罗姆拉姆扎木巴云丹顿洛巴、德扬拉仓之莫罗姆拉姆扎木巴根敦拉布锡勒、阿克巴拉仓尼阿尔木巴罗卜藏金巴、色拉杰巴拉仓之噶布楚绰依达尔、玛特巴拉仓之拉姆扎木巴罗卜臧喇布坦，甘丹寺江孜拉仓之莫罗姆拉姆扎木巴簇勒齐木达尔扎、沙尔嘉拉仓之拉姆扎木巴塔布凯藏布，德格温都孙之莫罗姆拉姆扎木巴罗卜藏西喇布、多喇都温都孙之莫罗姆拉姆扎木巴西喇布丹达尔等十名喇嘛，其皆已出痘且身体强壮、所学精良"，可知所选 10 名喇嘛职名等情况。见《雍和宫档案史料》第五册第 370—372 页，2004 年 6 月中国民族摄影艺术出版社出版。

⑥ 乾隆十六年十月初六日上谕：和亲王等奏请济隆呼图克图所住房屋东侧空房清扫后，安置由藏选送之喇嘛。奉上谕：此等由藏请来之喇嘛，系特为准噶尔地方预备之教经喇嘛，并非安置于雍和宫。伊等抵京后，清理西山万祥寺等寺庙安置。准噶尔地方若免请喇嘛，将其安置于何处之事，另行请旨具奏。钦此。见《雍和宫档案史料》第五册第 385—386 页《由藏请至之喇嘛暂住西山梵香寺之上谕》。

聘请喇嘛的内容为：恳请自三呼图克图内恭请一位，再自索尔巴噶尔丹锡勒图内延请一位，如此于弘扬黄教、安逸众生，实有裨益。若大皇帝悯准延请此二位，则可见大皇帝之美名，且福分亦大。故乞睿鉴，准延请二位至此。① 文内避开前次所议清朝从西藏遴选高僧至京，由此次准噶尔使者请回之事，而是提出更高要求，恳请从驻京的索尔巴、噶勒丹、萨拉图三位呼图克图内延请一位，自西藏之索尔巴噶尔丹锡勒图呼图克图内延请一位至准噶尔传教。其欲聘者皆呼图克图，既有驻京的，还有驻藏的，显系以明知不可能之事渎奏，其并非欲聘请喇嘛前往准噶尔，而是要赴藏熬茶，并与西藏建立直接联络之意暴露无遗。

乾隆皇帝见到奏表，明白其"反以断不可遣往之呼图克图为请，是尔并非真心推衍黄教可知"②，"看来喇嘛达尔扎并非为推衍黄教，其意以为不准请胡土克图，或准其遣人至藏耳"③，立即谕军机大臣字寄边疆大臣防范准噶尔人贸然入藏④，以防其伤害达赖喇嘛、班禅额尔德尼等。

令乾隆皇帝难堪的是对达赖喇嘛送到北京的 10 名高级喇嘛，准噶尔使者拒不延请的问题。使者图卜济尔哈朗到京后，清朝就安排其与达赖喇嘛送到北京的 10 名喇嘛见面，意欲让使者从中挑选喇嘛带回，但图卜济尔哈朗以"我台吉并无交付我等延请其他喇嘛，故我等岂敢擅自延请带回"⑤ 为由，拒不聘请。使臣朝觐时，乾隆帝告诫之："朕自西藏选来之十位喇嘛，虽非呼图克图呼毕尔罕，然皆精于经咒、坐床之有德喇嘛。倘尔今以未奉喇嘛达尔扎之命，不敢延请，虽喇嘛达尔扎再欲延请，朕亦不遣往。"⑥ 但使臣仍各执己见，毫无延聘此 10 名喇嘛前往准噶尔之意。

陪伴大臣为此私下与图卜济尔哈朗商量，请其将此 10 位喇嘛带回，反复磋商无济于事后，痛斥图卜济尔哈朗："尔台吉既特遣尔等为使臣，岂有不估计我三呼图克图断不可遣往之理？果真未交代尔等，若我圣上不遣呼图克图，另选有德行之喇嘛，切莫带回乎。尔若惟以未交代尔等为辞，则延请喇嘛者，乃借口耳，并非真心推衍黄教。"⑦

此事可以说让乾隆帝在黄教界颜面尽失，既无法向达赖喇嘛交代，亦不好安顿这 10 位来自西藏各大寺院的高僧，其严重损害了黄教大施主之声誉。另外，此事破坏了

① 乾隆十七年正月十三日《准噶尔台吉喇嘛达尔扎之表文》；另见《平定准噶尔方略前编》卷54，《清高宗实录》卷406，乾隆十七年正月乙亥条。

② 《清高宗实录》卷406，乾隆十七年正月乙亥条。

③ 《清高宗实录》卷407，乾隆十七年正月戊子条。

④ 《清高宗实录》卷407录此上谕，其中有"准噶尔原甚奸猾，或因此次不遂所愿，伊若云天朝如以我等入藏派兵护送为烦，请以己力前往，则伊且将借端谋藏地，妄生事端。班第谙熟藏地情形，事虽未形，当预筹防范。其由准噶尔通藏道路，何处近易，何处险远，倘有用兵之事，应如何添设卡座，遣兵堵御，著班第、纳穆扎尔妥商定议，俟多尔济到时，明白交付，以便遵行。从前达赖喇嘛曾移驻泰宁，倘青夷来犯，藏内之人或不能支，应将达赖喇嘛如何复往泰宁之处，亦须预筹方妥。再班禅额尔德尼所住扎什伦布地方，距前藏几许，准夷若来，有无干碍，务须留心。朕如此预为筹划者，亦特因藏地关系紧要，而土伯特性情怯懦，若不妥协预备，万一有误，彼必至于惊溃。汝等知此，当留意务求万全。此等预为防范机宜，不可使属下闻知。即达赖喇嘛移驻泰宁一事，亦不可稍有泄漏。慎之密之"。

⑤ 乾隆十七年正月十六日《协办大学士阿克敦等奏闻使臣不敢延请喇嘛言语情形折》。

⑥ 乾隆十七年正月二十日《协办大学士阿克敦等奏闻使臣朝觐时所降谕旨及使臣所奏事情折》。

⑦ 乾隆十七年正月十六日《协办大学士阿克敦等奏闻使臣不敢延请喇嘛言语情形折》。

双方的友好关系，乾隆认识到准噶尔并非真心延聘喇嘛之意后，对准噶尔人更无好感，认为其狡诈奸猾、不可信任，即使如何努力，亦难以将其纳入清朝的宗藩体系之中，故开始改变对准噶尔的态度，当时即降谕军机大臣，此次不与使臣商谈贸易之事："伊等若来贸易，我无非不与贸易，遣回完结。今若与伊商议，伊等反得商议之凭据。勿议。钦此。"① 同时，对此次使臣之恩赏，亦较前几次减少颇多，使臣在北京的交易量亦不大，以至于出现为使臣返回时准备的驮运牲畜数超额的现象，为历次来使之罕见。由此可以推测，乾隆皇帝因延聘喇嘛谈判之事，对未来如何处理准噶尔问题或另已有所思。

至于双方延聘喇嘛之谈判，亦可以说至此终结，清朝给准噶尔的敕书有如下内容：

惟朕弘扬黄教，不忍令尔处黄教泯灭，与朕相悖，故特施恩于西藏拣选有德之喇嘛来京，遣往尔处，以济弘扬黄教之事。俟尔再遣使来时，准延请带回。颁敕后朕即降旨西藏，令达赖喇嘛拣选精于经咒、有噶布楚、拉姆扎木巴等称号、有德行可教习之喇嘛十人，送至京城。此次台吉尔不遵朕先前之至仁谕旨，反以断不可遣往之呼图克图为请，以此观之，是尔并非真心推衍黄教矣。况自西藏选来之十位喇嘛，尔来使亦曾会面，问及伊等自此些喇嘛内延请几人带回，伊等以未奉尔命，不敢擅专延请，等语言奏。朕敕谕于伊等：若此次尔不请往，今后虽屡次请往，亦不遣往矣。伊等惟以未奉尔命，不敢擅专带回等语渎奏。以此观之，乃尔本无延请喇嘛之意。今并此十位喇嘛，亦不遣往矣。②

其中指责喇嘛达尔扎反复无常、无意聘请喇嘛，并非真心推衍黄教，故延聘喇嘛之事就此完结，并赴藏熬茶之请亦绝不允准。其后，准噶尔台吉喇嘛达尔扎为达瓦齐所杀，内部发生巨大变故，而达瓦齐之来使亦不再提请自西藏延聘喇嘛之事矣。

（二）谈判失败因素检讨

一般而言，双方谈判失败，皆因所谈内容对彼此都至关重要，各自顾及自己的利益，互不相让，各执己见所致。此次聘请喇嘛谈判失败，原因亦如此。清朝方面的方针，乃为黄教对蒙藏地区至关重要，要控制黄教来统治蒙藏，绝不许准噶尔人入藏，断绝喇嘛与准噶尔之往来，防止准噶尔以阐扬黄教为由与西藏建立直接联络，故设法驳回准噶尔所请。而准噶尔汗国请求从西藏聘请喇嘛，也不是仅为了聘几位通经喇嘛到准噶尔地区传经，而是想通过聘请西藏喇嘛，建立与西藏黄教界的直接联系，为提高其在蒙藏的地位、稳定国内统治等创造条件。

1. 清朝方面

清朝统治者在入关前即认识到喇嘛教在蒙藏地区的影响，并与五世达赖、四世班禅建立联系，冀以黄教的力量安抚蒙古地区，取得蒙古封建主的支持，为逐鹿中原解除后顾之忧。入关后，清政府与黄教领袖的关系更加密切，并大力推广黄教，册封喇嘛，广筑寺院，优礼高僧，成为黄教的"护法之王"，利用黄教领袖的特殊社会地位和

---

① 乾隆十七年正月十九日《勿议与准噶尔边界贸易事宜之上谕》。
② 乾隆十七年二月初二日《颁于准噶尔台吉喇嘛达尔扎之敕书》，并见《平定准噶尔方略前编》卷54。

在蒙藏人民心中的影响，号令蒙藏各部，牵制蒙藏世俗贵族，黄教在清朝统一蒙古各部，稳定蒙藏人心等方面起到了巨大作用，同时黄教亦在清朝的扶持和崇奉中得到迅速发展。

在清朝尊崇、利用黄教，黄教日益繁盛的同时，出现许多喇嘛违背清朝意愿，甚至抗击清朝统治的事件，其中与准噶尔相关的事件有：

A. 噶尔丹本达赖之弟子，受遣还俗回准噶尔复仇并继承汗位，后被五世达赖喇嘛加封为"博硕克图汗"，使得噶尔丹的地位迅速提高。五世达赖喇嘛圆寂后，与噶尔丹关系密切之第巴桑结嘉措假借达赖喇嘛之命，怂恿噶尔丹对抗清朝。

B. 得到第巴桑结嘉措支持的噶尔丹，在进攻喀尔喀，进而进攻漠南蒙古的征战中，得到了许多喇嘛的支持。在乌兰布通之战中，受第巴桑结嘉措派遣之"济隆呼图克图为噶尔丹诵经，择战日。及噶尔丹败，又诱我军讲和，遂使噶尔丹得以远遁"①。

C. 康熙三十一年（1692年），曾作为清朝使者多次往返准噶尔的二世伊拉古克三呼图克图，却投向准噶尔，并"遣罗卜藏、端鲁卜等往卫征喇嘛家探信，来为奸细，煽惑蒙古之心，卫征喇嘛与伊拉古克三呼图克图交通信息，意欲迎噶尔丹之兵"②。后清朝从策旺阿喇布坦处索回伊拉古克三后，将其凌迟处死。③

D. 康熙五十六年（1717年），准噶尔之大策凌敦多卜进入拉萨时，即有喇嘛为内应。占领拉萨后，所携准噶尔喇嘛占据把持各大寺院。清军入藏后，虽将这些准噶尔喇嘛清除，但仍有部分心向准噶尔之喇嘛存在。还有一些追随准噶尔的喇嘛，到准噶尔地区传经。

E. 雍正初年，青海部分大喇嘛为罗卜藏丹津叛乱推波助澜，"数千喇嘛，手持兵刃，公然拒抗官兵。及至溃败，犹不降顺，入庙固守"④。罗卜藏丹津败亡准噶尔后，使清朝更加防范各地喇嘛与准噶尔的接触问题。

通过以上事件，清朝进一步完善了喇嘛管理制度，加强了理藩院对喇嘛的管理职能，赐札萨克达喇嘛以上者以印信，而札萨克喇嘛以下者予以札付，所有喇嘛统由清朝颁发度牒，无度牒之喇嘛系属未被清政府认可之喇嘛。乾隆初年，再次整饬喇嘛度牒，并严格限制喇嘛私相往来，明令西藏、青海、蒙古地区的喇嘛不许与准噶尔人接触，更不许擅自到彼此之寺院传教，意在防止喇嘛与准噶尔暗通消息。

从乾隆九年发生的喇嘛罗卜藏丹怎事件，可以窥见清朝对与准噶尔有关联之喇嘛的防范情况，而该事件亦成为清朝拒绝准噶尔自西藏延聘喇嘛的原因之一。

罗卜藏丹怎系策旺阿喇布坦时，自西藏随大策凌敦多卜至准噶尔之喇嘛，在准噶尔居住26年。乾隆八年，以年迈为由，随准噶尔熬茶使团回到西藏。负责伴送此次熬茶使团之凉州将军乌赫图、侍郎玉保对其询问，认为其并无别情，奏请将其与从前自准噶尔回到西藏的喇嘛噶津林沁，留住于罗伦布庙。乌赫图、玉保的奏折内，奏报了询问罗卜藏丹怎之语，其中罗卜藏丹怎告诉乌赫图等称："先前齐默特等返回，告知噶

---

① 《清圣祖实录》卷175，康熙三十五年八月甲午条。
② 《清圣祖实录》卷169，康熙三十四年十一月乙亥条。
③ 同上卷185，康熙三十六年十月癸亥条。
④ 《清世宗实录》卷15，雍正二年正月甲申条。

尔丹策零，青海蒙古民人等生计穷困，且较疏懈，理应趁机出兵，图谋西藏等地。噶尔丹策零信其所言，正商定调兵间，与齐默特同行之喇嘛商卓特巴等凄泣相劝，又出示先前与齐默特等同来留藏之苏木巴尔鼐之信，方罢出兵等语。"① 军机大臣对此事反复商议，认为罗卜藏丹怎之语不实，应对此喇嘛严加防范，并将所议奏报乾隆皇帝，内容为：

齐默特等因不曾进藏，中途返回，故而托词造谣告知于噶尔丹策零者，亦有其事，惟商卓特巴、巴雅斯瑚朗等均系与齐默特同至之人，齐默特所编之言，理应当即陈告澄清，许久之后俟至商议调兵之时，始方陈告齐默特谎骗之处，又经出示苏木巴尔鼐之书信，方免出兵，所言似较含混。而况苏木巴尔鼐本系由藏掠往之人，不过是为遵照噶尔丹策零吩咐探信送达而已，无权致信制止出兵。此等言语，系属罗卜藏丹怎夸大其词，亦难逆料。兹虽罢兵，准噶尔人等原本狡诈，早已为圣上所洞鉴，凡内地应备防范之项，已令备办坚固，而藏地亦皆妥备，并未计准噶尔和好之真伪。兹蒙皇上恩准准噶尔遣使并贸易，又准彼等之人赴藏熬茶，观事休之情形，噶尔丹策零亦未敢肆意妄为，即便罗卜藏丹怎所告之处为实，我等之防备极为牢固，相应亦无可虞之处。惟罗卜藏丹怎系居准噶尔地方二十余年之人，噶尔丹策零释彼返回者，或为探取我方之信息，或嘱令挑拨行间，行其奸计，皆未可料。故拟将此咨文晓谕索拜，务将罗卜藏丹怎等安置于牢固之处，遣派可靠干练之人时加看管，毋令晤见准噶尔之人，妥为防范恣意滋事。②

乾隆皇帝见到此奏议，认为事关重大，不能让准噶尔返回之喇嘛居住西藏，随即降旨："罗布藏丹怎系在准噶尔久居之人，不可深信。其现在所告之言内，虽无大碍之处，然令此等之人久居于藏，探取消息，挑拨行间，皆难逆料。著将此密寄索拜，俟准噶尔人等熬茶事毕返回后，将罗布藏丹怎及先前回藏之喇嘛噶津林沁等一并送至京师，任选一处寺庙安置。钦此。"③

接到军机处字寄，颇罗鼐以喇嘛噶津林沁系班禅额尔德尼之弟子，乃拉达克地方之人，非吾国籍，且年逾七十，体弱多病，或不久于世为由，故奏请将其安置于扎什伦布寺安度晚年，颇罗鼐保证将派人对其严加防范。此奏得到乾隆帝批准，喇嘛噶津林沁得以留住西藏，而令驻藏办事大臣索拜将罗卜藏丹怎等送往京城。

不料在解送罗卜藏丹怎等途中，"于七月初七日，至察木多所属之郭郊地方，喇嘛罗卜藏丹怎带伊仆役萨木都卜、达什等骑马逃亡"④。乾隆皇帝接到奏报，立即上谕内阁，将驻藏办事大臣索拜交部议处、派副都统傅清前往接替驻藏办事大臣之职，并令"若未经拿获，傅清虽已抵藏，索拜亦不得即行回京，著解任仍留彼处，俟拿获罗卜藏丹怎时，再行回京"⑤。同时令四川巡抚纪山、提督郑文焕、西宁办事大臣莽古赉、安

---

① 乾隆九年二月初三日《副都统索拜奏请准令喇嘛噶津林沁仍住扎什伦布折》。

② 同上。

③ 乾隆九年二月初三日《副都统索拜奏请准令喇嘛噶津林沁仍住扎什伦布折》；另见《平定准噶尔方略前编》卷 47，《清高宗实录》卷 206，乾隆八年（1743 年）十二月癸亥条。

④ 《平定准噶尔方略前编》卷 48，《清高宗实录》卷 224，乾隆九年九月戊子条。

⑤ 同上，乾隆九年九月己丑条。

西提督永常、西藏郡王颇罗鼐、察木多之纪瓦帕克巴喇胡土克图等于各处缉拿罗卜藏丹怎，并严惩容留隐藏、济助口粮之人。数月后，得到奏报"逃走喇嘛罗卜藏丹怎等业已于口外拿获"[①]，并将其押解京城。

为一年迈喇嘛，如此大动干戈，足见乾隆皇帝对准噶尔欲通过喇嘛与西藏直接联系及防范喇嘛暗助准噶尔等问题之重视。另外，罗卜藏丹怎逃亡事件，更加深了乾隆皇帝欲隔断准噶尔与西藏往来的意念，而乾隆十年准噶尔使臣恳请自西藏延聘喇嘛，恰于罗卜藏丹怎事件发生之后，其无疑亦成为拒绝准噶尔自西藏延聘喇嘛的重要因素之一。

清朝固守不许喇嘛与准噶尔私相往来，但双方既已和好，又欲共同推衍黄教，安逸众生，且准噶尔汗噶尔丹策零、策妄多尔济那木扎勒、喇嘛达尔扎分别遣使奏请赴藏延聘喇嘛，皆以本处无通经大喇嘛为由，为不使本处黄教衰微，而要聘西藏喇嘛至此传经。这无疑给以弘扬黄教为己任，自称黄教大施主的乾隆皇帝出了难题。清朝政府绝不允许准噶尔汗国与西藏建立直接联系，但岂有清朝弘扬黄教，而坐视他处黄教衰落之理。倘如此，则有损乾隆皇帝在黄教界之声誉，无疑影响其在蒙古、藏族民众心中的威望。因此，清朝对延聘喇嘛的谈判极为谨慎，且在不突破禁止准噶尔与西藏建立直接联系这一底线的前提下做出了许多让步。

乾隆十年初，噶尔丹策零的奏书内正式向清朝提出要从西藏聘请喇嘛之事，清朝以准噶尔曾扰乱藏地，戕害喇嘛、拆毁寺庙，导致准噶尔与西藏有仇隙，西藏喇嘛皆不愿前往为由，予以拒绝。翌年，新汗策妄多尔济那木扎勒的使者，在奏请为其父赴藏熬茶的同时，继续奏请自西藏聘请喇嘛之事，清朝慨然应允准许为噶尔丹策零赴藏熬茶，并赐大量熬茶用品，派大臣护送和资助盘费、牲畜等，但对自西藏聘请喇嘛之请求，以"尔父奏请时朕即以不便准行，明白降旨矣"，断然驳回，并强调准行之事可以准行，其不准行之事绝不准行，以断绝其从西藏聘请喇嘛之念。乾隆十三年准噶尔使臣所持奏书中，仅请求将策旺阿喇布坦时期自西藏来回之年迈喇嘛送回西藏，但使臣口奏中仍请求自西藏延聘喇嘛，使清朝方面进一步看到准噶尔设法与西藏直接建立联系的初衷，乾隆皇帝对此一律驳回。十五年至京的使臣，不再奏请延聘喇嘛之事，但请求清政府允许其每年遣少许人赴藏熬茶，并派人前往西藏学经。乾隆帝驳回其每年赴藏熬茶之请，但考虑到其派人学经，乃属常理，不可拒绝，故允许其派人到北京学经，并允诺资助费用。此举看似让步，实乃一举多得，既断其自西藏聘请喇嘛之渎奏，又可解决准噶尔地区缺少通经喇嘛、致使黄教衰微等问题，同时可以博得弘扬黄教之美誉。十六年，喇嘛达尔扎的使臣以准噶尔人未曾出痘，难以来北京学经为由，回绝了派人至京经之事，并要求聘请四五位大喇嘛到准噶尔传经。乾隆皇帝不得不再次让步，准许其聘请西藏大喇嘛前往准噶尔，但不是让准噶尔人直接去西藏聘请，而是清朝让达赖喇嘛在西藏选出 10 名通经大喇嘛送至北京，待准噶尔使者下次前来时，聘往准噶尔，可谓圆通之策。准噶尔若真心聘请喇嘛，理应聘往，但续来之使者图卜济尔哈朗，拒不聘请达赖喇嘛选送北京的喇嘛，而提出要聘请活佛前往该处，使乾隆

---

① 《清高宗实录》卷233，乾隆十年正月壬寅条。

皇帝恼羞成怒，聘请喇嘛之谈判彻底破裂。同时准噶尔并非真心聘请喇嘛，而欲直接与西藏黄教界建立联系之目的暴露无遗。清朝认清其目的后，即谕边臣等严加防范准噶尔暗自入藏，并要预备应对之策，其中军机处给驻藏办事大臣班第的字寄中指出：

看来喇嘛达尔扎并非为推衍黄教，其意以为不准请胡图克图，或准其遣人至藏耳。况准噶尔去岁曾由拉达克汗转求达赖喇嘛，遣一有德行喇嘛前去，达赖喇嘛未准，并云汝等欲请喇嘛，须奏明天朝等语。此次所请三事，朕俱未准行，恐伊又向达赖喇嘛延请喇嘛。著告明达赖喇嘛，使知此等情由，俾得临时回答。再，准噶尔原甚奸猾，或因此次不遂所愿，伊若云天朝如以我等入藏派兵护送为烦，请以己力前往，则伊且将借端图谋藏地，妄生事端。班第谙熟藏地情形，事虽未形，当预筹防范。其由准噶尔通藏道路，何处近易，何处险远，倘有用兵之事，应如何添设卡座，遣兵堵御，著班第、纳穆扎尔妥商定议，俟多尔济到时，明白交付，以便遵行。从前达赖喇嘛曾移驻泰宁，倘准夷来犯，藏内之人或不能支，应将达赖喇嘛如何复往泰宁之处，亦须预筹方妥。再班禅额尔德尼所住扎什伦布地方，距前藏几许，准夷若来，有无干碍，务须留心。朕如此预为筹划者，亦特因藏地关系紧要，而土伯特素性怯懦，若不妥协预备，万一有误，彼必至于惊溃。汝等知此，当留意务求万全。此等预为防范机宜，不可使属下闻知。即达赖喇嘛移驻泰宁一事，亦不可稍有泄漏。慎之密之。①

可知乾隆皇帝通过聘请喇嘛的谈判，对喇嘛达尔扎已不再信任，开始布置预防准噶尔偷袭西藏事宜，甚至考虑保卫达赖喇嘛、班禅额尔德尼等问题，可见清朝方面已做好应对此次谈判失败之后果的准备。此谈判的失败严重地破坏了双方友好关系，或者可以说其对准噶尔未来的命运产生了重大影响。

从清朝处理此事的过程可以看出，其虽有退让，但不许准噶尔入藏，断绝喇嘛与准噶尔之往来，防止准噶尔以阐扬黄教为由与西藏建立直接联络，是其谈判之基本方针，可视为准噶尔聘请喇嘛谈判失败的主要因素。

2. 准噶尔方面

明朝末年，黄教传至额鲁特地区后，发展神速，影响巨大，已经渗透到人民生活各个层面之中。在康熙五十九年之前，准噶尔地区的喇嘛，与西藏黄教界联系密切，但在准噶尔被逐出西藏后，准噶尔与西藏之间被隔绝，影响了该地黄教的发展，故设法恢复与西藏的直接联系，对准噶尔汗国至关重要。而恢复与西藏黄教联系的方式，只有遣人至西藏各寺院熬茶诵经和使两地喇嘛互相交流，自西藏聘请喇嘛只是其欲与西藏黄教建立直接联系的一环而已。

至清初，在信仰黄教之各地区，皆有高级活佛主持本地区教务，如前藏之达赖喇嘛、后藏之班禅额尔德尼、漠北蒙古之哲布尊丹巴、漠南蒙古及京畿之章嘉呼图克图等，而准噶尔汗国却无这样级别的活佛，这对准噶尔汗国在黄教中的地位，及稳定国内统治秩序等方面皆有不利影响，故其设法与西藏黄教界建立直接联系，聘请高僧到本地弘扬佛法，实乃弥补之策。或其亦有与达赖喇嘛、班禅建立永久联系，常常前往西藏熬茶布施，先聘一些通经喇嘛和德木齐至准噶尔，最终，达赖或许亦会选派高级

---

① 《平定准噶尔方略前编》卷54，《清高宗实录》卷407，乾隆十七年正月戊子条。《实录》其中略为详细。

活佛前往准噶尔，主持该地区之黄教事务之幻想。

此外，在策旺阿喇布坦时期被带到准噶尔的喇嘛，经历近30年，或已亡故，或因年迈难以传经，并有回乡之念，作为准噶尔的统治者将其送回西藏，并聘请通经喇嘛和医术高明之德木齐，似为理所当然之事。因此，在准噶尔3次熬茶使团到西藏时，即有部分喇嘛如噶津林沁、罗卜藏丹怎等，跟随回到了西藏。但这些喇嘛却为清朝所不容，尤其是在罗卜藏丹怎逃亡事件后，清朝更加认为这些喇嘛是为打探消息、挑拨离间而来，属于准噶尔之奸细，虽属防微杜渐，但亦有矫枉过正之嫌。

准噶尔使节每次到北京，所奏请之事均有几项，或写于奏书之中，或由使臣口奏。自乾隆十年以后，奏请允许赴藏熬茶和自西藏聘请喇嘛，几乎成为每次使者谈判的固定事项。乾隆皇帝以为其每次有多项奏请，实冀得一二谈判成功之项，尤其重于贸易方面，为多得利耳，但发现其不断渎奏后，即改变了看法，对其奏请熬茶和聘请喇嘛之事处理更为谨慎。而准噶尔方面的目的亦旨在要清朝允许其恢复与西藏黄教界的联系。

所奏请赴藏熬茶和聘请喇嘛，皆属于与黄教相关之事，故每次使者皆慨叹内地黄教兴盛之极，不愧黄教之大施主，而彼处之黄教发展远不及此处，为了振兴彼处黄教，恳请大皇帝施恩，共同推衍彼处黄教，可谓有礼有节，着实给清朝回绝此事出了难题。在被回绝后，下次仍以其他方式恳请，但皆与赴藏熬茶和聘请喇嘛相关，可见其势在必得之念和此事对准噶尔之重要性。

准噶尔使者每次提请聘请喇嘛时，总是与熬茶事宜一并提及，或请求清朝允许其赴藏熬茶，或是熬茶完毕，感谢清政府资助。乾隆十年所遣的哈柳使团进京，即是噶尔丹策零感谢清朝资助其为策旺阿喇布坦赴藏熬茶诵经，并首次正式提请延聘喇嘛之事；乾隆十年九月策妄多尔济那木扎勒继承汗位后，旋即复遣哈柳前往北京，奏报汗位更替并奏请为噶尔丹策零赴藏熬茶诵经，另有仍奏请自西藏聘请喇嘛；乾隆十三年的准噶尔淹集使团，乃为奏报为噶尔丹策零赴藏熬茶使团圆满回部，感谢清政府在各方面予以的支持而来，同时请求清朝允许其遣少许人回送西藏在准噶尔的年迈喇嘛，并口奏恳请允许其自藏地聘请通经喇嘛；乾隆十五年初准噶尔使臣尼玛等抵京，所持奏书内容系恳请清朝准许其每年遣少许人入藏熬茶，朝拜达赖、班禅并到四大寺院布施祈福，而尼玛口奏之事，则是要求清朝允许其遣人至藏地习经。清朝未允其遣人至藏，但允其遣人至北京学习；喇嘛达尔扎弑弟自立，奏报准噶尔汗位再次更替，恳请允许新汗喇嘛达尔扎遣人赴藏为其父噶尔丹策零熬茶诵经，并回奏其地喇嘛未曾出痘，难以派人至北京学习，仍要延聘喇嘛到彼处传经。清朝回绝其为父赴藏熬茶之请，但应允由清朝自西藏挑选通经喇嘛至北京，俟下次来使请往准噶尔；乾隆十七年正月准噶尔使臣图卜济尔哈朗到京，拒不提及延请清朝所选喇嘛之事，而要求聘请活佛，并再次请求允许其遣人赴藏为其父熬茶诵经，致使聘请喇嘛之谈判彻底破裂。准噶尔方面对清朝步步紧逼，非达到直接与西藏黄教界建立直接联系之目的不可，亦可视为此谈判失败的重要诱因。

笔者在翻译此段档案时，一直存疑为何喇嘛达尔扎拒绝延聘这些清朝让达赖喇嘛选送到北京，准备遣往准噶尔的喇嘛。这些喇嘛皆系自西藏挑选的精通经咒的高级喇嘛，按以往准噶尔使臣所言，正是准噶尔地区缺少的通经大喇嘛。即使准噶尔不是真心聘请喇嘛，而关于聘请喇嘛的谈判已进行多年，将这些喇嘛延聘到准噶尔，又有何不妥或隐患存在呢？何必授人口实，惹怒乾隆，致使此问题彻底失败呢？

经反复思考，笔者认为喇嘛达尔扎或因乾隆未准其赴藏熬茶之请，其亦恼羞成怒，而拒不延聘这些喇嘛，并提出聘请活佛的要求，显系明知不成而强求。

喇嘛达尔扎两次遣使，均恳求为其父噶尔丹策零赴藏熬茶和聘请喇嘛，且其熬茶之愿更为强烈，一再表明"作为黄教发源地，于二博克达、四大寺及黄教众寺，为我先人设忏呈文进贡者，乃我分内大事"①，强烈要求赴藏为噶尔丹策零熬茶。其使臣图卜济尔哈朗对此解释得更为清楚，曰："我台吉喇嘛达尔扎恳请遣少许人进藏熬茶者，乃以伊弟策妄多尔济那木扎勒，虽曾为老台吉噶尔丹策零进藏熬茶，伊如今袭位，为人子宜尽人心，遣人入藏熬茶行善后，才得安生。"②足见其恳请赴藏为噶尔丹策零熬茶，已重于聘请喇嘛之事。一旦其将这批喇嘛带往准噶尔，此后就不能再谈聘请喇嘛之事，也将影响其要求为父进藏熬茶问题。

作为喇嘛，喇嘛达尔扎更应该清楚与西藏建立直接联系，可使准噶尔树立在黄教中的地位及对蒙古民众的影响。但他面临的一个最大问题，是像其弟策妄多尔济那木扎勒一样，赴藏为其父熬茶，从而赢得外界及国内民众对其继承汗位的认可。尽管策妄多尔济那木扎勒年幼昏庸，但其弑弟自立，总有篡夺汗位，兄弟相残之嫌，在汗国内始终有反对势力存在。在外也得不到应得之尊重，如其往清朝的使者，言其汗名为"喇嘛额尔德尼巴图鲁"，但乾隆皇帝降旨，清朝仍称其为"喇嘛达尔扎"，以前给准噶尔台吉之敕书，称谓皆为"降旨×××台吉"，而乾隆十六年三月给他的敕书中，却仅称"降旨喇嘛达尔扎"，可以窥见实乃对其未加认可。

为表明其汗位系继承其父，而非继承其弟，并得到汗国内民众之拥戴，最好的方法就是同策妄多尔济那木扎勒一样，得到清朝允许，以准噶尔汗的身份遣使赴藏为其父熬茶，因而赴藏熬茶，乃是其作为噶尔丹策零之子和准噶尔汗的"分内大事"，只有"入藏熬茶行善后，才得安生"，诚乃肺腑之言，道出其苦苦要求赴藏熬茶之初衷。

综合清朝和准噶尔有关聘请喇嘛的谈判，可谓各怀心腹，互不相让。清朝方面以制止准噶尔人入藏，不许喇嘛等私相往来，防止准噶尔以黄教为由向西藏渗透为基本谈判策略。而准噶尔方面则意在以聘请西藏喇嘛和定期前往西藏熬茶为由，恢复与西藏黄教的直接联系，提高自己在黄教界的地位，扩大自己对周边的影响，稳定国内的统治。两者的意图是对立的，没有共同性，因此谈判最终失败乃属正常之事。但在谈判过程中，却因为此问题使清朝对准噶尔汗国愈加不信任，认为其狡诈阴险，窥视西藏，争夺黄教，难以将其纳入清朝的朝贡体系之中，并且将来可能会对清朝的黄教政策及蒙藏统治的统治形成威胁，因而必须改变对准噶尔之策略。从这个角度来看，此次谈判破裂，对准噶尔汗国与清朝关系的发展产生了重大影响。

长期以来，学界一直对乾隆皇帝出兵准噶尔前，群臣不赞成举兵之议有所关注。基本认为当时在许多大臣看来，双方相安无事20余年，准噶尔年年纳贡请安，已经进

---

① 乾隆十七年正月十三日《准噶尔台吉喇嘛达尔扎之表文》。
② 乾隆十七年正月十四日《协办大学士阿克敦等奏报会见使臣言语情形折》。

入清朝的朝贡体系之中，何必穷兵黩武，劳师远征。但乾隆皇帝高瞻远瞩，看到达瓦齐篡立、三车凌来归，又有阿睦尔撒纳来降，是以武力彻底解决准噶尔问题的契机。

笔者认为，准噶尔延聘喇嘛的谈判失败，不仅惹恼了乾隆皇帝，还使乾隆皇帝意识到准噶尔时刻窥视西藏，觊觎黄教，将是清朝的潜在威胁，终究会因此出现问题。尽管双方和好，准噶尔人按时请安纳贡，双方贸易也很正常，但其认为准噶尔人狡诈奸猾，很难将准噶尔汗国完全纳入清朝的朝贡体系之中，准噶尔绝不会俯首于清朝，所以在喇嘛达尔扎为汗时期，乾隆皇帝即有准噶尔问题必须以武力解决的想法。因而，时机到来时，他力排众议，果断出兵，一举彻底解决了准噶尔问题，即乾隆皇帝以武力解决准噶尔问题之意，并非出现于达瓦齐篡立、三车凌来归，阿睦尔撒纳来降之时，而是产生于准噶尔聘请喇嘛谈判失败之后。可以肯定此动议积蓄已久，并非临时决断。

参考文献

一、古籍

1. 《清实录》（太宗、世祖、圣祖、世宗、高宗朝），中华书局影印本，1985 年。

2. （乾隆）《钦定大清会典》《钦定大清会典则例》，《四库全书》文渊阁本。

3. 《平定准噶尔方略》，乾隆三十七年武英殿刻本。

4. （道光）《理藩院则例》，道光六年刻本。

5. 《蒙古律例》，嘉庆刊本。

6. 《钦定八旗通志》，吉林文史出版社点校本，2002 年。

7. 《钦定皇舆西域图志》，《四库全书》文渊阁本。

8. 中国第一历史档案馆编：《军机处满文熬茶档》，上海古籍出版社 2010 年。

9. 第一历史档案馆、雍和宫管理处编：《雍和宫档案史料》，中国民族摄影艺术出版社，2004 年。

10. 《宫中朱批奏折》，中国第一历史档案馆藏。

11. 《军机处录副奏折》，中国第一历史档案馆藏。

12. 《准噶尔档》《北路军务档》《西路档》等满文档簿，中国第一历史档案馆藏。

二、著作

1. 《准噶尔史略》编写组编著：《准噶尔史略》，广西师范大学出版社，2007 年。

2. 马大正、成崇德主编：《卫拉特蒙古史纲》，新疆人民出版社，2006 年。

3. 兹拉特金：《准噶尔汗国史》，马曼丽译，商务印书馆，1980 年。

4. 山田茂：《清代蒙古社会制度》，潘世宪译，商务印书馆，1987 年。

5. （意）图齐、（德）海西希：《西藏和蒙古的宗教》，耿声译，天津古籍出版社，1989 年。

6. 《蒙古民族通史》（第四卷），内蒙古大学出版社，2002 年。

7. 卢明辉：《清代蒙古史》，天津古籍出版社，1990 年。

8. 张羽新：《清政府与喇嘛教》，西藏人民出版社，1988 年。

9. 张永江：《清代藩部研究》，黑龙江教育出版社，2001 年。

10. 马汝珩：《清代西部历史论衡》，山西人民出版社，2001 年。

11. 蔡家艺：《清代新疆社会经济史纲》，人民出版社，2006 年。

12. 王辅仁、陈庆英：《蒙藏民族关系史略》，中国社会科学出版社，1985 年。

13. 杜荣坤、白翠琴：《西蒙古史研究》，新疆人民出版社，1986 年。

14. 林永匡、王熹：《清代西北民族贸易史》，中央民族学院出版社，1991 年。

15. 张双智：《清代朝觐制度研究》，学苑出版社，2010 年。

16. 曹雯：《清朝对外体制研究》，社会科学文献出版社，2010 年。

后 记

在翻译军机处满文准噶尔使者档档簿时，我们无疑要参考与之内容相关的《清高宗实录》和《平定准噶尔方略》，从中发现了档案与官书记载内容的异同。我们认为，对比档案和官书记载的文字内容，可以窥见清代实录馆、方略馆等馆臣在编修此类官书时的取材情况，另当时清史学界"实录不实"之说颇为流行，因而我们想将该档簿的内容与《清高宗实录》、《平定准噶尔方略》相关记载进行比对研究，可以考证清代实录、方略的取材特点，是一项具有较高学术价值的探讨，故以"军机处满文准噶尔使者档之比较研究"为题申报国家社科基金，有幸得以立项。经过 3 年的努力，我们按期完成研究任务并顺利结项。

2009 年我们出版了《军机处满文准噶尔使者档译编》，是将满文准噶尔使者档档簿之原档影印，后面加上我们的汉文译文及人名、地名索引。该书问世后，颇得学界青睐，或有据之著文者，或有依之学习满文、研习满文档案翻译者。同仁之鼓励，亦成为我们研究该项目的动力和斗胆出版此成果的原因。

一般而言，出版史学专著，须以章节顺序编排。此书体例，有悖常规，然此类文献对比研究的成果，难循旧例。此书按上、下编体例编排。上编为满文档案译文与《清高宗实录》、《平定准噶尔方略》相关内容对比，下编为依据该档案和《熬茶档》等所做的专题性研究。所做的 5 个专题内，"准噶尔赴藏熬茶研究"系郭美兰研究员所作，其余 4 个专题由我完成。我和郭美兰研究员均非蒙古史、藏族史的研究人员，为防贻笑大方，我们所选题目，均属与该档簿内容密切相关，并且尚被学界忽略的问题，非为补白，诚冀引玉。

上编内的文字，由译文和《实录》、《方略》原文组成。译文中的文字，包括地名、人名、职官、名物等，我们在翻译时力求统一，但援引《实录》、《方略》中的原文，不能更改，加之两书之间和各书前后之间的文字用法，亦多有不同之处，因此，译文与《实录》、《方略》中的同一地名、人名等，多有不同写法，导致文字混乱。为遵照原文，只能如此处理，而非著者和编辑者之疏忽也。

本书承"中国边疆民族历史与地理研究基地"（国家民委人文社会科学重点研究基地）资助出版，感谢基地主任达力扎布教授肯定此项研究并为出版此书筹措经费。感谢责任编辑黄修义先生，这已是修义兄为我编辑的第四部著作，兄以深厚的民族史学功底，多年的同事友情，对学术认真负责的精神，字斟句酌拙稿，察剔讹误脱衍，付出了巨大精力。在此，亦对参加前期翻译工作的郭美兰、顾松洁、朱志美、赵郁楠、